纪念伪满皇宫博物院建院55周年

溥仪研究2

王志强 主编

吉林大学出版社

图书在版编目(CIP)数据

溥仪研究. 2 / 王志强主编. -- 长春 : 吉林大学出版社, 2016.12

ISBN 978-7-5677-8437-6

Ⅰ. ①溥… Ⅱ. ①王… Ⅲ. ①爱新觉罗·溥仪（1906-1967）—人物研究

Ⅳ. ①K827=7

中国版本图书馆CIP数据核字(2017)第018997号

溥仪研究 2

作　　者：王志强　主编

策划编辑：孙　群

责任编辑：赵国复　责任校对：赵国复

吉林大学出版社出版、发行

开本：787×1092 毫米　　1/16

印张：31.75　　字数：670千字

ISBN 978-7-5677-8437-6

版权所有　翻印必究

社址：长春市明德路501号　邮编：130021

发行部电话：0431-89580028/29/21

网址：http://www.jlup.com.cn　E-mail:jlup@mail.jlu.edu.cn

装帧设计：孙　群

吉广控股有限公司　印刷

2017年6月 第1版

2017年6月 第1次印刷

定价：140.00元

编辑委员会

目 录

溥仪解读

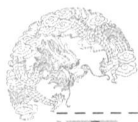

伪满史论

旧址与文物

地方史志

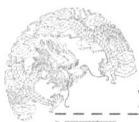

溥仪解读

溥仪和他的弟弟溥杰

赵聆实

【内容提要】溥仪、溥杰兄弟，幼时一个在紫禁城内做清朝的末代小皇帝，一个在北府当王府的小王爷，并不同轨。而历史的发展和时事的变迁却把他们的人生和命运捆绑在一起，他们同在毓庆宫内读书、同为日本侵略者效劳、同为囚徒，又同为中华人民共和国公民，在北京度过余生。他们传奇的一生折射了中国近现代的那一段历史，细细品读溥仪、溥杰兄弟，从中当会有所思考和感悟。

【关 键 词】溥仪　溥杰　皇兄皇帝

按溥杰的说法，他和"皇兄"溥仪长得极象，只是小了一号，这话没错。而他们兄弟更像的地方是都曾留下过相似的人生轨迹，只不过各自扮演的角色不同罢了。溥杰以"末代皇弟"的身份追随"皇兄"，从同窗伴读，到合谋盗宝，从留学东洋，到迎娶日本华族女子为妻……始终以"臣子""奴才"的形象生活在"皇上"的巨大阴影之下。一直到伪满洲国垮台，与溥仪携手走进监狱的大门后，他才有生以来第一次当着溥仪的面叫上一声"大哥"，从此，才拥有了真正意义的手足之情。

一

溥仪名为"皇帝"，但毕竟还是个孩子，他需要伴儿，太监、宫女都做过他的伴儿。待到读书的年龄到来时，太妃们学着同治、光绪找老师的做法，给他延请了当时天下最有名的学士、科举出身的学究们，做他的学业之师，称为师傅。请陈宝琛、陆润庠、徐坊、朱益藩、梁鼎芬教他读汉文，请旗人伊克坦教他读满文。

但溥仪天性顽皮，玩的心大，学的心小，书念不下去，东张西望，人在书房，心却想着到院子里去看蚂蚁倒窝。不得已，太妃、王公们只好将几位皇室近亲的子弟找来陪"皇上"读书，名为"伴读"。作为"皇弟"溥杰也获选在列，14岁那年奉旨入宫，在毓庆宫这所皇帝学校里伴"皇兄"读书。

对于溥杰这位"皇弟"，溥仪还是熟悉的。溥杰第一次入宫"会亲"时，他就端起"皇上"的架子，给了溥杰一个下马威作为"见面礼"。

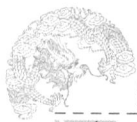

当时，溥仪领着妹妹韫英和弟弟溥杰在养心殿里玩捉迷藏。溥杰忘记了入宫前额娘要他处处小心的嘱咐，刚入宫时的拘谨已被嬉笑的玩耍冲得烟消云散，他抿着嘴笑着对溥仪说："原来我以为陛下您一定是个特别的模样，留着长胡须的人呢！"边说边做了一个捋胡子的动作。没想到溥仪大吼一声："放肆！"原来，他发现溥杰袖子的衬布竟也是明黄色。

"溥杰，这是什么颜色，你也能使？"

"这，是杏黄的吧？"

"瞎说，这不是明黄吗？"[1]

面对"皇兄"的盛怒，溥杰直吓得低头垂目，只会一个劲儿地说："扎！（是）"，决不敢正视"皇兄"一眼。

溥杰小溥仪一岁，1907年生，在他尚不记事的时候，3岁的大哥溥仪就已被慈禧太后指定入宫，承继同治兼祧光绪，做了大清第十代皇帝，大哥在他心目中的形象是朦胧和神秘的，虽然经过"会亲"，他见到了那位并无胡子的"小孩皇帝"，但那至高而下的训斥足可以让他记一辈子，所以，召他入宫"伴读"的信儿传来后，这个被皇亲看作是"巨大荣誉"的差事，在溥杰心里却成了一种负担。虽然获赏可以在紫禁城内骑马，还可以得到月例80两的银子，但伴君如伴虎，说不上什么时候会再惹个祸事来。

"伴读"的日子开始了，溥仪的侄子毓崇伴读汉语，堂弟溥佳伴读英语，最辛苦的是溥杰，汉语、英语都要伴读。

作为伴读，主要任务是陪"皇上"做三件事情。

一是陪读。比如汉语，随着老师熟读、背诵四书（大学、中庸、论语、孟子）、五经（易经、书经、诗经、礼记、春秋）、三纲（君臣、父子、夫妇）、五常（仁、义、礼、智、信），还要学习做诗做文的方法。

伴读之中，溥仪屡做奇文，闹得师傅不知如何处置。下载溥仪"御制文"一篇，可见其学问一斑：

正月一，宰个鸡。二月二，放个屁。三月三，补床单。四月四，写个字。五月五，净吃卤。六月六，怪个臭。七月七，爱拉稀。八月八，吃西瓜。九月九，狮子吼。十月十，口口口。十一月十一，吃个大鸭梨。十二月十二，商人到处买字。[2]

二是陪玩。溥仪是靠太监活着的，从小，太监就是他的玩伴。溥仪或是和他们玩捉迷藏、养蛐蛐、看蚂蚁上树，或是看他们不厌其烦地一遍遍地表演老掉牙的木偶戏。当溥杰他们几个伴读入宫后，他似乎突然发现了另一个世界，宫中不曾有过的新鲜玩法强烈地吸引着他。

李国雄回忆说，他们甚至玩过颇有满族骁勇风格的"跑马城"和"骑马战"游戏。

玩"跑马城"时热闹极了，每次都要组织十几个甚至几十个小太监和"殿上的"（宫内做杂役的非阉男童）来参战。这是一种满族儿童模拟军事攻城的传统游戏。玩时分成两组，横排对峙，一方向另一方挑战，互问互答"叮铃铃，跑马城，马城开，发个格格冲过来……""要哪个?""要红灵","红灵没在家","要某某","某某"即是另个玩者的名字,被点名的人立刻向另一队猛冲过去,若冲开,就可带回一名玩者作为俘虏,否则就要留在这个队。这样反复冲城,直到一队无人为止。

"骑马战"是以人代马的游戏。一般是三人马,也有独人独马。三人马是一人在前,二人在后,后者一手搭在前者肩上做"马蹬",一员"战将"骑于"马背"上,两"骑"交锋,相互厮杀(多为拉、扯、压等方法),人落、马散或支持不住算失败。单人独马战即一个人在肩上驮一员"战将"。这种单人独马战,灵活、快速,有时还可以战胜三人马。

当然,溥仪扮演的总是指挥员或"战将",而且总是胜利者,倒霉的总是溥杰他们几个伴读。

三是代罚。作为"皇帝"伴读的重要职责之一就是替"皇帝"受罚,按"成王有过,则挞伯禽"这一古训,当皇帝有错或怠学时,往往要找他人代罚。

溥仪贪玩,常常刚上课就给师傅放假,等玩够了回到课堂上又很少安稳,要么做些小动作,要么将鞋袜脱下来甩到桌子上来个"恶作剧",弄得师傅们哭笑不得,"皇上"说不得,只好拿溥杰他们几个伴读撒气,杀鸡儆猴,以戒"皇上"。

据溥杰讲,他还是最幸运的,从未受过大的处罚,挨罚最多的是毓崇,代溥仪挨手板、跪祖宗是常有的事。

虽是如此学法,但"帝王思想"还是在溥仪身上扎了根,他最佩服陈宝琛和庄士敦两位师傅,把他二人视为灵魂,而对庄士敦更是崇拜有加。

雷金纳德·庄士敦,生于苏格兰,是牛津大学毕业的文学硕士都,在香港总督府担任过秘书都,任过威海卫的行政长官我的,去过中国的许多地方,时人称其为"中国通"。

1919年3月,经李鸿章之子李经迈介绍,民国总统徐世昌与英国公使交涉,正式聘请庄士敦为溥仪的英文师傅。

这位一副绅士派头的庄师傅对能教授一位中国皇帝(虽然是逊帝)感到非常荣耀。他不但教溥仪学英语,更注重用印有飞机、大炮的外国画报及外国的糖果、香水等为道具,介绍西方的文化和文明,希望溥仪成为一位西式的英明君主。他特意给溥仪起个英文名字亨利,给溥杰起名威廉姆。

庄士敦喋喋不休地对溥仪说:"现在中国人民无限怀念大清时代,十分讨厌共和制。在这种形势下,中国目前军阀混战的局面,不久就会平息下来,皇帝陛下,你最重要的是修炼圣德啊!"

"因此,皇帝陛下不能总闭守紫禁城,应该去欧洲看看,尤其应该到英国国王陛下土地上的牛津大学深造,扩大视野。"[3]

这些极富煽动和诱惑力的劝诫、描绘深深打动了溥仪及溥杰等人,他们向往着西方世界。

溥仪的日常用语也发生了些许变化:"威廉姆(溥杰的名字),快给我把pencil(铅

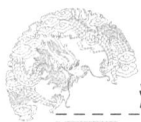

笔）削好，……好，放到desk（桌子）上"，"阿萨（溥佳的名字）today（今天）下晌叫莉莉（我三妹的名字）他们来，hear（听）外国军乐!"[4]

让太妃和王公们讨厌和警觉的不仅仅是这些汉英相杂的别嘴表达，他们最担心的是受庄士敦鼓惑的溥仪哪一天看不住真的出洋去。

为了稳住不安分的溥仪，太妃们决定采用中国传统办法让他结婚，以为可以用一后一妃拴住溥仪的心。却不知溥仪兄弟早有准备，一个逃出紫禁城，转而出洋的计划正在实施之中。为了筹措出洋资金，他们兄弟把目光盯在宫中收藏的历代法书名画、奇珍异宝之上。

这些国宝是中华民族的珍贵文化遗产，历代皇家凭借统治力量将其攫为己有，有清九代皇帝更是积敛有加。

清王朝大厦崩塌，本应收归国有的国宝却由于一纸《关于清帝逊位后优待之条件》的纵容，致使这些国宝失于控制，被溥仪兄弟轻易盗取，国宝劫难自此开始。

如何把国宝盗出宫外，溥仪兄弟颇费一番考虑，最后以溥仪"赏赐"溥杰为名，每天由溥杰将所"盗"国宝带回北府家中。溥杰每天上午进宫伴读，下午回家时就把溥仪给的"赐赠品"同文具放在一起，包在一个黄绫包里，由太监相送，大模大样地带出宫禁。

宣统十四年（1922年）七月十三日，溥仪第一次就"赏"了溥杰十种宋版书。计《毛诗》四册、《韶语阳秋》一套、《玉台新咏》一套、《卢户部诗集》一套、《五经》一匣四套、《纂图互助南华真经》一套、《和靖先生文集》一套、《御题尚书详解》一套、《帝学》一套、《孙可之文集》一套。

溥仪回忆说，这样的盗运活动几乎一天不断地干了半年多时间，所运出的法书名画、文物古玩都是出类拔萃、精中取精的珍品。

有王羲之、王献之父子的墨迹《曹娥碑》《二谢帖》，有钟繇、僧怀素、欧阳询、宋高宗、米芾、赵孟頫、董其昌等人的真迹，有司马光的《资治通鉴》原稿，有唐王维的人物，宋马远和夏圭以及马麟等人画的《长江万里图》，张择端的《清明上河图》，苏轼的《二赋》，还有阎立本、宋徽宗等人的作品。

放在乾清宫西昭仁殿的宋明版珍善本图书，也被盗运一空。

总共盗出书画、手卷一千多件，挂轴、册页二百多种，珍善本图书也有二百种上下。

1924年溥仪被驱逐出宫后，"清室善后委员会"在点查毓庆宫时，发现了"赏溥杰单"，后发公告说，赏溥杰的东西"皆属琳琅秘籍，缥缃精品，天禄书目所载，宝籍三编所收，择其精华，大都移运宫外"。[5]

据溥佳回忆，有时溥仪也以赏他的名义，向宫外盗运国宝。在溥仪出宫的前两天，趁养心殿无人之时，溥仪又从保险柜里取出便于携带的珍珠手串等物，分别装在两个小提箱内，带到宫外。

中国历代帝王都有赏赐皇亲、下臣之例，但像溥仪如此大方的"赏赐"，却难寻其二，面对如此国宝巨盗，民国政府竟然不闻不问，真乃国之悲哀!

这些法书名画、奇珍异宝足足装了七八十口大木箱，后经庆亲王载振之弟载伦周旋，办理了免检免税护照，由溥佳押送，全部运往天津英租界戈登路166号楼内。

1925年溥仪到天津寓居后，为补贴家用，先后变卖了王献之的《中秋帖》、王询的《伯远帖》等几十件国宝。伪满洲国成立后，余下部分全部运至长春、藏于宫内府小白楼。

1945年8月13日，溥仪逃出帝宫，来不及带走的法书名画、珍善图书被"皇宫近卫军"抢掠一空，国宝横遭劫难，流散于国内外。

二

1924年11月5日，溥仪被冯玉祥的国民军驱逐出宫，溥杰的伴读生涯随之结束了。溥仪跟着哭哭啼啼的父亲载沣回到还留着儿时记忆的北府。不久，在罗振玉、郑孝胥等人的策划下，溜进德国医院，转而又客居日本公使馆。1925年2月25日，在日本警察的精心护送下，乘火车潜往天津，寓居张园。

突如其来的变故使溥仪兄弟盗尽国宝的计划受到挫折，但复辟大清的念头却未就此打消。

溥仪表面上做着悠闲自在的寓公，逗洋狗、打网球，暗地里却与各种复辟势力眉来眼去、频频勾结，而最终倒向日本军人、政客。几年来的风风雨雨，特别是蒋介石的发迹史，给了溥仪一个重要启示：恢复祖业，必须手握军权。

溥杰也是这样想的，他牢记皇额娘临终前要他"长大以后辅佐大阿哥"的嘱咐，一心要投身行武，他甚至坐船到了大连，若不是溥仪求日本人拦阻，几乎成了张作霖讲武堂里的一名奉系军官了。

而"东陵事件"的出现，更使溥仪痛下拥有"一支自己的军队"的决心。

东陵位于河北遵化县马兰峪，是乾隆皇帝及慈禧太后的陵寝之地。1928年8月，国民党41军军长孙殿英指挥部下炸开地宫，将殉葬财宝搜罗一空。

祖坟被挖，王公大臣号啕恸地，溥仪更是瞪着哭红的眼睛发誓："不报此仇，便不是爱新觉罗的子孙！"他决定派身边最亲信的皇族子弟去日本学习陆军。"君子报仇，十年不晚。"待来日羽翼丰满、军队在握时，再找蒋介石算账不迟。

1929年3月，在家庭教师远山猛雄的活动下，溥仪送22岁的"皇弟"溥杰、19岁的内弟润麒踏上东瀛留学之路。

行前，溥仪听从远山的建议，为溥杰、润麒起了假名，以遮掩二人与皇室的关系。称溥杰为"金秉藩"，意含秉承曾国藩之志，学成归来，恢复清朝。称润麒为"郭继英"，

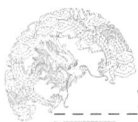

取继承明朝开国名将沐英之意，永远忠于旧朝。

本来，日本陆军当局曾对溥仪夸下海口，保送溥杰、润麒入学士官学校没有问题，但当二人下榻东京后，陆军方面却突然变了卦，说凡考士官学校者，都得由日本国政府保送，最低限度也要由当地政权推举，溥杰二人是由溥仪保送的，当然没有报考资格。无奈之下，只好在日本财阀大仓喜八郎的斡旋下，改入学习院学习。

由日本宫内省管辖的学习院，只有日本皇族或华族（即名列公侯伯子男的贵族）子弟才有资格进入。在这里，溥杰由疑惑而羡慕，由崇日而亲日，认为，大清复辟，非日本帮助不可，"日满亲善势所必至，理所当然"。

1931年"九一八"事变爆发前，时任日本鹿儿岛步兵第45大队长、后来做了溥仪"帝室御用挂"的吉冈安直特意把溥杰接到家中，他神秘兮兮地告诉溥杰："回到天津，请转告令兄，别看张学良在东北为所欲为，不久，中国东北也许会发生什么事情。令兄是大有前途的，希望他多保重，等待时机的到来。"[6]

溥杰把这个"特大喜讯"转告了溥仪，并对好友说："我想我的哥哥溥仪这次准能出来，'东三省'可能脱离南京国民政府而完全独立，说不定能成为一个新的'满蒙国家'"。

一个叫水野腾郎的日籍华人特意送给溥仪一把扇子，上题："天，不可空勾践；时，不可无范蠡。"12字，溥仪一时不解，问及溥杰，溥杰引经据典，回答说，这里讲的是越王勾践复国的故事。春秋战国时，越王勾践被吴王夫差所俘，卧薪尝胆，后来与忠臣范蠡等同心协力，终于打败吴王，恢复了越国。在日本，1331年被幕府俘虏的后醍醐天皇也曾受到这个典故的激励，在许多"范蠡"的辅助下，消灭幕府，回到京都，实现了"建武中兴"。[7]

吉冈的暗示，水野的寓语，使溥仪兄弟兴奋不已，预感到"龙归故里"的时刻就要来到了。

"九一八"事变爆发，中国东北沦陷。次年3月，溥仪前往长春，充任伪满洲国执政。转年7月，新更名清水次雄和清水武雄的溥杰、润麒随另外9名溥仪的近亲、亲信，进入位于东京市谷台2号的日本陆军士官学校学习。是年，溥杰已26岁。

以军人的标准来衡量，过惯了公子哥生活而又弱不禁风的溥杰，可以说，根本就不是学军事的料，是骨子里种下的"复辟"愿望把他推向有如他个人感受到的"地狱一般的陆军士官的军窗生活"。

溥杰等人是士官学校47期候补生，本着"日满一体"的精神，他们与日本候补生同吃、同住、同训练。吃的虽不如学习院那般味美可口，但尚可将就。"战术课程""兵器学""筑城学"也可稀里糊涂地"混"，最受不了的是操练课。

溥杰是个近视眼，进行队列训练时，不是走不齐，就是摔筋斗，弄得背包趴在背上歪七扭八，出尽了洋相。一次演习训练，脚下开小差，掉进粪池里，险些被灌了"大肚"。

1935年6月，溥杰的士官学校生活结束了，军事技能没什么长进，但自我感觉"增长了军人气质"，能做个"满洲国军人"啦！

虽然两年的学习很吃力，但在毕业仪式上，当着日本天皇裕仁的面，仍以"成绩优秀"获得了日本陆军大臣赠送的一块银表，伪满洲国大使送的一把军刀，总算给刚做了"满洲帝国皇帝"的皇兄溥仪赚了一个面子。

抬举溥杰是为了给溥仪看，但也不乏关东军的深层用意。1929年溥杰初到日本时，关东军就注意上了他。关东军需要一个有着清朝皇帝身份的溥仪做统治伪满洲国的傀儡，必要时，也需要一个既有皇族血统，又受过日本教育的"皇弟"做一个全新的政略筹码。

1936年9月，时任伪满禁卫步兵团排长，有着中尉军衔的溥杰被派往日本千叶步兵学校学习，等待他的不仅仅是艰苦的军事训练，作为一桩精心策划的国际政略婚姻的演出者，他已在不知不觉中走上前台。

早在溥仪就任"满洲帝国皇帝"之初，关东军就已开始考虑"帝位继承"问题。他们发现溥仪很"怪"，他极度厌恶女性，与"皇后"婉容是不可能有继承帝位的嗣子的，按照清朝光绪承继同治的先例，继承帝位的只能是皇弟溥杰了，为此，溥杰娶何人为妻便成了非常重大的"国是"。

关东军拿定主意要在日本女子中给溥杰物色对象，因为如果真有一天溥杰继任皇位的话，这种特殊的婚姻关系可以强化"日满一体"。

开始，关东军通过吉冈安直向溥杰灌输：什么男人必须有女人服侍啦，什么日本女人是世界上最理想的妻子啦，日本女人最温柔最可爱啦，等等，不一而足。

后来，吉冈安直干脆告诉溥仪：为了促进日满亲善，关东军希望溥杰能与日本女子结婚。

溥仪害怕了，他意识到这是一个阴谋："日本人想要笼络住溥杰，想要一个日本血统的孩子，必要时取我而代之。"他一面告诫溥杰，决不能答应娶日本女子，一面立即派人到北京给溥杰说亲。

但溥仪还是迟了，1936年1月13日，日本关东军司令官南次郎例行会见溥仪，在勤民楼健行斋里，他委婉地说："……自古就有政治联姻，这应引起我们的重视，这也是首先考虑溥杰的终生幸福。"[8]

溥仪有苦难言，明知是套，也得钻。他非常清楚，关东军的希望与命令一样，同样是不可违逆的。他对南次郎说："言之有理。溥杰也对自己讲过，完全不考虑人种上的差别，而要考虑到两国邦交。若同日本的皇族喜结良缘，不只是本人满意幸福，也是两国的无上幸福，并向两国国民做出真正的日满亲善的表率，这确是好事。"[9]

事已至此，不如主动送上一个人情，说话间，关东军的"希望"成了溥仪的"要求"，溥仪主动提出溥杰可以与日本女子联姻。

关东军本想给溥杰找一个皇族王女。但受到王女不可嫁离日本的限制，于是只好在公卿华族小姐中选择。几经筛选，目光最后落在侯爵嵯峨公胜的孙女年方24岁的嵯峨浩身上。

嵯峨家族在公卿中是仅次于五摄家、九清华的名门豪族。浩的曾祖父正亲町三条对明治维新有功，被授予侯爵爵位。浩的祖母南加子是明治天皇生母中山一位局的胞兄弟、宫内侍从中山忠光卿的独生女儿，所以浩的家庭和宫中的关系是非常密切的。

对于关东军一手导演、包办的这桩政略婚姻，嵯峨家不敢拒绝，浩在无奈之下，也只

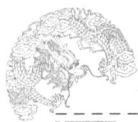

好同意与溥杰见面。

1937年1月18日，是溥杰相亲的日子，此时他的心情是很矛盾的。溥杰有过婚史，17岁那年，遵老父之命与唐怡莹结为百年之好，虽然因感情不睦，夫妻关系全无，但毕竟还有夫妻的名分。

如此隐情，溥杰岂敢言明？唯一的选择只能是顺从。

也许是天意吧！两个被关东军强行撮合的异国男女竟然一见钟情。透过薄薄的眼镜片，浩觉得溥杰的眼睛聪慧而明亮，温柔而安详的样子，与其说像个军人，不如说更像个学者和文人。浩给溥杰的印象就更深了，他觉得浩很像他崇拜的宝冢戏场里最红的少女明星草笛美子，温文尔雅，美丽娴静。

他们的婚事就这样定下来了。

一周后的1月25日，南次郎拿着浩的照片给溥仪看，微笑着说："陛下若恩赐许可的话，这桩婚姻就算成了。"

"很好，溥杰本人满意，又是经各方面人士的充分选定，我同意。"〔10〕

溥仪对溥杰与日本女子结婚虽心存疑虑，但仍摆出高兴的样子，敕许了溥杰的婚约。

在东京，溥杰与浩的婚事在悄悄准备着。

在"新京"，让溥仪夜不能寐，忧心忡忡的《帝位继承法》也在紧张地制定中。

2月17日，溥仪与关东军司令官植田谦吉在健行斋签署了一份备忘录，文称：

康德皇帝无皇子时，有关皇位继承应得到关东军司令官之同意，并按以下顺序决定。

（1）康德皇帝和皇后无皇子并被确认时，继承皇位应依遵天皇之睿智决定之。

（2）康德皇帝无皇子时，决定继承皇位应依遵天皇之睿智，继承皇位之圣旨，由皇帝宣布之。

（3）历代皇帝亦依此规定。

此外，还对"皇帝侧室""皇子教育""皇女婚嫁"等做了具体规定。3月1日，《帝位继承法》公布，其中第五条称："帝子孙皆不在，传帝兄弟及其子孙。"〔11〕

4月3日，溥杰与浩的结婚典礼在东京九段军人会馆举行，原关东军司令官本庄繁及夫人主持婚礼。溥仪派宫内府大臣熙洽作为特使前来祝贺。日本皇族竹田宫恒德王和王妃、内阁总理林铣十郎陆军大将、宫内省松平宫相、贵族院议长近卫文麿公爵、众议院议长富田参加了婚礼。此外，来宾几乎全是着黄军服的关东军军官。浩和溥杰的亲朋以"婚礼费有限"为借口被严格限定了参加人数。

次日，日本和伪满的报纸、广播以"日满一体、划时代的国际结婚"为基调，报道了"婚礼"盛况。

溥杰深谙这桩跨国婚姻的政治含义，更晓得带给溥仪的将是一个怎样的刺激，为了能稍许缓解一下"皇兄"的疑惑。溥杰写信给溥仪，表明他还是愿意与浩结婚的：

浩对于家中诸事，事无巨细，皆亲自操作。甚至蓬首蔽衣，收拾一切。杰不在家时，自以简单食物果腹。杰归时，将搏节之余丰馔为饷。诚杰生以来初次尝到此种家庭幸福也，较之怡莹，实不啻有天壤之差之感。

不久，浩也给溥仪奉上一封请安信，表示对"皇上"的忠心：

浩自此次与溥杰订婚以来，即立志（为）满洲帝国之人。虽言语礼节尚未熟谙，矢当努力从事练习。三日结婚时，拜听御赐数语，不觉感激涕零。此后更当努力奋勉，绝不敢稍违圣谕所期也。〔12〕

浩是位通情达理、善解人意的女子，传统妇德告诉她：嫁给溥杰，她就是夫家的人了。虽然融入爱新觉罗家族绝非一朝一夕能够做到的，但她要努力去争取。

三

溥杰娶了日本女人，对溥仪的刺激，与其说是增添了忧虑，倒不如说是带来了恐惧。他认为弟媳浩是继帝室御用挂吉冈安直之后，关东军安插的又一个"监视人"。而且是埋藏在爱新觉罗家族中的一颗"定时炸弹"，到时候就会爆炸。

溥杰做了不少"说服"工作，希望"皇兄"能够相信他，也相信浩。为此，他每周给溥仪写一封信，浩也经常附上几句，说些诸如"瞻养天颜，敬承圣训，实浩毕生之大幸"之类的赞美词，以示对"皇上"的忠心。

尽管如此，溥仪的疑心仍丝毫不减，而当知道浩怀有身孕时，他更是惊恐不已，寝食不安，还特意搬出"马前课"，为自己的前途算卦。

"浩会生一个男孩，还是一个女孩呢？"

"如果是男孩，关东军会不会让我退位？"

"关东军会不会杀掉我？"

他也为溥杰的命运担心，他知道那个《帝位继承法》的前几条都是靠不住的，靠得住的只是"弟之子继之"这句话。"关东军要的是一个有日本血统的皇帝，因此我们兄弟两个都可能做牺牲品。"

吉冈安直却是高兴不已。在溥杰与浩的这桩政治婚姻中，他始终是一个上蹿下跳的人物，他期盼着浩能生一个男孩，若能如此，那就可以按照《帝位继承法》来实现关东军的愿望了。

吉冈专门和妻子到商场选购了送给新生儿的礼物。那是一件用松鼠皮做的白色外套，外加两条绫带，一条水青色，一条桃红色，如果是男孩，就系上水青色的袍带。

溥杰私下里也暗自窃喜，虽然他深知《帝位继承法》的真意所在，知道如果浩真的生了男孩，对"皇兄"溥仪，甚至对他可能带来一场灾难，但毕竟是他的子孙坐上了皇位，毕竟是继承了他的血脉。

真是各揣心腹事，各算各的账啊！

1937年8月末，溥杰从日本千叶步兵学校毕业，9月，回到"新京"，在伪满禁卫军中任职。10月，浩在其父母及女佣的陪同下来到"新京"，住进西万寿大街（今西民主大街）117号。这里原是一个蒙古王公的牧场，周围杂草丛生，野兔、獐子出没，除了溥杰一家，没有第二户。溥杰从宫中马棚拉来马粪，和浩一块栽种了500棵杏树，还开辟了一小块菜地，做了长住的打算。

按伪满宫廷礼规，初入爱新觉罗家门的新媳妇浩要到宫中向"皇上"行"拜谒礼"，

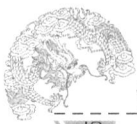

为此，她事先向三格格（溥杰之妹、润麒之妻，名韫颖）学习了晋宫礼节。伪满宫廷礼节源于清宫，致礼问候时，要行三拜九叩礼。行礼时女子要先弯左腿，两手放在右膝上跪下叩头，然后立起平身，如此反复三次，方为礼成。

溥仪看着面前的这位身着大红旗袍的"弟媳"，恐惧陡生，他勉强受礼，应付着场面。

浩的预产期是次年2月，这对浩来说是一个难熬的日子，对溥仪来说更像是一个等待审判的日子。他一直在想着一个问题：如浩生了男孩，关东军会怎样做呢？

2月16日上午，浩在"新京"市立医院产下一个婴儿，不过，既不是溥仪怕，也不是吉冈喜的男孩，而是女孩。

溥仪可算松了一口气。谢天谢地，"炸弹"并没有爆炸，"帝位"暂时无忧，"皇帝"还可继续做下去。他装出十分满意的样子，每天都让御厨做碗风味不同的汤菜给浩送去。

溥杰矛盾的心情也平静下来，虽然他的子孙继承帝位暂时无望，但得到一位像浩一样漂亮的女儿也是高兴的事呀！初为人父，溥杰首先想到的是给孩子起个寓意深刻的名字。作为他和浩生命的延续，希望女儿能成为一个智慧高深的人，就叫"慧生"吧！

最不高兴的当属吉冈安直了，眼见自己精心准备的水青色绫带没有用上，他感到很沮丧，他把系着桃红色绫带的松鼠皮大衣扔下，甩手而去。

虽然浩生的是女孩，但溥仪的戒心却未因此打消，对浩冰冷的态度一如其旧。

每当溥杰夫妇入宫拜谒"皇上"，那种寡言少语的场面令人窒息。

溥仪拿定了主意：不在溥杰面前说任何心里话，浩送来的食物一口不吃。如果和溥杰一块吃饭，对浩做的菜，一定要等到溥杰吃上几口后，溥仪才象征性地动上一点。

溥仪不愧是一个优秀的"演员"，在日本天皇面前他表演，在关东军司令官面前他表演，在吉冈安直面前他表演，在浩的面前他也表演。虽然浩已是"自家人"，但她是与日本皇室有着密切关系，而且又是关东军选中的日本人，这一点溥仪是不会忘记的。虽然心里烦，但表面上还要装出"亲善"的样子。逢年过节，他送给浩一些小礼物，时不时还邀溥杰一家到宫中吃饭。

对侄女慧生更是待以上宾，吃饭时，特许慧生坐在他和溥杰之间，还不时给慧生夹她喜欢的菜。开始，溥仪是做样子给溥杰和浩看，但时间一久，他还真很喜欢慧生，流露出长辈的慈爱之情。

有一次，溥杰一家蒙赐在宫中与"皇上"共餐，席间，溥仪忽然发现慧生呆坐在那里不动筷，便和颜悦色地问她：

"怎么啦？慧生！"

慧生低声回答说：

"家里还有姊母们等着呢，我想我不吃给她们带回去。"看着懂事的慧生，溥仪大受感动：

"好啦，好啦，你安心地吃吧，等会把同样的饭菜装在箱里带回去好吗？"

溥仪无不羡慕地对溥杰说："你该有多幸福哇！"

慧生喜欢唱歌，溥仪有时就拉着她的小手听她奶声奶气地唱。当慧生4岁时，溥仪特地给她买了一架钢琴，还请了一位老师。他也是"满映"明星李香兰的老师，老师有时带着李香兰一块来。

慧生还喜欢拉小提琴，当能拉出曲子时，溥仪还在同德殿的钢琴间为慧生弹琴伴奏儿童歌曲《闪闪发光的星星》。溥仪告诉慧生，等她长大了，他一定送她一把斯特拉迪巴利乌斯制作的世界上最好的小提琴。

因为有了慧生，溥仪与溥杰一家的关系缓和了许多，但对待浩还是依然如故。

日本和伪满报刊时而报道一些伪满宫廷生活的"花絮"，称赞溥杰与浩是"日满亲善之典范"，与"皇上""其乐融融"。

溥仪第二次访日时，日本报纸还煞有介事地报道了一则桃色新闻，称"皇弟溥杰上尉浩夫人"拜谒了"满洲帝国皇帝"，"溥仪皇帝陛下以一种喜出望外的格外冲动感情接待了该夫人。"为渲染"日满亲善"的气氛，竟出此下策，真是无聊至极。

太平洋战争爆发后，日本在战事上取得了短暂的辉煌，但美梦难长，很快就走了下坡路。溥仪在宫中频频听到日军"玉碎"的消息，假惺惺地向关东军司令官表示他对"大东亚圣战完遂"的信心，以此掩盖内心的不安。

此时，溥杰已由上尉晋升为少校，在皇宫禁卫步兵团第三中队担任队长，并被派往日本陆军最高学府——陆军大学，作为旁听生学习幕僚军务。由于处在战时，原来的三年学制压缩为一年。溥杰在这里作"满洲国战术"的具体研究，假设美国从冲绳登陆，苏联会进攻"满洲国"的问题。

为了"皇兄"的复辟大业，溥杰在陆大嚼着溥仪送来的奶酪、甜点心，喝着浩泡的香茶，彻夜研究军事。他知道，在某种程度上，"皇兄"把未来危急时刻"救驾"的重任放在了他溥杰身上。

战火烧到了东京，在美军飞机轰炸下，狸穴（东京一个地名）附近成了一片火海。陆大的学员被陆续征用，最后连教官也被送上了前线，陆大办不下去了。

1944年12月，"失学"的溥杰带着浩和次女嫮生返回"新京"。留在姥姥家的慧生到羽田机场送行，当溥杰挥手和女儿再见时，无论如何也想不到，这竟是永别！

半年后，苏军轰炸机也光顾了"新京"。

1945年8月10日凌晨2时，熟睡中的人们被炸弹巨大的爆炸声惊醒。浩推开窗户，看到宫内府方向升起一股股冲天的火柱。

溥杰打开收音机，里边传出播音员的声音："凌晨2时，从哈尔滨方向飞来空袭的敌机，在皇宫附近扔下炸弹，然后向吉林方面飞去……"

"肯定是苏联飞机，如果是美国的，应该从大连方向飞来，我要到宫廷去，你在家一定要多当心啊！"

溥杰从宫中回来后告诉浩："炸弹落在了宫廷前面的监狱里，犯人被炸死了。的确是敌机来轰炸。陛下的随从们都慌慌张张地逃走了，只有恭亲王的儿子一个人留在陛下的身边。"

下午两点左右，吉冈安直从宫内府打来电话，通知溥杰夫妇马上入宫，有要事相告。

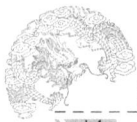

吉冈以惯有的那种无精打采的表情宣读了苏联的宣战布告。并说："几千人的战车部队已逼近新京的防线，有可能明天就会突入新京附近。关东军准备拥戴'皇帝'据守在通化的山区，进行最后的决战。不过也维持不了两个月的时间。大家要做好一死的决心，和军队一起去通化。"〔13〕

这一切对溥杰的冲击实在是太强烈了，他绝望了。关东军靠不住了，母亲让他辅佐皇阿哥恢复祖业的梦想破灭了，他溥杰的前途也没了。他下意识地抓住了枪套。

"你要干什么？"

浩吓得跳了起来，大喊着抱住溥杰："你想死，什么时候不可以，过去能同皇帝同甘共苦，现在能丢下皇帝，自己先去死吗？"〔14〕

此时，溥仪已陷入了极度的绝望和痛苦之中，他也想到了死，但不是自杀，而是怕别人杀他。日本人为灭口会杀他，国民党视他为汉奸也会杀他，总之，死路一条，只有硬着头皮走下去了。

早在数月之前，溥仪就把宫廷学生（主要是爱新觉罗家族的子弟）和亲信随侍们组织在一起，给每人发了一把20响盒子炮，让他们练习射击，以便在关键时刻能够有人来"救驾"。

如今，在最危急的时刻他首先想到了溥杰，他是自己的亲弟弟，是最可靠的一个。他向关东军提出要求：把溥杰调到身边。

不知内情的溥杰此刻正在军官学校，以预科生队长的身份给学生们训话，要求他们：面对苏联这个"新的敌人"，需要勇敢战斗，把他们消灭掉，这是"我们满洲国军队的任务！让我们确信最后的胜利，来创建日满一心一德的奇迹，为东方和平做贡献吧"！

可笑的是"皇兄"的"旨意"，关东军的"调令"，使溥杰成了最早的逃兵。

面对"皇兄"，溥杰慷慨激昂地说："我要继续留在新京，战斗到底，我已下决心同我的部下同生死，共命运，直到战死。千万请皇上多多保重，今后请您创建我们中国人的王道乐土！"

没想到"皇兄"溥仪听他说完这番话竟气得横眉立目，拍案而起：

"溥杰，你要抛弃我吗？不行，你要同我一起战斗，等我死了你再死不晚！"

溥杰没有权利再做选择了。他乖乖地辞了军职，脱离了军队，成了溥仪的侍从武官，几乎一刻不离地守候在"皇兄"身边。

溥杰夫妇把房子委托给中国佣人管理，把贵重物品埋在院内。他们盼望着还能回来。

逃跑的时刻到了。

1945年8月11日夜，暴雨无情地下着。溥仪一行从宫中仓皇出逃，身后供奉着天照大神的"建国神庙"陷于一片火海之中。为了毁灭罪证，关东军不得不烧掉它。

午夜1时，逃跑专列鸣着尖厉的笛声驶离"新京"站，溥仪和家眷及伪满各部大臣均在车上。

13日，列车抵达通化大栗子沟，这是一个毗邻边境的小镇，与朝鲜隔江相望。

大栗子矿日本矿长的房子成了临时行宫，溥仪带着皇后婉容、福贵人李玉琴住了进去。附近一栋二层小楼成了溥杰他们一家人的住所。

15日，惊恐不安的人们被吉岗安直叫到一起。收音机里传来日本天皇裕仁的声音，日本接受波茨坦公告，宣布无条件投降。

刹那间，所有在场的人像被雷击一样呆立在那里，当他们终于缓过神来，明白是怎么回事时，哀号声顿起。

溥仪死死抓住溥杰的手，好像只有溥杰才能救他，他心中明白："全完了！"

17日夜，在大栗子矿食堂里，溥仪宣读了由日本人起草的《退位诏书》，历史的怪胎——伪满洲国垮台了！

溥仪想回北京，但那根本做不到。关东军早已下了命令，如果溥仪脱逃，格杀勿论。

没办法，溥仪又请求去日本"避难"，可日本方面以种种理由加以拒绝。最后，经再三联络、恳求，才回电允许溥仪暂住日本京都的一个旅馆。

18日，溥仪带着弟弟溥杰、三妹夫润麒、五妹夫万嘉熙、侄子毓喦、毓嵣、毓嶦、随侍李国雄、御医黄子正离开大栗子沟，在通化乘飞机去日本。

溥杰自以为结局不错，再过几小时就可以到日本，就可以见到女儿慧生了。

岂不知，飞机并没有飞往日本，而是降落在沈阳机场，溥仪一行成了苏联红军的俘虏。随后转乘苏联的大型军用飞机飞到赤塔，开始了漫长的囚徒生活。

浩和小女嫮生几经周折、辗转，回到日本，等再次见到溥杰时，已是16年后了。

四

如果溥杰能和他的部下留在"新京""同生死、共命运"，如果载着溥仪和他的飞机能飞到日本京都"避难"，那么，溥杰或许就不会有妻女离别之怨、异国牢狱之苦。但历史从来就没有如果，并非"皇兄"溥仪在最后关头死死拽住他，才使他交上如此"恶运"，溥杰对日本侵略者的盲从，特别是对溥仪的愚忠，决定了他必将走上最后的囚途。

在赤塔，驻军司令官向他们宣布了苏联政府下发的拘留令，异国囚徒生活从此开始了。两个月后，他们又被转押到位于黑龙江与乌苏里江汇合处的小城哈巴罗夫斯克，直至1950年。

在异国为囚的五年里，虽然拘留所要求他们学习联共布党史等介绍共产主义的书籍，但溥仪等人依然是我行我素。他每天领着三个侄子，一个"仆人"念佛、摇卦，不打苍蝇、不杀臭虫，消磨时光。溥杰虽任学习小组长，但并未对过去的历史有新的认识，真正脱胎换骨的改造还是在被引渡回国之后。

1950年7月28日，南下的列车把溥仪等伪满战犯和日本战犯送到抚顺。颇具讽刺意味的是昔日由日本侵略者建造的监狱，如今成了关押他们的牢房。

高墙之内，艰难的狱中改造生活开始了。通过学习、劳动，溥仪等伪满战犯从抗拒到服从，从觉悟到认罪，走过了漫长的人性回归之路。溥仪溥杰兄弟也终于打破"君臣"界限，以兄弟相称。溥杰还帮助大哥溥仪撰写了《我的前半生》初稿。

溥杰从前途渺茫、神思恍惚的情绪中逐渐解脱出来。他想念妻子浩，也想念女儿慧生和嫮生，他开始认识到是因为自己堕落为日本侵略者的走卒，才身陷囹圄，失去自由。

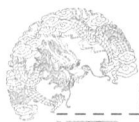

远在日本的妻女也时刻牵挂着溥杰的安危。虽然当时中日还没有外交关系，但1954年大女儿慧生还是越过层层障碍，将一封沁满父女深情的信送到中国总理周恩来的手中。

"我的中文虽然很拙劣，但请允许我用在日本学习的中文写这封信，……我的父亲溥杰久无音讯，母亲和我们都很担心。我们不知道给日夜思念的父亲写过多少次信，寄过多少张照片，但是从来没有收到一封回信，只好望洋兴叹。

虽然人的思想各不相同，然而骨肉之情却是同样的。我想，如果周恩来总理有孩子，一定能够理解我对父亲的思念，一定能够理解盼望与丈夫团聚，同时含辛茹苦将我们抚育成人的母亲的心情。

现在，中国与日本没有建立外交关系。但是，我们的家庭是由中国的父亲和日本的母亲组成的，我们全家人都真心实意地期望中日友好。这一心愿是没有任何人可以阻拦的。母亲盼望早日回到父亲的身边。我也希望自己能成为中日友好的桥梁，所以才这样拼命地学习汉文。

谢谢，拜托了，请将这封信连同照片转交给我的父亲……"〔15〕

薄薄的几页信纸，此时变得沉甸甸的。这里面不仅寄托着浩、慧生、嫮生三颗炽热的心，它还经过一位伟人的手，传递着伟人的温暖和爱。

读着海外来鸿，溥杰泪如雨下，如醉如痴的他提笔给浩回信：

"浩！你教育出了这么好的女儿，她像你一样热爱中国，她要做个像样的中国人，她还要从事中日友好的工作。女儿们在你的哺育下已经成长起来了，我怎么向你表达我的感激之情呀！"〔16〕

战犯管理所的教育、亲人的鼓励，使溥杰坚定了好好改造，重新做人的信心。在大坦白、大检举中，他倾吐过去的罪恶历史，"我相信共产党，只要我老老实实交代自己的问题，我想党一定会宽大处理我们。"

溥杰盼望着家人团聚的那一天。自从和浩、慧生、嫮生及北京的弟弟、妹妹通信以后，他觉得生活变得更充实了，管理所内的天空也变得更宽广了。慧生经常给他写信，她的中文信写得很好。她攻读中国文学，已经读了林语堂的《京华烟云》、鲁迅的《彷徨》，甚至还读了毛泽东的《实践论》《矛盾论》。溥杰感到很高兴，慧生喜爱中国文学，她以足够的文学素养来继承爱新觉罗的书香门第。溥杰憧憬着他出狱后和慧生一块从事中国文学研究的情景，觉得这一刻就要到了。谁能料到天大的不幸却敲碎了这个美好的设想，让溥杰和浩悲痛后半生的事情发生了。

1957年12月4日下午7时，他的大女儿慧生在日本静冈县天城山隧道八丁目一棵百日红树下，同她的恋人大久保武通殉情自杀。他们相依相偎，子弹射穿了太阳穴。

噩耗传来，有如晴天霹雳！

天哪！这是为什么？

溥杰失声恸哭，他悔呀！

假如他不追随"皇兄"，能够凭理智自由地选择人生道路，也不至于落到这一步。

假如他抛弃那个"日满亲善"，不为伪满为日本侵略者效命，与他的妻女厮守在一起，再贫再苦也是一个团圆的家呀！

假如他能在孩子的身边，用父爱保护女儿那颗尚还稚嫩的心，慧生也不会感到孤立无助！

慧生曾写信告诉他，她有一个男朋友，假如他能多问一句，给女儿一点支持，她也不会走上绝路。

作为父亲，溥杰知道他没有尽到应尽的责任，他深深地责骂自己走错了路，犯了罪，造了孽。

呜呼慧儿！

吾为汝父，

负汝实深。

死者已矣，

生者何堪?

有母飘零，

有妹无告，

罪咸在我，

苦汝深矣!

负汝深矣!!

呜呼慧儿，

偏有此父。

已矣已矣，

恨何有极!!!

……[17]

是战犯管理所的金源科长把溥杰从悲痛中拉了回来。他从一个人也是一个朋友的角度安慰溥杰："人总是要死的，人死不能复生。你要从这件事上看到自己的罪过，增强改造的勇气。你已经失去了一个女儿，你要更加爱护剩下的这个女儿，让她健康成长。"[18]

过去，溥杰还觉得自己"冤""屈"，如今，他真正认识到自己的"过"与"罪"，他真诚地向浩忏悔：

"我把将来的一切全都寄托在慧生和嫮生身上了。我之所以能经受种种磨难，活到今天，就希望有一天能和两个女儿和浩团聚……这是为什么啊!?天各一方，身为父亲不能为女儿做任何事情，这是我终生的遗恨。如果说谁有罪的话，那就是我，是身为父亲的我……"[19]

1959年12月4日，大哥溥仪蒙受特赦出狱。临行前他对溥杰说：

"二弟，我要离开这里了，希望你能正确对待这个问题，争取下一批特赦时能有你。……到社会上去以后，我要凭自己劳动维持生活，我要为人民服务。"[20]

溥杰感动了。大哥不枉在管理所改造10年，他真的进步了。

翌年11月28日，根据中华人民共和国主席特赦令，溥杰也被释放了。

就要走出高墙、铁丝网了，溥杰无不留恋地环视着住过的监舍、莳弄过的花草和喂过的猪崽。再见了，战犯管理所，我将走向新的人生。

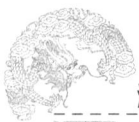

在北京，溥杰兄弟姐妹终于团聚了。溥仪看到分手仅一年的溥杰，激动不已，叫着："二弟!"扑上去紧紧抱住了溥杰，泪如雨下。溥杰也大哭着叫着"大哥"。此情此景，感染了在场的弟妹们，顿时，喜泪飘洒，哭声一片。

中国共产党改造他们，给了他们新生。共和国的总理还亲自过问他们的工作、学习，关心他们的生活。

1961年2月12日（农历腊月27日）下午，周恩来总理请爱新觉罗家族的主要成员到家中共进晚餐。总理热情地招呼大家，直截了当地说：

"今天请你们来一起过年，另外和你们商量一下溥杰的家庭问题。他出来了，他的夫人还在日本，要不要邀请他的夫人回来一家团聚呢?"[21]

亲切的话语像甘露一样流进溥杰的心田。他朝思暮想的就是浩，就是家人团聚呀!他望着总理慈祥的面容，真想说："总理呀，您对我一个有罪之人如此关怀，叫我怎样报答您呢?"

溥杰心里不安，不知大家会说什么。他清楚，大哥溥仪肯定会反对的。早在溥仪被特赦时，溥仪就推心置腹地告诫溥杰："为什么第一批特赦人员里没有你?主要还是你有日本老婆的问题。日本人为什么要给你找个日本老婆呢?那就是让你紧紧跟着日本帝国主义走。嵯峨浩肯定是个特务，所以你必须和她划清界限，和她离婚。"[22]

果然，溥仪还是这个态度，他对总理说："溥杰和浩这桩由日本帝国主义包办的政略婚姻随着日本的战败理所当然应该解除，不应该再继续下去了。"[23]

大家却不同意溥仪的意见。四弟溥任说：

"我欢迎嫂子回来和二哥团聚，他们夫妻俩是有感情的，我们不应该拆散这一对有感情的夫妻。至于两国社会制度不同，我们大家可以帮助嫂子进步。"[24]

七妹韫馨说：

"我觉得嫂子回来没有关系，二哥回来了，应该让嫂子回来和他团聚。夫妻团圆，人之常情嘛!再说日本女子讲究'从一而终'，我们没有理由不让嫂子回来。至于嫂子是日本人，对中国的社会生活不适应，我们大家帮助她，她会慢慢适应的。她的思想状况，经过大家帮助，也会进步的。"[25]

随后，七叔载涛、三妹、四妹、五妹和在场的妹夫们也都表示赞成浩回国团聚。

溥仪看看大家，又看看总理，也不再坚持他的意见了。

最后，总理对大家说：

"请浩回来还是可以的。这么大一个中国怎么会容不下一个日本女子呢?人是可以转变的嘛!我们把嵯峨浩接回来，有两个可能：一个是她和溥杰生活得很和谐，建立起一个美好的家庭，这是好事;一个是可能彼此失望，那就让她再回去。她想回日本也可以回去，来去自由嘛!嵯峨浩要是来了，大家帮助她进步。她是由一个不同社会制度国家来的，对于我们的社会，不会一下子理解。大家要耐心地帮助她，不要操之过急，不要有什么顾虑，要多和她接触。"[26]

周总理嘱咐溥杰写信邀请嵯峨浩回来，溥杰当晚含泪给浩写信，他在信中说：

"我们现在有了伟大的共产党，有了恩人周总理，我们可以团聚了。您回来吧!弟妹们在盼着兄嫂团聚，我也在盼我们夫妻重逢。我已经等了十六年，即使等白了头，我也要等你回来，把一个支离破碎的家庭重建成一个幸福美满的新家庭。等着您的答复。"[27]

溥杰和亲属们邀请浩的信周总理请人带往日本，亲自交给了浩。其实，这之前总理已派人同浩取得了联系。归心似箭的浩早已做好了回中国的准备，她盼望着团圆的日子早点到来。

1961年5月12日，广州火车站月台，溥杰和五妹夫万嘉熙迎候从日本归来的爱新觉罗·浩。由深圳开来的列车徐徐进站了，一位身穿黑色衣织锦旗袍的女人映入溥杰的眼帘，凭直觉，他认出来了，那是他的浩！岁月的煎熬，皱纹已爬上了浩的额头，她老了。

浩手里捧着一只方盒缓步走来。"那一定是慧儿的骨灰盒"，刹那间，巨大的痛楚涌上溥杰的心头。"我的慧儿，你终于回来了，可惜爸爸只能看到你的骨灰，再也见不到你那活泼可爱的倩影了。"[28]

时间在那一刻好像凝固了，溥杰和浩对视着，本来有千言万语要倾诉，此时却一句话也说不出来。

时间一分一秒地过去，浩好像对溥杰，也好像对自己，喃喃地说：

"我对不起你……"

"你什么也不要说了……"

溥杰轻轻地接过慧生的骨灰盒，就像当年搂着五六岁的慧儿一样，缓缓地抚摸着，抚摸着……

"爸爸！"一个亭亭玉立的姑娘唤回了回忆中的溥杰，她是次女嫮生。看到她，想起慧生，溥杰的心简直就要碎了。

溥杰挽着浩，搂着慧生的骨灰盒，嫮生依偎着他们，16年后，一家人终于团圆了。

他们回到了北京，回到了属于他们自己的家——护国寺街52号。

周总理惦记着他们，为他们夫妻的团圆而高兴。1961年6月10日，总理在中南海西花厅设宴招待爱新觉罗·浩及同来的浩的母亲嵯峨尚子等人。爱新觉罗家庭成员也应邀出席。

周总理非常高兴，谈笑风生。

"今天在座的有过去的皇帝、皇族。比如西园寺就是公爵的后代，但他不愿意要这个爵位了。尚子夫人、浩夫人、干子夫人都是侯爵的后代。载涛是贝勒，他是光绪的弟弟，宣统的叔叔。溥仪先生是皇帝，'满洲国'我们不承认，但宣统我们承认的。溥杰是皇帝的弟弟，嫮生是日本贵族的外甥女，又是中国皇族的女儿。溥仪、溥杰的弟弟、妹妹过去也都是皇族，现在变化了。溥仪先生研究热带植物，还能劳动，自愿参加劳动，对劳动有兴趣。溥杰先生在景山公园研究园艺，半天工作，你还要照顾一下你的家庭。"

"现在溥杰和浩夫人已经团聚了。当初王宝钏等薛平贵等了18年，浩夫人也苦守寒窑16年，你们比他们还差两年呢！不过王宝钏等薛平贵是为了让薛平贵做皇帝，现在浩夫人等溥杰，是为了让溥杰做一个中华人民共和国光荣的公民。浩夫人是日本人，同中国人结了婚，现在已经是中国。我欢迎你做中国人，参加中国的社会活动。"[29]

旧时燕子今归来，崭新的生活开始了。

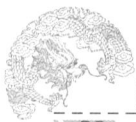

在总理的关怀下，1962年"五·一"节前夕，溥仪同北京厢关医院护士李淑贤结婚，组成了真正的家庭。

溥仪也逐渐改变了对浩的看法。两家常来常往，同享人生的快乐。浩在自家院子里特意种了一小块紫苏，他知道大哥溥仪喜欢吃用鸡蛋裹面粉炸的紫苏叶。

人的生命是有限的。

1967年10月17日，爱新觉罗·溥仪走到了人生的尽头，永远离开了他热爱和留恋的伟大祖国。

1987年6月20日，爱新觉罗·浩和她恋恋不舍的家、恋恋不舍的溥杰挥手永别。

1994年2月28日，爱新觉罗·溥杰也带着对浩、对慧儿的思念缓缓闭上了眼睛。

他们都走了，在人生的旅途上留下了或多或少，或浓或淡的痕迹，让后人思考、品评……

这就是溥仪和他的弟弟溥杰的故事。

这就是那段历史。

注释：

［1］溥仪：《我的前半生》，北京：群众出版社，1964年3月，第1版，第47-48页。

［2］单士元：《小朝廷时代的溥仪》，南岳出版社、北京故宫博物院紫禁城出版社，1988年4月，香港第一版，第18页。

［3］溥仪：《我的前半生》，北京：群众出版社，1964年3月，第1版，第128页。

［4］溥仪：《我的前半生》，北京：群众出版社，1964年3月，第1版，第127页。

［5］转引自溥仪：《我的前半生》，北京：群众出版社，1964年3月，第1版，第144页。

［6］溥杰：《溥杰自传》，北京：中国文史出版社，1994年4月，第1版，第30页。

［7］溥杰：《溥杰自传》，北京：中国文史出版社，1994年4月，第1版，第31页。

［8］〔日〕NHK：《皇帝的密约》北京：中国文史出版社，1989年6月，第1版，第113页。

［9］〔日〕NHK：《皇帝的密约》北京：中国文史出版社，1989年6月，第1版，第113页。

［10］〔日〕NHK：《皇帝的密约》北京：中国文史出版社，1989年6月，第1版，第114页。

［11］伪满洲国《政府公报》，1937年3月1日，号外。

［12］溥杰：《溥杰自传》，北京：中国文史出版社，1994年4月，第1版，第50页。

［13］溥杰：《溥杰自传》，北京：中国文史出版社，1994年4月，第1版，第67页。

［14］爱新觉罗·浩：《流浪的王妃》，长春：吉林省政协文史资料研究委员会《吉林文史资料》第八辑，1985年4月，长春第1版，第108页。

［15］溥杰：《溥杰自传》，北京：中国文史出版社，1994年4月，第1版，第115页。

［16］溥杰：《溥杰自传》，北京：中国文史出版社，1994年4月，第1版，第115页。

［17］溥杰：《哭慧女三首并序》，此为之一，载：爱新觉罗·浩：《流浪的王妃》，长春：吉林省政协文史资料研究委员会《吉林文史资料》第八辑，1985年4月，长春第1版，第3-5页。

［18］溥杰：《溥杰自传》，北京：中国文史出版社，1994年4月，第1版，第128页。

［19］溥杰：《溥杰自传》，北京：中国文史出版社，1994年4月，第1版，第128页。

［20］溥杰：《溥杰自传》，北京：中国文史出版社，1994年4月，第1版，第137页。

［21］溥杰：《溥杰自传》，北京：中国文史出版社，1994年4月，第1版，第146页。

［22］溥杰：《溥杰自传》，北京：中国文史出版社，1994年4月，第1版，第137页。

［23］溥杰：《溥杰自传》，北京：中国文史出版社，1994年4月，第1版，第147页。

［24］溥杰：《溥杰自传》，北京：中国文史出版社，1994年4月，第1版，第147页。

［25］溥杰：《溥杰自传》，北京：中国文史出版社，1994年4月，第1版，第147页。

［26］溥杰：《溥杰自传》，北京：中国文史出版社，1994年4月，第1版，第148页。

［27］溥杰：《溥杰自传》，北京：中国文史出版社，1994年4月，第1版，第148页。

［28］溥杰：《溥杰自传》，北京：中国文史出版社，1994年4月，第1版，第150页。

［29］溥杰：《溥杰自传》，北京：中国文史出版社，1994年4月，第1版，第153–159页。

（作者赵聆实　吉林省博物院副院长、研究馆员）

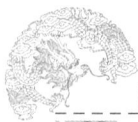

伪满初期溥仪与日本

刘建华

【内容提要】伪满洲国初期溥仪为实现复辟大清王朝的政治梦想，重新坐在所谓的"龙椅"上，不惜出卖民族利益，干尽损害东北人民利益的罪恶勾当，甘当日本帝国主义侵华帮凶。而日本帝国主义为确立在中国东北的殖民统治地位，达到长期侵占中国东北的目的，获取梦寐以求的侵略利益，在控制操纵溥仪上大做文章，在利用溥仪的身份及影响方面所采取的手段也是多种多样的。日本帝国主义与溥仪之间的所作所为，充分暴露出他们之间那种令人发指的、赤裸裸的、肮脏的政治交易与相互勾结利用关系。

【关 键 词】伪满执政 《日满议定书》 溥仪访日

伪满洲国初期溥仪为实现复辟大清王朝的政治梦想，重新坐在所谓的"龙椅"上，不惜出卖民族利益，干尽损害东北人民利益的罪恶勾当，甘当日本帝国主义侵华的帮凶。而日本帝国主义为确立在中国东北的殖民统治地位，达到长期侵占中国东北的目的，获取梦寐以求的侵略利益，在如何利用控制操纵溥仪上大做文章。日本帝国主义以让溥仪于1932年3月出任伪满洲国元首执政为政治交换条件，与伪满洲国签订《日满议定书》，从而夺取中国东北政治、经济、军事等一切大权。另外，日本帝国主义于1934年在伪满实施帝制，以满足溥仪的皇帝瘾，进一步笼络溥仪的感情，以利于日本帝国主义在伪满推行法西斯殖民统治。日本关东军还于1935年安排溥仪第一次访问日本，在溥仪"回国"后又让溥仪颁布《回銮训民诏书》，躬亲示范"日满亲善"，训示伪满国民要与日本"一德一心"。

一、日本扶持溥仪就任伪满元首执政

日本自明治维新以后开始走上对外扩张的侵略道路，中国东北是其垂涎的目标。为此，1931年9月18日晚10时20分，日本关东军自行炸毁沈阳北部柳条沟铁路，反而诬赖中国军队所为，并以此为借口，突然袭击驻有中国军队的沈阳北大营，炮轰沈阳城，制造了震惊中外的"九一八"事变。但日本帝国主义分子却歪曲说，这是因为中国兵在奉天郊外柳条沟炸毁铁路，关东军才采取军事行动的。然而历史的真相戳穿了他们所编造的谎言，后来披露的文献资料足可证明当年这起炸毁铁路事件完全是日本帝国主义分子一手制造的。

然而，南京国民政府对日本的军事侵略行动却采取了不抵抗政策，命令东北军张学良

部"绝对不得抵抗"。由于南京国民政府采取不抵抗主义，致使日军在一夜之间侵占了沈阳城。日本侵略军分兵侵占吉林、黑龙江，至1932年2月5日哈尔滨被占领，仅4个多月时间，中国东北全境沦陷。从此，近3000万中国东北人民陷于日本侵略者的铁蹄之下，半殖民地中国130余万平方公里的东北土地成为日本的军事占领地，惨遭日本侵略军的铁蹄蹂躏。

日本帝国主义在武装占领中国东北的同时，阴谋策划统治中国东北方案。早在"九一八"事变前日本军部对如何统治中国东北问题就进行了谋划。1931年4月制定《形势判断》，就此提出三步走方案：第一步扶植亲日政权；第二步建立日本操纵下的"独立国家"；第三步吞并东北为日本领土的一部分。[1]

日本帝国主义发动"九一八"事变后，关东军参谋长三宅光治根据本庄繁司令官的意图，于1931年9月22日上午8时，在沈阳一号他的居室内，召集板垣、石原、土肥原、片仓等人密谋如何统治东北地区问题。最后，基本上还是按照建川的主张与本庄的意图，制定了《满蒙问题解决策略方案》。其中包括："建立在我国（日本）支持下的，以东北四省及蒙古为领域，以宣统皇帝（溥仪）为元首的中国政权"[2]；而且，这个"新政权"的国防和外交由日本帝国掌握，交通、通讯的主要部分也要由日本"管理"；在国防和外交等方面所需要的经费由"新政权"负担等等。《满蒙问题解决策略方案》是"九一八"事变后日本帝国主义拼凑傀儡政权的第一个具体方案，是对1931年4月制定的《形势判断》第二步方案的细化。这个方案提出以溥仪为元首，建立所谓"新政权"。

日本帝国主义在策划统治中国东北方案的同时，进一步加强对清朝末代皇帝溥仪的监视、控制及引诱，诱骗并胁迫溥仪充当其侵略中国东北的代理人。溥仪认为，"九一八"事变的爆发是自己可以"龙归故里"的好机会，复辟大清王朝的梦想或许能够实现，也加紧与日本帝国主义的联络。1931年11月13日，在日本军人政客的操纵谋划下，溥仪乘船潜往东北。

日本帝国主义在方案制定方面可谓是煞费苦心，1932年1月4日关东军司令官本庄繁召集参谋长三宅光治、参谋板垣、石原、片仓衷及顾问驹井德三、松木侠等谋划统治东北方案，主要内容是：建立满蒙中央政府，首脑拟定为溥仪，称总统，避免出现复辟倾向。[3]日本陆军省、海军省、外务省根据关东军参谋板垣征四郎的汇报于1月6日共同制定《中国问题的处理方针纲要》，声称"要把满蒙从中国本土分离出来，逐步成为一个独立的国家"。板垣征四郎参谋带着这份纲要回到东北，加紧了炮制伪满傀儡政权活动。

关东军经过多次谋划，于1932年2月25日最后形成《新国家组织大纲》，所谓新国家即"满洲国"，表面上由中国人当头目，而实际上由日本人掌权，是一个地地道道的殖民政权。《新国家组织大纲》对所谓"新国家"做了以下的具体规定：

"（一）国名：'满洲国'

（二）元首称号：'执政'

（三）国旗：红蓝白黑满地黄的五色旗

（四）年号：大同

（五）首都：长春，改称'新京'

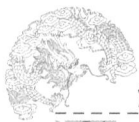

（六）'新国家'的政治：'民本主义'"[4]

在日本帝国主义的操纵下，1932年3月1日"东北行政委员会"发表一个所谓《建国宣言》，宣布在中国东北成立"满洲国"，脱离南京国民政府而独立"建国"。"满洲国"政府亦发布布告，定"国号"为"满洲国"，年号大同，"国旗"为红蓝白黑黄五色旗。同年3月7日，溥仪就和张景惠、赵欣伯等人在日本军人、特务的严加"保护"下，离开汤岗子温泉，一同前往长春。同年3月8日下午，溥仪在一群日本侵略者和汉奸的簇拥下到达长春车站。同年3月9日，在关东军的导演下，溥仪在位于长春的吉长道尹衙门正式就任日本帝国主义一手操纵控制下的殖民政权"满洲国"元首——"执政"，并在日本帝国主义的操纵和控制下开始了对东北人民长达十四年的黑暗统治。日本帝国主义图谋中国东北领土的野心由来已久，路人皆知，但对国际舆论终有所顾忌，害怕正义之声的谴责，并不敢明目张胆地吞并中国东北，所以才需要假借汉奸之手达到卑鄙目的。溥仪成为日本侵略者眼中的猎物，并为日本帝国主义所利用。日本帝国主义把溥仪推到台前，使其充当侵略中国东北的代理人。

二、日本与伪满签订《日满议定书》

近代以来帝国主义国家通过签订条约的形式侵占掠夺别国领土及资源是他们惯用的伎俩，日本帝国主义也不例外，通过与伪满签订《日满议定书》把他们梦寐以求的一切侵略利益都确认下来，中国东北的一切主权全部出卖给了日本。溥仪正是靠出卖东北主权才换取日本支持，爬上伪满洲国元首"执政"之位的。溥仪虽名为国家最高统治者，不过一傀儡而已。

在签订《日满议定书》之前，日本关东军与清朝废帝溥仪曾签署"汤岗子温泉密约"。1932年3月6日，清朝废帝溥仪在日本特务的严密监视下秘密来到"汤岗子温泉"，并与关东军司令官本庄繁的代表板垣征四郎签订了"汤岗子温泉密约"，该密约在形式上是溥仪写给关东军司令官的问候信。密约内容主要包括："（一）'满洲国'的治安维持及国防委以日军；（二）国防上所必需的铁路、港湾、水路、航空路的管理及新建均委以日本；（三）任命日本人为'满洲国'参议，中央、地方的官署也要任用日本人。他们的选任、解任需经关东军司令官的同意；（四）以上宗旨及规定是将来两国缔结正式条约时的基础。"[5]而溥仪在这封书信上所签字落款的时间是3月10日，这是关东军为了使本书信有效化、合法化，3月10日是溥仪就任伪满洲国"执政"的第二天，溥仪是于同年3月9日在日本关东军的导演下就任"满洲国""执政"的。

上述日本帝国主义与溥仪所签订的"汤岗子温泉密约"只是秘密协定，等于是溥仪事先给日本的一个承诺。公开协定则是《日满议定书》，《日满议定书》是以"汤岗子温泉密约"为蓝本的。

1932年9月15日上午8时25分，伪满执政溥仪在执政府勤民楼会见日本关东军司令官兼驻伪满特命全权大使武藤信义一行。会见之后举行《日满议定书》签字仪式。日本方面武藤信义率领一行人员关东军参谋长小矶国昭、首席随员川越、一等书记官米泽、翻译林出贤四郎等人步入勤民楼勤民殿。伪满方面人员国务总理郑孝胥、外交部总长谢介石、外交部次长大桥忠一、总务厅长官驹井德三、秘书郑垂、民政部总长臧式毅等也一同步入勤民楼勤民殿。武藤信义首先宣布日本政府"承认"伪满洲国的声明，日本正式"承认"伪满洲国。声明中说："本政府派定来都将军专使，与'满洲国'当局签订协定，即于签字日，正式承认'满洲国'。"声明中还声称："本协定成立即为维持两邻国家永久之友谊，乃维持东亚和平之大旨。日本政府屡次声明对于满洲地土无何等野心，两国签订应有互相遵守其领土之权。"在武藤信义宣布声明之后，郑孝胥致答谢词。随后，日本关东军司令官兼驻伪满特命全权大使武藤信义和伪满洲国国务总理郑孝胥签订《日满议定书》。溥仪也在事先早已准备好的公文上批准《日满议定书》签订，"兹经咨询参议府，大同元年9月15日，国务总理郑孝胥与日本帝国特命全权大使武藤信义在新京共同署名盖印之议定书，应予照准，著即公布此令。"[6]当天中午，伪满"执政"溥仪在勤民楼飨宴场设宴招待武藤信义一行及参加签约人员，溥仪首先致词，武藤信义致谢词。

《日满议定书》中协定如下："一、'满洲国'于将来日满两国间未另订约之前，在'满洲国'领域内，日本国或日本国臣民，依所既存之日华两方之条约、协定其他约款及公私契约所有之一切权利利益，概应确认尊重之。二、日本国及'满洲国'确认对于缔约国一方之领土及治安之一切威胁，同时亦为对于缔约国他方之安宁及存在之威胁，相约两国共同担当防卫国家之任，为此所要之日本国军驻扎于'满洲国'内。"[7]

在《日满议定书》签订之前，日本帝国主义陆续与伪满政府签订很多附属协定。1932年8月7日，日本关东军司令官兼驻伪满特命全权大使武藤信义和伪满洲国国务总理郑孝胥秘密签订《关于'满洲国'政府铁路、港湾、航路、航空线等的管理和铁路线的敷设、管理的协定》及《附属协定》《关于设立航空公司的协定》；同年9月5日又签订《关于国防上必要的矿业权的协定》。对于上述《日满议定书》附属文件，伪满执政溥仪心怀不满，但也毫无办法，只能签字画押，由"满洲国"加以确认。而且，在9月15日双方还根据《日满议定书》签订《日满防卫军事协定》《关于'满洲国'通信交换公文案》和《日本军用土地建筑物交换公文案》。

日本通过与伪满洲国签订《日满议定书》及其附属文件，以及由《日满议定书》而来的其他协定，从中国东北攫取了政治、经济、军事、交通等一切大权，把中国东北变成日本的独占殖民地，它标志着日本在中国东北殖民统治地位的正式确立，日本帝国主义侵占中国东北的野心得以实现。日本帝国主义通过《日满议定书》及其附属文件所得到的上述各项所谓"合法化"权利，为日本帝国主义操纵控制伪满傀儡政权，推行法西斯殖民统治，进行经济掠夺，扩大新殖民权利提供了所谓"依据"和条件。日本帝国主义从此可以在中国东北为所欲为，肆无忌惮地奴役压榨东北人民，中国东北从此陷入日本帝国主义残酷殖民统治之中，长达14年之久。

三、溥仪在日本支持下第三次登基

1932年3月9日在关东军的导演下，溥仪在位于长春的吉长道尹衙门正式就任日本帝国主义一手操纵控制下的殖民政权"满洲国"元首——"执政"。日本利用自己认为"最合适"的代理人溥仪及其亲日汉奸最终解决一直悬而未决的所谓"满蒙问题"，实现了其侵略我国东北的罪恶目的。至此，日本帝国主义侵略中国东北的丑恶面目暴露无遗。以溥仪为首的清朝复辟势力重新回到历史舞台，给日本帝国主义血腥统治中国东北十四年充当了

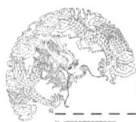

帮凶，东北人民从此陷入日伪统治的痛苦深渊。但是就任执政并非溥仪的本愿，复辟才是他多年以来的梦想，这次却未能实现。

溥仪本是抱着恢复大清祖业再当皇帝的梦想与日本帝国主义走在一起的，但关东军炮制伪满洲国殖民政权时把伪满洲国头目确定为执政，而不是皇帝。日本要在中国东北建立一个任其摆布的傀儡国家，而不是给溥仪恢复大清王朝。"关东军司令官本庄繁又派他的参谋板垣征四郎到旅顺来正式通知我，要我去当所谓新国家的执政，还对我斩钉截铁地说明这次不意味着清朝的复辟，而是要建立一个包括有满、汉、蒙、日、鲜五个民族组成的新的'满洲国'"。尽管溥仪一再提出在东北当皇帝的要求，但关东军并不允许，他未能如愿。"于是我就在：前有日寇，后有郑氏父子的分进合击下完全败北，遂无条件地应允了日本帝国主义的这一要求，而当上了大汉奸——伪满'执政'。"〔8〕不过，当时溥仪自己单方面答应"暂任执政一年"，日本关东军方面也未给以明确否定。双方之间有过一个如此不成文的算上算不上的口头约定。

在溥仪就任执政一年还差两个月时，他的旧臣胡嗣瑗和陈曾寿就劝他催促关东军履行前约，但溥仪没有按照他们说的去做。在"暂任执政一年"期限快满了的时候，溥仪派遣亲信工藤忠去东京拜访军政要员及各方人士了解日本对他当皇帝的看法。工藤忠在东京得到消息，南次郎、军部方面及黑龙会的头目都同意溥仪当皇帝。在溥仪就任执政即将满一年之前的某一天，在一次例行会见中，日本关东军司令官武藤信义向溥仪提起这个问题，武藤则说帝制的问题日本现在还在研究着，意见尚未一致。

1933年10月，日本关东军司令官菱刈隆正式通知溥仪，日本政府准备承认他为"满洲帝国"皇帝。1934年1月20日，伪满国务总理郑孝胥和外交部总长谢介石发表实施帝制声明，宣称"执政在最近期间将即皇帝位"。自同年3月1日起伪满洲国的国体，从民主共和制改为立宪君主制，"满洲国"改称"满洲帝国"，溥仪由执政登基为"满洲帝国"皇帝，改年号大同为康德。

经过紧锣密鼓的策划筹备，在关东军的操纵下，康德皇帝溥仪的登基大典于1934年3月1日在伪都新京举行。溥仪的身份由执政改为世袭的皇帝，溥仪再当皇帝的愿望终于如愿以偿。但这个伪满皇帝是日本侵略者为他设计的皇帝，不是穿着大清龙袍登基的皇帝，而是穿着大元帅正装登基的傀儡皇帝。正如溥仪自己所说："日本要这个帝制，不过为了使我更加傀儡化，为了更便利于统治这块殖民地。"

四、关东军操纵溥仪第一次访问日本

伪满实施帝制后不久，日本天皇裕仁马上派遣其弟秩父宫雍仁以特使身份访问伪满，前来向溥仪登基表示祝贺。1934年6月6日至15日秩父宫雍仁访问伪满期间，伪满"待秩父宫殿下以皇室贵宾之礼。"6月7日，秩父宫雍仁进宫会见伪满皇帝溥仪，向溥仪递交天皇裕仁的信函，并代表天皇裕仁向伪满皇帝溥仪颁授大勋位菊花大绶章，向伪满皇后婉容颁授勋一等宝冠章。作为对秩父宫雍仁访问伪满的回访与答谢，关东军也安排溥仪于1935年4月第一次访问日本。因为溥仪1940年6月再度访问日本，便把这次访日称为第一次访日。日本帝国主义这样做当然有其深层次的目的，一是有通过访日活动来进一步笼络溥仪之意，让溥仪访日自然可以加深溥仪对日本的好感与信赖，使其更好地为日本帝国主义效劳；二是让溥仪做"日满亲善"的躬亲示范，做"日满亲善"的榜样，以引导东北人民都像皇帝那样与日本"亲善"。溥仪身为"国君"，具有偶像作用，在影响力上是最大的，能够发挥出独特的作用。日本帝国主义这样做无非是让东北民众都与日本"亲善"，不生反抗之心，进而达到稳固对中国东北进行殖民统治的险恶目的。

1935年4月溥仪第一次访日，历时26天，扈从人员有宫内府大臣沈瑞麟、外交部大臣谢介石、尚书府大臣袁金铠、国务院总务厅长远藤柳作、陆军上将侍从武官长张海鹏、宫内府次长入江贯一、宫内府警卫处长佟济煦、宫内府总务处长许宝蘅、陆军中将郭恩霖、参议府秘书局长荒井静雄等43人。[9] 访日活动内容主要有：拜见日本皇室成员，会见各方人物，进行参观参拜活动，以及参加欢迎活动等。溥仪所会见的日本皇室成员包括天皇、皇后、皇太后、御弟秩父宫雍仁，4月6日溥仪在秩父宫陪同下前往皇宫，在凤凰间拜见天皇、皇后；4月7日溥仪前往大宫御所，拜见皇太后；4月8日溥仪前往赤坂表町秩父宫官邸，拜见秩父宫雍仁；4月13日溥仪前往洗心亭拜见天皇裕仁母亲。另外，溥仪还会见土肥原贤二、冈村宁次等侵华头目29人、日本外务省、陆海军大将等文武官员97人，以及其他人物。4月7日溥仪参拜明治神宫、圣德纪念绘画馆、靖国神社；4月11日溥仪前往大鸟居，参拜大正天皇陵墓等。

溥仪第一次访日完全是关东军一手安排的，是关东军对中国东北进行殖民统治过程中玩弄的伎俩。日本殖民主义者在统治中国东北这块殖民地的过程中，大肆鼓吹"日满亲善"，为欺骗世人耳目，宣扬日本是"新国家"的友邦，"满洲国"这个"新国家"的建立是友邦日本帮助出兵的结果。而且，关东军一直操纵和控制溥仪，并在利用溥仪上大做文章，使其更好地为日本殖民统治服务。溥仪第一次访日就是"替关东军司令官办事，替日本帝国主义办事。"日本殖民主义者让溥仪戴着皇帝的桂冠访问日本，率先垂范，给东北人民做出"日满亲善"的模范之举，企图让东北人民效仿溥仪，对日本"亲善"，对日本感恩戴德，服服帖帖，做牛马，当顺民，任日本侵略者宰割。1934年3月1日伪满实施帝制时所颁布的《组织法》规定："满洲帝国"由皇帝进行统治，由皇帝统揽统治权，立法、司法、行政三权均归属皇帝等。但这不过是写在纸面上的文字游戏，是日本侵略者用以遮人耳目的表面文章。溥仪表面上俨然是至高无上的皇帝，但实际上却徒有虚名，溥仪在第一次访日中所扮演的恰恰是傀儡角色。

五、关东军操纵溥仪颁布《回銮训民诏书》

溥仪第一次访问日本后不久，在关东军的操纵下于1935年5月2日在伪满帝宫举行《回銮训民诏书》颁发仪式，简任以上文官、少将以上武官参加诏书颁发仪式，发表《回銮训民诏书》是溥仪第一次访日的收尾之作。当天上午，溥仪宣读充满谀词的《回銮训民诏书》，溥仪宣读之后将诏书授给国务总理郑孝胥。但是，实际上发表这一皇帝诏书并非出于皇帝溥仪本人的意愿，而是由伪满国务院总务厅长远藤柳作授意，由国务总理郑孝胥起草，溥仪本人只是增改"上训三项"。溥仪曾回忆说，"那就是我这次到日本游历了京都、大阪之后，到了须摩的'武库离宫'，准备上船回东北时，当时伪满国务院总务厅长——后又改为伪满国务院总务长官的远藤柳作就告诉我说，在'回国'之后，应当发表一篇'诏书'来表示对于日本的感谢，并须把这种精神昭告于'全国人民'。"[10] 溥仪

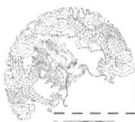

回到"新京"后，郑孝胥便拟出这一诏书的草稿拿给他看。关东军参谋吉冈安直替溥仪出主意说，皇帝亲笔增改这篇诏书其价值更加增大，于是溥仪亲笔把"上训三项"写出，交与郑孝胥。

《回銮训民诏书》

朕自登基以来，亟思躬访日本皇室，修睦联欢，以伸积慕。今次东渡，宿愿克遂。日本皇室，恳切相待，备极优隆。其臣民热诚迎送，亦无不殚竭礼敬。衷怀铭刻，殊不能忘。深维我国建立，以逮今兹，皆赖友邦之仗义尽力，以奠丕基。兹幸亲致诚悃，复加意观察，知其政体所立，在乎仁爱，教本所重，在乎忠孝；民心之尊君亲上，如天如地，莫不忠勇奉公，诚意为国，故能安内攘外，讲信恤邻，以维持万世一系之皇统。朕今躬接其上下，咸以至诚相结，气同道合，依赖不渝。朕与日本天皇陛下，精神如一体。尔众庶等，更当仰体此意，与友邦一心一德，以奠定两国永久之基础，发扬东方道德之真义。则大局和平，人类福祉，必可致也。凡我臣民，务遵朕旨，以垂万祀。[11]

诏书中所声称的"朕自登基以来，亟思躬访日本皇室，修睦联欢，以伸积慕。今次东渡，宿愿克遂。""朕与日本天皇陛下，精神如一体。尔众庶等，更当仰体此意，与友邦一心一德，以奠定两国永久之基础，发扬东方道德之真义。则大局和平，人类福祉，必可致也。凡我臣民，务遵朕旨"之言词中首次提出伪满要与友邦日本"一心一德"殖民统治思想，而且这种"日满不可分关系"殖民统治思想作为伪满"建国精神"的一部分，直至伪满垮台一直被日伪当局大力宣扬利用。

《回銮训民诏书》是充满奴化毒素的诏书，诏书中所大力宣扬的"日满亲善""日满一心一德"思想对于进一步愚弄和奴化东北人民，使之顺从日本侵略者的殖民统治是很有作用的。伪满还把5月2日规定为"访日宣昭纪念日"，每年的这一天都要举行纪念活动，要求人们用中日文背诵诏书内容。通过背诵诏书内容这种强制的方式让东北人民理解并牢记日本侵略者的殖民统治思想。

关东军让溥仪颁布《回銮训民诏书》，是在于躬亲示范"日满亲善"之举，这种亲善之举不应仅限于皇帝一人，应训导伪满国民都与日本友善，要通过皇帝的权威号召带动全体国民都有"日满亲善"之举。溥仪不但自己要与日本"一德一心"，还通过颁布诏书的形式强迫他的臣民也要与日本"一德一心"。"不但汉奸本身甘自堕落，还要迫使我东北在当时正在遭受着沦陷之苦的广大人民，既须老老实实地顺受日寇的残暴统治，还须强行忍受日寇的烧杀淫掠和奴役。无论遭到怎样的蹂躏摧残，也必须向我看齐。"[12]

从以上阐述中可以看出：伪满初期日本帝国主义在利用溥仪的身份及影响方面所采取的手段是多种多样的，而溥仪则甘当日本帝国主义侵华的帮凶。日本帝国主义与溥仪之间的这些所作所为，充分暴露出伪满初期他们之间那种令人发指的赤裸裸的、肮脏的政治交易与相互勾结利用关系。

注释：

[1] 王承礼：《中国东北沦陷十四年史纲要》，中国大百科全书出版社，1991年版，第77页。

［2］马越山：《"九一八"事变实录》，辽宁人民出版社，1991年版，第231、246、232页。

［3］王承礼：《中国东北沦陷十四年史纲要》，中国大百科全书出版社，1991年版，第78页。

［4］姜念东等：《伪满洲国史》，吉林人民出版社，1980年版，第137页。

［5］[日]NHK"ドキュメント昭和"取材班『皇帝の密約』、角川書店株式会社、1987年、122頁。

［6］伪皇宫陈列馆编：《伪满宫廷秘录》，吉林文史出版社，1993年版，第23页。

［7］伪皇宫陈列馆编：《伪满宫廷秘录》，吉林文史出版社，1993年版，第24页。

［8］爱新觉罗·溥仪：《我的前半生（灰皮本）》，群众出版社，2011年版，第207-208页。

［9］[日]林出贤四郎：《扈从访日恭纪》，伪满国务院总务厅情报处出版，第7-8页。

［10］爱新觉罗·溥仪：《我的前半生（灰皮本）》，群众出版社，2011年版，第250页。

［11］伪皇宫陈列馆编：《伪满宫廷秘录》，吉林文史出版社，1993年版，第135页。

［12］爱新觉罗·溥仪：《我的前半生（灰皮本）》，群众出版社，2011年版，第252页。

（作者刘建华　伪满皇宫博物院研究馆员）

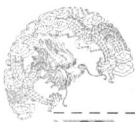

去伪存真 还原历史

——与末代皇帝溥仪相关的宫廷史考

张临平

【内容提要】 溥仪是我们非常熟悉的一位末代皇帝，围绕他身边的许多人和事我们都耳熟能详，但是如果仔细探究一下事实背后的真相，我们就会发现许多讹传和错误，举出证据来说明历史的真相，纠正一些流传的讹传和错误，这是很有必要的。

【关 键 词】 隆裕 静芬 婉容 梅兰芳 霸王别姬

一、隆裕太后叫什么名?

一直以来，有一种说法流传很广，说隆裕太后名叫"静芬"，甚至于一些不了解真相的叶赫那拉氏的后人也糊里糊涂地信以为真。其实这个名是错误的。

隆裕（1868年2月3日——1913年2月22日）叶赫那拉氏，满洲镶黄旗人，是慈禧太后之弟桂祥之女。光绪十五年（1889年）正月二十七日，隆裕与光绪皇帝举行大婚典礼。这年光绪十九岁，而隆裕已经二十二岁了，比光绪帝大三岁。一个女孩子到二十二岁还没有嫁人结婚在现在看来是十分正常的，而在一百多年前却

溥仪与隆裕太后等在建福宫庭院

是十分不正常的，属于超龄剩女了。二十二岁的超龄剩女还能嫁给皇帝就更加不可思议了。

隆裕能嫁给光绪，全是慈禧太后的功劳。清代皇帝一般都早婚，光绪到十九岁才结婚是一个特例，因为皇帝结婚就要亲政，慈禧就要交权，这是慈禧极不愿意做的。一直拖到光绪十九岁已经不能再拖了，慈禧终于允许光绪大婚了。

光绪十四年六月十九日（1888年7月27日），慈禧颁发光绪举行大婚及亲政的懿旨:

"前因皇帝甫经亲政，决疑定策，不能不遇事提撕，勉允臣工之请训政数年。两年以来，皇帝几余典学，益臻精进，于军国大小事务，均能随时剖决，措置合宜，深宫甚为欣慰。明年正月，大婚礼成，应即亲裁大政，以慰天下臣民之望。"（《德宗景皇帝实录》）

慈禧交出权力是万般无奈的，她一定要想尽一切办法操纵皇帝，而最有效的办法就是给皇帝找一个"自己人"当皇后。于是，隆裕的命运就此彻底改变了。

隆裕是慈禧亲弟都统桂祥的女儿，当然是她的"自己人"，将自己侄女强行嫁给自己的皇帝外甥，当然就可以控制和操纵皇帝了。但是，隆裕长得实在太困难了，我们从现在能见到的隆裕留下的照片看，隆裕弯腰驼背、又瘦又弱，相貌平平，难怪嫁不出去，变成超龄剩女，皇帝怎么会喜欢呢？但是太后的懿旨是没有商量的，光绪不满意也绝不能反对。

"兹选得副都统桂祥之女叶赫那拉氏，端庄贤淑，着立为皇后。特谕。"

"原任侍郎长叙之十五岁女他他拉氏，着封为瑾嫔；原任侍郎长叙之十三岁女他他拉氏，著封为珍嫔"（《光绪朝东华录》）。

得不到皇帝的喜欢，隆裕也就失去了影响光绪的作用，慈禧也就没有办法通过她实现自己的权力欲，隆裕也就得不到慈禧的欢心。老太监信修明回忆说："隆裕不仅未受光绪的恩宠，就是慈禧太后也对她没有特恩。在宫廷里名有六宫之权，其实上既受制于太后和皇帝，对下不能管制二妃，尤不敢多言，就是对太监，也不敢骄傲自尊。每日必至两宫，早晚请安。请安完毕，只有闭宫自守，心中惴惴，惟忧郁而已。后只率二妃在太后面前奉侍。太后对他们虽无特别管束，但礼仪之缚人，有较平民更为严重。每日在太后面前，提心吊胆，只有与太监为伍。"可以说，隆裕在宫中的生活是极其悲惨的。

辛亥革命胜利后，隆裕带着6岁的小溥仪来到乾清宫，召开了最后一次御前会议，宣读了《退位诏书》，为大清帝国的历史拉上了帷幕。

1913年2月22日，隆裕带着无限的悲愤离开了人世，年仅46岁。死前她曾说："孤儿寡母，千古伤心，睹宫宇之荒凉，不知魂归何所。"又对守在身边的溥仪说："汝生帝王家，一事未喻，而国亡，而母死，茫然不知。吾别汝之期至矣，沟渎道途，听汝自为而已。"

《清史稿》记载："德宗孝定景皇后，叶赫那拉氏，都统桂祥女，孝钦显皇后侄女也。光绪十四年十月，孝钦显皇后为德宗聘焉。十五年正月，立为皇后。二十七年，从幸西安。二十八年，还京师。三十四年，宣统皇帝即位。称'兼祧母后'，尊为皇太后。上徽号曰隆裕。宣统三年十二月戊午，以太后命逊位。越二年正月甲戌，崩，年四十六。上谥曰孝定隆裕宽惠慎哲协天保圣景皇后，合葬崇陵。"

我们从史书和清宫档案中都没有查到隆裕的名字，就像史书和清宫档案上同样没有记载慈禧的名字一样，那么"静芬"是从何而来的呢？

"静芬"这一名字最早出现在德龄（1886—1944）所著的《瀛台泣血记》中。德龄的

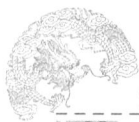

父亲裕庚是清末三品外交使臣，1899年，裕庚出使法国，德龄随父在法国居住四年。1903年春，17岁的德龄随父回到北京，因通晓外文和西方礼仪，不久和妹妹容龄一起被招进宫中担任慈禧御前英、法等文的翻译工作，二年后离开。

德龄后来与美国人结婚，并于1915年移居美国，开始用英文写作，回忆她在宫廷内生活的所见所闻，著有《瀛台泣血记》《御香飘渺录》《清宫二年记》等等。

《清宫二年记》是一部回忆录，内容基本还算严谨，而《瀛台泣血记》和《御香飘渺录》二本书实质上都是小说，所以，德龄在书中凭空虚构了大量的宫廷离奇故事，也给隆裕杜撰了"静芬"这个名字，而且，德龄只在《瀛台泣血记》中叫隆裕"静芬"。其实，隆裕根本不叫"静芬"，也从来没有这个名字。由于德龄亲身经历了晚清宫廷及社会政治生活，所以一些没有多少阅历的读者不明真相、不辨真假、盲目地认为那些虚构的离奇故事都是事实，以讹传讹把"静芬"这个名字四外宣扬，甚至把一些叶赫那拉氏的后人也给骗了。

在中国漫长的封建社会，女人的社会地位非常低，深受社会歧视和男人的压迫，女孩子通常都没有正式的名字，而只有一个小名，隆裕也一样。出嫁以后这个闺中小名也就很快被隐去。和隆裕一起入宫的瑾妃、珍妃，她们的真实闺名也从来没人知道。像溥仪的祖母刘佳氏、颜扎氏、李佳氏，载沣的两位福晋瓜尔佳氏（溥杰在1962年回忆说："我的母亲姓瓜尔佳氏，小名幼兰"《文史资料选辑》）、邓佳氏等等，所以在正史中从来不会记载一个女人的小名。像慈禧，正史中也只有她的尊号，如懿嫔、懿妃、慈禧太后，和那拉氏、西太后等称谓，而没有名字的记载。

那么，隆裕究竟叫什么名呢？

据清宫的老太监们回忆，隆裕的小名叫"喜哥"，很多人不知道，这才是她真正的闺中小名，也是她唯一的乳名（《文史资料选辑》）。也有人说隆裕乳名叫"喜子""喜格"等等，这些都不准确。这些太监们从早到晚侍候隆裕太后，他们当然知道忌圣讳，主子的名字是必须避讳的，与皇帝、皇妃名字同音的字都不能上口，这些应避讳的字音是要牢牢记住的。所以，他们才会清楚记得隆裕的小名。

二、婉容到底哪年出生？属什么？

我们知道，溥仪生于1906年2月7日（光绪三十二年的旧历正月十四），属马。在《我的前半生（灰皮本）》中，溥仪写到"我结婚是在1922年12月1日。那年我是17岁，婉容和我同岁。"婉容生于1906年11月15日（光绪三十二年的旧历九月二十九日），婉容也是属马的。这是大家所熟知的。

但是，近来有传闻说婉容比溥仪大两岁，婉容属龙，她并不属马。并说婉容父亲在她母亲怀孕时就已经根据曹植的《洛神赋》中"宛若游龙"给孩子起好了名字。"宛若游龙"，如果生下了儿子就叫"宛龙"，结果却生下了女孩儿，龙和容谐音，所以改叫婉容，由此证明，婉容生肖属龙。

那么，真实的历史事实到底是怎样的？婉容到底是哪年出生的？属什么？我们还是要用历史资料来还原历史的真相。

溥仪的订婚过程始于1921年春夏之际，关于这次发生在20年代初期的中国的"皇后竞选"，溥仪的堂弟、载涛之子溥佳回忆说：

"早在1921年，溥仪16岁的时候，我五伯载沣、父亲载涛，以及载泽与内务府大臣世续、'帝师'陈宝琛、朱益藩等，就相聚议论，谓'皇上春秋已盛，宜早定中宫'。大家同意后，又向溥仪及太妃们奏明，取得了他们的同意，即开始办理选后事宜。挑选的条件，必须是蒙古王公或满蒙旧臣家的女儿。

自从这个消息传出去以后，我们家里简直是门庭若市，前来送'名门闺秀'像片的人往来不绝，并且还再三拜托我父亲，务必'玉成'其事。记得我父亲的书桌上堆集的照片几乎可以装订成册了。消息传到天津、沈阳，连徐世昌和张作霖也派人来提亲。只因当时有满汉不能通婚的限制，况且溥仪又是皇帝，所以都被婉言谢绝了。"（《溥仪大婚纪实》）

溥仪虽然已经不再是皇帝了，可是还有皇帝的尊号，还住在森严的皇宫里，所以许多人都想借此机会抬高自己的身份，让自己的女儿尝一尝当皇后的滋味，拉近与皇室的关系，还有些人则是有其他的政治目的。

早在袁世凯称帝之时，就曾想让自己的三女儿袁静雪嫁给溥仪，只是由于很快袁世凯称帝失败病死才没有下文。后来张勋复辟，张勋也曾主张自己的女儿嫁到宫中，成为皇后。可见宣统皇帝这个招牌还是让许多人留恋的。

那么，婉容是怎么成为皇后的呢？

在选后期间，宫中的敬懿太妃和端康太妃对未来"皇后"的人选发生了争执，都想找一个跟自己亲近些的女孩儿当皇后。这不单是由于老太妃的偏爱，更是由于和她们将来的地位大有关系。所以在议婚过程中，这两个老太妃各自提出了自己中意的候选人，互不相让。敬懿太妃主张选额尔德特氏端恭的女儿文绣，端康太妃主张选郭布罗氏荣源的女儿婉容。但是，最后谁能当皇后还是要溥仪亲自载定。

两个女孩儿的照片送到了养心殿，溥仪随手选中了文绣，端康太妃却大为不满，"硬叫王公们劝溥仪重选她中意的那个，理由是文绣家境贫寒，长得不好，而她推荐的这个是个富户，又长得很美。"结果，长得漂亮的婉容就成了中国历史上最后一位皇后。

对于婉容的真实年龄，溥仪有明确的记载："郭布罗氏荣源家的女儿，名婉容，字幕鸿，和我同岁，看照片那年是十五岁。"

那么，关于婉容的年龄，都有哪些记载呢？

最早的记载应该是庄士敦，在他的《紫禁城的黄昏》中认为婉容和溥仪同岁，他写到

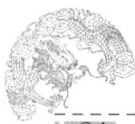

"皇后在福晋和太监搀扶下走下花轿，由乾清宫到不远的坤宁宫，她的16岁的丈夫站在宫里迎接她，揭开盖头后，他将第一次看到他那个16岁新娘的模样。"

潘际坰也在《末代皇帝传奇》中写道："溥仪：婉容是荣源的女儿，她跟我同岁，是蒙族人，17岁那年我们结的婚。"（婉容是达斡尔族，达斡尔族主要分布在内蒙古地区，在早期由于人口较少，生活区域和语言习惯与蒙古族有许多相同之处，所以也常常被归入蒙古族。）

还有记载吗？有。1984年秋，中国新闻社记者采访了太监孙耀庭：

"您在婉容身边每天做些什么活？"

"侍候人呗，就是生活上的一些事，端茶、送饭，陪她玩。"

"婉容待您怎样？"

"她那时还小，属马，比我小几岁，我凡事顺着她，她对我也还不错。"（《最后一名清宫太监》）

以上这些记载都证明了一个事实，婉容和溥仪同岁，属马的。

那么，婉容能不能比溥仪大两岁，生肖属龙呢？不可能！

如果婉容比溥仪大两岁，生肖属龙，那她就应该是1904年出生的，但是我们别忘了，婉容还有一个比她大两岁同父同母的哥哥润良出生在1904年，是属龙的，如果婉容也出生在1904年，难道说和她哥哥是双胞胎？

婉容的弟弟润麒曾经这样称赞一本书："他的写作态度是认真负责的，一些必要的艺术加工也未见失当。到目前为止，写我的作品不少，而本书是其中最能概括我一生、最全面而又最真实的。"

这本书中是这样记载的："1912年7月8日，农历五月二十四，北京地安门外帽儿胡同的荣府，上下一派喜气洋洋。主人郭布罗荣源的夫人爱新觉罗氏生下了这家的第三个孩子——郭布罗润麒。他还有同父异母的一兄一姐，八岁的哥哥润良和六岁的姐姐婉容。"（《郭布罗润麒传》）

也就是说，润麒认为"他还有同父异母的一兄一姐，八岁的哥哥润良和六岁的姐姐婉容"是"最全面而又最真实的。"

所以，与婉容有过接触的溥仪、庄士敦、孙耀庭、润麒都认为婉容和溥仪同岁，是属马的。

婉容嫁入宫中后，十分惦念自己的家人，觉得哥哥润良和溥仪大妹韫媖，从门第、年龄、相貌都般配，于是，由溥仪和婉容指婚，润良和韫媖在1924年夏天结婚。1932年，同样是由溥仪和婉容指婚，小她六岁的异母弟弟润麒娶了溥仪三妹韫颖。婉容家与溥仪家是亲上亲。

2004年11月，润良的女儿郭布罗·晓英回忆道："姑母婉容和我父亲润良是同胞兄妹，我们家原来就住东城区的帽儿胡同。祖父荣源曾任清朝的内务府大臣。

当年，祖父荣源和同仁堂的东家是非常要好的朋友，两人曾商议结为儿女亲家，把姑母婉容许给"岳记老药铺"的少东家为妻。就在两家在筹划此事时，皇宫的圣旨下，宣婉容进宫。民国时代，小朝廷还保持着皇帝的尊号，所以没人敢违抗圣旨。

1922年婚礼举行时，姑母年仅17岁，但万万没想到，这场婚姻则是姑母悲惨命运的开始，20多年，她饱受了人间常人难以忍受的苦难和辛酸。"

虽然，我们还无法考证婉容与同仁堂少东家婚约的真实性，但却证实了一个事实，婉容和溥仪同岁。

伪满垮台后，在婉容已经病入膏肓且无处安身的非常时刻，这个一奶同胞的亲哥哥润良却拒绝接收和照顾自己的亲妹妹，断然抛弃了她！连看也不看她一眼。婉容最后一个人孤单地在延吉监狱的小仓库中离开了人世。这都是后话。

再说一下婉容的名字，说婉容父亲在她母亲怀孕时就已经根据曹植《洛神赋》中"婉若游龙"给未出世的孩子起好了名字，"婉若游龙"，如果生下了儿子就叫"婉龙"，结果却生下了女孩儿，龙、容谐音，所以改叫婉容。（曹植《洛神赋》中"婉若游龙"一句不能写成"宛若游龙"，把"婉"改成"宛"把原意都给改变了。）

这种说法有道理吗？

曹植的《洛神赋》并不是描写男人的，而是描绘他心中的女神洛神的，因有感于宋玉对楚王所说的神女之事，于是作了这篇赋。"婉若游龙"一句出自宋玉《神女赋》中"婉若游龙乘云翔"，都是用来赞美女性的。"婉"字本义"顺也"（《说文》），"妇听而婉"（《左传·昭公二十六年》），"婉"字本义含有柔美之意。荣源怎么可能会给自己的儿子起一个女孩子的名字呢？

再有，婉容有一个哥哥一个弟弟，哥哥叫润良，弟弟叫润麒，如果婉容出生后是个男孩儿，按字排名，顺理成章也应该叫润什么，无论如何也不可能叫什么"婉龙"啊？

其实，婉容的名字并没有那么复杂，其本意就是美好的仪容，说白了就是漂亮的脸蛋，也就是普通父母对自己女儿的一种美好愿望。

所以，说婉容比溥仪大两岁、生肖属龙，没有任何根据，纯属无稽之谈。

三、《霸王别姬》与溥仪大婚

溥仪大婚一直是许多人津津乐道的话题，而被引述最多的是溥佳在1964年写的《溥仪大婚纪实》：

"大婚期间，还连续演了三天戏。京、沪所有著名的演员，如陈德霖、田桂凤、王瑶卿、王凤卿、梅兰芳、杨小楼、余叔岩、侯俊山、尚小云、俞振庭、龚云甫、裘桂仙、钱金福、王长林，以及青年演员马连良、李万春、盖同香、侯喜瑞等都来了。这场戏由'升平署'总管太监武长寿与名演员肖长华主办。剧目安排得很好，演得也非常精彩……

最后一天的戏，有小翠花、尚小云的《五花洞》、傅小山的《巧连环》、余叔岩、钱金福的《珠帘寨》等。特别值得一提的，是梅兰芳、杨小楼演的《霸王别姬》。由于这场戏当时还没公开演过，也许演得少，大家都很想看，但也有一部分人认为，在这样大喜的日子，演这出戏是不适宜的。我记得肖长华通过武长寿曾把这个意思向溥仪说了。溥仪认为没有关系，还是决定演了。这出戏演得相当真切动人，尤其是演到虞姬自刎的场面时，听说太妃和王公的女眷们还掉下泪来。散戏以后，有些王公旧臣却带着一种悲凄的心情离去，认为这是'不祥之兆'。到了一九二四年溥仪出宫的时候，还有人说：'大婚的日子演《霸王别姬》，就应在今日了！'（《溥仪大婚纪实》）

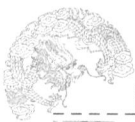

由于溥佳是溥仪大婚的亲历者，自述"举行大婚时，严禁中外记者拍照，而我和庄士敦不但被允许参加了典礼，而且全部拍了照，所以我对溥仪结婚的经过知道得比较详细。"所以许多人对他描述的大婚经过和大婚期间连续三天的京剧演出等都深信不疑。不断出现在各种各样以溥仪为主角的书中，甚至已经被写入京剧史料。许多人由此演绎和附会了各种离奇的故事，编排了各种各样的细节。比如：溥仪亲自点了压轴大戏《霸王别姬》；溥仪喜欢唱京剧花脸"力拔山兮，气盖世兮"；三天大戏只拿奖金不拿劳务费是义务奉献，赏银三万元；《霸王别姬》票房收入估计过亿没问题等等。如此种种，让人们莫衷一是，真假难辨。

《霸王别姬》梅兰芳饰虞姬　杨小楼饰项羽

溥仪大婚三天的京剧演出剧目在清宫"升平署"的大婚演出档案中有详细的记载：

宣统十四年十月初三日，阮总管传旨：新传富连成班。外串：贯大元、盖叫天、小翠花、郝寿臣、九阵风、尚小云、俞振庭、周瑞安、五龄童，添传余叔岩。

（12月2日）十月十四日，卯正二刻进门。漱芳斋承应，巳正二刻五分开戏，戌正一刻五分戏毕：

《跳灵官》、《取金陵》，九阵风；《嫦娥奔月》，林颦卿；《牛头山》，周瑞安；《戏凤》，小翠花；《状元印》，杨小楼；《天水关》，王又宸；《长坂坡》，俞振庭；《八大锤》，侯俊山；《闹学》，尚小云；《恶虎村》，外班；《青石山》，俞振庭。

（12月3日）十月十五日，漱芳斋承应，午正一刻五分开戏，戌正二刻五分戏毕：

《摇钱树》，外班；《汾河湾》，贯大元；《马上缘》，小翠花；《连环套》，杨小楼；《金钱豹》，俞振庭；《连升三级》，朱素云；《英雄义》，于振雄；《竹林计》，外班；《八蜡庙》，俞振庭；《水帘洞》，杨小楼。

（12月4日）十六日，漱芳斋承应，巳正一刻五分开戏，戌正戏毕：

《财源辐辏》，外班；《蟠桃会》，外班；《冀州城》，周瑞安；《浣花溪》，林颦卿；《花蝴蝶》，周瑞安；《飞叉阵》，俞振庭；《南阳关》，王又宸；《空城计》，余叔岩；《泗州城》，九阵风；《搜孤》，贯大元、谭小培；《珠帘寨》，余叔岩；《艳阳楼》，杨小楼。（《清宫升平署日记档》）

在以上历史档案中我们没有找到梅兰芳和《霸王别姬》的任何记载，可以明确知道，梅兰芳根本没有参与溥仪大婚期间的这场京剧演出。

溥佳回忆梅兰芳和《霸王别姬》在宫中的演出以及大臣们对"不祥之兆"的悲凄的心情确实是真实可信的，但是由于当年溥仪大婚时他还只是一个14岁的小孩子，加之已经过

去四十多年，时间久远，所以他把《霸王别姬》在宫中演出的时间搞错了。

溥仪大婚近一年之后，即1923年10月2日（旧历八月二十二日），这一天是端康太妃的五十整寿，升平署决定在漱芳斋祝寿演出，"事先内务府点了很多名角戏目，太妃都不满意，唯一想看的是梅兰芳先生的戏。内务府大臣因事关太妃生日庆贺，不敢怠慢，连忙派人至梅先生处谦辞婉约，务请入宫一演，当时梅兰芳先生虽然正为救灾捐献（日本关东大地震）义演，每天非常劳累，但还是答应了逊清皇室的要求。"（《逊清皇室轶事》）

这次演出的剧目在"升平署"的演出档案中也有详细记载：

宣统十五年八月二十日，奴才武长寿谨奏：八月二十二日寅正三刻漱芳斋祭祀台神。谨奏。

（10月2日）八月二十二日，漱芳斋伺候戏，辰正三刻五分开戏，亥正一刻五分戏毕：

《跳灵官》、《借赵云》，马连良、茹富兰；《卢州城》，刘连荣、沈富贵；《游园惊梦》，梅兰芳、姚玉芙、姜妙香；《双金钱豹》，杨小楼、俞振庭、范宝亭；《打棍出箱》，王又宸；《恶虎村》，赵盛璧、陈富瑞；《汾河湾》，王凤卿、尚小云；《霸王别姬》，杨小楼、梅兰芳；《定军山》，余叔岩、于幼琴；《殷家堡》，周瑞安、九阵风；《借靴》，高富远；《火烧战船》，雷喜福、殷连瑞；《黄金台》，时慧宝；《演礼》，訾得全；反串《八蜡庙》，杨小楼。（《清宫升平署日记档》）

《大公报》转述贝勒载涛（溥仪七叔）的话评论道："梅兰芳在宫演两剧：一为《游园惊梦》，一为《霸王别姬》。清帝、后及皇室诸人，均以此次观剧极为满意，而尤赞赏《别姬》舞剑一场。瑜太妃（同治帝妃）谓：'随先太后看戏数十年，从未见此好戏，以前都算是白看了'等语，其推重如此。"

溥仪在宫里时并不喜欢京剧，尤其不喜欢文戏。溥佳回忆说："溥仪、溥杰和我都不大懂京剧艺术，演武戏时，还能看看热闹，文戏一上，我们就坐不住了，就到养心殿说笑去了，到演武戏时再回来。"所以，溥仪绝不可能会唱什么京剧花脸"力拔山兮，气盖世兮"等等。

喻大华先生在央视《百家讲坛》讲溥仪的时候，由于不了解历史事实，曾经根据溥佳对溥仪大婚的这段错误回忆，生动讲述了梅兰芳在溥仪大婚时《霸王别姬》的精彩演出。

喻教授的研究方向为晚清史、中国近代思想文化史，主讲中国史学史、史学论文写作、中国近现代文化史、中国近现代史史料学等课程。发表过专业学术论文50余篇，在其专业领域是非常出色称职和优秀的。但是溥仪研究并不是喻教授的学术领域和专业擅长，对溥仪的研究，许多人认为是喻教授对他人研究成果的转述，所以他在讲述溥仪时难免会出现这样或那样的问题。

著名媒体评论人梁宏达曾经尖锐批评过《百家讲坛》：

"《百家讲坛》是学术和传媒联合炒作的结果，而且等于传媒在一定程度上引歪了学术。《百家讲坛》是什么？二三流学者在央视这个平台上用评书的方式来讲学术。这些人到底讲的是他们标榜的学术还是充满着猎奇思路的评书？其实，这些东西本身很难经得住学术的考量，只不过把学术稀释了、兑水了、调侃了、庸俗了或者通俗化了，让每个人都

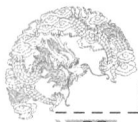

能听懂，听着有意思。

　　《百家讲坛》这种讲评书的方式，一些学者很不接受，越是一流学者越不愿意接受这种改造，但是一些二三流学者，甚至一些不是学者的人对于登上央视这个平台却充满着向往，一步登天获得大的物质利益。这些人都不是讲自己的专业。比方：易中天不是研究《三国》的，让他讲《三国》；于丹本来是研究现代传媒的，却让她讲孔子《论语》。不是研究这个领域的专家却让他讲这个领域的事，想把不是自己研究领域的东西讲活，他就得加一些乱七八糟的，里面不乏戏谑，不乏奇谈怪论的解读，不乏制造噱头的一些哗众取宠。"（《老梁观世界》）

　　　　　　　　　　（作者张临平　长春溥仪研究会会员　工商银行长春分行经济师）

溥仪与他的乳母王连寿

——兼谈乳母对溥仪的影响

陈　宏

【内容提要】溥仪的乳母王连寿是唯一给溥仪母爱，令溥仪难以忘怀的人。本文从溥仪的乳母王连寿的生平简历、人物性格、同溥仪的关系等史料入手，通过透视溥仪与他乳母的清末宫廷生活，从一个侧面展现了王连寿不幸的一生和她对溥仪朴素而又回归人性的母爱以及她对溥仪童年的影响，并揭示出这种母爱和人性化的影响与根深蒂固的封建思想相比所起的作用是微弱的，从而更加抨击了封建制度的顽固不化和腐朽没落。

【关　键　词】溥仪　乳母　王连寿　影响

末代皇帝爱新觉罗·溥仪从三岁起就过着极尽人间富贵、奢侈无度的帝王生活。就是这样一个万人尊崇的皇帝，虽然拥有过生母、庶母和五位名义上的母亲，却从来没有得到过真正的母爱。而唯一给溥仪真正母爱的却是用乳汁给他喂养大的乳母　王连寿。她虽算不上溥仪的母亲但却胜过他的母亲，因为王连寿是唯一给溥仪母爱，令溥仪难以忘怀的人。本文试图从溥仪乳母的生平简历、人物性格、同溥仪的关系等史料入手，通过透视溥仪与他乳母的清末宫廷生活，从一个侧面展现了王连寿不幸的一生和她对溥仪朴素而又回归人性的母爱以及她对溥仪童年的影响，并揭示出这种母爱和人性化的影响与根深蒂固的封建思想相比所起的作用是微弱的，从而更加抨击了封建制度的顽固不化和腐朽没落。

一

王连寿原籍门远庄村，当时属直隶河间府任丘县管辖，新中国成立后划归大城县。她本姓焦，丈夫姓王，故按旧习称王焦氏；后来干脆改随夫姓，起名王连寿。王连寿出生于1886年（光绪十二年）春夏之交，乳名"狗盼"。她幼时家境贫苦。父亲焦升，是个老实巴交的庄稼人，母亲是个农村妇女，共有兄弟姐妹5人，她排行老四。一家六口（弟弟那时还未出生）只有土房3间，薄碱涝洼地4亩，常年主要靠租佃地主的土地和扛长活、打短工维持糠菜半年粮的生活，再加上地租和赋税，好年成也不够吃，一遇灾年，便要背井离乡去谋生。

1889年夏，在她三岁那年，直隶北部发生了一场大水灾，颗粒不收，焦家的生活濒于

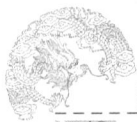

绝境。她们一家不得不外出逃难。在逃难的路上，她的父亲担筐挑篓，前头挑的是3岁的女儿狗盼，后头盛的是破烂衣裳。一家人连一粒粮食都没有，边走边要饭，逃荒者比比皆是，个个面黄肌瘦。在饥寒交迫的情况下，父亲几次想把她扔掉，几次她又被放回了破筐里。她后来对她的继子提起这次几乎被弃的厄运时，没有一句埋怨父亲的话，只是反复地说，她的父亲已经早饿得挑不动了，因为一路上要不到什么吃的，能碰见的人都和他们差不多。这一家好不容易熬到了北京。他们到北京本想投奔在北京一位当太监的本家。不料这位本家不肯见他们，于是他们流浪街头，成了乞丐。北京城里成千上万的灾民，露宿街头，啼饥号寒。与此同时，朝廷里却在大兴土木，给西太后兴建颐和园，因京城内经常发生抢劫案件，慈禧太后怕灾民因饥饿而造反，便指令顺天府尹办了一个粥厂，赈济灾民，以缓和局势。焦家6口便靠着粥厂的救济过着勉强充饥的日子。不久焦升又托人给大儿子焦文会找到一家剃头铺去学徒，总算减轻了一个人的负担。好不容易熬过了冬天到春天，粥厂被撤销，清政府又下令驱赶流落街头的灾民。焦家无法，只好一路乞讨回到家乡，耕种那几亩薄田。

狗盼从六七岁起，就开始帮助父母干活儿，春天提着小篮到洼里去挖野菜，秋后拾柴禾，农忙季节抱孩子。日复一日，年复一年，焦升全家老幼拼死拼活地干，还是过着半年糠菜半年粮的穷苦生活。

1900年，八国联军进攻北京，并很快波及到河间、保定两府。腐败无能的清政府，对老百姓压榨更加厉害，征丁、苛税日渐加重，焦家的生活又一次陷入绝境。狗盼这时已是13岁的姑娘，她再次逃难到北京，投奔当穷剃头匠的哥哥。然而她的哥哥也无力抚养她，在她刚十六岁时，就把她半卖半嫁，给了一个姓王的差役做老婆。丈夫生着肺病，生活却又荒唐。她当了三年挨打受气的奴隶，1906年，刚生下一个女儿，丈夫就死了。她母女俩和公婆，一家四口又陷入了绝境。

恰好这年农历正月十四，溥仪降生了，醇王府要物色一个乳母，当年王府选乳母，参照的全是宫里的标准。皇室向来都对选乳母非常重视，从明代就专门设立了征用乳母的机构——"奶子府"，进了"奶子府"的乳母没一个不想出来的，她们吃的东西好归好，却一点儿盐都不准放，而选乳母的标准更是苛刻，必须得是良家妇女，体貌端正。此外，最重要的是检验乳汁，办法也是秘不外宣的：要把乳汁直接挤进白瓷盘子里，放到阳光下暴晒后阴干，从色、味、状三方面来检验，晒过后，乳汁就起了变化，有变成血色的，也有的有难闻的腥味或其他异味，还有出渣儿的，这都不成，自然就淘汰了，只有晒过后，像羊脂玉似的洁白如脂，才算合格，要达到这个标准，可以说百里也很难挑出一二来。

正当醇王府派人四处打听之时，王连寿的族兄焦仲升那时已升为内廷太监，得知消息后便为王连寿援引。于是王连寿才得以有机会到醇王府里参加乳母的挑选。在二十名应选人中，她以"体健貌端和奶汁稠厚"而被醇王府雇佣，当了溥仪第二个乳母。后来，宫里的人都称她"二嬷"。

据她的亲属回忆，王焦氏曾告诉他们，进醇王府的前一天，她抱着自己的孩子，心如刀绞，一整天都没有吃东西，亲骨肉分离，她哭得一夜没睡。她认为，当乳母实际上就等于自己把自己卖掉去当奴隶，但为了养活自己的公婆和孩子，她又别无他法，不得不走这条路。醇王府对她十分苛刻，不许她回家，不许她看望自己的女儿。特别是在哺乳期间，每天必须吃一碗不许放盐的肘子，而且吃的东西一概不准放盐和酱油，更不准蘸调味的东西等等，据说这是为了使奶汁稠厚。二两月银，把一个活生生的人变成了一头奶牛。她为了用工钱养活公婆和自己的女儿，接受了最屈辱的条件。她给溥仪当乳母的第三年，女儿因营养不足死了。为了免于引起她的伤感以致影响奶汁质量，醇王府封锁了这个消息。

二

王焦氏入醇王府当乳母的第三年，也就是1908年11月，慈禧太后自知命在旦夕，决定立溥仪为嗣皇帝，年仅3岁的溥仪继承了清朝的皇位。1908年11月13日，溥仪入宫。当慈禧派人到醇王府里接溥仪入宫时，醇王太福晋紧紧抱着溥仪大哭，不肯放手。经诸大臣再三劝解，醇王太福晋不敢抗旨才放开溥仪。溥仪见了生人，也哇哇大哭。迎接新皇帝入宫的王公大臣和溥仪的父亲面面相觑，束手无策。就在所有人因溥仪的哭闹急得团团乱转时，乳母王焦氏出现了。她瞧小溥仪哭得上气不接下气，小脸蛋上糊满了眼泪鼻涕时，心疼极了，就不顾一切从太监手里把正在大哭大闹的小溥仪抱在怀里，将奶头塞进他嘴里。还真立竿见影，小溥仪立刻停止了哭叫，紧紧搂住乳母不放，很快安静了下来。载沣见状便和王公大臣们商量，先让乳母王焦氏抱溥仪进宫，然后再由别人抱着去觐见太后，大臣们见溥仪大哭大闹，无计可施，就答应了，只好让乳母抱他进宫。

当小溥仪被带到慈禧卧室，屋里幽暗沉闷，当他被簇拥到一张大床前，看到阴森森的帷帐里露出一张丑得要命的干黄瘦脸——生命垂危的慈禧时，立即吓得嚎啕大哭起来。这是溥仪进宫后第一次，也是最后一次见到慈禧，只见他一对惊恐的泪眼到处张望，声嘶力竭地喊："我要嬷嬷！我要嬷嬷！"慈禧生气地说："这孩子真别扭，抱他到哪儿玩去吧！"小溥仪一出屋，看见恭立在外的乳母时，就一下扑了过去，抱住乳母又委屈地哭了起来。在这陌生的地方，嬷嬷是他唯一的亲人。无奈慈禧又宣旨王焦氏入宫，从此，溥仪再也离不开王焦氏了。

溥仪每一次见自己的乳母非常欢喜，抓着奶头就吃。但这时的溥仪，已宣昭继承皇位，成为"万民之君"，而王焦氏毕竟是一个奴才，再坐着喂奶便等于失去君臣之礼，她只好跪在皇帝面前喂奶。时间长了，非常劳累，王焦氏头发上的汗直往下淌。有一个大臣见了便面奏慈禧，说皇上的乳母在醇王府伺候皇上多年，有时非抱在怀里走来走去，皇上才吃着高兴。如今跪着喂奶，反倒让皇上站着，吃起来不方便，还是免跪了好。这时慈禧缠绵病榻，神志恍惚，已顾不了许多，就答应了。王焦氏这才免于跪下喂奶。

1908年11月14日、15日两天内，慈禧和光绪皇帝先后崩逝。12月2日溥仪登基继位，并于第二年改年号为宣统元年。当满朝文武大臣在太和殿向皇上举行三拜九叩的大礼，高呼皇上万岁、万万岁时，惊天动地的呼声把三岁的溥仪吓得大哭大叫。礼毕后赶紧退朝，溥仪被抱进后宫，还没来得及带溥仪去拜见后妃们，溥仪便一头扎在乳母怀里咯咯地笑了。小溥仪进宫后一刻也离不开乳母，嬷嬷是他最喜欢的亲人。溥仪入宫后一直是他的乳母用乳汁喂养他。

1911年，6岁的溥仪开始读书，先是在中南海的一个书屋，后来又移到毓庆宫。从此溥仪白天与乳母接触的机会日渐减少，但王焦氏对他的影响反而比以前要大了。溥仪对自己的乳母很有感情，很亲近和尊重王焦氏。对于乳母，溥仪感情至深，他在《我的前半

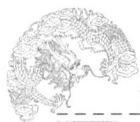

生》中曾这样记述：乳母，是宫中唯一使我保留了人性的人，他甚至用"卓越"两个字来形容乳母王焦氏。

作为大清皇帝，特殊的宫中生活和地位，使溥仪养成了极端任性、冷酷无情的怪僻性格，经常以责打和虐待太监们取乐。当他脾气发作时，谁也不敢劝阻和制止，只有这位一向沉默寡言的乳母能够对他进行教育和劝阻，而溥仪也很听王焦氏的话。这样的恶作剧几乎天天都要发生。有一次，有个会玩木偶戏的太监，给溥仪表演了一场木偶戏。溥仪看得很开心，于是搞恶作剧的兴趣又来了。溥仪偷偷掏出一些铁砂子，藏在蛋糕里准备"赏"给那个太监吃。这事恰巧被乳母看见了，就问溥仪："老爷子，那里头放砂子可叫人怎么吃呀？"溥仪说："我要看看他咬蛋糕是什么模样。""那不崩了牙吗？崩了牙就吃不了东西，人不吃东西可不行啊！"溥仪想想也对，可是不能取乐了，又说："我要看他崩牙的模样，就看这一回吧！"乳母说："那就换上绿豆，咬绿豆也挺逗乐的。"于是溥仪就停止了这场恶作剧，这才使那位玩木偶的太监免遭一场灾难。

还有一次，溥仪玩气枪，用铅弹向太监的窗户打，看着窗户纸打出一个个小洞，觉得很开心。太监们无法，只好把他的乳母喊来，乳母对溥仪说："老爷子，屋里有人哪！往屋里打，这样伤人哪！"这才使溥仪想起屋里还有人，人是会被气枪子弹打伤的，就住了手。

溥仪在《我的前半生》一书中，回忆这些往事时写道："在宫中唯一能阻止我恶作剧行为的是我的乳母王焦氏。她就是我在西太后面前哭喊着要找的那位嬷嬷。她一字不识，不会讲什么仁恕之道和历史上英主圣君的故事，然而她那朴素的语言和普通的道理却常常使我感到她的话是不好违拗的。"

宫中的遗老遗少，北洋政府的新权贵把溥仪奉若神明，整日对他三叩九拜；太后、太妃们对他严加管束，让他感受不到丝毫的"母爱"；迂腐守旧的师傅整日不厌其烦向其灌输"光复故物""还政于清"；太监终日不离他左右，极尽阿谀奉承之能事。这种特殊的宫中环境、母亲们的影响、太监们的变态教育使得溥仪逐步形成了顽固的封建帝王思想和高高在上、唯我独尊的帝王作风，认为自己是"与凡人殊"的皇帝，同时也使他产生了严重的心理变态，形成了一种以自我为中心的极端自私的心理，他开始变得喜怒无常、冷酷无情，渐渐失去了人性。小溥仪生活在毫无温暖的宫中，受着畸形的教育，他身上已经没有了正常的人间温情，只有溥仪的乳母能够用她的朴素的话语来影响溥仪，让溥仪回归人性，但这种影响和顽固的封建帝王教育相比毕竟是微弱的，根本起不到任何作用。溥仪回忆乳母的规劝，十分感慨地说："只有乳母告诉我，别人和我同样是人，不但我有牙，别人也有牙，不但我的牙不能咬铁砂，别人也不能咬；不但我有感觉，别人也有感觉，别人的皮肉被铅弹打了会一样地疼。这些用不着讲的常识，我并非不懂，但在那样的环境里，我是不容易想到这些的。因为我根本就想不起别人，更不会把自己和别人相提并论。别人在我心里，只不过是'奴才''庶民'。我在宫里从小长到大，只有乳母在的时候，才由于她朴素的语言，使我想到过别人同我一样是人的道理。"

1911年10月10日，辛亥革命爆发。宣统帝逊位后，按照优待清室的条件，皇帝后妃等人仍暂居宫中，溥仪除每日照常读书外，主要是由乳母王焦氏喂养和陪他玩耍。王焦氏对自己卖身为奴的生活，始终是充满着痛苦和郁闷。她常常少言寡语，静坐沉思。直到她出宫以后这种习惯也没有改变。王焦氏抑郁寡欢的形象，深深地留在溥仪的心里。

溥仪是在乳母的怀里长大的，吃她的奶一直到九岁。九年的时间，溥仪像孩子离不开母亲那样离不开她。在偌大的皇宫里，乳母是小溥仪唯一感到可亲可敬的人。然而当他九岁断奶以后，1914年，宫内因为有一个太监和差妇吵架，惹怒了几个太妃，特别是端康太妃（瑾妃）。太妃们认为乳母已是无用之人，竟背着溥仪狠心地将她撵出宫去。溥仪知道后，大哭大闹了一番，但太妃并没有把乳母找回来。这个温顺地忍受了一切的人，在微笑和凝视中度过了沉默的九年之后，才发现她的亲生女儿早已不在人世了！

然而溥仪却一直怀念着他的乳母，他和王焦氏的感情非常深厚。在后来回忆乳母时，溥仪曾感慨地说："乳母走后，在我身边就再没有一个通'人性'的人了。如果说九岁以前我还能从乳母的教养中懂得点'人性'的话，这点'人性'在九岁以后也逐渐丧失尽了。"

三

王焦氏被赶出宫以后，靠自己的双手挣扎度日。当溥仪结婚，在家里可以自主以后，直到1923年，他才派人把乳母找到，并经常把她接到皇宫里住一阵子。溥仪为了报答王焦氏的养育之恩，除供给她一切生活费用外，还专门派去一个叫刘子云的太监和两个老妈子伺候她，并安排她住在天桥附近，直到第二年（即1924年）第二次直奉战争爆发前为止。

溥仪给了王焦氏很优厚的生活费用，从此王焦氏手头有了一笔积蓄。后来她感到一人孤寂，便从哥哥和弟弟家里过继了两个儿子接到北京同住，而且她还资助过家乡的哥哥焦文会和弟弟焦文山一些银子，让他们好好过日子。可她的哥哥和弟弟不务正业，把她资助的钱财挥霍一空。当王焦氏后来得知后十分恼火。后来她身体也非常不好，经常感到绝望，于是开始抽上鸦片烟。

据她的同乡回忆，王连寿非常善良，乡亲们遇到困难到北京求到她门下时，凡是认识的便接到家中热情款待，临走时还给10个银币；不认识的也给5个银币。

1931年，溥仪在日本帝国主义的挟持下做了伪满洲国的皇帝后，因怀念他的乳母，便派人到北京将王焦氏接到长春，并把伪满宫内府旁边的一个小院给了她居住，把她供养起来，一直到溥仪离开东北。溥仪对嬷嬷一直很尊重、关心。如果说那时的溥仪还有一点人性的话，就是童年受他乳母影响的结果。后来溥仪能在中国共产党的改造下成为新中国普通公民，也不能不说与这位乳母对溥仪的影响没有一点关系。

王连寿在伪满皇宫生活了14年，一切都是溥仪供给。她和皇后婉容以及后来的福贵人李玉琴都相处得很好。由于她为人忠厚老实，大家都尊重她。

1945年8月13日，伪满洲国垮台在即，王焦氏随溥仪逃往通化大栗子沟。8月15日，日本投降，溥仪在沈阳机场被俘后押往苏联，从此王焦氏与溥仪离别，再也没有见面。

1946年1、2月间，东北抗日联军将婉容、李玉琴、嵯峨浩、严桐江和两个太监，从临江县转到通化，紧接着又将王焦氏和她的两个养子也转到通化。开始，皇后婉容、李玉琴、嵯峨浩、王焦氏和她的两个养子等7个人住在一个大房间里，后来她们又分别住在伪满时公安局的一个办公楼里。时间不长，伪满宫内府的日本官吏也从大栗子沟转移到通化，押在这所楼里，准备遣送他们回国。就在这年除夕后半夜，住在通化市的200多个

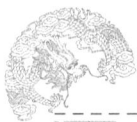

日本人阴谋暴动。在清晨5点多钟冲进了抗日联军设在这个楼上的办公处，双方展开了枪战，日本人伤亡很大。这天夜里，王焦氏正在婉容的房间里照顾生病的婉容，被枪战中的一颗流弹打中肩膀（也有打中手之说）。当时因天气寒冷，王连寿既无御寒棉衣，又无药可治，终因出血过多而死去，结束了她不幸而又带有传奇色彩的一生。

然而溥仪却一直怀念着他的乳母，他在《我的前半生》一书中曾这样写道："她从来没有利用自己的特殊地位索要过什么。她性情温和，跟任何人都没发生过争吵，端正的脸上总带些笑容。她说话不多，或者说，她常常是沉默的。如果没有别人主动跟她说话，她就一直沉默地微笑着。小时候，我常常感到这种微笑很奇怪。她的眼睛好像凝视着很远很远的地方。我常常怀疑，她是不是在窗外的天空或者墙上的字画里，看见了什么有趣的东西。关于她的身世、来历，她从来没有说过。直到我被特赦之后，访问了她的继子，才知道了这个用奶汁喂大了我这'大清皇帝'的人，经受过"大清朝"的什么样的苦难和屈辱。"

余　论

溥仪从小接受的就是封建帝王思想教育，这就使溥仪在朦胧中逐步意识到了"唯我独尊"的某些合理性，这种意识在他童稚的心灵中扎下了根，并开始"滋长""繁茂"起来。再加上深宫中为了争权夺利而相互倾轧、明争暗斗的环境的熏陶，更给溥仪幼小的心灵带来了挥之不去的阴影，使他渐渐体会出人与人之间有高低贵贱之分和人与人之间地位的不平等，更深深扎下了"奉天承运""天子自与常人殊"的思想意识，使他养成了高高在上的皇权思想和人君作风。然而和这些顽固的封建帝王思想相比，王焦氏对溥仪那种回归人性的母爱毕竟是微弱的。在毫无人性的深宫中，乳母那朴素的语言和至真至善的母爱却似一缕春风给溥仪以心灵的慰藉，对溥仪童年产生了美好的影响。溥仪始终不忘王焦氏对他的哺育之恩和那份真挚的母爱。当溥仪被改造成为新中国普通公民后，在自传体小说《我的前半生》一书中，还特意专辟一章写了自己的乳母　　王焦氏，以示对她深深的怀念之情。

参考书目：

［1］《我的前半生》爱新觉罗·溥仪著，1964年3月群众出版社出版。

［2］《末代皇帝传奇》潘际坰著，1957年2月通俗文艺出版社出版。

［3］《爱新觉罗·溥仪传》孙喆珵著，1990年11月华文出版社出版。

［4］《溥仪外记》杨照远，刘晓晖编著，1987年吉林文史出版社出版。

［5］《河北文史资料》第十八辑，河北省政协文史资料委员会编辑出版。

［6］《从皇帝到公民》　爱新觉罗·溥仪的一生，伪满皇宫博物院编，2005年3月出版。

（作者陈宏　伪满皇宫博物院副研究馆员）

溥仪研究与华人社会历史教育

王庆祥

【内容提要】本文系作者于2013年9月9日至12日在澳门理工学院举行的"天人古今：华人社会历史教育的使命与挑战"国际学术研讨会上的发言。作者认为：历史教育是人文教育的基础，既要培养民族情感，又要放开全球视野。联系本人的研究实践，作者提出：华人社会历史教育，要关注溥仪研究的成果，溥仪研究确是华人社会历史教育的好内容，该项成果不但能够成为华人社会历史教育的一项内容，也能在实践中发挥推动作用。

【关　键　词】溥仪研究　华人社会　历史教育

历史教育是人文教育的基础，由古到今，无论是中国还是海外，从基础教育到高等教育，历史教育都是一项重要的教育内容。历史教育既要扎根本土培养具有民族情感的国民，又要放眼周边培养具有全球视野的世界公民。这是在澳门理工学院召开的"天人古今：华人社会历史教育的使命与挑战"国际学术研讨会的宗旨。联系本人的研究实践，我的话题是：华人社会历史教育要关注溥仪研究的成果，因为后者不但能够成为前者的一项内容，也能在实践中发挥推动作用。

一、溥仪生平研究的成果能够发挥强大教育功能

溥仪作为中国近现代史上最具影响力的人物之一，是人类社会发展史观社会历史教育的反面人物典型。

人类社会发展史观社会历史教育，就是要让人民通过真实的社会历史进程实况，了解社会发展的规律和前进方向。众所周知，溥仪这位在孩提时代当了3年宣统皇帝的人，从懂事那天起就开始干复辟大清皇朝的事情，依据"优待条件"当"逊帝"的时候有"张勋复辟"，他被驱逐出宫之际还在其长年居住的养心殿里发现20多件复辟文件；在天津7年中他表面上当"寓公"，实际每天都在做复辟运动，他依靠康有为、陈宝琛、郑孝胥等清朝遗老，他联系段祺瑞、吴佩孚、张作霖等乱世军阀，他甚至与徐世昌、曹锟等民国总统也勾勾搭搭，而欲达到"复号还宫"，要继续当大清皇帝；"九一八"事变后，天津再也留不住他，蒋介石也拉不回他，他要重返圣祖故乡，不顾一切离津出关，企图依靠日本军国主义势力实现复辟大清的美梦；直到被俘囚苏，面临"引渡"，在他看来必死无疑的时候，他还暗立嗣子，向心目中的列祖列宗磕头发誓，以求有人在他身后继续复辟事业。如此，而在国家政权的走向上坚持开倒车几十年，华人地区除溥仪还有可比的另一位吗？所

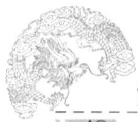

以说他确实是人类社会发展史观社会历史教育的反面人物典型。

我在人民日报出版社出版的《"皇帝"的背叛——溥仪与"九一八"》（2011年11月版）一书中写了这样一段话："辛亥革命、中国共产党建党和'九一八'事变发生，是中国近、现代历史上从旧民主主义革命向新民主主义革命过渡的最重大历史事件，与两个响亮的伟大名字孙中山和毛泽东、与伟大的抗日战争紧密相连。溥仪显然也是这三项重大历史事件的核心人物之一。他退位后并没有完全离开政治和历史舞台，利用其历史影响、旧军阀势力和对中国怀有各种政治企图的帝国主义国家势力，以恢复在他手上失去的清朝政权。结果被日本法西斯军国主义所利用，成为他们侵略中国的帮凶，沦为抗日战争中的革命对象。溥仪在长春14年，说到底就是要搬倒辛亥革命的胜利成果，实现封建复辟，却只是戴一顶傀儡帝冠，留下一路污秽，直到伪满垮台黯然收场。长春以它这段历史和溥仪的14年言行，证明了辛亥革命、新民主主义革命，代表了当年中国前进的方向和道路，是不可能被搬倒的。溥仪搬不倒，汪精卫和蒋介石都搬不倒！"

溥仪作为伪满洲国"康德皇帝"，是爱国主义社会历史教育的反面人物典型。

他是日本对我国东北实行殖民统治14年期间所利用的主要对象，当年周旋于日本政府、历届日本关东军司令官和伪满各部"大臣"以及执掌实权的日本人次长中间，亲历了伪满历史全过程。正处于从26岁到40岁人生成熟年龄段的溥仪，接触过哪些人物，参与过哪些事件，有过什么样的遭遇和思考，都可能成为最重要的一页历史，都可能留下有价值的一条教训，或者说是已经付出了国家和人民惨痛代价才得到的永远不应忘记的历史事实。

我撰写的《"皇帝"的背叛》一书，是迄今为止首部专述"九一八"事变影响溥仪一生的著作，为了还原"九一八"事变与溥仪密切关联的事件、人物和历史情节，首度全文公开了溥仪1931年至1933年间与其属下、兄弟、家属和日本官员的书信往来，诸如1931年2月17日、3月18日、10月4日溥仪写给胞弟溥杰、内弟润麒的亲笔手谕，1931年6月24日、7月3日、9月20日、10月7日、10月25日、10月31日溥杰和润麒写给皇兄的信，1931年10月11日溥仪写给日本陆相南次郎和黑龙会首领头山满的黄绢御笔信，以及溥仪回忆1931年11月2日在天津静园与土肥原贤二会谈情况的记录、同年11月13日溥仪离开天津静园的临别留言，1932年1月17日溥仪从旅顺传回天津的"密谕"等都是从未公开过的密件。我还整理了溥仪八上东京法庭的所有现场记录。溥仪对这段屈辱生活的痛苦回忆和无限追悔，在其出庭供词中、在抚顺改造中和特赦以后都可见端倪，这些在中国现代史上留下深深印记的真材实料，也将向读者呈现更真实、更客观的溥仪，因为真实，才是中国历史上最不可或缺的一页。我试图从相关历史档案及专业研究的论述中，从不同角度、各异层面，着意对"九一八"事变与溥仪紧密关联的那段历史，包括伪满洲国成立的真相，予以准确表述，尽可能鲜活地还原历史原貌。

我在由团结出版社2008年出版的《伪满洲国皇宫揭秘》一书中叙述的史实，都是三四十年代发生在溥仪当"康德皇帝"那个长春宫廷之内的事情，依据留存的历史见证人访问资料、伪满宫廷档案数据、书刊文献数据和溥仪本人回忆数据，特别是长期在伪满皇宫生活过的爱新觉罗·毓嶦等人的回忆数据，把那段一向为世人所不知的"帝宫"生活还原出来，揭开了被日本关东军牢牢控制的伪满帝宫这座深宅大院的帷幕，让人们看清"康德皇帝"溥仪确实只是血肉之躯的傀儡，是集残暴、多疑、屈辱、苦恼、自尊、自卑、自贱等诸种性格于一身的政治木偶，给伪满洲国那幅血泪斑斑的历史画面曝光。我还依据当事人讲述和经考证可确认的历史原照，还原勤民楼、怀远楼、缉熙楼、同德殿、溥仪收藏文物的灰色小二楼等各宫室原形、原状、原装饰、原摆设、原家具用具等，留存真正的文物建筑，为改善目前伪满皇宫部分设施、装饰、摆件与历史不符的状况或可提供有价值的参照。该书是溥仪在伪满经历的重要记录，对研究东北殖民地历史有一定价值。

我还想介绍刚刚撰写完成尚未出版的书稿《溥仪与伪满洲国》，这本书首先要回答的问题是：溥仪离津出关，究竟是"劫持"？是"自愿"？还是"受骗"？"九一八"事变不是偶然的，发生事变半年前溥仪在天津，至少有四次已经感受到日军将武装占领中国东北的先声。本书论述日本军方为勾引溥仪所做的工作，以及溥仪为"驾幸东北"而做的种种准备。溥仪对"九一八"事变不但有所预知，且有积极态度，它直接导致溥仪迈出叛国的一步。

本书还论述了溥仪从旅顺到长春，从"劝进"到屈就"执政"的历程和心态。侧重分析日本关东军司令官本庄繁与溥仪在"建国"问题上的矛盾、内斗和"化解"，揭露日本军国主义者操控傀儡的险恶与卑劣；论述了溥仪"第三次登基"的筹备、典礼及其影响，侧重剖析溥仪的所谓"皇权"。本书还搜集到溥仪自述、溥仪胞弟溥杰、族弟溥偰和溥佳、族侄毓嶦、随侍严桐江和李国雄等当事人回忆以及侍从武官长张海鹏等伪官奏稿，展示发生在"帝室御用挂"身上那些关涉政治、军事、文化、艺术和生活各方面真实的细节，把"康德皇帝"的傀儡形态写真写实。本书依据当年担当翻译者的原始记录，还原日本关东军司令官与伪满"康德皇帝"每月三次会谈的历史真相，还原并评论"康德皇帝"在伪满的"政治生活"。如溥仪首次访日、伪满换总理等大事件，背后都有不可告人的内情，令其真相毕露。本书还论述溥仪与伪满"新京""国都建设"的关系，对出现于伪满"国都建设"中的"帝冠式"和"兴亚式"建筑，包括日本关东军司令部和伪字号的国务院、军事部、经济部、司法部、民生部、外交部、皇宫、大陆科学院、中央银行以及净月潭水源地等，逐一加以评述。特别是论述1938年5月落成以培养大批殖民统治骨干为目的之伪满建国大学和因日本皇军"大东亚圣战"不得不停建的杏花村新皇宫，弄清两项建筑的背景、来龙去脉、政治影响，揭示日本充分利用长春人力、物力资源，按照其当局的意愿，实现对中国东北永远霸占的目的。本书发掘并表述"大同公园与伪满护军灭亡事件""明贤贵妃谭玉龄之死""溥仪胞弟溥杰与日本王女嵯峨浩的'政略婚姻'"、"溥仪前往日本迎接'新祖宗'天照大神""溥仪与杀父仇人汪精卫会面""溥仪将15岁的李玉琴纳入'宫闱'""溥仪崇信神佛，'合供道祖、佛祖和儒祖'"等疑案、悬案，侧重日本关东军在溥仪身上安设陷阱的典型事例，以及从颠峰滑落谷底之"康德皇帝"的丑恶形态，论证解悬。本书最后论述伪满洲国和"康德皇帝"凄惶落幕的史实。从"黑夜皇帝"甘粕正彦对"满映"进行整顿和改革、利用所谓"国策电影"推行殖民主义文化，到"满洲国"皇宫傀儡戏的最后一幕，再到溥仪在通化大栗子沟宣读《退位诏书》，最后是解密溥仪被俘之谜。溥仪的亲信随侍李国雄认为，"溥仪是作为日本献给苏联的投降礼物

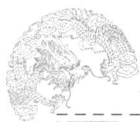

而去沈阳的，他一直被日本殖民者使用到了伪满的谢幕之日"。

溥仪作为"从皇帝到公民"全球唯一特例，是思想可以改造、人生可以转变的完美标杆。溥仪之变，不是假变是真变！

中国末代皇帝爱新觉罗·溥仪的一生有三大拐点，也可以说是三度转身，这正是他的传奇之处，作为清朝宣统皇帝的登基，是第一个拐点、第一度转身，由此走上人君宝座；而"九一八"事变的发生，则促成溥仪走上叛国之途，这是他第二个拐点，第二度转身，很沉重，因为它与东北沦陷紧密相连，与伟大的中国人民抗日战争紧密相连；1959年的特赦，溥仪由战犯变成公民，成功实现了改造，即是他的第三个拐点，第三度转身。三大拐点，三度转身，铸就了溥仪一生的传奇。

我撰写的《溥仪的后半生》一书，已由人民出版社把它与《我的前半生》配套出版。溥仪所著《我的前半生》自1964年3月出版后已经发行了数百万册，且被翻译成几十种语言，在海内外赢得数以千万计的读者。人们既然对溥仪的前半生感到兴趣，自然也会愿意了解他的后半生，而我已经得天独厚地拿到了溥仪特赦后所写日记和各种文稿，就有责任把溥仪真实的后半生客观描述出来，向那些热切盼望着的读者呈现溥仪真实后半生的政治形象、社会活动和新婚生活。

自1959年12月4日被特赦至1967年10月17日病逝，溥仪是怎样走过来？溥仪无疑是一位政治人物，是一位影响很大的历史人物，他的后半生体现了党和政府的改造政策。我撰写《溥仪的后半生》，就是要写出他这一人生阶段的生活实录和客观评价，让溥仪后半生的传记形象更符合历史的真实。我有幸与溥仪的几任妻子李玉琴、李淑贤等长期合作，听她们亲口述说婚姻和家庭生活；我有幸接触溥仪的二弟溥杰、二妹韫和、三妹韫颖、四妹韫娴、五妹韫馨、四弟溥任、七妹韫欢、族侄毓嶦、族侄毓岩等族亲并得到大力支持，从不同角度提供了可靠的数据；我有幸访问了原国民党东北保安司令长官杜聿明、原国民党国防部保密局少将总务处长沈醉等全国政协文史专员们，他们讲述了许多同事溥仪的亲历见闻。为了生动呈现溥仪后半生与前半生的细节对比，我还遍查了北京、南京以及东北各地与溥仪相关的档案和文献，而其中最重要的就是溥仪的日记，它形象地展开了溥仪后半生工作、生活的鲜活场面，而成为写作本书的最重要依据。

作为伪满洲国"康德皇帝"，随着抗日战争的伟大胜利，溥仪也成为国家罪人，当他又经历了伪满垮台后的逃亡、被俘、囚苏和引渡，最终在抚顺战犯管理所经历了10年的成功改造，成为合格的新中国公民。溥仪能够得到如此人生圆满，而连他自己也深感意外地远离了刑场和绞架。他没有被杀头，则因为他有幸遇到了中国共产党，有幸受到毛泽东、周恩来的关爱和帮教，实现了古今中外历史上的唯一、天地间的奇迹。究竟应该怎样处置已经犯有叛国罪行的前皇帝，处决，还是改造？毛泽东选择了后者。毛泽东的相关理论和实践，周恩来的大量而感人的具体工作，正确回答了这个问题。我写《毛泽东、周恩来与溥仪》（人民出版社1993年首版）这本书的目标，就是要梳理这一主题下的史实和理论阐述。

在伪满垮台之际，毛泽东、周恩来研究并决定了对溥仪、对爱新觉罗家族人员、对伪满首要分子等应该采取的政策，而且对进入东北作战的部队下达了"妥善保护"的命令。

为什么要保护一个高踞于人民之上的清朝皇帝？为什么要保护退位以后长期从事复辟活动的反动人物？为什么要保护卖身投靠帝国主义的民族罪人？"妥善保护"并不是偶然提出，而是毛泽东在总结长期革命斗争实践经验基础上，针对复杂的历史情况顺理成章而提出的正确政策。"妥善保护"所表现的，恰是无产阶级的立场，恰是毛泽东、周恩来等中国共产党人的伟大胸襟。

然而，直到周恩来道破之前，溥仪对于这道保护他及其家属的命令，居然毫无所闻，难怪他长期以来把共产党视为洪水猛兽。当他在1950年8月1日登上回国列车后彻底绝望，曾上吊自杀被监押卫兵救下。在绥芬河火车站中方代表接收时，溥仪立即伸出准备戴手铐的双手。然而他想错了！毛泽东把溥仪引渡回国，绝不是要处决他。对此，毛泽东的思考、中国共产党的政策，是非常明确且始终一贯的。溥仪在抚顺时毛泽东就在《论十大关系》演讲中一锤定音，敲定了溥仪的命运，也为他择定了后半生的道路：对"被俘的战犯宣统皇帝"等，"不杀头"，"让他们给人民办点事情……给饭吃……给以生活出路，使他们有自新的机会。这样做，对人民事业，对国际影响，都有好处"。革命绝不是从肉体上消灭一个旧皇帝，而是要从思想根源上挖掉培植皇帝的土壤。1959年新中国10周年大庆之际，毛泽东做出第一个特赦溥仪的决定，出乎所有人的预料。

《毛泽东、周恩来与溥仪》这本书继续梳理了溥仪获赦后，毛、周两位伟人在其政治、生活、健康实践中关怀他，以及在"文革"中保护他，在他身后也不忘记他的历史事实。毛泽东、周恩来与溥仪交往的史实，是关于我国封建社会末代皇帝与新中国首代领袖，在他们共同经历的各个历史时期中相互交往的完整记录，属于中国现代史中最重要的篇章，它凝聚了百年历史风云，反映了广袤大地上翻天覆地的社会变化，还集中了人民及其领袖的斗争艺术，这是胜利者改造旧世界创造新世界成功的艺术。它在新旧社会交替演进中显然是最具典型意义最生动的历史情节。在溥仪身上可以体现已逾的百年辛亥革命、90多年中国共产党的道路和80多年前抗日战争的伟大成果，能够看到现代中国的发展和演变历程，确有其历史意义和现实价值，也正是我要把本书呈现在亿万华人面前的原因。

20世纪70年代初，周恩来总理在会见日本《朝日新闻》编辑局长后藤基夫时说："我们把末代皇帝改造好了，这是世界上的奇迹！"我在天津人民出版社出版的《溥仪日记（全本）》（2009年1月版，上、下册共75万字），为周总理的论述提供了最可靠、最丰富的证据和最具体、最生动的说明。正像著名学者邸正所说："出版《溥仪日记》，就是出版这一'世界奇迹'的真实记录，是由溥仪自己记录一生的珍贵文献，足可让我们看出他的内心独白和隐秘。"

《溥仪日记》集中了爱新觉罗·溥仪现存一生的日记，包括溥仪在北京紫禁城内当"关门皇帝"时期的日记、在天津张园和静园当"寓公"时期的日记、在抚顺战犯管理所改造时期的日记，特别是溥仪获得特赦后作为中华人民共和国公民写于1959年至1967年期间的日记，这一时段的日记内容极为丰富，真实记录了这位末代皇帝在北京植物园、在全国政协、在全国各地参观、在"文革"和患病中的工作与生活状况，记录了他参与的政治活动、社会活动和外事活动，记录了毛泽东、周恩来以及中央统战部和全国政协领导对他的关怀，尤其是特别详尽记载了周总理所做的大量工作，令人信服地表现了他在这一时期

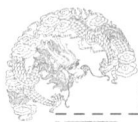

的思想、道德和人品风貌。除伪满时期日记已经焚毁外，其余各历史时期的溥仪日记均有存世，真实、充分、生动、可靠地留下了他的生平轨迹和人生转变。

《溥仪日记》从初版到增补再版，作为溥仪唯一亲笔作品，它的价值和影响已经得到充分的展现。这本书得以问世，谁的贡献最大？无疑当属溥仪遗孀李淑贤女士。正是因为她对溥仪日记的抢救与保存，因为她给予我的授权，并提供日记原本，才让我有机会依据日记原稿真迹整理、注释并付诸出版，成为集溥仪一生真实史料而传之久远的重要著作，成为令人信服的科学和史学专著。既然本书已经集中了溥仪一生日记的全部存篇，我衷心希望它能给读者留下完整的印象：完整的溥仪和他的完整的日记。

《我的前半生》一书是溥仪最重大的成就。这部轰动世界的著作，至今还一版接着一版地发行，当我们面前摆着这本书的时候，怎么能够忘记溥仪为它所花费的心血和付出的劳动呢？为此我出版了《〈我的前半生〉背后的惊天内幕》（天津人民出版社2011年6月版，全书26万字）一书，展示《我的前半生》一书撰写和出版历程，它的撰写、成书和出版背后确有惊天内幕：它是因溥仪在抚顺战犯管理所"悔罪"而孕育的"摇篮中的著作"；溥仪获赦后由周恩来亲自把修改《我的前半生》的任务交给他，为实现总理嘱托和自己的愿望溥仪在修改书稿中付出了巨大劳动，其间李文达奉派帮助溥仪修改书稿；毛泽东、周恩来一直关注着这本书的修改和出版；北京大学副校长兼历史系主任翦伯赞、中国近代史专家刘大年、曾在第二次世界大战后出任远东国际军事审判法庭审判官的著名国际法学家梅汝璈、时任中国文联和中国作协副主席的著名满族文学家老舍等史学界、法学界专家学者也都参与讨论、修改、亲笔润色或直接向溥仪提供书面意见；《我的前半生》在溥仪新婚前后两印"未定稿"；从轰然问世的奇书在国内外产生重大影响，到"文革"中原伪宫"童仆"批判之、原"贵人""造反"之，又是毛泽东、周恩来在"文革"中保护《我的前半生》并亲自为之"盖棺论定"无限再版；溥仪去世后意大利和中国合拍《末代皇帝》引发著作权纠纷，一波三折引发举世瞩目的强烈反响；直至李淑贤病逝"天字第一号"著作权纠纷继续衍生新的争斗。《我的前半生》新版纷纷谁有权力？内幕重重何时了！贯穿于该书成书历程的正是新中国最高领导人的关爱和保护，而受惠于毛泽东、周恩来更属最大。至今仍有多家出版社争相出版这本书。有的出版社以"恢复"该书修改期间产生的"未定稿"方式，拿所谓"全本"做卖点；有的出版社则用溥仪亲属的名义"授权"，甚至不经同意，就把本人整理的《爱新觉罗·溥仪日记》编入"附录"，已涉侵权。我编撰本书，据实写出《我的前半生》一书撰写和出版历程，就是要首尾相衔，突显真相，让读者看到这部奇书背后的曲折情节。或有助于理解这本书在当前引发的种种新闻，预测事态发展也可能就有依据了。

二、溥仪研究口述著作可以在华人社会历史教育实践中发挥引领作用

由于溥仪的人生就在20世纪，贴近今天，当年的家人、族人、共事者或属下等知情人，直到20世纪八九十年代还有不少健在的，产生多部自传体口述著作，并以其鲜活、真切的特色传布于世，得到社会各层次亿万华人的广泛认可。

口述史学学者认为，中国口述史学突破了传统的研究方法，使历史恢复成普通人的历史、鲜活的历史，在现、当代史研究中日益受到重视。学者们纷纷深入实地收集"口述资料"和重要陈迹品，而规模最大的首推全国政协文史资料研究委员会主持的全国范围内的文史资料收集项目，收集、保存了大量具有重大史料价值的数据，使我们对一些重大历史事件从文献数据和口述数据两方面得到印证和解释。较早进入口述史学理论研究的杨祥银先生在其论文《口述史学研究之新进展》中，还特别提到了我的著作："这时期影响最大的口述历史项目首推有关中国末代皇帝——溥仪的研究。在研究溥仪的历史学家之中，吉林省社会科学院研究员王庆祥先生所做的工作是影响最大的。他除了整理和研究文献资料以外，把大部分的经历放在了口述访谈上。"

杨祥银也已经注意到中国口述史学发展前景与华人社会历史教育的密切关联了。他论述了运用口述史学的方法，"突破了传统的方法，使得历史的'重塑'更加形象和真实"，恰好能够提供亲历者对历史事件主观、个人的感受。口述历史学家"以他们独特的方式询问受访者，询问他们过去从未想到的问题，激起人们对过去被遗忘或忽视历史的重新理解"。

杨祥银提到由我执笔撰写的三部回忆录著作，又由人民日报出版社在2012年10月作为系列再版了。包括《我的丈夫溥仪》（李淑贤口述，34万字）、《最后的"皇妃"》（李玉琴口述，上、下册共48万字）、《随侍溥仪三十三年》（李国雄口述，38万字），反响很好。这三部出自与溥仪密切生活过之三位当事人之口的回忆录，全景式呈现了末代皇帝在各个历史阶段的生活实况，各自都有其不可替代的价值。尤其是他们述说的生活细节，最能体现溥仪鲜活的个性，他们为历史、为后人留下了一份宝贵遗产。说起这三本书，也都有故事。

1979年秋，我作为《社会科学战线》编辑到北京组稿，偶然与李淑贤女士相逢，并有幸看到溥仪特赦后所写书稿、文稿、发言稿、日记，以及她亲手编存的影集等第一手珍贵数据，由此我们建立起长达18年的合作关系，合着出书多种，其中有一种就是李淑贤的回忆录。溥仪特赦后再婚的妻子李淑贤，亲身感受到作为公民的前皇帝不一样的人生，他们甜甜的恋爱和家庭生活，他们受到毛泽东和周恩来接见并亲切谈话的情景，他们与全国政协参观团一起在北京、南方和西北各地参观旅游的特别感受，他们在病痛住院的日子里相互关爱的真情真心，他们在生离死别之际感人至深的片刻和永远。这些内容也正是回忆录《回忆我的丈夫》讲述的故事。李淑贤的回忆录首版于1984年，叙述到溥仪去世为止，而修订再版定稿于1996年5月，增加了李淑贤在丈夫去世后围绕逝者的令人感动的人生。遗憾的是，当本版书由东方出版社于1999年出版时李淑贤已经飘然远行。香港大导演李翰祥改编本书而拍摄的《火龙》，较好地留下了溥仪和李淑贤在新中国的形象。

1982年春，我在长春市图书馆见到中国最后的"皇妃"、时为图书管理员的李玉琴，当年她54岁。在这之后，李玉琴先后当上长春市和吉林省政协委员，我也被吸纳为长春市政协文史委员会特邀委员。遂由政协负责文史的领导安排，我们建立起以"留下一段有价值的东北宫廷史"为目标的合作关系，一本长达40万字的回忆录工程就此开工了。李玉琴15岁走进伪满皇宫，她回忆了在伪满后期被册封为"福贵人"的亲身经历，她曾以少女的天真而与"康德皇帝""夫妻"相处，继又在伪满垮台后与悲情"皇后"婉容一起度过八个月的逃亡生活，接着便是在没落皇家体味无人能够感受到的七年苦守经历。为了寻找那

位当过皇帝的丈夫，她甚至敢在中南海新华门前堵截可能知情的某位首长，她打小工、借路费，六赴抚顺探监，最终还不得不迈出离婚的一步。离婚后，她也曾前往北京与溥仪依依叙旧，却在"文革"年代以"皇娘造反"真剧真演而落幕。这些内容也正是回忆录《最后的"皇妃"》讲述的故事。李玉琴的回忆录由北方妇女儿童出版社于1989年9月首版发行，紧跟着，电影和电视剧也都出来了。

1987年夏，我在北京库资胡同一处很普通的早已布满"私搭乱建"的四合院内，见到了76岁高龄的李国雄先生，他与老伴住在一间带小跨院的厢房里。他愉快地接受了我的合作建议，由此，我们在一起度过了颇为紧张的一个月，留下几十盘饱含史实的原声录音带，留下了李国雄老人跟踪溥仪的一生。自1924年起李国雄在逊清小朝廷给溥仪当随侍，当年才12岁，就成了"小皇上"的奴才，从此贴身跟随溥仪33年，见证了在紫禁城内溥仪与皇后婉容和淑妃文绣"帝王之家"的生活以及溥仪被逐出宫的惊险一幕，见证了溥仪在天津张园和静园会见中外重要人士、他与淑妃文绣谈判离婚始末，连溥仪在离津出关最后时刻纵身跳入汽车后备厢以后，也是李国雄给推上箱子盖的。李国雄还见证了溥仪在伪满当傀偶皇帝的全部生活，从旅顺到长春，从"执政"到"康德"，溥仪两度访日、多次"巡幸"，李国雄都在身边。溥仪因居苏联期间还是李国雄给巧做假箱底，才得以深藏468件无价珍宝而带回国内。直到在抚顺战犯管理所关押，李国雄也无奈"陪绑"，且不能不检举溥仪的罪行。获释后，这经历非凡的两位人士又在北京聚首，谈历史，话新生，句句都关涉最重要的历史情节和最生动的大事细节，这些内容也正是回忆录《随侍溥仪三十三年》讲述的故事。李国雄的回忆录自1989年7月出版后就接到大量读者来信，都认为溥仪《我的前半生》很需要这本书所叙述的细节加以解读。

这三本回忆录的当事人都拥有任何人不能替代的身份和角色，他们的回忆具有全世界都认可的权威性！这三本回忆录均成书于他们生前，并经本人过目、修改，直到定稿签字，最后交付出版。现在他们都已经过世，由他们在生前忆述且亲自审定的书稿已不可能再有任何变动。但他们留下的资料、情节和故事，将长存于永远。我们仅在每本书正文后附录当事人亲笔书信和短文，以及当事人亲友或回忆录执笔人的相关文字，同时又在各书之中加入了数百帧选自当事人遗留影集的历史照片，其中多帧是从未发表过的，而对正文内容和细节做了真实可靠的图、文增补。这三本"增补版回忆录"，又得到《人民日报》出版社的支持，作为书系，统一风格再版，衷心希望这三本书所呈现的中国末代皇帝及其后、妃、妻子多种身份的多种生活姿态，将以其更为珍贵的史料价值呈现于千千万万新、老读者面前。

由沙曾熙和刘淑芸两位八旬老人忆述、我整理撰写的一本新回忆录《旷世奇缘——我为末代皇帝保大媒》也已经有初稿了。两位老人在该书《后记》中写下的一段文字恰能说明此类口述回忆录一定能在华人社会历史教育中发挥作用："作为溥仪夫妇的媒人和朋友，我们有幸见证了这位中国末代皇帝特赦以后与李淑贤共同生活的多个片段，既为他们彼此相依的黄昏之恋感到欣慰，也为他们在晚年又不得不经受'文革'中各种磨难而深感痛心。多年以来，每当有记者或电视媒体访问时，我们总希望能把溥仪夫妇婚恋生活中最精彩、最美好的真实画面呈现给世人，而在每次谈话中都尽量不涉及那些不愉快的往事或纯属个人隐私情节。然而，近年来有关溥仪夫妇的传闻还是在网络和媒体上大量涌现，对李淑贤的传言更多，这使我们感到有必要加以澄清，还原真相。"

三、以溥仪研究为基础的影视作品已经造就了华人社会历史教育的优良氛围

溥仪研究著作的影视化程度高、社会影响力巨大，便于推动华人社会历史教育开局面、大发展。这里要提出一个问题：为什么溥仪题材的电影、电视没完没了？有什么缘分吗？是好事还是坏事？对于影视和溥仪的关联，我们观察20世纪80年代以来的银幕和荧屏，可以明显看出溥仪题材影视剧的起起落落：

溥仪影视剧的第一轮高潮兴起是在1984至1989年间。当时，我的著作《溥仪与我》《末代皇后和皇妃》《溥仪的后半生》《伪帝宫内幕》《淑妃文绣》《法庭上的皇帝——溥仪在远东国际军事审判中作证始末》《伴驾生涯——随侍溥仪33年纪实》和《中国最后一个"皇妃"——李玉琴自述》等，先后由长春市政协《长春文史资料》发表并陆续公开出版。那时的电影也好、电视剧也好，还是认可这些研究成果的，比较注重历史上真实的环境，接近史实。

其间主要作品，第一部就是香港导演李翰祥执导的《火龙》，根据李淑贤回忆录《溥仪与我》改编，我为原著并被李翰祥邀请做第一编剧，该片1984年由香港新昆仑影业有限公司和中国电视剧制作中心联合摄制，1985年在海内外发行放映，影响较大。李翰祥很会做，主演是潘虹和香港的梁家辉；第二部是长影导演陈家林执导，潘虹、姜文主演的《末代皇后》，由张笑天根据《末代皇后和皇妃》改编，我为原著，1985年由香港天河影业有限公司和长春电影制片厂联合摄制，1986年在海内外发行放映，1987年12月获第10届小百花奖，继获巴西电影节评委特别奖；第三部是意大利名导贝尔多鲁齐执导的《末代皇帝》，剧组曾派两名制作设计人员专程来长春采访我，涉及到影片的背景、道具和历史上相关的一些情节，他们在两天中不断提问题，并要求提供历史照片资料，我也帮助他们做了。但由于贝尔多鲁齐是外国人，不能很深入了解中国的情况，难免有欠缺，但也可以看出他们是很努力的，以他们的影视观念，反映历史真实，还比较好；第四部是中国电视剧制作中心编导的28集电视连续剧《末代皇帝》，这是最早的溥仪题材的电视连续剧，主要依据《我的前半生》改编，其中涉及溥仪在东京法庭作证的一集，就是根据我的《法庭上的皇帝》一书改编；第五部是长影拍摄的《最后一个"皇妃"》，讲李玉琴的事儿，依据我和李玉琴合着的《中国最后一个"皇妃"》（她口述、我执笔）一书改编，李玉琴为该片顾问。

溥仪影视剧再度成为热点是在2001年前后。从20世纪80年代末到90年代末，我又有《爱新觉罗·溥仪画传》《毛泽东周恩来与溥仪》《爱新觉罗·溥仪日记》《溥仪交往录》和《我的丈夫溥仪（修订版）》等著作问世。这一时期的影视作品虽然也还愿意以上述著作为原著依据，应该说也已经有些戏说成份在里头了。

这期间主要有两部电视连续剧：一部为20集电视连续剧《最后的帝王之家》，是根据《中国末代皇帝溥仪的婚姻家庭生活》等我的著作中关于溥仪的家庭以及他与婉容和文绣感情纠葛的内容，经我授权改编后投拍，我受聘出任本剧历史顾问，由著名女导演杨阳主持（贾晓晨制片，孟晖、杨阳编剧，夏雨、袁泉和陶虹主演），由中央电视台中国国际电

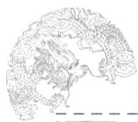

视总公司和北京金色池塘影视文化有限公司联合摄制。开始拍摄就约我参与研讨，每集剧本都要用电子邮件发给我，听取我的意见，如果我在史实上提出问题就一定改，遗憾的是该片中途停拍，未能播出。另一部为34集电视连续剧《非常公民》，是根据《溥仪的后半生》《溥仪与我》等我的著作中关于溥仪生平经历和思想感情变化的内容改编。我受聘出任历史顾问（成浩导演，黄子华、蒋雯丽、陈瑾、秦海璐主演），由湖南"电广传媒"摄制，2002年10月起在海内外各电视台播出。

溥仪影视剧第三轮走高是在2004年前后。以36集电视连续剧《末代皇妃》为代表，该剧大量戏说，我从2004年开始公开批评此剧，指出它有胡编乱造"五大硬伤"。如果让这样的"历史剧"占领荧屏，只能把我们的青少年弄胡涂了。不知道哪个是历史，哪个不是历史。作为政协委员，我就给长春市政协写了一封信，由政协以《建议停播电视剧〈末代皇妃〉》为题编发一期《社情民意》（2004第12期），传到广电总局，总局非常重视，媒体知道以后，引发连锁反应，都跟着来了，在全国掀起了批评的高潮，有成百上千家报纸报道。那位剧作家后来又挑起所谓"名誉权官司"，沸沸扬扬，然而无论谁都改变不了事实。

还有一部《传奇福贵人》还是比较好的，35集，根据我整理撰写的《李玉琴自述》（中国文史出版社2001年版）、《伪满洲国两"贵人"谭玉龄、李玉琴传》（团结出版社2007年版）等著作中关于李玉琴的生平经历和思想感情变化的内容改编。我受聘出任本剧历史顾问（丁荫楠导演，胡建新编剧），由中国文采声像出版公司2007年摄制，已在央视电视剧频道播出。

总之，20多年里溥仪题材影视剧的起起落落，在是否尊重史实问题上有起伏，有斗争。我们的观点是必须尊重历史，不能搞戏说。我国文化艺术领域要注重社会效益，注重华人社会历史教育，要让广大观众，特别是青少年，通过影视了解历史，参与健康的文化发展。好在2004年批评《末代皇妃》以来，成功地引发了广大观众对历史剧戏说的反对浪潮，有一个积极的效果，现在搞历史剧的编导们比较注意怎么样能符合史实了，一定要请相关领域的专家学者把关。

与此同时，关于溥仪题材的历史专题影视片也有很大发展。迄今先后已有由中央电视台、日本NTV电视台、日本NHK电视台、美国加州旧金山湾区无线26台、"台湾"中国电视公司、香港凤凰卫视等录制，邀我作历史顾问、嘉宾、撰稿、接受专访、提供数据，参与创制以溥仪生平为题材的史实性电视专题片逾百部。这些制片单位都能够尊重历史，尊重现有研究成果，效果也较好。主要有：

《末代皇帝溥仪评说》（四集电视专题片，1994年由台湾中国电视公司录制）

《沉默和诉说 沦陷中的长春》（第一部反映伪满14年断代史的八集专题片，1995年由长春市政协和长春电视台联合录制）

《中国末代皇帝溥仪》（日语版120分钟专题片，1996年由日本NTV电视公司录制）

《国宝流落记》（专谈关于随溥仪出宫那部分国宝的流失与回归，1999年5月由中央电视台录制）

《百年中国》（关于溥仪生平及伪满奴化教育的专题片，1999年9月由中央电视台录

制）

《慈禧与溥仪》（日语版，1999年11月由日本NTV电视公司录制）

《中国末代皇帝爱新觉罗·溥仪的一生》（60分钟专题片，2000年4月由北京端门溥仪生平展览馆摄制）

《伪皇宫纪事》（一部形象的伪满皇宫14年史三集专题片，2000年11月由长春有线电视台摄制）

《话溥仪》（由美国加州旧金山湾区无线26台以直播方式播出我接受专访的两集60分钟专题片）

《爱新觉罗·溥杰与嵯峨浩的跨国婚姻》（48分钟专题片，2002年8月由香港"阳光卫视"《百年婚恋》栏目摄制）

《清宫戏背后的历史真相　末代皇帝的洋师傅》（40分钟专题片，2005年7月由北京电视台摄制）

《清宫戏背后的历史真相　末代皇后的美丽与哀愁》（40分钟专题片，2005年7月由北京电视台摄制）

《爱新觉罗·溥仪》（14集400分钟系列专题片，由中央电视台、辽宁电视台于2003年至2005年间摄制，在央视各频道滚动播出）

《我的祖国：中国和日本》（40分钟专题片，2005年6月由日本NHK电视台摄制）

《说法周刊·末代皇帝溥仪的肖像权》（2006年7月由中央电视台"今日说法"栏目摄制）

《"妃子革命"·那一场风花雪月的往事》（40分钟专题片，2006年8月由中央电视台科教频道"影像志·见证"专栏摄制）

《溥仪的战俘岁月》（五集专题片，2007年6月由香港凤凰卫视大视野栏目摄制）

《央视见证之"伪满洲国"　CCTV采访历史学家王庆祥》（一集专题片，2007年9月中央电视台经济频道录制）

《伪满洲国官场现形记》（五集专题片，2007年11月由香港凤凰卫视大视野摄制）

《昭和史上最大悬案　川岛芳子生死之谜》（120分钟大型专题片，2009年3月，由日本朝日电视台摄制）

《牛群：川岛芳子生死之谜》（四集专题片，2009年4月由吉林卫视栏目摄制）

《经典重访：爱新觉罗·溥仪的坎坷人生》（三集150分钟专题片，2009年7月由上海电视台纪实频道摄制）等。

四、以溥仪研究为基础的溥仪生平遗址、旧居，已经形成充满华人社会历史教育内容的旅游热线

为什么溥仪住过的地方就能成为旅游景点？它有什么魅力能够吸引国内外数以万计的游客？我想，这是个可以回答的问题。现在，凡是溥仪生活过的地方，都在投资、建设、开发。为什么？就是因为都看到了这一块在社会、在文化界、在学术界能够产生的影响，看到了它能够带来的效益。

北京故宫与溥仪

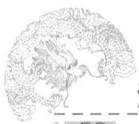

北京故宫是明清两代帝王的家，也是清朝末代皇帝溥仪自3岁至19岁居住了16年的家，与其他帝王不同在于清朝政府已经垮台，他也已经退位，却又在宫中以逊帝身份一住13年，直到1924年出宫。他在故宫的许多殿堂和花园里，留下了无尽的逸闻趣事，真实折射出晚清至民国间那段历史，折射出中国资产阶级民主革命的不彻底性，以及中国封建社会的顽固性。

天津静园与溥仪

坐落在天津鞍山道70号的"静园"，原名"干园"，是北洋政府前驻日公使陆宗舆于1921年建造的公馆，为东西方混合风格的庭院式住宅。1925年，末代皇帝溥仪被逐出北京紫禁城后，偕皇后婉容、淑妃文绣以及旧臣遗老来到天津日本租界地，先住在"张园"，1929年移居"干园"，并将其更名为"静园"。溥仪在这里度过了两个颇不平静的年头。1931年11月10日夜晚，在日本当局策动下，溥仪秘密离开"静园"，潜往东北，开始他的傀儡生涯。2006年8月，由天津市政府批准的"静园修复工程"聘请我为"天津静园保护利用顾问"，任务是要尽可能丰富地找出静园原貌的历史依据，以便能够按照"修旧如旧"的原则，严格复建。静园还专设了由我策划的《中国末代皇帝溥仪在天津》展览，以照片、实物、复原、陈列等形式，反映溥仪的政治活动，他与婉容、文绣的日常生活，静园现已成为华人社会历史教育的人文旅游景观地。

抚顺战犯管理所与溥仪

抚顺战犯管理所位于辽宁省东部抚顺市内浑河北岸、高尔山下，其前身即伪满"典狱"，是日本军国主义者为镇压中国抗日志士和爱国同胞而建于1936年，正是溥仪当"康德皇帝"的时候。1950年8月，苏联政府移交日本战犯980人，伪满战犯71人，国民党战犯354人，这些人都在抚顺战犯管理所得到改造。溥仪被分配到监舍第一室，编号是"981"。10年中溥仪从不会洗脸、穿衣，到生活自理，思想一步一步地发生变化。到1955年8月完全认可《侦讯爱新觉罗·溥仪的总结意见书》开列的"勾结日寇阴谋复辟清朝封建统治"等五大罪状。其间，妻子李玉琴多次探监看望，管理所领导经逐级特别请示后，还破例让他们在战犯管理所内同居。然而最后还是分手了。1959年12月4日管理所召开特赦大会，根据毛泽东的建议第一个特赦了溥仪。1986年公安部报请国务院批准，把抚顺战犯管理所旧址，改称"辽宁抚顺战犯管理所旧址陈列馆"，正式向国内外开放。还专门修建了一座"改造末代皇帝馆"，展出溥仪在改造期间的监室，摆放溥仪当时使用过的被褥、桌椅、碗筷等物品，特别受到国内外游客关注。

通化临江大栗子沟与溥仪

1945年8月9日，苏联向日军开战，关东军司令官下令让溥仪和他的家人去通化，傀儡国家"迁都"。8月13日，溥仪来到通化临江大栗子沟。1945年8月18日深夜，溥仪在这里宣布退位，原来溥仪住过的房子还存在，也作为展览开放了，很有特色。

历史上被称为"新京"的长春与溥仪

长春的历史遗存，是长春城市历史中最有特色的一页，也是我国曾经有过的那篇殖民地历史中最惨痛的一页，这是任何其他地方都没有的。溥仪在这里生活了14年，当年的皇宫、当年没有建成的杏花村新帝宫遗址，以及日本人按照日本风格建起的所谓关东军司令部、关东军宪兵司令部、伪满国务院、伪满军事部、伪满经济部、伪满交通部、伪满司法部、伪满外交部等殖民建筑系列地展示，这些遗址虽有些损毁，基本上还原样保留下来了。再加上长春的街道，也有当年作为伪满首都建设留下的遗迹，也能够体现长春的历史特色。比如长春的圆形广场、街心树带、地下电路，以及有特点的伪满时期系列建筑，能够展示当年日本殖民统治者，企图永久霸占我国东北的野心。保留这些遗存并以整体方式向国内外游客开放，就表明我们牢记战火、不忘侵略的那一页历史，保证子孙万代永远不会回到那屈辱的年月。溥仪这张牌也是可以出手的，尽管他在政治上曾经卖国，他是有罪的，但这段就发生在我们长春的历史，我们也是要有所汲取的。我们责无旁贷，应该把这段历史宣示到国内外。

以上谈到国内与溥仪有关的一些景区，说明凡是溥仪生活过的地方，现在都可以开发，都对游客很有魅力，为什么呢？因为广大游客想了解溥仪承载的那段历史，就要到这些地方看到最生动的东西，我们长春更有优势，要好好发挥。

苏联赤塔、红河子、哈巴罗夫斯克与溥仪

国外，像日本和俄罗斯，也都有一些溥仪住过的地方。日本的情况不大一样，他们也许不会考虑这样的问题。但是，俄罗斯方面很积极，也有相关信息。

溥仪在俄罗斯住过三处地方：一处是苏联莫洛科夫卡疗养院，1945年8月20日，溥仪和他的弟弟、妹夫、御医、随侍等8位亲随被送到赤塔军用机场后，又乘车来到郊外的莫洛科夫卡军人疗养院，也是苏联远东军区司令部所在地，在这度过两个多月。随后，以"总理大臣"张景惠为首的伪满洲国政府官员13人，被俘的日本将军和他的勤务兵、副官、厨师等54人，也都来到这里。1945年9月下旬，溥仪在这里给斯大林写了第一封信。他害怕回国受惩罚，性命难保，就写信要求长期留居苏联；第二处是苏联哈巴罗夫斯克（伯力）郊区红河子收容所。1945年11月16日，溥仪与伪满大臣等战犯被转移到该收容所，一直住到1946年8月8日。这期间他主要是为东京审判出庭作证做准备，为了作证，他必须说清楚与土肥原、板垣、东条英机等日本甲级战犯的关系，这些人当年和他是怎么接触的？他们在中国东北是怎么进行政治侵略、军事侵略、经济掠夺的？溥仪还知道哪些别人不知道的事情？当时，溥仪的思想表现出来，确实很恨日本人，很愿意出庭做这个证。1945年11月下旬，溥仪第二次给苏联政府写信，要求永远留居苏联；从东京法庭回来以后，溥仪就不住在红河子收容所了，而是住到伯力市内第四十五收容所，这就是第三处，从1946年8月下旬，一直住到1950年7月引渡前。这期间他经常给苏联政府写信，给斯大林写信，还是要求留在苏联。为什么呢？因为他也知道，这时中国是在国民党统治下，曾多次照会苏联政府，要求引渡溥仪，蒋介石与他有宿怨，要杀他。1950年春，溥仪最后一次给苏联政府写信，仍要求留居，苏方明确拒绝。1950年7月1日，周恩来在与苏方会谈时声明，如果苏联政府认为移交溥仪是适时的，中国政府准备接受。1950年8月1日，溥仪等被引渡回国。

所以，在伯力的郊区也好，市内也好，溥仪住过的地方也有这么多历史发生了。这些地方也都愿意、并希望，能够把溥仪在这里生活的原址突出出来，把那段历史突出出来。那里还保存着溥仪在伯力第45收容所居留期间使用过的一套镶嵌翡翠、贝壳的红木传统风

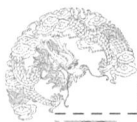

格中式桌椅，经中国国家博物馆鉴定专家史希光先生推荐，我曾提出鉴定意见。据知，溥仪当年在伯力住过的小楼以及房屋中的陈设现已利用而举办了溥仪在此生活期间的展览。

总之，在国际上，包括俄罗斯，也都对溥仪生活过的地方很有兴趣，很希望能从旅游的角度，开发溥仪这个人物及其生平所承载的历史，认为这确确实实是一块有发展潜力的旅游产业，更是华人社会历史教育的大好文章。就在这篇文章里，还可以写入的文字，就是举办展览，我参与了策划北京、天津多处溥仪生平展览项目：一是《中国最后的帝王世家展》，中国历史博物馆、中华民族团结协会联合主办，我作为创办人之一出任总策划、专业顾问，承担馆内展品选定及全部文字的考订和撰写工作，该馆已于1999年6月21日在天安门内端门东朝房开馆，展品包括历史照片、实物和溥仪生平专题录像片。年均接待游客约6万人；二是《慈禧太后、宣统皇帝与颐和园历史陈列——王庆祥先生研究成果展》，我作为创办人之一出任总策划、专业顾问，承担馆内展品选定及全部文字的考订和撰写工作，该馆于2003年9月29日在颐和园内南湖岛涵虚堂开馆，展品包括历史照片、实物200余件和慈禧、溥仪生平专题录像片。红旗渠创建人杨贵、文物鉴定权威人士史树青等都曾出现在颐和园涵虚堂展馆开幕仪式上了；三是《中国末代皇帝溥仪在天津》展览，我出任总策划、专业顾问，承担馆内展品选定及全部文字的考订和撰写工作，该馆于2007年7月20日在天津静园开馆，展品以照片、实物、复原、陈列等形式，反映溥仪的政治活动，以及他与婉容、文绣的日常生活。这一切充分展示了天津的城市历史风貌，成为爱国主义教育基地和一处重要的很有魅力的人文旅游景观。还有溥仪、婉容、文绣生平专题录像片。

目前，我应邀正在策划"福荫紫竹院藏品"大型展出中的"慈禧、溥仪以及清代皇室展览，该展设置在紫竹院报恩楼一层约200平方米面积内，即将面市。这个包括文物和书画精品实物、独家自拍视频和独家收藏历史照片的展览一定会取得华人社会历史教育的预期效果。

五、溥仪珍宝的散落过程也是华人社会历史教育的实物教材

溥仪的这些珍宝都是他在故宫最后两年，即1923年和1924年，以各种方式赏赐给二弟溥杰，实际就是把宫中的珍宝弄出去，目的是要弄到外国，作为他出洋留学的费用。每天都拿，拿了两年，这样弄出去也有成千上万件了。再有一种，就是溥仪1922年大婚的时候，因为当时没有进项，"中华民国"许愿400万的年俸也没有到位，他就拿宫里的宝贝去换钱，或者拿到银行抵押贷款。例如当时有名的金编钟等，就用于抵押贷款了，以后也没有赎回来，这样也流失了很多东西。

溥仪到天津后就把由溥杰带出宫的东西，像珍宝、字画等，也都弄到天津，溥仪在天津的七年，没有"岁费"收入了，很大一部分生活费用就是靠卖国宝来维持。这些国宝虽然是每天在卖，但多数还是保留下来了，其中一些精品后来又随溥仪到了长春。不属于精品的对象则留在天津，随着历史舞台的演变而散失了。

到达长春这部分珍宝、字画，就放在伪满皇宫后院的小白楼里。1945年8月伪满垮台，溥仪逃亡前挑挑拣拣装起70多箱珍宝，走的时候却不能全带，勉强带走十几箱，其余50多箱就地在长春散落民间了。

　　溥仪带走的这十几箱先弄到通化，又走不了了，只随身带出两箱子，其余都在当地散落。溥仪到沈阳被苏军俘获，这两箱子宝贝也让苏军弄去了。溥仪成为苏联的囚徒，却颇受优待，苏联人用了一些办法，请溥仪吃饭，说目前苏联经济建设遇到了困难，希望溥仪能够有所帮助。溥仪没有办法，只好乖乖把这两箱子宝贝献出来。他也留了一手，让随侍李国雄挑出其中一些最小的、最好的东西，藏到皮箱夹层里，就只有468件。

　　1950年溥仪被引渡回国，当时苏联和中国谈判的时候涉及此事，要求苏方把扣留的两箱珍宝归还给中国。其实也归还了，但他们还是把其中一些非常宝贵的东西留下了。然而，因为不识货，也有一些很宝贵的东西并不曾留下，像最著名的《清明上河图》就是这两箱珍宝中的一件，居然还了回来，多么幸运啊！

　　毕竟还有很多好东西被留下来了。几年前，《长春晚报》还搞过"跨国寻宝"，为什么呢？就是前些年在乌克兰出现了私人的"文物展"，展品中就有溥仪当年"捐献"的宝贝，如金剑刀等。当地的媒体都报道了，后来我们去追查，却已无影无踪。无论通过报纸刊登过的线索，还是通过俄罗斯、乌克兰的博物馆，或是通过私人收藏家，无论如何就是找不到了。然而，可以断言：当年溥仪那两箱珍宝中确实还有一些东西，现在就存藏在俄罗斯、乌克兰境内。

　　溥仪珍宝在流散过程中，在长春，在通化，都有一大批散落民间。在20世纪40年代，苏轼的《洞庭春色赋》和《中山松醪赋》，被我同学的父亲花很少的钱就买了下来，到80年代初由我同学捐出，现在是吉林省博物院的镇馆之宝。许多世界著名的博物馆，其收藏中的精品中国文物，绝大多数与溥仪有关，都是通过民间，一点一点收集起来的。旧金山有一个亚洲艺术博物馆，里边就有很多瓷器、铜器、字画等，也是当年溥仪经手流失出去的，最后不知道怎么都到了境外。2001年我在旧金山住了三个月，与亚洲艺术博物馆亚洲艺术委员余翠雁女士有过交往。我曾邀请她参加长春溥仪研究会国际学术讨论会，把馆藏与溥仪相关的文物介绍一下。她马上就反问："如果你们知道了我馆有哪些东西，会不会往回追讨啊？"这显然就是一个难题，可能在境外很多博物馆都存在，不外露而已。从溥仪手中流散的珍宝成千上万，这些东西现在都在哪儿？虽然陆续有归，但大量是根本弄不回来的，在这一点上溥仪有罪，把我国很多珍宝给败落了，从历史背景上看也可以理解，后来政府对他进行改造，也不追究这些事情，对他能献出468件珍宝，还给予表彰。毕竟失去很多珍宝，还是很令我们中国人心疼。

　　我在1987年采访李国雄先生，他在苏联与溥仪生活在一起，遵照溥仪的吩咐毁宝，能烧的就烧，不能烧的就用锤子砸碎，砸不碎的干脆扔到井里。他就亲手做了这些事情，他给我讲了很多很多细节。我仅仅作为一个中国公民就很心疼，这是我们中华民族的瑰宝，也不仅是清朝一代的宝贝，而是秦汉唐宋以来历代积累的宝贝，太可惜了！

　　最后，我愿就溥仪研究与华人社会历史教育的关系谈两点感悟和体会。

　　第一点是以细节切入历史。前述三本回忆录，呈现了末代皇帝在各个历史阶段的生活实景，他们述说的内容都充满生活细节，能表现溥仪在各历史时期、各生活层面的生动、鲜活和丰富，而这些细节也都是当事人所独有，完全可见溥仪多方面、多角度的人生，三本回忆录的当事人就是这些历史细节的亲历者和见证者。而今这一切都已经进入历史，并

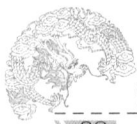

被铭刻在宇宙永恒演进的册页之中了。

第二点是让溥仪走向世界。值得一提的是，我的新版书中还有外文版和台湾版新书问世，包括英文版和西班牙文版《我的丈夫溥仪——中国的末代皇帝》（全书28万字，英文版译者倪娜，中国旅游出版社2008年6月出版，西班牙文版译者毛彩琴，五洲出版社2012年12月出版）、英文版《溥仪的后半生》（全书42万字，倪娜译，五洲出版社2013年1月出版）、台湾中文繁体字版《梦断紫禁城：溥仪的后半生》（全书42万字，慧明文化事业有限公司2002年5月版）、台湾中文繁体字版《末代皇帝溥仪与我》（全书22万字，广达文化事业有限公司2009年2月版）、台湾中文繁体字版《末代皇帝和他的政治敌友》（全书22万字，风云时代出版股份有限公司2009年6月版）、台湾中文繁体字版《末代皇帝和他的五个女人》（全书24万字，风云时代出版股份有限公司2009年6月版）。这两点体会其实就是要说溥仪研究确实是华人社会历史教育一项好内容，这也让我很欣慰。

（作者王庆祥　长春溥仪研究会副会长、吉林省社会科学院历史所研究员）

从封建皇室婚庆礼仪典制

解析溥仪大婚盛况

张　敏

【内容提要】本文拟从以下三个方面解析中国最后一场皇家婚礼：一，皇室婚礼礼
仪制度的渊源；二，溥仪大婚的盛况；三，溥仪大婚嘉宾送礼致贺的盛况。皇
帝的婚礼是国家盛典，属于传统吉、嘉、军、宾、凶"五礼"中的嘉礼，
为与臣庶婚礼区别而称大婚。其实，并非一个朝代的每个皇帝都举行大婚
典礼，只有幼年即位的皇帝才能享此殊荣，而成年后才坐上宝座的皇帝，
就只有象征性地补行一个仪式而已。据保存下来的溥仪档案里，有两本大
婚典礼时的礼品账簿，封面上写着《大婚典礼进奉衔名物品册》。辛亥革
命推翻了帝制，在婚姻制度方面也出现了新旧交替、混杂甚至矛盾和反复
的过程。皇室特权婚礼逐渐被世俗化、平庸化婚礼所取代，此后，中国婚
姻缔结方式进一步走向文明。

【关　键　词】皇家婚礼　溥仪　政要　致贺

　　1922年12月1日，紫禁城举办了中国封建王朝的最后一场婚礼——溥仪大婚，这场婚礼
是严格按照中国封建社会皇室婚礼礼仪典制进行操办的，从婚礼的筹备，大婚的程序，婚
礼的场面，送礼人的身份以及礼品的档次当中，可以反映出这场婚礼的奢华气派，本文拟
从以下三个方面解析这场民国与封建王朝交替重合时期的最后一场皇家婚礼。

一、皇室婚礼礼仪制度的渊源

　　皇帝的婚礼是国家盛典，属于传统吉、嘉、军、宾、凶"五礼"中的嘉礼，为与臣庶
婚礼区别而称大婚。其实，并非一个朝代的每个皇帝都举行大婚典礼，只有幼年即位的皇
帝才能享此殊荣，而成年后才坐上宝座的皇帝，就只有象征性地补行一个仪式而已。清代
入关后的10位皇帝中，雍正、乾隆、嘉庆、道光、咸丰5位皇帝即位前即已成婚，末代皇帝
溥仪的婚礼是在清朝被推翻后举行的，因而在紫禁城中举行过大婚的皇帝仅有幼年登基的
顺治、康熙、同治、光绪4位。

　　历来研究皇帝大婚礼仪的学者，都要追溯其礼仪渊源，但往往仅援引《仪礼·士婚
礼》。《仪礼·士婚礼》记载，自周代以来的婚礼主要经过纳采、问名、纳吉、纳征、请

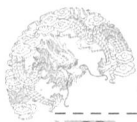

期、亲迎，古称婚礼中的"六礼"，但这主要是对士人婚礼部分程序的总结，从士人而上推到皇帝，自然会比"六礼"复杂许多。具体到清代皇帝大婚，按进行时间归纳，则可分为婚前礼、婚成礼、婚后礼。

清代皇帝的婚前礼，由传统的"六礼"减为纳采与大征（纳征）两种礼节。纳彩礼本为男家遣媒妁前往女家求婚，获女家同意之后，再正式遣一使者到女家致以薄礼，以为求婚之成。清代皇帝大婚，皇后的选择是通过选秀女的形式，并不存在像民间的订婚礼程序，只是皇家为表明尊崇古礼，举行纳彩礼。历代纳彩礼，男家向女家所致礼物，既有实用之物，又有象征之物。清代皇帝大婚的纳彩礼物为配有鞍辔的文马四匹、甲胄十副、缎百匹、布二百匹，顺治朝还包括金茶筒（喝奶茶用的茶壶，民间也称为多穆壶）1个、银盆2个。清朝统治者以骑射与尚武为立国根本，所以在纳彩礼物中把马匹、甲胄列入其中，并且占有首要的位置。纳彩礼之后举行纳采宴。清代皇帝大婚的纳采宴的承办，改变了主宾关系，并不是由皇后父母设宴款待皇帝派出的使者，而是皇帝要派大臣代表他，赐宴皇后父母。

清代皇帝大婚纳彩礼之后行大征礼，即古代的"纳征"礼。征即证、成之义，又称纳币。《礼记·杂记疏》记有："纳币，以物言也；纳征，以义言也。"之所以称为"大征"，表明其礼物之规模宏大。按《大清会典》记载为：黄金二百两、白银万两、金茶筒一、银茶筒二、银盆二、缎千匹、文马二十匹、闲马四十匹、驮甲二十副。另有赐后父后母黄金百两、银五千两、金茶筒一具、银茶筒一具、银盆一具、缎五百匹、布千匹……

明清皇室婚礼场面

婚成礼是皇帝大婚的高潮，只有经过这一礼仪，双方才可以确立夫妇之关系，其程序包括册立奉迎礼、合卺礼，并且尚有坐帐礼、跨火盆与马鞍的习俗。与臣庶婚礼最大的不同，是臣庶在举行婚前礼以后，须由新郎亲自前往女家迎娶新娘，所以称此为"亲迎礼"；而贵为天子的皇帝，绝对不可能屈尊前去迎接，必须派遣使节先到皇后府邸对皇后进行册立，然后再把皇后迎入宫中，因而称"奉迎礼"。

清代皇帝大婚迎娶皇后所用凤舆，并非是与百姓一样的红色喜轿，而是帝王专用的明

1922年12月3日，大婚的溥仪和婉容与来宾等的合影

黄色轿，并且上面没有"喜"字。皇后乘坐凤舆入宫时，要提前在凤舆内放置御笔"龙"字，光绪帝大婚时凤舆内的"龙"字为皇太后慈禧所写，至今还典藏在故宫博物院。皇后头遮绣龙凤同合纹的红缎盖头，坐在凤舆内向宫中行进时，一手持金质双喜"如意"，一手持苹果，以谐音平安如意。到了乾清门，才算到了皇帝之"家"，于是皇后在乾清宫接

下轿，交出手中的如意和苹果，还要再怀抱一个金宝瓶跨过火盆，才能进殿内，等到了洞房坤宁宫时，还要跨过马鞍，才能行合卺礼。

婚礼诸礼中真正代表男女成为夫妇的是合卺礼。合卺礼为现代所说的喝交杯酒之源。"合卺，破匏为之，以线连柄端，其制一同匏爵。"张梦元的《原起汇抄》则进一步阐述婚礼用匏为爵之意义："用卺有二义，匏苦不可食，用之以饮，喻夫妇当同辛苦也；匏，八音之一，笙竽用之，喻音韵调和，即如琴瑟之好合也。"

皇帝大婚与臣庶最大的不同，是在"家"礼而外增加的"国"礼，即增加颁诏礼、庆贺筵宴礼等，筵宴结束，皇帝大婚礼仪的帷幕才终于落下。同时，联系皇后与母家亲情的归宁（回门）礼也被无情地割断了。

二、溥仪大婚的盛况

明清皇子婚仪常规为：豫行诹指婚吉日，并列大臣、中偕老者奏襄婚事。届期，赞礼大臣偕父补服，诣东阶下。父北面跪。大臣西面立，称："有旨，今以某氏女作配与皇子某为。"福晋父承旨，行礼，兴，退。乃诹吉纳币。届日，官以彩亭载诸礼物入福晋家，陈币于堂，陈马，陈赐物于阶上，以纳币告。福晋父母祗受，燕会行礼如仪。婚前一日，福晋家豫以妆奁送皇子宫铺陈。届日（上所下贝）明，皇子补服，诣、皇帝、皇后前行礼。若妃、嫔出者，并于所生前行礼。皇子乃如福晋父母家，行迎娶礼，回宫。选随从女官八人豫诣福晋家阁前祗候。赞事豫诣皇子丨宫内别室祗候。自宫门至福晋家，步军统领所饬部洒扫清道。銮仪卫备，帐舆。一人，官属二十人，补服，四十人，如福晋家奉迎。吉时届，内銮仪校奉舆陈于。福晋礼服。随从女官翊升舆下帘。内校。镫八十炬十前导。女官随从，出大门乘马。前列，帅属及前后导护。行至门外，众下马步入，及止于宫外。女官随舆入至皇子殿前，降舆。女官恭导福晋出舆，引入宫。吉时届，赞事上，设燕，皇子与福晋行，执事者皆退。是日，二品以上、文武大臣齐集，福晋亲族有职人等暨同旗之大臣、官员等齐集箭亭内，命妇等在长房内，如纳币于福晋家之仪。翼日，皇子及福晋凤舆，内务府管理妻二人导，诣、皇帝、皇后前行朝见礼。皇子前立，福晋后立。皇子行头礼，福晋行六肃三跪三拜礼。次诣所出妃、嫔前行礼。皇子行二跪六叩头礼，福晋行四肃二跪二拜礼，各如仪，退。（其何处行礼之处，宫殿监督领皆豫奏闻请旨。）皇子仍如福晋父母家行礼如前仪。

公元1922年11月初，有关退位皇帝爱新觉罗·溥仪和郭布罗氏荣源的女儿婉容，与额尔德特氏端恭的女儿文绣，将一封为后，一封为妃，举办婚庆大典的消息传出，对京城百姓来说，可是闻所未闻空前的大喜事。小朝廷专门成立了一个大婚筹备处，向外界定期发布信息，迎亲的日子经择吉，经御准，刚禀报三位太妃，还未来得及公示，便不胫而走，满城尽知。

大概人们是这样认为的，百姓娶媳妇是常事，但皇帝娶媳妇，百年不遇；谁知中国将来还会不会再有皇帝？如果真的永远共和下去，这回错过机会，也许今后很难再碰到这种场面。于是，街头巷尾，胡同旮旯，无不谈论这桩婚事，茶楼酒肆，戏院商铺，莫不期待这场喜事，竟烘托出这个冬月小阳春的十分明媚来。

在溥仪大婚的两个多月前，婚礼的序曲就已奏响，1922年10月21日这天，溥仪派正副使臣带着近千人的仪仗队伍和100多抬轿的礼品，到北京地安门外帽儿胡同婉容的家，向

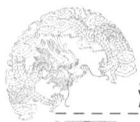

其父荣源送上彩礼。接下来的两个月里，先后举行了大征礼和册立礼，大征礼是告诉女方家里确切的成婚日期，册立礼则是正式给予皇后名分。说起来，婉容的婚礼也还是有些遗憾的。按清朝惯例，奉迎皇后入宫，不论皇后的家住在京城哪个方位，迎亲队伍都要经过大清门，再从紫禁城的正门——午门进宫。大清门在平时除皇太后、皇帝可随时出入外，任何臣工都不能擅自行走，皇后也只有在大婚之日才能享用一次。而婉容却没有享受到这份荣耀，她入宫不仅没走大清门，而且也没走午门。婉容走的是东华门大街，从东华门入的宫。从这点说来，她这个小朝廷时代的皇后，还是与大清帝国的真正皇后不一样的。这时的溥仪已是退位的皇帝，虽获准住在后宫，但紫禁城内乾清门以南的地方已归北洋政府管辖，因此也就不能再那么讲究了，据溥仪在《我的前半生》中的记载，他的婚礼，全部仪程要进行五天，隆重、红火、庄严、堂皇，这对没热闹要找热闹，有热闹要瞧热闹的京城小市民来说，他们甚至比那个马上要娶媳妇的十七岁的溥仪，还要起劲，还要沉不住气。

按着传统婚礼礼仪，皇帝和皇后新婚第一夜，要在坤宁宫里的一间不过十米见方的喜房里度过。这间屋子的特色是：没有什么陈设。炕占去了四分之一，除了地皮全涂上了红色。行过"合卺礼"，吃过了"子孙饽饽"，进入这间一片暗红色的屋子里，我觉得很憋气。新娘子坐在炕上，低着头，我在旁边看了一会儿，只觉着眼前一片红；红帐子、红褥子、红衣、红裙、红花朵、红脸蛋……好像一摊溶化了的红蜡烛。我感到很不自在，坐也不是，站也不是。我觉得还是养心殿好，便开开门回来了。《我的前半生》)

婚礼按照策划，在有序地进行当中，共计安排五天的庆祝活动，大致如下：

十一月二十九日已刻，淑妃（即文绣）妆奁入宫。

十一月三十日午刻，皇后（即婉容）妆奁入宫。已刻，皇后行册立礼。丑刻，淑妃入宫。

十二月一日子刻，举行大婚典礼。寅刻，迎皇后入宫。

十二月二日帝后在景山寿皇殿向列祖列宗行礼。

十二月三日帝在乾清宫受贺。（《我的前半生》)

这次皇帝大婚，对京城而言，场面不能说是空前的，但是绝后的。

辛亥革命成功，民国政府成立，与被推翻的满清王朝，曾经达成一个协议，一是每年供给四万大洋，赡养退位的王室；一是允许逊帝还可以在紫禁城里，维持他的小朝廷，这种共和与帝制并存，革命与封建共处的局面，当然是很滑稽，也很奇特的中国现象

也许，中国人太喜好热闹了，无论制造热闹的人，还是等着看热闹的人，都唯恐没有热闹。所以这次逊帝大婚，生怕事态不扩大，场面不热烈，群众不轰动，便想着法儿花样百出，推陈出新。

光紫禁城里热闹还远远不够，

1922年12月1日，溥仪大婚时乾清宫前迎娶皇后的凤舆

要热闹出紫禁城外，才能达到大热闹、真热闹的目的。于是，就在那位叫婉容的后，那位叫文绣的妃，从各自的娘家，抬到东华门，进入紫禁城的这一路，要按照清宫婚礼的程式进行。民国管辖的北平特别市政府，也答应了，并拨警察局的军乐队、驻军的鼓号队助兴。这样，民国已经十一年了，北京街头出现两拨人马，两支队伍，男性一式的蟒袍马褂，高头大马，女眷一式的凤冠霞帔，珠翠满头，全部是前清服饰的化妆游行。

据溥仪记载，光民国政府派出的军警，足有数千人之多。

淑妃妆奁进宫。步军统领衙门派在神武门、东安门等处及妆奁经过沿途站哨官员三十名，士兵三百名。

皇后妆奁进宫。步军统领衙门派在神武门、皇后宅等处及随行护送妆奁，经过沿途站哨官员三十一名，士兵四百一十六名（其中有号兵六名）。

行册立（皇后）礼。派在神武门，皇后宅等处及随行护送经过沿途站，哨步军统领衙门官员三十四名（其中有军乐队官员三人），士兵四百五十八名（其中有军乐队士兵四十二人。号兵六人）。宪兵司令部除官员九名，士兵四十名外还派二个整营沿途站哨。

淑妃进宫。派在神武门、淑妃宅等处及随行护送经过沿途站哨步军统领衙门官员三十一名、士兵四百一十六名。宪兵司令部官员三名，士兵十四名。警察厅官兵二百八十名。

行奉迎（皇后）礼。派在东华门、皇后宅等处及随行护送经过沿途站哨步军统领衙门官兵六百十名，另有军乐队一队、宪兵司令部除官兵八十四名外，并于第一、二、五营中各抽大部分官兵担任沿途站哨。警察厅官兵七百四十七名。

在神武门、东华门、皇后淑妃宅等处及经过地区警察厅所属各该管区，加派警察保护。本来按民国的规定，只有神武门属于清宫，这次破例，特准"凤舆"从东华门进宫。（《我的前半生》）

那四五里长的队伍，中西合璧，古今一体，洋鼓洋号，唢呐喇叭，高头大马，八抬大轿，遗老遗少，磕头膜拜，好奇百姓，夹道迎送。由民国政府派出五六千人的军警，沿途护卫，维持秩序，排场之宏大，声势之显赫，仪仗之辉煌，卤簿之壮观，那大场面，大气派，大手笔，大动作，可让看热闹的北平人，大饱眼福。

这场王朝复辟，回光返照的大戏，又将荒唐和悖谬推进一步。这热闹，固然令前朝耆旧，热泪盈眶，但同样，也令革命人士，义愤填膺。在民国的天空下，这种时光倒流的感觉，这种僵尸复活的感觉，实在是匪夷所思。连溥仪自己也说：这次举动最引起社会上反感的，是小朝廷在一度复辟之后，又公然到紫禁城外边摆起了威风。在民国的大批军警放哨布岗和恭敬护卫之下，清宫仪仗耀武扬威地在北京街道上摆来摆去。正式婚礼举行那天，在民国的两班军乐队后面，是一对穿着蟒袍补褂的册封正副使（庆亲王和郑亲王）骑在马上，手中执节（像苏武牧羊时手里拿的那仪仗七十二副，黄亭（内有皇后的金宝礼服）四架，宫灯三十对，浩浩荡荡，向"后邸"进发。在张灯结彩的后邸门前，又是一大片军警，保卫着婉容的父亲荣源和她的兄弟们一一都跪在那里迎接正副使带来的"圣旨"……（《我的前半生》）

而像鲁迅先生的另一篇杂文《沉渣的泛起》所说，这次逊帝大婚，也把沉寂了十多年，郁闷了十多年，憋得五脊六兽的封建余孽，遗裔孤臣，没落贵族，八旗子弟的积极性，充分调动起来，他们不但看热闹，还要凑热闹。据当时的一些报纸报道，这场封建王朝的最后一场婚礼的盛况空前。

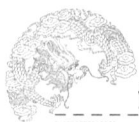

三、溥仪大婚嘉宾送礼致贺

清宫内专门为溥仪婚礼设筹备处，宣布溥仪大婚之礼定于12月1日举行，消息传出，各方宾客送礼的络绎不绝。主要的有满蒙王公，遗老旧臣与活佛等，都有进奉。民国要人，上至大总统，下至各地军阀，下野政客，都纷致贺礼。黎元洪送如意、金瓶和银壶，红帖子上写着"中华民国大总统黎元洪赠宣统大皇帝"，其联文云："汉瓦当文，延年益寿，周铜盘铭，富贵吉祥"。其他如：曹锟送如意和衣料，吴佩孚送来衣料和银元7000元；冯玉祥送如意、金表和金银器皿；张作霖送成套的新式木器；王怀庆送九柄金如意；（复辟不成下野的）张勋也送来银元10000元；

据保存下来的溥仪档案里，有两本大婚典礼时的礼品账簿，封面上写着《大婚典礼进奉衔名物品册》，里面一一开列了送礼的人名、物品种类和数量等。清单里，不仅有清朝的遗老旧臣，还有民国政府的要员、军阀政客，外国使节也名列其中。当时的大总统黎元洪，专门派特使带着2万银元前去祝贺。像曹锟、吴佩孚、冯玉祥、徐世昌、张作霖等民国要人，以及康有为等社会名流，也都纷纷送厚礼祝贺。

（保皇派）康有为除送磨色玉屏、磨色金屏、拿破仑婚礼时用的硝石碟和银元1000元外，还有他亲笔写的一副对联，上联是"八国衣冠瞻玉步"、下联是"九天日月耀金台"。

以豪富著称的遗老们，如陈夔龙、李经迈等，送的都是钻石珠翠。上海的犹太人大资本家哈同、香港的英国籍大资本家何东，也都送了不少珍贵礼品。由于无处存放，溥仪叫人都储藏在建福宫里。最滑稽可笑的，该是溥仪自己所描写的那些复辟热闹的表演了。

民国派来总统府侍从武官长荫昌，以对外国君主之礼正式祝贺。他向我鞠躬以后，忽然宣布："刚才那是代表民国的，现在奴才自己给皇上行礼。"说罢，跪在地下磕起头来。

当时许多报纸对这些怪事发出了严正的评论，这也挡不住王公大臣们的兴高采烈，许多地方的遗老们更加像惊蛰后的虫子，成群飞向北京，带来他们自己的和别人的现金、古玩等等贺礼。重要的还不是财物，而是声势，这个声势大得连他们自己也出乎意外，以致又觉得事情像是大有可为的样子。（《我的前半生》）

综上所述，辛亥革命推翻帝制，在婚姻制度方面的变化也是非常曲折和微妙的，出现了新旧交替、混杂甚至矛盾和反复的过程。到1922年12月1日溥仪大婚，中国封建皇室婚礼礼仪制度经悄已悄无声息地退出历史舞台，同时宣告封建皇室婚礼礼仪制度的终结，皇室特权婚礼逐渐被世俗化，平庸化婚礼所取代，这是中国婚姻缔结方式进一步走向文明的良好开端。

参考文献：

［1］《我的前半生》爱新觉罗·溥仪，北京群众出版社，2011年1月。

［2］《末代皇帝的二十年》爱新觉罗·毓嶦，中国社会科学出版社，2000年9月。

［3］《紫禁城的黄昏》庄士敦，译林出版社，2014年12月。

［4］《末代皇帝溥仪》喻大华，倪娜译，2010年出版。

（作者张敏　伪满皇宫博物院研究馆员）

伪满初期婉容政治上受冷遇的原因探析

彭　超

【内容提要】伪满建国初期，婉容在政治生活上受到冷遇，这种冷遇并非出自关东军的意愿，而是溥仪的主观意愿和婉容政治观念破灭造成的后果。与溥仪感情日趋冷淡的同时，婉容看清了"满洲国"和溥仪的傀儡本质，认识到"皇后"的梦想已经完全破灭了，因此不愿以"执政夫人""伪满洲国皇后"的身份参与到伪满洲国的政治生活当中去，她企图逃离伪满洲国未遂。生活上、精神上的双重折磨促使她最终走向了毁灭。

【关 键 词】伪满初年　婉容　皇后　冷遇

作为和溥仪一样具有传奇人生经历的历史人物，学术界对婉容的研究成果丰硕，但是对于婉容政治思想的研究，尤其是对伪满建国初期（即溥仪就任伪满洲国执政到因秽闻被打入冷宫之前），遭遇政治上冷遇的原因却乏人探讨。对于这一问题的研究，将充分揭示婉容离奇人生的悲剧根源，本文拟从这个角度对婉容在伪满建国初期的人生经历进行探讨，以就教于方家。

一、婉容政治上受冷遇的情况

"九一八"事变之后，日本关东军对溥仪采取种种公关手段，在"建立新国家""实施帝制"等诱饵的诱惑之下，溥仪于1931年11月10日深夜离开天津，11月13日到达营口"满铁码头"，开始了他的傀儡生涯。婉容也于半个月之后，被川岛芳子使用瞒天过海的计谋接到了东北。1932年3月1日，"东北行政委员会"发表《建国宣言》，正式宣告了满洲国的成立。3月8日上午8时，溥仪携婉容从汤岗子对翠阁温泉旅馆出发前往长春，并合影留念。上午10时，火车抵达长春，溥仪夫妇住进执政府（原吉长道尹衙门），直到此时，婉容都是以溥仪夫人的形象出现在公众面前，此后情形出现了大逆转，遍查《伪满宫廷秘录》《溥仪宫廷活动录》[1]、伪满"政府公报"和相关报纸，笔者惊奇地发现，从溥仪就任"执政"到登基成为伪满洲国皇帝的整整两年里，婉容没有参加任何政治活动，几乎消失在公众的视野里。在这段时间里，伪满洲国重大的政治活动比较多，如1932年3月9日在吉长道尹衙门举行的溥仪就任伪满执政典礼；1933年1月1日，日满军政要人向溥仪恭贺新年；1933年2月7日，溥仪生日，简任官以上伪满官吏祝寿并留念，3月1日建国纪念日，日满两方面要人前来祝贺留念等等，上述这些政治活动，都没有出现婉容的身影。

1934年3月1日，伪满洲国施行"帝制"，正式将"满洲国"改为"满洲帝国"，溥

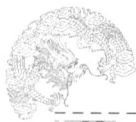

仪举行最隆重的祭天和登基仪式。这次登基当"皇帝",溥仪内心十分重视。"我的第一个念头,就是要准备清朝皇帝的龙袍。我把帝制的实现,看作是走向大清复辟的起点[2]"。那么溥仪内心是极其渴望按照清朝旧制来完成登基的相关仪式的,即便登基因为日本人的干预,但也要尽可能的按照清朝过去的惯例去进行。根据相关资料描述,溥仪这次登基的地点是在勤民楼勤民殿,仪式按先后顺序一是接受郑孝胥等百官三鞠躬礼,二是日本驻满特命全权大使递交"国书",三是发布即位诏书,确定"国号""年号",并没有举办册立皇后之礼,按照清制,"婚后即位的皇帝,即位之初比册立原嫡福晋为皇后,正位中宫,也需另行册立[3]"。这次溥仪登基做"满洲国皇帝"。日本人强调它区别于大清朝皇帝,关东军还因此特意派人正式告诉伪满总理大臣郑孝胥,"日本承认的是满洲国皇帝,不是大清皇帝[4]",不允许溥仪穿清朝皇帝的龙袍登基。那么溥仪在登基的同时,有必要举行相应的册立新皇后的仪式,但显然婉容没有参加溥仪这次登基仪式前前后后相关的公开活动,妄谈册立皇后。

查找史料,在能够找到婉容公开参加政治活动的记载只有一次。1934年6月7日,日本秩父宫雍仁来伪满访问,进宫会见溥仪。纵观这次秩父宫来访,从递交天皇裕仁信函、设宴招待、欢送等各个主要环节婉容都参与其中,但是婉容的公开露面,也是因为日本秩父宫雍仁有使命在身,要求同时会见皇帝和皇后,婉容才得以露面的。[5]

两年多的时间里,婉容作为"执政夫人""皇后"缺席了几乎所有重大的政治场合且没有留影,更没有和溥仪的合影。正如美国《新闻周刊》记者爱德华·贝尔在撰写《中国末代皇帝》这本书的时候写道的那样:"(到长春)后没有发表过溥仪和第一夫人的照片[6]"。这和紫禁城时期、天津时期截然不同,真是个令人费解的历史谜团。

二、婉容政治上受冷遇的原因探析

究竟是什么原因导致出现上述奇怪的现象呢,是婉容身体欠佳?是溥仪、婉容感情破裂?还是日本人要求如此呢?下面结合史料逐一来进行分析。

(一)与婉容的身体状况没有直接关系

1922年12月3日,溥仪举行大婚,迎娶郭布罗·婉容进宫,由于溥仪的缘故,两人婚后并没有夫妻生活,深宫大院形同软禁的生活,使婉容感觉空虚寂寞,读书、写字、画画并不能消除她心中的郁闷,因此染上了吸食鸦片的嗜好。在紫禁城时期,她每顿饭后都要吸食八个烟泡。据专门服侍婉容吸烟的太监赵荣升介绍:"皇后左边吸四口,在她倒过身子的时候,你得把烟具随着捧过去,再服侍她右边吸四口。"[7]

吸食鸦片的习惯,婉容在天津时期、伪满洲国时期也一直在持续。周君适回忆说,"婉容有神经病,又染上鸦片嗜好,躺在烟榻上,直瞪着眼,随手抓一把烟泡乱洒"。[8]

但1932年初,婉容的烟瘾还没有这么重。在短短不到四个月的时间里,她从偷渡东北、求见溥仪、跟溥仪会面到从汤岗子出发到长春,整个过程中身体状况总体上还不错,远不到影响婉容参加各种活动的程度。随侍李国雄也回忆,"旅顺期间,以至伪满初年,(婉容)看上去没有病容[9]"。

尽管根据记载,1932年3月11日夜间,溥仪刚刚就任"满洲国执政",曾请陈曾寿为婉容"请脉",并开了"药方"[10],认为婉容的身体无大碍,这么看来,婉容政治上的被冷落和其健康并没有直接关系。

（二）与溥仪的主观意愿不完全相关

溥仪对婉容的冷淡和疏远，跟婉容吸食鸦片和溥仪的严重猜疑有关，但严格意义上说，始于1931年的"淑妃革命"，溥仪几乎是将与文绣离婚的仇恨全部加罪于婉容。溥仪自己承认"自从她把文绣挤走后，我对她有了反感，很少和她说话，也不大留心她的事情[11]。"而在溥仪首先完成的《我的前半生》灰皮本中，对于婉容态度的说法，则更加直接。"婉容固然是在当时，总算是得到了所谓的"胜利"，而拔去了她所认为的"眼中钉"，但是我对婉容的感情，反而一天坏似一天[12]"。也就是说在伪满时期，随着时间的推移，溥仪和婉容两人感情总体上是趋于冷淡的。

笔者认为，感情上的冷淡并不构成溥仪对婉容的完全冷落，只是婉容政治上受冷落的一个次要原因，因为婉容之于溥仪，虽然没有夫妻感情，更没有夫妻之实，但是对于一个皇帝而言，婉容的存在仍有重大的意义。

一是溥仪要证明自己还是一个正常的男人，具有一个正常男人的需求。在紫禁城时期，关于溥仪不能男女之事的传闻是个公开的秘密，说法五花八门[13]。但是溥仪仍然要辟谣，还要假装夫妻恩爱给下人看。婉容的贴身太监孙耀庭就曾回忆，一次溥仪把婉容抱在炕上亲热，就让其在一旁看着。并说，"溥仪在极力敷衍她（婉容），到储秀宫来纯粹是出于对外的影响考虑[14]。"简而言之，溥仪作为末代皇帝、天津寓公需要婉容作为一个花瓶存在，作为伪满洲国执政、皇帝更有此需求。

二是溥仪需要婉容帮她实现传宗接代、延续血脉的需要。溥仪就任伪满洲国执政，在没有完全看清日本侵略者丑恶嘴脸的情况下，对于复辟大清仍抱有很大的幻想。1932年3月11日，曾当着伪执政府秘书陈曾寿的面立下了三个誓愿，而最后一条誓愿，就是"求上天降一皇子，以继承大清基业[15]。"伪满初期，溥仪身边的后妃只有婉容一人，并没有纳妃的打算，溥仪在打针吃药的同时，只能将延续血脉的希望寄托在婉容身上。

三是就任伪满执政前后，溥仪仍然在极力地敷衍婉容，对外维持帝妃夫妻恩爱的假象。溥仪决定离开大连去东北，婉容是一个附带的动机，"（溥仪）希望通过生活环境的改变，使皇后秋鸿戒掉抽鸦片的习惯。[16]"溥仪到东北后，立即写信给婉容，要求婉容也尽快来东北，并派罗振玉到大连港码头去恭候，整个过程安排的十分仔细。在大连短暂停留的几个月，溥仪和婉容还曾一起去海边捞海参、捡贝壳，新中国成立后，溥仪还曾携婉容和两个妹妹开车到大同公园去玩[17]等等不一而足，这些证据表明溥仪和婉容夫妻关系尽管逐渐冷淡，但就溥仪来看，远没有到破裂的地步。

四是作为执政夫人、伪满洲国皇后，婉容在政治生活上仍有十分重要的作用。伪满洲国新中国成立之初，日本关东军及郑孝胥等人所确立的政治理念是所谓的"王道政治"，王道政治的理论基础为顺天安民[18]。就家庭和妇女而言，要提倡旧道德，按照郑孝胥的理解，妇女作为母亲、妻子，她们的言行情感直接影响到丈夫、子女，所以"要王道政治完善，必得由妇女做起[19]"就是要求妇女"三从四德"，做贤妻良母，自觉维护家庭婚姻。作为一国的执政，尤其是担任"满洲国皇帝"之后，"王道政治"理论对"皇帝"的要求更高，皇帝、皇后都要成为万民的表率，"人君以利民为天职，

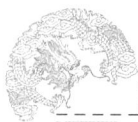

凡不利于民者，必趋而避之[20]。"这必然对婉容提出更高的要求，也使婉容成为伪满洲国政治象征的重要一部分。

有论者持"婉容的皇后身份不被看重，正是出于溥仪的决定，溥仪参加一切仪式或接见外宾，都不用婉容参加"的论点，这一观点来自于长期在溥仪身边，为婉容抄写课本的周君适，"溥仪接见外宾，从来不让婉容陪同[21]。"但据笔者查考，在天津时期，溥仪会见外国使节，婉容参加活动并合影的照片不在少数，如婉容会见日本驻天津使馆的女眷并合影、溥仪和婉容在张园会见加拿大总督威灵顿及其夫人并合影。如溥仪带婉容曾同英国领事、英国司令官、英皇四太子及其女眷的一张张合影。在天津那几年，溥仪同租界地的英、法、意、日等国领事保持了密切的联系，这样的外事活动，婉容大部分都参加了[22]。

伪满时期，溥仪对婉容的态度总体上趋于冷淡，但是溥仪和婉容这对夫妻不是简单的夫妻关系，作为一国"执政"也好，"皇帝"也好，都需要婉容承担起"执政夫人"、"皇后"必须承担的责任，这是溥仪自身特殊政治身份的客观需要。

（三）日本方面没有拒绝婉容出席活动的要求

溥仪作为伪满洲国的傀儡皇帝，事事受到日本关东军的控制和约束，但是就日本方面而言，在政治活动的安排上，似乎并没有特殊要求婉容不参加、不露面，反而在很多重要场合特别看重婉容这个"皇后"身份的重要性。证据如下：

1. 溥仪逃到东北后，日本关东军特别派川岛芳子协助婉容到东北，日本人在选择川岛芳子完成这一绝密任务，可谓是挖空心思。川岛芳子身份特殊，既是肃亲王的"十四格格"，又是日本浪人川岛浪速的养女，此外川岛芳子为人机警，诡计多端。经过天津驻屯军的紧密配合，终于将婉容偷运到了大连。

2. 1932年9月14日，新任日本关东军司令、首任驻满特命全权大使武藤信义到达新京，下午就派秘书官两人拜访执政府，在赠给溥仪土产品绯缄铠甲的同时，还赠给了婉容珍珠首饰[23]。

3. 溥仪登基之后派郑孝胥赴日答谢，郑孝胥谒见天皇裕仁的当日。1934年3月27日，日本关东军司令驻满特命全权大使菱刈隆进宫觐见溥仪，将天皇的赠品、蜡色绘漆四季草花图书架、刺绣岚山图屏风分别转呈溥仪和婉容[24]。

4. 1934年6月7日，日本天皇裕仁的弟弟秩父宫雍仁来访，必须要求婉容出席相关活动，并代表裕仁授予溥仪大勋位菊花大绶章，授予婉容勋一等宝冠章。而宝冠章，是一种以日本皇族女性为主要授予对象的勋章，其中宝冠大绶章的正章镶嵌108颗珍珠、副章镶嵌209颗珍珠，是日本所有勋章中造价最高昂的，早期对于外国女性的礼貌性授勋，无论女王、皇后等，皆赠予勋一等宝冠章[25]，也就是说日本天皇是承认并重视婉容的"皇后"身份的。

5. 日本人还在帮助溥仪维持夫妻关系融洽的假相。在伪满的头两年，时任伪满洲国国务院总务厅嘱托的日本人中岛比多吉，曾写过一篇《执政之日常放送词》由电台播出。其中写道：

执政富有情感，敦于伦常，与执政夫人真如所谓琴瑟和合者，每共同散步，或作网球弹子等戏，使人钦其和睦光景[26]。

日本的种种安排，具有政策上的连续性，甚至于宫廷秽闻曝光后，日本关东军司令菱刈隆不允许溥仪和婉容离婚，并将婉容赶出宫去[27]，因此说婉容伪满初期在政治上的这种冷遇和日本人没有直接的关系。

（四）婉容的思想特点决定了她被冷遇

郭布罗·婉容是一个出生在满族贵族家庭的名门闺秀，从小就受到了封建礼教的影响和束缚，同时在天津、北京两地的长期生活，使婉容又接触到了西方的生活方式，并深受其影响。婉容这种既中国又西方、既传统又开放的矛盾思想观念形成了婉容特殊的思想认识。

一是思想自由，个性相对独立。

在紫禁城生活时，她就显得很摩登，看电影、骑自行车、吃西餐、弹钢琴、学英文、骑摩托车等等，勇于尝试西方的新鲜事物，表现出了非常明显的西化思想倾向。援引美国人布拉克尼在《毕生做傀儡的可怜虫——溥仪》一文对婉容的描述，"虽然出身贵族之家，她的父亲却改营商业。她是一个满洲美女，她和皇帝在思想上很对劲，而且也像他一样，受过西方的新式教育，也取了一个外国名字叫伊丽莎白[28]。"她在宫中用英文给溥仪写过大量的短信，对紫禁城十米高的宫墙的禁锢很是反感，这一点对于溥仪也产生了不小的影响。溥仪后来回忆说："这时我已渐渐对于那种'宫廷小圈子'生活感到厌倦，总想看一看'紫禁城'外的新鲜景色[29]。

二是婉容十分看重她的"皇后"身份。

婉容虽然是一个深受西方文明教育和影响的女子，但是传统文化对她的影响很深，使她对这个封建"皇后"的身份格外看重，这在紫禁城时期、天津时期和伪满时期都有非常明显地表现。

溥仪大婚，按照旧例，淑妃文绣应该在皇后进宫时行跪迎之礼，但是溥仪降旨，免去了文绣跪迎之礼，这引起了婉容极大的不快。结婚当晚，按照当时的报纸报道："竟一怒之下实施闭关主义，拒宣统无得入闺房[30]。"婉容的不快，当然不排除她有反对册立文绣为妃的想法，但是结合婉容后来和文绣不合，比较霸道，事事要压文绣一头的实际情况来看，婉容还是十分看重这个皇后身份的。

此外，溥仪同样持有如此的看法，溥仪回忆说"她宁愿做个挂名的妻子，也不愿意丢掉"皇后"的身份。即使她忽然想开了，也起了离婚的念头，她的处境也和文绣不同，文绣从亲友中还能找到一些支持的力量，而婉容的父亲、兄长、师傅都不但不会支持她，恐怕还要加以阻拦，甚至是施加压力[31]。"

在得不到爱情和婚姻生活的前提下，婉容将作为"皇后"当做了坚持下去的主要动力，这个"皇后"还有一个必要条件，就是能满足婉容思想独立，个性自由的需求，婉容的这种思想底色决定了她将在伪满政治舞台上面临遭受冷落的窘境。

（五）婉容逐渐对"满洲国"持否定的态度

婉容对"满洲国"持有什么样的态度呢？并没有直接的史料能够证明，但从很多历史事件中，我们可以看出端倪：婉容一开始对来到东北，来到溥仪身边没有恶感，只是在看清"满洲国"、伪满"执政"的本质后，对"满洲国"傀儡皇后的身份不认同，很挣扎。

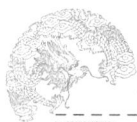

溥仪离开天津后，婉容顿觉孤苦无依，她哭着对随侍李国雄诉苦，"皇上也走了，王爷也不来，把我放这谁管呀？[32]"因此在得知溥仪到东北以后，婉容也急切地想到东北，到溥仪身边。

第一件对婉容造成极大打击的事，就发生在她被川岛芳子护送去大连的途中，婉容的哥哥润麒因与日本军人极其熟悉，私下默许日本军官夜间在船舱中强奸了婉容，这使婉容精神上受到了极大的刺激[33]。

到达大连后，婉容急切地盼望见到溥仪，但是关东军有命令，不允许婉容到旅顺见溥仪，她认为溥仪有可能遭到拘禁或者暗算，于是大哭大闹，非要去见溥仪不可，才得以见上一面，这些经历也让婉容认识到溥仪处在日本人的控制之下，行动不自由，言论不自由，婉容便隐瞒了被强奸这件事。

伪满"建国"后，婉容依然关心政治，书斋中还摆放着订阅的《盛京时报》《大同报》《吉林日报》等七、八种报纸，加上在溥仪身边所经历的种种事件，使得婉容对"满洲国"的傀儡性质有了明确的认识，最使婉容不能容忍的是自由的丧失。一次，溥仪、婉容携两个妹妹到大同公园游玩，刚到公园门口便被日本宪兵队保卫，以安全为借口将他们劝了回去[34]。事实上，加在婉容头上的限制还有一重，这一重来自于溥仪的不信任，据长期在伪满皇宫工作的周君适回忆，溥仪派自己的二妹韫和长期监视婉容，婉容察觉到了这种监视，曾经对身边人以手指书空作"宫中黑暗"四字[35]。

自对"满洲国"和自身处境有了明确的认识后，婉容想离开东北的念头便愈演愈烈，1932年5月，国联调查团到达大连，婉容派人化装成古董商秘会中国代表顾维钧，要求顾维钧帮助她从东北逃走未遂[36]。1933年8月、9月间，"满洲国"立法院院长赵欣伯的妻子准备赴日，婉容便托她帮忙东渡，但此事被当时正在日本的三格格发现，她写信告知溥仪，结果逃跑又成为泡影。从此婉容再也没有找到逃脱的机会。

逃跑未遂，婉容在伪满皇宫的生活一开始又存在一种"荒诞离奇"的氛围，"明明采取的是伪执政的制度，可是偏偏又有什么伪大同的年号，明明绝对不是复辟，可是偏偏在当时的敌伪之间，却有很多人偏偏将我成为皇上[37]。"同样，婉容也生活在"皇后"的荒诞生活中。

这种"皇后"的荒诞生活，又因为日本关东军对"执政夫人""伪满皇后"规定的缺失偶尔的表露出来。

1934年3月，溥仪称帝，日本秩父宫雍仁亲王代表昭和天皇来"新京"长春祝贺，要求婉容一同会见。这次婉容的出席，着装极不协调，在佩戴伪满徽章绶带的同时，按照清宫旧例，穿宫装凤冠锦袍，从她和下人的对话中，可以明显感受到她对大清皇后凤冠的珍惜与重视[38]。

从婉容的特征来看，她想要做的"皇后"绝不是受到重重监视、重重限制的傀儡"皇后"，在伪满皇宫，她的思想独立、个性自由的诉求得不到满足，因此她便对伪满洲国持有完全否定的态度，这种态度，很大程度上决定了她在政治上遭受这种冷遇。

三、政治冷遇对婉容的影响

伪满新中国成立后，溥仪对婉容感情日趋冷淡、政治上的冷落，加上被强奸等等精神、肉体上的多重打击，使得婉容认清自身家庭生活的本来面目，也认清了伪满执政、执政夫人被拘禁的傀儡本质，在逃跑未遂的情况下，其精神处于一种极度崩溃，又无法言说的境地，她只能从偷情和鸦片中寻找精神慰藉，两者互相因果，导致了婉容的发疯。

婉容的偷情，是在1934年后半年，因为其怀孕而彻底暴露出来。先是一次早起，溥仪及其几个族侄发现宫中随侍李体玉嘴上抹了口红，引起了溥仪的疑心，又有一次，溥仪睡觉时来病了，到药库找药吃，发现本该打更的李体玉不在，到处找没找到，后来李两手提着裤子从楼下匆匆上来，彻底将溥仪惹火了，严查之下，才发现了婉容的秽闻。根据李国雄回忆[39]，婉容曾诞下一女，死尸被婉容的哥哥送到西院南大墙护军宿舍附近的锅炉房，扔进炉膛里烧了。

秽闻事件之后，婉容被彻底地打入了冷宫，不仅限制行动自由，监视的程度也更加空前，在不堪忍受的折磨之下，婉容精神彻底崩溃了。

这一方面表现在婉容吸食鸦片的量越来越大。根据毓嶦回忆，每次路过缉熙楼靠近东厢房的一侧，总能闻到由门缝里飘出来的鸦片烟味，混杂了屋子里的种种怪味，实在是呛死人[40]。到了伪满后期，"后（婉容）有抽大烟的嗜好，吾们从康德五年七月十六日到六年七月十日的一本《细流水账》上，见到她前后共买益寿膏七百四十两，平均每天约吸二两[41]。"

另一方面表现在婉容看上去彻底疯了。1936年或1937年，李国雄从缉熙楼溥仪的"寝宫"出来，恰好碰见婉容，这次碰面，给李国雄的感觉是吓了一大跳，"花容月貌全不见了，她的头发都披散着，一张又青又黄的脸，无脂粉也无血色，可以肯定多日不曾洗过，只见她嘴里嘟嘟囔囔的不知说些啥[42]。根据曾经参加同德殿施工的于勋治回忆，一次婉容穿着睡衣慌慌张张地跑出来，太监废了好大劲才将她拽回去。又有一次毓嶦之妻杨景竹进宫，看见婉容的丫鬟正哭得伤心，一打听才知道，是发疯的婉容将经血摸在饼干上逼着她吃[43]。

长期的吸食鸦片和精神失常使得婉容日渐消瘦，1940年以后，毓嶦再看见婉容这样描述道：她（婉容）骨瘦如柴，满脸是鸦片烟灰的颜色，蓬散着头发，穿一件土灰色的睡袍，样子是很吓人的[44]。伪满洲国灭亡后，在通化大栗子沟，福贵人李玉琴曾经见过婉容一面，形容她"骨瘦如柴，人不人，鬼不鬼，目光呆滞，脸色清白[45]"。此时的婉容已经如行尸走肉，只剩下一副躯壳了。

注释：

[1] 伪皇宫陈列馆编：《伪满宫廷秘录》吉林文史出版社1993年12月出版；吉林省档案馆编《溥仪宫廷活动录》档案出版社1987年出版。

[2] 爱新觉罗·溥仪著《我的前半生》第260页，群众出版社2012年6月出版。

[3] 张美娜著：《清代后宫制度研究》第16页，贵州大学硕士毕业论文，2009年5月1日发表。

[4] 溥仪著：《我的前半生》第260页，群众出版社2012年6月出版。

[5] 王庆祥著：《末代皇后与皇妃》第45页，长春政协文史资料研究委员会1984年8月编行。

[6] [英]爱德华·贝尔著《中国末代皇帝》第161页，中国建设出版社1989年第一版。

[7] 王庆祥著：《末代皇后与皇妃》第22页，长春政协文史资料研究委员会1984年8月编行。

[8] 周君适著：《伪满宫廷杂忆》第114页，四川人民出版社1981年2月出版。

[9] 李国雄忆叙，王庆祥撰著《随侍溥仪三十三年》第184页，人民日报出版社2012年10月出版。

[10] 周君适著：《伪满宫廷杂忆》第81页，四川人民出版社1981年2月出版。

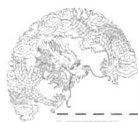

［11］溥仪著：《我的前半生》第284页，群众出版社2012年6月出版。

［12］溥仪著：《我的前半生》灰皮本第246页，群众出版社2011年7月出版。

［13］贾英华著：《末代太监秘闻——孙耀庭传》"圣上的隐秘"一节有大段介绍，第216页，知识出版社1993年3月。

［14］贾英华著：《末代太监秘闻——孙耀庭传》第211页，知识出版社1993年3月。

［15］周君适著：《伪满宫廷杂忆》第82页，四川人民出版社1981年2月出版。

［16］渡边龙策著，《女间谍川岛芳子》第75页，江苏人民出版社，1985年出版。

［17］安龙祯等编著《末代皇后婉容》第125页，华夏出版社1994年1月出版。

［18］吉林省档案馆编.《溥仪宫廷活动录（1932–1945）》第24页，档案出版社，1987年出版。

［19］郑孝胥：《王道救世之要义》奉天省公署印刷局，1934年印行。

［20］叶参、陈邦直、党庠周合编《郑孝胥传》第60页，政治月刊社1944年版。

［21］周君适著：《伪满宫廷杂忆》第114页，四川人民出版社1981年2月出版。

［22］冰迅、王振中著：《长春文史资料》1986年第3辑《淑妃传（上）》，第100页，长春政协文史委编辑出版。

［23］伪皇宫陈列馆编：《伪满宫廷秘录》，第22页，吉林文史出版社1993年12月出版。

［24］伪皇宫陈列馆编：《伪满宫廷秘录》，第79页，吉林文史出版社1993年12月出版

［25］（日文）我が国の勲章の種類（宝冠章），引自http://www8.cao.go.jp/intro/kunsho/houkan.html

［26］石丽珍、王志民主编：《伪满洲国史料丛书》第361页，全国图书馆文献缩微复制中心2002年出版。

［27］溥仪著：《我的前半生》第246页，群众出版社2012年6月出版。

［28］冰编：《东方两大傀儡——裕仁与溥仪》第26页，出版社不详。

［29］王庆祥著：《溥仪的后半生》第325页，吉林文史资料第九辑，吉林省政协文史委编1985年7月出版。

［30］转引自王庆祥著：《末代皇后与皇妃》第13页1984年，12月长春市政协文史委编。

［31］溥仪著：《我的前半生》第284页，群众出版社2012年6月出版。

［32］李国雄忆叙，王庆祥撰著《随侍溥仪三十三年》第111页，人民日报出版社2012年10月出版。

［33］溥仪著：《我的前半生》第284页，群众出版社2012年6月出版。

［34］李国雄忆叙，王庆祥撰著《随侍溥仪三十三年》第135页，人民日报出版社2012年10月出版。

［35］周君适著：《伪满宫廷杂忆》第114页，四川人民出版社1981年2月出版。

［36］天津编译中心编：《顾维钧回忆录》缩编本，第167页，中华书局1997年6月出版。

［37］溥仪著：《我的前半生》灰皮本第233页，群众出版社2011年1月出版。

［38］周君适著：《伪满宫廷杂忆》第115页，四川人民出版社1981年2月出版。

［39］李国雄忆叙，王庆祥撰著《随侍溥仪三十三年》第187页，人民日报出版社2012年10月出版。

［40］毓嶦著：《爱新觉罗毓嶦回忆录》第22页，华文出版社2005年出版。

［41］秦翰才著：《满宫残照记》，上海书店出版社，1998年版，第四章，一家人。

［42］李国雄忆叙，王庆祥撰著《随侍溥仪三十三年》第184页，人民日报出版社2012年10月出版。

［43］王庆祥著：《末代皇后与皇妃》第55页，长春政协文史资料研究委员会1984年8月编行。

［44］毓嶦著：《爱新觉罗毓嶦回忆录》第22页，华文出版社2005年出版。

［45］李玉琴著：《坎坷三十年》第176页，载于《末代皇后与皇妃》，长春政协文史资料研究委员会1984年8月编行。

（作者彭超　伪满皇宫博物院馆员）

末代皇帝溥仪和他的妹妹们

张　微

【内容提要】溥仪的妹妹们对溥仪的一生有着重要的影响，是展现溥仪人生和亲情的重要方面。本文以溥仪和他妹妹们为研究专题，从溥仪不同时期与妹妹们的生活、交往，再到溥仪为其妹妹们指婚，对生活细节的梳理，并将之置于当时的历史环境中，对溥仪研究起到了细化和弥补之作用，同时对溥仪研究也具有一定的综合价值。

【关　键　词】末代皇帝　溥仪　妹妹们　指婚

爱新觉罗·溥仪是一个特殊的历史人物。他从中国封建社会的末代皇帝、伪满洲国傀儡皇帝、战犯，到后来被改造成为新中国公民，这是古今中外绝无仅有的特例。溥仪自身独特的人生经历折射出了20世纪上半叶中国社会的历史变迁，所以对溥仪的研究已成为中国近现代史研究的一个重要的课题。同时对溥仪的研究也具有一定的综合价值，它不仅仅是我们研究历史、研究文学，严格地说也是研究社会学、社会心理学一个很独特的视角，因为溥仪的特殊身份就使他的研究具有复杂性的层面。

近些年来，随着对溥仪研究的逐步深化，溥仪一生的各个时期和方方面面，已得到了较为系统地厘清和诠释，将溥仪研究置身于历史的大视野中，他的那种独特性和复杂性，也渐为我们所认识、所了解，有关溥仪的研究是著述颇丰、成果累累。但对溥仪和其妹妹之间的所及，尚不多见，显得较为分散和零乱，虽然溥仪在《我的前半生》一书中，对他的妹妹们有些涉及，但着墨有限。在相关的著述中也鲜见此方面整体、系统、全面的介绍。溥仪的妹妹们对溥仪的一生有着重要的影响，是展现溥仪人生和亲情的重要方面，所以对溥仪和他妹妹们的研究是溥仪研究中不可或缺的一个重要方面，能对溥仪研究起到细化和弥补之作用。

一、"宣统皇帝"和妹妹们

溥仪对自己的弟弟、妹妹们有过这样的回忆："我父亲有两位福晋，生了四子七女"。我的第二位母亲是辛亥以后来的，我的三胞妹和异母的三、四弟，五、六、七妹出生在民国时代。"[1] 1902年8月，溥仪的父亲摄政王载沣和溥仪的母亲瓜尔佳氏隆重成婚，瓜尔佳氏成了载沣的第一位福晋。当年的载沣20岁，而瓜尔佳氏19岁。瓜尔佳氏是慈禧太后的心腹重臣荣禄的女儿，是奉慈禧太后的懿旨，指婚而成亲的。瓜尔佳氏这位名门的千金独断独行、生活奢侈，为人机敏、性情孤傲、争强好胜。

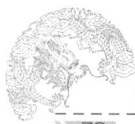

1906年，瓜尔佳氏生的第一个孩子就是溥仪，1907年生下了次子溥杰，1909年生下了溥仪的大妹妹韫瑛，1911年生下了溥仪的二妹妹韫和，1913年生下了溥仪的三妹妹韫颖。可见和溥仪同父同母的有一个弟弟和三个妹妹。正如溥仪在回忆中所说，他的第二位母亲是在辛亥革命以后载沣迎娶的，包括他的三妹韫颖和其他的弟弟妹妹都是在民国时代出生的。

1913年，载沣娶了第二位"福晋"邓佳氏，按照皇族的称呼叫侧福晋。和瓜尔佳氏不同，邓佳氏不是什么名门大户的千金，而是一个普通满族人家的姑娘，她小时候没有念过多少书，但却天资聪颖，刻苦好学，所以不仅知书达理，有着一定的文化修养，而且还有广泛的兴趣和爱好。

邓佳氏生下了两男四女，也就是溥仪同父异母的两个弟弟和四个妹妹，分别是：1914年7月3日出生的四妹韫娴，1915年出生的三弟溥祺，但在1918年便夭折了，1917年10月16日出生的五妹韫馨，1918年出生的四弟溥任，1919年12月7日出生的六妹韫娛以及1921年9月11日出生的七妹韫欢。由此算来，溥仪共有七个妹妹，但是这些妹妹都是溥仪1908年进入北京紫禁城成为皇帝之后出生的，年幼的溥仪没有机会见到这些妹妹们，直到其后开始的会亲，他们才见面了。

1911年，辛亥革命爆发，1912年2月12日，隆裕太后被迫代溥仪颁布了《退位诏书》，宣告清王朝267年统治、中国封建社会2000多年的君主制结束了，溥仪是"糊里糊涂做了三年皇帝，又糊里糊涂退了位。"[2]根据辛亥革命后中华民国政府颁布的《清室优待条例》溥仪逊位之后仍保留皇帝的尊号，暂时居住在紫禁城中，这样就开始了溥仪关门皇帝的小朝廷时代。

溥仪入宫是继承同治兼祧光绪，这样光绪和同治的后妃都成了他的母亲，故称为太后和太妃。1913年，光绪的皇后　隆裕太后死了，还有同治的瑜妃、珣妃、瑨妃和光绪皇帝的瑾妃，都以溥仪的母亲自居，称之为"四太妃"。实际上这四位太妃无不各自心怀鬼胎，欲独自拉拢溥仪借以提高自己的地位，彼此间不断地发生摩擦，明争暗斗。敬懿太妃（同治的瑜妃）想出一招，接溥仪的祖母、母亲、弟弟、妹妹入宫会亲，以取悦于溥仪，以此来显示她在宫中的地位。

溥仪成为清朝末代皇帝之后，便与醇亲王府的父母及弟妹仿佛隔绝于世。此时提出溥仪的亲眷入宫会亲，虽然是敬懿太妃出于自己的目的所提出的，但主要还是今非昔比，清王朝的统治已被民国政府所替代，"宣统"早以逊位，无法遵循过去的老规矩。

1916年3月15日，溥仪的祖母刘佳氏和母亲瓜尔佳氏携溥杰及大妹韫瑛进宫会亲。溥杰比溥仪小一岁，是在溥仪入宫之前出生的，而大妹韫瑛比溥仪小三岁，是在溥仪入宫之后出生的。所以，严格地说，溥仪是生平第一次见到自己的妹妹。溥仪对第一次会亲是这样描述的："我11岁那年，根据太妃们的决定，祖母和母亲开始进宫会亲，杰二弟和大妹也跟着进宫来玩几天。他们第一次来的那天，开头非常无味。我和祖母坐在炕上，祖母看着我在炕桌上摆骨牌，二弟和大妹规规矩矩地站在地上，一动不动地瞅着，就像衙门里的站班一样。后来，我想起个办法，把弟弟和妹妹带到我住的养心殿，我就问溥杰：'你在家里玩什么？''我在家里玩捉迷藏'。小我一岁的二弟恭恭敬敬地说。'你们也玩捉迷藏啊？那太好玩了！'我很高兴。我和太监们玩过，还没有跟比我小的孩子们玩过那。于是我们就在养心殿玩起捉迷藏来，越玩越高兴，二弟和大妹也忘掉了约束。后来我们索性把外面的帘子都放下来，把屋子弄的很暗，比我小两三岁的大妹妹又乐又害怕，我和二弟就吓唬她，高兴的我们又笑又嚷。"[3]溥仪笔下勾勒出的这幅兄妹嬉乐图，再现了他们童年时代初见的真实场景。至于溥仪所提的"比我小两岁的大妹"是明显的记忆之误。而溥仪见到他的二妹和三妹则是在1917年6月26日。因为在第一次会亲时，敬懿太妃曾问起溥仪的其他几个妹妹，所以才有了这一次的会亲。此次还是溥仪的祖母和母亲带着溥杰、韫娱、韫和、韫颖一起入宫的。溥仪的二妹韫和对此曾有过这样的回忆："原来她没有见到溥仪之前，虽早已知道有这样一位皇帝哥哥，但在她的想象中'皇上'可能和戏中差不多，应是一个头戴冠冕，身穿大黄袍，留着一绺长须的老头儿。然而，他见到面前却是一个身穿长袍马褂的小孩子。"[4]那一年，韫和年仅6岁，韫颖才4岁，而且是平生第一次见到溥仪。

因为平时在醇王府中她们一提起溥仪，都叫他"皇上哥哥"。进宫之前，祖母曾反复叮嘱他们兄妹四人，进宫后要听大人们的话严守宫规。但在见到溥仪之后，年幼的韫和还是脱口而出"皇上哥哥"，这是不符合宫中的规矩，在皇宫中只能有"皇上"不能有"哥哥"。所以小太监听到韫和如此称呼，都拦着不让叫，说是对皇上"不敬"。溥仪是头一次见到两个年幼妹妹，毫不生气，反倒觉得新鲜好玩，对小太监说："甭管她，就让她们这样叫吧。"小太监感到疑惑不解，还从没有见过这位小皇帝对违反宫规的事件如此般的随和与迁就。韫和还曾在养心殿不知深浅地坐在溥仪的八角盒椅子上听起音乐来，小太监又喊道："这儿你可不能坐，这是皇上坐的地方。"而溥仪马上就说："甭管她，就让她坐那儿吧。"如果是在一般人家中这是很平常的小事，但在紫禁城坐在皇上的椅子上则是"大不敬"，由此可见溥仪对妹妹的关爱和宽容。

通过会亲，溥仪有了和妹妹们的交往及短期相处，在嬉笑玩耍中，既满足了溥仪童心未泯贪玩的天性，也唤醒了他心中的那份亲情。此后，不仅太妃宣召她们进宫，溥仪也宣召了，逢年过节、生日或喜庆之日，他一高兴就让她们来，一年中得有几次，并且是逐年增多，不仅和他同母的三位妹妹去，而且同父异母的四位妹妹也都先后入宫谒见，一起玩耍。

1922年12月1日，16周岁的溥仪大婚，迎娶婉容为皇后，纳文绣为淑妃，北京城里的人们有幸目睹了这位逊位皇帝迎娶皇后的盛典。皇帝结婚为区别于臣民，所以称之为大婚。清朝皇帝迎娶皇后，是举国上下的盛典，普天同庆，隆重盛大，豪华奢靡。但大清王朝往日的辉煌和排场已成过眼烟云，仅保留"皇帝"称号的逊帝溥仪的大婚与往昔是无法相提并论的。但溥仪的大婚又再次为其和妹妹们的相见提供了机会。

在溥仪举行大婚时，他的七个妹妹，除了年仅1岁的七妹韫欢之外，其余六位妹妹，早在大婚前三天就由他们的老祖母率领进了宫中。溥仪大婚的仪式与民间迥然不同，是在夜间举行的。大婚的第二天早晨，溥仪的几个妹妹才见到了婉容和文绣。她们之间的年龄相差不多，在宫内，简直是一群喜欢扎堆的小孩儿，溥仪、婉容、文绣对这几个妹妹们总是格外关照，少不了嘘寒问暖，赐赠礼物，彼此熟悉之后，时常一起嬉笑打闹。

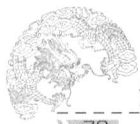

溥仪在紫禁城中和妹妹们在一起的时间虽然不长，次数也有限。并且囿于皇上的尊崇和威严，受限于宫中数不清的规矩和礼仪，难免有一定的距离和隔阂，但毕竟交往了，相知、相识了，在他们年幼的心灵中植入了兄妹亲情，为他们成年之后的兄妹关系打下了基础。

二、"天津寓公"和妹妹们

1924年11月5日晨，冯玉祥所率领的国民军，突然出现在景山，随后包围了紫禁城，切断了宫廷对外的一切联系。并迫令溥仪在《修正清室优待条件》上签字，并限溥仪当日下午出宫。下午3时，溥仪、皇后婉容、淑妃文绣等，坐上了国民军早已准备好的5辆汽车。车队开出"神武门"，沿景山大街向西，来到了什刹后海北沿的醇亲王府，也就是溥仪生父载沣的北府。

开始，溥仪的几个妹妹们，看到溥仪、婉容、文绣一起回来了感到既奇怪又惊讶，因为溥仪回王府偶尔看望父母和祖母，最近一次回来还是在1921年9月，溥仪的生母瓜尔佳氏逝世之日。这次溥仪和后、妃一起回来，并且神情沮丧，王府中的大人们也是个个心神不定，愁眉苦脸。王府中的大事是不会告诉孩子们的，一切都只是听吩咐，而且是大人不说的，也不许随便问，但她们从王府里一些变化，猜测一定发生了什么事。不久，她们就知道了原来是他们的"皇上哥哥"被赶出了紫禁城。

溥仪来到王府，最关心的是自己处于何种危险程度和今后的出路，他的未来又将何去何从。面对当时动荡不安的北京政局，当务之急是怎样保证自己尽快安全地离开这个是非之地。他根本也没有心情顾及他的妹妹们，更谈不上嬉闹玩耍了。24天后，也就是11月29日，溥仪就躲进了东交民巷的日本公使馆，为日本进一步拉拢、控制、利用溥仪提供了机会，从此，日本帝国主义豢养他成为侵略中国的工具。

溥仪和婉容、文绣躲进了日本公使馆，虽然在心理上感觉是安全了，"但却始终觉得异常憋闷，因为无法随意出入，仿佛失去了人身自由。当时在宫里时，溥仪经常和二妹、三妹们在一起玩儿，所以挺想念她俩，便事先派人送信儿，先后几次接二格格和三格格去日本公使馆陪伴左右。"[5]

在日本公使馆里，韫和、韫颖陪着溥仪和婉容一起吃饭，一起活动，溥仪也时不时地透露一些当时的处境和想法，有一些公开的活动也带着两个妹妹，此时期留下了一些照片，真实再现了他们兄妹的一些活动。如溥仪在日本公使馆内会见日本竹本大佐和夫人的这张照片上就有他的师父陈宝琛和二妹、三妹，这就是溥仪心中最亲近的人。溥仪身着马褂、穿黄色长袍、足穿黑色西式鞋、梳理的小平头，戴着墨镜站在中央，13岁的二妹站在他的左侧、11岁三妹站在竹本右侧，姐妹俩均身着白色旗袍，虽然稚气未退，但也是亭亭玉立的大姑娘做派了。照片上姐俩是格外地抢眼，可见，溥仪对妹妹们的关爱和亲密是不言而喻的。

在日本公使馆的三个月中，溥仪得到了日本主子的殷勤照料，他的"野心和仇恨日夜滋长着"，为了图谋复辟和还政于清的大业，溥仪想这样待下去是不行的，他要为自己的未来进行准备了。1925年2月23日，溥仪在日本人的精心安排与保护下，来到了天津，住进了日本租界中的张园。

在鸦片战争之后，散落于天津当时的旧租界地中片片小洋楼，享有着"万国建筑博览会"的美誉。从1860年开始，割据天津的九国列强相继建起了古典式、哥特式、英式、意式、法式等风情各异的小洋楼建筑，营造着他们如同在本土般的生活。自20世纪20年代以后，由于社会动荡，政局不稳，各式各样的人物逃到了天津租界来，他们纷纷建造起豪华别墅和公寓，由此演出了很多政治的、经济的、文化的历史活剧，张园便是这其中最有名的一处建筑，它目睹了近代史上著名人物的活动缩影。

张园的主人张彪，1911年武昌起义爆发时的湖北提督，他是非常欢迎"皇上"的入住。"张园是一座占地约有20亩的园子，中间有一座天津人称之为八楼八底的楼房……我刚住进张园，这位前清的'名将'，坚决不收房钱，每天清晨都要带着一把扫帚，亲自来给我扫院子，大概是表示自己一片忠义之意。"〔6〕

在天津的七年间，溥仪先后住在张园、静园。这期间是溥仪思想意识发生巨变，封建帝王世界观形成的重要阶段。在他日趋成熟的封建帝王思想的支配下，开始了自觉复辟清王朝的政治实践。

在天津期间，也是溥仪和几个妹妹们的关系更融合、更亲密的阶段。溥仪对外仍然是摆着"皇上"的谱，但他毕竟成为了"寓公"。同时离开了紫禁城，那些繁杂的宫规宫矩也简化了许多，尤其是对自己的妹妹们尤为明显。

溥仪住进天津张园之后，就不断催促父亲载沣带着全家搬过来，并且购置好了房子，但载沣出于种种顾虑迟迟未搬。

1926年，15岁的韫和以及13岁的韫颖双双在北京出了疹子。这可把溥仪吓坏了，他非常担心两位妹妹的病情，又怕她们把病传染给家里的其他人，便火速派人把两位妹妹接到天津居住治疗。溥仪专门派出师父朱益藩和御医佟文斌、佟阔泉父子，以及老中医张正元先后给她们诊治，极尽心力。溥仪和婉容还在生活、饮食等方面安排照顾。

女儿们的生病对载沣有所触动，特别是动荡的政局以及1927年南京政府的成立，载沣感到北京实在呆不下去了，被迫于1928年初携全家迁往天津。

本来，溥仪为载沣准备好的房子也在日租界内，可是胆小又谨慎的载沣怎么也不愿意住在那里。在他看来，父子两代同受一个外国庇护并非上策，万一有个风吹草动，将来的后果不堪设想，所以他坚持要住在英租界。溥仪只好让步了，载沣和女儿们便住进了溥仪早已购置的英租界戈登路166号楼。

溥仪的妹妹们在天津的生活环境发生了很大变化，这里不再是巍峨壮观、幽深封闭的中式宫殿，而是明亮开阔、精致舒适的西式庭院。特别是他们和溥仪见面接触的时间更多了，甚至是朝夕相处了。

载沣曾训诫几个子女"来到天津也不能中断学业"。极力主张让孩子们继续求学。但在教育方式上，载沣和溥仪有着不同的看法。载沣认为，读书就得读圣贤的四书五经，教师只能请京师的翰林、进士，他们才是满腹经纶，像天津这样洋人来往做买卖的地方是不会有什么饱学之士的，所以在载沣的骨子里是看不起现代学校的。

而溥仪的态度和载沣不同，他对弟妹们抱着很大的希望，想让她们学点真正的才干，

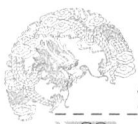

受到一些现代教育，将来好成为他的左膀右臂。所以，溥仪主张送弟妹们上学校。这几个妹妹们也非常渴望到外面上学，于是载沣抱着试一试的态度，采取了一个折中的办法，仅让六妹韫娱、七妹韫欢和四弟溥任三人进入英国工部局办的耀华学校念书。

而其余的四位妹妹，由于年岁大了点，载沣认为不宜在外面抛头露面，所以她们就失去了上学的机会。后来，溥仪觉得几个妹妹都这么闲着不是良策，便专门为她们请来两位家庭教师。又在他所住的张园小楼底层专门准备一间房屋，作为妹妹们上课的书房。每天上午派车来接二妹和三妹到张园来学习。英语老师是郑孝胥的长子郑垂，他是日本早稻田大学的留学生，英语水平很高，还精通日语，姐妹俩每天学一会很快就学会了一些普通英语对话。不久，她们的英语有了长足的长进，居然能读英文名著《艾丽斯游记》，溥仪得知，对她们大加赞赏。以往在京城她们念的大多是"四书""五经"，连简单的算术也不会，堪称畸形偏科。

为此，溥仪请来一位日本教师——远山猛雄，教姐俩加、减、乘、除以及一些简单运算，远山猛雄是个中国通，汉语说得极为流利。

溥仪曾满怀深情地说过他非常疼爱几个妹妹，因母亲去世过早，所以对几个妹妹不免怀有特殊的护爱之情，尤其对二妹、三妹更为偏爱，也多少表现了溥仪对一奶同胞的兄妹之情。

这种偏心还表现在其他许多方面，溥仪经常带着婉容和二妹、三妹到外面玩，给她们每人定做了马衣、马裤，让她们在骑马俱乐部里学骑马、练马术。到高尔夫球场打球，现在能看到的一张溥仪和两个妹妹手握高尔夫球杆在球场的照片，形象地再现了他们当年的情景。说到打高尔夫球，他们兄妹之间还有一段惊险的小插曲。

有一次，溥仪领着二妹、三妹以及两个日本人去打高尔夫球。当时，溥仪"正站在三格格身后教她如何打球，没等溥仪挪开步三格格抢起球拍猛然往后一挥，恰巧抢到溥仪头上，鲜血立时哗地流下来。韫和见状，顿时被吓坏，这可不得了，幸亏没打到溥仪眼睛上。他和这些人吓得再也不敢继续打球，连忙拽着溥仪急赴天津德福医院。三格格被吓得从始到终哭个不停，她也被吓得大哭一场。她记得，溥仪的头上被医生缝了两针。据说有生以来，'皇上'的头上从没流过血，遂被吓得脸色煞白。医生原想从溥仪下巴往上系绷带，但又不能绑上眼睛，只好从眉毛上边横扎了一道绷带。直到伤愈之后溥仪的脑袋上仍留下一道浅浅的伤疤。这并不被外人所知"。[7]

溥仪的其余的四位妹妹也是经常来张园游玩，不像过去入宫谒见那样郑重其事了，不必行那些繁琐的礼节了。在妹妹的眼里，张园是从来未见过的一座豪华的洋宫，在那见到了许多新奇的洋玩意儿。

溥仪了解妹妹们的心思，为了满足她们的愿望，让她们高兴，每次到张园时，都尽量让她们吃好、玩好，饭菜比平常更加丰盛。饭后为了陪她们玩，一会儿他亲自驾驶他的高级轿车，带着年纪小的妹妹在园子里兜圈子；一会儿他又和年纪大的妹妹打网球。这时显然也像普通人一样和妹妹们亲近，颇有一个大哥哥的样子。当然，溥仪不仅仅让她们来吃来玩，也关心她们的学习，让她们每次来时都要带着作业本和成绩册，他要一一过目。随着年龄的增长，进入妙龄的妹妹们的婚事，他也要为之考虑和操办了。

三、溥仪为妹妹们"指婚"

指婚是中国封建社会长期以来的一种婚姻现象，清朝对于皇家公主的婚姻也是沿用了指婚这一做法。指婚就是由皇帝指定的婚姻。公主们的婚姻全是指婚，几乎都是政治婚姻，它的直接危害就是将两个并不了解甚至并不曾谋面的两个人硬性地结合在一起。

末代皇帝溥仪，6岁时已经逊位，18岁又被废除了"皇帝"称号，虽然后来充任了伪满洲国皇帝，但其终身无子女，是无婚可指的，但溥仪几个妹妹们的婚姻，又使溥仪行使了这一特权。如果按照清朝的礼仪规定，亲王之女称之为"和硕格格"，也就是汉语的"郡主"之意，载沣的几个女儿，虽无受封的机会，但她们毕竟有一个"皇上"哥哥，她们的婚姻还得延用皇家的规矩办。还得由溥仪来指定，虽说政治婚姻有所体现，但随着政治大环境的变化，时代的推移，体现出的程度也发生了变化，有的指婚体现得较为明显，但有的指婚是稍有体现或无体现。从溥仪几个妹妹的婚姻中能看到这一点。

大妹韫媖是溥仪登基成了"宣统皇帝"那年出生，是众妹妹们中的老大，极为聪明、练达，颇似她们的母亲瓜尔佳氏的性格，对几个妹妹平时管束得颇为严厉。1922年溥仪大婚后，皇后婉容的哥哥润良和弟弟润麒，都被溥仪赏为"护军参领"。润麒只有12岁，而润良已有20岁，尚未成亲，在那个年代，名门望族的官宦子弟，即便未成亲也该早已定亲了，而作为"皇帝"的"大舅哥"，更是不应该的。婉容也是分外关心润良的婚事，留心人选。她觉得大姑子润媖恰是二八芳龄，美丽聪颖、能文善画、好胜心强、艳冠群芳，是王府里的一枝牡丹花，她和润良从门第、年龄、相貌都是般配的。婉容把她的想法和溥仪说后，溥仪也欣然赞许，便由溥仪出面指定了这桩婚事。对于婉容的娘家荣公府来说又是一种高攀和荣誉，而对醇王府来说，皇帝指婚，愿意也好，不愿意也罢，是无法拒绝的，何况载沣还是同意的。大妹韫媖和润良的婚事就这样定下来了。

1924年夏天，婚礼隆重而热闹地举行了。皇帝的大妹韫媖嫁给了皇后的哥哥润良，国舅爷又做了皇帝的妹夫，如此显贵的联姻，亲上加亲，一时间新闻届竞相披露和渲染。这应该是美满幸福的婚姻了，但谁曾想到，这荣华富贵的婚礼却是一出封建婚姻悲剧的开始。

结婚后，两人的感情并不融洽，同床异梦，润良多少有些惧怕韫媖。因属猴的韫媖一直脾气大，两人时常吵架。同时，性格高傲的韫媖和婆婆的关系更不好，这一切她只能忍受着对生活完全绝望了，气愤、忧伤却无处可泄，使得她一天天结抑在胸，折磨她的精神，摧残她的健康。结婚才一年多，在1925年的一天夜里，韫媖突然感到肚子痛，当时也没有请西医确诊，只请来一个中医，说是等天亮再想办法。

二妹韫和亲眼目睹了大姐病死的过程："大姐患的可能是急性盲肠炎穿孔，眼瞧着大格格疼得死去活来，我和几个妹妹们都感到极度害怕，不知如何使好，夜半时分，韫媖渐渐地断了气。病逝时，大格格韫媖年仅虚岁十八。[8]对于大妹的早逝，溥仪十分哀伤，可他还不能认识到，他指定的这场婚事是促成这个悲剧的一个重要诱因。

溥仪在天津的张园及随后的静园成为遗老近臣的聚集之地，陈宝琛、罗振玉、郑孝胥

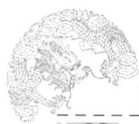

等出入溥仪的住处，追随在他的左右，在遗老遗少的影响和切身经历中，复辟一直是溥仪心中最大的理想和追求。在众多遗老之中用溥仪的话来讲："郑孝胥却受到欢迎和日益增长的信赖，1925年他被派到总管总务处，1928年又派到总务总务处，1928年又派到总务外务，儿子郑垂承办外务做了我对外联络的代表。如果可以这样比拟一下的话，他和我之间的关系，已达到荣禄和慈禧的那种程度。"[9]郑孝胥成了溥仪追求复辟的主要依赖"重臣"。

恰逢此时，溥仪最喜欢的二妹已经到了谈婚论嫁的年龄，溥仪一直记挂着此事，也在挑选合适的人选。此时的郑孝胥是红极一时，溥仪不但将他视为上宾，1930年冬季的一天，还亲自到天津广东路公寓里看望他，这对受宠若惊、诚惶诚恐的郑孝胥来讲是"天大的恩宠"。老生常谈地聊了一会有关复辟的话题之后，溥仪突然间问道郑孝胥家中孙子辈的情况，"我有一个孙子郑广元，是郑禹的儿子，正在上海圣约翰大学建筑系学建筑设计，今天刚满25岁"[10]。过了几天，溥仪看到了郑孝胥拿来的郑广元身穿西服的照片，还颇觉满意，和二妹韫和的岁数也相当，英语还不错又是郑孝胥的长孙，他便和颜悦色地对郑孝胥说："就让韫和和他订婚吧，我这就算指婚了。"[11]和皇家结亲，这是郑孝胥想也不敢想的事，但"皇上"仅在照片上这么一指婚姻大事就这么定下来了，郑孝胥是欣喜若狂、高兴之极。

韫和看到郑广元的照片眉清目秀、一表人才，又听说颇有学问，还是由皇上"哥哥"指婚，便大大方方地表示遵命。皇族历来有这样一条规矩，即订婚之后，直到举行婚礼仪式之前，男女双方不能擅自见面。溥仪对于二妹的心情是理解的，皇族的规矩又不能公然违背，但溥仪还是巧妙地安排了一次见面的机会。有一天溥仪带着二妹来到天津的一个网球场，"当时溥仪朝赛场用手一指，小声地对二妹说：'你瞅，那个人就是广元'。此时，韫和见到郑广元正在网球场上生龙活虎地挥拍击球，钦佩的问起溥仪：'他是天津网球俱乐部的吧？''哈哈哈'溥仪笑了，'他就是郑孝胥的孙子嘛'"[12]。韫和这才如梦初醒。原来，溥仪让她来看网球比赛是假，相婚是真。可见溥仪对二妹的宠爱与关怀。

1932年3月，日本侵略者武力霸占中国东北后，拼凑起了伪满洲国，溥仪充任"执政"，郑孝胥充任"总理"，此时的这对"君臣"已今非昔比，他们对出任傀儡政权领班不觉得可耻、可悲，反倒觉得可喜，可庆，又要"喜上加喜"为韫和、郑广元举行婚礼。

1932年4月18日，刚刚由吉黑権运局变成伪满洲国执政府里张灯结彩，一派喜气洋洋。"盛京时报"对此的一篇报道，展现了婚礼的过程，其题目为"执政妹总理孙、华烛礼成度蜜月"："执政溥仪之妹二格格，与国务总理郑孝胥之孙广元于18日清晨，在执政府楼上正式举行结婚典礼，其一切仪式，悉依清朝旧制。举行交拜礼毕，午前一时，由执政派遣侍从五官四名，乘自动车将新郎迎入执政私邸，新郎和新娘共同向溥仪行跪拜大礼，并由溥仪亲自发给御允结婚证书，及执政祝贺词、纪念品、御赐食物等项。旋留新婚夫妇午餐。餐后，新婚夫妇相携由执政府回归五马路郑家，举行报告祖先结婚礼"[13]。通过这篇当时的报道，可见溥仪竟亲自出面为二妹主持新婚典礼。可以说，这是"皇上"生平第一次为妹妹主婚，足见他对此事的重视程度。

当然，溥仪的重视是有其内心的设想和算计的。公允地说，一定程度上出于对二妹的疼爱，想为她选一个如意的"额驸"，之所以从郑孝胥家中选出，也有着政治上的考量，则带着明显的政治婚姻的色彩。

溥仪对三妹韫颖尤为护爱，对她的婚事亦十分关注，其实，早在二妹韫和之前的1928年，就为三妹指婚了。韫颖聪明、漂亮、温柔、文静，在众人的眼中是个十全十美、百里挑一的公主。不论是在紫禁城还是在天津，她总是时不时地出现在溥仪的身旁。

润麒是婉容同父异母的弟弟，自从婉容选进宫里当了皇后，小国舅润麒便可以随便到皇宫里玩，那时他只有十二三岁、机灵活泼，和溥仪玩得非常投机。因此备受溥仪的宠爱，经常打电话让润麒来陪他玩，有时住几天，有时住一两个月都不让走，他很淘气，是一个天不怕、地不怕的顽童。骑在溥仪脖子上，抱着溥仪的腰嬉闹的小孩，就是润麒，一张张历史照片，记录了溥仪和润麒的亲密，不论润麒做出什么出格的举动，溥仪不但不责怪恼怒，而且是哈哈大笑，从中寻找乐趣。

恰逢其时，韫颖也时常来到紫禁城会亲，润麒比韫颖大一岁，都是十多岁的小孩，相互之间也不回避。他们在溥仪的带领下，无拘无束地一起玩耍，慢慢地玩熟了，颇有点青梅竹马的友谊。当溥仪在天津时，润麒的全家亦迁至天津，润麒照样到溥仪那去玩，和韫颖也时常碰面，这样他们之间的接触从未中断过。

润麒的母亲，产生了再次和皇家攀亲的想法，她觉得韫颖和润麒年龄般配，她又是格格们中最漂亮的一个，所以润麒母亲相中了韫颖。当把这个想法和载沣提出时，却遭到了婉言拒绝。载沣觉得，润麒太淘气了，过于不听话，另外，韫媖嫁给润良，夫妻感情不融洽，婆媳关系更不好，结婚一年便死去了，在载沣心中留下了挥之不去的阴影，所以载沣反对这桩婚事。

婉容倒非常赞同这桩婚事，便直接和溥仪说起此事，溥仪觉得润麒是他最亲近的人之一，便爽快地同意了。但溥仪也许想到过大妹韫媖的悲惨结局，时代毕竟不同了，不能像过去那样"指婚"了，所以就让二妹去告知三妹也算是征求韫颖的意见。韫颖心中愿意，但还是顺从地表示："我听皇上的。"

载沣见溥仪"指婚"了，他虽然是父亲，是一家之主，但溥仪是"皇上"，他的地位和威信无论什么时候都是至高无上的，既然皇上已经钦定，作为臣子还能说什么。再者他看到韫颖也是满心愿意，也就只好同意了。但只是约定在婚前不能见面。此后，韫颖依旧依照旧规矩见到润麒就马上"回避"。

1932年9月15日适逢农历8月15日的中秋节，韫颖和润麒的婚礼就选在了这一天。平时轻易不露面的婉容出面张罗了婚礼。

婚礼是在长春火车站前的大和旅馆举办的。婚礼的仪式和二妹韫和的差不多。不过，这对新婚夫妇完全是洋打扮。润麒穿一身笔挺的西装，打着领带，韫颖烫着蓬松卷曲的头发，穿着紧身旗袍，脚踏高跟鞋，长长的白色披纱拖在地上，一切都是时髦的，他们仅仅在长春待了几天，便一起去了日本东京。

关于四妹韫娴的婚事，溥仪在"我的前半生"一书中曾提到"凌升事件"："凌升是清末蒙古都统贵福之子，原为张作霖东三省保安总司令部和蒙古宣抚使署顾问。他是在

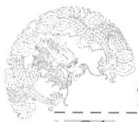

旅顺的'请愿代表'之一,因此被列入'建国元勋'之内。事件发生时他是伪满兴安省省长。一九三六年春天,他突然遭到了关东军的拘捕。拘捕的原因,据关东军派来的吉冈安直说,他有反满抗日活动,但是据佟济煦听来的消息,却是他在最近一次省长联席会上发过牢骚,以致惹恼了日本人。据说他在这次会上,抱怨日本关东军言行不一,说他在旅顺是曾亲耳听板垣说过,日本将承认'满洲国'是个独立国,可是后来事实上处处受关东军干预,他在兴安省无权无职,一切都是日本人做主。开过这个会,他回到本省就被抓去了。我听到这些消息,感到非常不安,因为半年前我刚刚与他结为亲家,我的四妹与他的儿子订了婚。我正在犹豫着,是不是要找关东军说说情的时候,新任的司令官兼第四任驻'满'大使植田谦吉先找我来了。

"前几天破获了一起案件,罪犯是皇帝陛下认得的,兴安省长凌升。他勾结外国图谋叛变,反对日本。军事法庭已经查实他的反满抗日罪行,宣判了死刑。

"死刑?我吃了一惊。

"死刑。他向他的翻译点头重复一遍,意思是向我说清楚。然后又对我说:这是杀一儆百,陛下,杀一儆百是必需的!

"他走后,关东军吉冈安直参谋又通知我,应该立刻跟凌升的儿子解除四妹的婚约。我连忙照办了。"[14]

溥仪精心设计并指定的四妹婚事,就这样被日本扼杀掉了。溥仪想掌握一些权力的幻想彻底破灭了,时常让他想起的只是那句令人生畏的"杀一儆百"。时隔不久,帝室御用吉冈安直又来找溥仪,直接了当地说出要给溥仪的四妹提亲,说给她在日本关东军中找到了一个百里挑一的人才。溥仪的内心十分明确,就是不能和日本人结亲,溥仪急中生智地说出了四妹已许配人家,就是曾做过他侍卫的赵国圻,以此来回绝了吉冈的提亲。

其实,此时溥仪还没有为憨厚的四妹指婚,只不过是应急之举,但也是有迹可循的。赵国圻是清末浙江绍兴知府赵景祺之子,赵景祺是围在溥仪身边图谋复辟的遗老。伪满初期赵国圻曾是溥仪的侍卫,后来溥仪把他送到日本学习军事,学成归来后在溥仪的护军中任职。赵国圻在日本学习时和溥杰是同窗好友,溥杰也曾想促成他和四妹的婚事。所以溥仪在吉冈的逼问下说出了印象不错的赵国圻。

事后,溥仪又对赵国圻进行了反复掂量,觉得此人挺合适,便弄假成真,居然为四妹韫娴和赵国圻"指婚"。

1936年夏天,韫娴和赵国圻结婚。婚后,溥仪为进一步培植四妹夫,派他再度到日本留学,韫娴当然是陪同前往了。

五妹韫馨,神态端庄大方、举止得体,溥仪非常喜欢她的稳重和善解人意,所以也很在意她的婚事。

溥仪很赏识和器重身边的一位"遗老",他就是万绳栻。万绳栻曾任张勋的参谋长,在1917年的"张勋复辟"中,是一个出谋划策的干将,在他的策划和推动下,溥仪是第二次被推上了"皇帝"的宝座,万绳栻一直是非常忠于并追随溥仪的。伪满初期,充任伪满执政府的秘书官,算得上是溥仪的股肱之臣。

万绳栻的儿子万嘉熙日本留学期间,是溥杰和润麒在日本士官学校期间的同学和好友。溥杰很赏识他的聪明能干，又和五妹韫馨同岁，和三妹韫颖商议后，1935年将万嘉熙的照片寄给溥仪，后来又当面向溥仪举荐。

溥仪询问了一些情况，又做了一些了解，特别觉得是万绳栻之子，应该是可靠和信得过的，便同意了二弟和三妹的举荐，亲自为五妹和万嘉熙"指婚"。

1936年10月28日，五妹韫馨和万嘉熙的婚礼在新京军人会馆举行，新式的婚礼，新娘新潮的打扮，俨然是摩登女郎。婚后，溥仪派万嘉熙在日本陆军大学留学，韫馨陪同赴日。

溥仪几位年长的妹妹，无一例外全是由溥仪"指婚"，都是由他决定的终身大事。但政治婚姻也好，亲情婚姻也罢，有一点可以说，溥仪护爱关心妹妹们的兄妹之情溢于言表，他是真心希望妹妹们都能获得幸福美满的生活。而溥仪的六妹、七妹始终和父亲载沣生活在一起，年纪尚小溥仪未给她们指婚。六妹韫娱由叔叔载涛做媒牵线，于1945年在北京嫁给了金朝皇帝金世宗的第二十七代孙画家王爱兰。而七妹韫欢，在新中国成立后成为了一名人民教师，1950年3月29岁的韫欢在北京嫁给了同为教师贫民出身的30岁的乔洪亮。

四、和溥仪一起前往东北的妹妹们

日本人发动蓄谋已久的侵略中国东北的"九一八"事变时，还在天津静园中的溥仪得知这一消息后，认为借助日本的武装力量，"恢复祖业"的时机已经到来。

日本方面此时确定殖民统治代理人的心情更为迫切，已经确定了侵占东北后殖民统治的方式即：消灭现有东北政权，建立以宣统皇帝为盟主，接受日本支持的政权。1931年9月30日，日本天津驻屯司令官香椎浩平请溥仪到他的司令部去谈一件重要的事情。溥仪兴冲冲地前去会见了日本关东军高级参谋板垣征四郎的代表上角利一和遗老罗振玉。上角利一谈了事变后东北的局势，并向溥仪提出请其去往东北的意思。罗振玉拿出了熙洽给溥仪的信，信中劝溥仪速去东北主持大计，罗振玉从旁极力怂恿溥仪速下决心，答应熙洽这一为人民设想的要求。香椎浩平也趁势劝溥仪去东北主持大计，如其愿意前往东北，日本派军舰来接，可保万无一失。尽管溥仪有着即刻返回东北的强烈愿望，这又是他梦寐以求尚且求之不得的好事，他又怎能不愿意去做呢？但此事关系到溥仪的前途命运，溥仪表示容他回去考虑考虑再作决定。

天津时期的溥仪与他的弟弟妹妹们

溥仪逃离天津前与溥杰（左二）韫和（右一）
韫颖（左一）在天津静园

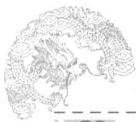

日本方面为了尽快达到其目的，特派关东军高级参谋土肥原贤二来到天津，加紧对溥仪的监视和控制。土肥原确认溥仪确有逃往东北之意后，便认为采取非常手段，使溥仪就范的时机已趋成熟，必须立即将溥仪挟往东北。同年，11月2日，土肥原前往"静园"与溥仪会面。土肥原为了实现溥仪前往东北的计划，施展出他的惯用伎俩，表现出异常的温文和恭顺，他满口"皇帝陛下"的称道。他请溥仪先赴东北，将要在东北建立独立自主的帝国，可由溥仪主持一切，并保证说："日本会尊重这个国家的领土主权，一切都可由你自主，如果有任何外来力量敢对于新国家进行干涉，或是使用武力时，日本一定要对此进行积极援助，而和它作共同防御"。土肥原"诚恳的允诺"对溥仪来说正是"对症下药"的诱惑，溥仪认为土肥原是关东军举足轻重的人物，完全相信了他所说的，认为是到最后下决心的时候了，不能再错过"恢复清朝祖业"的良机。

溥仪会见土肥原后，便悄悄地做好了潜行前的准备，11月10日晚，溥仪和郑孝胥等人偷渡白河，登上了日本的淡路丸号商船，溥仪离开了他"寓居"七年之久的天津。

溥仪一行潜入到辽宁营口汤岗子温泉疗养区。住进"满铁"所经营的"对翠阁"旅馆。溥仪在此居住了一个星期左右，关东军以汤岗子附近有"匪"不安全为由，将溥仪又迁至旅顺的大和旅馆，一个月后，又搬进了旅顺的肃亲王府。

在此期间，关东军对他们准备的溥仪这张牌"要严密的加以保藏……就形成了对我的封锁，使我处于被隔离的状态中。"[15]所以，不论是在对翠阁旅馆，还是在大和旅馆，都严格限定溥仪的行动自由。还是在对翠阁旅馆，溥仪曾回忆说："我招呼随侍祁继忠，说我要出去溜达一下，看看附近的风景。""不行啊，不让出去啦！"祁继忠愁眉苦脸地说。

"怎么不行？我诧异地问。谁说的？到楼下去问问！连楼也不让下啊！"

"我这时才知道，对翠阁旅馆已经被封锁起来。"[16]

到了旅顺的大和旅馆，也同样不许溥仪随便下楼。溥仪在旅顺住了一段时间后，才让人把皇后婉容接到身边。关东军为了严密控制他，封锁了消息，限制了他的活动，一般人都不许见到他。溥仪和婉容感到十分寂寞烦闷，需要有人陪他们玩，解除孤单寂寞，帮他们料理生活事务，便又提出来接二妹和三妹到旅顺来。溥仪派内廷侍卫处长佟济煦见载沣转达了他的旨意，又和溥仪的御前太监李长安，带领着二格格和她的看妈德妈，三格格和她的看妈高妈一行6人来到了溥仪的身边。

溥仪虽然和这两个妹妹分开也就是一个多月，但见面之后，如同相别三秋之感，格外亲切，惶惶不安的心情减轻了许多，难得地开心。

此间，关东军已确定了建立伪满洲国的方案，并威逼利诱溥仪就范，出任"新国家的元首。"于是，在日本关东军的导演下，东北各地的所谓"请愿代表"，纷纷出面要求溥仪担任"新国家元首"。

3月6日早，溥仪和陪同人员在日本人的保护下，先乘火车离开旅顺，去营口的汤岗子，接着，婉容在二格格韫和，三格格韫颖的陪同下，也到了火车站。他们乘坐的是一辆普通客车，但车厢内没有其他旅客，成了专用车厢。婉容、二格格、三格格的几个座位用绒幔挡起，随从人员都隔在绒幔之外。车厢的另一端坐着十几个便衣宪警保护，当晚，来到了对翠阁旅馆。

3月8日，溥仪和婉容及二格格、三格格还有众多的随从人员同乘一辆专列离开汤岗子。

对于溥仪赴长就任伪满洲国执政的过程，当时曾有这样一段记述："满洲国执政溥仪与夫人婉容及令妹于八日午前八时乘专列由汤岗子出发，直晋首都长春。是日，郑孝胥、罗振玉等重臣及张景惠、赵欣伯、谢介石等开国元勋，并其他随员六十余人，亦扈从而行。比及午前十时车至奉天站，乃停轮十分钟，亲受袁金铠、臧式毅等及其他中外要人之恭送。是时春光熙熙而晖，只见执政倚窗受贺，态度活泼，举动高雅，众皆相庆元首得人。移时汽笛一声，车乃北向新都出发。"〔17〕

当溥仪乘坐的专列途经公主岭车站时，熙洽、张海鹏等人上车迎接。专列于下午3时抵达长春。蒙古齐王、凌升、马占山、金璧东、独立守备队司令官、小川第一大队长、田代领事等人登上专列拜见溥仪。

溥仪在张景惠、熙洽、甘粕、上角等人簇拥下走进站台。站台上到处是日本宪兵队和穿有各色服装的欢迎队列。队列中穿着袍子、马褂、西服、日本和服的人，手中拿着一面小旗，胸前佩戴一朵黄花。溥仪面对着欢呼雀跃的人群，脸上不时地流露出激动的神情。尤其是当看到打着"黄龙旗"跪在站台上的"吉林满洲旧臣迎銮团"时，溥仪竟兴奋得热泪盈眶。

1932年3月9日下午，在设在长春道尹公署的临时执政府内举行了伪满洲国的执政就任式。历史真实地记录了这充满耻辱的时刻，日本侵略者将其霸占的中国东北又堂而皇之地罩上了"独立国家"的光环。

二格格、三格格没有任何官衔职务，但她们是"执政"的妹妹，所以也就理所当然地应邀参加了"典礼仪式"。多年后，对这一段经历二格格韫和曾回忆说："到长春后我才得知，溥仪接我和三妹是参加其就任伪满洲国执政的典礼。其实，我清楚地知道，溥仪的如意算盘是复辟帝制，这只是不得已的权宜之计。显然溥仪内心充满矛盾，虽极为不满日本人的安排，却又不敢有所流露。"〔18〕

从溥仪把她的两个妹妹带到东北来，又列席了他的"执政就任式"可以看出，溥仪对她们的重视和珍爱程度是何其深啊！

五、伪满皇宫中的"皇兄"与"皇妹"

1932年4月3日，溥仪迁到了刚刚修缮过的伪满皇宫旧址，当时称之为"执政府"。坐落在长春市东北一片略微隆起的地方，高高的1679米长的黑色围墙把13.7万平方米土地圈了起来。伪满皇宫是由东西不对称的四部分组成的梯形状南北窄，东西宽的格局。伪满皇宫的主体坐落于其中部的内廷和外廷，内廷是溥仪及其家眷居住和日常生活的区域，分为东西两院。西院以溥仪的寝宫缉熙楼为中心，四周辅以古式带廊瓦房围成的四合院。缉熙楼西部有一别致的中式古典花园——西御花园。

西御花园内有网球场、小型高尔夫球场、凉亭、假山、水池、小桥，整个造型玲珑小巧，颇具秀美之风。位于花园北侧的植秀轩、畅秀轩两处庭园更为西御花园增添了一种古朴之韵。伪满初期，由于溥仪一切听令于日本人的傀儡地位，郁闷的心情难以排遣，西御

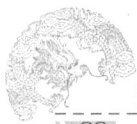

花园成了溥仪游玩、观景、散心与妹妹们相聚的经常去处。

畅春轩这栋建筑就成了二妹、三妹的闺房。溥仪为她们所选的这处居所，她们还是比较喜欢的，这里的环境是适合"格格们"所要求的，况且紧邻溥仪和婉容的寝宫，来往十分方便。她俩此时的主要任务就是陪伴溥仪，陪着打打乒乓球、网球、散步、吃饭、玩乐，陪皇后婉容聊天，也可以称她们是解闷的侍从"官"。

百无聊赖的溥仪只有在和妹妹们的交往中才能得到几分欢乐。此时的二妹和三妹的头发早已剪成了短发。有一天，溥仪说总想瞧瞧她们梳成满族妇女"两把头"的样式。无奈，皇兄既如此吩咐，她们只好采用假发梳成高耸的两把头，又穿上了厚底花盆鞋，没想到这样反而不会走道了，一扭一扭地走进缉熙楼，溥仪见了觉得十分好笑，但碍于身份，只好使劲掐自己的手，免得笑出声来，事后，溥仪微笑地对二妹说："当时瞧着你们那怪样儿，真可乐又不敢笑出声来，我连手都快掐破了。"[19]

当溥杰赴日留学之后，韫和也动了心，便拽上三妹试图共同说服溥仪，几次让大哥找父亲说情，要去日本学医。载沣听了满口答应，极力表示赞许，溥仪遂把此话转告她和三妹。

她俩听后格外高兴，还兴高采烈地议论起来，韫和想学内科，韫颖打算学外科，甚至开始盘算何时启程赴日留学。

没过几天，载沣不知怎么又忽然想不通了，一天晚上给溥仪打去电话，反悔地说："二格格和三格格年岁尚幼，我不放心。上次虽然答应过，但考虑欠周。我想还是算了吧，劝她俩不要去日本学医了。"于是，溥仪打电话劝慰韫和。她和三妹一合计，误以为溥仪哄骗她俩，就一起找到大哥，以致抹开了眼泪。哪知，溥仪双手一推，无奈地解释说："这确是王爷打来电话不让去，我实在没办法呀。"于是，她俩只好大哭一场作罢。这件事，竟成了她和三妹终生的话柄。[20]

溥仪作为傀儡，有着傀儡的苦衷和寄人篱下的悲哀，政治上作为台前木偶，已是不敢更改也无法更改的既成事实，生活上也是受到日本人严密控制不敢越雷池半步，尽管这样，日本关东军还是时不时地借由敲打溥仪。

伪满初期的某一天，溥仪无事可为，感到呆得腻味了，忽然心血来潮想到外面逛逛，换换空气，便带着婉容和两个妹妹韫和、韫颖来到了大同公园。"执政府"的警卫处发现溥仪不在执政府里，就告知了日本宪兵司令部，宪兵司令部就出动了大批军警，到处搜寻，弄得满城风雨，后来在大同公园内找到了溥仪兄妹，立即将整个公园包围封锁起来，接着，立即请他们回去。事后，关东军郑重其事地告知溥仪，今后不能私自外出。从此以后，除了关东军安排的活动之外，溥仪就没有再次走出宫门，只能让两个妹妹陪他消磨时光。[21]

溥仪在伪满皇宫中见到他的四妹韫娴和五妹韫馨已是1934年的7月间。

1934年7月18日《盛京时报》有这样一篇报道，题目是"太上皇醇亲王由津迎养莅满，"内容如下："在天津英租界闲居中满洲皇帝之御亲父前清醇亲王，与今上别离三年，经今上之井上侍卫官以下两名，赴津领养。遂乘十七日午前九时入大连港，携同皇帝之御弟溥任，御妹四格格及五格格。随从出迎之井上侍卫官以下两名抵达，与到郊外出迎之石丸侍从武官等，共入住大和旅馆，而井上侍卫官关于亲王之御动静，谨谈如次：亲王本年五十四岁，在天津英租界，度平和之御生活，时有皇帝之劝说，曾漏欲赴满洲国之意。此次为与别离三载之皇帝御对面，故御来满。十七日午后四时二十分，乘大连站发列车，十八日朝御抵新京驿，即在满洲永住。"〔22〕

7月18日早7:30分载沣、溥任、韫娴、韫馨及溥修夫妇等一行七人抵达"新京"火车站，在火车站贵宾室内拍摄的一张照片，登载在伪满的报刊上，标题为"父子兄弟姐妹团聚，抚今思昔感慨交至"，照片中的载沣身着长袍马褂端坐在正中的沙发上，左侧站立着少年的溥任，右侧则是身着碎花旗袍亭亭玉立的韫娴、韫馨。

溥仪的父亲载沣与弟弟溥任、妹妹韫娴、韫馨在新京火车站的合影。

此时，溥仪刚刚充任伪满洲国皇帝，还陶醉在他的"夙愿已遂的皇帝梦"中，所以他几次表达了让生父载沣和弟弟、妹妹们来"新京"相聚的意愿，看到亲人的到来，溥仪就要显摆显摆皇帝的威风，溥仪对此回忆说："七月间，我父亲带着弟、妹们来长春看我。我对他的接待，足可以说明我的自我陶醉程度。他到达长春的时候，我派出了宫内府以宝熙为首的官员和由佟济煦率领的一对护军，到长春车站列队迎接。我和婉容则在'帝宫'中和门外立候。婉容是宫装打扮，我是身穿戎装，胸前挂满了勋章。我的勋章有三套：一套是日本赠的；一套是'满洲帝国'的；另一套则是我偷着派人到关内定制的'大清帝国'的。后一套当然不能当着关东军的面使用，只能利用这个机会佩戴。

我父亲的汽车来了，我立正等着他下了车，向他行了军礼，婉容行了跪安。然后我陪他进了客厅，此时屋内没有外人，我戎装未脱，给他补请了跪安。

这天晚上，大摆家宴。吃的是西餐，位次排列完全是洋规矩，由我与婉容分坐在男女主人位子上。另外，又按照我的布置，从我进入宴会厅时起，乐队即开始奏乐。这是宫内府的乐队，奏的什么曲子我已经忘了，大概是没有做出什么规矩，他们爱奏什么就奏什么，反正喇叭一起吹起来，我就觉得够味。

在宴会进行到喝香槟的时候，溥杰按我的布置，起立举杯高呼：'皇帝陛下万岁，万岁，万万岁！'我的家族一起随声附和，连我父亲也不例外。我听了这个呼声，到了酒不醉人人自醉的地步了。"〔23〕

溥仪看到至亲之人是非常高兴的，他看到了三年未见的四妹和五妹已成为大姑娘了，尤为高兴，就把她们安排在西御花园的畅春轩已结婚离开的二妹，三妹的闺房中。

正所谓是乐极生悲，第二天，伪满宫内府大臣宝熙告知溥仪，关东军司令部派人来了，以日本驻伪满大使馆的名义提出了抗议，抗议昨天去迎接载沣时，伪满宫廷中的护军进入了车站，"是违反'满洲帝国'已承担义务的前东北当局与日本签订的协议的，这个协定规定，铁路两侧一定范围内是"满铁"附属地，除日军外任何武装不得进入。"〔24〕

宝熙还说，关东军还要求要保证今后不再发生同类事件。溥仪一听，犹如对他亲人相

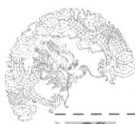

聚的喜悦之情泼了一桶冷水，但也无可奈何，只有乖乖地按照关东军的要求办，派人去道歉和做了保证之后方算了事。

载沣耳闻目睹地感觉到溥仪处处受限制于日本人和任凭关东军飞扬跋扈的样子，载沣很痛心，他曾对溥仪说，当这样的皇帝有什么好处？连石敬瑭都不如。他拒绝了日本人给出的高薪条件及溥仪的挽留，仅待了一个多月便带着溥任返回天津了。但为了满足溥仪的愿望和要求，留下了四格格、五格格陪伴溥仪。

二格格韫和结婚后，即陪着丈夫郑广元去英国留学了，而三格格韫颖婚后亦随丈夫润麒去了日本。虽然她们暂不在溥仪的身边，但他们之间频频不间断往来书信，对于他们来说也是一种精神上的慰藉。

此时，溥杰、三格格尚在日本，从现存的书信看三格格的信居多，三格格信的落款是韫颖或莉莉，莉莉是三格格的英文名字。在这些信中，所说多为家常闲话，没有重要的事情，可是他们兄妹之间的友爱和亲情，却很自然流露于字里行间。有时夹着一两个故事，或奇闻笑谈，很有趣味。这也许是三格格为了迎合溥仪的嗜好，博得"皇兄"一笑，以弥补她不在溥仪身边的遗憾。下面选录几段，便可一目了然。下面这是1933年8月的一封信。莉莉谨禀

敬禀者：月之十七日，连奉大小照片数帧。只惜（小照相）如蚂蚁的小人，看不清瞭，用望远镜细看，尚可分辨出一个一个小黑球是穿军衣的护军。皇上为什么那么懒，总不写信？太可气了！莉现于暑假终日无事，昼间因热气蒸人，真不能读书，夜间尚属凉爽，每日在夜间自习两钟头。皇上每日作何消遣？千万来信示莉。

昨日做梦与皇上在静园打高尔夫球，醒来时益增想皇上之心矣。回忆去年之今日，实如幻梦一般。来年又应变成何种局面，实非莉所能推测者也。"海内存知己，天涯若比邻"，这句话不啻为皇上与莉等所写。现天气炎热。务请随时珍摄，俾可慰远人心也。谨此恭请圣安。[25]

1933年9月15日的信。莉莉谨禀

敬禀者：手谕俱已奉到，途中并无遗失之虑。此次之照片四幅，亦收到。上次皇上赐（溥）杰，（润）麒，（祁继）忠，（张）挺四人之密谕，询之于杰，彼云已交伊等矣。莉日前患面雀（译音），中国所谓之为疔。莉初以为系普通之疙瘩，并未加注意。后日见痛痒，速延银座之本田耳鼻科病院为之诊治。因彼医院并非专门，后又聘庆应之外科医生为之诊治。据云，此病确系疔，不可迟延。所幸并非急性疔，当时并无任何危险。但家中诸位不便，与病不宜，非住医院不可。莉闻此语，于十二日晚七时入院。今日已四日矣，危险期已过，不日可出院，务请皇上放心。莉本想待退院后，再为禀告。无奈非常想念皇上，所以不得不写，但莉向不言谎语，均系实情。如皇上稍有不放心，便对不起莉。如莉又一句谎，便对不起皇上的.本来不想写病院地址，因在病院令看护妇发信，非写院中地址不成。有一件最可笑的事，现报告皇上:莉在前二日，自以为病很重，非常害怕.但彼时医生嘱令绝对静养，写信等事均不许可。莉在晚睡觉时，偷着给皇上写信（遗书的意思），写毕藏之于枕下.那信已无用了，莉已在厕所焚烧。现在想起来，真可笑。但在那时，心中的难过，如刀绞一般，一面流泪一面写（也是莉神经过敏）。现已大好了，想不到又能见

最亲切的皇上。此信愿看完烧了，因为太难了，如此的小胆，太羞耻。现午餐时已到，赶快发信去。务请皇上对于身体多加珍摄。谨此恭请圣安。[26]

溥仪对妹妹们在生活上是关怀备至，他每月准时给二妹、三妹寄款300元，作为对他们生活上的补贴。还时不时地从北京、"新京"采购一些各类食品寄过去，这在韫颖给溥仪的信中多有记叙：如"领奉到萨其马三匣，炉条一匣，颖太高兴了。现每日早晨起来必吃。由北平寄来，实在太不容易，请以后千万别寄太多了。"[27]

又如："领奉到手谕一件，颖太高兴了。皇上说肘花、肘棒、小肚、酱肉皮，通通赏颖的，颖实实在在太不忍了。颖真不知道说什么好了，给皇上叩一万万个头。"[28]

溥仪在伪满皇宫中是闲着无事，所以在给三妹的信中偶尔制造点"恶作剧"。

有一次，韫颖收到溥仪的来信，她刚打开信，里面居然掉出不少点心渣儿，她便猜到了这是溥仪寄来的怪信。旁边的日本女仆看到，露出了诧异之色，便问道："这点心渣是什么意思"，韫颖闻此，只好临时编了个谎话："我想做此点心，请皇上寄来的样子。"这才遮掩过去。

韫颖随即给溥仪发出一封信"您千万别再给我寄那些怪东西，也别写怪信，因为拆信的时候，房东一般都在场。"

溥仪有时还把自己和一些其他的照片给三妹寄去，从韫颖给他的一封信中可知有许多搞怪的照片："皇上的照片，前后奉到四幅。盼望每天能接到几张相片。真的看到皇上的相片，心中的喜悦，非笔墨所能描写尽的（不要太怪的，千万不要太怪）。"[29]

溥仪三妹韫颖

通过上述的几例信件，便可看出溥仪对三妹是何其的宠爱，而三妹写信一味天真，没有顾忌，耍娇、闹小孩子气，为的是博得溥仪一笑，开心快乐。同时也折射出溥仪作为日本人所操纵控制的台前木偶苦涩和悲哀，政治上无从谈起，宫中的生活死水一潭，毫无生气快乐可言，只有在和妹妹们的交往中才能寻到一时的乐趣和安慰。

六、难兄难妹

1945年8月9日，苏联政府正式对日宣战，苏联红军分四路越过中苏和中蒙边界进入我国东北，并以迅雷不及掩耳之势击溃了日本关东军数十万最精锐的部队。

8月10日，最末一任的日本关东军司令官山田乙三同他的参谋长秦彦三郎来到了伪满皇宫对溥仪宣布说：日本由于"战略上的关系'将退守南满，再准备同苏联红军决一死战'，所以'国都'要迁到通化去，并告知溥仪必须当天动身。"但溥仪想到他宫中的财物和人口实在太多，无论如何当天也搬不了。经溥仪再三"下气悲声"的苦苦哀求，总算得到了"缓限三天"的"恩准"。[30]

此时的伪满皇宫中是杂乱无序，人们已乱成一团，溥仪也是惊魂未定，在这极度混乱

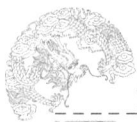

而又紧急的时刻，溥仪恨不得把存放在宫中的一切宝物都运走，但这只是他无法办到也不能实现的幻想。溥仪只能挑选了一些从北京故宫盗运出的法书名画和稀世珍宝。

慌乱之中，溥仪派人通知溥杰和几个妹妹，做好准备，到时一同出逃。他们已知形势的紧迫，听到这个消息，虽然不感到十分的意外和震惊，但心中充满了悲哀，无可奈何花落去，他们只好急急忙忙地把一些衣物、细软、珠宝和首饰收拾好，等候出发。

8月11日夜，溥仪等人一反过去出巡时威风凛凛的声势，个个如同丧家之犬偷偷摸摸，溜进昏暗狭小的长春车站，登上了逃往大栗子的火车。

一同登车的有：二妹韫和、丈夫郑广元以及他们的三个女儿和一个看妈。三妹韫颖、丈夫润麒和他们的一个儿子一个女儿和三个看妈。五妹韫馨、丈夫万嘉熙以及他们的三个孩子，万嘉熙的妹妹及一个看妈。二弟溥杰日本妻子嵯峨浩以及他们的二女儿，三个女佣人。四妹韫娴因为患有哮喘病，不适应东北寒冷的气候，于1944年底，便和丈夫赵国圻从长春回到了北京，所以没有赶上这次狼狈的出逃。

在这潜逃的专列上，除了溥仪以及他的弟妹几家之外，还有伪满的官员和家属，一些日本人及其家属，男男女女，各式人物总共200多人。午夜时分，专列开出"新京"东站，一路冒雨行进，速度极慢，就像个爬行的蜗牛。翌日清晨，列车抵达吉林后经梅河口直奔通化，沿途各站已得到"有重要列车通过"的通知，实行了特别戒严。

8月13日早，列车到达了大栗子沟站。大栗子沟位于临江县境内，由车站往南500多米，即是鸭绿江，江北是中国，江南是朝鲜。这里青山峻岭起伏连绵，江河绿水日夜长流，环境幽雅，山清水秀。然而，溥仪及其弟弟和妹妹们，是无心观赏着大栗子美好的秋日风光，心中充满着落荒而逃的惊悸和凄楚，都在思忖着今后的命运。

溥仪的"行宫"安置在大栗子北部的铁矿公司经理的住宅内，这是一栋日本式的平房建筑，也是远近最好的房舍之一。而溥杰和妹妹们的几家人则住进了南边紧靠鸭绿江边的两层楼的日本管理人员的住宅内。这些昔日身居宅庭深院，养尊处优的格格们，面对今朝的此情此景，更感不适和悲凉。

他们劳顿未消，惊魂未定，度日如年，前途未卜，等待他们的是死亡还是灾难，谁也说不清楚。

此时，平时最无心政事的几位格格也关心起时局了，她们特别注意收听广播，8月15日，她们在各自的房间中收听新闻。因为是日本电台的广播，杂音很大，听得不十分清楚，但日语她们基本都能听懂。把断断续续的话连接起来，却是一条重要消息：日本宣布无条件投降。她们开始有点将信将疑，是听错了？还是谣言？但是很快便证实日本的确战败投降了。往日威风凛凛，不可一世的帝室御用挂吉冈安直，这时灰溜溜地来见溥仪，语无伦次地说："天皇陛下宣布了投降，美国政府已表示对天皇陛下的地位和安全给以保证。"[31] 溥仪闻此，心想，日本人垮台了，我也没有什么用了，日本人会不会杀我灭口，刹那间，极度的恐惧和绝望的心情交织在一起，表现出了发疯的举动："我立即双膝跪下，向苍天磕了几个头，念诵道：'我感谢上天保佑天皇陛下平安'。"[32]

但愁眉苦脸的吉冈接着告诉溥仪，日本关东军已和东京联系好决定把溥仪送到日本去，但日本天皇也不能保证溥仪的安全，因为要听盟军的。

溥仪感到死亡正在等着他，但又必须得听从日本人的安排，挑选几个随行人员。溥仪挑选的随行人员都是他十分亲近信赖之人，有他的弟弟溥杰，三妹夫润麒，五妹夫万嘉熙，三个族侄：毓嶦、毓嵒、毓嵣，随侍李国雄，御医黄子正。二妹夫郑广元，虽说也是溥仪的亲信，但他是文官，平时常给溥仪看家，故没有挑选他，以便留下来负责管理还在大栗子的这一大群家眷。

三妹和五妹得知自己的丈夫要陪着"皇兄"溥仪去日本便有一种生死离别的感觉，他们这可是生死未卜的逃难呀，担心牵挂丈夫，但他们要陪的是"皇兄"，危难之际，血亲最亲，她们也只能心中滴血般地承受着。

溥仪他们走后，留在大栗子沟的皇亲国戚还有40多人，由郑广元、严桐江等管理并照料着。二妹韫和聪明能干，她是主事人，对内对外协调、沟通，即联系、照看着疯疯癫癫的婉容，以及年轻的福贵人李玉琴，还要考虑到这剩余所有人的安危。

溥仪走后的第二天，大栗子沟周围的日本关东军部队全部撤走。混乱的局面愈演愈烈。同年11月下旬，二妹韫和他们就决定把所剩的人员都迁到了临江县城。其后，溥仪的三个妹妹韫和、韫颖、韫馨及她们的家人，历经千辛万苦，坎坷磨难，陆续回到了北京，开始了与昔日不同的生活。

溥仪在充任伪满洲国"康德皇帝"期间，作为毫无自主权的人，事事都要小心谨慎，稍有疏忽，便可能酿成大祸。这恰恰是傀儡皇帝的耻辱和悲哀，但傀儡并非木偶，他们也是有着七情六欲的真实人。此间，溥仪把他四个妹妹，聚拢在自己的身边，呵护照料着她们，时不时地相交相聚，给溥仪苦涩的生活带来些许亲情的慰藉、温暖与片刻的欢娱，我们可不可以说这是溥仪亲情乃至人性的具体体现呢！

注释：

［1］［9］爱新觉罗·溥仪：《我的前半生》全本第22页、第178页。群众出版社2007年版。

［2］［3］［6］［14］爱新觉罗·溥仪《我的前半生》群众出版社1964年版第38页、第47页、第198页、第346页。

［4］［5］［7］［8］［10］［11］［12］贾英华《末代皇妹韫和》人民文学出版社2012年版第111页、第195页、第229页、第204页、第263页、第265页。

［13］《盛京时报》1932年4月19号第4版。

［14］［15］［22］［23］爱新觉罗·溥仪《我的前半生》群众出版社1964年版第295页、第292页、第338页、第339页。

［16］《盛京时报》1932年3月9日。

［17］［19］贾英华《末代皇妹韫和》人民文学出版社2012年版第248页、第252页。

［18］［20］1983年11月，溥仪二妹韫和采访纪要。

［21］《盛京时报》1934年7月18日。

［24］［25］秦翰才《满宫残照记》岳麓出版社1986年版第79-81页。

［26］［27］秦翰才《满宫残照记》岳麓出版社1986年版第84页、第85页。

［28］伪皇宫陈列馆编：《伪满宫廷秘录》，吉林文史出版社1993年版第50页。

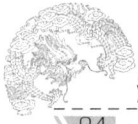

［29］［30］［31］爱新觉罗·溥仪《我的前半生》（全本）群众出版社2007年版第290页、第292页。

（作者张微　伪满皇宫博物院副院长、研究馆员）

慈禧与荣禄特殊关系探究

张临平

【内容提要】 提到荣禄，许多人就会联想到他与慈禧的特殊关系，这种传闻由来已久，从清末的野史小说一直到现代人写的史学和文学作品，都对他们的特殊关系有过各式各样的描述，本文就是要通过对各种史料的分析研究，纠正人们对慈禧和荣禄关系的一些错误观点，还原历史的本来面目。

【关 键 词】 荣禄　慈禧　德龄　溥仪　八国联军

清代历史给我们留下了许多谜案，像顺治出家、太后下嫁、雍正篡位等等，也给我们留下了不少的野史奇闻，这些市井野闻、宫闱秘事、坊间俚语往往充满戏剧的情节、引人入胜的故事，十分吸引大众的眼球，是人们茶余饭后戏说历史的绝佳材料。但是，历史更需要真实，作为历史研究人员，对那些传闻中的野史奇闻，要广泛搜集史料，审慎考据，辨伪存真，分清史实和戏说，还原事件的本来面目。历史要真实，不可把戏说当历史，要向读者传递真实的历史信息。

一

德龄在其所著的《瀛台泣血记》和《御香缥缈录》中都提到慈禧与荣禄曾经是"情人关系"。《御香缥缈录》中写道："在慈禧没有给咸丰选去做妃子以前，荣禄就是伊的情人。"[1]许多人对这种说法信以为真，甚至个别清史专家也把这当成史实写入自己的著述中，说"荣禄和慈禧太后，年龄相仿，性情相投，他们是一生的情人，也是一生心心相印的知心爱人"，还给这种所谓的"情人关系"找出各种各样的所谓"证据"。

其实，慈禧和荣禄之间的这种传闻很早就有，并不是德龄最早提到他们两人的这种"情人关系"。戊戌变法失败之后，在"戊戌六君子"之一的杨锐的住处，曾查抄出一份奏折，其中言及"太后私事，罗列

慈禧和德龄（右）

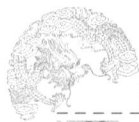

多人，荣禄亦在内。其余皆显要之人。摺后有帝朱批。"〔2〕在南方广东等地甚至被编为歌谣，成为当时一大笑料。

但这个所谓的"情人关系"纯属无稽之谈。在他们青春年少时，这两个家庭根本没有任何往来，他们两人也不可能有任何交往。

慈禧出生于1835年（道光十五年），祖父叫景瑞，父亲叫惠征，属于满洲镶蓝旗。慈禧的家只是普通一般旗籍官员的家庭，祖上从没有人当过显赫的高官。父亲惠征只是吏部一个非常普通的八品文职小官（笔帖式）。在慈禧16岁时，也就是1851年（咸丰元年）以秀女被选入宫，被封为"兰贵人"。

荣禄的祖父叫塔斯哈，父亲叫长寿，是满洲正白旗人。先祖是随努尔哈赤出生入死，创建后金的清开国五大臣之一费英东。塔斯哈在新疆讨伐叛军张格尔时战死，谥号"庄毅"。长寿以荫授蓝翎侍卫，补乾清门侍卫，浙江台州协副将，后官至甘肃凉州镇总兵，曾被道光皇帝赏戴花翎（《清史稿·荣禄列传》）。

荣禄出生在1836年（道光十六年），比慈禧小一岁。在他16岁（1852年11月）的时候，父亲长寿在广西与太平军作战中战死，谥号"勤勇"。靠着祖先的显赫和父亲的功绩，他"以荫生赏主事"（《清史稿·荣禄列传》），供职于工部，靠着祖先的荫庇，开始走上了仕途。而此时慈禧早已经入宫成了咸丰皇帝的妃子了。

为什么说在他们两人16岁以前不可能有任何交往呢？先从清代八旗居住制度说起。

大家知道，清代"八旗制度"以严密的组织形式，实现了旗人社会的兵民合一。旗人的一切生活待遇，都在八旗制度下获得。满洲八旗分上三旗和下五旗，上三旗是正黄、镶黄、正白，归皇帝直接统领，身份高贵，条件待遇优厚，属于王牌军；其余为下五旗，身份低，待遇也低，属于杂牌军。

荣禄

顺治入关之后，八旗严格实行分城居住的制度，所有旗民一律按照八旗驻防方位在内城分区居住，八旗的社会地位不同，分住在北京不同的城区，即"镶黄旗在安定门内；正黄旗在德胜门内；正白旗在东直门内；镶白旗在朝阳门内；正红旗在西直门内；镶红旗在阜成门内；正蓝旗在崇文门内；镶蓝旗在正阳门和宣武门内。"而且，旗人分配的住房由左右翼统领衙门统一调拨，无偿分配给旗人，房屋产权归皇家所有，旗人只有居住权，不允许私自变卖迁居。顺治七年（1650），清廷颁布法令："民间土地房屋，禁止满洲置买。"顺治十八年（1661），清廷颁令强调，如有旗人购买民间私宅，所买房屋"尽行入官"，"买者卖者，一并治罪"。〔3〕

慈禧的镶蓝旗属于八旗中的下五旗，荣禄的正白旗属于八旗中的上三旗，这两个家庭在当时的社会地位相差悬殊，而且按制度居住在北京不同的城区。

慈禧家住哪儿呢？满洲镶蓝旗住在宣武门以里，西单阜成门以南。据专家们的考证，慈禧家的住址是西单牌楼北劈柴胡同（辟才胡同）。荣禄家呢？满洲正白旗住在东直门内，荣禄家就住在南锣鼓巷的菊儿胡同。

熟悉北京的朋友都知道，这两个家庭一个在北京城东北，一个在北京城西南，直线距离也有四五公里，而且两个家庭的社会地位又相差悬殊，所以，当时这两个家庭根本没有可能往来。

再者，荣禄的父亲长寿是带兵打仗经常南征北战的将军，而慈禧的父亲惠征只不过是在吏部当一个相当于文秘之类的文职小官，他们二人之间在官场的这种悬殊的地位也决定了他们不可能是一个交际圈子里的，所以，更加没有往来的可能性。

英国人著的《慈禧外传》中说："关于叶赫那拉氏的童年，资料匮乏，只有一点可以确信，她少女时代的一个玩伴叫荣禄，两人是亲戚，此人后来在慈禧政治生涯的多个紧要关头起到了重要作用。据传闻，荣禄和叶赫那拉氏自小订有娃娃亲。这一传说现已无法考证，但毫无疑问，荣禄对慈禧的影响之所以远远超过她的家人或其他臣子，原因就在于二人两小无猜的亲密关系。"

也有叶赫那拉氏后人附会说，慈禧和荣禄是无可非议的青梅竹马的"发小儿"，俩人幼时曾共用过一个乳母、一位姓关的嬷嬷。

所有这些记载和传言都没有任何根据，纯属无稽之谈。

两个家庭的大人根本没有可能往来，这两个十多岁的小孩儿当年如何从菊儿胡同跑到几公里外的辟才胡同去"青梅竹马"成为"玩伴"的呢？俩小孩儿怎么订的"娃娃亲"？就是现在坐公交车从菊儿胡同到辟才胡同也要近四五十分钟车程，一百多年前这两个小孩儿如何成的"两小无猜"的"发小儿"呢？

说慈禧和荣禄幼时曾共用过一个乳母更是绝不可能。慈禧和荣禄虽说相差一岁，可实际上只相差四个月零几天（慈禧生于1835年11月29日，荣禄生于1836年4月6日），也就是说这两个小孩子的哺乳期基本相同。

溥杰曾回忆过家中乳母的生活情况，乳母在哺乳时期待遇较优，每月都有二三两银子的工钱，经常有肉和鸡蛋吃，府中有喜庆大事的时候还会有额外的收入，还会得到主人特别赏赐的金、银首饰或衣料等等，哺乳期的孩子是离不开乳母的。

那么，这个姓关的乳母怎么可能同时在相隔四五公里的两个家庭之间来往给两个小孩儿哺乳呢？就是说，慈禧和荣禄幼时曾共用过一个乳母是不可能发生的事。

所以说，在慈禧16岁被选入宫前，在她少女时代，两人和两个家庭都不可能有任何交往，"慈禧与荣禄曾经是一对情人"纯属无稽之谈。

德龄的父亲裕庚是清末三品外交使臣，先后作为清廷的公使被派往日本和法国，德龄与容龄随父在日本和法国居住期间学习了英文、日文和法文。因通晓外文和西方礼仪，回国后一起被召进宫中担任慈禧御前英、法等文的翻译工作，在宫中生活了二年后，1905年离开。

1907年5月，德龄与美国人怀特结婚，在亲友们的要求和敦促下，开始用英文撰写回忆录和纪实文学作品，向西方读者披露慈禧及清宫的生活情景和晚清政局见闻，由于德龄

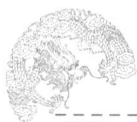

自身的经历特殊，又都是第一手资料，所以很受西方读者的欢迎。

她的第一部回忆录《清宫二年记》在大清王朝终结的1911年出版，立即引起了西方社会各阶层人士的广泛关注。这本书以第一人称的叙述方式，详述了1903年至1904年清廷宫禁内苑的生活实情，书中披露的许多资料都具有珍贵的历史价值，也是基本真实可信的。之后，德龄又创作了文学作品《瀛台泣血记》和《御香缥缈录》等等，影响也较大，读者也很多。但是和《清宫二年记》不一样，这两本小说完全迎合西方人猎奇心理的阅读口味，偏离事实，无中生有编造了大量离奇的宫禁故事，虚构了大量的历史情节，为了吸引读者，书中当然不会放过她曾经听到过的一些野史传闻，所以，才会在书中渲染慈禧和荣禄的所谓"情人关系"。

虽然出生于贵族豪门之家，但荣禄的仕途也并不是一路顺风的。一个16岁的孩子就开始在晚清尔虞我诈、钩心斗角的官场中挣扎，必然要历经坎坷，命运多舛。

在荣禄23岁时（1859年）一场大祸从天而降，因涉嫌受贿差点儿被户部尚书肃顺杀了头，他通过祖辈的老关系，设法周旋通融才免于一死，躲过了杀身之祸的荣禄开始认识到了官场的险恶。

对于荣禄的这次厄运，溥仪在《我的前半生》中提到："我外祖父荣禄是瓜尔佳氏满洲正白旗人，咸丰年间做过户部银库员外郎，因为贪污几乎被肃顺杀了头。不知他用什么方法摆脱了这次厄运，又花钱买得候补道员的衔。"

辛酉政变后，肃顺等顾命八大臣被逮捕，肃顺被砍了头，慈禧联合恭亲王奕䜣夺取了统治权。从此，慈禧开始"垂帘听政"独揽朝廷大权，登上了晚清政治舞台。

德龄在《御香缥缈录》中说，辛酉政变期间，荣禄曾奉慈禧之命，率军在路上迎接和保护慈禧由热河回京的銮驾，为慈禧的政变夺权立下大功，从而博取了慈禧的感念。

《慈禧外传》中说："康有为和其他一些反对满族统治的汉族官员甚至断言，早在热河避难，咸丰帝还未驾崩之前，荣禄和慈禧就有暧昧关系。"

荣禄为人精明干练，临事深思熟虑，作为一名底层的官员怎么可能在皇帝未死之前就和皇帝的妃子有暧昧关系呢？其实，辛酉政变期间，荣禄刚刚逃过杀身之祸，正闭门闲居在家，根本不可能去热河与慈禧有"暧昧关系"，无职无权又哪儿来的军队保护慈禧呢？

肃顺一死，刚从砍头灾祸中逃脱的荣禄的仕途前景又重现光明，他开始为自己寻找政治靠山。1861年，荣禄投靠正在组建中国第一支装备现代火器和西式训练方式的皇家军队神机营的醇亲王奕譞，荣禄献上了先辈遗留下来的阵图，受到了奕譞的赏识，把他派到神机营当差，赏五品京堂，充翼长，兼专操大臣。

后来，荣禄在剿匪和镇压农民起义（捻军）中屡立战功，1870年受命总管神机营事务，长达9年之久，官运亨通一路高升至总管内务府大臣，这时他还不到40岁，而这一切并不是借助于慈禧的提携和关照，完全是靠他自己在战场拼杀的结果。战争和军队在荣禄的仕途中起着关键作用。

对于荣禄的这段经历，溥仪在《我的前半生》中提到："我祖父（奕譞）建立神机营（使用火器的皇家军队），荣禄被派去当差，做过翼长和总兵，经过一番累迁，由大学士文祥推荐授工部侍郎，以后又做过总管内务府大臣，光绪初年，升到工部尚书。"

据《清史稿·荣禄列传》记载，大学士文祥疏荐："荣禄系忠节之后，爱惜声名，若予他文职，亦可胜任。"可见，荣禄在官场的顺利发展是由于他自己的不断努力和大臣的推荐，并没有得到慈禧的帮助，这也恰恰说明他们之间不可能存在所谓的"情人关系"。

二

综观荣禄的发迹史，他能够接近慈禧并得到她的赏识，最终能成为慈禧的宠臣心腹，是从同治皇帝病死以后开始的。

同治十三年（1874年），19岁的年轻皇帝载淳病死，由于载淳没有儿子，按祖制本应从"溥"字辈的近支宗室中挑选皇位继承人，但是如果在"溥"字辈中立了皇帝。慈禧便不能继续垂帘听政了，为了继续执掌皇权就只有改变皇位继承的祖制，弟继兄位，在"载"字辈中找。慈禧选择了醇亲王奕譞4岁的儿子载湉（光绪）。

慈禧的决定让参加养心殿西暖阁御前会议的亲王、贝勒、御前大臣、军机大臣等人毫无思想准备，惊诧不已，瞠目结舌。面对慈禧强悍的决定"诸王不敢抗后（慈禧）旨"，以至醇亲王奕譞"惊遽敬唯，碰头痛哭，昏迷伏地，掖之不能起。"（《翁同龢日记》）。

荣禄此时已经摸透了慈禧的心思，为了讨好慈禧，他提出"吁请今上生有皇子，即承嗣穆宗，两宫为之挥涕，允行。"（陈夔龙《赠太傅晋封一等男文华殿大学士瓜尔佳文忠公行状》）就是说，等将来光绪有了儿子，承继同治为嗣，兼承光绪之祧，这样就解决了慈禧改变皇位继承有违祖制的问题。《光绪朝东华录》载："醇亲王奕譞之子载湉，著承继文宗显皇帝为子，入承大统，为嗣皇帝。"

荣禄的举动让一直处于紧张状态的慈禧大为感动，甚至流下眼泪。慈禧应允了荣禄的建议，并授意荣禄率军将载湉从醇亲王府护送至宫中，"是夜公奉懿旨，迎今上皇帝于潜邸，定策宿卫。"（陈夔龙《赠太傅晋封一等男文华殿大学士瓜尔佳文忠公行状》）可见此时荣禄已经用自己的行动赢得了慈禧对他的信任。

荣禄为慈禧册立载湉再度垂帘听政大效其力，深得慈禧的赏识，这应当是荣禄和慈禧的第一次成功合作。此时慈禧已近40岁了。

有传言说载湉"是慈禧和荣禄的儿子，只不过是假借妹妹的名义匿养于醇亲王府，稍大再送进宫，便成了光绪皇帝"等等。稍有一点历史常识的人就知道绝没有这种可能，这种毫无根据的坊间俚语、民间八卦纯属戏说，根本不值得一提，更没有什么"DNA"验证的必要。

首先，荣禄投靠醇亲王奕譞以后，一直在皇家军队中效力，1870年受命总管神机营事务，同时他还兼任工部侍郎，直到1874年8月才被授总管内务府大臣，开始管理皇家事务。而载湉出生于1871年6月。如果说载湉是慈禧和荣禄的儿子，那么1870年慈禧和荣禄就应该"耳鬓厮磨"在一起。可是，1870年荣禄还在皇家军队神机营中当差，根本没有机会进入禁宫内院与慈禧单独见面，两人更不可能在皇宫以外私会，慈禧怎么可能珠胎暗结、生下荣禄的孩子呢？

其次，慈禧身边每天都有一大批人时刻跟着侍候，"当殿的首领一名，大师傅一名，带班的一名，太监若干名。一班盯一日一夜，太后入寝宫接班下班。""寝宫里太后的帐

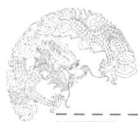

子内，一个妈妈在床上给太后捶腿掐腰，一个宫女跪在床脚下侍候，她们分前后夜，不只三两个人，""每到夜间，殿内殿外，多数的太监和少数的妈妈、女子，星罗棋布，如一群蜜蜂将王子裹在中心一样。"（信修明《宫廷琐记》）据德龄回忆：慈禧休息时"堂屋里有四个太监负责守夜，整夜都不能合眼，太后房里，有两个太监，两个宫女，两个老妈子，有时还有两个宫眷。他们也是整夜不能睡的，宫女替太后捶腿，老妈子负责监视宫女，太监又监视老妈子，宫眷再监视他们所有人。"（《清宫二年记》）在这一大群太监、宫女、老妈子的包围下，慈禧如何能与荣禄私通？在众目睽睽之下慈禧又如何能瞒住众人怀胎十月生下载湉呢？

更重要的是如何能瞒住慈安太后？慈安出身官宦之家，受到过良好教育，虽然给人一种过于忠厚老实，对权力不感兴趣的印象，但是"慈禧慑于嫡庶之分，亦恂恂不敢失礼。"（《清宫遗闻·慈安皇太后》）遇到朝政大事，慈禧不敢擅做主张，仍要征询慈安的意见。慈安太后的存在对慈禧是有着相当的震慑作用的。那么，慈禧如何能在慈安太后面前平安"怀胎十月"而不被发现呢？

再有，如果载湉不是醇亲王奕譞的亲生儿子，当他听到慈禧要把载湉接入宫中继承大统之后，又何以"碰头痛哭，昏迷伏地，掖之不能起"呢？慈禧把她自己的儿子立为皇帝，奕譞为什么表现得如此失常呢？

台湾著名小说家高阳先生的清宫小说《慈禧全传》中，曾提到了慈禧和荣禄之间的风流艳史，提到慈禧曾为荣禄怀孕小产等等细节。小说家毕竟是小说家，小说家们喜欢杜撰一些八卦风流故事来吸引读者。读者把它作为消遣小说读读也就罢了，严肃的史学家应分清戏说与正史，千万不可把戏说当正史。

得到慈禧的赏识，荣禄获得更快的升迁，被派充紫禁城值年大臣、都察院左都御史、工部尚书等等。但是好景不长，正当仕途升迁顺畅的时候，厄运再度降临。

据《清史稿·荣禄列传》记载，荣禄这次遭厄运，是因"慈禧皇太后尝欲自选宫监，荣禄奏非祖制，忤旨。"光绪四年（1878年）八月，荣禄被解工部尚书任，还被开去总管内务府大臣的差使。不仅如此，光绪十七年（1891年），荣禄还被遣离了清廷权力中心的北京，被远远打发到了西安，出任西安将军。

溥仪在《我的前半生（全本）》中说："光绪初年，（荣禄）升到工部尚书。后来因为反对慈禧太后自选宫监，同时又被告发贪污受贿，革职降级调出北京。"

光绪二十年（1894年），慈禧举行大肆铺陈的六十寿辰庆典，荣禄看准了这个千载难逢的机会，准备了成箱的财宝，借为慈禧祝寿的机会再次入京。这年正值甲午战争爆发，清兵节节败退，京师震动，荣禄借机会钻营到恭亲王奕䜣身边，为清廷出谋划策，得到了恭亲王的赏识。荣禄被留在了京师，先是令其会同商办军务，不久又命在总理各国事务大臣上行走。光绪二十一年（1895年），荣禄获迁兵部尚书。至此，荣禄总算如愿以偿，既恢复了原来的地位，又回到了清廷权力中心，也重新回到了慈禧的身边，此时，荣禄已经60岁了。[4]

从42岁被解职，到60岁重新回到了清廷权力中心，荣禄一生中最年富力强的近20年时间里并不在慈禧的身边，也没有得到朝廷的重用，这也正说明了慈禧和荣禄之间没有所谓的"情人关系"。

溥仪在《我的前半生》中提到："荣禄回到北京的第二年，得到了一件复查慈禧陵寝工程雨损的差使。这个工程先经一个大臣检查过，报称修缮费需银三十万。据说这位大臣因为工程缘由醇亲王奕譞生前监工督办，不便低估原工程的质量，所以损毁情形也报得不太严重。但荣禄另是一个做法。他摸准了太后的心理，把损毁程度夸张了一番，修缮费报了一百五十万两。结果太后把那位大臣骂了一通，对已死的醇亲王的忠心也发生了疑问，而对荣禄却有了进一步的赏识。"

官场的风云变幻磨砺了荣禄，这时他已远比从前老练多了，对慈禧的心理越摸越熟，终于渐渐改变了慈禧对他的印象，逐渐成为最得慈禧宠信的大臣。

光绪二十四年（1898年），维新变法运动在全国迅速展开，荣禄在帝、后两党的激烈斗争中，毫不犹豫地站在慈禧一边，成为当权派后党的头脑。慈禧任其为直隶总督兼北洋大臣，使荣禄统驭直隶境内的北洋三军，并以北洋陆军来镇制京师。同时，慈禧又授荣禄文渊阁大学士衔。这样，荣禄便"身兼将相，权倾举朝"，成为慈禧身边最为信任的控制军事实权的决策性人物。

在维新变法的紧要关头，荣禄和袁世凯出卖了光绪帝和维新派，慈禧太后发动了一场宫廷政变，将光绪帝囚至中南海瀛台，然后慈禧发布训政诏书，再次临朝训政。康有为、梁启超逃亡国外，谭嗣同等戊戌六君子被砍了头，皇权再次回到慈禧手中。慈禧对荣禄在政变中对自己的忠诚的感激之情难以言表。政变后，荣禄更是身价百倍，成了最受慈禧宠信的大臣。光绪二十六年（1900年），荣禄被授内大臣，并赐以紫禁城内西苑门内乘坐二人肩舆的特殊待遇。荣禄正是用自己对慈禧的无限忠诚赢得了慈禧对他的信赖和依仗，使他的政治势力达到了辉煌的顶峰。

在庚子年（1900年）的义和团运动中，荣禄对义和团的态度是镇压，虽然不赞成慈禧及后党官僚对外主战，对内主和的政策，但他为了保住自己的权力地位，不惜冒着生命危险，对慈禧进攻外国使馆的命令采取阳奉阴违的消极态度，暗中极力保护外国使馆，从而为慈禧向八国联军的乞和留下了余地。

溥仪在《我的前半生》中说："在这一场翻云覆雨中，荣禄尽可能不使自己卷入漩涡。他顺从地看慈禧的颜色行事，不忤逆慈禧的意思，同时，他也给慈禧准备着'后路'。他承旨调遣军队进攻东交民巷外国兵营，却又不给军队发炮弹，而且暗地还给外国兵营送水果，表示慰问。八国联军进入北京，慈禧出走，他授计负责议和的李鸿章和奕劻，在谈判中掌握一条原则：只要不追究慈禧的责任，不让慈禧归政，一切条件都可答应。"

1902年1月初，荣禄随慈禧返回北京，被授文华殿大学士，赏黄马褂。荣禄因"保护使馆，力主剿'匪'，复能随时赞襄，匡扶大局，著赏戴双眼花翎，并加太子少保衔。"[5]（《清通鉴》）管理户部事务。此时，荣禄已经重病在身，上疏请求开去他的各项重要差事，慈禧不准。

不久，荣禄彻底病倒了，光绪二十九年（1903年）三月十四日，荣禄病逝，享年67岁。慈禧以各项殊荣，恩典加诸其身，恩赐陀罗经被，命恭亲王带领侍卫十人前往致祭，谥以"文忠"，追赠太傅，入祀贤良祠；又破例将未立战功又非皇室宗支的荣禄之子赏以优等世袭之职。[6]

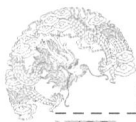

三

当光绪去世时，慈禧将荣禄的外孙溥仪指为皇位继承人，"以为荣禄一生忠诚之报"，慈禧对荣禄给予了极高的赞誉："以前我将荣禄之女说与醇王为福晋，即定意所生长子立为嗣君，以为荣禄一生忠诚之报。荣禄当庚子年，防护使馆，极力维持，国家不亡，实彼之力。故今年三月，又加殊恩与荣禄之妻。今既立醇王之子，即封醇王为监国摄政王。此职较从前之议政王，名分尤高也。"（《慈禧及光绪宾天厄》）

荣禄一生效忠清王朝，准确说是效忠慈禧。作为封建官僚的荣禄惟慈禧马首是瞻，做慈禧最忠诚的走卒，这才是他官运亨通的唯一前提，而绝不是靠与慈禧根本不存在的所谓"情人关系"。纵观荣禄一生为官轨迹，他在官场的两度沉沦后重新崛起都是他准确把握机遇、攀附权贵王爷的结果。第一次是投靠正在组建皇家军队神机营的醇亲王奕譞；第二次是借甲午战争之机钻营到恭亲王奕䜣身边，得到了恭亲王的赏识，使他能够重新回到慈禧太后身边。而荣禄真正赢得慈禧的赏识和信任是他晚年在"戊戌变法"运动中对慈禧表现的绝对忠诚，正是这场政变使两人的政治命运紧密地联系在了一起。

慈禧太后是晚清同治、光绪两朝的最高统治者，执掌政权近五十年，而慈禧当政得到的多数是负面评价，割地赔款、签订卖国条约等等。长期以来，有关慈禧的史学或文艺作品都把她描绘为一个祸国殃民、嗜权如命、凶残跋扈、顽固保守的统治者，所以，有关慈禧太后私生活的丑闻也由来已久，一直不断。

有关慈禧淫乱也有不少版本，有传闻说太监安德海、李莲英"净身"不彻底所以受宠，淫乱的对象还有男戏子、古董商、饭店的伙计、面点师傅、侍者、剃头师、商人，甚至还有英国小情人巴克斯等等。戊戌变法失败后康有为流亡海外，慈禧太后成了他最痛恨的人，他在海外通过报纸妖魔化慈禧，说慈禧是一个淫荡的女人，过着放荡荒淫的生活。各种各样的淫乱故事一直伴随着慈禧。

荣禄作为慈禧最驯服的奴才和封建统治的忠实拥护者，一生极力维护清王朝的统治，特别是晚年在慈禧面前红得发紫，也因助纣为虐而遭千载骂名。

评价历史人物有各种角度，但尊重历史事实是对每个历史研究人员的基本要求。本文无意推翻人们对慈禧和荣禄一生的是非功过所作的评判，而是要纠正人们对慈禧和荣禄的一些错误观点，还原历史的本来面目。

参考文献：

［1］德龄，秦瘦鸥：《御香缥缈录》，文化艺术出版社，2003年8月版第1页。

［2］许指严：《十叶野闻》，山西古籍出版社，1996年版，第4页。

［3］《北京晨报》，2012年7月4日 C07版。

［4］杨剑利：《晚晴风云人物荣禄》，民族出版社，2003年，第29页。

［5］《清通鉴》卷，山西人民出版社，2000年出版，第258页。

［6］张玉芬：《论晚晴重臣荣禄》载《辽宁师范大学学报（社会科学版）》1990年03期。

（作者张临平　长春溥仪研究会会员、工商银行长春分行经济师）

论溥仪从普通公民到政协委员的伟大跨越

陈　宏

【内容提要】 纵观溥仪的一生，有很多举世罕见之经历，他从皇帝到公民的传奇人生是古今中外绝无仅有的，已论述颇多。然而溥仪后半生从普通公民到政协委员的伟大跨越却很少被人所提及。溥仪的人生经历和转变是只有在中国这块伟大的国土上才可能出现的奇迹。本文通过对溥仪从普通公民到政协委员伟大跨越的论述，再一次印证了中国共产党改造政策和统战政策的成功和伟大。

【关 键 词】 爱新觉罗·溥仪　从普通公民到政协委员　伟大跨越

纵观溥仪的一生，有很多举世罕见之经历，他从皇帝到公民的传奇人生是古今中外绝无仅有的，现已为大家所共识。然而溥仪于20世纪60年代从普通公民成为政协委员，开始参政议政，并在新中国这片崭新的国土上重新诠释自己的政治生命和意义，也实属世上之罕见，却很少被大家所提及。本文以溥仪从普通公民到政协委员参政议政的切实经历为史料，力图还原溥仪从普通公民到政协委员这耐人寻味的历史全过程。

一、初当政协委员

1964年11月18日北京深秋季节里阳光明媚的一天，溥仪收到了全国政协秘书处发出的通知，上面写着："爱新觉罗·溥仪委员：中国人民政治协商会议第三届全国委员会常务委员会第四十四次会议协商决定：你为中国人民政治协商会议第四届全国委员，特此通知。"

"宣统皇帝"当上了政协委员!消息一下子传开了。那几天，溥仪喜得常常睡不着觉，这倒不是因为提升了职务，而是他看到了自己的进步，看到了政府和人民的信任。

周恩来在人民大会堂福建厅说过的一段话又萦绕在溥仪的脑际："毛主席讲过的话要兑现，你们讲过的话也要兑现。以后还有许多人要被特赦出来，希望你们好好学习，成为他们的标兵。党和政府正在考虑，适当的时候，安排你们中间一些人参加政治活动。"

与溥仪同时当上政协委员的，还有杜聿明、宋希濂、范汉杰、廖耀湘和王耀武，他们很激动。溥仪和杜聿明等还挥笔写信敬呈周恩来，表达对党和政府的感戴之情，决心以有生之年，为新中国建设事业，为台湾返回祖国的民族统一大业，竭尽股肱之力。

二、参加政协活动

时隔一月，溥仪又收到中国人民政治协商会议第四届全国委员会第一次会议的《出席

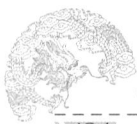

证》。在鲜红的封面上，印着美观的烫金宋体铅字，庄严郑重。姓名栏内填写着"爱新觉罗·溥仪"，单位栏内填写着"特别邀请人士"。[1]

1964年12月20日上午，中国人民政治协商会议第四届全国委员会第一次会议在政协礼堂隆重开幕。大会主席台的帷幕中央悬挂着中国人民政治协商会议的会徽，两边是毛泽东和孙中山的肖像。溥仪以政协委员的身份，怀着无比激动的心情走进这庄严肃穆的会场。当周恩来主席和彭真、郭沫若、黄炎培、李四光、陈叔通、陈毅、何香凝、帕巴拉·格列朗杰等副主席走上主席台时，溥仪和其他委员一起，报以长时间的热烈掌声。大会由周恩来主持，郭沫若作了政协第三届全国委员会常务委员会的工作报告。

1964年12月21日下午3时30分，溥仪与全体政协委员列席了在人民大会堂举行的中华人民共和国第三届全国人民代表大会第一次会议。当毛泽东主席、刘少奇主席、宋庆龄副主席、朱德委员长、周恩来总理、邓小平总书记等党和国家领导人登上主席台时，他激动、兴奋，使劲地鼓掌，随后听取了周恩来所作的政府工作报告。

12月30日上午，溥仪以全国政协委员的身份，光荣地出席了政协全体会议。新华社当天发出的消息《政协四届首次会议继续举行大会》报道说："政协全国委员会文史资料研究委员会专员爱新觉罗·溥仪在发言中谈到中国共产党把战争罪犯改造成为新人的伟大政策。"[2]溥仪多次以"特别邀请人士"的身份列席会议，今天，已由列席转为出席了。

在溥仪遗稿中，至今还保存着这篇发言的原稿。重读这份发言稿，好像看见溥仪就站在眼前的讲坛上，讲述自己参加会议的心情：

"今天，我能够以中国人民政治协商会议的一个成员在这里发言，心情非常激动。我回想过去，觉得自己是罪不容恕的，愈加痛恨旧社会;但是在今天，我瞻望未来的时候，感到自己的前途充满了光明。我不仅为获得新生而庆幸，更庆幸我们有伟大的国家、伟大的党、伟大的领袖毛主席。"

溥仪历数我国15年来在社会主义建设中取得的巨大成就，并着重以切身经历说明了党的改造政策的成绩。他说：

"我对毛泽东思想和党的政策的伟大，越来越有深刻的体会。党的政策帮助我从一个战争罪犯变成为社会主义国家的公民，背叛了过去的阶级，认清了必须走社会主义道路才有光明前途。从我的改造过程和近几年的学习中，我深切体会到无产阶级政权的伟大意义，像我过去那样的人，如果没有无产阶级政权的条件，是不可能从敌我矛盾转化为人民内部矛盾的，政府使我彻底从不可救药的犯罪中得到挽救。过去通过对我的强制改造，使我由不能接受改造逐渐走向能够接受改造，从强制改造走向自愿改造。毛主席说改造世界，'其中包括了一切反对改造的人们，他们的被改造，须要通过强迫的阶段，然后才能进入自觉的阶段。'我深深领会了毛主席这一英明论断的正确性。

……

"最近有许多外国记者访问我，他们觉得像我溥仪这样的人能够在新中国生存是个奇迹，不但生存，而且生活得很好，更使他们迷惑不解。在社会主义社会，在新中国，在伟大的毛泽东时代，确实出现了这样的奇迹：把战争罪犯改造成新人。这是党和毛主席政策的伟大胜利，也是无产阶级改造世界伟大胸怀的明证。说到这里，使我由衷地感到无产阶级的大公无私，感到中国共产党和毛主席的英明伟大。

"在这里使我情不自禁地想起1959年我蒙特赦，离开那重生之地抚顺战犯管理所的心情，当时我很感激党和政府的宽大，然而当管理所人员送我出所的时候，我又像一个将要离家的孩子一样恋恋不舍。这种心情，我曾经同资本主义国家的人们说过，但他们是无法理解的。这种感情并不是我一个人有，连一些日本帝国主义战犯在离开战犯管理所时，也都异口同声地说，抚顺战犯管理所是自己重生之地。有些怀着敌意的日本记者，曾企图从日本战犯口中听到对中国政府这种政策不满的声音，却总是大失所望。无论在管理所，还是离开管理所回到日本，日本战犯们都说我国政府的政策好！

"我离开抚顺战犯管理所以后，感到走进了更大的社会主义大家庭，处处受到党的无微不至的关怀和亲切的教育，使我得到工作和继续学习改造的机会。1960年在北京植物园劳动锻炼一年，使我有机会同基层干部、工人同吃、同住、同劳动、同学习，这对我的教育很大。我亲眼看到他们辛勤劳动，艰苦朴素，坦白直爽，具有革命乐观主义精神，处处表现出国家主人翁的态度。这一段生活使我认识到劳动的光荣，渐渐体会了劳动人民伟大的思想感情。1961年我参加了全国政协文史资料研究委员会的工作，有许多收获，特别是近年来，党和政府安排我们两次去各地参观，对我的教育意义更大，增加了我对社会主义祖国的热爱和社会主义建设事业必胜的信心。祖国人民的前途光芒万丈，我个人的前途也是光明美好的。"[3]

溥仪将要结束发言的时候表示，一定继续加强自我改造，为把我国建设成为伟大的社会主义强国而贡献自己的力量。

当上政协委员以后，溥仪的社会工作增加了，常常要以新的政治身份参加重要会议和重要活动，他很高兴。在溥仪遗物中还有一张"民族工作座谈会出席证"，上面盖有"中华人民共和国全国人民代表大会常务委员会办公厅"的钢印。这件遗物说明，作为满族人民的代表，他有充分的机会发表政见。遗憾的是，有关溥仪参加这次会议的日记或笔记等文字记录都散失了，无法得知他在会议期间的宏论和感想，可以推想，这位具有代表性的著名旗人一定是非常愉快的。[4]

当1965年的春天来到北京之际，溥仪已经失去了他最珍贵的健康，却硬是带病参加了"五一"节纪念活动。4月30日下午，他与王耀武、杜聿明、宋希濂、范汉杰、廖耀湘以及溥杰和嵯峨浩夫妇，出席了中华全国总工会等13个团体举行的盛大"五一"招待会，同桌的还有政协副秘书长李金德、政协常委郑洞国等。5月1日白天，溥仪参加了在北海公园的游园活动，晚上又登上天安门观礼台观看焰火。

三、一次特殊的会见

1965年7月20日上午11时这个庄严的时刻嵌入历史，也把一条轰动的新闻，迅速传向世界每个角落。曾任国民党政府代总统的李宗仁先生，偕夫人郭德洁女士万里来归，飞临北京。在盛大的欢迎人群中，周恩来微端右臂，站在最前列的显要位置上，他后面是全国人大的副委员长、全国政协的副主席、国务院的副总理、中国人民解放军的元帅、各民主党派的领导人，还有当年经代总统派出的国民党和谈代表，以及作为李宗仁的部下，而在解放战争时期率部起义的国民党高级将领和被俘十年后获得特赦的前国民党高级军政人员

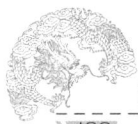

等。

人们还注意到溥仪和他的妻子李淑贤与李宗仁的老友章士钊、黄绍竑等一起站在靠前边的地方。

当走下舷梯的李宗仁由周恩来陪同来到溥仪夫妇跟前时，停下脚步的总理，以敏锐而深邃的目光发现了将在这里出现的历史性场面，乃向李宗仁和郭德洁介绍说："这是中国末代皇帝溥仪先生!"于是，中国历史上的末代皇帝和末代总统，就在现任中华人民共和国总理面前，热烈地握紧了双手。瞬间之内，中国近半个多世纪的历史凝聚起来了，凝聚了悲怆的苦难岁月，凝聚了昨天、今天和明天……

是周恩来又把激动的人们从历史拉了回来，他向李宗仁说："溥仪先生新生了，你看他，已经五十多岁了，不像吧?"溥仪也愉快地告诉这位前国民党代总统："已经五十九岁了，在今天，我感到越活越年轻啊!"总理又指着李淑贤对李宗仁说："这是溥仪夫人，是我们杭州姑娘呢!"前后左右的人们都笑了。

当天晚上，人民大会堂内华灯照耀，盛宴初开，在周恩来主持的这个接风洗尘宴会上，李宗仁操一口浓重的广西乡音，发言盛赞中国共产党"不咎既往"的宽大精神，抒发回到美丽祖国的欢愉之情。他认为"祖国已经进入了一个伟大灿烂的新时代"。

半个月以后，那是8月6日下午，溥仪又应邀出席了周恩来主持的全国政协欢迎李宗仁的茶会。李先生承认历史，赞扬"服输"精神，他表示，一切国民党人和海外爱国人士，应该"让中国共产党和毛主席领导建国，国家建设好了，我们大家都有份"。

这番话令出席茶话会的溥仪很有感触，回到家里以后对夫人李淑贤说："宗仁先生有'服输'二字，我也有'认罪'二字，这也很好嘛!因为这不仅意味着中国共产党的胜利，更是中国人民的胜利和祖国的胜利，也可以说是我和宗仁先生后半生的胜利。"

四、临终前的国庆观礼

1965年国庆佳节即将到来之际，溥仪和专员们还应邀一起出席了全国第二届运动会闭幕式，伟大祖国的光辉形象，在庄严、隆重的场景衬托下，变得愈来愈真切了，溥仪有这种感想，实在是很自然的。

9月28日闭幕的第二届全国运动会，向国庆16周年献出了一份厚礼，而这次国庆佳节也给溥仪先生留下了几件实物，它们装在一个较大的白色信封内，封面写着"溥仪先生"4个字，是发信人手迹，下款处则有溥仪用红墨水钢笔写的"一九六五年，庆祝我国成立16周年，周总理在人民大会堂宴会"一行字，显然，这是溥仪生前作为纪念品特意保存下来的。

第一件是庄重而喜庆的红色请柬："为庆祝中华人民共和国成立十六周年，订于一九六五年九月三十日（星期四）下午七时在人民大会堂宴会厅举行招待会。敬请光临周恩来。"落款上的三个字，在溥仪看来，是那么亲切而凝重!他珍视，他留恋，还因为久已染身的顽疾，这时更加严重了。

第二件是请柬的附条，上面写道："此次招待会，您的席位在第4区，第397桌，并请提前由人民大会堂东门入场。"

第三件也是请柬的附件——一张印有红底烫金国徽图案的"菜单"："烤鸭、白斩鸡、盐水鸭、五香牛肉、烤羊腿、陈皮大虾、西红柿、葱油黄瓜、酸甜白菜、卤冬菇、姜汁松花、五香青鱼、烤麸、油焖红辣、姜汁扁豆、红油香干;点心:月饼、烧饼、水果。"

第四件是在红绸布条上烫金印制的观礼证,上面有国徽图案,有1949—1965"国庆"字样,还标明了在观礼台上的位置:西4台,第0417号。观礼证上盖有"庆祝中华人民共和国成立十六周年筹备委员会"的公章。

第五件是一张铅印的通知:"庆祝中华人民共和国成立十六周年晚会,于十月一日下午八时在天安门广场举行,请您凭红色观礼证上观礼台。除可偕同夫人外,请不要偕带小孩和其他任何人员。特此通知。庆祝中华人民共和国成立十六周年筹备委员会,一九六五年九月二十八日。"〔5〕

溥仪十分珍视这次招待会和次日的国庆观礼,特意在一个大白色信封内保存了有关这些活动的几件实物。

1965年国庆节到来之前,溥仪的家庭发生了几件大事:6月间溥仪因癌症施左肾及膀胱一小部连输尿管切除手术顺利完成;8月间李淑贤因长瘤施子宫摘除手术也很成功。溥仪把这些看成是党和国家关怀、照顾的结果,因此对即将到来的佳节怀有更深的感情。

溥仪在1965年9月30日的日记中写道:"晚7时赴人民大会堂周总理招待会,庆祝中华人民共和国十六周年国庆。我们毛主席、刘主席祝酒,周总理讲话。"

9月30日晚7时,溥仪在盛大国宴上看到了动人的场面:毛泽东主席、刘少奇主席、周恩来总理,陪同柬埔寨国家元首西哈努克亲王等贵宾步入宴会大厅,乐队高奏欢迎曲和《东方红》乐曲,这时与会的5000名中外人士发出雷鸣般热烈掌声,全场欢腾。刚从海外归来的李宗仁先生也出席了宴会,溥仪十分高兴地问候他,并相互祝酒。

第二天,溥仪从观礼台向广场看去,只见十万群众手持花束组成"一轮红日放射出万丈光芒"的壮观图景,象征伟大的祖国有如旭日东升,蒸蒸日上,他感触万端,不断鼓掌。在焰火晚会上,溥仪颇有兴致地向妻子介绍各种礼花的名称。他指着刚刚飞上夜空的一簇礼花说:"这叫'锦上添花',你看它多像一幅抖开的锦缎,迸发出千万颗闪烁的金星。"接着,一串带声响的礼花又冲上天空,好似听见一阵阵鞭炮之声,然后又见礼花四射,出现了宛如鸟鸣的声音,他说:"这叫春暖花开!"继而反问妻子:"你看这礼花有没有满园春色的感觉?"李淑贤笑了:"让你这一说真像是春天又来了。"溥仪还是没完没了地介绍着,这片礼花叫"五谷丰登",那片礼花叫"麦浪滚滚",看上去真像撒向夜空的一簇簇金色的种子,呈现出丰收景象。

10月4日,溥仪出席了全国政协为招待港澳归国侨胞而举行的酒会,他在当天日记中留下记载:"下午,在人民大会堂参加政协招待港澳归国同胞和亚、非、拉各地华侨的酒会,看文娱节目,同座是从秘鲁回来的华侨。"〔6〕

五、频晤外宾话新生

爱新觉罗·溥仪生前一直是一位受到世界上各界人士关心的人物。在全国政协1964年的一份简报中,有一段关于溥仪的文字:"溥仪的国内外来信一直很多(每月约有十封),自他的《前半生》出版后来信更多。其中国内来信有询问清朝文物的,有要求作报

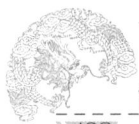

告的，有要求题词、借赠《前半生》的，也有一般表示景仰、盼取得联系的，甚至也有盼能介绍工作或者'奉侍左右'的。国外来信有英国、丹麦、西德、印尼、墨西哥等，多是要求签名，或者赠给照片，也有盼对《国际名人录》所载有关溥仪的记述提出增改意见的。"

正因为溥仪的特殊历史地位，来华的外宾，从国家元首到新闻记者，从作家、艺术家到法律工作者，都毫无例外地要求和他会见。因此，就出现了溥仪特赦后的几年里外事活动应接不暇的繁忙情景。根据溥仪日记和相关档案统计，仅在1963年7月到10月末，溥仪接待、会见的外国客人就有：马里共和国总统府顾问、巴马科律师公会律师当巴·迪亚洛，马里共和国检察官培卡伊·恩迪阿耶，马里共和国驻华大使馆代办尤素甫·库亚特，巴西妇女代表、《巴西邮报》记者伊伏内，巴西妇女代表、《最后一点钟报》记者海思，巴西女作家尔西维拉，梅格拉乌·穆罕默德率领的阿尔及利亚新闻代表团全体人员，肯尼亚下院议员、下院执政党议会党团首席督导约翰·戴维·卡利为首的肯尼亚非洲民族联盟代表团全体人员，巴西里约热内卢"巴中文协"副主席、《幽默报》社长阿帕里·西奥·托雷利，巴西退役空军少将费利贝·方西嘉，巴西著名作家格拉济利安诺·拉莫斯夫人，巴西律师劳尔·林斯·伊·席尔瓦，法国战斗报记者卡力克，瑞典著名记者魏克伯穆，智利参议员、全国和平委员会副主席阿乌马达和夫人，智利新左翼民主运动领导人、前内务部长蒙特罗和夫人，智利众议员杜马和夫人，尼泊尔全国评议会议长比什瓦·班杜·塔帕和夫人，以及以塔帕为首的代表团全体成员。

上述名单虽然并不完整，但也反映了溥仪在那一段日子里频繁外事活动的概况。这些活动有的是在全国政协礼堂，有的是在人民大会堂，有的是在民族文化宫，也有的是在溥仪西城的家里进行的。

如果说从皇帝到公民是溥仪一生的历史转折，那么，从普通公民到政协委员就是溥仪后半生的伟大跨越，它正是中国近现代史历史变迁的一个缩影，恰能折射出国家民主与法治进步的曙光，是我们国家和社会不断走向进步和成熟的最好见证。这是只有在中国这块伟大的国土上才可能出现的奇迹，再一次印证了中国共产党改造政策和统战政策的成功和伟大。

注释：

［1］依据伪满皇宫博物院在李淑贤女士处所征集之文物。

［2］《人民日报》1964年12月31日。

［3］依据李淑贤女士1980年向王庆祥提供的溥仪未刊手稿。

［4］依据伪满皇宫博物院在李淑贤女士处所征集之文物。

［5］依据伪满皇宫博物院在李淑贤女士处所征集之文物。

［6］王庆祥整理注释：《爱新觉罗·溥仪日记》第427页，天津人民出版社1996年版。

（作者陈宏　伪满皇宫博物院副研究馆员）

浅谈《我的前半生》成书之主体间性

孟向荣

【内容提要】本文借鉴于尔根·哈贝马斯"交往行为"理论中的观点，使用"主体间性"概念，阐述《我的前半生》之所以成书的三个决定性作用，并对这一成书之政治意义给予简要的评价。

【关 键 词】支配作用　创作主体　接受主体　政治意义

导　言

于尔根·哈贝马斯说："需要解释的现象，已不再是对客观自然的认识和征服，而是可以达到沟通的主体间性——不管是在人际关系层面上，还是在内心层面上。研究的重点也因此而从认识——工具理性转向了交往理论。交往理性的范式不是单个主体与可以反映和掌握的客观世界中的事物的关系，而是主体间性关系，当具有言语和行为能力的主体相互沟通时，他们就具备了主体间性关系。"[1]这位西方文论家的说法，便于人们理解《我的前半生》的成书情况，即党和国家权力机构及其代表人、创作主体、接受主体三方面的良性互动，玉成了这部世界的名著奇书。通过对主体功能的研究，可以更深入地认识《我的前半生》的性质和价值。

一、党和国家权力机构及其代表人的支配作用

在阐述这个命题时，应该从国家层面的基层主体性功能说起。爱新觉罗·溥仪先生是在中国人民解放军沈阳军区抚顺战犯管理所初步完成了他的思想改造并被特赦的。他在接受劳动改造的九年中，始终得到《我的前半生（全本）》所云"所方"的关怀和照顾。诚然，从触及灵魂、使罪犯早日脱胎换骨的角度讲，这种关怀和照顾，也渗透着秋风扫落叶般的严厉和无情。拙作《〈我的前半生〉"灰皮本"之由来》曾述及溥仪撰写忏悔录的经过，[2]从中可以看到，他从被迫改造到自觉接受改造的过程，始终由"所方"支配，甚至撰写这部忏悔性质的回忆录的创意，都是由"所方"提出并指导落实的。

国家基层主体功能由国家高层主体功能启动。以毛泽东、刘少奇、周恩来为代表的老一辈无产阶级革命家，在总结基层劳改工作的经验时，提出了"惩罚与思想改造相结合"、"劳动改造与政治教育相结合"、"阶级斗争和人道主义相结合"、"改造第一、生产第二"等国家劳改政策，并十分关注战犯这种特殊罪犯的改造工作，尤其关注对末代

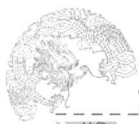

皇帝的改造工作，[3] 为《我的前半生》初稿的完成，进行了更高的精神指挥，使这部书稿的撰写意图水到渠成的主流意识形态化。

然而，由于"所方"的工作性质以及溥仪等人当时的认识能力和写作水平，尚无法完成一部能够公开出版以宣传中国共产党改造战犯政策取得伟大胜利的传世之作，故在溥仪被特赦后不久，周恩来当着这位末代皇帝的面提出："这本书改好了，就站得住了，后代人也会说，最后一代的皇帝给共产党改造好了。能交代了，别的皇帝就不能交代"的观点。[4] 从事后发展的态势上看，周恩来并不想完成"单个主体的对象化逻辑"，而是组织了创作主体和接受主体"主体间关系""所具有的相互理解的结构"。[5] 溥仪心领神会，决意按照周恩来的话去做。这是经典的党和国家权力机构及其代表人与创作主体的相互沟通的主体间性关系。在修改以至"另起炉灶"重撰《我的前半生》的四年中，全国政协、中共中央统战部、宣传部，国务院所属公安部等单位，都派出重要干部对这部书稿的最后完成进行"支配"。[6] 应该说，这种以党和国家权力机构及其代表人为主导的"主体间性"，就当时的社会历史语境而言，有其必要性和必然性，是与当时的国家改造战犯政策以至更高的上层建筑——国家整体政治需求相契合的，因而具有积极的文化建设意义。

二、创作主体之间的切磋、沟通使书稿得以圆满完成

对《我的前半生》的创作主体有不同说法。第一，溥仪一人。第二，溥仪和李文达两人。第三，溥仪和群众出版社。第一种说法，完全是违背历史事实的。第二种说法，忽略了李文达的身份。笔者赞同第三种说法，同时认为，李文达是溥仪和群众出版社完成《我的前半生》的关键人物和杰出代表。

那么，群众出版社这个创作主体到底有多大。从笔者掌握的史料来看，由于群众出版社是公安部直属出版社，在"另起炉灶"的《我的前半生》刚刚启动的时候，为了这部书稿的完成，公安部组织了一个编委会，成员有公安部常务副部长、党组副书记徐子荣，办公厅主任刘复之，政治保卫局局长凌云，政治部副主任尹肇之，治安行政局局长于桑，文化保卫局局长夏印，办公厅副主任姚艮，劳改局副局长沈秉镇，办公厅政研室主任陆石等。他们对书稿的文体、主题、人物形象塑造、语言风格以及其他应该注意的事项，都提出了必须采纳的意见。[7] 因为这些人的智慧产生于撰稿之初，理应属于创作主体的范畴，但就面对执笔人而言，也可算作接受主体。据中华读书报2008年10月22日第3版拙作"与《我的前半生》相关的几封信件"，上述创作主体是在看了李文达执笔的六章文字后，提出了看法。实际上早在李文达拟出《我的前半生》撰写大纲时，这些人就不同程度地介入这部书稿的写作了。

溥仪的自传，反映的是溥仪的经历。但经历不等于文体的具体展开。不同的创作个人围绕一本书的写作，仍然形成了主体间性关系。也就是说，溥仪和李文达在完成书稿的过程中，实现了主体间性良性循环、协调互动的和谐佳境。[8] 这里的锁钥在于，李文达确定了把《我的前半生》"灰皮本"重撰为"文艺性自传"的思路，舍弃"灰皮本"的骨架，对原有史料与重新搜集的史料进行选择、取舍、辩证和组织，安排全新的书稿布局和内容细部表述，并以群众出版社向上级打报告的方式提出，[9] 得到批准后，他脱离编辑岗位，专职撰书，当写出若干章节后，还要接受公安部对这部书稿编委会的指导，在上级组织的控制下，独立完成了执笔任务。成功地把原先的忏悔录语境以一种与艺术表现相融洽的方式、富有历史哲思和艺术情趣地表现出来，并通过历史叙事的真实性化解了忏悔录语境可能产生的消极作用和负面效果。另一方面，溥仪在《我的前半生》的成书过程中，参与研究，随时校订，并作了一些口述，还在"另起炉灶"一稿本清样，1964年公开发行本清样等处，认真做了几百处批改，与李文达的执笔相互配合，构成了中国出版史上罕见的自著自批的亮丽景观。[10]

从一般意义上讲，溥仪的经历只是作为客体而存在，这一客体就是溥仪的思想行为以及围绕他的人物或事件。但在交往关系中，即使真正意义的客体，也是以主体的面貌出现的。举两个显例。溥仪对《我的前半生》的批改是讲政治的，尤其适应于家庭成员。一稿本清样有载涛至抚顺所探视溥仪的描写："七叔虽然也没有叫我皇上了，可是也没有叫我溥仪，说起话来仍然不用主词或受词：'我太想……了''……身体这样好，我真没想到！'"溥批："这固然是事实，但也不是非揭露不可的事。为了团结这个老人可能在工作上发挥一些积极作用，避免不必要对他的刺激，我认为可以删去这几句话。""全本"按照溥仪的意见进行了删削，但并不彻底，直到"定本"才抹去了一切蛛丝马迹。平心而论，在政治上的分寸，群众出版社可以补溥仪之阙。一稿本清样讲了末代皇帝给意大利国王和黑衣宰相墨索里尼送过相片之事。溥仪增补："给墨索里尼送过匾额。郑孝胥拟的字，我写的'举世无双'。"定本则云："不久前，我按他（指郑孝胥）的意思，给他最崇拜的意大利首相墨索里尼写了一块'举世无双'的横幅。"这样，就把各自的责任分清了。

当一本书的创作主体为两人以上之时，借鉴西方叙事学理论中"隐含作者"的概念，[11]或许更有趣一些。溥仪和群众出版社在书中的部分显现与"第二自我"，以及读者从作品中获取的不同作者的印象是迥异的。仅以一个著例说明之。"另起炉灶"《我的前半生》最早的一份清样上，载有一段经典言论。"直率而不擅长口才的老正"（即蒙古族的正珠尔扎布，日本浪人川岛浪速一手培养起来的复辟派人物。据说他为《我的前半生》"油印本"的完成做了一些工作——引者注），有一次对溥仪说："我现在算是知道了皇帝是个什么玩意儿了。以前我全家人怎么那么崇拜你！我从小发下誓愿，为复辟我送掉性命都干，谁知你是个又自私又虚伪的废物！我真遗憾不能把这些告诉我母亲，她简直把你看成了活菩萨似的崇拜。真可惜，她早死了！"为此溥仪作了一个近三百字的长批：

正珠尔所谓"直率"是不现实的，当时，谁和他亲近的就是好人，批评他一次，他是永远忘不了的，不是背后骂，就是图报复，如罗振邦在他评奖时曾批评他，他从此便永远不和罗谈话。他在散步时，故意和别人谈话，说将和我拼命，杀死我，他也可以出名。这个人欺软怕硬，而且当我在特赦时，他态度立时又对我变好，他还向我要手帕，当纪念品，我因忙，没有给他。他又在溥杰特赦时，和他要纪念品，说是代我给他的。当然他有时勇于揭露自己思想错误，是好的，可是检讨尽管是检讨，下次还是照样犯。所以我说他对我的上述这些话，我认为应当不用。因为他说话的动机是不纯的，是挟私怨而说

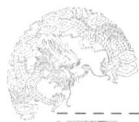

的，我认为这一段可以删去。

从上引着例中可以看出"隐含作者"的"编码"问题。群众出版社以及李文达对"老正"的话是赞赏的。因为它挑战封建皇权意识使其坍塌，把所谓复辟打入十八层地狱。但对"老正"如此痛快淋漓、鞭辟入里的话，溥仪仅仅认为"挟私怨"、动机不纯而要求予以删削。主体间性关系贵在平衡各自的想法。群众出版社及李文达在1964年3月公开出版的《我的前半生》中，对"老正"的表现做了巧妙地处理，既删去了"皇帝是个什么玩意儿"等贬损性语言，又通过具体的劳动改造情景与溥仪及时的感受、再配合监狱看守员的话，淡化了言辞的直接批判性可能给人带来的刺激，让"倾向从场面中自然流露出来"，[12]实际上还是维护了"老正"所表达的意思。

两人以上的创作主体，有时存在说不清楚哪一位创作思想产生了变化而导致文本变异的情况，这当然也反映出主体间性关系必然承载不同心灵面对同一问题表达上的新默契。《我的前半生（批校本）》有这样一段言论：

在我刚刚进入少年时期，由于太监们的奉承讨赏，他们教会了我断伤身体的自渎行为，在毫无正当教育而又无人管束的情形下，我一染上这个不知后果的恶习，就一发而不可收拾，结果造成生理上病态现象。在新婚的这天，我感不到这是一种需要，婚后我和婉容的生活也并不正常，至于文绣和在伪满时另两个妻子，更纯粹是我的摆设，这四个妻子全过的守寡的生活……[13]

这段言论最初为《我的前半生（批校本）》清样上的表述。清样由李文达手稿排出，溥仪仔细阅读了清样，并作了一百五十余处批校，在此处无任何改动指示。可以断定溥仪和李文达都认可它。然而在《我的前半生（全本）》和《我的前半生》中，这段言论被删削了。是否可以认为作者之间形成了"文贵含蓄"的共识，更深入地看，这种文本变异实际上涉及文艺性自传写什么、不写什么，追求怎样的历史真实的问题。创作主体形成了抵制"自然主义"的相互沟通。

对创作主体之间的切磋、沟通情况，李文达在记述自己付出的劳动和取得的成果时曾说："我与溥仪的书信往来，这些信都是我提出问题请他回忆，或我对事件做出几种分析，请他选择。"[14]李文达在1962年5月28日致溥仪一封长信，[15]信中就"九一八"事变前一年溥仪的思想状态进行咨询，因为"原稿中是很模糊的"。这种主动方与被动方的"交往"，打一个不太恰切的比喻，很像公安侦查人员在破案的过程中深入开掘证人，充分发挥证人的作用。所谓证人指"帝师"之一、后来担任伪满洲国国务总理大臣的郑孝胥。李文达梳理《郑孝胥日记》的相关内容，将某些史实逐一地传递给溥仪，力求在逻辑的层面上搞清他面对这些史实当时的想法。

对此创作主体与彼创作主体的切磋、沟通情况，李文达曾就书稿改造部分的修改感叹："难处是溥仪记得太少。现在的办法除已向金源同志（当时的抚顺战犯管理所所长——引者注）写信，请他提供之外，只有继续请溥仪尽力回忆……"[16]可见，除溥仪和李文达的纠结，还有李文达和抚顺所的交集，在人们认识客观事物的过程中，主体间性是桥梁，也是对单个主体直达客观事物的必要补充。

凌云说："在写作过程中，李文达和溥仪，一个是末代皇帝，一个是传记文学的作者，已经结交成为一对好朋友。溥仪对李无话不谈，大小事都与他商量。溥仪曾表示，在老李的帮助下，较系统地研究了一遍近代史，使他眼界大开，思想境界又有新的升华。而李文达也觉得自己认识上有了新的提高，尤其加深了对党的改造政策的体会，他与抚顺战犯管理所的同志们也成了好朋友。"[17]凌云的话把要素是人的"沟通"的主体间性理论，朴素地表达出来。这种人的"沟通"，构筑起《我的前半生》的模式、风貌与成就并导致必然产生的地位与影响。

三、接受主体的介入使书稿锦上添花

本命题所谓"接受主体"，指在《我的前半生》成书过程中提出宝贵意见的人，要开列名单的话，可达几十人之多。这些人有一个共同的特征：知晓毛泽东、刘少奇、周恩来等老一辈无产阶级革命家殷切期望这部书稿修改成功的幕后情况，直接或间接地受命于党和国家权力机构及其代表人的委托，一定程度地实施支配性主体功能。他们大都具有较长的革命斗争经历，善于运用马克思主义的立场、观点、方法分析问题，其中一部分人还具备渊博、深厚的历史学科知识。从而为提高《我的前半生》的"出炉"质量作出了贡献。以下择要加以说明。

政治上把关。如凌云说："不要拘束在政策宣传上，旗帜仅树在这一点上就单调了，而是要写出我们的时代，写出历史的道路。这样写自然也起到了政策上的宣传作用。要通过溥仪的大半生看到封建制度的崩溃、死亡，帝国主义的阴谋和最后被赶出去，也看到皇帝在社会主义社会受到改造……"[18]凌云的意见被溥仪和李文达完全采纳，在1964年公开出版的《我的前半生》中得以体现。又如翦伯赞等人担心书稿中溥仪在东京国际法庭上作伪证，否认给日本陆相南次郎写信的内容，可能引起日本军国主义者翻案。当时，对这条意见有争论，使得接受主体之间产生了必要的"沟通"。[19]而创作主体既尊重接受主体之间的"沟通"，从实质上并未采纳翦伯赞等人的意见，又在字幅上弱化了上述内容以尊重某些接受主体意见。溥仪为了慎重起见，在《我的前半生》书稿杀青阶段，还专门就东京国际法庭作伪证一事，与能够支配政治权力话语的廖承志进行了"沟通"。再如当翦伯赞提出劳模或普通群众的稳定性问题，即书稿中的孟泰、王崇伦、方素荣等"将来出不出问题"时，溥仪本着"一个主体既懂得与其他主体取得一致，又能够保持自我"的原则，[20]坚持保留有关方素荣的内容。因为这个内容是他接受改造过程之中，思想境界得以升华的关键内容。

取舍内容和斟酌写法。如老舍说："全书甚长，似略可节删——应以溥仪为中心，不宜太多地描绘别人而忘掉中心。"申伯纯认为，书稿"结尾无力，应该写到特赦以后的新生活"。[21]溥仪和李文达完全采纳了他们的意见，从《我的前半生（全本）》进阶《我的前半生》的比较中可以看到，篇幅更为简洁，不枝不蔓，在淘汰了某些内容之后，又增益若干内容，使图书的内涵更为丰富。又如杨东莼说："本书的政治影响很大，下笔不能丝毫忽略政治。但有不少地方可能是为了要玩弄一下文艺笔调，不自觉地冲淡了政治色彩，甚至在个别地方表现低级趣味。"[22]张治中也批评"文艺性的笔调太多，夸张的气氛太浓，有不少俏皮话几近插科打诨"，希望文风"以朴素为主"。[23]杨东莼等人的意见是针对代表群众出版社这一创作主体的李文达。李文达是公安文学作家，也正因为面

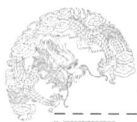

对一位作家，文学成就更高的作家郭沫若与杨东莼等人的看法是相反的，他夸奖书稿"有文采"，另一位比较纯粹的作家老舍审阅书稿很细致，也没有"玩弄一下文艺笔调"的感觉。然而，决定创作主体审美价值取向的依然是来自国家层面的主体性功能：杨东莼等人实际上是受周恩来委托而工作。代表中宣部审稿的王宗一，也批评书稿"过于华丽"。[24]比较一下先后产生的《我的前半生》版本，就会发现这是一个见仁见智的问题，但溥仪和李文达确实大大削弱了书稿的文艺性噱头，使语言风格趋向严谨和庄重。

四、《我的前半生》成书之政治意义

通常的哲学，把认识作为工具，它要实现描述事物状貌和揭示事物发展规律的目的。《我的前半生》的创作主体固然也是遵循这一哲学的。然而，溥仪在新中国成立以后，作为被改造主体，在人际关系层面上，受到改造主体的强力冲击和震荡，他也逐渐发自内心地向改造主体靠拢。在这种"交往""沟通"的磨合中，形成了"人的本质力量的对象化"的显著特点——《我的前半生》极强的政治性一位西方文论家说过："人类文化伟大时代的有代表性的艺术作品，总是带有政治性的，是属于一定党派的"，"伟大的作家，在他们时代的政治冲突和社会冲突中，是多么明朗、自觉地、全心全意地始终站在进步党派一边"。[25]在这里需要阐述的是，溥仪并未亲笔撰写《我的前半生》，撰写人也不是"伟大的作家"，但《我的前半生》却是新中国成立后的"有代表性的艺术作品"，它永远属于中国共产党。

法国文论家勒热讷在《自传的契约》中强调："自传是一种建立在信任基础上的体裁，如果可以这样说的话，是一种'信用'体裁。因此，自传作者在文本伊始便努力用辩白、解释、先决条件、意图声明建立一种'自传契约'，这一套惯例目的就是为了建立一种直接的交流。"[26]是的，《我的前半生》也是"信用""契约"，它向中国共产党宣告了作者的政治承诺，也向全世界宣布作者今后将是怎样一个人。

凌云在《〈我的前半生〉是怎样问世的》一文中，提出公安劳改机关对犯人继续教育的问题，强调"对重要犯人的教育，决不能仅限在铁栅门之内"。如果说，特赦标识了末代皇帝初步完成了由战争罪犯到普通公民的改造，那么，《我的前半生》的成书，便标识着党对末代皇帝继续教育的基本完成。

结束语

《我的前半生》问世五十年来，对它的谩骂声从未稍歇过。早期有蒋介石统治的台湾地区的文人，"文化大革命"中的造反派；改革开放以后直至今日，依然有人攻击溥仪是"卑贱"的"傀儡公民"，他的著作是"全新性质的伪史书"云云。[27]这种意气用事、反历史主义的、没有科学论证的一派胡言，不值得一驳。尽管本文立意并不在通过史学文本的二元对立状态，考察主体间性与真实性的关系，但可以得出向善的主体间性必然导致史料和史观真实的结论。《我的前半生》有没有"为尊者亲者讳"甚至为自己讳的情况？不能说绝对没有，却是很少的。传统史学的弊病（其实也包括未来史学）在史学文本中始终生存，遑论"文艺性自传"。既然只是一种特点，很难笼统地讲优劣，那么弊病的说法

也就是权且的、相对的。笔者认为，在20世纪60年代，末代皇帝的个人意志和中国共产党的意志实现了高度统一。人要在别人的帮助下与时俱进不断地改造自己的哲学，不仅没有磨损《我的前半生》的认识价值，反而使其恒久地发挥作用。

注释：

[1] 于尔根·哈贝马斯：哈贝马斯精粹，曹卫东选译，南京大学出版社2004年版第372页。

[2] 孟向荣：《我的前半生》"灰皮本"之由来，中华读书报2010年12月1日第14版。

[3] 孟向荣：新中国处理战犯政策与《我的前半生》，纵横2009年第12期。

[4][7][18][19] 孟向荣：审改《我的前半生》点将录，中华读书报2009年2月18日第5版。

[5][20] 于尔根·哈贝马斯：现代性的哲学话语，曹卫东等译，译林出版社2004年版第35页。

[6][9][21] 孟向荣：《我的前半生》档案记略，出版史料2006年第4期，112页~120页。

[8] 蒋巍：末代皇帝背后的影子——《我的前半生》的幕后故事，啄木鸟2008年第5期，4页~27页。

[10] 爱新觉罗·溥仪：《我的前半生（批校本）》，群众出版社2013年版。

[11] 韦恩·布恩：小说修辞学，华明等译，北京大学出版社1987年版。董乃斌：中国文学叙事传统研究，中华书局2012年版，187页~188页。

[12] 爱新觉罗·溥仪：《我的前半生》，群众出版社1996年第19次印刷版，473页~474页。

[13] 爱新觉罗·溥仪：《我的前半生（批校本）》，群众出版社2013年版，113页~114页。

[14] 李文达：我与溥仪及《我的前半生》，1986年。

[15] 孟向荣：爱新觉罗·溥仪审改《我的前半生》编年事辑，未发表。

[16] 孟向荣：《我的前半生》图书档案补记篇，出版史料2008年第1期，114页~120页。

[17] 凌云：《我的前半生》是怎样问世的（代序），群众出版社《我的前半生》1996年第19次印刷版，1页~5页。

[22] 孟向荣：杨东莼审阅《我的前半生》，纵横2007年第11期，53页~55页。

[23] 孟向荣：张治中审阅《我的前半生》，纵横2006年第12期，34页~36页。

[24] 同[16]。

[25] 安妮特·T.鲁宾斯坦：英国文学的伟大传统，陈安全译，上海译文出版社1998年版，2页~3页。

[26] 勒热讷：自传的契约，三联书店2001年版，14页。

[27] 雷戈："写史料"为何成了"写交待"，炎黄春秋2012年第9期，61页~64页。

（作者孟向荣　群众出版社编审）

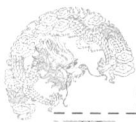

溥仪和侄子们的战犯改造生活

周　波

【内容提要】溥仪的3个侄子从伪满初期跟随溥仪，长期受溥仪的影响，经历了溥仪从伪满皇帝沦为囚犯，又被改造为新中国公民的全过程，同时，他们的思想和言行也或多或少地影响了溥仪，是溥仪身边仅次于"三校"的不可或缺的人物。本文就是通过研究溥仪的3个侄子在抚顺战犯管理所和哈尔滨改造期间的思想和言行，来揭示溥仪的改造生活。

【关 键 词】溥仪　侄子　抚顺　哈尔滨　改造

当年，溥仪在通化大栗子沟准备逃亡日本的时候，在众多的亲属、随从中，只挑选了8个人。分别是"三校"——胞弟溥杰、三妹夫润麒、五妹夫万嘉熙，"三小"即溥仪的3个侄子——毓嵣、毓嵒、毓嶦，还有随待李国雄和医生黄子正。可以看出，在那么紧急的情况下，能够带上这3个侄子，足以说明他们在溥仪心中的地位。实际上，在伪满初期，溥仪就认准"打仗亲兄弟，上阵父子兵"的道理，注重在血缘关系较近的家族成员中，挑选可靠的年轻人带到伪满皇宫中加以培养，有的甚至送到日本深造，以作为他日后复辟大清帝国的骨干。这几个侄子从伪满初期跟随溥仪，长期受溥仪的影响，经历了溥仪从伪满皇帝沦为囚犯，又被改造为新中国公民的全过程，同时，他们的思想和言行也或多或少地影响了溥仪，是溥仪身边仅次于"三校"的不可或缺的人物。本文就是通过研究溥仪的3个侄子在抚顺战犯管理所和哈尔滨改造期间的思想和言行，来揭示溥仪的改造生活。

一、3个侄子与溥仪的关系

溥仪的3个侄子都是毓字辈的，按照在乾隆年间钦定的辈分，由乾隆皇帝下一代开始排起，即：永、绵、奕、载、溥、毓、恒、启。由此可以看出毓字辈在溥字辈下边，就是叔侄关系。

毓嶦的号叫君固，化名为小固。他的曾祖父和硕恭亲王奕䜣是道光皇帝的第6个儿子，而溥仪的祖父醇亲王奕譞是道光皇帝的第7个儿子。

毓嵒的号叫岩瑞，化名为小瑞，他的曾祖父和硕惇勤亲王奕誴是道光皇帝的第5个儿子。

毓嵣的号叫秀岩，化名为小秀，他的父亲溥偉与溥仪系同曾祖父兄弟。

这3个侄子中，最早到伪满洲国的是毓嵣。他在1932年8月就来到长春。先是参加了溥仪办的军事训练班，然后参加了溥仪的护军，被分到二队当上等兵。1936年底，毓嵣被调入宫读书。按溥仪的原意是准备让他在宫中先念一段书，然后送日本士官学校留学，以培养他的亲信、武装骨干。因为他看到民国当时的军阀们，无论是哪一系，都是靠枪杆子起家，这给他很大启发。宫廷学习班开始只有5个学生，毓嵣、毓喦是其中的两个，一年后，又陆续收了毓嶦等人，累计共有学生11人。

在伪满后期，宫中学生只剩下8人，溥仪的这3个侄子也在其中。这时，他们每天的中心活动，不是念书而是陪伴溥仪。虽然名义上是念书，但到了时间，溥仪叫他们陪侍吃饭，等溥仪吃完饭已午后两点多，只好告诉老师今天停课，用汽车把老师送走，就算完成了学习"任务"。特别是伪满洲国垮台前的一二年，毓喦、毓嵣成天给溥仪打针，根本没有时间学习。所以，在伪满末期，他的3个侄子的主要任务不是读书，实际上是担负溥仪的随侍工作。

二、初到抚顺战犯管理所

1950年8月5日，溥仪的3个侄子随溥仪回国接受学习改造。其实，在囚居苏联时期，没有了"伪满皇帝"的傀儡头衔，溥仪在侄子们的心中已逐渐走下神坛，由原来的盲目崇拜和服从，变为想方设法摆脱溥仪的控制，侄子们开始与他离心离德了。

本来，在伪满时期，毓嵣是最受溥仪宠爱的。可是到了苏联之后，毓嵣越来越不听溥仪的话，不再像过去那样侍奉溥仪。尤其是溥仪极力谋求留居苏联，而毓嵣却坚决不愿留苏而愿回国，所以溥仪对毓嵣非常恼恨。甚至在回国赴抚顺途中的火车上，向押送人员举报毓嵣反对斯大林，特别是当东北人民政府主席高岗接见溥仪时，允许他带一个随从，溥仪误以为要枪毙自己，就大声向毓嵣说："跟我一起去见列祖列宗。"意思是叫毓嵣跟他一起去挨枪毙，死了去见祖宗（据毓嵣回忆，毓嵣原本就在接见名单中）。

毓嵣在苏联时学习俄语非常努力，很短的时间内就能和苏联人进行简单的对话，能简单地阅读点俄文报纸。他对溥仪也逐渐疏远，越来越不听溥仪的话，为此，溥仪自然越来越不喜欢毓嵣，同时，因为苏联收容所所长捷尼索夫常常找他去谈话，溥仪也对他起了防备的心理，两人的关系就更加疏远了。

在囚居苏联的末期，毓喦成为这3个侄子中最受溥仪信任的人。一次，当只有他们两人在一起的时候，溥仪对毓喦大加夸奖了一番，说毓喦对他一向尽忠效力，尤其在这种患难之期，仍然忠心不二，始终为他效劳，溥仪想留居苏联，毓喦能舍家随他留居苏联，实在是列祖列宗的好后代。溥仪说："我决定从现在起，立你为我的皇子，以后要称我为'皇阿玛'。"[1]溥仪的这一举动使毓喦感到惶恐不安，同时也觉得万分光荣，更增添了他为溥仪效力的决心。但即使这样，溥仪对毓喦也很不放心，多次进行试探和考验，想方设法地对毓喦进行控制。

刚到抚顺战犯管理所的时候，可能是由于溥仪的请求，把他的3个侄子和他换到一个监号里。但不过10来天，马上又分开了。"和家族分开"就是管理所让溥仪放下皇帝架子的第一步，说是把皇帝改造成为自食其力的劳动者，那还是将来又将来的事，目前得先把他改造成一个生活自理者。[2]溥仪在《我的前半生》一书中写道：为什么把我和家族分

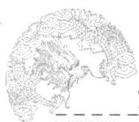

开？我到很晚才明白过来，这是在我的改造中，实在是个极其重要的步骤。[3]

这时，溥仪和他的侄子们每天照例参加学习，读读报、学习毛主席著作。但他们根本不懂得如何理论联系实际、联系自己，就是应付式的学习，走走过场。这时的人们还满腹狐疑，政府究竟对他们如何处置，说不上什么时候来个"公判大会"。但是在生活中，党和管理所的各级工作人员对以溥仪为首的伪满在押的战犯们的无微不至的关怀和教育，使他们在不知不觉中，越来越感到党和管理所对他们的关怀和温暖，逐渐在内心深处发生了缓慢地变化。

三、在哈尔滨的改造生活

伪满战犯们在抚顺战犯管理所呆了不久，美国发动了侵朝战争，很快侵略矛头就要指向中朝边境鸭绿江。中国人民志愿军渡江抗美援朝，为了保证安全，管理所把他们集体迁到哈尔滨。由于在抚顺战犯管理所待了两个多月了，和看守员们都熟悉了，这次坐火车去哈尔滨，溥仪和他的侄子们的心情也不像从苏联回国时那样紧张和胡思乱想了。

刚到哈尔滨时，他们被安置在一所不大的日伪时期盖的监狱。监房的条件比抚顺时要差，看守的也比较严，气氛十分紧张，当时他们觉得跟动物园里被禁锢的虎狼差不多，心中不禁感到情况严重起来！但看守员仍然对他们和蔼可亲，尤其对溥仪的侄子们这样的年轻人，更加亲近。他们虽然是低级战犯，但也享受和溥仪等高级战犯一样的小灶饭待遇。有好的伙食饭，看守员总劝他们多吃一些。在监房里，除了学习所方布置的文件和报纸外，还可以进行文娱活动，打扑克、练唱歌、听广播。所方还让少数比较年轻的低级战犯做些轻微劳动，给每个监房送饭、送菜、送开水等。所方的信任，使他们感到非常高兴，好像笼中的小鸟飞出笼外似地愉快。

经过学习和教育，他们对改造工作从抗拒到逐渐理解、自觉接受，特别是一位干部给他们讲话时所说的，使他们更深刻地理解了改造的意义。这位干部说："你们也许会说，既然不想杀我们，就把我们放出去不好吗？不好！如果不经改造就放你们出去，不仅你们还会犯罪，而且人民也不会答应，人民见了你们不会加以饶恕。所以，你们必须好好地学习、改造。"

伪满战犯在被转押到哈尔滨改造后，所方把从哈尔滨的一个铅笔工厂接的糊铅笔盒任务交给他们。这是溥仪第一次参加真正有意义的劳动，但是糊出来的铅笔盒总是不合规格，经过和他同组的人的帮助，溥仪也能糊一些合格的铅笔盒了。这次劳动使溥仪的侄子们的改造生活有了新的内容，使他们的思想感情发生了重大变化。所方还用他们的劳动成果买了一些糖果和香烟奖励给大家，让他们第一次体会到劳动者的光荣，并在教育改造的道路上迈进了一大步。溥仪更是如此，开始时，由于他经常出废品，肃亲王之子宪均，总喜欢挑剔、挖苦地批评他，把他气病了半个月。病好之后，一次开会，溥仪说出了一句耐人寻味的话来："我恨！我恨我从小生长的地方！我恨那个鬼制度！什么叫封建社会？从小把人毁坏，这就是封建社会！"[4]这几句话，表明溥仪通过这次劳动，对自己的过去有了初步的认识，同时也程度不同地代表了溥仪的侄子们的思想。

四、揭发检举溥仪

经过一段时间的学习和所方的教育，使溥仪的侄子们逐渐认识到封建统治者罪恶实质，当皇上的也是人，并非是超乎常人的"神"或是什么"真龙天子"。他的言行并不都是"圣明"的。凡是危害祖国，危害人民的罪行，都是错误，都是罪恶。为封建统治者的罪恶言行效劳的，也是犯罪行为。因此，在学习改造的过程中，他们开始对照溥仪，对照自己，有针对性地反省和检讨。

毓嵣思想转变得最快，在从抚顺战犯管理所转押到哈尔滨监狱里过新年时，他创作并参与演出了一个快板，内容全部取自战犯管理所内学习改造的实际情况，讽刺了一些人出现的不符合学习改造要求的现象。快板里讲到，有的人在学习改造过程中，背地里仍然念着经咒，乞求神佛保佑。这一听就知道指的是溥仪。接着又讲到有的人过去受封建教育，心甘情愿地为封建统治者充当奴才，如今到了管理所，党和政府挽救他成为新人，可他还是继续愿意给人当奴才，继续伺候人家，不只自己不走改造的道路，而且阻碍别人改造，甚至抗拒改造。这明显是讽刺毓嵣的。

毓嵣听到讽刺溥仪等人和自己的不符合学习改造行为的快板后深有触动，感到十分惭愧。他觉得自己虽然了解了封建统治者的丑恶，可是还没能做到向党和政府暴露出他所知道的溥仪的错误和罪恶。经过思想斗争和为了争取尽快成为社会主义新人，想到了溥仪在苏联时，曾叫侄子们帮助他隐藏珠宝等贵重物品，到了抚顺战犯管理所，溥仪仍然把偷藏珠宝的黑色皮箱放在他居住的监房中。毓嵣这时认识到溥仪的做法是错误的，向管理所所长孙明斋写了一份揭发材料，要求所长检查溥仪的黑皮箱并予以没收。并在孙所长的启发下，给溥仪写了一个动员他主动交出隐藏的贵重物品的便条（据毓嵣回忆是溥仪的侄子们集体推举毓嵣向孙所长揭发溥仪并写便条的）。在所方管理人员和溥仪的侄子们的共同努力下，溥仪最终交出了隐藏着贵重物品的黑皮箱。

毓嵣等人在抚顺战犯管理所组织的大检举过程中，都谈到了溥仪在伪满宫廷中的专横作风和打骂虐待人等问题，表明了他们对万恶的封建制度的认识和痛恨。通过这次大检举，溥仪的侄子们不但交代和揭发了一些问题，还听到了许多过去在伪满宫廷中听不到的情况。使他们对日本军阀那些令人发指的罪行，和东北人民在伪满时的苦难生活有所了解，因而受到的教育很大，更加渴望通过学习和改造来获得新的生活。

五、帮助溥仪改造

坦白检举结束后，毓嵣等人的心情感到难以形容得轻松，溥仪和伪满大臣、伪满将官们也逐渐露出了笑脸。所方对他们的管理大大放松，允许这批伪满在押战犯，可以和各自的家属通信。因为毓嵣、毓嵣在坦白检举中表现较好，还让他们帮助检察团工作人员抄写日本战犯的坦白检举材料，他们在抄写材料的过程中，知道了不少日寇在我国东北所犯的滔天罪行。

抚顺战犯管理所为使以溥仪为首的伪满战犯自觉地加速学习改造，组织他们成立了学委会。指定万嘉熙为主任委员，毓嵣为生活委员，负责卫生和饮食工作。在检查生活卫生时，每个人的铺位都干干净净、整整齐齐。但溥仪的铺位总是弄得歪歪斜斜。以前，溥仪的一切日常生活，都由毓嵣等侄子和随侍们一手包办。现在，他们认识到再那样做，对溥仪的学习改造是不会有好处的。所以在溥仪没有搞好卫生时，毓嵣便毫不留情地对溥仪说：九八一（这是在押时溥仪的代号）摆的行李或物品不整齐，不合要求，应当扣分。并

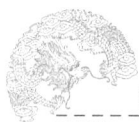

且要他当场按要求弄好，溥仪每次听到后都马上忙手忙脚地进行整理。久而久之，溥仪也具有了一定的生活自理能力。

到了1956年春，在五年多的时间里，溥仪和他的侄子们等被遣送回国后，一直生活在管理所内，对于新中国的社会状况，只能从报纸上或管理所工作人员的谈话中了解一部分，没有接触过任何实际情况。为了加快对战犯的改造，用实际生活加深他们对新社会的了解和认识，管理所决定组织战犯到外面参观。

在那次参观中，管理所带领全部伪满战犯和汪伪少数战犯来到抚顺露天煤矿。他们既看到了雄伟壮观的矿山，也看到了日寇当年逃跑时放火焚烧破坏的矿坑，感到日寇比豺狼还恶毒，令人切齿痛恨！他们还看到了采煤工人真实的工作场景，看到了为保护工人安全和健康所采取的种种措施，看到了退休工人所享受的幸福生活，通过同伪满时期工人所受到的非人待遇的对比，深刻领会到党和政府对工人的爱护和关怀，这怎能不使他们从参观中受到感动和教育呢？

在参观抚顺露天煤矿后不久，管理所安排溥仪以及"三校"和"三小"等人与前来探视的溥仪的三妹韫颖、五妹韫馨和七叔父载涛会见。他们已经有十多年没见面了，经过急切的交谈，他们了解了各自的经过和近况，有的人为见到亲人高兴，也有的人在知道亲人去世的消息后十分悲伤。特别是当得知载涛成为全国人民代表大会的代表后，更是十分激动，他们深深感激党和政府让他们这些过去给祖国人民，特别是东北人民带来了深重灾难，现在正在学习改造中的战犯会见到家族中的亲人，实在是对他们的关怀和宽大！他们深深体会到党和政府无微不至的关怀，感到过去走向了危害祖国和人民的罪恶深渊，现在党和政府引导他们走向光明的未来！

通过参观抚顺露天煤矿和会见亲人，溥仪和他的侄子们的内心感到难以言表的喜悦和光明。在那一个阶段里，所有的伪满战犯们，人人都面带喜色，特别是溥仪，脸上也不像以前那样总是愁眉苦脸，而是时时露出了笑容！

转眼，到了1957年的春节，溥仪和他的侄子们在春节晚会上共同表演了话剧，内容是揭露伪满大汉奸们以前的腐朽生活，和被俘后在管理所学习改造，直到经过坦白检举后的思想转变等情况。通过排演这个节目，一方面使溥仪和他的侄子们能更深刻地憎恨大汉奸的罪恶，另一方面，也使观看演出节目的其他战犯们受到教育。同时，在这一阶段，他们也看到了日本战犯自编自演的节目，对日本帝国主义和他们过去在伪满时期所犯的种种严重罪行的揭发和批判。经常有观看演出的日本战犯在一个节目结束后，当即站起身来大声发言，甚至痛哭流涕地揭发批判自己过去所犯的罪行，这也给溥仪和他的侄子们以及伪满战犯以很大的启发和教育。这时，溥仪和他的侄子们的思想已经有了根本性转变，已经充分认识到过去的罪恶，感受到了新中国的伟大，心中已经向往新生活，向着新生活张开了臂膀。

1957年1月27日，毓喦、毓嶦、毓嵣、李国雄、黄子正等13人，受到党和政府的宽大处理，由最高人民检察院宣布，免于起诉，释放回家。听到这个消息，按照常人的情感应该感到十分高兴。但溥仪的侄子们的心情是复杂的，既高兴，又有种无依无靠的感觉！他们曾在溥仪的长期教育管教下，逐渐成为溥仪的忠实奴仆。为了效忠溥仪，犯下了种种危害祖国的罪行。在回国之初，害怕受到人民的制裁，心中充满恐惧。在6年多的改造过程中，得到管理所全体工作人员的关怀，使他们感受到无比温暖。所以，当离开挽救他们重新做人的战犯管理所时，他们感到像断线风筝一样无依无靠就自然可以理解了。

六、与特赦后溥仪的交往

在溥仪被特赦回京后，与侄子们或多或少，或远或近地保持联系和交往。

或许因曾被溥仪立为"皇子"的缘故，与溥仪走得最近的侄子是毓嵒。1960年1月，在溥仪被特赦后不久，毓嵒就去和溥仪见面。这次，他第一次称溥仪为"七叔"，再也不称溥仪为"皇上""上边""皇阿玛"和"九八一"了。

那时，毓嵒在远离市区的天堂河农场工作，每月公休4天，至少要到溥仪那里去两次，有时他的两个儿子也去那里玩。毓嵒得了感冒，溥仪还把他带到医院，找了一个有名的老中医，并开了几副中药。毓嵒在农场是体力劳动，每月粮食定量，因为营养不良，身体都浮肿起来。溥仪就领他到政协餐厅改善伙食，一次由于自己饭量太大，毓嵒感觉给溥仪丢了脸。由于曾立毓嵒为"皇子"，所以溥仪对他更加信任。一次，毓嵒到溥仪那里，溥仪对他说："明贤贵妃（谭玉龄）的骨灰还是交给你，由你在家中保存吧。因为你大婶娘（李淑贤）得知在我们居住的宿舍小屋里还放着骨灰盒，非常害怕。"毓嵒听后毫不犹豫地答应了。还有一次溥仪和李淑贤表示要毓嵒把最小的儿子过继给他们，虽然这件事因故没有办成，但也说明溥仪和毓嵒的关系非同一般。

毓嶦与特赦后的溥仪关系平平，他认为在被释放后受到的种种不良待遇，都与溥仪有关。在溥仪看来，侄子们虽然在郊区的"劳动生产大队"劳动，但都算是有工作的人，已经很不错了，溥仪还讲些"任何工作岗位，任何劳动都是光荣，都是为人民服务"的空洞大道理，他们之间根本无法相互理解，是两条道路上跑的车。

在溥仪被安排到全国政协文史委后，毓嶦有时和毓嵒一起在公休时去找溥仪，或到办公室坐坐，或去为委员们准备的茶室、书画室、游艺室等，有时还陪溥仪去群众出版社谈《我的前半生》写作事宜。1961年夏天，李玉琴由长春来北京找毓嶦和毓嵒，要他们帮他写回忆录，李玉琴和溥仪都想与对方见面，但这时李玉琴早就结婚了，他们为了"避嫌"，就找毓嶦和毓嵒当"垫背"的，参加他们的会面，并在政协一块吃的饭。由于毓嶦和毓嵒在农场干活很能吃，觉得没吃多少，服务员就说菜上齐了。不过，溥仪和李淑贤结婚的时候，就没有通知毓嶦和毓嵒。但毓嶦结婚的时候，溥仪夫妇特意到毓嶦家去了一趟，送了一个印有古装美人的暖瓶。溥仪结婚后，毓嶦虽然又去看了溥仪几次，但有大婶娘（李淑贤）在，感觉越来越不方便，有一次还被变相下了"逐客令"。"文革"开始后，天堂河农场改为军管，休息变少了，很难进城一趟，再加上政治气氛十分紧张，一直到溥仪病故，他们也没能再相见。

毓嵣是在伪满时期与溥仪最亲近的侄子，但在苏联时期他们因留居问题闹翻，到抚顺后，表面上溥仪向毓嵣赔礼道歉，但实际上又布置家族人员监视他。1957年初，毓嵣回到吉林，与分别12年的慈母和妻女团聚，不久被安排到满族中学工作，开始了新生活。后来，毓嵣在当年秋天与来吉林视察的涛七爷见面，1959年冬从广播中听到溥仪得到特赦的喜讯，1962年还听到溥仪结婚的消息。令他十分意外的是，1960年8月18日，接到溥仪

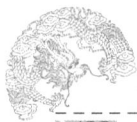

的来信。溥仪在信中讲了对被改造和特赦的积极认识，谈到共产党、毛主席治好了每一个战犯的病，使他们从魔鬼变成了人。共产党、毛主席不仅是解放六亿五千万中国人民的大救星，也是战犯的重生再造父母。他还谈到对社会主义建设以及首都翻天覆地变化的欣喜之情。谈了皇族、亲人及其他侄子们的近况，谈了他自己的劳动和学习情况，认为自己和劳动人民一起生活、工作、劳动、学习，这真是平生第一次最光荣、最愉快的事。在信的最后，他鼓励毓嶦不断检查自己，不断改造自己，克服缺点、虚心学习，永远跟着共产党走，听毛主席的话，争取成为光荣的红旗手。最后，溥仪希望将来他们叔侄能早日见面。但令人惋惜的是，受当时政治气氛的影响，直到溥仪逝世，他们叔侄再也没有见面的机会。

从20世纪30年代起，在20多年的时间里，溥仪的侄子们随同溥仪在伪满内廷生活，随同溥仪在伪满垮台时一起仓皇逃往大栗子，随同溥仪在沈阳机场被苏军捕获入苏，随同溥仪被苏联遣送回国，随同溥仪在抚顺战犯管理所学习改造。他们和溥仪有近20年的主奴关系，只在归国后的6年里，溥仪的世界观才有了突变，真正放下了皇帝的架子，溥仪的侄子们和溥仪才做到地位平等。正如董必武同志在1961年全国人大代表会上报告中说：我们共产党对罪犯的改造政策的伟大胜利，最突出的表现是把清朝的皇帝改造成为自食其力的新人。……真是古今中外想象不到的事，也可以说是中国共产党的奇迹。[5]

可以说，只有中国共产党才能使溥仪和他的侄子们得以走上重做新人的道路，成为一名光荣的中华人民共和国公民。

注释：

[1] 爱新觉罗·毓喦：《我跟随溥仪二十年》，红旗出版社，1993年版，第49页。

[2] 爱新觉罗·毓嶦：《末代皇帝的二十年》，中国社会科学出版社，2000年版，第239页。

[3] 爱新觉罗·溥仪：《我的前半生》，群众出版社，1964年版，第408页。

[4] 爱新觉罗·毓嶦："叔侄之间"，转引自《溥仪离开紫禁城以后》，文史资料出版社，1985年版，第335页。

[5] 爱新觉罗·毓嶦："叔侄之间"，转引自《溥仪离开紫禁城以后》，文史资料出版社，1985年版，第347页。

（作者周波　伪满皇宫博物院院长办公室主任、研究馆员）

伪满史论

伪满时期在"新京"的朝鲜人社会分析（上）
——以统计、文学、回忆的立体性分析为中心

〈韩〉 郭奎焕

【内容提要】 本文以立体分析伪满洲国时期"新京"朝鲜人社会为目的。为此对当代的统计数据、以"新京"为背景的文学、伪满洲国时期在"新京"居住的朝鲜人的记忆进行了整理。伪满洲国时期的"新京"朝鲜人社会是由移居形成的。随着伪满洲国的成立和"新京"城市空间的发展，朝鲜人从朝鲜半岛等地区移居到这里。如此形成的"新京"朝鲜人社会虽然没有形成自身的聚集区，但也形成了几处人口集中地，并且以"新京"教育机构为中心呈现出多种面貌。在外部的朝鲜人对"新京"和"新京"内朝鲜人的认识形式主要是通过对"新京"的感叹和对朝鲜人社会的忧虑。这说明在当时，外部朝鲜人能够知晓部分"新京"及"新京"朝鲜人社会的信息。另外，根据移居目的和经济状况，其生活的空间背景和对"新京"空间的认识有着很大的差异。大体上有反日情绪但其程度、表现和应对方式都不相同。因此在"新京"很难看到明确地反日活动。日满"五族协和"口号下隐藏的是把朝鲜人视为次等人的政策，朝鲜人在被排斥的同时，又被利用。文学与记忆史料显示出，"新京"朝鲜人社会与其他民族（特别是汉族）确实存在着相互排斥和有矛盾的现象。如此复杂多样的"新京"朝鲜人社会表现出了伪满洲国时期在城市居住的朝鲜人的实际状况。

【关 键 词】 伪满洲国 "新京" 朝鲜人社会

一、绪论

（一）研究目的

朝鲜半岛解放以来，几乎没有对处在殖民时期居住在伪满洲国城市地区的朝鲜人的正式的研究。相关的研究大多是围绕着朝鲜人集中居住的延边一带的农村展开的。这是因为在日帝时期的朝鲜人的抗日运动虽然不是全部发生在农村，但1920年代的武装独立运动以及1930年代的抗日游击队运动都是以农村地区为背景展开的。与此形成对照的是，移居到城市的朝鲜人知识分子、官僚以及军人大多选择了一条亲日的道路，他们在新中国成立后归国，并且成为南韩社会统治阶级的一员。

有人提出了这样一种观点，即以朴正熙为中心的所谓的"满洲人脉"的满洲经验成为1960年代追求经济开发模型的重要契机[1]。加上新中国成立后韩国社会的所谓的亲日派清算问题，与此相关的对伪满洲国城市地区朝鲜人的关注和研究大部分都围绕着这一主题。但"满洲人脉"中居住在伪满洲国城市的大部分人都远离其城市的中心地域[2]。另外，当时培养"满洲人脉"的教育机构大部分都实施全体住宿制度，实际上几乎与城市的朝鲜人社会没有关联。

伪满洲国的主题——"王道乐土"和"五族协和"所相关联的政策在城市得到大力的执行。与以国家主导的集团聚落为主要社会单位的农村不同，不同的人员从不同地区带着多样的目的移居到城市。这一多样性同时也是伪满洲国当时的历史，因此目前的研究是不完全的。以朝鲜人移民和定居的城市地区为中心进行研究在这一点上非常有意义。首先，可以全面了解曾被刻印为是农民移民的满洲移民的多样的形态。其次，为了解曾被作为各帝国主义势力角逐场的满洲地区的历史性变动对朝鲜人的影响以及在殖民地的朝鲜人的对应方式提供线索。最后，在标榜"五族协和"的伪满洲国，探讨处于统治民族的日本人和占绝大多数的中国人之间的少数民族的朝鲜族的地位，为了解这一时期的实际情况提供有用的历史性根据。

基于上述研究意义，分析伪满洲国首都"新京"的朝鲜人社会的重要性被更加凸现出来。"新京"是随着伪满洲国成立而被再建设的地方，是日本和伪满洲国统治阶层所追求的价值和政策集中的地方。在这一空间内分析朝鲜人社会可以成为捕捉伪满洲国城市和移民多样生活的捷径。

（二）研究范围和方法

本论文的研究对象是伪满洲国时期（1932年~1945年）"新京"的朝鲜人社会，具体考察伪满洲国治理下城市朝鲜人社会的样态。

研究方法以统计学、文学、回忆录为中心。整理与"新京"朝鲜人社会相关的统计和相关联的后续研究，概括"新京"朝鲜人社会的轮廓。然后通过分析以"新京"为背景的文学作品（俞镇午的《"新京"》）来观察对当时"新京"朝鲜人社会的认识。最后通过最近发表的，在伪满洲国时期居住在"新京"的朝鲜人的记回忆、口述记录来对统计和文学没能涉及到的"新京"社会的生活和民族意识进行研究。

与伪满洲国"新京"朝鲜人相关的统计涵盖了社会的全部领域。但只通过统计无法了解社会内部细部的样态。另外，通过对俞镇午的《"新京"》可以了解当代对"新京"的认识，但因文学作品在特性上的认识，无法掌握实际的认识。接着通过对在伪满洲国时期曾居住在"新京"的朝鲜人的回忆，可以掌握实际朝鲜人多样的生活，但不能掌握"新京"朝鲜人社会普遍的认识和全体的面貌。

上述的各个方法的局限同时也是其各自的长处。将统计、文学、回忆组合到一起，便可以对伪满洲国时期进行全面的了解，掌握其政治社会经济状况，同时可以查看朝鲜人移民对"新京"空间的认识，同时还可以通过统计无法捕捉的"当事者（居住在"新京"的朝鲜人）"的故事来复原当时的社会。本文通过这种复杂的研究方法，立体地分析伪满洲国时期"新京"的朝鲜人社会[3]。

（三）以往研究成果

与伪满洲国时期"新京"相关联的城市史的研究是最近才出现的。例如有金炅一等，《东亚民族离散和城市—20世纪满洲的朝鲜人》，历史批评社。2003年，李东振通过对伪满洲国政府的统计和日本外务省的统计对整体"新京"朝鲜人社会进行了概括。另外，对"新京"相关的文学作品除了俞镇午的《"新京"》，在目前韩国文坛中没有集中的相关研究。利用记忆来对朝鲜人社会的研究有韩锡政、卢枝锡编《满洲，东亚融合的空间》，其中李东振的研究是具有先导性的。此外还有利用匿名口述对"新京"朝鲜人教育进行分析的郑美亮的论文《日帝占领期间在满朝鲜人的教育及体验：（"新京"）普通学校（1922~1945）的事例为中心》。在本文中引用的郑峰权事例还没有运用为正式的研究成果。

（四）研究意义

伪满洲国时期朝鲜人的生活是非常多样的，并不能简单地用一句话定义。因为伪满洲国的空间非常庞大。最初是以满铁为中心发展成为交通要地，基于该要地所连接的庞大的铁路网，再而进一步向近代化发展。伪满洲国是从这一"点"和"线"开始建设的。其后，每个农村都试图建立集团部落、保甲制，试着构建点、线、面的空间格局，但点、线、面的生活各自都不同。

与这种情况不同，记忆中的"伪满洲国"朝鲜人的生活近于单纯。那是因为将伪满洲国朝鲜人的生活单纯地两分为"亲日"和"抗日"，"顺应"和"抵抗"。因此，并不是抗日也不是亲日的朝鲜人的生活在历史上、文学上、记忆上都被淡化了，没有人给予明确的认识。特别是与作为"朝鲜人聚居地"的扩展并且在独立运动后成为"腹地"的农村相比，对于城市中复杂的移居状态和居住形式的研究是非常不足的。为此，本文中对伪满洲国代表性的城市首都"新京"的空间设定过程（开发过程）中形成的"新京"朝鲜人社会进行分析，通过综合运用统计—文学—回忆录，突破目前研究的限界。全面立体揭示"新京"朝鲜人社会的面貌。

二、"新京"朝鲜人社会概况

（一）"新京"的城市化以及"新京"朝鲜人社会的形成。

伪满时期，东北三省的核心城市有奉天省的奉天（今沈阳），吉林省的"新京"（今长春），黑龙江省的哈尔滨。其中，伪满政府直辖的并且根据《国都建设计划事业》（1933-1937）而建立的唯一的城市即是"新京"（今长春）。

在清朝初期是蒙古公王的领地，是禁止汉族或蒙古族移民的封禁地。从1791年开始容许汉族在此地居住。并且随着汉族人口的增加在1800年设立了厅。1865年，建造了城墙。其后，政厅的管辖区域扩大，并设立了吉林西路兵备道台，任命了吉林西南路观察使。其后的中华民国设立了吉林道尹公署。至此形成了以中国地方官厅为中心的城区。

一方面，获得中东铁道铺设权的俄罗斯于1901年在长春北部设立了宽城子站，并将其周围设定为铁路附属地。但俄罗斯并没有正式进行城市建设。情况发生大的转变是在满铁建成以后。在满铁和中东铁道的交汇处，之前宽城子站的南部设立了站，其周边为满铁附属地。满铁自1908年开始以这片广大的附属地为对象，进行了正式的城市建设。从此出现

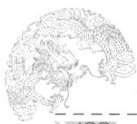

了格子形的街道和以环岛为中心的斜路组合在一起，西洋式公共建筑林立的近代城市。中心街区是吉野町，而在银座新道出现了花街柳巷。

为了对抗满铁附属地如此迅速的发展，中国方面与奉天一样，在两块附属地之间设立了商埠地，从而形成了缓冲地带。道尹公署也从城内转移到了商埠地。在1911年经营了公园和剧场，设立了以住宅租赁为业务的兴业公司。同时支路也从城内移到了这里。

【图1】长春1931年前城区示意图

在城内，商埠地，满铁附属地各自拥有其功能而并存着[4]。此为第一次的城市发展。

来源：黄晓军,李诚固,庞瑞秋.黄馨伪满时期城市社会空间结构研究[B].地理学报第65卷第10期2010年10月，1200页

这种情况在伪满洲国建立后有了很大的变化。改名为"新京"，成为了伪满洲国的"首都"，伪满洲国"国都"建设局和满铁经济调查会正式立案《"国都"建设计划》。

【表1】"满洲事变"（"九一八"事变）后城市计划立案过程以及城市计划事业[5]

区分	时期	内容
1	结束了满铁地方经营，伪满洲国拥有全部权力，进行城市计划事业	特务部与满铁经济调查会实施对三大城市（奉天，长春，哈尔滨）的立案计划，1933年11月,关东军司令部制定"'伪满洲国'城市计划实施基本纲要"
2	1935.1—1937.12 满铁附属地行政权被移交至伪满洲国	
3	1938—1939	结束了满铁地方经营，伪满洲国拥有全部权力，进行城市计划事业
4	1940—1940.8.15	结束了满铁地方经营，伪满洲国拥有全部权力，进行城市计划事业

在1932年3月（长春）成为伪满洲国首都并且改称为"新京"。之所以为首都，是因为它在地理上处于伪满洲国的中心，不会受到某个省势力的影响[6]。在伪满洲国"建国"后接收了吉长线并将其延长而改称为"京图线"，并铺设了至白城子的"京白线"[7]。这4个铁路都经过"新京"站（旧南满铁站），成为首都"新京"即是城市化的第二个契机[8]。满鲜日报称"满洲事变的发生和'建国'赋予了该城市新的生命"[9]。

1932年，"新京"市工程署设立，直接隶属于伪满国务院。1934年实施了特别市制并设立了"新京"特别施工署，将原本作为决策机关的自治委员会改为咨询机构咨议会[10]。之前的市街建设工作由市特别市政工程署管辖，而新市街的建设工作由国务院直属的"国都"建设局管辖。在"国都"建设局于1932年~1937年末，实施的"国都"建设第一个5年计划中将"新京"市的规模设定为人口50万，面积100km²。根据1933年4月教令第23号，"新京"特别市的面积为200km²。一半为近郊近邻地，一半为"国都"建设计划事业面积。至

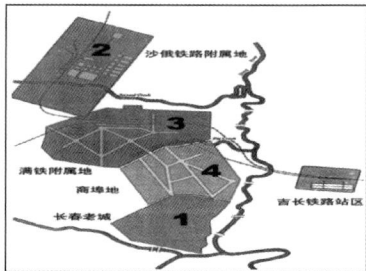

1934年末，"新京"特别市的人口为145,942人，超过吉林市131,022人，成为"满洲国"内人口第三的城市[11]。

1936年1月因北满特别区的废止而将宽城子、同年10月将双阳县（东南部）的一部分，1937年12月将满铁附属地合并，从而"新京"面积扩张到450km²。其中，旧附属地为6.24km²，旧街区（包括宽城子）为17.88km²，新街区为83.33km²，1农村地区为130km²，双阳县内336.74km²[12]。"新京"特别市在1937年12月将保甲制改变为家村制，并制定了市区条例。市区区分为市街地区和农村地区。第1期"国都"建设事业的结果，市街预定地区（新街区）占据旧街区10多倍的面积[13]。

从1928年开始，以人口100万，面积200km²为目标的第二期"国都"建设事业开始了。在第二期"国都"建设过程中废止了"国都"建设局，包括新市区的建设事业都由"新京"特别施工署来进行统一行政管理。根据1940年10月临时国际调查，"新京"特别市的人口在奉天、哈尔滨之后，超过了50万人。

根据1942年4月20日的统计，市街地区有10个区，农村地区有6个区。在该统计中可以看出民族别居住址的差异。其中，日本人集中于官厅，以及特殊会社本社等密集的新市街区（顺天区和安民区）而非旧满铁附属地。

来源：黄晓军,李诚固,庞瑞秋.黄馨伪满时期城市社会空间结构研究[B].地理学报第65卷第10期2010年10月，1202页

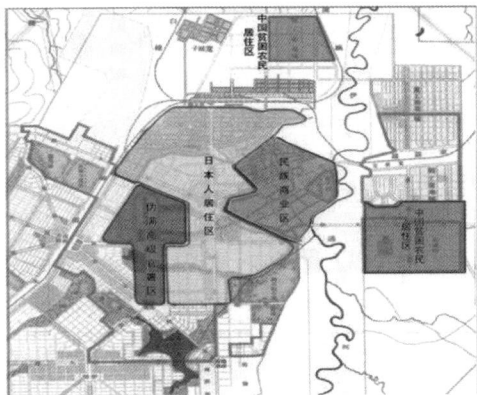

【图2】伪满社会区分布图

在1931年，"满洲事变"当时人口不过13万的满洲中规模的城市成为巨大的伪满洲国的首都。并且在伪政权主导势力纷乱的计划和施行结果下，在人口和城市近代化方面取得了很大的发展。这一发展在日本人看来与江户发展成东京相类似[15]。曾作为新市区的旧满铁附属地和旧商埠地已经成为了旧市区，"新京"诞生并且发展的结果中包含了其行政规划中的旧市区。至此，"新京"拥有包括旧满铁附属地，旧商敷地，旧市内加上新市区的4个区划。但新市区因施行战争建筑材料统治而没有完成。新市区呈现出如下的面貌。

从大同广场（今人民广场）向南岭方向有宽阔的大路，路边草木葳蕤，其中"国务院"下的大官衙的建筑稀疏分布。

如前文所述，从一个农村以及日俄势力范围的"边境"城市，经历满铁时期，发展为中小规模的城市，经过伪满洲国的建设成为首都级别的巨大的城市。"新京"的朝鲜人社会是随着上述的近代化即"新京"的发展而开始的。

日本的殖民地城市的形成过程主要有三个类型。第一种，因日本的殖民而形成的全新

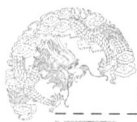

的城市，如朝鲜的釜山、仁川、元山。台湾的高雄、基隆，"满洲"（今东北地区，以下同此）的大连等港口城市。以及"满洲"的抚顺、鞍山、本溪湖，朝鲜的兴南，台湾的高雄等可以开发矿产或工厂的工业城市。从空间上看以日本人街道为中心发展，并且居民中日本人的比重高。

第二种，以原本的传统城市为基础，进行再次建设而形成的殖民地城市。例如：台湾地区的台北、台南，朝鲜的京城、平壤、开城等朝鲜及台湾（地区）的传统型的城墙都市都属于这一类型。这些城市内部残存有当时社会的独特的城市景观和经济活动，而这与日本人街区并行发展。

第三种，在奉天、"新京"、哈尔滨等已有大城市的近郊建设日本人新街区而形成的城市。这种类型集中于"满洲"。抗日战争之后立案的华北城市计划也是在类似的理念中形成的。这些城市的中国人街区与日本人街区构成分隔的城市空间。

自1932年2月5日到25日，关东军司令部在经过10次的建筑幕僚会议之后，对伪满洲国"建国"及其具体的占领政策进行了协商。2月25日的幕僚会议中决议将占领地的国号称为"满洲国"，年号为大同，首都为"新京"（今长春）。将首都定在"新京"是因为它地处"满洲国"中央，地价便宜。而与此相反，奉天、哈尔滨位置较偏且有东三省政府和俄罗斯的据点而不适宜定位首都。

随着"新京"的都市化，朝鲜人的移民正式开始了[16]。1906年，当领事馆开馆的时候，朝鲜人移民者不过十多户[17]。在伪满洲国成立以前，日本将"在满现住户口"按管辖地划分为关东州、南满州铁路附属地、领事馆三个地区，按国别分为日本人、中国人、外国人。而日本人再次划分为内地人和朝鲜人，来进行统计，在该统计中，被划分为南满洲铁路附属地和领事馆管辖区域。将领事馆管辖区域定为日本行政管辖区域内是因为该地区的日本人（包括朝鲜人）拥有"治外法权"。当时朝鲜人移民者的人数如下表。

【表2】朝鲜人移民者数

年度	管辖别	日本人	朝鲜人	中国人	外国人	合计
1927	满铁附属地	9,520	627	21,698	520	32,365
	领事馆	501	1,658			2,159
1928	满铁附属地	9,529	836	24,543	573	35,481
	领事馆	401	1,583			1,984
1929	满铁附属地	9,799	905	26,097	507	37,308
	领事馆	376	1,602			1,978
1930	满铁附属地	10,468	1,063	27,235	526	39,292
	领事馆	386	1,926			2,312
1931	满铁附属地	10,831	1,277	24,865	506	37,479
	领事馆	370	1,942			
1932	满铁附属地	14,011	2,443	20,893	455	37,802

来源：满蒙文化協會，《满蒙年鑑》,1927,14~16页；1928，18~19页；1929，22~23页；

1930，22~25页；1931，32~33页：1932，38~39页；[韩],金炅一等，《东亚民族离散和城市——20世纪满洲的朝鲜人》，首尔:历史批评社，2004，188页

在领事馆地区的朝鲜人移民者与1916年满洲"种稻风潮"中农业移民者增加的趋势相符合。在1918年和1919年因景气好导致了工商业移民者的增加，在20世纪20年代前半期达到了顶点。但随着"旧东北政府"的压迫和排斥加深而逐渐减少。在1931年"满洲事变"后，反而出现了返回朝鲜的难民[18]。在领事馆内的朝鲜人移民的数量在满洲事变刚发生后为2094人，而在1931年末减少到1942人。这证明了有难民返回到朝鲜的事实。但这一趋势随着伪满洲国的成立而改变了。"新京"总领事馆报告说："'新京'在成为'满洲国首都'之后，随着管内治安的改善，来到满洲地区的朝鲜人移民者人数激增。"[19]事实上，在"新京"总领事馆管辖内的朝鲜人的移民者数在1933年9月为620人，而到了1934年6月激增至12，617人。这一趋势可以通过伪满洲国时期"新京"朝鲜人人口变迁来进行研究。

【表3】 "新京"市（包括满铁附属地）民族人口分布（1931~1945）[20]

年度	总人口	朝鲜人(名，%)		日本人(名，%)	
1931	124,332	2,502	2.0	10,743	8.6
1932	152,017	3,332	2.2	16,350	10.8
1933	193,558	4,762	2.5	28,249	14.6
1934	218,686	5,620	2.6	39,332	17.8
1935	248,042	7,221	2.9	57,038	23.0
1936	310,849	7,411	3.1	62,887	26.0
1937	334,692	7,032	2.1	65,228	19.5
1938	378,325	10,115	2.7	82,146	21.7
1939	415,473	12,468	3.0	95,593	23.0
1940	555,009	16,424	3.0	110,138	19.8
1941	527,445	17,118	3.2	130,705	24.8
1942	566,540	20,971	3.7	132,052	23.3
1943	740,262	24,507	3.3	139,105	18.8
1944	899,997	22,531	2.5	162,974	18.1
1945	716,815	10,620	1.5	143,453	20.0

来源：[韩],金炅一等,《东亚民族离散和城市——20世纪'满洲'的朝鲜人》，首尔:历史批评社，2004，191页

原来在"新京"的朝鲜人从1909年开始，正式在已形成的朝日通一带居住。在日本领事馆转移后，朝鲜人在其周边的满铁附属地和商埠地居住。朝日通是位于满铁附属地的东南端（与商埠地的地界）的街道，街道上商业繁荣，朝鲜人主要在商业地区居住[21]。但是"新京"的朝鲜人的人口没有达到能够形成市街的程度，其人口集中度也不高。朝鲜人到1934年为止，在满铁附属地居住的要比在"新京"特别市的要更多。这可以从满铁附属地和"新京"特别市的民族别的人口分布中可以看出来。

在伪满洲国成立后，朝鲜人和日本人的居住区域逐渐向旧商埠地和旧市街、新市街扩

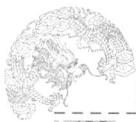

展。到了1936年，日本人在满铁附属地成为多数民族，在特别市内的特定地区在一定程度上也占据多数，与此相反，朝鲜人在任何地区都没有成为多数。1934年，"新京"各地区的朝鲜人和日本人的人口分布如下。

【表4】"新京"各区域朝鲜人与日本人人口分布（1934年）[22]

			合计	朝鲜人			日本人		
				人口	比率a	比率b	人口	比率a	比率b
宽城子	中区域	少区域	14,5942	1,563	1.1	3.2	7,424	5.1	19.5
		宽城子	20,300	924	4.6	17.8	443	2.2	1.2
		合计	166,242	2,487	1.5	48.0	7,867	4.7	20.7
	满铁附属地		58,872	2,693	4.6	52.0	30,109	51.1	79.3
	合计		225,114	5,180	2.3		37,976	16.9	

来源：[韩],金炅一等，《东亚民族离散和城市——20世纪'满洲'的朝鲜人》，首尔:历史批评社，2004，195页

在"新京"，日本人比例最高的地区是满铁附属地，最低的地区是宽城子。而朝鲜人也主要集中在这两个区域。中国人的比例在旧城内和旧商埠地最高。朝鲜人在哪一个地区的全体人口中都不到5%。[23]

在"新京"不存在只属于"朝鲜人"的市街。朝鲜人只在几处形成小规模的"朝鲜人村"：梅枝町，宽城子，八里堡等聚居。根据《满鲜日报》的报道，朝日通的背街梅枝町"仿佛在'新京'的万余名朝鲜人都密集居住在此处"。但这种"梅枝町风景"因如下文中的原因成为需要"风俗教化"的地方。[24]

"朝日通上有许多其他有名的事物，但无论是谁来到'新京'都会将朝日通联想为朝鲜人村。在这里，以作为朝鲜人协和会分会的鸡林分会的两层高楼为中心……即使是朝日通，在其两边朝鲜人的商铺也屈指可数……并且到了晚上，在街上的年轻人使用八道的方言，步履蹒跚的经过在门前坐着的女孩子。这就是所谓的'梅枝町风景'。朝鲜人居住的地方不都是这样，但如果引领外地人来参观朝鲜人居住的地方，那么这里是最让人脸红的地方……朝鲜人无法成立大企业，结果所谓的在满洲做的买卖成了色情酒家的同义词。因此，只聚集着这种生意也成了不可避免的事情。"

宽城子是唯一的有鸡林分会地区基础的地方，有大约有60户朝鲜人从事制绳业。而八里堡是最晚形成的朝鲜人村[25]，位于"新京"市东北部的外围地区。在1937年6月，伪满当局为了建设轻工业区而将和顺区的中国人住宅居住者强制驱逐。因此，朝鲜人的中上层居住在梅枝町等朝日通日本领事馆附近，而朝鲜人下层住在几乎没有日本人居住的宽城子、八里堡等外围地区。随着"新京"成为大都市，朝鲜人移民也有增加，但朝鲜人社会的人口规模和空间位置都处于社会边缘。

（二）"新京"朝鲜人社会概况[26]

在前一节讨论了"新京"的城市化以及在此背景下的朝鲜人社会的形成过程。由此可

以了解"新京"的空间性发展和朝鲜人社会是如何相联系的。下文中将讨论在"新京"形成的朝鲜人社会的各种特征，并且由此了解"新京"朝鲜人社会的整体情况。

1. 社会人口学特征

可以观察到的"新京"朝鲜人社会人口学特征有平均家庭员数、性别比、年龄、移民年份、出生地、移民时年龄等。

朝鲜人的平均家庭员数在1933年和1936年减少，而到了1939年再次回升。看下表。

【表5】"新京"市民族别平均家庭员

年度	朝鲜人	日本人	中国人
1933年	5.5	3.9	5.5
1936年	4.63	3.25	5.24
1939年	5.46	3.94	5.35
1943年	5.48	4.29	5.31

来源：[韩],金灵一等,《东亚民族离散和城市—20世纪'满洲的'朝鲜人》，首尔:历史批评社，2004，206页

分析朝鲜人的人口变动，可以发现在第一次人口增加时期（1933-1934）[27]单独移民者相对增加，而在第二次人口增加时期（1938-1943）单独移民者相对减少[28]。在"新京"市的民族别性比（男女性别比例），如下表。

【表6】"新京"市民族别性比

年度	朝鲜人	日本人	中国人
1933年	120.1	129.4	143.5
1936年	146.1	123.8	175.4
1939年	160.0	124.5	158.1
1943年	149.0	116.0	139.5

来源：金灵一等,《东亚民族离散和城市—20世纪'满洲'的朝鲜人》，首尔:历史批评社，2004，207页

可以发现性比，而男性独身者比列较高在一般情况下意味着定居程度以及经济水平低下。但是日本人的情况可能是因为移民年限较短而导致定居程度低。但根据统计，其性别比也是很低的。这意味着日本人相对地处于安定的定居生活中。

"新京"朝鲜人年龄结构可以参照"国务院"总务厅的统计。

【表7】"新京"市民族别·年龄别人口构成

年龄		总数	比率	男	女	比率	性比
总数		3,807	100	2,260	1，547	100	146.1
0~9	合计	933	24.5	465	468	100	99.4
	0~4	499	13.1	236	263	17.0	89.7
	5~9	434	11.4	229	205	13.3	111.7

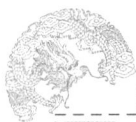

（续表）

10~19	合计	760	20.0	476	284	18.4	167.6
	10~14	341	9.0	202	139	9.0	145.3
	15~19	419	11.0	274	145	9.4	189.0
20~29	合计	1,042	27.4	686	356	23.1	192.7
	20~24	596	15.7	391	205	13.3	190.7
	25~29	446	11.7	295	151	9.8	195.4
30~39		516	13.6	326	190	12.3	171.6
40~49		306	8.0	172	134	8.7	128.4
50~59		139	3.7	79	60	3.9	131.7
60~69		83	2.2	44	39	2.5	112.8
70~79		22	0.6	8	14	0.9	57.1
80以上		3	0.1	1	2	0.1	50.0
没申报		3	0.1	3	0	0.0	

来源："国务院"总务厅统计出，《第一次临时人口调查报告书都邑编（第一卷"新京"特别市）》，1937，96~105页，金炅一等，《东亚民族离散和城市—20世纪'满洲'的朝鲜人》，首尔:历史批评社，2004，208页[29]

从性别年龄结构中可以发现按年龄段10~20，30~40，20~30岁的顺序性别比逐渐变高。由此可以发现移民的主力为10岁到30多岁，尤其是20多岁的男性[30]。另外，除70岁以上的所有年龄段中，男子比例更高。0~9岁这一年龄段大体反映了自然增长的规律。而从15岁之后性比增加率加大，由此可以推测单独移民者数量多。下表为出生地。

【表8】"新京"市民族别出生地（1935年）

地域	合计		朝鲜人		日本人		中国人	
	合计	比率	合计	比率	合计	比率	合计	比率
	235,830	100.0	3,807	100.0	22,129	100.0	209,905	100.0
满洲内	131,758	55.9	705	18.5	2,727	12.3	128,326	61.1
满洲外	104,072	44.1	3,102	81.5	19,402	87.7	81568	38.9

来源：《"国务院"总务厅统计出，《第一次临时人口调查报告书都邑编（第一卷"新京"特别市）》，1937，60~63页，金炅一等，《东亚民族离散和城市—20世纪'满洲'的朝鲜人》，首尔:历史批评社，2004，211页

根据统计，大部分朝鲜人都不是出生在伪满洲国。与汉族相比，可以看出朝鲜人的定居程度低而且第一代移民的比例高。以下是移民满洲时的年龄。由此可以看出朝鲜人在"新京"是以怎样的方式定居于"新京"的[31]。（李东振213）就朝鲜人的情况，以年龄段20~30，10~20，30~40的顺序成为最多。相关人口的统计表较全面地表现出了当时"新京"朝鲜人的移民情况。

2. "新京"朝鲜人职业结构

在伪满洲国建立以前，在这里居住的朝鲜人从事农业和商业，特别是媒介代理业、造纸业、制版印刷业、宗教以及其他工业商业，特别是在精米业中成绩斐然。但随着"新京"城市化以及日本人的大量移民逐渐呈现出弱势[32]。此后，朝鲜人向旅馆、客栈、料理店、食品等方面发展[33]。1933年，"新京"总领事馆和1934年日本外务省对"新京"的朝鲜人记载如下："其从事行业繁多，无论日本人在哪一方面都会遇到朝鲜人。"但同时"朝鲜人在关东厅警察局以及满洲国官吏的公职人员有所增加，但其数量还是不多，而大部分为小资本的工商业者或店员、职工、家政服务"[34]。1935年，"新京"市按民族划分的职业表格如下。

【表9】 "新京"特别市区民族别职业（1935年）[35]

职业别		合计	朝鲜人			日本人			中国人		
			总数	比率a	比率b	总数	比率a	比率b	总数	比率a	比率b
合计		248,042	3,807	100	1.5	22,129	100	8.9	209,905	100	84.6
农牧业		8,378	398	10.5	4.8	44	0.2	05	7,852	3.7	93.7
渔业		2				2	0.0	100			
矿业		101				19	0.1	21.8	79	0.0	78.2
工业		33,438	391	10.3	1.2	1,920	8.7	5.7	30,296	14.1	90.6
商业	合计	35,044	287	7.5	0.8	1,608	7.3	4.6	31,486	15.0	89.4
	商业	22,802	190	5.0	0.8	177	0.8	0.7	20,805	9.9	91.2
	金融保险业	450	4	0.1	0.8	35	0.2	7.8	406	0.2	90.2
	对客业	11,792	93	2.4	0.7	837	3.8	7.0	10,275	4.9	87.1
交通业	合计	11,903	89	2.3	0.7	774	3.5	6.5	10,680	5.1	89.7
	通信	418	3	0.0	0.7	177	0.8	42.3	212	0.1	50.7
	运输	11,485	86	2.3	0.7	597	2.7	5.1	10,468	5.0	91.1
公务·自由业	合计	13,704	138	3.6	1.0	5,144	23.2	37.5	7,536	3.6	55.0
	管公里雇用员	5,908	70	1.8	0.2	2,749	12.4	46.5	2,519	1.2	42.6
	军人	305	1	0.0	0.3	52	0.2	17.0	194	0.1	63.6
	法务	27				4	0.0	14.8	20	0.0	74.0
	教育	424	4	0.1	0.9	57	0.0	13.4	309	0.2	72.8
	宗教	262	1	0.0	0.3	19	0.1	7.3	199	0.1	75.9
	医疗	845	4	0.1	0.5	75	0.3	8.9	725	0.3	85.7
	书记	5,109	39	1.0	0.7	1,978	8.9	38.7	2,907	1.4	56.9
	文化艺术	387	9	0.2	2.3	129	0.6	33.3	228	0.1	59.0
	其他自由业	517	40	1.1	7.7	81	0.4	15.7	395	0.2	76.4

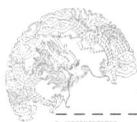

（续表）

家事使用人	1,976	40	1.1	2.0	536	2.4	27.1	1,207	0.6	61.0
其他有业人	9,307	120	3.2	1.3	148	0.7	1.6	8,655	4.1	93.0
无业者	134,109	2,344	61.6	1.7	11,934	53.9	8.9	1	53.4	83.6

来源："国务院"总务厅统计出，《第一次临时人口调查报告书都邑编（第一卷"新京"特别是）》，1937,56~59页，金灵一等，《东亚民族离散和城市—20世纪'满洲'的朝鲜人》，首尔:历史批评社，2004，205页

与人口比例相比，从事人数最多的是农牧业、家政服务业，其次是文化艺术以及其他自由职业。朝鲜人从事家政服务业比重高，暗示着有一部分被日本人雇佣的"有一定经济水平"的朝鲜人的存在。除了家政服务人员之外，朝鲜人的职业结构与日本人相比的话，更加与中国人相似[36]。

但从横向来看各业种的民族分布中，只能粗略地看到伪满洲国内各民族的社会经济地位及其形象。换句话说，只从表面的按民族划分的就业状况无法明确同一业种内部职位的高低。而纵向的从属性的关系，才能表明伪满洲国社会中内在的民族地位和从属关系。[37]

3. 教育

"新京"朝鲜族对教育的热情十分高涨[38]。如前文中提到的，朝鲜人在职业结构中并不属于"新京"的主流。但其教育热情的高涨应该是与民族特性对"新京"空间认识有关联。"新京"朝鲜人相关的初级教育机关有1922年9月在满铁"新京"地方事务所满铁附属地设立的"新京"普通学校和朝鲜人会经营的宽城子学校[39]。前者是由满铁补助全年的经费，而后者是由朝鲜总督府每年补助15%。另外有极少数朝鲜人直接入学到日本人小学校[40]。

在治外法权被废止后，在满朝鲜人的教育除"满铁"附属地的14所学校外，都移交至伪满洲国民生部。"新京"普通学校成为"满铁"附属地中14个学校中的一个，由"新京"普通学校行会运营。在1939年"新京"初等学校的中国系初等学校（市立31所、私立4所、私立国民义塾12所、私塾38所），国民优级学校（市立14所、私立3所）；日本系有在满日本学校行会管辖下的小学校7所，"新京"普通学校行会管辖下的朝鲜人小学校1所[41]。紧接着在1939年彻底废止了朝鲜语课。大使馆教务部也于1940年将满铁附属地的14所普通学校的名称改为小学校，让校长负责将朝鲜语和满洲语（中国语）定为选修课[42]。"新京"普通学校改名为永乐寻常小学校。1940年初，在"新京"的1614名6~14岁的学龄儿童中，就学的有1187人，初等学校的上学率为73.5%[43]。以1940年"新京"普通学校的例子来看，其本来的招募人数为180人，而申请人数为260人，除去未满和超过学龄的约20人，最终还是超了50人。因此，朝鲜人要求像日本人小学校一样设立分校并且设立"新京"第2普通学校。1942年，永乐寻常小学校与日本人小学校（6年）一样改称为国民学校（8年）。分析初等学校对于了解"新京"朝鲜人社会非常重要，这是因为它是唯一以"朝鲜人"为中心的教育机关。

从朝鲜人的正规中等教育阶段开始，就不再确保其独立的空间[44]。1939年"新京"中等学校中，中国系有国民高等学校（市立男子2所、女子1所、市立男女各1所），特殊实业学校（中央商业学校、蒙古食物学院等），纯实业学校（护理学校）；而日本系有在满日本学校行会管辖下的青年学校（男女各1所），"新京"特别市日本学校行会管辖下的中等学校1所、商业学校1所、高等女子学校2所[45]。1933年9月，朝鲜人在学情况，"新京"中学校5人，"新京"商业学校10人，"新京"女子学校7人[46]。"新京"朝鲜人虽然期望子女进入中等学校就学，但因为没有朝鲜人中等学校而可能性非常小[47]。因此，大体上在夜间中等学校上学的朝鲜人增加了。例如，在夜间中等学校"新京"工学院中朝鲜人的比例大约是80%[48]。在朝鲜人应试者中合格的人比不合格的人多很多，由此可以看出相当程度的教育热现象[49]。

"新京"是"满洲国"最高高等教育机关集中的地区。国立大学有"新京"工业大学、"新京"法政大学、建国大学等。1937年新学制颁布后，1938年设立了建国大学。在1939年司法部附设"新京"法学校改为国立"新京"法政大学。"新京"工矿学堂成为了国立大学"新京"工矿技术院（其后的"新京"工业大学）[50]。1940年"新京"畜产兽医大学成立。特殊学校有国立留学生预备校、国立大同学院、大陆科学院、"新京"王都书院[51]。师范类大学有国立"新京"师道大学、国立师道学院、国立师道大学练成所等。医学院有"新京"医科大学。另有作为满洲国军官养成机关的于1939年3月在"新京"成立的陆军军官学校。

日本、朝鲜、"满洲国"的大学入学考试大体相同。能够留学到高等教育机关并非难事，因此相当数量的朝鲜人留学"新京"。在满洲年鉴的报告中记载着"高等教育大部分将日语作为教授用语，因民族共学而有相当数量的鲜系学生在此就学"[52]这可以作为旁证。现在在韩国提到"满洲国"首先想到的人物中相当一部分为"'新京'人脉（'满洲'人脉）"。但将这些人认为是"新京"朝鲜人社会的一员，无论是其与"新京"中心空间上的距离遥远这一点还是其没有居住意愿这一点上都不成立，因此在本研究中不予详述[53]。

4. 朝鲜人团体

20世纪10年代，在满洲各地的朝鲜人在日本领事馆的认可下组织了朝鲜人民会[54]。朝鲜人民会于1919年2月成立，在1933年9月会员数（"新京"日本总领事馆区域内）为455人，其组织率达到50%。但其经费的90%是来自日本外务省扶助金以及朝鲜总都督府的补助金。"新京"朝鲜人民会的目的在于统治、产业教育、卫生指导、贫困自救制、贫困者救助以及为会员谋求福利。事务包括农务指导、产业奖励、思想先导、贫困者救助、学校经营等。另外在1934年11月，全满洲朝鲜人联合会本部由奉天迁至"新京"朝鲜人民会。因第一次治外法权的废止，朝鲜人民会的行政职能被伪满洲国行政机关吸收。朝鲜人民会统一为协和会。1936年9月5日，协和会首都本部朝鲜人分会成立。[55]"新京"朝鲜人分会是1935年以民族协和理念统一伪满洲国各民族而决定设立民族分会后最初设立的民族分会。[56]其后1938年1月，协和会中央本部废止了民族别和职业别组织原则，并且导

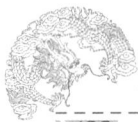

入了地域别组织。由此"新京"朝鲜人分会改名为鸡林分会。1938年11月，在130个"新京"分会中地域分会有68个、职业分会61个、民族分会1个。协和会的会员共达到9万9567人，其中日本人为4万3782人、中国人5万4225人、朝鲜人1494人。考虑到人数，可以发现日本人积极参与其中。中国人构成了大部分地域分会的多数，日本人在居住地地区分会和重要机关的职业分会中构成多数，但朝鲜人在任何地域分会或职业分会中都没能构成多数。最终，在五族协和的主要机关协和会内成为弱势。为此，为了在协和会内统一朝鲜人，决定设立了朝鲜人民族分会[57]。

鸡林分会有宽城子班，交轮班（汽车司机），官消班（官吏消费组合）。外围团体有"新京"朝鲜人协会文化部，"新京"朝鲜人协会体育部，"新京"朝鲜人协会青年团，国防部人会鸡林分会，食物学校，协和制绳组合，义勇奉公队等。进行了指导移民，国防献金及慰问队献纳，无偿诊查，无主孤魂慰灵祭，演剧班公演，班组织扩大，协和时间广播放送等活动[58]。

5. 其他（金融，医疗，言论，宗教，共同体体验）

作为朝鲜人金融机构的有朝鲜人民会金融部下设的金融会。朝鲜人金融会是于1930年10月，朝鲜人民会由东北劝业公司借入10万3674元，以资本金1万5950元设立的[59]。根据1933年的记录，该金融会接受了朝鲜总督府的经费补助近1440元，建筑费补助金2000元[60]。其中农务部负责农村方面，而城市金融会为城市的朝鲜人工商业者融资。在农村的中国人金融机构是农事合作社，但它并没有为农民借贷。而在城市的城市金融合作社和日本人的金融机构金融行会也并没有向中小商业提供借款。1940年，根据农村金融一元化的方针，将两者合并，并在其后的4月26日，根据"满洲国"的"工商业金融合作社法"于4月30日解散了"新京"金融会。

"新京"的朝鲜人医疗机构有国都医院。接受了朝鲜总督府的补助金，在春秋两季根据种痘或其他需要到朝鲜人农民聚落里进行巡回诊疗[61]。该医院的自费的患者中朝鲜人为786人，日本人193人，中国人44人而无偿患者中朝鲜人为1872人。

"新京"朝鲜人的宗教活动中最主要的是基督教[62]。1940年，在"新京"的朝鲜人教会情况如下。"新京"朝鲜人教会原本隶属于朝鲜境内的本会，因此并没有受到朝鲜总督府的支援，而是接受了教团的支援。但随着太平洋战争的开始以及被伪满洲国教会统一，在全东北的5个基督教派举行了"朝鲜基督教联盟会"第一次会议之后宣布合并。另外在1941年8月在"新京"召集第二次会议发表了内容为"起誓为确保在'满洲帝国'内国民的权利和义务[63]的声明书。在朝鲜人的市街没有得到确保的情况下，成为唯一的朝鲜人以定期聚集的地方，可以说教会改变了其空间性质。

朝鲜人的言论媒体有无线电广播，新闻，杂志等。朝鲜人能够收听"新京"中央广播（日语）和京城（朝鲜）第2广播（朝鲜语）[64]。虽然也有"新京"中央广播第1广播（日语）和第2广播（汉语），但听不大懂汉语的朝鲜人在最初是不收听第2广播的[65]。但"新京"的朝鲜人大部分并不掌握两种语言，朝鲜人更多地想收听朝鲜语广播、新闻、电影、戏剧、歌谣，为此出现了朝鲜语言论媒体。1933年8月创立《满蒙日报》，1936年创立《间岛日报》。并且在1937年5月，《满蒙日报》接收《间岛日报》而创刊《满鲜日报》。满鲜日报在京城，东京以及满洲主要大城市设立了分局或总社之社。[66]满鲜日报在'满洲国'朝鲜人中起着球心一样的作用。在地方的初等学校的朝鲜族学生通过修学旅行来到满鲜日报社进行访问并拍摄纪念照[67]。在朝鲜的各表演团也到满鲜日报参观学习并拍摄纪念照。

对于朝鲜人来说《满鲜日报》是非常重要的媒体。1940年8月朝鲜的《东亚日报》和《朝鲜日报》停刊，只留有作为总督府机关志的《每日新报》。1941年，伪满洲国的言论统治机关传媒协会由"国务院"总务厅管辖，并颁布了新闻社法和记者法，因此在新闻社中只留下《'满洲'新闻》（日语），《大同报》（满语），以及《满鲜日报》。接着在1942年，主笔和编辑部长都替换成日本人。这是与协和会朝鲜人分会逐渐被消解相伴的现象。

"新京"朝鲜人社会并没有形成稳定的"聚居区"。这意味着很难形成日常的集团记忆。但首先，我们可以确定朝鲜人社会渴望着朝鲜人团体[68]或朝鲜人媒体的存续。这从侧面证明"新京"朝鲜人社会希望能从"新京"社会中分离出一定部分。一些有关"新京"朝鲜人社会的体验记录可以说明这一问题。在有来自朝鲜的剧乐团或演剧团等的表演时，会达到"造成这一带交通混乱的程度"[69]。这是因为在"新京"的朝鲜人并没有保留自身的表演团体，而对文化生活产生了渴望。另外在作为集团统和的主要机制——体育活动中呈现出积极的面貌。积极参与到日本"统合"试图中，并且呈现出较高的"民族气势"，获得了优秀的成绩，这代表了在"新京"朝鲜人社会的二重性特征。发现了许多在端午节、中秋节、春节等节日中举行的体育活动以及文娱活动中积极参与的记录[70]。这些活动中大部分为鸡林分会主持，《满鲜日报》社后援。另外这些活动都是由《满鲜日报》来进行宣传并且通过《满鲜日报》的记者将活动现场传达到"新京"朝鲜人社会中。没能参与的人们也可以通过《满鲜日报》的报道来了解。因此，这就作为"共同的体验"留在朝鲜人社会中。李东振将这种共同体验与《满鲜日报》的关系作为"新京"朝鲜人社会"想象的共同体"[71]形成的表现。[72]

（三）小结

以上是关于"新京"朝鲜人社会的概况。从原来的边防军事基地到因俄罗斯和日本铁路开发而开始了第一次城市化，并且因伪满洲国成立后进行了第二次城市化。在此过程中成为伪满洲国的首都"新京"。第一次城市化是以经济为中心，而第二次城市化是作为伪满政权的行政中心。在这一过程中，朝鲜被实时报道而"新京"朝鲜人社会规模扩大。但是"新京"朝鲜人社会不是"新京"社会的中心。在人口规模，社会地位，教育水平，团体力量，言论及文化的发展等方面都是社会的少数者。特别是从教育相关的记录中，可以发现"新京"朝鲜人社会理想和现实的较大差异。但如前文中尹辉铎的话，只以统计和单纯的报道无法掌握社会内部隐秘的情况。第一章主要是了解分析"新京"朝鲜人社会的空间形成及其形成的背景。

三、对"新京"朝鲜人的认识——以文学为中心

最近对于伪满洲国的研究已经超越了亲日/反日，协力/抵抗的两种相对的观点，向捕捉多样且复杂的生活样态的方向努力着。关于伪满洲国时期文学[73]的研究也是如此。[74]文

学反映着当代的认识和期望。特别是在政治上敏感的时期，比起言论更加能够保证其客观性。[75]尤其是通过研究文学来对"新京"朝鲜人社会进行认识是非常重要的。1932年，随着伪满洲国的成立，对满洲的朝鲜人的认识有了很大的变化。作为已经归属为超越民族国家界限的直辖圈——伪满洲国的朝鲜人移民者，也需要与之相符合的空间认识。本章将通过"朝鲜人的文学"[76]了解朝鲜人对"新京"的认识。他们对"新京"的认识即"新京"朝鲜人社会的空间认识。对该认识的分析研究对于了解"新京"朝鲜人社会的空间认识和作用非常有帮助。

对此，本论文将着重讨论俞镇午的《"新京"》中所表现的"新京"。[77]选择该作品的理由：首先，该作品是写作于伪满洲国成立以后。其次，没有因新中国成立前后政治上的情况而进行修订。再次，它是唯一的以"新京"为主要背景的朝鲜人文学作品。[78]最后，俞镇午的《"新京"》以"新京"为主要背景敏锐地捕捉了朝鲜人的状况。通过该作品可以了解当时对"新京"的认识并且了解"新京"朝鲜人社会空间的背景。

（一）作家及作品介绍

1. 作家介绍

俞镇午出生于1906年5月，是第一批官派留日学生的父亲俞制衡及其母亲密阳朴氏的长男。1914年开始就读于东公立普通学校，1919年入学京城第一高等普通学校。1924年以第1名进入京城帝国大学，1926年进入法学部法学科学习，并且在"经济研究会"学习了社会思想以及经济方面的问题。1927年在《朝鲜之光》发表《复仇》，而成为小说家。1929年，以第一名的身份从京城帝国大学毕业，在刑法研究室作为助手工作。在这一时期，他与李孝石拒绝了"KARF"的加入邀请，作品主要围绕着社会问题和阶级问题。1931年，设立了以俞镇午为中心的"朝鲜社会事情研究所"，对朝鲜社会史进行研究，但在1932年被警察当局认定为危险团体而解散，1933年成为普成专门学校的教授（专任讲师）。1935年发表了《金讲师和T教授》，1938年在《东亚日报》连载了长篇《华想谱》并发表了《沧浪亭记》《某》《受难的记录》等。1939秋年发表了《秋》《蝴蝶》《离婚》等。1940年发表了《春》《夏》（日文）等，1941年还发表了《马车》《山间回音》《年轻的妻子》《在火车内》（日文）等。1942年发表了《"新京"》《南郭先生》（日文）。1943年发表了《轿子》《食母楠》《入学前后》。1944年发表了《金浦大婶》。在解放（1945年）后几乎没有进行文学创作活动，1948年任职大韩民国宪法基础委员会及第一代法制处长，起草大韩民国宪法并致力于法律界和教育界。1966年曾被提名为民众党总统候选人，1967年当选为新民党代表委员、国会议员。1968年就任新民党总理一直活动到1970年。1987年逝世，享年81岁。[79]虽然一生取得了很大的成就，却被列在了在2005年民族问题研究所发表的亲日人士名单中。其原因是他在日本帝国时期的经历。他在朝鲜总督府学务局时，背后操纵中日战争并全力支援，也是以文笔报国为目的设立的"朝鲜文人协会"的发起人（1939年）。并担任亲日大国民宣传机构的"国民总力朝鲜联盟"文化部的委员（1941年）。他也是由日本帝国支援全部经费的"大东亚文学家大会"（1942~1943年）的朝鲜代表。在"朝鲜言论保国会"评委会（1945年）任职并提出"内鲜一体的完成"，"向圣战完成而迈进"，"向大东亚建设前进"等口号。

2. 作品介绍

《"新京"》作于1943年10月，讲述叫作"铁"的主人公为了帮助学生们介绍就业岗位而出差到伪"满洲"国首都"新京"（今长春）的故事。[80]主人公抱着对满洲以及已成为近代化大城市的"新京"的好奇心踏上了路程而不得不与还在平壤挣扎徘徊的密友"旭"分别。主人公在"新京"办事时听到了好友"旭"的死讯，但却不能返回而继续寻找就业岗位。而原来期望的就业岗位落空，其后偶然遇见年轻时候的知己并与其用餐。是一篇短篇小说。

（二）《"新京"》的"新京"认识

1．空间认识

《"新京"》的空间认识在两个方面非常有趣。首先有对伪满洲国成立后的情况（"新京"）相比较式的认识。另外是对"新京"发展变化的感叹。

虽然曾多次到过奉天，但铁这才是第二次来到"新京"。前一次是12年前的"满洲事变"发生以前。"新京"渐近，铁抑制不住内心的好奇和紧张。……铁虽然已经通过文章，故事和照片对十年后焕然一新的近代大都市"新京"有了很多了解，但想到能够亲眼看到还是充满好奇[81]。

他来自朝鲜，但对"新京"有一定的认识。这主要是因为朝鲜的言论。自1932年到1945年，朝鲜《东亚日报》对"新京"相关的报道总共达到1591件。[82]对朝鲜人来说"新京"并不是非常远的地方。这也是可以解释前面第一章统计部分里的"移民'新京'"的急速增长的因素之一。在朝鲜人的认知里，"新京"并不是一个遥远的地方，其心理上的空间被确保。这是日本统治地区内普遍存在的现象。[83]另外，主人公铁多次往返奉天，这说明是因铁路的铺设而缩短了空间距离。

铁所期待的"新京"并没有脱离他的预想。在南"新京"附近的田野已经能看到许多像长毛象一样巨大的建筑物，其后看到了庞大的近代城市。虽然还有仍在建设中的感觉，但在新长出来的柳树之间伫立着混凝土住宅，远方能看到的大型建筑物的东方式的屋顶也让人眼前一亮。这些建筑的新鲜的样式摆脱了东方或西方的影响而呈现出自身创造之力。[84]

铁对"新京"的新变化发出惊叹。特别肯定伪满洲国的城市建设"摆脱了东方或西方的影响而呈现出自身创造之力"。这些建筑样式即是"兴亚式建筑"。当时伪满洲国的城市计划和兴亚式建筑样式符合帝国的形象并且创造了新的城市景观。伪满洲国的首都"新京"的中心部的距离是与明治时期在东京构想而未能实现的"官厅集中计划"相匹敌的帝都空间的现实化。兴亚式建筑样式是在钢筋混凝土墙体上盖以混合中国风和日本风的国别不明的亚洲式设计的房顶，它支配了20世纪30年代伪满洲国官厅的建筑样式。这是在伪满洲国成立以前，满铁主导满洲城市建设的时期所没有的20世纪30年代新出现的样式。[85]《"新京"》表现出了这一差异。

铁如果是第一次来到"新京"，那么就不会如此震惊于这一景象。但铁在12年前已经知晓"新京"。那时的像停车场一样大，不过是一个不起眼的小镇子——中略——那时的和现在的"新京"的对比强烈。在"新京"站既看不到张学良的宪兵也看不到中东铁路职员。仅以这些无法满足铁对"新京"的好奇。[86]

这一部分从侧面证明了伪满洲国"新京"的城市化计划的力度。分析前文中细节的部

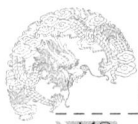

分可以明确地发现俞镇午对"新京"的变迁过程有很深的理解。三株带领铁去的地方是不远的叫做"日毛"的百货商店的饭店。铁认为这里的所有事物都非常整洁且新鲜。饭店内挤满了顾客，这些顾客的语言以及衣着都非常的城市化。铁在这里已经到了怀疑自己看到的是不是满洲的程度。[87]

三株是主人公铁在学生时代在学校认识的教职员。她在10多年前突然结婚并且成了移民到"满洲"的"'新京'朝鲜人"。主人公在"新京"街道上行走时偶然遇到她并且一起用餐的场面中，主人公铁一直没有停止对日毛百货商店的赞叹。特别是他怀疑这里是不是满洲的部分反映了"新京"的城市发展水平比"满洲"的其他地区更快。[88]考虑到"新京"的城市计划是从1932年正式开始的，因此可以说"新京"的发展速度确实非常迅速。在《"新京"》中，对"新京"的认识主要反映在主人公的感叹中，他对在朝鲜难以看到的近代化的城市景观抱以极大的兴趣。事实上，"新京"是日本倾尽全力设计、计划的空间。当时作为"满洲国国都"建设局顾问的佐野以及其他相关技术者都以此为荣。[89]

2. 民族认识

在对"新京"这一新空间给予非常肯定评价的这部作品中，对民族问题的认识是怎样的呢？与此相关的描写主要有两个大方面。首先来看表现朝鲜人对当时民族问题的整体认识的内容。

在首次来到的"新京"中进行求职活动与以往在朝鲜的有所不同。伪满洲国为外国，因此在这里所有的事情都变得更加复杂。日本人在这一前提下，铁来到了"满洲"。但在"满洲"，除了日系和满系还有另外一支鲜系。处于日系和满系之间的鲜系的地位非常复杂且微妙。[90]

叙述中，"在满"朝鲜人的地位处于日本人和中国人中间。值得注意的是，主人公离开朝鲜是所持的民族认识。他认为朝鲜人即日本人。如前文中所分析的，"新京"的朝鲜人大部分并不是来自"新京"地区而是来自朝鲜半岛。他们大部分应该有着与铁类似的想法。移民的朝鲜人大多不会中国语，这一点也从侧面反映了这一问题。[91]以下是同样适用于"新京"朝鲜人社会的部分。

从铁接触的重要公司的干部和高级官吏中对任用朝鲜人的态度可以分为两种。一种是将朝鲜人看作与"满洲人"一样的待遇。另一种是看做内地人的待遇。对这一问题，铁有着他的意见，但因为要拜托求职的事情因此无法进行讨论，只能是附和。因此，在这一问题上，铁的意见根据他见到的人随时都在变化。有时候会跟着骂朝鲜人，有时候也会赞美。有的董事认为朝鲜人没有责任感，对上司阿谀奉承，对下属呼来喝去。有时候相反，有的官吏认为都是日本人不用分成内地人或朝鲜人。根据"八纮一宇"，在同一精神下东亚10亿人应像一家人一样，进而整个世界都是邻居，因此朝鲜和内地之间更加没有分别。[92]

在银行的八百多个员工中朝鲜人有十六人。这十六人都非常让人头疼。工作不好做时牢骚比别人成倍的多，另外在前年有一个人私吞了数万元的公款，而另外一人与经理大打出手而离职。铁辩解道，并不是所有的朝鲜人都那样，可能你们银行是偶然才遇到这种人的，我们这些毕业生绝对不会发生那种事情，但都没起到效果。[93]

上文表现了"新京"社会是怎样认识朝鲜人社会的。[94]朝鲜人对于社会上的主要人士来说，其社会地位并不是绝对的存在。并且可以确认在"新京"社会里，朝鲜人被认为是"不诚实的存在"。特别的是，这是朝鲜人对自身的叙述，因此这一描写是有意义的。

在"新京"的街道上，铁遇到了他在学生时代就认识了的学校职员三株，已经阔别13年。13年是一段非常久的时间。浓妆艳抹无法遮挡三株眼下的皱纹而皮肤也失去了弹性。明亮的眼和丰润的嘴唇还保留着原来的样子。

"三株小姐，你也变了好多啊。"

铁下意识地脱口而出。

"当然变了。这期间受了多少苦啊。"[95]

在"满洲事变"以前移民的三株在铁的记忆中是拥有非常美丽姿态的女性。但她哀叹在移居后受了很多苦。丈夫抱怨在"新京"经商的条件不好。原来是有能力的打字手的她却说出"女人能做的除了带小孩儿还有啥"这种话，表现出了在"新京"朝鲜人社会中女性的地位。[96]

由此衍生出许多问题。通常，对朝鲜人的定位极其复杂且困难。究其原因，有朝鲜人自身要承担的责任，也有环境要承担的部分，因此无法简单地得出结论。目前最紧迫的不是对责任的追究而是如何克服这一问题。除了自身努力别无他法。[97]

考虑到在伪满时期大多数文学为国策/亲日文学或抗日/抵抗文学，这篇小说的描写是非常特别的。主人公铁并没有将朝鲜人社会恶劣的现实的民族问题归咎于某一方。朝鲜人社会和伪满洲国体制都有其责任。并且其对策并非是救助，而应该是自身奋发向上。这不是将责任推到朝鲜人社会，而是因为在救助方面没有切实的解决方案。即，人口比例中公务业和自由业的从业程度相当少，"新京"朝鲜人社会[98]中没有力量改变伪满洲国的民族政策以及对朝鲜人社会的认识.

（三）小结

在《"新京"》中，对"新京"的认识可以分为两种。一个是空间认识，另一个是民族认识。《"新京"》的空间认识只停留在惊叹。这是主人公铁只体验了"新京"的外观和发展区域的原因。考虑到这种对"新京"空间的肯定性的认识，可能会把《"新京"》当作是民族认识单纯的亲日文学作品。但实际上《"新京"》对民族的认识，即对"新京"内朝鲜人社会的认识和地位的陈述中有许多部分与统计相符合。它将无法概括的，复杂的朝鲜人社会的地位在各个细节中表现出来。这种认识即是对发展的"新京"空间以及在空间内生活的"新京"朝鲜人社会的委婉地描述。

四、"新京"朝鲜人社会的真相——以记忆为中心

对伪满洲国时期"新京"的朝鲜人的回忆有时是有所偏颇的。毕业于"新京"的"建国"大学，"新京"军官学校，大东学院的亲日朝鲜人的回忆占到了朝鲜人"新京"记忆的大部分。包括韩国的前总统朴正熙（在任期间1963年12月~1979年10月，毕业于"新京"军官大学），前国务总理崔圭夏（1975年~1979年），韩国的亲日文学家代表崔南善（"建国"大学教授）等人[99]的较短的回忆。但考虑到"新京"的高等教育机关大部分都以全体住宿制运营，主要高等机关都与"新京"市内有较远的距离，他们对"新京"的记忆对于了解"新京"朝鲜人社会状况的帮助不大。[100]

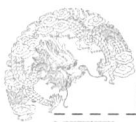

最近出版了一些有助于了解"新京"朝鲜人社会的口述资料。对这些口述资料的研究还不多。口述的内容也并不多，因为伪满洲国持续时间较短，而且当时在"新京"居住朝鲜人大部分为移居者。但就目前而言，只能通过对"新京"朝鲜人社会伪满洲国政府统治下的《满鲜日报》和一部分当时有名的满洲游记，以及极少数文学作品分析到"新京"朝鲜族社会，因此这一口述资料具有极高的价值。这些资料可以填补统计数据和文学作品之间的空白。

在本文中将引用目前韩国出版物中可以找到的全部的"朝鲜人对'新京'的记忆"中核心的记忆3篇。[101]口述者3人都因各自的原因选择移居，并且接受了不同程度的教育，并且在不同的空间内生活。这多少弥补了在数量上的不足。

金夕享于1914年出生于平安北道博川郡，就读于博川普通学校，新义州三务学校，后作为粮商，后入学于"新京"实务学校，归国后工作于水利合作社。新中国成立后（1945年）成为北朝鲜的干部至1960年7月南派，到1962年2月因反共法被拘留至1992年12月。并且在1994年进行了口述，于2000年9月归乡（送还至北朝鲜）。[102]

第二位口述者崔夏中[103]出生于咸镜北道鹤城，在与金夕享大约同一时期居住在"新京"，但与此不同的是他就读于日本人学校名门中学校。两者对"新京"的记忆从结构上有很大的不同。其后升学至哈尔滨工业大学，一年后肄业。新中国成立后毕业于北朝鲜金策工业大学，后就职于人民军和国家计划委员会贸易计划局。其后被南派收并出任军师长[104]崔夏中而被拘捕，1998年被释放。

最后一位口述者郑峰权[105]出生于中国安图县。他就读于"新京"普通学校，新中国成立后留在升学至市第三国民高等学校。其后毕业于吉东军政大学，并参与到了土地改革中，就职于延边地委组织部，吉林省省委组织部。与前面提到的金夕享，崔夏中不同，他长期留在，因此相对的记忆更加详细。[106]

本章将通过三人的口述，对移居"新京"的朝鲜人的印象和生活、民族意识进行分析。

（一）"新京"记忆

1. 移居背景

三人的移居背景都不尽相同。金夕享在朝鲜是粮商，为了个人的学习（记账）而来到"新京"。而崔夏中就读于朝鲜咸镜北道学童公立普通学校至4年级，病休一年后举家移居至满洲。这是因为二叔父在汪清县附近的大兴区购入了荒地并开垦为农场。崔夏中毕业于"间岛"中央学校后身的弘中国优级学校，为了升学至"新京"第一中学移居至"新京"。在崔夏中就读的"新京"中学，他是唯一的朝鲜人。那一年在"间岛"，朝鲜人入学"新京"中学的加上一位来自延吉的总共只有两人。[107]郑峰权是随着家中长兄举家搬迁至"新京"。兄长为了就读于夜间中学（夜间专门学校）的"新京"工学院而半夜逃走。可能是在国都建设局做雇员的同时就读工学院。[108]下面来看一下金夕享和郑峰权对移居"新京"的口述。[109]

"去中国的动机是想到做粮商与自己的性格不合，而且想要多学习一些的渴求。[110]中略——随着想要学习的欲望更加强烈，经过多方打听听说"新京"实务学校很好，是重视实务的学校，并且是一年的短期，有许多人建议如果要专门学习商业记账那就去那所学校。那里有商业记账，农业记账，工业记账等多种，但我专攻于商业记账。那里是日本人专门培养有用的中等人才的地方。因此决定来到满洲"新京"。"（金夕享94-95）

"虽然是夜间职业学校，但水平却很高。这里大多数是朝鲜人。有许多是来自农村的人。——中略——工学院和实务学校都是日本人运营的，但实际上是服务于朝鲜人的。这是商业而大部分学生都是朝鲜人。虽然也有少部分日本人和中国人。——中略——国都建设局需要雇员，因此每天早起打扫、浇水、跑腿，而晚上在工学院学校——中略——爸爸无论如何都想要到儿子身边去，因此低价出售了房子举家搬迁至"新京"。"［111］（金夕享,178-179）

金夕享本来是个体经营者但为了掌握实务中需要的技能而移居到"新京"，而崔夏中是以优秀的学业成绩为基础而留学，郑峰权是因为家族移民而跟着移民的。从这里可以看出一般朝鲜人对"新京"的认识，或伪满时期"新京"的职能。金夕享将"新京"看作是"生活必须的补充以及机会"，而对崔夏中将"新京"看作是"最上层的城市功能"，而对郑峰权来说"新京"是"机会的新天地"。这可能与一般朝鲜人对"新京"的认识相似。特别是金夕享的事例非常有趣。金夕享对父母隐瞒了留学/移居"新京"的事情。只是与家中近亲的弟弟一同移居至"新京"。他想"既然舅舅在那里一定会好好接待的"，然后拿着妻子结婚后攒下的100多元离开了。朝鲜半岛将伪满洲国的"新京"看作是一个比较容易接近的空间。实际上，在金夕享的回忆录中，通过国境的过程非常方便。只要回答几个问题就可以移居至"新京"。［112］同时也可以发现与先移民的人的直接或间接的联系。

2. "新京"印象和生活

他们来到"新京"是怎样的情形呢？金夕享详细叙述了通过国境的过程，却没有提及对"新京"面貌的印象。反而是提及了在到达之后马上寻找他的舅舅寻求帮助，找到客栈的场面。［113］由此可以看出金夕享的"新京"之行是非常具有实务性的。崔夏中的口述中只描绘了前往"新京"第一中学校考试时的风景。这应该是当时伪满洲国对高等教育机关学生的全面管理较好的原因。与此相反，郑峰权对"新京"的面貌进行了详细的描述。这可能是因为郑峰权当时的年纪（十多岁），与金夕享相比更加年轻而且郑峰权因家庭环境困难而社会经验丰富而记忆/描述的。

"第一次去的情形到现在都记忆犹新。一个来自山沟的孩子能知道什么，一到站就看到了2、3、5层的楼房，想这里真是个好地方。真不知道我们会住在哪一个地方。之前这里是有马车的。我们家将不多的全部财产都搬来，是不是能放进那红色黄色的房子里呢？我充满了希望。"［114］

他对此的第一印象是无法与俞镇午的《"新京"》中主人公铁的感叹相比较的。他们全家是带着全部家当移民到"新京"，而迎接他们的是一个巨大的充满可能性的大都市。那种生活会怎样的呢？承载着他们希望的马车大概走了一个多小时，到达了正进行经济开发的一个地区。

"到了却发现是土房，涂了一点水泥。有些失望。"（郑峰权225）

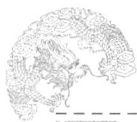

"这里是大马路，而再往南就是二道河子，竟然是贫民窟。在东部，这里到经济开发区要下马步行半个小时。过了大概40分钟停下了，看到一个土房，其房顶上抹了白灰。心里有些失望。在那个地方的生活非常艰辛，因此父亲到伪满洲国施工的地方做了泥工。（189）

郑峰权居住在二道河子。这是许多没有财产便来到这里的朝鲜人都经历的问题。来投靠认识的朋友的舅舅的金夕享也经历了这一状况。

找到了一个旅店，但说是旅店也实在是……我们朝鲜人到那里该玩儿就玩儿，但生活品质却非常低。当地有叫作"重儿阶"的，是指两层的建筑。是因为没有居住的空间在一层的房子上加盖了一层，因此如果上到二楼就无法直立身子。就找了这种高约1米50多的地方生活。但这种现象是普遍的。来这里上学的孩子都是这样，一楼住房东家而学生们住在二楼，用梯子上下。（金夕享96）

重儿阶反映了战时因灾难而因此住房供给困难的当时"新京"的城市居住环境。因为朝鲜人在租房后会改造其为火炕，因此出现中国人不愿意将房子租借给朝鲜人的现象。住宿费在每月15元左右，而在重儿阶生活的人用餐都在外面解决因此可以省下房费。但实际上饭费大约与住宿费持平。

那么在"新京"第一中学校生活的崔夏中对"新京"的印象是怎样的呢。他对初期在"新京"的生活的记忆也充满惊叹。

"厕所是冲水式的，而且还配备有卷纸。这是由日本工人巡视后一一补充的。"学校建筑是三层的红砖楼，走廊长约120米，围绕学校一周大约在一千米左右。运动场的一边有百米跑道。在一边还有配备着洗澡间的游泳场。另一边是军事训练用的障碍物和作为打靶目标的稻草人。运动场的对角线上可以操纵模型飞机起飞和着陆。武道场有剑道场和柔道场，其中一般柔道场都铺设榻榻米，而学校的武道场的地板上铺设弹簧后盖上木屑垫子。如果灰尘飞扬那么可以打开换气装置，结束练习后可以使用提供温冷水的洗浴间。全校共有1200人，其中教师80人，学校除了普通教室还配备了音乐室、美术室、化学室和博物室。在美术室有许多石膏像，学生拥有个人的画架，而且为学生提供了许多高粱垛供学生素描用。化学室、物理室、博物室是学生4人面对坐的桌子，而每个桌子上都有实验时加热用的煤气喷灯以及用于洗手和实验器具的洗漱台。"[115]（崔夏中288）

大部分都是对学校的感叹。[116]"新京"第一中学校的设施在当时"新京"是首屈一指的学校。即崔夏中的记忆反映了一般的留学生的心理状态。但与金夕享,郑峰权不同，不能反映出"新京"朝鲜人社会。

"去考试时是由从监狱出来的舅舅带我去的，穿着舅舅为我准备的毛织衣物和合脚的皮鞋，觉得已经是非常好的着装了，但到了学校却受到了大的冲击。深切感受到自己真是乡下人。虽然衣服和皮鞋都没有什么问题，但却十分老旧。（288）""去考试时，是由上一年级的同学带领参观学校，他们都穿着白衬衫、戴黑领带、穿着蓝色正装上衣以及黑校帽。那就是校服，而我去考试的那天看到了许多像陶器的考生（记忆深刻的是脸非常白），并且都穿着短裤，配着短袜和平跟鞋。而我则穿着长裤和编上靴，非常沮丧。"（崔夏中289）

与此相反，就读于实务学校的金夕享为了凑学费不得不打工。他主要做着名片预定和贩卖的零工。在一定程度上赚取生活费的金夕享对此进行了解释。

"向家中寄信就可以收到一些零用钱，但和朋友们打赌不拿家里的钱，并且要赚钱寄回家里。但在满洲是无法寄钱的。"（金夕享97）

刚到达"新京"的朝鲜人打零工[117]赚取生活费，并且能够对家里进行补贴是出人意料的。住宅难问题的严重已经说明了城市已经无法承受涌来的人群，那么相应的求职问题也应该很严峻。在这种环境下，没有任何特别的技能而能够确保一定收入是在"新京"的朝鲜人将此地看作是有吸引力的空间的原因之一。

另一边，郑峰权在上着学。而做泥工的父亲因身体不适而导致了家庭状况拮据。他上学为了节省车费，从二道河子步行至朝鲜人较多的上海路一带，往返需要3小时。[118]因不能买棉鞋，即使是在寒冬也只能穿着一般的运动鞋。从家里带饭，与其他同学的米饭和多种菜相比，他只能吃大麦饭和泡菜。[119]考虑到他就读于朝鲜族小学，可以发现当时带着较好饭菜的同学中应该有相当一部分为朝鲜人。

比较分析以上的口述，发现移居"新京"的朝鲜人对"新京"的印象大多是"惊讶于其发展"，并且根据个体的情况归结为"失望或是畏怯"。另外，他们生活随各自的（经济环境、教育水平、个人水平）而各异。

3. "新京"朝鲜人社会和教育

当时"新京"朝鲜人社会的中心教育机构是金夕享所就读的"新京"实务学校和郑峰权就读的朝鲜人普通学校（后该成为永乐小学校和永乐国民学校）。另外，崔夏中是非"新京"居住者在"新京"接受教育的代表性的例子。由此可以对"新京"朝鲜人社会的教育进行分析。[120]

金夕享所在的"新京"实务学校的99%都是朝鲜人。入学考试时日本语、中国语、算数和口试。[121]考试不难。"一同前来，顺便参加考试结果却合格了"。如前文中说到的，"新京"实务学校的学生都是勤工俭学的。[122]在《满鲜日报》"'新京'实务学校是以极少的学费和夜间教育来对贫困的朝鲜族学生进行教育为目的运营的"的报道中可以有所推测。[123]金夕享如果想要很好地学习商业记账的话，日本人中等学校"新京"商业学校应该是更好的选择。但那对为了"短期学习"而来到"新京"的金夕享来说无疑是非常困难的。[124]无疑毕业于"新京"实务学校在就业中比不上毕业于"新京"商业学校的人。对此金夕享认为"那里是日本人为了自身需求专门培养有用的中等人才的地方"。另外"毕业之后就可以胜任满洲地方的下部末端的职位，或是银行及金融组织，或其他机关进行记账方面的工作。但要学习更多就不可以了。"（101）金夕享来到"新京"是为了受教育的机会，但这一机会是非常有限的。

与此相反，崔夏中就读的"新京"中学校"如前文中提到的那样，是伪满洲国内拥有最好设施和教育系统的学校。由《满洲日日新闻》公布"新京"中学校合格者名单"就可以对其地位略知一二。这里朝鲜人不多，在崔夏中的同届中共有6个班300人，其中朝鲜人不过7人，而中国人不过3人，且都是"满洲国"大臣的孩子。下面来看崔夏中对于"新京"中学校的记录。

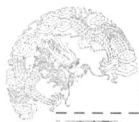

伪满洲国成立之后，在建设"新京"的同时，为伪满洲国日本官吏以及关东军司令部的高级长官的子女新设了学校（崔夏中是第8届毕业生），其内定的校长在就任前一年就已经四处考察，构思其模型，想要建成英国"伊顿学校"的样子。崔夏中289

郑峰权在"新京"接受了小学教育，是朝鲜人学校。他就读的普通学校是由朝鲜人民会于1922年9月成立在满铁附属地。1935年，在"新京"的朝鲜人初等教育机关共有8所，而其中历史最久的就是普通学校。由于朝鲜人移民的激增并且学校数量的不足也曾设立书堂。1935年，"新京"地区已经有14个朝鲜人书堂。[125]"新京"地区的朝鲜人初等学校的教育都是有日本方面提供补助金。在"满洲国"成立以前是接受朝鲜总督府的支援而"满洲国"成立以后接受"满洲国"政府的支援。在下文中将会讨论，朝鲜人教育机关内"朝鲜人的民族身份"被强烈地表现出来。"满洲国"的民族矛盾在教育中也比较突出。郑峰权关于教育的陈述主要讲述了这一问题。[126]

（二）民族意识

1. 日本人和朝鲜人的关系

在这三位中，离"新京"主流社会最近的就是崔夏中。前面他所描述的他的生活环境要比金夕享、郑峰权好得多。但是崔夏中并不认为其学校生活是快乐的。其理由就是因民族差异而产生的孤立感。

"日本人非常小心眼儿。民族差异不是习惯上的而是作为国家政策通过组织被彻底地执行。在我19岁时解放了，期间接触的日本人中学习朝鲜话的日本人只有2人。——中略——当时来到朝鲜或满洲的日本人中应该几乎没有人会同意朝鲜人和'满洲人'（中国人）与其平等。"（290-291崔夏中）

崔夏中的这种认识在与前面说到的"'新京'高级教育受益者"的比较中被再一次强调。他生活的空间比金夕享，郑峰权有更多好的设施，但他几乎都是独自一个人。在高等教育机构里民族差别是真实存在的。崔夏中在过了一两个学期之后开始与日本人一同住宿。并且他描述"生活本来就肩か狭い（形容肩窄），而来自周围的压力使得更加畏怯，小心翼翼的生活。"（292）崔夏中与"新京"朝鲜人社会相隔离。虽然没有像"建国"大学、"新京"军官大学一样与市内在空间上（4km）遥远，但因寄宿生活和心理上的畏缩而产生了隔离感。[127]并且他对生活的记忆只局限于"学校"这一空间，因此只是对该范围内的民族结构有所言及。

金夕享的陈述与崔夏中的相反。他在关于民族的发言中提到了较多教师和学生共有的民族性。"新京"实务学校是"新京"的代表性的亲日团体——五族协和会朝鲜族协会运营的学校，考虑到这一点就显得出人意料了。并且"新京"实务学校的校长是当时现役的关东军少将。

"虽然我们学校不起眼，但学校校长是关东军司令部少将。那时的少将是非常厉害的。"（金夕享97）

金夕享所说的关东军司令部少将是在"满洲国"内担当最高职位的朝鲜人，起到监护者的作用。因此，"新京"实务学校虽然是由亲日团体设立的，但它部分起到了民族学校的作用。金夕享认为亲日团体——五族协和会朝鲜族协会，即鸡林分会会长是"民族主义者"〔128〕，那么对于当时的金夕享来说"民族性"是什么呢?

"这老头儿在五族协会中召开春秋运动会。每次运动会都非常注意民族区别。当时日本人即使定了运动会的时间也不进行通知，是怕我们提前练习。——中略——结果大部分都输了，只在摔跤和拔河中得了冠军。但这老头儿一看要输，就愤怒地从高处走下来应援摔跤和拔河。——中略——所谓的民族性在这里就体现了出来（金夕享,98–99）。

当时在伪满洲国，每年春天举行"建国"纪念大运动会，秋天举行伪满洲国体育大会。特别是"建国"纪念大运动会是在各个地区都举办，以协和会的各分会的对抗竞赛为主。本来是以民族团结为目的，结果却凸显了其竞争性。朝鲜人在该比赛中的马拉松、摔跤、拔河等项目中取得了优秀的成绩。〔129〕金夕享叙述的就是与此相关的内容。本来应该是非常朴素的"民族性"，但在五族之间相互竞争的结构下成为一种"民族性的表象"。当时朝鲜族社会所表现出的民族性并非是强烈的亲日/抗日，而是这样一种类型。

接着金夕享讲述了群架。在儿玉公园（今胜利公园）内发生了与俄罗斯人的群架，并且艰难地获得了胜利，回来后协和会的会长老人非常高兴地在学校请客。〔130〕金夕享将这些小的证据定义为民族性的表现后，说出了自己的分析。

"我们民族是按照群体呈现出不同程度的亲日性，即使是亲日团体。因为学生如果非常亲日就不好了，有可能使伪装民族主义者进入到学校里。"

这句话是说，深入地亲日会导致朝鲜人学生不入学，要防止伪装民族主义者进入到学校内。金夕享说大部分老师都有民族性，但不得已表现出亲日的样子。对此协和会会长进行了辩明："虽然是民族主义者，但如果不对日本人卑躬屈膝将无法坚持。"根据金夕享的上述陈述，当时"新京"朝鲜人社会在日常中可以体现的民族主义是在不对"现实产生障碍"的范围内，达到朝鲜人社会内在要求水平的一种程度。

来看郑峰权的相关记忆。他当时在学校学习日语，遵守日本的礼仪。因太平洋战争的爆发而采取的战时体制下的教育都统一要求赞扬日本。早上要东方遥拜，即向日本天皇的居住地方向举行仪式。这是每天早上上学时间都要进行的。在上课时学习的歌曲也都是日本歌曲。如果使用朝鲜语将被予以罚款。但在这看似严肃的礼仪下有着隐藏的故事。

"在纪念日举行大会时会朗诵敕语。——中略——其中日本天皇会说"跟你们说怎么做"的话时，下面的朝鲜学生就会调皮地说"对，擦鼻子就上诉，上诉。"〔131〕（郑峰权184–185）

有时日本学生会用日语指责说使用"朝鲜语"而使朝鲜学生产生反感。因为是孩子们的世界，因此在大人们严格的规则的缝隙间发生着这样一些事。根据郑峰权，在学校内外，即使是很注意地使用日本语，但还是会下意识地使用朝鲜语，但并不会因此产生很大的问题。

郑峰权在其后升学至第三国民高等学校（农学）。〔132〕在此相关的口述中出现前面金夕享也提到的人民会会长。〔133〕对于这老人，郑峰权与金夕享有着相似的认识。"是原来进行社会主义运动而变节的人。是日本人主要启用的人。那老人穿着袍子，脚上穿着日本鞋。"（郑峰权188）

郑峰权在考试中及格并得到进入第三国民高等学校的机会。但遭到了为生活忧虑的

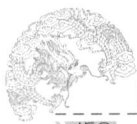

父亲的反对。但在比他先来到"新京"的兄长（比郑峰权大12岁）的支持下入学。因为不是朝鲜人学校，因此情况有许多不同。大部分教师是中国人或日本人，而且校长也是日本人。但第二国民高等学校对于朝鲜人来说是相对容易入学的学校。因此，青少年们的民族矛盾逐渐显露出来。

日本为一等民族，朝鲜是二等民族这一普遍的认识受到了朝鲜人的反对。有没有自己的国家才是关键，实际上处境都相似。（郑峰权192）例如在商店招募店员的公告中，偶尔会出现"内地人"，即只招募日本本土人的条件。朝鲜人将这一现象贬意为"'新京'是民族展览会"。另外当时的学生也会自行举行反日聚会活动。

"朝鲜人90%有反日思想。因为喜欢日本人而攀附是十分个别的现象。这可以从我们班40名朝鲜学生每周一次的聚会中看出来。因为怕被宪兵抓去而没有起名字。"（郑峰权193）

郑峰权和金夕享的叙述相类似却不尽相同。比起金夕享，郑峰权对民族问题有更深刻的想法。特别是表现出消极的民族主义的金夕享与周边实际上形成聚会并且与日本人发生情绪上的冲突的郑峰权两者所处的环境非常不同。这是因为金夕享所在的"新京"实务学校是短期培养人才的机构而且金夕享本人也是本着短期交流的目的而移居的。即郑峰权和金夕享的叙述说明在朝鲜族社会内部对日的民族情绪及其表现也是多样的。

2．与中国人的民族关系

这一部分是较为敏感的部分。虽然有些说法是说朝鲜是继一等民族日本后的二等民族，地位上优于中国人，但这一认识受到了朝鲜人的反对。在前面所分析的郑峰权的口述中可以确认的部分。这是在又一次确认日本人对朝鲜人造成的创伤的过程中被强调的。

下面分析金夕享的记忆。

"在中国两年间的学习生活中，虽然学习了中国语，但却无法进行流畅的会话，这是为什么呢？是因为缺少与中国人的交流。学习中国语都是通过文字来学习的。中国语为第三等国语。日本的战术即朝鲜民族为二等民族，汉族为三等民族。那是有许多朝鲜人无视中国人可能也是基于这一理由。"（金夕享99）

甚至在配给制度中也被区别对待。

"全部都分等级。日本人的配给存折为红色，朝鲜人是绿色，汉族是黄色（98）。而且朝鲜人还无视中国人的生活水准。中国人每天要以3钱度日，而朝鲜人是以30或50钱，即享受着更高水平的生活。"

崔夏中也进行了相类似的陈述。

"上中学时只是个别蔑视的氛围，而在组织上是没有区别的。转身就轻蔑道"诶，朝鲜人"。但到了哈尔滨却完全不同，即是在一个饭店吃饭，中国人吃高粱米饭，日本人吃大米饭。非常露骨的差异。例如烟的配给也存在差别：日本人一个月是300根，朝鲜人是250根，而中国人是200根。"（崔夏中294）[134]

但这种认识不是单方面的。在"新京"的中国人也蔑视朝鲜人。

"朝鲜人轻视汉族人，而同时汉族人也轻视朝鲜族人，已经表面化了。中国因许多朝鲜鸦片商和骗子而厌恶朝鲜人，称其为高丽棒子。"（金夕享101）

标榜"五族协和"的伪满洲国的日本人是如何看待这一问题的呢？金夕享描述到"日本喜欢，而为什么喜欢呢？因为民族间会碰撞。如果和他们碰上聚会受到处罚。"对于日本人的二重性姿态，朝鲜人非常清楚。但朝鲜人和中国人都不反抗日本人，而且相互间的摩擦也不会停止。[135]

（三）小结

以上根据曾居住在"新京"的三人的记忆来分析研究了"新京"朝鲜人社会。各自拥有不同移居背景和居住经验的三人的记忆描绘了多样的"新京"朝鲜人社会。该叙述有时相互矛盾，有时相互补充。特别是他们所经历的"新京"生活方式的差异，以及因其生活水平而不同的教育及认识的差异让人印象深刻。

但相同的是"五族协和"的虚伪性。在统计中并没有明确表现出，在认识（文学作品）中没能具体表现出的"五族协和"的实际面貌，发现"新京"朝鲜人社会的方方面面。从三人不同水平的教育机构和生活方式中都可以发现对日本人的反感和对中国人的不喜欢，或是"非密切性"。虽然其反感的表现和非密切性在记忆中的水平是不同的。

在这里应该要注意的是"'新京'朝鲜人社会"不能单纯地以"朝鲜人"的基准来将其作为一个单位来捆绑在一起。在三人的记忆中，最相似的是反日情绪，但也反映了三人所处的各自社会阶层间没能够取得合力这一事实。对此金夕享反省"即使是朝鲜族自身，在中国也不能团结，各党派相争，民族主义者按民族主义方向走，而社会主义者向着社会主义方向走，无政府主义也是如此。"但与金夕享的记忆不同，在历史上根本发现不到"新京"朝鲜人社会团结的最起码的政治单位。在金夕享和郑峰权的记忆中出现的"协和会长老人"是一样的，民族主义者和亲日派之间的界限是模糊的。[136]通过记忆可以联想"新京"朝鲜人社会，但这不能成为把"新京"朝鲜人社会当做一个整体单位的理由。

五、结论

"新京"是象征伪满洲国的代表性的空间。随着伪满洲国的成立，城市面貌发生了全部的变化，成为伪满洲国进行近代试验的政治、行政空间。[137]另外，在1910年，因日本强制合并的朝鲜人在满洲国不停产生关于"法制地位"的争论，而伪满洲国成了"五族协和"宣传的缝隙。在"新京"朝鲜人社会中80%是由"朝鲜半岛"移居至"新京"，他们虽然对伪满洲国的另一个宣传标语"王道乐土"并不相信，但可能对宣传口号中的城市空间有一些想象。

本论文是在"新京"这一空间背景下，以朝鲜人这一伪满洲国特殊的存在，对伪满洲国的实体进行了分析。通过记录和分析对"新京"的空间特性和"新京"朝鲜人社会进行了概括。"新京"朝鲜人社会占"新京"社会的2%左右，在政治经济上处于社会的下层。只根据这一统计，很难完全把握"新京"朝鲜人社会的形成和意义，因此利用文学作品来分析"新京"是如何被认识的。描绘中的"新京"因空间开发而被赞叹，但同时仍是存在"民族问题"的复杂的空间。但通过历史记录和文学认识很难细致地了解当时"新京"朝鲜人社会在统计和认识中的生活。因此，通过最近发表的对当时在"新京"居住的三名朝鲜人的口述记录对"新京"朝鲜人社会多样的面貌进行了了解。"新京"朝鲜人社会不是单一的社会。这三者各自的移居背景和目的、个人环境的不同而有了多样的生活，并且只

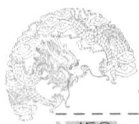

是"适应"着生活。反日情绪是共同表现出来的，但都处于将可能会产生反日情绪的问题压制而不爆发的情况。另外，也没有与反日相关的政治团体。而且，因日本的民族区别政策而与中国人变成陌生的关系。为了"五族协和"而设立了协和会的组织，对协和的宣扬传遍了伪满洲国，但既然民族间的差异存在，那么在短时间形成的国家内实现协和是有困难的。在这一情况下，对于已经被日本人抢占而成为第一批被统治民族的朝鲜人来说，伪满洲国是可以逃脱的一个机会，实际上却是第二次，或者第三次被统治的空间。这就是在情况复杂的"新京"朝鲜人社会中很难发现反日活动事例的原因。

与"新京"相关的伪满洲国的统计包括了社会全部。但在当时如雨后春笋般出现的与伪满洲国相关的文学作品中，关于对"新京"和"朝鲜人社会"认识和当代朝鲜人记忆的数和量都是非常少的。这一纪录和记忆的偏差即从另一方面证明了当代"新京"朝鲜人社会的现实。

本研究仍有不足。比起庞大的统计，认识和记忆部分偏少，将在今后补充更多的资料。并且对与"新京"的日本人、中国人、蒙古人、俄罗斯人的经验和认识相关的资料的分析比较也是迫在眉睫的。伪满洲国虽然没有实现五族协和，但却是五个民族聚集的空间。期待与此相关的更深入的研究。

注释：
［1］20世纪60年代以后，韩国的近代化是由于受训美国的近代的精英和官僚来促进的。这些主张并不完全正确。但20世纪60年代以后，在近代化的推进中并不能完全排除"满洲经验"的影响。

［2］例如在"新京"，"建国"大学和"新京"军官学校都与城内相距4km。

［3］以"新京"为背景的朝鲜人文学作品和伪满洲国时期在"新京"居住的朝鲜人的回忆录非常少，因此不采用传统的文学批评的方式或口述史解释的方法。只是将统计—文学—记录的方法结合在一起。

［4］[日]越泽明著，欧硕译.伪满洲国首都规划[D].市政协文史资料委员会内部资料，2007年;黄晓军，李诚固，庞瑞秋，黄馨.伪满时期城市社会空间结构研究[B].地理学报第65卷第10期,2010,10，第1198–1208页

［5］[日]越泽明著，欧硕译.伪满洲国首都规划[D].市政协文史资料委员会内部资料，2007，第4章

［6］1932年2月5日到25日，关东军司令部通过10次建筑幕僚会议，对"满洲国"建国以及具体的占领政策进行了探讨。2月25日的幕僚会议中将占领地的国号称为"满洲国"，年号大同，首都定在长春。

［7］"满洲国"地名大辞典刊行会，《满洲国地名大辞典》[D]，1937，第435页;金炅一等，东亚民族离散和城市—20世纪"满洲"的朝鲜人[D]，首尔:历史批评社，2004，第183页

［8］第1个契机是日本满铁的开发。具有交通要塞的性质。

［9］満鮮日報[N],1940-9-23.

［12］[日]"新京"商工公會，"新京"的概況[D]，1942，第16页

［13］国都建设计划区域共6500万平，大约是先前的行政范围城内和商埠地的余约300万平的20倍。"满洲国"国务院总务厅特别处.國都大"新京"[D]，1934，第11页

［15］満鮮日報[N],1940-1-3

［16］田志和，马鸿超，王德才主编，市志少数民族志·宗教志上[D]，市：吉林人民出版社,1998.第59页

［17］[日]"新京"总领事馆.『管内在住朝鲜人の概況』,1933,第1页

［18］[日]"新京"总领事馆，『管内在住朝鲜人の概況』,1933,第1页

［19］[日]"新京"总领事馆，『管内在住朝鲜人の概況』,1933,第1页

［20］田志和,等.长春市志·宗教卷，吉林人民出版社，1998.第23页，第163页在"新京"总人数上可能有

差异，但朝鲜人口以及比例应该没有太大差异。

［21］田志和，马鸿超，王德才.市志少数民族志·宗教志上[D]，市：吉林人民出版社,1998.第59页

［22］比率a是民族别，比率b是地域别人口比率。

［23］田志和，马鸿超，王德才.市志少数民族志·宗教志上[D]，市：吉林人民出版社,1998,第93页

［24］滿鮮日報[N],1940-9-29

［25］[日]滿洲帝國協和會中央本部調查部.國内に於ける鮮系國民實態[D],1943,32页,[韩]金炅一,等.东亚民族离散和城市——20世纪"满洲"的朝鲜人，首尔:历史批评社，2004，第199页

［26］本章节内，[韩]金炅一,等.东亚民族离散和城市——20世纪"满洲"的朝鲜人，首尔:历史批评社；在2004中运用李东振独创的研究（173~275页）

［27］在1935~1937年，呈现出人口增加停滞的倾向。

［28］平均家具院员数综合地反映了家族结构、定居性程度、经济水平。因此不能解释某一特定方面。

［29］综合参考文献，笔者对朝鲜人部分进行了再组成。

［30］日本人中，30岁以上的单身就任的比较多，20多岁的大多是夫妇同时移民。中国人的定居程度上升，比起自然增加，社会增加更加显著。

［31］不称为"满洲"的理由是，在这一情况下，要附加统计。

［32］[日]"新京"总领事馆.『管内在住朝鲜人の概況』[D],1933,第18页

［33］[日]"新京"总领事馆.『管内在住朝鲜人の概況』[D],1933,第17页

［34］[日]日本外务省.在满朝鲜人概况[D],1934,第316页

［35］比例a是在民族整体中各产业人口所占的比重，比例b是在产业整体中各民族人口所占比重。

［36］[韩],金炅一,等.东亚民族离散和城市——20世纪"满洲"的朝鲜人，首尔:历史批评社，2004，第205页。1940年，在"新京"朝鲜人成立的企业店铺113个中，旅馆15个、饭店酒店33个、还有其他印刷、典当、贸易公司及一部分中介几机构。

［37］[韩]尹辉铎.满洲国：殖民地的想象孕胎的复合民族国家[D],首尔:慧暗，2013，215页

［38］1933年，"新京"总领事馆的报告中提及"本来朝鲜人中等学校的设立和初等学校的满铁直营以及在外制定学校资格授予是长期以来盼望的。""父兄对子女教育的重视是不论贫富的。在这一点上不逊于朝鲜内地。"[日]"新京"总领事馆.『管内在住朝鲜人の概況』[D],1933,26页1933年，还有个人设立的宽城子书堂。是证明朝鲜人教育热的代表事例。

［39］"新京"普通学校是有2名日本人，10名朝鲜人教师和学生644人构成的（1933年9月），宽城子学校的教师有3人，学生有201人（1935年）。

［40］西广场小学有朝鲜人女学生2人，在室町小学有朝鲜男学生13人和女生5人在学。

［41］满洲日日新闻社.满洲年鉴[D],1940,541页

［42］滿鮮日報[N],1940-4-3.

［43］滿鮮日報[N],1940-1-1.

［44］"满洲国"自1938年开始实施新学制，初级中学校和高级中学校统一为"国民高等学校"。从6年制缩短为4年制。虽然标榜"民族公学"，但朝鲜人因不会"满洲语（汉语）"而无法升学。因此朝鲜人中等教育，根据"满洲国"的新学制，要进入用日语授课的学校或班级才得以升学。[韩],金炅一,等.东亚民族离散和城市—20世纪"满洲"的朝鲜人[D],首尔:历史批评社，2004，233页

［45］满洲日日新闻社.满洲年鉴[D],1940,456页

［46］如果无法进入日本人中等学校，那么就升学到中国人中等学校。

［47］关于当时朝鲜人中等教育可以参考[韩],金炅一,等.东亚民族离散和城市——20世纪"满洲"的朝鲜人[D]，首尔:历史批评社，2004，234~235页

［48］滿鮮日報[N],1940-3-26.

［49］如1940年，约选拔了300人，但是有800人报名。在这一教育热现象和"新京"朝鲜人按年龄划分的移

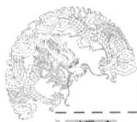

居情况有很大的关系。

［50］中国第二历史档案馆，伪满大学教育实况及抗战胜利后整理意见（一），民国档案2，2001，37~38页；[韩]金炅一，等.东亚民族离散和城市——20世纪满洲的朝鲜人[D]，首尔:历史批评社，2004，236页

［51］中国第二历史档案馆，伪满大学教育实况及抗战胜利后整理意见（二），民国档案3，2001，36，39页

［52］满洲日日新闻社，满洲年鉴[D],1940,456页

［53］[韩]南昌龙.满洲帝国朝鲜人：日帝东北侵略史[D],首尔：辛世林，2000

［54］[韩],金炅一，等.东亚民族离散和城市-20世纪满洲的朝鲜人[D]，首尔:历史批评社，2004，216页

［55］成立当时有3813人。

［56］[日]申奎变，『在满朝鲜人"の‘满洲国’観"および‘日本帝国’像』《朝鲜是研究会论文集》38，2000,108页

［57］这一整合有双重意义。满族分会也代表了少数者的声音。[韩],金炅一，等.东亚民族离散和城市——20世纪“满洲”的朝鲜人[D]，首尔:历史批评社，2004，218页

［58］滿鮮日報[N],1940-1-25.

［59］[日]“新京”总领事馆.『管内在住朝鲜人の概況』[D],1933,57页

［60］[日]“新京”总领事馆.『管内在住朝鲜人の概況』[D],1933,62页

［61］[日]“新京”总领事馆.『管内在住朝鲜人の概況』[D],1933,66页

［62］滿鮮日報[N],1940-5-2.

［63］[韩]南昌龙.满洲帝国朝鲜人：日帝东北侵略史[D],首尔：辛世林，2000,85页

［64］为此在满鲜日报中介绍了“新京”中央广播节目和京城第2广播节目。

［65］[韩]金炅一，等.东亚民族离散和城市—20世纪“满洲”的朝鲜人[D]，首尔:历史批评社，2004，229页

［66］在“满洲国”主要城之中还有朝鲜的《东亚日报》《朝鲜日报》《每日新报》等的支局。

［67］滿鮮日報[N],1940-9-20；滿鮮日報[N],1940-9-28

［68］协和会没能马上吸收朝鲜人民会，而是通过了鸡林分会这一中间过程。表现了朝鲜人的自我防御的情形。

［69］滿鮮日報[N],1940-9-20，滿鮮日報[N],1940-12-21

［70］滿鮮日報[N],1940-5-28

［71］[英]Anderson,Benedict:《Imagined Communities:Reflections on the Originand Spread of Nationalism》,London:Verso,1983.

［72］[韩],金炅一，等.东亚民族离散和城市—20世纪“满洲”的朝鲜人[D]，首尔:历史批评社，2004，256页

［73］“满洲”开始出现韩国近代小说是在20世纪20年代。当时“满洲”干旱且贫困，“满洲”称为移居的农民被中国地主剥削的地方。但从20世纪30年代后期开始有了非常大的改变。在伪满洲国成立以后，开始了日本内地和朝鲜的大规模的人口移动，如此“满洲热”也体现在文学上，大量的“满洲”旅行记和开垦小说被创作出来。但在之前，将这类的20世纪30年代后期的作品评价为根据日帝政策创作的国策文化，即亲日文化。指导最近才开始对这类文学作品进行多角度地研究。

［74］与伪满洲国相关的韩国最有名的小说家事安岁吉。他在1924年14岁的时候来到间岛直到新中国成立前两个月的1945年6月因健康恶化而归国。他以记者身份供职于满鲜日报，同时也是在满朝鲜人文坛的代表作者。但它的作品主要以“农村移居”为背景，新中国成立后因政治压力改变了以往作品的部分内容。因此不纳入本研究中。

［75］满洲的“满鲜日报”是位于“新京”，是在可以被统治的领域范围内。而朝鲜的“东亚日报”等位于朝鲜的京城，殖民统治下被殖民民族成为被“监视和统治”的对象。这都说明了比起认识更接近于统治的领域。

［76］以朝鲜人创作的文学作品为研究对象是因为“新京”朝鲜人社会是“移民社会”，如果要掌握对当时朝鲜人对“新京”的认识就必须研究移民社会的表层。因此，在本文中没有对所及作品的文学观进行讨论，而只是集中于对“新京”及伪满洲国的认识。

［77］这一章的目的是通过"对当代'新京'认识"的分析来研究"'新京'朝鲜人社会"的空间背景，因此不是一般的文学批评和寓意解释，只是集中于作品中与"新京"相关的叙述。

［78］韩雪亚《大陆》是以满洲的农村–城市为空间背景，描绘了伪满洲国内"新京"的空间位置，但与"新京"的部分较少，而没有被予以采纳。《大陆》中"新京"是主要表现为行政裁定地区。

［79］韩国现代文学词典网络版http://terms.naver.com/entry.nhn?docId=333669&cid=958&categoryId=1991

［80］这一设定有两种含义。第一是朝鲜人就业职位的不足，第二是伪满洲国成为日本及朝鲜的问题解决领土，这一观念非常普遍因此而被文学作品所表现。

［81］[韩]俞镇午."新京",1942；俞镇午.短篇集，首尔：知做知，2012，31页

［82］韩国网站navernewslibrary,http://newslibrary. naver.com/search/searchDetails.

［83］在当时日本本土，朝鲜，伪满洲国，台湾的言论所控制的地域范围大体相当。

［84］[韩]俞镇午."新京",1942；俞镇午.短篇集，首尔：知做知，2012，32页

［85］[韩]金白永.支配与空间，首尔：文学和知性社，2009，202页

［86］[韩]俞镇午."新京",1942；俞镇午.短篇集，首尔：知做知，2012，33页

［87］[韩]俞镇午."新京",1942；俞镇午.短篇集，首尔：知做知，2012，55页

［88］实际上，"新京"在全部公共机关内都设置了水洗式卫生间。

［89］[日]越泽明著，欧硕译.伪满洲国首都规划[D].市政协文史资料委员会内部资料，2007

［90］[韩]俞镇午."新京",1942；俞镇午.短篇集，首尔：知做知，2012，41页

［91］决心到建国大学或大东学院等"新京"高等教育机关留学的他们只用熟练日语就可以。但大部分朝鲜人都是与此无关的。

［92］[韩]俞镇午."新京",1942；俞镇午.短篇集，首尔：知做知，2012，41页

［93］[韩]俞镇午."新京",1942；俞镇午.短篇集，首尔：知做知，2012，46页

［94］虽然同时也表现了对满洲朝鲜人社会的认识。这是重叠的排列。

［95］[韩]俞镇午."新京",1942；俞镇午.短篇集，首尔：知做知，2012，47页

［96］这与在与"新京"相关的统计和记录中关于女性的部分很少这一状况相符。"新京"朝鲜人社会的女性大部分在社会从事地位非常低的事业。

［97］[韩]俞镇午."新京",1942；俞镇午.短篇集，首尔：知做知，2012，47页

［98］当时朝鲜人工作者和自由业占到整体的1.5%~2%。这与"新京"人口中朝鲜人的比例几乎相同。[韩],尹辉铎."满洲国"：殖民地的想象孕胎的复合民族国家[D].首尔:慧暗，2013,185页

［99］关于伪满洲国出身朝鲜人在新中国成立后的出路可以参考[韩]南昌龙."满洲帝国"朝鲜人：日帝东北侵略史[D].首尔：辛世林，2000

［100］[韩]韩锡政,卢枝锡.满洲，东亚融合的空间，首尔：召命出版，2008，217页在建国大学韩国总校友会文集中几乎没有对"新京"的记忆。是因为他们几乎被隔离在"新京"社会，"新京"朝鲜人社会之外。

［101］本资料不能涵盖"新京"社会的全部。但是到目前为止对"新京"的记录中值得关注的有3篇。

［102］[韩]金夕享（口述），李香奎（整理）.我是共产党员，首尔：善人，2001

［103］[韩]崔夏中.我经验的解放和分段，首尔：善人，2001其中崔夏中部分很少。

［104］舅舅崔夏中不是一般的师长。在朴正熙5.16军事政变时期是其主要势力之一，是当时统治韩国社会的机构"国家再见最高会议"的一员。

［105］[韩]郑峰权.殖民时期在满朝鲜人的人生和记忆，首尔：善人，2009

［106］有关与郑峰权相似的毕业于"新京"普通学校的口述研究。郑美亮的文章中没有记载口述者的资料，只集中于对伪满洲国教育制度和"新京"普通学校的分析。

［107］[韩]韩锡政,卢枝锡.满洲，东亚融合的空间，首尔：召命出版，2008，223–224页

［108］[韩]郑峰权.殖民时期在满朝鲜人的人生和记忆，首尔：善人，2009，179页

［109］崔夏中的背景并不特别，是因其学习成绩好而入学的。

［110］其前一部分的内容为"从朋友那里听说因不会记账而被职员骗的故事。"

［111］[韩]郑峰权.殖民时期在满朝鲜人的人生和记忆,首尔:善人,2009,178~179页

［112］[韩]金夕享（口述）,李香奎（整理）.我是共产党员,首尔:善人,2001,95-96页崔夏中是到高等中学校留学,而郑峰权是居家移民。两人都是从伪满洲国内移动的,因此向"新京"移居的行政上的官文是没有的。

［113］[韩]金夕享（口述）,李香奎（整理）.我是共产党员,首尔:善人,2001,96页

［114］韩]郑峰权.殖民时期在满朝鲜人的人生和记忆,首尔:善人,2009,225页

［115］[韩]崔夏中.我经验的解放和分段,首尔:善人,2001,288~290页

［116］对音乐室、化学室、黑板和教室状况有很详细的描述。[韩]崔夏中.我经验的解放和分段,首尔:善人,2001,288~290页

［117］[韩]金夕享（口述）,李香奎（整理）.我是共产党员,首尔:善人,2001,96页

［118］[韩]郑峰权.殖民时期在满朝鲜人的人生和记忆,首尔:善人,2009,187页

［119］[韩]郑峰权.殖民时期在满朝鲜人的人生和记忆,首尔:善人,2009,187页

［120］在学校内表现出的民族问题将在下一章细述。在本章中将讨论与教育相关的问题。

［121］滿鮮日報[N],1940-2-28

［122］他就像郑峰权的兄长。

［123］滿鮮日報[N],1940-2-28,[韩]韩锡政·卢枝锡编.满洲,东亚融合的空间,首尔:召命出版,2008,223页

［124］1940年,"新京"商业学校的朝鲜人合格者只有9人（共216人）。[韩]韩锡政·卢枝锡编,《满洲,东亚融合的空间》,首尔:召命出版,2008,223页

［125］郑美亮,日帝强占期在满朝鲜人的教育与体验:以（"新京"）普通学校（1922-1945）事例为中心,韩国教育史学第27卷第2号（187-210页）,194页

［126］关于伪满洲国时期"新京"朝鲜人社会教育可以参考郑美亮,日帝强占期在满朝鲜人的教育与体验:以（"新京"）普通学校（1922-1945）事例为中心,韩国教育史学第27卷第2号（187-210页）。是将伪满时期在满朝鲜人教育现况和事例相结合的非常优秀的研究。

［127］[韩]韩锡政·卢枝锡编.满洲,东亚融合的空间,首尔:召命出版,2008,226页

［128］[韩]韩锡政·卢枝锡编.满洲,东亚融合的空间,首尔:召命出版,2008,228页

［129］[韩]韩锡政·卢枝锡编.满洲,东亚融合的空间,首尔:召命出版,2008,230页

［130］[韩]金夕享（口述）,李香奎（整理）.我是共产党员,首尔:善人,2001,100~101页

［131］劝语的日本发音和"告诉"的韩国语发音相似而被取笑。

［132］1高等学校是农科,2高等学校是商科

［133］目前将金夕享和郑峰权的口述结合的研究是没有的。

［134］在"新京"一带的配给差异如文中所说的。根据建国大学韩国总校友会的记录（[韩]韩锡政·卢枝锡编,《满洲,东亚融合的空间》,首尔:召命出版,2008,232页）,一部分日本学生怀着不满而接受统一配给。这说明在"新京",作为伪满洲国的首都,在伪满洲国的高等机构中部分实施了"五族协和"这一国家宣传口号。比起民族间的非差别,"新京"的空间特殊性更加值得关注。

［135］这里所说的"矛盾"并不是指"万宝山事件"等暴力事件,而是指在日常生活中的矛盾。

［136］[韩]韩锡政·卢枝锡.满洲,东亚融合的空间,首尔:召命出版,2008,238页

［137］[韩]韩锡政,"满洲国建国"的再解释,釜山:东亚大学校出版部,2007

（作者郭奎焕　吉林大学韩国访问学者）

简述伪满洲国金融的特征

刘　辉

【内容提要】伪满洲国金融形态的形成、深化及其特征，是东北沦陷十四年史和近代东北经济史研究的重要内容。本文从伪满洲国金融体系建立入手将伪满洲国金融的特征归纳为三个层面，即金融体制的殖民性、金融政策的垄断性、金融功能的掠夺性，并做了具体的阐述，揭示日本军国主义在东北实施经济侵略和掠夺政策的本质。

【关 键 词】伪满洲国　金融　殖民　垄断　掠夺　特征

1932年，日本侵略者在中国东北拼凑成立的伪满洲国，是日本发动侵华战争期间建立的典型的殖民地傀儡政权。国内史学界对于伪满洲国政治、经济、文化形态的研究，大体上起始于20世纪80年代初期，并取得较为丰硕的成果。然而，在伪满经济的研究层面，尽管取得了阶段性成果，但某些经济构成的微观因素，如金融研究领域，尚缺少全面、系统、深入的研究，这也是学界今后应该付诸努力的一个方向。本文试图从伪满洲国金融体系的建立入手，仅就伪满洲国金融的特征，做初步的探讨。

一、金融体制的殖民性

"九一八"事变前，东北的社会性质是半殖民地半封建社会，表现在金融方面则为帝国主义金融资本体系与东北地方的官僚资本金融体系并存。而日本在外国金融资本中占主导地位。日本对东北的金融侵略，起始于1899年日本横滨正金银行在营口设立分行。截止到1931年的30余年间，日本在东北设立的银行，包括总行、支行、办事处共有58处，名义资本达到3.1亿元，实缴资本为1.3亿元。[1]除日本外，这一时期在东北的外国金融机构还有俄国的道胜银行，英国的汇丰银行，美国的花旗银行，法国的中法实业银行等。从各国投资的情况看，日本占72%，其他国家仅占28%。[2]

当时，东北地方自身也拥有庞大的金融机构网，其金融系统结构是以官办银行为主体的。不仅有东北地方政府的官办银行，即所谓的"四行号"：东三省官银号、边业银业、吉林永衡官银号、黑龙江省官银号，还有辽宁省城四行发行准备库，中国银行和交通银行在东北的分支机构，以及一些民办私人银行。其中，"四行号"则是当时东北金融界的决定性力量。

"九一八"事变爆发后，日本侵略者在侵占铁路交通设施的同时，迅速对东北地方金融机构实施武装占领，并美化为"保护与监视"。关东军伙同满铁、横滨正金银行、朝鲜

银行，对其占领的东北地方银行进行所谓的检查。随后，日本侵略者又建立起伪组织金融研究会，其主要活动是按照日军军部意图炮制和通过所谓《东三省官银号管理办法》。其后，着手筹划设立伪满中央银行。命令"满铁"和横滨正金、朝鲜两银行召开伪满中央银行建立准备会议，拟定了《满洲中央银行工作纲要》和《满洲通货金融改革方案》。1932年3月15日，伪满洲中央银行筹备会议在长春召开。关东军统治部长兼伪满总务长官驹井德三宣布：合并各官银号和边业银业，设立满洲中央银行。同时还任命了设立委员长和设立委员，讨论了《货币法》《满洲中央银行法》《该行组织法》、《旧货币整理办法》和《章程草案》等一系列伪法令。这次会议标志着殖民地金融体制开始建立。

1932年6月，日本侵略者在完全攫取东北原四行号主权的基础上，正式建立伪满洲中央银行，并于7月1日正式开业，总行设于长春，分行设在沈阳等大城市。县以上市区均设立支行及办事处，总分支机构为128处。"初成立时资本定为伪币3.000万元，实缴750万元。最后的名义资本增为1亿元，实缴2.500万元。"〔3〕伪满洲中央银行是日本军国主义对东北进行殖民地侵略，掠夺的重要工具。它垄断货币发行，集中信贷管理，控制国民经济，积极为侵略政策、战争政策服务。

伪满洲中央银行成立后，日伪统治者又相继设立了伪满兴农合作社、工商金融合作社、兴农金库、伪满兴业银行以及大兴公司等一系列金融机构，最终形成一个以伪满洲中央银行为中心的日伪金融体系。它标志着东北原有的封建买办金融体系的消亡，殖民地金融体系开始占据东北金融的主导地位。换言之，东北金融呈现出两极转化的趋势，即封建买办金融体系向殖民地金融体系的转化；主权性金融体系向附庸性金融体系的转化。从这个意义上讲，金融体制的殖民性是伪满金融的基本特征。

二、金融政策的垄断性

列宁指出，帝国主义就是垄断资本主义，垄断是帝国主义经济的基本特征，东北沦为日本军国主义的殖民地后，其经济也逐步被纳入日本军国主义的经济体系，成为其经济体系的组成部分。而在金融方面则体现为实施金融统制政策。所谓金融统制即为金融垄断，是国家垄断资本主义在金融政策上的体现。

东北沦陷14年期间，日伪在金融方面实行的统制政策主要表现在以下几个方面。

1. 强化以伪满洲中央银行为主体的金融统制。

日本军国主义在东北实施的金融统制，主要是通过伪满洲中央银行来实现的。作为伪满傀儡政权的金融总枢纽，伪满洲中央银行具有如下业务活动。第一，根据1932年6月伪满政府公布的《伪货币法》和《旧货币清理办法》的规定：伪满洲中央银行专管货币发行，并进行原有货币的收回。通过推行日伪"货币一元化""金融汇兑一元化"的原则，为日本垄断财团输出资本，掠夺资源，独占金融市场，建立殖民地经济体系铺平道路。第二，通过伪满政府和银行的金融政策法令，积聚存款，吸收储蓄，推销公债，发放贷款，支持"产业开发"。第三，推行金融统制和资金统制，加强汇兑管理，垄断金银外汇。以利于日本资本家从东北廉价收购原料和高价出售工业品以及为供应军需筹措资金。第四，代理日伪国库业务，承办战时特殊财政金融业务，支付日本关东军军费，成为日本军国主义推行侵略政策的重要财经支柱。

从以上的四项业务活动中不难看出，伪满洲中央银行是日伪实行金融统治的中心。此外，伪满洲兴业银行亦是日伪强化金融统治的一个重要的"特殊金融机构"。伪满政府于1933年3月1日公布的所谓《满洲国经济建设纲要》中曾规定："为谋工商业之发达，应设立特种金融机构，特准发行有奖债券，藉以供应长期低利之资金"。[4] 1936年12月3日，伪满政府又公布《满洲兴业银行法》，目的是将势力颇大的朝鲜银行等日本殖民银行重新改组为伪满"法人"，以便统制金融，在日本侵略者同伪满政权的策划下，将东北之朝鲜银行分支机构、正隆银行、满洲银行的总分行加以合并，成立伪满洲兴业银行，从1937年1月4日起开始营业，资本为伪满币三千万元，后增至一亿元。该行主要有以下六项业务：第一，应募或承受地方债。第二，办理国债、地方债、公司债或股份之募集及款项收付事宜。第三，办理公司债权人有关担保之信托业务。第四，发行伪满兴业债券，发行额以该行实收资本的15倍为限。第五，营业有盈余，可购买公债券、地方债券及其他有价证券。第六，对以开发东北为目的的公司，发放有担保之贷款。从中不难看出，伪满洲兴业银行是日伪强化金融统治的又一个重要金融机构。

2. 强化对原有民营金融组织的控制和兼并。

列宁在论述帝国主义时期金融垄断问题时曾指出："小银行被大银行排挤"，"有许多小银行实际成了大银行的分行"。[5] 伪满的金融统制就是从对一般民族资本银行进行控制、兼并开始的。"九一八"事变前，东北金融机构的组成是复杂的，有外国银行，有官僚资本银行，也有民营金融机构，包括银行、钱庄、储蓄会等，粮栈也办理存放款的信贷业务。民间普通银行介于外国银行和官僚资本银行之间进行业务活动，倍受压制。加之当时的币制混杂，经营十分困难。伪满洲国成立后，由于世界经济危机的影响和日本军国主义发动军事侵略行动所造成的经济秩序紊乱，使民营银行的营业陷于瘫痪状态。伪满洲中央银行成立后，日伪当局又开始对民间银行进行控制和兼并。

第一，对原有银行、钱庄强行登记，以实现其对一般金融业的垄断。1933年11月9日，伪满政府公布《银行法》，对民营行庄强行予以"整顿"。即对现有行庄强令在1934年6月以前登记，经批准发给营业执照后，才准许继续营业。结果提出登记的169家行庄中，发给营业执照的只有88家。其中，总行设在东北的有65家，总行设在关内的有23家(中国银行13家，交通银行8家，其他2家)。日伪政府为切断中国、交通等行与其关内总行的联系，令其脱离总行独立经营，并在"新京"设立中国、交通银行总管理处，严加控制。对已批准继续营业的88家，也进行种种限制。如强令在一年之内改组为股份公司，资本不足10万元，实缴资本不足半数者不准营业。这样，又有27家民营行庄被砍掉，只剩下61家。[6] 1938年12月，伪满政府公布新《银行法》，规定银行的经营主体，限定为股份组织，资本最低限额为50万元，在哈尔滨、沈阳、"新京"等大城市设总分行者须为100万元以上。这样一来，有的行庄不得不被迫停业，有的行庄则不得不接受日伪当局的资金渗透和人员渗透。而对于中国、交通银行则进一步进行迫害。事实上，太平洋战争爆发后，这些银行就陆续被勒令关闭。1939年以后，日伪当局又将庞大的储蓄任务，摊派给民营行庄，使其遭受到极大的困难。1941年3月，日伪当局又公布《金融机关稀密调整纲要》。规定"业绩欠佳"和未达到法定资本的行庄，则勒令其停业，并以调整银行分布为名，进行

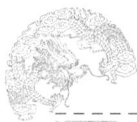

并砍。到1945年8月日本投降时，全东北民营银行仅剩下16家，其中，9家有伪满中央银行资本渗入，8家有日本人入股。纯民族资本银行，只剩益发(长春)、三江(佳木斯)、功成(梨树)、商工(沈阳)等4家。即使在这4家银行中，还派遣负责人和上层职员等进行控制，使之成为日伪金融体系的附属。

第二，控制私营行庄的信用。伪满洲中央银行规定私营行庄存款余额的三成应转存伪满洲中央银行。这样，既扩大了伪满洲中央银行的资金力量，又限制了私营行庄的资金活动。同时又规定私营行庄发放贷款时，要执行伪满洲中央银行的统一政策，从而直接或间接服务于日本军国主义侵略战争之需要，其他贷款只能放在次要地位。

3. 强制接管英美在东北的银行。

"九一八"事变后，英美两国在东北虽然保留了汇丰、麦加利、花旗等几家银行，但也仅有5处机构，相形之下，已微不足道。1941年12月8日太平洋战争爆发后，伪满洲中央银行则设立"特殊财产资金部"，按照《特殊财产措置》之规定，对英美在东北的银行按敌产处理予以接管。又于1944年7月，由伪满政府决定冻结英美银行之存款利息，进一步加强了日伪在东北的金融垄断。

综上所述，东北沦陷14年期间，伪满政府在金融领域实施的金融统制措施，强化了对东北金融市场的垄断，从这个意义上讲，金融政策的垄断性乃是伪满金融的重要特征之一。

三、金融功能的掠夺性

日本军国主义全面侵占东北后，便逐步攫取了东北的银行、交通、工矿企业等经济命脉。特别是其推行的殖民地经济统制政策，使东北的一切经济活动都置于日伪政权的统治之下。1934年日本侵略者开始实施殖民掠夺政策，又将伪满政权捆绑在扩大侵华战争的战车上，并逐步进入所谓的"战时经济体制"时期。致使东北丰富的资源遭受到前所未有的洗劫，东北的工农产业面临崩溃，人民生活极度贫困，殖民地经济形态日趋深化。

在这一强盗行径实施过程中，作为经济命脉之一的伪满金融机构，利用其金融垄断的特殊地位，积极为日本军国主义的侵略战争、殖民地掠夺政策服务，充当日本侵略者对东北进行殖民侵略、掠夺的重要工具。主要表现在以下几个方面：

1. 大量发放贷款，掠夺东北物质财富。

"九一八"事变后，日本侵略者统治与掠夺东北所需要的资金，很大一部分来自日本。从1932年到1941年的十年间，日本对满投资达50多亿元，占日本海外投资的70%左右，使东北成为日本军国主义资本输出的主要市场。投资的主要渠道是，伪满洲国的日币公债，满铁、满洲拓殖会社、满洲电业公司等特殊公司的股票和公司债券，以及对一般公司的投资等。日本军国主义通过巨额投资，每年获取数亿日元的利润。同时，利用这些投资，发展军事工业，进行经济掠夺，奴役中国人民。但是，太平洋战争爆发后，日本对满投资呈现逐渐减少的趋势，然而战时经济所需要的资金却是成倍增加。因此，日本就利用伪满洲中央银行的金融总枢纽地位，大量积聚资金，集中投放给重要产业部门，扩充军事工业，掠夺物质资源，支持其疯狂扩大侵略战争。1932年，金融统制政策实施之初，发放贷款为伪满币1亿元，相当于同时期实收资本的14.3倍。而太平洋战争爆发后，伪满洲中央银行的贷款急剧猛增，每年增长额为伪满币15亿至44亿元之间。到1945年6月，发放贷款总额达101亿元，比1937年增加47倍。在这100多亿元的放款中，为伪满洲兴业银行贷款35亿元，以支持侵略战争所需的工矿企业生产；对伪兴农金库发放贷款18亿元，用于抢购粮食、大豆及其他农副产品；对横滨正金银行放款26.6亿元，其中，关东军军费即占23亿元。据统计，日本侵略者在伪满洲中央银行的支持下，从东北掠夺大量的物资资源，计有工矿产品4117万吨，粮食、大豆等农副产品3886万吨，金银1632万两，折合伪满币约为89.8亿元。[7]此外，伪满政权输出黄金93.59万两，白银1,538.08万两，鸦片80多吨以购进军用物资，支持日本军国主义扩大侵华战争。

2. 强迫储蓄，强制推销公债。

由于伪满洲国资金来源不多，银行信贷效率很低，公债消化能力也较差。因此，不得不依靠大量发行货币，以解决资金匮乏问题和大量发放贷款之所需。1937年伪满洲中央银行的货币发行额是32万余元，1944年就增加到587万余元，即增加15倍。这样，就产生了恶性通货膨胀。从物价方面看，各种商品历年平均零售物价指数，以1937年为一百，1943年则上升到二百六十；沈阳、哈尔滨、长春三个城市黑市价格总指数，以1941年为一百，1944年则上升到七百左右。因此，日伪政权为了抑制物价上涨，采取了发行公债和义务储蓄运动。但这两项措施是强制实行的，带有赤裸裸的掠夺性质。

1939年开始实行职员义务储蓄。根据《职员义务储金规程》规定，薪俸150元以下者，中国人职员的储蓄率是2%，150元以上者为4%，250元以上者为6%。此项储蓄于每次发薪时扣除。而且规程规定，"本储金除职员退职或死亡时外概不发还之。"[8]1940年又由伪协和会出面在东北城乡强行开展所谓"国民储蓄运动"。运动的重点在城市，也"波及到农村"，实行"举国一致"，并按地区、单位和行业强行组织储蓄会。在城市以伪满洲中央银行为中心，建立所谓国民储蓄金融机关委员会，并组成储蓄献身队四处活动。还实行储蓄实践周或旬以及储蓄日。特别是从1941年起，义务储蓄制从伪满职员扩展到特殊公司、准特殊公司、特殊团体的职员，而且为使储蓄长期化，设立各种新的存款名目，有的定期存款期满解约时退给的是与存款同额的"国策公司"股票。据统计，1942年储蓄计划是15亿元，1944年为30亿元，1945年猛增至60亿元竟达到伪满国民收入计划总额的46,2%。

与此同时，伪满公债的发行额也逐年增加。1937年约为4.4亿元，1942年则增加到28亿元之多。消化公债的具体作法是，每次发行公债时，除分摊给金融机关一定量使其推销外，当市、县、旗等伪地方政府发放津贴或支付其他资金时，或有人买卖不动产时，都是附以一定数量的公债，使之接受。1943年5月，伪满政府又公布了《资金特定用途制度》，要求银行、商工金融合作社、公司企业都须保有一定比例的公债，对职工及民众，也摊派公债。由于1942年曾经推行的有奖债券和有奖储蓄的效果不明显。因此，从1943年起日伪政权又推行了各种强制办法，其中，包括规定各省、市、县(旗)的储蓄分摊额；实行机关储蓄；发行小额短期公债、储蓄票、增发彩票；企业利润超过一定数量时，强制其购买公债；出卖不动产时，也必须将其所得部分作为储蓄；强制摊派储蓄票，即居民按居民组摊派，而且在购买物品时，即使购买一包卷烟，也要附带一定的储蓄券。可见，日伪

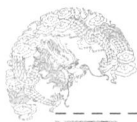

政权对东北人民和资源的盘剥与掠夺已达到极其疯狂的程度。据不完全统计，日伪统治的14年期间，共发行公债87种，总金额为40．5亿元，其中，伪满公债56种，总金额30．25亿元。到日本投降时仅还本5700万元，仅此一项即劫夺民财近30亿元。[9]

3．利用回收原有货币，肆意盘剥人民。

伪满傀儡政权建立前，东北的货币种类繁多，仅"四行号"发行的货币就有15种，136个券种。从1932年7月起。伪满政府通过伪满洲中央银行开始收兑东北原有的货币，这一过程历时5年，到1937年6月才收兑完毕。这一过程又是盘剥人民，掠夺财富的过程。如吉林永衡官银钱号发行的"吉林官贴"，其流通额为103.1亿吊，日伪统治者在收兑的过程中，极力贬低其价值，规定360吊兑换1元伪满币。未出几日，又规定500吊兑换1元伪满币。仅此一项，东北人民即被盘剥、掠夺伪满币800多万元。[10]

以上事实证明，在金融领域的疯狂掠夺亦是伪满金融的重要特征之一。

综上所述，伪满洲国所建立的金融体系，具有鲜明的殖民性、垄断性和掠夺性的特征。伪满金融体系积极为日本军国主义的侵略战争服务，充当日本对东北进行殖民统治的重要工具。它揭示了日本军国主义在东北实施侵略和掠夺政策的本质。

注释：

［1］《中国近代金融史》[M]，中国金融出版社1985年版，第125页。

［2］孔经纬：《东北经济史》[M]，四川人民出版社1986年版，第313页。

［3］《中国近代金融史》[M]，中国金融出版社1985年版，第186页。

［4］东北物资调节委员会研究组：《东北经济丛书.金融》[M]，1985年版，第一章第二节。

［5］《列宁全集》第二卷[M]，人民出版社1972年版，第754页。

［6］吉林省金融研究所编：《伪满洲中央银行史料》[M]，吉林人民出版社1984年版，第180–183页。

［7］《中国近代金融史》[M]，中国金融出版社1985年版，第249–250页。

［8］吉林省金融研究所编：《伪满洲中央银行史料》[M]，吉林人民出版社1984年版，第180–183页。

［9］吉林省金融研究所编：《伪满洲中央银行史料》[M]，吉林人民出版社1984年版，第520页。

［10］政协吉林市文史资料研究委员会：《吉林货币金融史料》[M]，1988年版，第72页。

（作者刘辉　吉林省博物院研究馆员）

伪满洲国职业教育特点及其实质

陈春萍

【内容提要】职业教育是伪满洲国殖民主义教育体系最重要的一个组成部分，是日本殖民主义者为更快更高效的掠夺东北丰富的物资资源，适应其产业开发计划的需要而量身定做的一类教育形式。其职业教育范围和学校的职业教育内容随着日本侵略的深入而不断扩大，并以多种形式的职业教育途径和力求最少的修业年限培养能忠顺于其殖民统治的技能型劳动者，而其职业教育的宗旨同其他各类教育一样，始终将奴化教育放在首位，强调所谓的建国精神教育。在日伪的统治下，伪满洲国的职业教育已被深深烙上了殖民主义教育的印记。

【关 键 词】伪满洲国 日伪 职业教育 特点 实质

职业教育是伪满洲国教育的最重要的组成部分，其职业教育范围随着日本侵略的深入而扩大。最明显的是，通过新学制的实施，使所有中等教育都带有职业教育的性质，将职业教育普及到伪满学校的诸多教学内容中去。此外，还通过其他尽可能的办学形式来普及职业教育。并以最少的修业年限迅速培养能忠顺于其殖民统治的技能型劳动者。尽管伪满洲国的职业教育范围极为广泛，且课程设置名目繁多，但其思想性和实用性课程始终占据职业教学内容的主导地位。而其职业教育的宗旨同其他各类教育一样，始终将奴化教育放在首位，强调精神教育，向学生灌输"日满一德一心""日满一体"的殖民统治理论，将日本宗主国文化教育无孔不入地浸渗到职业教育的学校生活中去。在日伪的统治下，伪满洲国的职业教育已被深深烙上了殖民主义教育的印记，具有明显不同于其他学校教育的显著特点：

一、职业教育的范围随着日本侵略的深入而不断扩大

伪满洲国建立之初，职业教育仅仅局限于专门的职业学校内，到伪满中后期，随着日本殖民侵略的深入和殖民者的需要，职业教育以发散的方式在东北迅速普及扩大起来。

"九一八"事变后，早已对东北丰富的物资资源垂涎欲滴的日本侵略者占领东北后，自然需要大批能够为其资源掠夺提供服务的技能型劳动力。但是，东北的职业学校与其他各类学校一样，在"九一八"事变时同样遭到了严重的破坏，据1933年6月末的日伪统计数据，职业学校在"九一八"事变前计有62所，事变时全部停办。事变后，逐渐恢复的有30所，学生2067人。[1]全东北仅有的30所职业学校，2067人的技能型学生，远远满足不

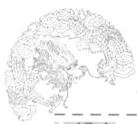

了统治者对劳动力的需求。但是，此时，日本刚刚占领东北，其主要的精力放在对东北民众的抗日武装组织进行大规模的血腥杀伐之中，为适应其统治需要，日伪不得不将一部分中学改为农工商性质的职业学校。如伪安东省就将其所辖的安东、庄河、岫岩、临江等十所中学改成了农业学校、商业学校或实务中学。这时期的职业学校学制为三年，所设课程以职业技术课为主，同时兼有普通文化课。截至1937年6月，据伪满《学校教育统计》，东北职业学校增至49所，教师539人，学生6906人，较伪满之初增加了4839人，男校38所，女校11所。[2]

　　1937年，伪满实行新学制后，日伪统治下的职业教育体系有了重大改变。最明显的是，通过新学制的实施，使所有中等教育都带有职业教育的性质。此时，日本认为伪满洲国的统治渐趋稳定，为满足侵略战争的物资供应需要，日伪制定了第一个"产业开发五年计划"，计划要求"满洲的产业开发，特别要集中于力量开发煤、铁、石油、电力等基础产业"[3]。技术型劳动力的供给成为日伪急需解决的当务之急。为适应日伪统治的实际需要，1937年，伪满政府制定并颁布了新学制要纲。新学制要纲强调中学的办学宗旨之一是"施以实业或实务教育为基础之国民教育"，将实务科视为中学的一个主要学科，强调实务科是为了让"学生将来营谋自立生活时所需的知识和技能，不是由于教师的教授或是学生的听讲与阅读教科书而能深知，是依着各种实地工作或作业、躬行磨练，由于体验而得，实行虽在教室或学校内，但以在户外或校外各种现场时居多。"[4]这是日伪对中学具有职业教育性质的实务科的最好说明。正是基于这一职业教育普遍化的指导思想，伪满政府将中学划分为农、工、商、水、商船性质的学校，每校选授一科。如此通过新学制的改革，除了增办的职业学校外，还使所有中学都带有职业学校性质，从而扩大了职业教育的范围。同时，专门的职业学校较之伪满之初有了一定发展，尤其是新学制施行的前后几年，伪满的职业学校在数量上发展到最高峰。

伪满职业（实业、实务）学校年次比较表

年 月	学校数	教师数	学生数
1932.7.	67	554	6504
1933.7.	30	206	2067
1934.12.	28	227	2603
1935.12.	37	329	4164
1936.12.	60	486	6613
1937.6.	49	539	6906
1938.12.	78	542	9597
939.2.	89	645	9739
1940.4.	79	623	8720
1941.4.	63	551	8260
1942.4.	60	574	10335
1943.4.	57	585	11928

　　（此表据《满洲帝国文教年鉴》《民生年鉴》《民生要览》《满洲帝国学事要览》《满洲年鉴》转引自《东北沦陷十四年教育史》第161页）

伪满除在职业学校和广泛的中学教学中设有职业教育科目外，还通过其他尽可能的办学形式来普及职业教育。鼓励公、私开办职业培训性质的学校。日伪认为："仅依大学，国民高等学校和职业学校所供给的毕业生不足应付现在的需要"[8]因此伪满的企业开办的各种职业培训学校纷纷兴起各种五花八门的职业培训机构。其中较有成绩的培训学校有："吉林自动车学院""吉林济仁助产士学校""满洲矿山学堂""三江劝业模范农场""农业技术员养成所""抚顺炭矿训练所""本溪湖工业实习所"等。修业年限以一年到两年居多，也有的仅为3个月或6个月。其中本溪湖工业传习所、奉天铁路学院在伪满后期便成了准大学性质的职业学校。

在伪满的省、特别市县、市以及各行政部门、各产业集团、工矿企业、农场所等也都设有职业教育性质的培训课程。培训的人员范围有技术员、职员、办事员、打字员、兽医、护士、助产士、轮船船员、制图工、水暖工、汽车司机等等名目繁多技能型劳动人员。

伪满之所以建立各种形式的职业学校，主要在于伪满洲国政府的高度重视。1938年伪满洲国的民生部教育司司长皆川丰治在《满洲国之教育》中强调："今后职业学业应合一切职业种类的需要，越发的扩充，企图养成于职业的确立和生产力坚实的增进上，能尽力活动的职业人才。"[6]伪满大范围地在职业学校、中学、公办或私办的培训机构里进行职业技能的教育也就不足为怪了。

二、职业教育的宗旨以奴化教育为首要，以技能培养为次要。

伪满洲国刚刚成立时，日本殖民主义者就根据其统治的需要规定职业教育是"以教授农工商等各种专门知识技能，养成国民勤苦耐劳之习惯，以期开发国家之生产富源为主。"[7]的宗旨。规定职业教育的学科要"以建国精神、国语、数学体练及教练为主。关于职业教育之普通教育科目之教授时间数，可得伸缩之"[8]伪满文教部学务司长木田清也说："我国国策之重要者是生产力的扩充，我国使命之最重要者是以农产物、工产物、矿产物的增产而援助日本完成大东亚战争。为此，国民应该付出全部的努力。所以，教育也应该适应国策，养成对此有用之人。"[9]日伪尽管明确阐述了伪满职业教育的目的，是为了急于培养供其殖民统治所用的技术型劳动者，但是与伪满的其他奴化教育一样，日本殖民主义者首先仍是将奴化顺民教育放在所有教育的首位。在伪满职业学校令中，日伪统治者在第一条就明确规定："职业学校以涵养国民道德，授予关于职业之知识、技能为目的。"[10]1937年10月，伪满政府公布职业学校规程，在所规定的四十三条规程中，第一条第一项规程首要强调的就是"应阐明建国之由来及建国精神，并使知访日宣诏之缘由，借使深刻体会日满一德一心不可分之关系，涵养忠君、爱国、孝悌、仁爱之至情，民族协和之美风。使其自觉负有为国家社会效劳之责务，并依劳作炼成爱好勤劳、尊重职业、实践躬行之精神，俾期养成其为中坚国民之信念。"[11]第二项才是"授予关于职业之知识，并磨练其技能"[12]这一被写进职业教育规程第一条第一项的章法已经充分彰显了日伪重视和施行职业教育的最终目的。

1938年新学制实施以后，日伪更进一步强调职业学校的教育宗旨要将"涵养国民道德"放在首位，其次是"授予关于职业之知识技能为目的"。在颁布的学制要纲中，日

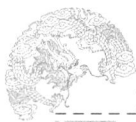

伪强调"职业教育以授予关于社会实际生活上所必需之职业知识、技能，养成思想、伎俩两皆健全之职业从事者为本旨。"[13]伪满的民生部教育司司长皆川丰治在《满洲国之教育》中说得更是十分明白："我国的职业教育，不是专授予职业上的技术，以图养成机械的职业人，是以养成思想坚实、国民信念旺盛的职业人为目的"。[14]本着这一殖民统治者的宗旨，伪满的职业学校以及所有具有职业教育功能的中学包括女子国民高等学校或公、私企业开办的职业培训学校，均将国民道德课作为主要的教学内容而放在第一位，课时与日语课课时一样，都是所有课程中占时最多的。伪满的国民道德课主要讲述要旨是"阐明（伪满）建国之本意"及"日满两国之关系"，"养成忠良国民之信念"。特别是，伪满洲国皇帝溥仪1940年7月第二次访日回来后，颁布了《国本奠定诏书》，修建大、小型的建国神庙，将日本的"天照大神"视为伪满洲国的建国"国神"，强迫东北人民参拜。伪满各级学校包括职业学校和具有职业教育性质的所有学校被迫在明显的位置修建供奉"天照大神"的小型建国神庙，师生经过时必须行90度最敬礼，强迫学生每天用日语背诵"国民训"，向伪满"帝宫"、日本皇宫遥拜。1943年以后，伪满政府直接将过去的国民道德课改称为建国精神课，向学生和东北的民众全面灌输日本的天照大神是伪满洲国的肇国之祖的"惟神之道"的建国理论，日本殖民主义奴化教育方针进入神道主义教育阶段，意在从教育着手，从根本上消灭中国人民的民族意识，使其甘心做日本殖民统治的亡国顺民。此时的建国精神课占据职业教育总课时12.5%，实务课为31%。[15]即便是在技术员养成培训的职业教育中，也是将殖民统治思想无孔不入地渗入到教育的首要环节中去。如本溪湖技术员养成实习所就明确规定："工业实习所应留意与巩固国民精神之涵养，实践的知识技能之修得及身体之锻炼，教育学生。"[16]再如，奉天铁路学院的教育方针是"奉体国本奠定诏书及回銮训民诏书之御趣旨，自觉铁道对于道义国家所负之重大使命，在院遵守学生训，到铁道现场躬行铁道五训（即至诚奉公，融合一心，规律严守，研究炼磨，质实刚健），为贡献于产业的开发、国富的增进和国防的协力而期育成有为健全的铁道人才，国家的忠良人物。"[17]作为地方的一所职业学校，奉天铁路学院的教育方针充分表现出伪满殖民地职业教育的性质和首要目标。日本侵略者十分清楚，无论是何种技能的人才，只有精神上心甘情愿地被奴役，才会在技能和身体上心甘情愿地为日本的殖民统治效力和服务。

三、职业教育分布不平衡，职业教育偏重于以农科为主。

伪满洲国的职业教育虽然名目繁多，但是其分布和发展却是很不平衡的。首先是以农科为主的职业学校占据多数，如1941年初的79所职业学校中，农业学校就有41所，为职业学校的二分之一以上。在男子的职业学校中，近四分之三的学校都为农业学校。1942年，伪满60个职业学校，农科学校有28所，也占整个职业学校的近一半。伪满之所以很重视农科职业性质的教育，一是因为东北本身的地理环境和资源，就决定了农业生产始终占据优势和主导地位，因而，对农业型技术人才的需求也是占据较大的比重。二是，与日本对农产品的掠夺政策相关联。1937年，卢沟桥事变后，日本将侵略的魔爪伸到我国内陆腹地。日本为适应侵略战争的需要，将东北变成了其侵略战争的战略物资供应基地。尤其是侵华战争长期化后，华北粮食供应困难，而日本侵略者还妄图从华北也攫取更多的利益，在农业上主要是企图从华北掠夺更多的棉花和农产品，所有这些，使得伪满从原料农产品的供应地，变为亚洲粮食供应地。随后，日本对伪满产业开发五年计划进行了两次调整，农业生产计划也随之调整。1938年将列入产业计划的15种农产品增加到19种，并对农产品按增加出口、民需、军需，重新编排。1939年再次修改产业开发五年计划，加大了对农产品中粮食产量的需求。为服务日本侵略战争，满足其掠夺农产品政策的需要，伪满自然需要更多的农业技术人员。因此，伪满以农科为主的职业学校设立的比重和范围也就随之加大了。此外，伪满男、女职业学校在数量和学生数额以及区域培养的分布上也是不平衡的。例如1940年初，男子职业学校有54所，学生6515人；女子职业学校仅为35所。学生3224人。而发展最快、职业学校数量上占绝对优势的则以伪满的奉天省为各省之最，仅3735人的学生数量即占整个伪满洲国职业学校的三分之一。

四、课程设置名目繁杂，以思想性和实用性占据主导地位。

伪满职业教育科目十分繁杂，凡是社会及家庭生活所需之实用技能，均被网罗无遗，都可作为职业教育的授课科目。

伪满洲国之初主要的职业课程设有农科、园艺、蚕桑、医科、商科、金工、土木、电机、铁路、印刷、制革、染织、缝纫、刺绣、家事等各种。学校自设实习工厂、农场、林场、商场、医院等。1938年伪满实行新学制后，将中学的职业教育课程主要分为农科、工科、商科、林科、水产科五大类。例如实务科以农科和林科为主的中学要从农作物、园艺、土壤、肥料、土地改良、农作物病虫害、畜产、畜产加工制造、兽医、家畜卫生、牧草及其他饲料、牧场经营、农产加工制造、柞蚕、制丝、育苗、造林、森林保护、森林利用、森林数学、森林经理、农林土木、农业气象、测量、产业组合和其他有关农业方面选择教学内容；实务科以工科为主的中学，从机械、电气、土木、建筑、应用化学、纺织、工艺、采矿冶金中选择一种或数种若干门课程讲授；实务科以商科为主的中学，从商业要项、商业经济、簿记、商品、商业作文、商业算数、商业地理、商业史、商业法规、商业图案、打字、速记、商业语和其他有关商业方面选择教学内容；实务科以水产科为主的中学，要从水产动物、浮游生物、水产植物、水产卫生、水产化学、水产增植、渔、水产制造、鱼类蓄养、渔获物处理及冷藏、渔船、航海及运用、水产气象、水产经营及其他有关水产方面选择教学内容。商船实务科中学，虽有其名，但从未真正建立起来。同时，在女子国民高等学校里，将家政技能作为实务科的重要内容来加以教学，所开课程主要有家事、裁缝、手艺、教育、实业。家事内容包括衣、食、住、养老、看护、卫生等；裁缝，手艺主要包括普通衣物的裁剪、缝纫、修补、刺绣、造花、编织等；教育实务科中学的内容主要有育儿和子女教育必需的知识技能，实业科目主要以农业和商业为主。1943年以后，将上述五项（家事、裁缝、手艺、教育、实业）统称为实务科加以教学。女子国民高等学校的职业教学内容所占比重很大，其实业、裁缝手艺、家事占其全部课时40.94%，三、四年级高达52.56%，同时，还增加了几十天的整日实务实习。

国民道德课、日语课和实务课是伪满职业教育的重点教学内容，如日语、实业科讲义每周授课6课时，实习6课时；到三、四年级，实业科讲义每周授课增加至15课时，实习仍为6课时。而数学授课仅为3课时，满语3课时，音乐和图画均为1课时。实业课所占比重占

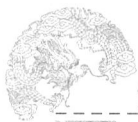

总课时接近50%，农业和水产占总课时的41.25%，工业和商业占总课时的38.75%。虽然各项实业科课程设置和教学课时占据职业教育近一半比重，但伪满洲国职业教育与其他各类教育一样，均将国民道德课（1943年改称建国精神课）作为主要的教学内容向学生讲授，这类以推行侵略有理、灌输奴化教育的思想性课程占据总课时12.5%，实务课为31%。可见，无论何时，日伪从未放松对东北人民的精神教育的奴化过程。

实质：伪满之所以重视和培养职业型技术人才，其终极目的是为其长期占领东北而培养可供其驱使的技能型劳动力。伪满建立之初，职业教育就已经被架构到为经济服务的殖民统治构想中去。日本侵略者规定职业教育的宗旨要"以教授农工商等各种专门知识技能，养成国民勤苦耐劳之习惯，以期开发国家之生产富源为主"[18]伪满文教部次长田中义男也说："满洲国的教育内容是以实业教育为主，采取努力授予适应生产之知识技能的方针。这个尊重实学的方针，在我国教育之各个领域内都能坚持，实际上是我国教育的一个基准。"[19]新学制的实施使得伪满的中学基本被职业教育化。伪满中后期，特别是新学制施行以后，缩短教育年限，在国民中等学校，增加教授"足以独立经营家业之技能为要旨"[20]的实务课程。这样做的目的是学生毕业后，即能立刻胜任他们所需要的各项技能性劳务的需要，从而更快更有效地为其殖民经济统治服务。由于整个中等教育年限缩短，且以职业教育为主，使得东北有为的青年限于知识程度的短缺，而无法继续深造读书，只能成为被日本殖民主义者驱使的廉价的技能型劳动力。在伪满洲国，通过职业教育毕业的学生成为日本增加可被其驱使的技能型劳动力的最主要的来源。日本侵略者毫不掩饰地说："我国国策最重要者是生产力的补充，使命之最重要者是以农产物、工产物、矿产物之增产而援日完成大东亚战争……职业学校可以说是国力增进的动力，是以养成有益于产业开发之部门，及于国民生业有益之职业从事者的"[21]从日本侵略者自己的言词论著，足以说明，伪满洲国职业教育同其他各类教育一样，是日本殖民主义奴化教育的一个最为重要的组成部分，是日本殖民主义者为更快更高效地掠夺东北丰富的物资资源，适应其产业开发计划的需要而量身定做的一类教育形式。

注释：

[1]（日）斋藤直基知编撰，《满洲国政治指导总览》，满洲书籍配给株式会社，1944年出版，第334页。

[2]王野平主编：《东北沦陷十四年教育史》，吉林教育出版社，1989年5月版，第160页。

[3]"满洲国"史编撰刊行会编，黑龙江社会科学院历史研究所译：《"满洲国"国史》总论，第529页。

[4]转引自王野平主编：《东北沦陷十四年教育史》，吉林教育出版社，1989年5月版，第120页。

[5]《中等程度以上各种教育设施一览》，第5页，转引自齐红深主编：《日本侵华教育史》，人民教育出版社2004年12月，第229页。

[6]（日）皆川丰治：《满洲国之教育》，伪满洲国教育会发行，1939年，第34页。

[7]武强主编：《东北沦陷十四年教育史料》，第一辑，第106页。吉林教育出版社，1989年1月。

[8]武强主编：《东北沦陷十四年教育史料》，第一辑，第65页。吉林教育出版社，1989年1月。

[9]（日）斋藤直基知编撰，《满洲国政治指导总览》，满洲书籍配给株式会社，1944年出版，第335页~336页。

[10]武强主编：《东北沦陷十四年教育史料》，第一辑，第563页。吉林教育出版社，1989年1月。

［11］武强主编：《东北沦陷十四年教育史料》，第一辑，第565页。吉林教育出版社，1989年1月。

［12］武强主编：《东北沦陷十四年教育史料》，第一辑，第565页。吉林教育出版社，1989年1月。

［13］武强主编：《东北沦陷十四年教育史料》，第一辑，第453页。吉林教育出版社，1989年1月。

［14］（日）皆川丰治：《"满洲国"之教育》，伪满洲国教育会发行，1939年，第47页。

［15］齐红深主编：《日本侵华教育史》，人民教育出版社，2004年12月第2版，第229页。

［16］东北师大教育系编：《伪满奴化教育》，1951年印行，第119页。

［17］王野平主编：《东北沦陷十四年教育史》，吉林教育出版社，1989年5月版，第165页。

［18］武强主编：《东北沦陷十四年教育史料》，第一辑，第554页。吉林教育出版社，1989年1月。

［19］中央档案馆，中国第二历史档案馆，吉林省社会科学院合编：《伪满傀儡政权》，中华书局，1994年1月1版，第27页。

［20］中央档案馆，中国第二历史档案馆，吉林省社会科学院合编：《伪满傀儡政权》，中华书局，1994年1月1版，第27页。

［21］（日）皆川丰治：《"满洲国"之教育》，伪满洲国教育会发行，1939年，第49页。

（作者陈春萍　伪满皇宫博物院研究馆员）

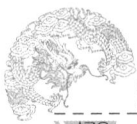

东北沦陷时期日伪对东北宗教的控制

——以寺庙管理立法为中心的考察

刘　扬

【内容提要】日伪对东北控制不仅体现在政治、经济、教育等方面，也包括在宗教上的控制。东北沦陷时期，日本对东北宗教实行"分而治之"的策略，对顺从者进行扶植，对反抗者进行了打压和控制。日伪对宗教的控制与利用取代了宗教界的自由发展，东北的宗教信仰发展出现了畸形。本文以伪满政府出台的对东北地区寺庙庙产及传教人员的管理政策条例为切入点，从立法层面解析日伪颁布的寺庙管理条例政策对宗教的控制手腕，分析日伪宗教控制意图实施的步骤和计划，并阐释条例法规所带来的影响，以此为东北沦陷时期宗教发展史研究增添新的一例。

【关 键 词】东北沦陷　宗教　寺庙管理

　　伪满洲国时期，日本不但对东北政治、经济、文化教育等诸多方面进行殖民控制，对东北的宗教更是实行严密监视和打击。日伪一方面打压宗教界，严格控制东北宗教的发展，从而抬高日本本土宗教及"王道"政策，另一方又不惜财力去培养僧道等宗教人士的亲日派，而且利用民间宗教组织宣传王道乐土思想，进而实现对东北民众思想上的控制。以往的研究成果从日伪对宗教的控制，对传教者和教徒的控制和扶植代理人角度，已经十分丰富[1]。而从宗教经济基础的庙产管理立法层面，日伪又是如何配合这一政治目的进行运作的，有关这方面的研究成果，有必要进行充实。本篇以东北沦陷时期，日伪所颁布的一系列寺庙及庙产管理等条例为研究对象，分析日伪通过控制庙产等如何一步步辅助其实现对东北宗教控制的目的。希望为该问题的研究进献绵薄之力。

一、1934年《奉天省公署教育厅管理寺庙条例》与日本对东北宗教控制初见端倪

　　东北的寺庙管理可追溯到清末时期，由于清末实行"庙产兴学"的措施实行新政，结果带来了一系列的庙产纠纷，争夺庙产所有权的诉讼案件一直不断。民国以来，现代性、科学主义等问题扑面而来，新型国家政权对庙产的处理既要兼顾现代化转型，又要兼顾传统、国粹等问题。庙产问题成为国家与社会民众、宗教界的焦点问题。由于政治环境等多种因素，寺庙管理问题虽进行了立法，结果问题并没有得到解决[2]。

1932年3月9日，伪满洲国建立。日伪抓住民国时期混乱不清的庙产问题，进行立法，成为其控制宗教经济基础的一个重要手段。1934年2月3日，伪奉天省公署民政厅以"现盘各县庙宇甚多，均未登记，致不时发生纠纷事件"为由，通令各县办理寺庙登记，并称如有违令不遵者，将进行重罚。[3]伪奉天省的宗教调查活动由此展开。

作为地方管理寺庙僧道及庙产的准则，伪奉天省公署教育厅颁布了《奉天省公署教育厅管理寺庙条例》[4]。该条例一共九条。其条例内容基本与民国十八年的《监督寺庙条例》内容大致相近，但是已经有了一些差异，可作为比较其侵略性质的参照，列表如下：

寺庙管理条例对比

《奉天省公署教育厅管理寺庙条例》	《监督寺庙条例》	对照
第一条凡有喇嘛僧道住持之宗教上建筑物不论用何名称均为寺庙。	第一条凡有僧道住持之宗教上建筑物不论用何名称均为寺庙。	寺庙定义范围相同
第二条寺庙及其财产法物如宗教上历史上美术上有关系之佛像、神像、乐器、法器、经典、雕刻、绘画及其他向由寺庙保存之一切古物等依本条例管理之。	第二条寺庙及其财产法物除法律另有规定外依本条例监督之。前项法物谓于宗教上、历史上、美术上、有关系之佛像、神像、礼器、乐器、法器、经典、雕刻、绘画及其他向由寺庙保存之一切古物。	寺庙及财产监管范围相同
第三条由政府机关或私人设立及历经私人管理之寺庙不适用本条例之规定。	第三条寺庙属于左列各款之一者不适用本条例之规定。一、由政府机关管理者。二、由地方公共团体管理者。三、由私人建立并管理者	基本相同
第四条寺庙财产及法物应向该管地方官署呈请，登记转报省公署教育厅备查。	第五条寺庙财产及法物应向该管地方官署呈请登记	政府性质发生转变。前者是伪满洲国政府。
第五条寺庙之不动产及法物不得随意处分或变更。	第八条寺庙之不动产及法物非经所属教会之决议并呈请该管官署许可不得处分或变更。	基本相同

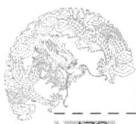

（续表）

第六条寺庙住持喇嘛僧道除宣传教义，修持戒律，修葺庙宇及其他正当开支外，不得动用寺庙财产之收入，但动用款项均须先期呈由该管地方官署转请省公署教育厅核准。	第七条住持于宣扬教义，修持戒律及其他正当开支外不得动用寺庙财产之收入。	前者表明了寺庙财产只有得到官方批准才能使用，表明了官方的绝对权力，对宗教财产的控制也间接控制了宗教。
第七条寺庙收支款项应于每半年年终了报由该管地方官署转报省公署教育厅备查。	第九条寺庙收支款项及所兴办事业住持应于每半年终报告该管理官署并公告之。	基本相同
第八条违反本条例第四、第五两条规定之一者，得由该管地方官署呈请省公署教育厅将住持严加惩处，违反第六、第七两条规定之一者，得呈请省公署教育厅革除其住持之职。	第十一条违反本条例第五条、第六条或第十条之规定者该管官署得革除其住持之职违反第七条或第八条之规定者得逐出寺庙或送法院究办。	前者可以看出寺庙管理问题基本由公署教育厅负责。

可见，伪奉天省公署教育厅所制定的寺庙管理办法，与南京国民政府时期的《监督寺庙条例》有许多雷同的条款，条例相对温和，这与伪满洲国刚刚成立不久，日本尚未能够完全控制东北，或者说是过渡期的怀柔策略有一定的关系。在政策上显然不能太过激进，为避免东北宗教界人士的不满，稍作改动地照搬前政府的政策，更能够稳定人心和政治局面。但在与民国时期寺庙管理条例的比较中，还是能看出此时寺庙管理细则还是表现出与南京国民政府颁布的条例完全不同的性质。民国时期《监督寺庙条例》中规定："寺庙应按其财产情形兴办公益或慈善事业"，"寺庙有管理权之僧道不论用何名称认为住持但非中华民国人民不得为住持。"[5]的条款在伪满洲国时代已经不再出现，仅从这两条的删除，就可见条例的殖民性与掠夺性了，同时也可看出其日后控制宗教的端倪。

伪奉天省公署公布的管理寺庙暂行条例第四条"寺庙财产及法物应向该管地方官署呈请，登记转报省公署教育厅备查。"并没有详细规定具体执行细节。为配合伪奉天省公署的寺庙管理条例，奉天市颁布了《奉天市寺庙登记施行细则》[6]，共20条。第四到第八条是对寺庙人口的登记细则，其中第四条规定了寺庙人口登记对象，规定了中国本土宗教的僧尼道士喇嘛进行登记监管，而没有提到其他洋教的传教人员，很明显目标直指控制中国宗教教徒。第九至十七条是对寺庙法物及不动产的规定，对以上两种寺庙财产形式，规定登记入册，"有隐匿秘不登记或不按实登记者，一经查出，或被举发查实，即将其住持逐出，另觅住持掌管。"细则对寺庙财产的规定，直接控制了宗教发展的经济基础，便于伪满政府的控制和利用。1937年，日本全面侵华战争开始，企图占领和控制中国的野心完全暴露，在宗教方面的控制，体现在了更为严格的寺庙管理条例的规定。

二、1938年《暂行寺庙及布教者取缔规则》与日本对东北宗教控制全面展开

众所周知，日本对东北的政策，从最初利用欺诈手腕扶植溥仪为满洲国皇帝，到后期完全肆无忌惮地操纵控制东北的政治经济文化，东北已经完全为日本所控制。在宗教控制方面也同样显示出其政策殖民性更加浓重。不仅利用伪满治安部的警察和特务进行监察，而且为了解和控制东北宗教，在伪满文教部礼教司和民生部社会司等宗教管理机构的推动下出版了大批东北宗教信仰方面的书籍。日本对于东北寺庙财产特别重视，多次派日本学者以调查的方式进行资料的汇集，经过长时间的调查与研究，1938年9月24日，日伪发布了全面、严格管制宗教团体的伪民生部令第93号《暂行寺庙及布教者取缔规则》，这项法令不仅涉及宗教团体、僧道徒，对寺庙财产施行了前所未有的严格管制，其内容为：

一、本令所称寺庙者系指寺庙、教会、布教所等宣布宗教之教义或执行宗教上之仪式之施设而言，所称布教者系指住持僧侣、道士、牧师、教师等从事宣布宗教之教义或执行宗教上之仪式者而言。

二、拟设立寺庙时，其设立者应缮具左列事项，经民生部大臣之许可：1. 事由；2. 名称；3. 设立地；4. 宗派系统；5. 与国内或国外之他寺庙间有本末相关时，其关系；6. 主祀及并祀之神佛；7. 祭礼之名称及其期间；8. 堂宇其他境内附属建筑物之位置、种别、构造、用途、面积及图面并境内地之面积、图面及周围之状况；9. 设立费及其支用方法；10. 建筑之起工及竣成预定期日；11. 布教方法；12. 维持方法；13. 为寺庙之代表者之姓名、原籍、现住所、生年月日、履历并资格及其证明书；14. 所属布教者之职名及定员。

三、如拟变更寺庙之代表者时，应经管辖省长或新京特别市长之许可；但对于特别指定寺庙之代表者之变更，应经民生部大臣之许可。

四、如拟废止、合并或迁移寺庙时，应经民生部大臣之许可。

五、拟充为布教者应缮具左列事项，呈报管辖其住所或居所之省长或新京特别市长：1. 姓名、原籍、现住所及生年月日；2. 履历并资格及其证明书；3. 将行就职之年月日；4. 职名；5. 宗派系统及所属寺庙；6. 布教方法及布教费之支出方法；前项之布教者退职或死亡时，本人或寺庙之代表者应速呈报管辖省长或新京特别市长。

六、民生部大臣对于寺庙认为有反公益或其他不应准许存立之事由时，得取消设立之许可。

七、寺庙之代表者怠为本令所定之呈报时，民生部大臣或管辖省长或新京特别市长得取消代表者之许可。

八、管辖省长或新京特别市长认为布教者有妨害公安或风俗之行为时得停止或禁止布教及其他教务之执行。

九、依本令向民生部大臣提出之许可呈请书或呈报书，在新京特别市应经由新京特别市长、在市县旗应经由管辖市县旗长及省长，向省长提出之许可呈请书或呈报书应经由管辖市县旗长。[7]

比照《奉天省公署教育厅管理寺庙条例》，上述《暂行寺庙及布教者取缔规则》除更加具体和严格外，具有明显的殖民性色彩。首先对寺庙的界定已经远远超出了佛道等传统

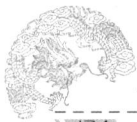

中国所具有的宗教形态，而是包括了所有宗教，以往不在范围内的西教也在条例限制范围内。从条例中可以看出日本已经准备好全面控制东北地区宗教。其次，有关宗教及寺庙的诸多事项，必须得到伪民生部大臣的许可，从新寺庙的设立，到寺庙之代表者之变更，废止、合并或迁移寺庙，必须要由伪民生部大臣任命，且有权决定寺庙取缔或施以处罚，并掌握寺庙的一切财务及庙产状况，这实际也是在用极端霸道的方式实施对宗教的控制。再次，对布教者身份及传教活动等有严格规定。日伪得意地指出："根据这一规则，防止了乱立寺庙或无谓的竞争、淫祠邪教的跋扈，又给传教者发放了身份证明书，以保护善良的传教人，与此同时，整理排除了不良分子。"〔8〕这些针对寺庙财产和宗教本身的规则的制定使东北地区的宗教毫无反抗能力地处于日伪的控制之下，而此时庙产问题已不再是僧俗间的矛盾，而是僧俗与日伪当局之间的矛盾，而这种矛盾的解决只有推翻殖民统治。

之后伪民生部就有关寺庙财产保管发出训令。各省、特别市亦同样依照伪满"中央"之令制定了《寺庙财产保管规则》。"依此规则，日伪将各寺庙财产的所有权、使用权、处置权和收益权等等权力牢牢控制。这一举措无疑从经济方面为寺庙和布教者的活动制造了难以逾越的壁障。"〔9〕

三、日伪对东北宗教控制产生的影响——以寺庙条例为中心

日本控制下的伪满洲国通过诸多手段控制和打压东北各宗教及宗教人士，其中凭借伪满洲国政府的这个傀儡政权的立法手段，先后制定了一系列的政策和条例，并且愈演愈烈，条例内容一次比一次严格苛刻，不仅将统治策略变为现实政策，同时条例内容的效力也加深了日伪对宗教财产以及宗教传教人士的控制，东北的宗教出现了畸形的发展。

首先，控制了一定数量东北宗教及宗教人士。法定政策中规定了任何教派建立寺庙，或是寺庙代表人员都应该由伪民生部许可。宗教领袖人物的存废资格直接处于了伪满政权的控制和监视之下。伪民生部大臣如果认为传教场所的活动有违"公益"，有权取消布教场所的存在资格。另外，如果管辖省长或新京特别市长认为布教者有妨害公安或风俗之行为时，可以停止或禁止布教及其他教务之执行。即是说宗教界的任何宗教活动的进行与否也必须受伪满政府领导。宗教受到一定的政府监督在中国历朝历代并不是特殊现象，但如此细致并且严格的监控还很少见，正常的宗教生活受到了日伪的监视和控制。为求生存，当时的宗教人士或站在日伪的对立面而遭到打压和迫害，或是依附当权派以求自保。当时一些宗教人士在建立组织时，甚至在高位显官中找人担任最高的职务〔10〕。然而，由日伪官员担任宗教领导人，显然是对宗教组织最直接的控制和监视，同时宗教界也毫无独立自由发展可言。就连在伪满洲国进行宗教调查的官员也不得不承认宗教与政府这种依附和紧靠的关系。"天主教正在努力满洲化，比较稳固，和政府的联系也很密切。"〔11〕

其次，从经济根源上切断了宗教发展的基础。庙产是宗教生存发展的经济基础，包括宗教建筑、房产、地产、田产等。寺庙条例规定了伪满洲国政府对寺庙等宗教财产所具有的监管权力，对于寺庙的经济收入及来源，寺庙固定财产等要一一登记，如果稍有变更，需要立即向日伪政府相关部门进行登记汇报，这样也就从经济上控制了宗教组织的发展规模，甚至关系到宗教的存亡大事。日伪对宗教财产的登记和监管，不仅是从经济上对东北地区资源与财产进行掠夺，也使得宗教组织丧失了对宗教财产的基本支配权力，这也成为

日伪控制宗教的手段。经费上的紧张，不仅使一些宗教传教活动无法正常进行，也直接导致一些宗教团体难以维持而萎缩，有些团体甚至要解散一些分会来维持生存。[12]东北的宗教发展受到了严重的阻碍。此后，日伪当局陆续颁布文件，例如1943年8月颁布了《金属类回收法》，来保证对外战争对金属的需求，随后10月伪满文教部颁布第75号令《关于寺庙教会金属献纳之件》，文件规定"寺庙和教会，除了现为供祀对象的佛像和神像，以及被登记为古物的法器，其他的金属物品都应该献给当局"。可见对宗教财产的控制已经达到了极致。

另外，日伪的寺庙管理立法除了对宗教界起到了控制和监视的效果，对东北的民众也同样起到了间接控制的作用。宗教与民众之间的关联自不必多言，然而宗教与政治之间斩不断的联系却成为统治阶层惯用的手段，政治对宗教的约束和控制，实际是对民众的约束和控制。寺庙管理条例中虽没有直接规定伪满洲国民众的行为，但却间接起到了控制民众的作用。寺庙的活动受到日伪政策的控制和监督，特别是宗教的传教内容被其利用和从新定位。日本不仅将本国的宗教输入东北，塑造其优势地位以影响东北的宗教势力，为其宣扬"王道乐土""东亚共荣"等思想麻痹东北民众，同时还将所谓的日本精神融合、同化东北的儒、道、佛、神，为此还要求日本方面要对民众进行指导，用日伪的话来说，就是"要使传教者与被传教者同时都得到教育"[13]，从思想上控制东北民众。日伪当局通过对宗教人士进行所谓的"教育"，办各种讲习会、炼成会等，对其灌输奴化思想，然后再通过这些"受教育者"传播给东北民众，从而达到了愚民的目的。

总之，日伪依靠军事实力和政治阴谋对东北宗教进行干预和控制，相关寺庙管理条例的颁布是其控制手段的组成部分，其条文内容苛刻，毫无公平可言。对东北的宗教发展是极大的阻碍和限制，为日伪政权控制和奴役东北宗教和东北民众起到了推波助澜的作用。

四、总结

东北沦陷时期，佛教、道教、伊斯兰教、天主教、基督教等宗教组织及传教者便开始受到日伪的严格控制和利用。为配合这一策略的实行，日伪在立法上实施了对宗教及庙产的严格控制。通过以上具有代表性的《奉天省公署教育厅管理寺庙条例》和《暂行寺庙及布教者取缔规则》等一系列法令的制定，从最初的温和态度转变为实行严密的监控和经济掠夺，进而达到了对宗教的经济基础庙产进行严格监管和控制的目的，更加实现了对布教人员及其布教活动的严格限制，东北宗教界出现了畸形的发展，宗教界的正常生活非但不能顺利进行，阻碍了宗教的正常发展，而且也无法起到应有的社会功能，以至于东北宗教彻底变为了日本统治东北人民的工具。

注释：

[1] 伪满洲国的宗教研究相关问题已有学者展开讨论，现有研究论文有：王晓峰：《日伪统治下的东北宗教侵略》，《东北史地》，2007年第4期；徐炳三：《略论伪满政权的宗教控制手段——以基督教为例》，《东北师大学报（哲学社会科学版）》，2011年第5期；程力：《伪满时期日伪当局宗教统治研究》，东北师范大学硕士论文2005年未刊稿，等等。

[2] 有关民国时期国家对庙产问题的处理与应对本文不再赘述，见可参见拙文《民初国家对庙产问题的解

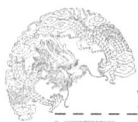

决——以奉天省为例》，《社会科学战线》，2012年5月。

〔3〕《盛京时报》，1934年2月4日。

〔4〕伪国务院文教部：《满洲国文教年鉴》，伪国务院文教部1934年版，第241页。

〔5〕刘燡元编：《民国法规集刊》第14集，上海：民智书局，1930年，第75页。

〔6〕伪国务院文教部：《满洲国文教年鉴》，伪国务院文教部1934年版，第242、243页。

〔7〕伪《满洲国政府公报》第1341号；《奉天教育》第七卷第二号，1939年3月第39页。转自杨家余《内外控制的交合日伪统治下的东北教育研究(1931-1945)》安徽大学出版社,2005第168页。

〔8〕[日]满洲国史编纂刊行会编：《满洲国史（分论）》下，长春：东北师范大学出版社，第732页。

〔9〕杨家余著：《内外控制的交合：日伪统治下的东北教育研究1931-1945》，安徽大学出版社，2005年版，第171页。

〔10〕长春市政协文史委员会编：《长春政协文史资料》，1988年第四辑满洲宗教，第16页。

〔11〕长春市政协文史委员会编：《长春政协文史资料》，1988年第四辑满洲宗教，第35页。

〔12〕长春市政协文史委员会编：《长春政协文史资料》，1988年第四辑满洲宗教，第90页。

〔13〕长春市政协文史委员会编：《长春政协文史资料》，1988年第四辑满洲宗教，第174页。

（作者刘扬　吉林省社会科学院历史所助理研究员）

伪满洲国人民总服役制概述

王文丽

【内容提要】日本侵占中国东北时期，制定、颁布和实施了大量的奴役、剥削、残害中国人民的政策、法令，其中比较有代表性的就是人民总服役制。本文通过对伪满各个时期兵役和公役制度的剖析，阐明了日本侵略者对中国劳动力资源的疯狂掠夺，以及利用中国人民充当日本帝国主义战争炮灰的罪恶实质。

【关 键 词】伪满洲国　勤劳奉公队　总服役制

1941年9月10日，伪满洲国政府为了解决恶化了的劳动力问题，在国务院会议上决定了《劳务新体制确立要纲》，接着于10月22日公布施行了劳务兴国会法。新设的劳务兴国会以振兴勤劳兴国运动、劳动力的全国统制、募集国外劳工、改善劳务管理等为业务，而废除了过去的劳工协会。其后不久，太平洋战争开始，殖民地的战时动员变为紧急课题，满洲国政府即于1942年2月重新制定了工人紧急就劳规则，对国防建设和军需产业实施了工人强制动员，进而又作为尚未落实的人民总服役制的一环，加速了国民勤劳奉公制的具体实施。

伪满洲国的人民总服役制的实施，发端于此前1939年4月以伪总务厅长为委员长的兵役法调查准备委员会向政府提出的咨询报告。报告提出通过根据义务制设立兵役和公役两种制度，以确立为发挥国家总力所必需的人力资源的动员组成。接受这个咨询报告后，于同年10月设置的人民总兵役制度审议会（委员长是国务总理），就兵役法和勤劳服役法进行了反复研讨，结果首先于翌年1940年2月发表了《兵役制度要纲》，伪满洲国政府即据此而于同年4月11日以敕令公布了国兵法及施行令。

国兵法规定：1、兵役期间为三年；2、除有病及身心残疾者外，凡年满19岁之青年根据壮丁检查与素养和家庭情况选拔入营；3、户主有向原籍市街村长申报适龄壮丁的义务等，目的是根据精兵原则对青年进行军事动员。这样，在伪满洲国同年8月公布了民籍暂行法，10月进行了临时人口普查，从翌年1941年2月到4月，即根据国兵法在全国实施了初次国兵检查，据称被检查人员达35590人，征兵制的实施，当然不易为中国民众所接受。比如在佳木斯市，适龄壮丁784人中，于指定的3月底以前申报的不过仅24人。

另一方面，被当作人民总服役制另一支柱的公役制的审议，则因国兵法的实施而推迟，进入1941年后，才由兵役法调查准备委员会向政府提出咨询报告。对此，伪满洲国

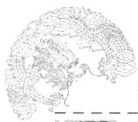

政府于同年4月13日发表了有关人民总服役制调查准备的声明，新设的勤劳服务制审议委员会（委员长是国务总理），虽自11月5日的第一次会议起就咨询报告的具体化开始了审议，但是，为了使勤劳服务制度法制化，此前已经通过协和会实施的勤劳服务运动和在伪滨江省试行组成的勤劳奉公队的活动，进行了准备。

协和会在1939年度的运动方针中决定："以培养新的国民性促进国家生产力提高的目的，把勤劳服务运动作为（协和）会运动的实践而展开，将来使其制度化，使奉公队员及协和青少年团员的勤劳服务成为本运动的轴心。"此后，协和会即把活动的重点，放到以勤劳服务的名义有组织地动员各种事业的分会会员和青少年团员上。从1941年起，勤劳服务的对象尤其根据军队的要求而转到军事设施建设、道路修筑、土地开发、工农业增产等国策事业上，同时也对协和青少年团实施了大规模动员，同年度被赶去勤劳服务的团员竟达265万多人次。

另外，从1937年起去海外出差两年，考察了纳粹德国的青少年组织（希特勒青少年）和劳动组织（工读青少年）回国的协和会中央本部企划部长半田敏治，1940年3月自己希望就任协和会滨江省副本部长兼哈尔滨市本部长，并首先在滨江省内着手准备试行组织国民勤劳奉公队。结果，同年在木兰县（副县长武井一夫）编成的壮丁六个中队的勤劳奉公队，被动员从事国有林的采伐作业，接着在1941年，包括相邻的巴彦、东兴两个县组成的十个中队，从事了松花江的护堤工程。因这些成果而得到自信的半田敏治，为了进一步把组织勤劳奉公队推广到全省，在1941年9月上旬召开的副县长会议上，说明了滨江省勤劳奉公制度的宗旨及编成要点，要求各县在翌年1942年3月前编成勤劳奉公队。与此同时，滨江省本部立即对各县本部发出指令，指示市、县、旗有责任征集省内没有服兵役的满20岁到22岁的中国青年，按照军队组织编成勤劳奉公队。接到指令后，着手编队的各地方机关遇到适征者躲避强制劳动而逃亡等非常大的困难，好容易在1941年底组成木兰县勤劳奉公队，以此为转机编队才有了进展，在作为目标的1942年3月底在哈尔滨举行了滨江省勤劳奉公队约1万人的建队仪式。

正值此时，根据关东军的要求，受命实现新京—哈尔滨间复线化的满铁，为了弥补劳动力的不足，便委托协和会省本部，动员刚刚组成的滨江省勤劳奉公队，从事自第二松花江北岸至哈尔滨修建路基的作业。接受了任务的勤劳奉公队，根据经由省公署斡旋而与满铁签订的合同，逐作业区配备了奉公队进行路基建筑工程，按期完成了任务。

有关国民勤劳奉公制的审议委员会参考了上述协和会进行的勤劳服务运动和滨江省勤劳奉公队的实绩进行了审议，结果于1942年5月4日决定了《勤劳奉公制要纲》。这个要纲在"与兵役义务相呼应创立义务性国民勤劳奉公制，使青年为高度国防国家建设事业挺身而出"的基本方针之下，规定凡21岁到23岁的青年，原则上有12个月以内的勤劳奉公义务；勤劳奉公队"根据市、县、旗之区域按军队编成"；队员的训练，"兴协和青年团之训练相衔接，谋求精神、技能（包括警备）及体力之发挥与提高"；"为了奠定勤劳奉公队之基础，力求迅速整备扩大协和青年团组织"等，明确了在与协和青年团保持密切的、有机的联系之下编成勤劳奉公队的方针。随后，伪满洲国政府于同年8月，任命在滨江省指导编成勤劳奉公队的半田敏治和武井一夫为总务厅参事，令其根据上述要纲为在全伪满洲国实施勤劳奉公制的法制化作准备。这样，伪满洲国政府勤劳奉公局（首任局长半田敏治），为民生部之直属局。继此之后，于11月18日同时公布了国民勤劳奉公法（敕令第218号）和国民勤劳奉公队编成令（敕令第219号），决定从翌年1943年1月1日起施行。又于1942年12月，制定公布了赋予学生每年30—45天强制劳动义务的学生勤劳奉公令等有关法令，1943年2月26日制定实施了国民勤劳奉公法施行规则（民生部令第4号）。

国民勤劳奉公法的目的在于"要使帝国青年能为高度国防国家建设事业挺身而出，勤劳锻炼他们，使其具备旺盛的对国家的奉公观念，以便向实现建国理想前进"，规定伪满洲国青年只要未服兵役且非残疾或精神异常者，原则上于虚岁21岁到23岁之间，作为对国家的"名誉奉公"，有义务在合计12个月以内参加国民勤劳奉公队，服务于勤劳奉公，还规定勤劳奉公队应提供合作的事业为国防建设、铁路及公路建设、兴修水利、造林、土地开发、主要生产事业、农产品之生产收获、灾害救护及其他政府指定的事业，而凡有逃亡、潜藏、毁灭、装病等逃避勤劳奉公行为者，"处以两年以下徒刑或两千日元以下罚款"（第20条），表明了严罚以待的方针。

国民勤劳奉公队编成令把勤劳奉公队划分成一般队和特技队，同时规定一般队按照军队组织，以市、县、旗的区域为单位，编成大队或中队，中队以下设五个小队，小队之下设三个分队（一个分队约20人），民生部大臣任勤劳奉公队总司令，勤劳奉公局长任副总司令，省以下各级行政机关的正副首长分任该行政区域勤劳奉公队的正、副司令，担当队的指挥和统率。

这样，与先前实施的国兵法相并列，被视为伪满洲国的人民总服役制之双璧的国民勤劳奉公制，便作为驱使住在伪满洲国的中国青年从事奴隶般强制劳动的工具，而从1943年度起付诸实施。但是，考虑到第一年度给民生造成的影响，便以人口比较稠密的奉天、吉林、滨江、锦州、安东、四平等6省为主要动员地区，预定从这些地区动员约6万人的勤劳奉公队员，再从作为准动员地区的其他各省动员约3万队员。然而，实际动员数略低于预定数，两地区合计第一年度动员队员总数约停留在77000人。还有学生勤劳奉公队，第一年度由19个学校动员了5970人从事建设作业。

尽管行政机关和协和会进行了强有力的指导，国民勤劳奉公队第一年度的动员数却仍未达到目标，正如半田勤劳奉公局长自己所承认的，这是因为"（勤劳奉公制）付诸实行后，地方上有相当多的逃亡者，冒名顶替的也不少，卫生人员、卫生器材不足，粮食不足的怨声时有所闻，因运输交通拥挤而物资迟到的情况也不少，预算令下达延误等，出现了很多缺点"的缘故。民众对强制劳动本身的抵制，再加上作业现场恶劣的劳动条件，要确保队员是十分困难的。然而，半田局长同时还指出"从大局来观察，首先取得了超过预想的成果"，其理由之一是，"协和会的青年训练几年前就已经实施，因此国民勤劳奉公队不缺必要的实践干部"，高度评价了协和会的作用。

实际上，协和会对于勤劳奉公制的实施在一切方面都起了最为积极的作用。这表现在，协和会首先通过分会活动和青少年运动，努力宣传勤劳奉公制的宗旨，其次是在勤劳奉公队编成之际，在各个行政区域以协和青年团（与勤劳奉公制实施的同时，团员的年龄上限从满19岁延长到满22岁）作为母体，进行了队员的征募工作，队的实行干部（小分队

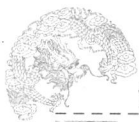

长）大多起用了青年训练所的毕业生。例如，在滨江省呼兰县，在编成勤劳奉公队时，协和会首先通过宣传组进行宣传，队的实行干部约需50人，其中半数由青年训练所的毕业生中选拔，在指定应动员队员数780人后，由县司令（县长）以下的工作人员和协和青年团总监部的全体职员组成几个动员组，承担了逐街逐村动员召集适龄者的工作。这样，协和青年团即成了组建勤劳奉公队的基础，协和青年团和勤劳奉公队的关系，如果说把前者看成是"在乡常备部队"，那么后者则被赋予以前者为组织母体的"动员部队"的地位。

在第一年度，主要动员地区限于几个省的勤劳奉公队的编成，而从1944年度起，则在全国实施，其动员目标定为23.8万人。但是，根据当年度的劳务动员计划，行政要求勤劳奉公队提供的、从国外募集的和一般募集的加在一起，所需劳动力总数为331万人，而实际动员数也达250–260万人次。

随着国民勤劳奉公制的实施，协和会将伪满洲国的青年纳入战时国家总动员体制，因此，就使它作为法西斯国民组织的性质更为浓厚了。但是，赋予协和会的任务并不仅仅停留于此。

在日本对美开战一周年的1942年12月8日，伪满洲国政府发表了《'满洲国'基本国策大纲》，明确了此后10年间国策的基本方向。大纲首先指出："为了举国人、尽国力以谋圣战全胜，庶政亦要集中指向此点，同时，另一方面为了培养国力，划时期地提高国势，以图将来之大计，乃刻下最紧急之事"，同时，又在加强国家团结、确立国防国家体制、培养充实国力的根本方针之下，提出了有关政治、民生、经济的各方面纲要，其政治纲要提出的方针是，"期待确立强有力的国防国家体制，政府与协和会结成一体，力求提高政治力，使施策得到彻底贯彻"。

接受这一方针后，协和会于翌年1943年3月7日，发表了今后10年间的《协和会运动基本要纲》。其内容由基本方针、实践大纲、组织大纲构成。实践大纲的方针是"举（协和）会组织之全力，躬行实践国民训练，尤其要以精干会员之旺盛实践力为核心，……推进强有力的自兴国民运动"；组织大纲的方针定为"确立国民运动之一元化领导体制，乃为发挥战时下国民总力而对今天之组织工作提出来的吃紧的重要任务。为此，要整备和扩充分会组织，力求培养和集结有充沛实践能力的精干会员，使其成为（协和）会运动的推动力量"，强调了通过扩大和加强地区分会、工作场所分公，扩大和整备国民邻保组织，以确立国民动员体制，整备和强化协和青少年团、协和义勇军奉公队的必要。

根据《协和会运动基本要纲》，又制定了《自兴村设置五年计划》，以五年间在全国设置600个"自兴村"为目标，达到唤起农民的主动性，提高生产积极性的目的。并从1943年初起，决定由村、屯长兼协和会分会长和兴农会长的三位一体制，来担当根据国策进行的对增产交售、防卫和动员业务的指导。随着战时体制的开展，在行政权力和协和会组织已经一体化了的伪满洲国农村中，对民众进行法西斯统治的体制得到了进一步加强。

总之，伪满洲国的人民总服役制是伪满傀儡政权秉承日本侵略者意志，根据不同历史时期对兵员、劳工的需求制定，它为日本侵略者肆意掠夺中国劳动力资源、奴役中国人民提供了法律依据。它的实施给中国人民带来了深重灾难，它是日本武装侵占中国东北，实行残酷的法西斯殖民统治的铁证。

参考文献:

［1］〔日〕满洲国史编纂刊行会编：《满洲国史》（分论下），东北沦陷十四年史吉林编写组，1990年。

［2］铃木隆史：《日本帝国主义与满洲》，金禾出版社，1998年。

［3］安藤良雄：《太平洋战争的经济史研究》，东京大学出版会，1987年。

［4］姜德相：《现代史资料30·朝鲜（6）》，三铃书房，1976年。

（作者王文丽　伪满皇宫博物院副研究馆员）

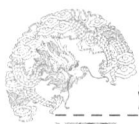

略析日本侵略者在东北制造的人间地狱

——集团部落

崔岢岚

【内容提要】 为了镇压东北各地抗日武装力量以及割断抗日武装力量与人民群众的联系，进而扑灭抗日斗争的烈火，日本殖民统治者开始全面推行"集团部落"的残酷的高压政策。伪满时期建立的集团部落达17，000余个，在白山、黑水之间和长城沿线制造了千里"无人区"，直接受害的百姓达500万人之多。

【关 键 词】 日本　殖民统治　集团部落

为了镇压东北各地抗日武装力量，封锁、隔绝、扼杀敌后抗日根据地，切断中国共产党领导的抗日武装力量和人民群众的联系，进而扑灭抗日斗争的烈火，日本殖民统治者开始全面推行"集团部落"的政策，即实施集家并村，修建集团部落，割断人民群众与抗日武装的联系。这是日本殖民统治者推行的又一残酷的高压政策。

一

"集团部落"推行最早的地区是伪满间岛省，1933年日伪就在延吉、和龙、珲春三个县建立了8个集团部落，1934年又建了28个。1934年12月3日，伪满民政部发布建设"集团部落"的第969号令之后，便在东北抗日武装活跃的伪满奉天、安东、吉林、滨江、三江等省一些地区普遍推行。1935年起日本侵略者开始大规模实施此计划，到年底统计已在东北建立集团部落1172个，1936年达3261个，1937年时达8183个，到1939年关东军在东北共建了13451个集团部落，分布在南起宽甸，北至抚远，长达1000多公里的土地上，广涉39个县、旗。

归屯并户和制造集团部落的过程是日本侵略者对中国人民群众大施淫威，制造骇人听闻的法西斯惨案的过程。他们武力逼迫东北人民离开他们世代居住的土地和家园，迁移到指定的部落之内。对原来的村庄一律采取杀光、抢光、烧光的"三光"政策。因此，归屯并户和制造"无人区"是同一过程。日本侵略者不分青红皂白地放火烧房，抢劫财产、牲畜和粮食，破坏庄稼，砍伐树木，砸毁、捣毁百姓所有的家具、农具、日用品。凡有反抗者，日军则是有一个杀一个。对于不进集团部落和延误限期迁入者，也是格杀勿论。伪满热河省兴隆县马尾沟有70户人家，因不愿去集团部落，有一大半人被日军砍死、烧死；1941年秋，日军在兴隆县前千涧村搜捕，其中不从者有19人，全部被日军扒光衣服以乱棒打死或烧死；伪满热河省兴隆县大黄崖冬水湖的一个小小山沟村，仅小孩就被日军刺死、摔死48人；棚子沟一个小村被杀40多人；东河、横河、黑河山等地及中田、上庄等9个小自然村共残杀900多人，抢走大牲畜370多头，羊7500多只，烧毁房屋千余间，活着的百姓全被赶进"集团部落"。日军以这种血腥屠杀强迫农民进入集团部落。1934年至1936年，仅伪满通化县就因归屯并户损失民房14000余间，放弃耕地33万亩。伪满柳河县设立了199处集团部落，强制1.2万户居民迁入部落，并将其余房屋全部烧毁。在伪满汤原县，日伪在太平川地区大搞"归屯并户"，仅1936~1937年两次"归屯"就杀害110余名无辜百姓，有12个自然村屯被毁掉，还烧毁了民众大批粮食、家具、财物，甚至连一口锅也被抢走，水井也被填死，279户被赶入集团部落，574户的农民被迫流落他乡。

二

所谓"集团部落"，实际上就相当于集中营。集团部落的规模和设施，各地情况不一，但大体上相似，都由日本人事先划定一块地方，四周修筑围墙，墙高3米，宽1.5米，围墙上架设铁丝网，只有一个出口，墙的四角和大门上方修有碉堡，由日军、警察、特务、和汉奸把守。围墙外面四周挖有宽3米，深1.5米的封锁沟，沟外又架有铁丝网，可谓是碉堡林立，铁丝网密布。大批被迫离开自己土地家园的中国农民被强行驱赶到日本侵略者圈定的地域内居住，这就是所谓的集团部落。而日本侵略者采用法西斯恐怖手段，把老百姓象牛、羊一样圈起来，所以老百姓则愤怒地称之为"人圈"。

每一"部落"平均集中三、五十户，多者百余户居民，1000人左右，入内者被称为"部落民"。部落居民出入、言行都受到非常严格的限制，凡出入者要挂号，要被搜身检查。部落居民只能在"集团部落"附近种地，不许远离。居民出入大门时要受到严格检查，需出示"居民证""出入证"和"携带物品证"。

"集团部落"役税繁重。被赶到集团部落中的群众还要在日伪军警刺刀和棍棒的逼迫下修筑集团部落，有的还被强迫去服劳役、修公路、筑碉堡、开矿、挖封锁沟等。他们白天干完活，晚上还要被编入伪满自卫团，轮流守夜，真是苦不堪言。苛捐杂税更是有增无减。伪满延吉县茶条沟仲坪村集团部落居民，在"归屯"前每年负担徭役为700个劳动日，"归屯"后每年增到3598个劳动日，增长了3.4倍多。其保甲税则由"归屯"前的594.6元增至"归屯"后的1436.5元。

"集团部落"粮食奇缺。由于集团部落周围被划定允许耕作的土地极少，而且还有相当部分被占用来挖封锁沟，筑封锁墙，农民很难租地和得到土地耕种，难以维持最低的生活。但是，日军还要强行摊派各种苛捐杂税。这样，集团部落的群众只能靠"配给"的糟饼、橡子面、谷糠过活。部落居民长期食用这些东西后，出现浑身浮肿现象，甚至连大便都解不出来，饿死、病死者时有发生。伪满兴隆县大水泉集团部落，一年内就饿死200多人，占全部人口的20%。

"集团部落"住房简陋，卫生环境十分恶劣。被赶进"集团部落"的农民在日伪统治者划定的范围内，各自修建住房。他们身无分文，生活都难以维持，只好搭起马架子窝棚艰难度日。冬天风雪袭来，四面透风的窝棚冰冷彻骨，不少人被冻死。伪满热河省兴隆一

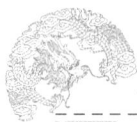

县，几年中就冻死1000多人。另外，集团部落内衣食住行困难，加之卫生环境极为恶劣，致使居民中疾病蔓延，传染病流行，许多人因此丧命。伪满通化县一个集团部落，一次就病死530人，死亡率高达38%，有的甚至达到50%以上。1943年夏季的一次瘟疫流行，仅伪满热河省兴隆县就死了6000多人，靳杖子部落一天就死亡40多人。当时曾流行这样一首歌谣："三间马架房，四面没有墙，冬夏都难熬，人人愁断肠。"这就是对"集团部落"居住环境的真实写照！

三

集团部落居民无论是在政治、思想，还是在经济方面，都受到日伪统治者的全面控制。他们动辄就被扣以"政治犯""思想犯""经济犯""偷运犯""私通犯"等等罪名，被施以各种残酷刑罚。诸如：虾公见龙王（将受刑者头脚绑在一起投入水中淹死）；钢针透骨（用大铁钉往手指或头顶上扎进5寸至1尺）；开膛取心（活剖人心，然后食用；枪戳沙袋（将受刑者装入口袋里命新兵用刺刀练习刺杀）；电磨粉身（用特制的电磨把活人磨成肉酱）；滚绣球（将受刑者扒光，塞进一只钉满钉子的木笼里来回滚动，直至死亡）；军犬舞蹈（令军犬将人活活咬死）；倒栽莲花（将人头朝下活埋，行刑者眼看着受刑人双腿在外挣扎断气）等等，可以说是数不胜数。仅1942年至1943年一年，日军在伪满热河省兴隆县的集团部落就抓走12000多人，其中被监毙、刑杀、枪杀、狼狗咬死等达11400多人，存活者不到600人，而且都已被酷刑摧残得不成人样。伪满热河省兴隆县大帽峪部落仅42户人家，男青年就被屠杀72人，有13户人家没了男人，8户被杀绝，使其变成了当时有名的"寡妇村"。从1943年初到1945年日本投降，日本侵略军在伪满凌源县北部、西部、南部山区1505平方公里的范围内（占全县总面积的46.5%），为修建集团部落共杀害村民3，611人，烧毁和拆掉房屋78，280间，烧毁粮食32万余斤，抢掠大牲口379头、猪羊3490口，损毁农具、家具102,330件。正如伪满《归屯歌》中唱道："说起归屯泪淋淋，东北民众们，痛恨日寇来归屯。归屯最残忍，先归吉林省，后归奉天城，归成大屯，屠杀我们中国人。吉林归了屯，全家归日本，日本人安上衙门。出入看得紧，出门得挂号，回来报原因，要有一时错，一家性命难保存。"这就是对集团部落的血泪控诉。

日本侵略者为了彻底摧毁抗日军民赖以存活的条件和彻底达到"匪民分离"之目的，每年夏秋之交都要去毁青，也就是把田里庄稼统统踏平、割光。1934年至1936年通化县就被破坏耕地33万亩，逃亡人数11.3万人。在冀东长城沿线两侧有600多万亩耕地荒芜，1000多个自然村被彻底毁灭。日本侵略者先后在白山、黑水之间和长城沿线制造了千里"无人区"。

伪满时期，日伪建立的集团部落达17,000余个，直接受害的百姓达500万人之多。

参考文献：

[1] 张志光、刘长江：《人圈——伪满集团部落纪实》，辽宁人民出版社。

[2] 陈平：《千里"无人区"》，中共党史出版社，1992年7月出版。

[3] 赵聆实、孙玉玲、郭素美等合编：《日伪暴行录》，中国大百科全书出版社，1995年7月出版。

（作者崔峁岚　伪满皇宫博物院馆员）

"九一八"事变与在东北日本人的策应

王希亮

【内容提要】日本关东军发动"九一八"事变后，不仅得到国内军政各界的支持，而且得到满铁等垄断资本的全方位策应，在东北的日本人右翼团体、在乡军人、各界人士也纷纷效命在关东军的指挥棒下，在武装作战、警备和控制要害机关、网络汉奸、炮制傀儡政权等方面发挥了军界不可替代的作用，也成为东北迅速沦陷的要因之一。

【关 键 词】九一八事变　满铁的策应　在东北日本人的活动

1931年9月18日，日本关东军发动了侵吞中国东北的"九一八"事变。表面上看，当时的关东军只有一个师团及6支独立守备大队的兵力，但在它的身后，除了日本国家军事力和经济力的强大后盾外，在东北的20几万日本人中，编入预备役的青壮年以及在乡军人就有6万人之多，是一支不可小觑的军事力量。加之满铁等垄断资本在武装动员、兵力和物资运输、参与傀儡政权建设等方面发挥了不可替代的作用，构筑起在东北的日本人策应"九一八"事变的战争支柱。

一、"满洲青年同盟"与"大雄峰会"的躁动

1928年12月29日，继承父业的张学良宣布改旗易帜，这是日本当局和在东北的日本人最不愿意看到的结果。在此之前，日本官方千方百计出面阻挠，甚至施展恫吓的手段。日本右翼巨头大川周明也赶到奉天，劝说张学良"使满洲脱离国民政府，与日本共同在满洲建立王道国家"。[1]他还在文章中公开宣扬"满洲自古以来就不是中国领土"，"不能把满蒙称作支那"，"支那是满蒙的侵略者"，"日本必须维护东亚全体的治安……如果日本从满蒙退却，满洲将同中国本土一样陷于混乱的境地，我国在日清、日俄战争中的牺牲将付诸东流……这将是亡国之路，日本是否从满蒙退却的问题，是关系到日本兴亡的问题"。[2]

大川周明虽然未能阻止东北易帜，但是他的衣钵却被在东北的右翼团伙成员所继承，其头目便是满铁东亚经济调查局人事部主任笠木良明，曾伙同大川创建"犹存社"和"行地社"等右翼团体，1929年转入满铁本部，遂联络在奉天的律师中野琥逸等人，成立一个"大雄峰会"，吸收满铁社员及在东北的日本人参加，标榜"崇奉明治天皇的遗德"，"实现拯救各民族的悲愿"。[3]

在此稍前，满铁还成立一个激进团体称"满洲青年议会"，由满铁地方课长平岛敏

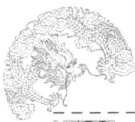

夫为议长，宣称要"以年轻人纯真的热情和爱国心死守满蒙"，"以全体国民的热血换取满蒙"。[4]该议会还抛出一个《满洲自治国建设案》，公开打出分裂中国东北的旗号。1929年1月，"满洲青年议会"改称"满洲青年联盟"（以下简称青年联盟），以满铁理事小日山直登为理事长（后金井章次），提出一个《满蒙自治制》的议案，内称，"满蒙特殊区域，深受中国军阀野心之灾祸，迫害居民，妨碍营业，阻挠天然资源开发，已完全忘却功存共荣之意义。我等出自人类博爱，为拯救彼等摆脱暴戾之政治压迫，以维持永久和平，故特制定满蒙自治制，以期满蒙获得发展"。[5]青年联盟在东北组建有19个支部，会员达2579人。

上述两个日本人右翼团体出笼伊始，便积极配合关东军大造"满蒙生命线受到威胁"的舆论，鼓吹以武力吞并东北，保卫日本的"生命线"。"中村大尉事件"后，关东军司令部向国内散发歪曲事实的"中村大尉被虐杀事件真相"，青年联盟立即编写一部《满蒙问题及其真相》的小册子，印发1万余册，分发给政府要员、国会议员、各县市政府机构、各新闻媒体及社会团体等。内称，"满蒙乃我国国防的第一线，作为国军的军需产地，不仅具有贵重性，而且作为产业发展的资源地、食品补给地，都是关系我国存立的极其重要的地域"，目前，我国正面临"所有权益被一举消除的险难"，"吾人奋起，以促进9000万同胞猛醒"。[6]1930年6月13日，青年联盟在大连召开"打破难局时局问题大会"，提出"维护条约""确保生存权"及"打开难局"等口号，另提出5项纲领，分别是"打破多头政治"（指在东北的关东军、关东厅及外务机关三头政治——作者注）"设立在满邦人舆论会"、"排击铁路交涉"、"根绝排日教育"、"实现满蒙各民族协和"等。随后，青年联盟及大雄峰会分别组织"武力解决游说队"，分赴旅顺、鞍山、奉天等地到日本人中间游说。青年联盟还组成一支"母国访问团"，返回日本四处游说，散发《满蒙三题》小册子，以及《确保帝国生命线声明书》，叫嚣日本的"满蒙生命线"受到"威胁"，煽动以武力解决满蒙问题。"母国访问团"受到国内右翼团体的热情接待和支持。6月16日，大日本生产党邀请"母国访问团"成员在赤坂召开"满鲜问题国民联盟发起人会"，内田良平、佃信夫、葛生能久等数十名右翼巨头出席了大会，会议做出"膺惩暴支，绝对反对软弱的币原外交"的决议。7月18日，"国民联盟"代表偕同"母国访问团"成员面谒若槻礼次郎首相，敦促当局出兵解决满蒙问题。当日，右翼团体又在上野公园召开"满鲜问题国民大会"，日本政要男爵井上清纯、预备役中将佐藤安之助、参谋本部少佐远藤三郎、社会名流三宅雪岭博士都出席了会议。7月20日，各右翼团体代表又拜会了政友会总裁犬养毅、满铁总裁山本条太郎、副总裁松冈洋右、陆相南次郎、拓务相原修次郎、参谋本部作战部长建川美次郎以及外相币原喜重郎等政要，鼓动当局迅速出兵，彻底解决满蒙问题。当日晚，由"满鲜问题国民同盟会"主持，在青山会馆召开演说会，出席者达2000余人。到7月30日，"母国访问团"先后在东京商工会议所、政友会、贵族院研究会、东京日日新闻社举行了演说。7月31日，"母国访问团"又移往关西，在大阪商工会议所、大阪朝日、每日新闻社、神户商工会议所、下关商工会议所、福冈日日新闻社等召开多场讲演会，狂热鼓吹以武力解决满蒙问题，直到8月10日才返回大连。"九一八"事变爆发后，青年联盟又组织第二次、第三次"母国访问团"，在全国范围内宣讲所谓的事变真相，敦促军政当局支持关东军的军事行动，立即承认伪满洲国，还发表声明宣称，"断然拒绝第三国或国联干涉此次关东军的正当自卫行动"，"不同南京政府进行交涉"，"由满蒙当地善良的居民实行自治"等。[7]

为配合右翼团体和"母国访问团"的鼓噪，日本陆军省出动飞机在列岛上空散发10万余份传单，传单上写道，"呜呼我权益，醒来吧！为了国防！"。鼓吹"以'中村大尉事件'为契机，坚定不移地推行大陆政策"。还有一些青年军官涌进靖国神社，为中村举行追悼会，甚至割破肌肤用鲜血涂抹太阳旗。就这样，日本国内到处充斥着武力侵吞中国东北的舆论氛围，如同一只即将点燃的火药桶，顷刻间就会迸发。

二、满铁的助力

"九一八"事变后，关东军司令官本庄繁特别颁给满铁一份《感谢状》，内称，"关东军的神速行动，实是以帝国实力为后盾的满铁的功劳。手无寸铁的各位社员，担任繁重的军事运输，勇敢地奔向危险地区，可以说是发挥了日本的传统精神。对此，本职甚为欣慰而又不胜感谢之至。但念及死于刀锋之下的社员及遗族，又感到十分悲痛。兹奉天皇之命，行将离开终生难忘之满洲，谨对诸位社员的伟绩和支援表示衷心感谢之意。"[8]这份表彰满铁"伟绩"的《感谢状》，正反映出满铁对推动"九一八"事变发挥的作用。

满铁总裁松冈洋右也为此津津乐道，自诩"九一八"事变是"关东军和满铁的共同行动"。他举例称，"军方之所以能那样迅速地用兵，如无满铁的铁路线路是不能实现的。满铁社员与关东军并肩作战，不分昼夜地担任军队和军需品的运输……有的在黑夜里无所畏惧地以先行列车闯过敌阵；有的经常在炮火中驾驶装甲车同军队在一起或开到军队的前头。又如在枪林弹雨中沉重果敢地修筑遭受破坏的线路，迅速架设被烧毁的铁桥，并在败军出没无常的地区，不畏严寒，毫不退缩，勇敢地架设和修理对军事联络不可或缺的电报电话线等工程"，"经满铁长期培养精通汉语的日本人和擅长日语的中国人在积极进行谍报和联络活动。满铁所掌握的地形、地质勘探及其他调查研究资料，也都直接在军事活动上发挥了作用，这一成绩也是很大的……仅仅举出这些事例，便足以证明我所说的发动满洲事变和建设满洲国是关东军和满铁的共同行动这句话，既非轻率也非夸张之言。"[9]

正因为满铁全力以赴协助和参与"九一八"事变，战后论功行赏时，满铁社员中有22254人受到不同形式的奖赏，占满铁社员总数（39096人）的56.9%，其受奖赏的理由包括直接参加战斗（540人）；充当向导或翻译（113人）；参加运输（5892人）；派赴军部、自治指导部、伪满洲国及协和会（349人）；参加警备（4232人）；联络及收集情报（167人）；协助军事行动（1049人）。其他还有因参与医疗、供给、防疫、宣传等活动而获得奖赏。

"九一八"事变前后，满铁调查机构也发挥了重要的作用，除一般情报外，满铁调查机构利用地面熟悉、网络广泛、人员专业的优势，侧重收集抗日武装的情报，"直接提供给驻守当地的守备队、宪兵队或警察署等部门"。满铁本社还特意下拨情报经费，指示满铁沿线的事务所"及时而准确地搜集有关兵匪的情报，全部提供给驻守当地的军警"。另据满铁档案资料记载，事变后，满铁"仅提供给陆军、领事馆、警察署及其他机关的（情报）即达数万份，对制定时局对策和防遏兵匪贡献很大"。[10]满铁设在各地的事务所、

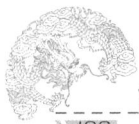

公所等，也一律转变职能，成为关东军的情报站点。如大石桥事务所，"事变后即着手搜集各种情报，向管内各地派遣认为可靠的中国人密探，侦察匪贼动态，并与守备队、警察署、宪兵队等进行联系"。营口事务所"除情报工作者外，其他全所人员也协助搜集情报……特别队匪贼状况、各种经济问题及其他有关时局的情报予以充分的注意"。事变发生后，鞍山事务所人手不足，除情报人员外，把消防人员也派出去"担当各地的情报搜集工作"，还把情报人员派到军队、宪兵队和警察署，"始终保持联系"。奉天事务所"竭尽全力进行工作"，"以奉天事务所为主体，由陆军、领事馆、海军特务机关、警察署等单位派代表参加，每周召开恳谈会三次，交换情报"。[11]

满铁辖下的抚顺煤矿在事变爆发后，立即意识到搜集情报的重要性，"以原从事搜集煤矿内外各种情报的各采煤所劳务系为主，和各所自卫团共同负责搜集情报工作，对于抚顺附近匪贼的动态、附近中国人村落和中国人街状况、中国工人的思想倾向等，经常派出密探进行侦察"。[12]

1931年11月，关东军向齐齐哈尔进犯，洮南事务所"大力进行慰问日军，采购粮秣、设置无线电台等工作，在建设陆军飞机场时也承担了不少的工作，并且除每日晨向军方提供气象情报外，尚对汽车、自行车、各种毛皮、羊毛的产量、家畜屠宰数、牲畜价格及洮南附近七县的情况进行了调查"，洮南公所长还担当了降日伪军张海鹏的顾问。[13] 其他如齐齐哈尔、吉林、长春、郑家屯事务所或公所也都不同程度地为关东军侵占东北做出了"贡献"。

1932年2月，关东军侵占哈尔滨之前，哈尔滨事务所的"所员与日侨合力组织了义勇团，备尝围困10天的苦难。日军入城后……所内组织了临时时局事务所，配合军方要求，专门调查经济资源、交通、行政各机关的内容及逆产等情况。部分所员还担任了中、俄语的翻译"。[14]

满铁的宣传机关（庶务课弘报系）则承担舆论宣传工作，"九一八"事变后的第二天，弘报系就组织人员拍摄奉天、长春、吉林等日军侵占地的纪录影片，制作成《满蒙破邪行》影片，并把胶片寄往东京、大阪、下关事务所、东亚调查局，以及国际联盟日本代表处，满铁驻巴黎、纽约事务所等。满铁还组成国内宣传班，携带拍摄的影片及其他宣传资料返回国内，在参谋本部的配合下，在整个列岛进行历时一个月的巡回演出、讲演和散发资料。据统计，宣传班到达的县市除东京、大阪等大城市外，还到了盛冈、若松、新潟、青森、仙台、福岛、秋田、山形、米泽、甲府、长野、宇都宫、静冈、滨松、名古屋、岐阜、富山、金泽、福井、敦贺、京都、大津、奈良、江津、鸟取、松江、神户、姬路、冈山、广岛、下关、德岛、和歌山等几十个大中小城镇，几乎遍及整个列岛。宣传班"进行宣传时，由于得到事前联系好的市镇当局、退伍军人会的帮助和东京支社、各鲜满问事处、东亚调查局的协力，做好筹备工作，因此各地都呈现听众充溢会场的空前盛况，讲演及放映均使听众受到很大感动，收到了预期以上的效果"。[15] 满铁的舆论宣传完全颠倒黑白，歪曲事实真相，竭力美化关东军的侵略行径，蒙骗不了解事实真相的日本民众，进一步点燃了岛国的军国主义狂热，产生了极其恶劣的影响。

在日本国内宣传的同时，满铁受关东军的指派，组织了两支东北宣传班，"通过影片对中国人介绍我国的文化设施，宣传帝国军备的充实及其威力，并宣传有关促进满洲国建国和建设的各项运动"。两支宣传班各用了近一个半月的时间，几乎走遍日军占领区的几十个城镇，先后有8万余中国民众被迫接受日方的宣传。[16]

事变后，满铁经营的医院立即转型成为日军的战地医院。其中，营口医院变成关东军野战医院的医务兵站，"无偿提供为患者收容所"。长春医院也挤出几个病房作为关东军的"卫戍医院"。此外，吉林东洋医院、满洲医科大学以及哈尔滨医院都全力以赴救助日军伤病员，"全院人员为患者的收容、诊疗、看护、慰问而奔忙"。[17]

三、日本人自卫团、义勇团的活动

前有所述，"九一八"事变当时，关东军只有一个师团及6支独立守备大队，如果包括旅顺重炮兵大队、关东军宪兵队、飞行队、辎重队及野战医院等，总兵力不足2万人，与当时驻扎东北各地的20万东北军对比，兵员数量显然薄弱。但是，除正规武装外，截止1928年，在东北编入预备役的日本青壮年总计42081人，在乡军人16256人，另有1326人接受过征兵检查，535人接受过军事勤务训练，[18]总数为60198人。"九一八"事变前，满铁出于"战略目的"，为便利"在乡军人平战两时的召集"，平素对这些人关照有加，拨有专款定期补助。据满铁档案资料记载，满铁每年对在乡军人会补助1万元左右。[19]此外，各地方公所或事务所也对所在地的在乡军人会提供补助。所以，"九一八"事变爆发后，大批在乡军人以及满铁社员在关东军的统一调度下武装起来，直接参与了侵略中国东北的活动。

如前所述，满铁社员中，直接投入军事行动的人员就有540人，另有5000余人参与警备或"协助"军事行动。在东北的在乡军人、其他行业青壮人员也纷纷组建各种形式的武装，由关东军提供武器，承担交通枢纽、港湾、厂矿、仓库、机关等守备任务及后勤补给。鞍山制铁所的在乡军人"组成自卫团、义勇团协助军警担任巡察队和地方警戒；或根据情况把武装所员分配到守备队和警察署"。四平街事务所"以在乡军人、青年训练所学生为中心组织了警卫团，担任铁路和城市的警戒，并在四平街附近，协助军队解除了（中国）公安队的武装……所员中的在乡军人都参加了警备团的工作"，"在乡军人为中心的警备团组成后，训练所学生立刻参加了传令和步哨等勤务"。长春事务所联络市内日本各机关，"编成义勇团，设时局系，义勇团由青年训练所、健儿团、在乡军人组织而成，担任附属地内的警戒，参加到警察署方面去……宽城子及南岭战斗结束后，从事伤员的收容和救护、战死者的善后对策，被俘军警的翻译，没收文书及情报翻译，援助军队解决宿营地等项工作……事务所繁忙达于极点，所员不眠不休，轮班在事务所内吃住，其困难纸笔难述"。[20]1932年2月，在乡军人会会长特向全体在乡军人发出"慰问词"，内称，"满洲事变爆发后，（在乡军人）冒着无数危险，发挥义勇奉公精神，不顾个人生命财产，致力维护各项公共利益……或支援军事行动，或执武器参加战斗，或负责保护侨民，已发挥出会员之真正价值，凡此均有赖于平素修养，亦属军人精神之表露，实不胜感谢之至"。[21]

除在乡军人外，附属地内的日本学校师生也都停课投身到事变之中。据满铁档案资料披露，"各地训练所的学生和职员，均与军队、警卫团保持联系，分担警卫任务，或职员军队的后勤，或搬运军需品，给军事行动以多方协助"。为此，事变后，奉天中学校、

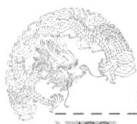

奉天青年训练所、长春商业学校、抚顺中学校、抚顺工业实习学校等都获得关东军司令部《感谢状》。其中，满洲医科大学组成大学生义勇团，编成两个警备队，分别是附属地警备队和大学警备队，协助关东军担负"非常事变的警备"。鞍山中学"事变以来一直为时局贡献力量，特别在警戒方面，（1931年）11月职员及学生与在乡军人共同参加示威游行，12月全校学生实行警备演习，准备应付非常事态"。营口商业实习所"组织了自警团担任校舍的警备。另外，有在乡军人籍的以第一部实习生为主力的一团，轮流担任新市街附属地的警戒"。熊岳农业实习学校"担任警戒或挖战壕"。辽阳商业实习所"担任市内的警备……辅助在乡军人巡视市内和担任放哨工作"。满洲教育专门学校"按照配属军官的命令立刻武装起来，担任学校附近一带的警戒任务……又参加了奉天市内的巡逻和放哨活动，警察当局曾表示感谢"。奉天中学校"把学生、职员紧急集合起来加以武装……与在乡军人会共同合作，担任奉天城内的警备和维持治安，贡献很大"。四平街青年训练所"即时参加以在乡军人会为中心组成的警备团，担任传令、放哨等警备任务"。抚顺中学校"召集三年级以上学生并武装起来，担任抚顺站、煤矿事务所的警备任务，并在市内巡逻和守卫邮局和学校……1932年9月15日半夜，大刀会匪1000名，侵入抚顺南部地区，三年级以上学生再次紧急集合，担任永安桥塔湾街道方面的警备，以后直至19日，学生彻夜进行守备。关东军司令官以及其他方面授予感谢状"。[22]这里的"大刀会匪"等语，指的是辽宁抗日义勇军袭击抚顺煤矿的一次行动。第二天（1932年9月16日），抚顺日军守备队竟对当地无辜民众实施报复，在光天化日之下制造了屠杀3000余平民的"平顶山事件"，抚顺中学校日本学生在此期间参与"警备"，无疑也充当了日军刽子手的帮凶。

四、伙同关东军炮制伪满洲国

1. "满蒙独立国"方案及自治指导部的"建国促进运动"

众所周知，关东军发动"九一八"事变之前，就已经酝酿成熟割裂中国版图、建立傀儡政权的计划。而且，这一计划绝非军部独占的"专利"，而是日本军政当局以及右翼社会蓄谋已久的阴谋。早在第一次世界大战期间，右翼团体黑龙会头目山田良政就提出一个分裂中国东北的构想，他主张，"利用清朝的残余势力，将南满洲及东蒙保护国化，强化日本的支配权"，"作为帝国的使命，是眼下最大的急务，为了解决支那问题，必须从根本上解决满蒙问题"，"由于清朝的崩溃，在满洲，有利用溥仪的可能性"。[23]事变前的1931年7月，青年联盟干员小山贞知也抛出一个"满洲与日本共存论"，主张"使满蒙全域中立于日中俄之间，组织东亚六族之大同国家"。[24]这里的所谓"中立"，不过是受控日本操纵的代名词而已，"六族"里则包括日本人。小山贞知的主张得到青年联盟和满铁高层的赞同，并将此方案呈报给关东军及国内军政要员。

"九一八"事变爆发后，青年联盟和大雄峰会积极配合关东军展开了一系列收罗汉奸、炮制傀儡政权、镇压抗日民众等反动活动。9月20日，青年联盟抢先发表坚决支持关东军军事侵略行径的声明，内称"此乃我大和民族向大陆发展的第一步，要堂堂踏入，高歌猛进"。[25]10月23日，青年联盟理事长金井章次又以青年联盟的名义，向关东军司令官本庄繁献上了一份《'满蒙自由国'建设纲领》，内中包括"约法""中央政府组织""地方组织""地方行政宗旨""建设步骤"等项。《纲领》提出，"以各民族协和及自由平等为宗旨，排除军阀，依靠文治主义，使之从战乱之中国本土中分离出来""日本人不仅充当顾问或咨议，更应作为国家之直接构成分子参政"。具体内容包括：（1）东北四省实行彻底的门户开放；（2）本着各民族居住者协和及平等自由的宗旨，凡现在居住的各民族均为自由国民；（3）排除军阀，实行彻底的文治主义，把满洲从动乱的中国本土分离出来，以期东北四省彻底的经济开发。[26]几乎与此同时，在满铁社员的协助下，关东军出台《解决满蒙问题根本方案》，其中"方针"一项明确指出，"同中国本土割离，表面上由中国人统一，军权掌握于我手中，以东北四省及内蒙地域为版图，建设独立新满洲国家"。[27]可见，青年联盟的《纲要》与关东军的《方案》有异曲同工之处。

同年12月，《满洲评论》主笔橘朴发表《'建国'大纲之我见》，他主张，"为保境安民，建设新独立国家实属绝对必要，应由公民组织民族联合国家"，"国民会议构成应考虑各民族对等，个人民主之要求，以及对建国有功绩之日本民族立场等"。[28]

1932年1月，满铁为筹划建立傀儡政权专门召开一次会议，会议讨论了"国家首脑的确定""独立宣言""国家根本机构"以及"对外问题""租借地与附属地""海关""经济方面"等事宜。会议认为，（东北）"作为中国本土之一部而存在时，必将受其内乱之影响，无法在满洲施行德政，因而有独立之必要"，"就历史而言，满洲并非中国之一部"。[29]这次会议不仅强调"满蒙独立"的必要，而且重弹"满洲非中国领土论"，无非是制造侵吞中国东北的借口而已。

日本关东军占据沈阳后，扶持汉奸相继成立起由日本顾问控制的"奉天自治维持会""辽宁省地方维持会""奉天省政府"等傀儡机构，还成立了以关东军大佐土肥原贤二为市长的沈阳市政府。但是，辽宁省所属各县大多陷于政权瘫痪、日本侵略势力鞭长莫及的混乱状态。为此，关东军首脑指示青年联盟和大雄峰会筹划"迅速恢复秩序，维持治安，不拘中央政权何时成立，首先策划地方各县独立事宜"的方案[30]，于是，青年联盟抛出一个《地方自治指导部设置要领》。

该《要领》主张，在中央政权内设置自治指导部，由指导部向各县派出自治指导员，在当地成立县一级的自治指导委员会及自治执行委员会，分别作为县级的自治指导机关和执行机关，实际上履行县政权的功能。《要领》分"方针""要领"两款。其"方针"是，"首先在满铁沿线的各县实施自治"，"以善政主义为基调"。其"要领"内容如下，"地方自治指导部组织地方实力人物或团体成立自治执行委员会，废除县长，各县政治（包括保安、警察等）由自治执行委员会承担之"，"设置自治指导委员会，监督指导自治执行委员会"，"遵循善政之宗旨，废除苛税，改善官员待遇，实行各民族融合，与旧军阀决裂"，"启蒙各县民众，实行精神之统合，防止反叛行为"。[31]1931年10月，关东军参谋长三宅召集青年联盟、大雄峰会头目以及退役军人代表甘粕正彦、和田劲等人会议，决定采纳青年联盟的《要领》，立即成立自治指导部。

1931年11月10日，自治指导部在奉天成立，老牌汉奸于冲汉出任部长。其人早在日俄战争时就为日军效命，曾任日本满洲军总司令部嘱托、高级翻译官，后来在张作霖麾下又多次利用职权之便，向日本人出卖鞍山矿权和安奉线土地权，不仅博得日本人的青睐，还大发了一笔横财。[32]张学良执政后于冲汉遭到贬斥，只好退居辽阳老家窥测时局。

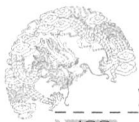

"九一八"事变后，关东军司令官本庄繁派员请于冲汉出山，于欣然前往，向本庄献上了八条"政见"，不过是赤裸裸的卖国主义货色，如主张"新政权采取不养兵主义"，"委托日本军队承担国内治安和国防"等。

自治指导部下设总务、调查、指导、联络等4个课及自治监察部和自治训练所，另设顾问若干人。除部长一职由于冲汉担任，训练所长由于冲汉之子于静远担任外，其余120余人几乎全部是大雄峰会和青年联盟成员，如顾问中野琥逸、中西敏宪、橘朴、野田兰藏，总务课长结城清太郎，调查课长中西敏宪，联络课长笠木良明，指导课长牧野三雄，监察部长甘粕正彦、中野琥逸等人。

1931年11月10日，自治指导部在奉天成立，颁布《自治指导部第一号布告》，宣称指导部的"真实精神在于替天行道，扫除以往一切苛政、误解、迷信、纠纷等，以竭力建设极乐之土为宗旨……倾注全力创建前所未有之理想国家，则以兴亚之狂涛冲击人种之偏见，确立中外不悖之世界正义"。[33] 1932年1月，自治指导部又发布了第二号布告，即《告东北四省三千万民众书》，内称："现今东北正以高速展开伟大事业，即建设新满蒙独立国之运动。"[34]

自治指导部成立后，立即派员进入日军已经占领的昌图、本溪、安东、开原、怀德、铁岭等7县。到1931年末，又相继派员进入凤凰城、梨树、盖平、辽阳、复县、海城、洮南、营口、岫岩、新民、庄河等县，指导员进入各县后，在关东军、铁路沿线的独立守备队以及各领事馆警察部队的武力后盾下，网罗对日妥协的地方实力派、地方武装、甚至部分土匪势力，血腥镇压抗日民众，把各县的政治、经济、军事、警察大权迅速控制在手，为伪满洲国的出笼奠定基础。这样，截止1932年3月，南满地区各县政权几乎均被日本人把持。北满地区也随着关东军的军事占领，日本人自治指导员随之跟进，包括边远地区的虎林、抚远、东宁、黑河等地，都相继组建起各级伪政权。

日本人自治指导员控制了各县大权后，自下而上、大张旗鼓地掀起了所谓的"'建国'促进运动"，采取大造舆论，强奸民意；运动地方，鼓噪建"国"；召开"全满'建国'促进运动联合大会"等三步走的形式，为伪满洲国的出笼制造舆论准备。

在煽动和推进"建国运动"的同时，自治指导部还在沈阳同泽女校设立一处自治训练所，培训在东北的日本浪人和汉奸人物，其中日本人"毕业"后大多被委任为各县的参事官（即后来的副县长），汉奸人物则被委任为伪县长、科长、科员等。

2. 协助关东军垄断东北一切权力

毋庸置疑，关东军发动"九一八"事变，旨在分裂中国的版图，炮制傀儡政权，实现独占中国东北的目的，这一切当然不能仅靠军事力就可以实现，尤其傀儡政权的组建，对东北铁路交通、银行、海关、航运、工矿业等经济命脉的劫夺，以及全面殖民地经营等，都需要文职或技术人员的参与和配合，于是，满铁及在东北的日本人便成为关东军首要倚重的对象。事变爆发初期，为了适应时局的需要，关东军特别成立一个统治部，具体运筹全面殖民经营东北事宜，下设总务、行政、财务、产业、交通等课，成员几乎均由满铁人员填充，统治部长及次长分别由原满铁成员驹井德三及满铁地方部次长武部治右卫门担任，下属各课长、顾问等要职也由满铁人员充任，这些人"除担任次长、课长、顾问等要职外，还在"满蒙建设"方面支援军部的活动，比如参加制定日满经济统制、开发满蒙产业、调查旧政权官有财产及逆产、提出改革满蒙主要煤田的方案，以及建设新国家创立中央银行等工作"。[35]

在最初组建的东三省伪政权中，充当顾问或咨议的日本人也多由满铁派出。详见下表：

东三省伪政权中的日本人顾问及咨议[36]

	部门	顾问	咨议
奉天省	省政府	金井章次	山田弘之
	财政厅	色部贡、三浦义臣	大矢信彦、中滨义久、南乡龙音
	实业厅	高井恒则	横濑花兄义、新井康己
	法院	阿比留乾二	
	奉天市	中野琥逸	后藤英明
	交通委员会	十河信二、村上义一、山口十助佐藤应次郎、金井章次（兼）	参事若干人
吉林	省政府	大迫幸男、三桥政明、滨田有一	
黑龙江省	省政府	村田愨德石川传（助手）	
	政务厅	平田麒一郎	
	官银号	日冈惠二、山崎重次	

上表中，除吉林省政府顾问大迫幸男是关东军中佐外，其余均是满铁社员或在东北的日本人。有资料统计，从"九一八"事变爆发到1933年初，遵照关东军的指令，仅满铁就派出社员2600余人，分布在伪满政府机关、交通产业、银行金融等机构，充当殖民统治集团的成员之一。如下表：

满铁派出社员人数及分布表（截止1933年初）[37]

派至部门	人数	派至部门	人数	派至部门	人数
关东军参谋部	41	步兵第16旅团	1	吉长吉敦铁路	199
关东军副官部	10	奉天省政府	3	奉山铁路	86
关东军特务部	161	奉天实业厅	4	沈海铁路	32
关东军经理部	1	奉天财政厅	5	四洮铁路	39
关东军兽医部	9	奉天教育厅	1	洮昂及齐克铁路	44
关东军特殊无线通信部	35	奉天市政公所	1	齐克建设事务所	366
关东军兵器部	8	奉天纺织厂	2	呼海建设事务所	283

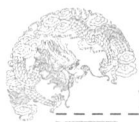

（续表）

关东军线区司令部	129	吉林省政府	9	呼海铁路派遣员事务所	89
关东军热河出动部队	11	东三省官银号	5	龙江时局事务所	156
海拉尔特务机关	1	东北交通委员会	17	松花江水运方面	14
采金事业调查部	11	自治指导部	78	热河方面	745
电报电话会社设立准备员	3	"满洲国"政府	1	总计	2600

除满铁成员外，在东北的日本财团、企业、商家等也派出自己的代表跻身殖民统治集团的行列。如日本横滨正金银行、朝鲜银行协同关东军劫夺东三省官银号，并派出田中德义、福田琢二、日冈惠二、桥本义雄等人充当各官银号的监理官。除上述人等外，还有竹内德三郎、酒井辉马、川上市松、城谷洋海、松田要、松本市之助、比嘉良行、山田鸿一郎、永井利夫等人直接参与伪满中央银行的筹建。伪满中央银行成立后，台湾银行的山成乔六，正金银行的鹫尾矶一，朝鲜银行的武安福男等人充任理事，实际控制该银行的一切权力。

必须指出的是，为了把东北的一切权力控制在日本人手中，关东军所倚重的日本人并非全都是行家里手，滥竽充数之人也不在少数。有日本外交官尖锐地抨击道，"这伙人大体上是属于不务正业，喜欢吹牛皮、放大炮，而在业务实践上又不学无术的一类人物，而关东军，正好要网罗这种不论知识能力，只要拥护军部方针就好的人物……在担任地方领导的副县长中，甚至有的原来是在四平街车站卖饭盒的，在安东开澡堂的，都有生以来第一次穿上西服，耀武扬威地进了县城，实际上，满洲建国初期的人事情况，简直有点像早年在乡下唱野台子戏开场的头一天一样，谁来的早谁就可以先抢个位置"。[38] 即使在伪省级政权，滥竽充数现象也不乏见，"像满铁的一个卫生课长一跃而成为伪奉天省的总务司长，本来对司法业务一窍不通的一个医院的事务长也居然摇身一变而成为司法部的总务司长。这种事例屡见不鲜"。[39] 连曾任伪满国务院总务厅长星野直树也不得不承认，输送到伪政权的日本人中，"除一二人以外，可以说均不熟悉本职担任的工作"。[40]

3. 组建协和会

自治指导部宣布解散后，一些未谋得实职的青年联盟和大雄峰会成员不甘寂寞，于是，他们酝酿效仿德、意法西斯国家的一国一党主义，构想在伪满洲国建立一个法西斯政治结社，即协和党。1932年2月，大雄峰会头目笠木良明及八木沼丈夫二人找到关东军核心人物之一的石原莞尔，请示自治指导部解散后成立新团体事宜。石原当即指示，新团体必须具备三个条件：一是"国家性团体"；二是"经费出自国库"；三是"不隶属政府"。[41] 接着，青年联盟干员山口重次、小泽开策等人也找到石原，提出一个成立协和党的方案。经呈请关东军司令官本庄繁同意，指定由关东军另一核心人物板垣征四郎领衔，召集片仓衷（关东军少佐）、山口重次、小山贞知、和田劲、驹井德三等人以及部分汉奸人物组成协和党筹备委员会，并在沈阳商埠地设立办事处，开始了具体的筹划组建事宜。

是时，日本国内军部势力日趋猖獗，政党政治遭到前所未有的冲击和诋毁。1932年5月15日，部分法西斯军人和右翼团伙发动叛乱，刺杀了首相犬养毅，原海军大将斋藤实上台组阁，从此，军人势力在内阁日现强势，标志着日本政党内阁的谢幕。

在这样的背景下，关东军之所以要在伪满洲国建立一个政党，据曾任伪满洲国总务厅长官的古海忠之的供述，关东军核心人物之一的石原莞尔一直热衷在伪满洲国组建一个类似德国和意大利的政党。他曾指示青年联盟的人员称："世界上高度发达的国家无不实行一国一党制，纳粹德国、意大利都是如此……远比政党林立、互相抗争的形态更为优越……满洲国是由日本缔造的，不应该有多种政党和政党间斗争的存在……为了将多民族的国家满洲国建成'王道乐土'，成立满洲国协和党，无论如何是一个不可或缺的条件"。[42]可见，石原设想成立的政党是一个必须不折不扣地推行关东军独裁统治的政党，是一个必须俯首帖耳听命关东军的政党。关东军第四课长片仓衷也曾开诚布公地宣称："关于协和会的理想，一言以蔽之，就是'日本党'，就是捍卫日本精神的各民族精锐分子的结社。满洲国的政治指导原理和政治理念将由此而产生。"[43]

这样，在关东军首脑人物的直接参与和授意下，青年联盟和大雄峰会的成员们开始了积极的运作，很快拿出《'满洲国'协和党方案》。然而，伪执政溥仪却对此不以为然，认为"满洲国建国之精神在于实行王道，必须是民族协和，不偏不党……政党政治不适用于现代。因此，不应成立协和党，而应设协和会"。[44]另据溥仪后来的自述，埋藏在他内心深处的积怨是国民党当年把他驱除出宫，所以对"党"字分外恼火。

为此，筹备委员会决定更名为协和会，并于1932年7月18日发布了协和会成立宣言、纲领、章程等。7月25日，关东军司令官及一干人等，伪满"执政"溥仪及大小汉奸出席了协和会成立仪式。会上宣布协和会正式成立，以溥仪为名誉总裁，本庄繁为名誉顾问，伪国务总理郑孝胥为会长，张燕卿为理事长，桥本虎之助、驹井德三、板垣征四郎为名誉理事。协和会设中央事务局，谢介石为事务局长，中野琥逸为次长，山口重次、小泽开策、小山贞知、大羽时男等人为委员。协和会的实际权力掌握在青年联盟和大雄峰会成员的手中。

协和会标榜"以实践王道为目的，肃清军阀专制之余毒"，"排除共产主义之破坏和资本主义之垄断"，"重礼教，乐天命，谋求民族协和与国际敦睦"[45]，实则是在"王道主义"和"民族协和"的旗号下，教化东北民众必须乐于日本军事占领中国东北的"天命"，循规蹈矩，不得越雷池一步。

协和会成立后，大张旗鼓地展开了一系列美化侵略、毒害民众的反动活动。

一是创办刊物，开展反动宣传。协和会成立之初，创办了机关刊物《协和》，协和会的干员连篇累牍地发表鼓吹"日满一体""民族协和""王道政治"之类的文章，吹捧日本的"王者之师"，宣扬伪满的"建国精神"，污蔑和漫骂反满抗日武装，煽动读者放弃民族斗争。如山口重次在一篇题为《全满的爱国者团结起来》的文章中称："民族主义高唱民族意识，刺激对外斗争的激烈，麻痹民众反省内政的意识，在这点上恰如鸦片的作用一样，而中毒的多是年青人，受了这种如同鸦片的民族主义的毒害。"[46]各协和会支部

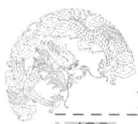

也创办了一系列刊物，如《新青年》《国民文库》《王道周刊》《东亚之光》等。据载，协和会成立初期，计散发小册子8种28万余册，传单71种570余万张，张贴画、漫画16种17余万张。另外，每十日还散发一次新闻传单，是伪满政府成立初期的一支舆论部队。

二是推进承认伪满洲国的运动。1932年6月，协和会理事于静远受命率领17人赴日请愿日本政府承认伪满洲国。于静远一行到日本后，拜会日本内阁大臣斋藤实，"到各权威人士处游说"，"还到东京《朝日新闻》讲堂讲演"，向与会者表示"感谢日本仗义援助'满洲国'的成立"，呼吁"日本赶快承认'满洲国'"。[47]6月15日，日本右翼团体在东京召开"'满洲国'即时承认国民大会"，右翼巨头头山满、内田良平、五百木良三、田锅安之助、葛生能久、佃信夫、高山公通等人出席了大会，会议通过的《宣言》称，"满洲在历史上、政治上与我国有一体不离之关系，今日新国家建立之际，承认扶持之乃我国当然之急务……不容国际联盟及美国等国干涉置喙……切盼当局断然即时承认'满洲新国家'"。[48]自然，于静远一行不过是做一篇掩世人耳目的表面文章而已，日本政府不久就宣布承认了伪满洲国。

三是宣扬"建国精神"，泯灭东北民众的民族斗志。1932年前后，协和会的工作重心放在所谓的"彻底熟知国家观念、建国精神和东方道德真义的运动"之上，美其名曰"涵养国民精神"。协和会利用手中控制的广播、报刊、电影、文学艺术等各种舆论工具，在东北全境展开铺天盖地的"思想战"，先后在东北21个城镇召开了"普及'建国精神'大演说会"，鼓噪"日满一体""民族协和"。协和会还组成了一个高级宣讲班，利用镇江山（今丹东锦江山）花会、奉天绘画展览会、鞍山、凤城庙会等民间活动，巡回各地讲演，蛊惑民心。

四是盗用民意向李顿调查团提供虚假情报。1934年4月，国联调查团进入东北，在关东军的指使下，协和会格外活跃，赶制各类宣传品散发社会，鼓噪伪满洲国的成立"顺乎民意"，为日本关东军霸占中国东北张目。6月2日，小山贞知、于静远、阮振铎三人以伪满协和会的名义在沈阳大和旅馆会晤了国联调查团人员。会晤时小山贞知先声夺人，包揽了交谈的主动权，故意混淆"九一八"事变和伪满洲国出笼的真相，喋喋不休地向国联调查团成员灌输伪满洲国成立的"合法性"，"从满洲国民的立场阐述'满洲国'的特殊情况，说明协和会的必要性，并追溯满洲事变以前民族协和运动的情况，努力启蒙调查团"。[49]当然，关东军和协和会的一切徒劳并没有获得国联调查团的认可，后来的李顿报告书指出，"现在之政权，不能认为由真正及自然之独立运动所产生"，日本军的行动也"不能视为合法自卫之解释"。[50]

五是赴东边道和热河随军"宣抚"。协和会除在北满地区从事"宣抚"活动外，因东边道地区民众反满抗日斗争蓬勃兴起，关东军特命山口重次为总指挥，率领协和会干员组成东边道特别工作班，在武装力量的保护下深入该地区，刺探军事情报，分化抗日武装，组建傀儡武装和地方政权。然而，直到1932年末，东边道地区的反满抗日活动依然如火如荼，特别工作班并未取得显著成效只好悻悻收兵。1933年3月，关东军决定兵犯热河，命令中野琥逸为总指挥，率领十数名协和会干员组成"宣抚"班同行，这支"宣抚"班在热河地区活动达半年之久。

注释：

［1］山室信一：『キメラ—満洲国の肖像』，中公新书1993年7月，第99页。

［2］大塚键洋：《大川周明》，中公新书1995年12月，第150、151页。

［3］满洲国史编纂刊行会，黑龙江省社会科学院历史所译：《满洲国史》总论，1990年内部版，第90页。

［4］日本国際政治学会、太平洋戦争研究部：『太平洋戦争への道』1，满洲事変前夜，朝日新闻社1963年2月，第360页。

［5］满洲国史编纂刊行会，黑龙江省社会科学院历史所译：《满洲国史》总论，第88页。

［6］日本国際政治学会、太平洋戦争研究部：『太平洋戦争への道』1，满洲事変前夜，第387页。

［7］满洲国史编纂刊行会，黑龙江省社会科学院历史所译：《满洲国史》总论，第134页。

［8］《关东军司令官本庄繁给满铁的感谢状》（1932年8月8日），解学诗主编：《满铁档案资料汇编》第13卷，《满铁附属地与九一八事变》，社会科学文献出版社2011年11月，第446页。

［9］解学诗主编：《满铁档案资料汇编》第13卷，《满铁附属地与九一八事变》，第443页。

［10］解学诗主编：《满铁档案资料汇编》第13卷，《满铁附属地与九一八事变》，第479页。

［11］解学诗主编：《满铁档案资料汇编》第13卷，《满铁附属地与九一八事变》，第480、481页。

［12］解学诗主编：《满铁档案资料汇编》第13卷，《满铁附属地与九一八事变》，第481页。

［13］解学诗主编：《满铁档案资料汇编》第13卷，《满铁附属地与九一八事变》，第486、487页。

［14］解学诗主编：《满铁档案资料汇编》第13卷，《满铁附属地与九一八事变》，第485页。

［15］解学诗主编：《满铁档案资料汇编》第13卷，《满铁附属地与九一八事变》，第491、492页。

［16］解学诗主编：《满铁档案资料汇编》第13卷，《满铁附属地与九一八事变》，第494页。

［17］解学诗主编：《满铁档案资料汇编》第13卷，《满铁附属地与九一八事变》，第477、478页。

［18］《関東庁要覧》（1928年），日本国立公文書館・アジア歴史資料センター：レファレンスコード：A06033513800。

［19］《帝国在郷軍人会满洲联合支部长斋藤恒致山本条太郎函》（满联支第七七号，1928年6月9日），辽宁省档案馆、辽宁省社会科学院：《"九一八"事变前后的日本与中国东北——满铁秘档选编》，辽宁省人民出版社1991年，第124页。

［20］解学诗主编：《满铁档案资料汇编》第13卷，《满铁附属地与"九一八"事变》，第472—474页。

［21］《在乡军人会会长铃木庄六的慰问词》（1932年2月），辽宁省档案馆、辽宁省社会科学院：《"九一八"事变前后的日本与中国东北——满铁秘档选编》，第129页。

［22］解学诗主编：《满铁档案资料汇编》第13卷，《满铁附属地与"九一八"事变》，第475—477页。

［23］初瀬竜平：《内田良平と中国問題》，歴史・政治・経済論説資料保存会：《中国関係論説資料》第4分册下，1971年，《アジア研究》第17卷3・4号，第30页。

［24］满洲国史编纂刊行会，黑龙江省社会科学院历史所译：《满洲国史》总论，第120页。

［25］山室信一：『キメラ满洲国の肖像』，第99页。

［26］山室信一：『キメラ满洲国の肖像』，第96、97页。

［27］满洲国史编纂刊行会，黑龙江省社会科学院历史所译：《满洲国史》总论，第119、120页。

［28］满洲国史编纂刊行会，黑龙江省社会科学院历史所译：《满洲国史》总论，第121页。

［29］解学诗主编：《满铁档案资料汇编》第13卷，《满铁附属地与九一八事变》，第508、509页。

［30］山口重次：《满洲建国——满洲事変正史》，行政通信社1975年3月，第166页。

［31］山口重次：《满洲建国——满洲事変正史》，第168、169页。

［32］孙邦等编：《伪满史料丛书——伪满人物》，吉林人民出版社1993年11月，第464、465页。

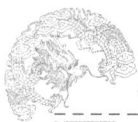

［33］满洲国史编纂刊行会，黑龙江省社会科学院历史所译：《满洲国史》总论，第163、164页。

［34］满洲国史编纂刊行会编，黑龙江省社会科学院历史研究所译：《满洲国史》总论，第174、175页

［35］解学诗主编：《满铁档案资料汇编》第13卷，《满铁附属地与'九一八'事变》，第501页。

［36］解学诗主编：《满铁档案资料汇编》第13卷，《满铁附属地与'九一八'事变》，第503、504页。

［37］解学诗主编：《满铁档案资料汇编》第13卷，《满铁附属地与'九一八'事变》，第508页。

［38］森岛守人，赵连泰译：《阴谋·暗杀·军刀》，黑龙江人民出版社1980年10月，第81页。

［39］森岛守人，赵连泰译：《阴谋·暗杀·军刀》，第81页。

［40］浅田乔二、小林英夫：『日本帝国主义の満洲支配』，時潮社1986年2月，第142页。

［41］森克已：《满洲事变内幕史》，赵朗编译：《"九一八"事变全史》第五卷《资料编》下，辽海出版社2001年1月，第604页。

［42］中央档案馆等编：《日本帝国主义侵华档案资料选编》3，《伪满傀儡政权》，中华书局1994年1月，第560、561页。

［43］中央档案馆等编：《日本帝国主义侵华档案资料选编》3，《伪满傀儡政权》，第560页。

［44］中央档案馆等编：《日本帝国主义侵华档案资料选编》3，《伪满傀儡政权》，第562页。

［45］满洲国史编纂刊行会：《满洲国史》分论，第一法规出版会1971年1月，第78页。

［46］山口重次：《全满的爱国者团结起来》，《満洲国と協和会》，満洲評論社1935年，第27页。

［47］于静远：《我做了日本帝国主义的帮凶》，孙邦等编《伪满史料丛书·伪满人物》，吉林人民出版社1993年11月，第497、498页。

［48］黑竜会：《東亜先覚志士記伝》下卷，原書房1977年11月，第128页。

［49］满洲国史编纂刊行会编：《满洲国史》分论，第79页。

［50］张蓬舟：《中日关系五十年大事记》，文化艺术出版社2006年，第77、78页

（作者王希亮　黑龙江省社会科学院研究员）

满铁情报调查在"九一八"前后的战略性演变

李　娜

【内容提要】日俄战后，日本在中国东北设立南满洲铁道株式会社（以下简称满铁）。后藤新平作为满铁第一任总裁，一生注重情报调查，其"文装武备论"成为满铁情报调查思想的精神内核，并被应用于中国东北殖民统治的实践中。本文以后藤新平情报调查思想为切入点，并以"九一八"事变为时间界点，分析论述"九一八"事变前后满铁与关东军媾合，走上"军铁一体"的道路，并以此为转折，满铁的情报调查有了战略性的调整，即由原来的"国策调查"向"战事调查"倾斜，进入不惜一切代价为战争服务的阶段。

【关 键 词】后藤新平　满铁　情报调查　"九一八"事变　战略性演变

满铁，始建于1906年11月，就法人资格而言，它是根据日本政府特定法令设立的特殊会社；从其发挥的作用来说，它又是代表国家意旨和代行国家职能的"国策会社"。而作为满铁有机组成部分的满铁调查机关，其调查活动，决非附带业务，而是多角度综合经营的重要一环。满铁调查部及其分支机构，几十年间持续对中国、亚洲和全世界进行广泛的调查研究，自称为日本以至亚洲独一无二的调查机关。但随着满铁的发展变迁不断扩大，其机构与机能也频生变化,这种演变，"当然是受时代影响而催生的现象，可见其特征之一是，这种变动往往是连动性的。"[1]

一、后藤新平情报调查思想的提出与满铁调查机关的更迭

后藤新平是日本的维新政治人物，又是研究殖民统治的理论家，他提出的殖民理论被称为日本开发学的原点，也成为了后来日本军国主义者殖民侵略和统治中国的理论依据，并被应用于殖民统治的实践中。满铁之所以在设立伊始就有调查机关，是后藤新平强烈主张所使然。

后藤新平（1857–1929），曾任台湾总督府民政长官，亦曾专门考察过西方的殖民统治，是一个富有殖民统治经验的老手。他在台湾任民政长官期间为巩固殖民统治积累了丰富的经验。1906年11月，后藤调任满铁首任总裁，到1908年7月卸任，在近两年的任期内，他以一个"殖民地经营家"的角色，对中国东北提出了一系列的殖民统治主张和措施，并强调满铁"担负主持满洲殖民政策之实际责任。"[2]实际上，后藤为满铁制定了基本的发展方向，实施了满铁殖民经营满洲的策略，其中之一就是："有必要设立一像台湾那样

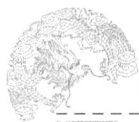

的大调查机关和中央试验所"。[3]后藤新平强调建立调查机关是一贯的：在满铁设立之前，他任日本内务省卫生局长时，首先建议设立统计局；在台湾任民政长官时期，设立临时台湾调查局，并自任局长[4]；在担任满铁总裁期间，满铁先后设立了调查部、东亚经济调查局、满铁历史地理调查部，以及自然科学方面的研究机关——中央试验所、地质调查所等一系列调查研究机构；从满铁离任后，1918年9月前往欧美进行为期8个月的考察，由于参观美国的联邦标准局和英国格林威治理化研究所留下深刻印象，回国后他便建议设立大调查机关。他建议：调查研究机关的"规模内容不得劣于各国"，并由总理大臣兼任首长；广集人才，使学界和民间有力人士以"报国观念"参加事业；调查"立案"的取舍缓急，适应"国家经纶"，且与各部门的实务相协调；要使大量派遣员驻在海外各国，使之就文献以察知的实情，或不在当地便无法判断之事，作出精细报告，即从事高级谍报活动；调查机关名为产业贸易调查会，每年经费500万元。这些建议，虽然因为经费过多未被内阁采纳，后来几经争取亦未成功，但却反映了他对于调查问题的高度重视。当时他撰写的《建立大调查机关议案》和《大调查机关与国家的两大紧迫问题》等文，都已被收入鹤见祐辅的《后藤新平》传记中。

后藤新平情报调查理论，最早见于日俄《朴茨茅斯条约》缔结前拟订的计划中，他在开篇即提出："战后满洲经营惟一要诀在于：表面上经营铁路，背地里实行百般设施"[5]，不久后，即1914年，他在日幸俱乐部的演讲中就将这种思想表述为"文装武备论"的殖民统治策略，这一思想成为满铁情报调查理论的精神内核，并贯彻于满铁殖民地经营的始终。所谓"文装武备论",后藤新平曾对此作过精密的概述，"文装武备论，一言以蔽之，就是经营非武装的设施，就是举王道之旗而行霸道之术。此乃当今世纪之殖民政策。由此经营各项设施亦是非常必要的。"[6]关于"文装武备论"的实施以及最终所表现的非凡意义，后藤的追随者们也做了详细说明："文装武备论并不是仅仅局限于经济方面，如果不从教育、卫生、学术等更广泛意义的文化社会进行建设的话，就不可能完成文装武备的真正使命。也就是说，要考虑满洲民众的生活，这样，民众就会对我们的经营感兴趣。取得他们的民心之后，我们的大陆统治就会稳如磐石，那时，才可以说是文装武备论的真正的实现。"其后，追随者们还进一步解释说：后藤的"新殖民地政策之要谛，与其说在于追求武力、追求经济，不如说进行文化统治是更为迫切的任务。"总之，"以文装招牌为良好武器来实行侵略之实，实乃实施殖民政策必需之手段。对于永久占领这一土地并建立统治之基础而言，亦是最有力之手段"。这是后藤的追随者对此所作的精确概括。[7]

总之，尽管日本文部省对此事曾表示不满，但"举凡近代企业，应成为其合理经营基础的科学性调查研究之必要性，已不待言，特别是作为特殊会社的满铁的事业，其范围极其广泛，为了社业的推行，复杂而庞大的调查机关的必然性，不能不说是实属当然。"[8]于是，在后藤新平的力主下，满铁调查机关在1907年3月组建，为此，后藤新平把日本京都帝国大学现职教授、法学博士冈村参太郎请进满铁，担任理事，主管调查业务，冈村亦成为满铁调查事业的奠基人。满铁调查情报机构，被称为满铁的"智库"，"它不仅是搜集情报和随时提供情报的大脑，它还是能为满铁创造持续发展的大脑。"[9]在满铁存在的40年历史中，调查机构虽几易其名（如附表1），但其宗旨始终没变：它不仅左右着满铁的各种侵略活动，而且还为日本军政界的侵华政策和行动提供"科学"的基础[10]，在侵华战争中起到了特殊的作用。

附表1：满铁调查机构变迁及分工

时间	机构变迁及主要分工
1907年3月	创立调查部，由冈松参太郎主持，进行满蒙调查
1908年12月	调查部改称调查课
11月	设立东京支社东亚经济调查局
12月	设立东京支社满洲朝鲜历史地理调查部
1910年	满铁接管关东军督都府的中央试验所
1914年	调查课隶属于满铁总务部事务局
1918年1月	废除事务局，调查课隶属于总务部
1922年1月	调查课直属满铁社长室
1923年4月	改称庶务部调查课
4月	设哈尔滨事务所调查课
1927年7月	山本条太郎于调查课之外设立临时经济调查委员会
1930年6月	改称总务部调查课
1932年1月	设立经济调查委员会
1935年10月	设立上海事务所调查课
11月	设立天津事务所调查课
1936年10月	改制为产业部
1937年4月	解散产业部，重设调查部
1939年4月	成立大调查部，统辖满铁各调查机关
1943年	改设调查局，调查活动基本难以进行
1945年	随着日本战败投降而寿终正寝

（资料来源：满铁总务部资料课：《满铁调查机关要览》；满铁调查课：《调查课事务大纲》数据，作者综合制作）

满铁调查部在其40年的情报活动中，一共提出了6284份调查报告，用于研究而积累起来的资料，包括搜集的各种情报、档案、书籍、杂志、报纸（外文报）的剪报，合计有5万件。这个数字是美国学者杨觉勇[11]历经8年时间调查的结果，他把满铁称为"20世纪亚洲知识的大宝库"。[12]但据吉林省社会科学院满铁资料馆研究人员的调查结果表明，满铁的调查报告书多达1.3万余件，而其他文献远远多于杨觉勇提出的数据。满铁的情报调查文献规模宏大，卷帙浩繁，确实堪称上世纪前半叶世界三大情报资料宝库之一。[13]正如美籍著名学者黄宗智所说，这些调查报告中的"大部分，是采用当时最好的分析框架和社会科学方法进行组织调查及撰写的，具有讽刺意味的是，这个分析框架相当程度上受到了马克思主义的影响，因为满铁调查人员中有一部分是日共信仰马克思主义的学者，其调查成果特别强调了'生产力'（例如技术、人口、资源、自然环境、对水资源的控制等）和'生产关系'（例如土地所有和使用、劳动力、租佃制度、雇佣劳动等），此外还有市场

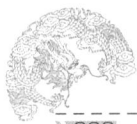

交易、政治、亲属关系、宗教、教育等等。在对任何农民社会进行过的所有调查研究中，这一系列的调查可能是其中最大和最系统的了"。[14]

二、"九一八"事变前满铁的政策取向与"内田-本庄"会谈

在满铁调查机关的设立问题上，充分体现了后藤新平的作用，日本当政者对调查研究的重视程度虽然有别，但是调查研究机构的建立和持续，却是日本殖民国策需要之所致。满铁的调查机关和调查活动不同于附属地的所谓"地方经营"，它贯穿于满铁之始终，并呈日趋强化之势。满铁作为国策会社，平时在进行以经济为主的经营活动的同时，为炮制殖民侵略政策和使其殖民经营抹上"学术"色彩[15]，广泛从事调查活动，而在战争时期则"从作战到高等政治"广泛地协助日军。[16] 所以，满铁的调查活动，"是在同日本的强行侵略的历史同步并紧密结合中发展的。"[17] 这种政策取向的改变，以"九一八"事变为时间界点表现得尤为突出。

"九一八"事变确实是关东军阴谋发动的，并由关东军引领和主导。不过，倘若多侧面地估量在事变全过程中满铁所起的作用，应该说它不是处于从属的配角地位。在某些方面，满铁的作用无可取代，就整个事变而言，没有满铁是不可想象的。所以，曾任满铁总裁的松冈洋右称，"九一八"事变是关东军与满铁的"共同行动。"[18] 姑且不说自1928年关东军炸死张作霖起，满铁人员参加关东军连续进行的备战活动及参谋旅行，满铁调查课与关东军幕僚的合作，单从事变发生后满铁全面总动员所采取的举措，就完全可以体现出满铁对事变的重要意义，说明它确实是不着军装却与关东军"形影相随"的日本侵略军。

早在"九一八"事变前的1931年1月24日，三井银行出身的"老资格"满铁调查课长佐田弘治郎居然跑到旅顺关东军司令部，以《科学的满蒙对策之观察》为题发表演讲，献计献策。此举不应视为佐田的个人行为，也不是偶发的举动，因为满铁调查课与关东军的合作关系由来已久，特别是"从满洲事变爆发前四年左右起，便面临日本与张学良政权发生冲突时调查课将如何处理的问题"。[19] 当然，从政治上伙同军部从事"满蒙"侵略活动的满铁机关和人物，不只是调查课和佐田等人，除包括以大川周明为首的东亚经济调查局变成侵占"满蒙"的鼓吹者和宣传机器外，还有相当数量的法西斯少壮军人、以满铁社员为首脑核心的法西斯右翼团体[20]等，但关东军在准备"满蒙"变天的计划中，对调查课是更寄予厚望的。

佐田的思路与关东军的谋划不谋而合，不过，至少在事变前及初期，满铁处于两难境地。一方面，满铁必须应关东军要求，实行战时总动员，全面参与或服务于军事侵略行动；另一方面，作为推行大陆政策而设立的特殊殖民会社，在政府的直接监督指挥下，其经营活动无法游离于政府的路线政策之外。但这只是事变初发时的情况，不久满铁的政策取向问题即成为过去。政策的转折点最早始于1931年6月内田康哉[21]受命接任满铁总裁。时任关东军总司令的本庄繁正在为何时发动、以何种方式进行"满蒙"变天遭到各方面压力时，寻求内田的帮助成为他最后的杀手锏。本庄的初衷是，除"新政权"（指策划中的伪满洲国）问题外，一是让满铁趁事变之机赶紧全面夺取权利；二是依赖内田取得日本决策层对事变的支持。前者是非满铁莫属的侵略活动，满铁自然乐于承担；问题在于后者，

不仅企望满铁和内田转换政策立场，而且还要靠内田影响日本政界。此事较之前者更是当务之急。

本庄首先告诉内田："现在的一般形势，从军事方面看绝不用担心。在目前状况下，苏联绝不会发生大事，英美亦然，即使以他们为对手，亦不足惧。"[22]至于关东军要求满铁趁事变赶紧夺取的权利，本庄共提出十大项，包括四洮、洮昂、吉长、吉敦等铁路交由满铁经营管理，及大石桥菱镁矿、复州耐火黏土、青城子铅矿、本溪湖煤铁矿等的扩建或新建等。据文献载，1931年10月6日，本庄与内田会谈约1小时，继而按原定安排，又由关东军各课长和沈阳特务机关长土肥原贤二做补充说明。结果，作为政府推行币原政策的重大政治部署、肩负对关东军进行灭火使命而被任命为满铁总裁的内田康哉，转瞬之间便呈现出180度的政策立场大转变。他表示"十分满意"，声称"必须举国一致地处理"，立刻表示"一定效力到底的决心。"[23]

内田等人之坚定倒向军方，其作用恐亦非同小可。此前，满铁领导层与军部同步的只有少数理事等人，内田的转向则意味着军铁的完全一致。况且内田的态度，毫不保留，坚持到底。这是内田的个人意志，更是满铁的立场与利益所决定的。以此为转折，满铁的情报调查有了战略性的调整，即由原来的"国策调查"向"战事调查"倾斜，事变后即日本学者所说的"15年战争"时期是情报调查对战时体制的从属化过程，也就是满铁调查进入不惜一切代价为战争服务的阶段。

三、"九一八"事变后满铁情报调查的战略性转变

满铁的调查业务不仅与资料业务相结合，而且与刺探性的情报业务难分彼此。无论是政治、经济、文化调查都是如此。因为，满铁调查机关是在拥有主权的中国领土内擅自设立的，其调查中国情况的行为，都是出于侵略扩张的一厢情愿的非法行为。这种情况，不仅决定其调查活动总体的情报性质，而且在方法上也必然采取种种间谍手段。包括后期满铁调查部门的调查与情报业务的分并是经常发生的，即使情报业务独立，也并非意味着调查部门不从事情报活动。尽管满铁调查部创始人后藤新平从推行殖民统治政策出发强调调查的重要性，但从满铁首脑层到日本中央军政枢要，他们最为关注的，与其说是调查，莫如说是情报。

调查部在创立之初，与满铁其他部不同，部下不设课，只规定一般经济调查、旧惯调查和图书保管等三项业务。而后随着满铁业务领域的不断拓宽和发展，调查机构改组和调查机能的增强，满铁的情报调查范围有了更大的扩展，已经涉及到社会调查、情报搜集、资源调查、政策研究、历史地理以及当时中国政府的政治、经济、文化和军事研究等方面。可以说他们的触角已经达到了无孔不入的地步。调查课时期的调查，满铁调查机关置身于半封建半殖民地的中国，其侵略触角主要是从事一般的情报调查，即"中国官界与经济的动向和帝俄情况成为满铁情报活动的主要对象"，当时的所谓调查实际上就是以"单项情报资料为基础进行综合整理"[24]，"文献的涉猎和地道的实地调查都很费力，在外面没有显现出来"[25]，"满洲旧惯调查"等少数基础性调查也是为未来的殖民政策的制定预做准备，满铁调查机关当时无缘直接参与政策、对策或计划的起草。在逾万的调查报告和调查资料中，"九一八"事变前形成者只有一二千项。[26]调查活动的领域，从量的方

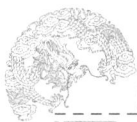

面看，还是着重经济方面，因为作为"国策会社"的满铁，首先是追求经济扩张的；从目的性来看，把重点放在可供"社业和日本政府及经济界参考的调查项目上，即进行和组织所谓的"预定调查"和应急的"临时调查"，[27]其目的与意义常常不限于经营，有时首要和直接的企图在于"国策"，甚至是军事。

需要指出的是，满铁调查机关虽不是军事调查机关，但军事色彩浓厚，在调查活动上，满铁和日本军部是互相依靠、互相利用的。例如：1909年关东军都督府参谋次长即要求满铁提供"付印的调查资产"，内容包括"土地、户口、气象、农业、工业、水产、商业、贸易、道路、陆运、水运、建筑、卫生"等，还表示"可能临时另向贵社……派遣本部职员从事调查。"[28]但此时的满铁情报调查机构是自成体系的，至少从目前的资料看，还没有发现它受其他方面、特别是军方操纵指挥的迹象。但以"九一八"事变为契机，日本军方的权威日趋增大，满铁情报调查机关的情报资料，不能不主动地向军方提供，满铁的情报调查活动也不能不纳入以关东军为主导的日本在东北的统一课报系统之内。满铁情报调查机构与散在东北纵深各地的事务所、公所相呼应，构成了关东军、满铁相勾结从事各种侵害中国和中国人民的阴谋侵略网络。

"九一八"事变发生后，"满铁的首脑们对中国的政治形势非常关心，为了尽快获得中国的政治、经济，尤其是同中央或地方的政情有关的情报，花费了很大的精力"。[29]"因此事变后调查课人员立即应关东军之招聘奔赴各个方面，支援了关东军在政治经济方面的活动。"[30]为了配合关东军作战，满铁调查课开始搜集军事情报及中国抗日武装的动态等，直接向关东军守备队、宪兵队或警察署提供，并以此为契机，从一个供给情报的咨询部门变成了配合关东军决策的机关。

关于情报工作，"九一八"事变爆发时，调查课已成为满铁惟一的情报中枢。而"会社的情报网早已遍设在整个满洲及中国各主要城市，搜集情报的方法和相互之间的联系也很完备。"[31]首先，事变一爆发，满铁的全部情报机构和情报网，立即高速运转起来。就像满铁总裁松冈洋右所说的"经满铁长期培养起来的精通汉语的日本人和擅长日语的中国人积极地进行了课报和联络活动。"[32]"九一八"事变发生后，满铁各情报机关全负荷地运转起来，各种内部秘密情报刊物也纷纷推出。《时局综合情报》是满铁奉天事务所向满铁总裁等提供的经过一定归纳整理的重要情报。满铁总务部调查课也刊行以《综合情报》为名的情报刊物，向首脑者和首脑部门提供。关于网罗和操纵课报员，满铁也有一套办法，主要是运用金钱手段。其次，满铁情报机关和情报活动带有很大的公开性，收集公开情报占着相当大的比重。满铁调查课从事变的第二天——1931年9月19日起，把来自满铁情报网的重要情报编辑为《综合情报》发给社内外各机关，有时一天编发数次。从当年9月19日至10月9日，仅19天就编发《时局综合情报》58期。其中不仅有东北各地的情报，还有来自广东、汉口、青岛、北京等地的情报。"事变后，会社从搜集的大量情报中，仅提供给陆军、领事馆、警察署及其他机关的即达数万份，对制定时局对策和防御'兵匪'贡献很大。"[33]

1932年，满铁经济调查会成立，相对而言，"九一八"事变前的调查课时期的调查，以一般经济、政治调查为主，调查活动还有浓厚的情报性质；经调会时期则不同，满铁调查机关活动的重点是直接为制定侵华政策服务，在其存在的4年多里，所完成的调查、计划和资料总共达1882件，其中起草方案829件、资料1053件，并分门别类编辑成册。除此之外，还出版了《满洲经济年报》《满洲经济统计》《满洲经济统计图表》《满洲劳动事情总揽》《关东洲及满洲国盐业统计》《北支那外国贸易统计年报》《满洲农产物产量预想》《满铁调查月报》《满洲经济统计月报》《劳务时报》《满洲劳动统计》《统计时报》等刊物。[34]但这并不意味着此时的满铁调查不具有情报性质，也不是满铁情报活动，特别是纯粹的狭义的情报活动收敛了，事实恰恰相反。

"九一八"事变后，打造伪满洲国成为日本军政当局的既定政策，1932年1月中旬，一系列的满铁资深、权威的调查员，诸如石川铁雄、奥村慎次、田中盛枝等，都作为伪满洲国成立的策谋者、政策文件的具体起草者而有组织地积极活动起来。他们计议的问题包括统治伪政权的体制与模式等许多大事，而起草的文件原稿更涉及方方面面，诸如《对外通告》《独立宣言要纲》《国家建设要纲》《独立宣言》等等。当然，这些只是冰山的一角，但它完全证明了伪满洲国"是中国人民自动要求成立"之说的彻头彻尾的欺骗性。顺便说明，在上述满铁一批调查员集中起来策划成立伪满洲国和起草的"满洲国"宣布成立的文件法令等，之后不久，1932年1月21日，满铁首脑会议即决定成立经济调查会。而上述被集中起来的满铁调查员，都一变而为机构庞大的经调会的重要成员。直至1936年，满铁经调会当然是伙同关东军（主要是其特务部）打造伪满洲国的专门机构，也是伪满洲国政策计划炮制和进行相应特殊调查的所谓"调查立案"机关。"七·七"事变后，日本帝国主义的侵略铁蹄遍及大半个中国，满铁扩大了调查部，积极配合日本对外侵略的需要，为侵略机关制定政策和策略提供依据和决策参考。在十五年战争中，满铁情报调查人员经常在战争第一线为军方的决策发挥重要作用。

注释：

[1][日]原觉天：《现代亚洲研究成立史论》，东京，劲草书房，1984年，第350页。原觉天，日本法隆寺劝业学院毕业，1939年任满铁嘱托，先后于调查部资料课、东亚经济调查局资料课工作。战后先后任亚洲经济研究所资料部长和关东学院大学名誉教授。

[2][日]上田恭辅：《后藤新平》，第二册，第636页。上田恭辅，绰号"满铁万年历"，是满铁的万事通。日俄战争时是日本的满洲军司令部的幕僚。满铁设立后任调查役，以后长期任秘书役。

[3][日]上田恭辅：《满铁创业当初的回忆》，《满洲铁道建设秘话》，第7—9页。

[4]黄福庆：《论后藤新平的满洲殖民政策》文称，临时台湾调查局成立于1898年9月，山田豪一：《满铁调查部·光荣与挫折的四十年》，日本经济新闻社，1977年，第8页载：在台湾当时还设有土地调查局、户口调查部、台湾旧惯调查会和台湾研究所。

[5]这句话另有译为："战后经营满洲的要诀在于，阳为经营铁路，阴为实行各种政治发展措施。"

[6][日]鹤见祐辅：《后藤新平传》，太平洋协会出版部，1943年，第815页。

[7]转引自沈洁：《"文装武备论"的实质是侵略》，《探索与争鸣》，1995年第12期，第22—23页。

[8][日]满铁株式会社编：《南满洲铁道株式会社第三次十年史》，1938年，大连，内部出版，"军秘"级，第2365页。

[9][日]草柳大藏：《满铁调查内幕》（上），朝日新闻社，1979年，第13页。

［10］[日]满铁株式会社编：《满铁调查部概要》，辽宁省档案馆藏日文资料，交通邮电类第53号。

［11］注：杨觉勇，1920年出生，美籍华人，二战期间曾在中国外交部负责对日工作，现为美国著名日本问题专家。他利用8年时间对日美33家图书馆的满铁资料进行了调查写成《The Research History and of the South Mamchurian Railway Company.1907-1945;A History and Bibliography》一书，该书第一部分是满铁调查部历史概述，第二部分为满铁调查资料目录，共为6284种。

［12］[日]草柳大藏：前引书，第13页。

［13］另两个是美国中央情报局与苏俄克格勃

［14］褚赣生：《〈中国馆藏满铁资料联合目录〉编撰始末》，《中国索引》，2007年第3期，第41页。

［15］1940年满铁调查部长田中清次郎在《满洲历史地理》再版序言中写道：满铁受日本政府委托，"肩负经营满洲之经济及文化重责"，而这些经营必须"立足于学术基础之上"。

［16］[日]冈部牧夫：《日本帝国主义与满铁》。《日本史研究》，1978年11月号，第73页。

［17］[日]原觉天：前引书，第328页。

［18］[日]松冈洋右：《兴亚的大业》，1941年。日本外务省档案胶卷，WT7LMT721，第6567页。

［19］[日]满铁株式会社编：《满铁第三次十年史》，第2373页。

［20］注：指满洲青年联盟和大雄峰会。

［21］内田康哉，1865年生，熊本县人。1901年任驻北京公使。日俄战争后，参加对华善后交涉，后获封男爵。1911年任西园寺内阁外相。1918年起先后任原敬、高桥、加藤各内阁外相，并两次担任临时首相。1925年任枢密院顾问官。1930年任贵族院议员。1932年任斋藤内阁外相，因主张"焦土外交"而名噪一时。

［22］[日]《现代史资料》，11，『续满洲事变』，みすず書房，1965年，第333-335页。《关东军司令官本庄繁向满铁总裁内田康哉提出的会谈事项要项》（1931年10月6日）及会谈情况。

［23］[日]《现代史资料》，7，满洲事变，第204页。

［24］[日]石堂清伦等：『十五年戦争と満铁调查部』，原書房，1986年，第4-8页。

［25］[日]原觉天：前引书，第360页。

［26］解学诗：《隔世遗思——评满铁调查部》，人民出版社，2003年，第50页。

［27］[日]满铁株式会社编：《满铁第三次十年史》，第2368页。

［28］[日]满铁株式会社编：《满铁第三次十年史》，第2372页。

［29］[日]石堂清伦等：前引书，第7页。

［30］[日]满铁株式会社编：《满铁调查机关要览》，1935年，第213-214页。

［31］[日]满铁总务部资料课编：《满洲事变与满铁》，1934年，内部秘件，第399页。

［32］[日]松冈洋右：《兴亚大业》，1941年，日本外务省档案胶卷，WT7，LMT21，第65-67页。

［33］[日]满铁株式会社编《满洲事变与满铁》，第399页。

［34］孟悦：《日本侵华时的间谍活动》，转引自《炎黄春秋》，2011年第2期，第41页。

（作者李娜　吉林省社会科学院日本研究所副研究员）

试论伪满兴业银行的实质

王文丽　王一淼

【内容提要】本文论述了日本侵略者为了长期霸占中国东北，同时为更有利地控制东北经济命脉，策划建立了"满洲"兴业银行。该行通过吸收存款、发放贷款，大量发行多种形式的债卷筹集资金，为取得无本低息的资金，来供应军事产业的工、矿企业部门长期资金等开发各种产业,以供日本的军事资源的掠夺而设立的,进一步揭示东北人民饱尝了日本侵略者铁蹄下暗无天日的亡国之痛。

【关 键 词】"满洲"兴业银行　特殊会社　债卷　经济掠夺

1931年"九一八"事变后，我国东北沦为日本的殖民地。1932年日本侵略者建立傀儡政权伪满洲国，为了长期占有我国东北，除了实行残酷的法西斯血腥统治外，还大肆掠夺工矿军需农副产品等经济资源，把东北作为它侵略全中国的兵站基地。日本侵略军在占领东三省等城市的同时，即先后抢占了东三省官银号、边业银行、吉林永衡官银钱号、黑龙江省官银号和辽宁省城四行号联合发行准备库以及中国银行、交通银行等金融机构，从而掌握了东三省的经济命脉。在关东军的策划下，于1932年（大同元资）7月1日成立了伪满洲中央银行。伪满洲中央银行为了便利一般金融业务和筹集长期低利资金以开发各种产业，要求设立一个专门的金融机构为其服务，在其策划成立伪满洲中央银行之初，就曾提出"此外更须另设一大规模之殖产银行，以代今日之东拓会社，专理不动产抵押贷借款，开发满洲至森林、矿山、农地、航务、水产等项实业。""满洲"兴业银行就是为了适应这种需要而建立的。

一、伪满兴业银行的基本概况

（一）伪满兴业银行的建立

1936年12月伪满政府公布了《满洲兴业银行法》，将原"朝鲜银行""正隆银行""满洲银行""满洲商业银行""辽东银行"及其所属分支合并，于1937年1月1日合而为一，新建立特殊银行"满洲兴业银行"。

"满洲"兴业银行为股份有限公司，注册资本3000万元，后增资为9000万元，其股份伪满政府和朝鲜银行各占一半。"满洲"兴业银行总行设在"新京"（长春），位于新京市大同大街202号（今长春市人民大街1486号），大兴会馆内（大兴ビル），与伪满大兴公司（大兴株式会社）合署办公。"满洲"兴业银行虽然名义上是股份有限制公司，但

本身不能独立行事，完全听命于伪满洲国政府经济部。《'满洲'兴业银行法》第三十四条规定："总裁、副总裁、理事、监事有违反法令章程或经济部大臣的命令时，经济部大臣有权将其解任之；"第三十三条规定："凡变动银行章程，处理赢余，合并或解散等决议，未经经济部大臣之认可，一律无效。"由此可见，"经济部大臣"是"满洲"兴业银行的主宰者。其实掌握真正实权的是日本侵略者委派之经济部次长，经济部大臣只是掩人耳目、徒有虚名的傀儡。

"满洲"兴业银行资金的主要来源有三：（一）伪满央行对它的信用贷款，占资金来源一半以上；（二）发行债券,制造信用；（三）伪满政府借入的资金。

（二）伪满兴业银行的机构

"满洲"兴业银行设"总裁""副总裁"各1人，"理事"5人，"监事"3人，任期均为三年。首任总裁为富田勇太郎、次任为冈田信。副总裁首任为松原纯一、次任为葆康。首任理事为松田义雄、一色信一、高桥武夫、乌潭生等，次任理事为箱绮文雄、斋藤宣吉、桑尾胜雪、孙征、德楞额。首任监事为启彬、张本政、永井四郎，次任监事为色部贡、魏宗莲、岸严。"满洲"兴业银行共设12个课，既秘书课、人事课、监察课、考查课、资金课、普通金融第一课、普通金融第二课、特别金融第一课、特别金融第二课、鉴定课、计核课、庶务课等。各课课长均由日本人担任无一中国人任课长，而且华籍行员大都位于下层，工资待遇均较日籍人员低20%～30%，还经常受到歧视和压迫，行中一切人事任命，业务大权完全由日本人操纵，伪满政府只不过是用来摆摆样子，欺骗东北人民的摆设。

1937年开业之时，总行在长春（伪满时期称之谓"新京"），下设分行36处，支行10处，分支机构共46处；到1942年3月末止，分行增为51处，支行为10处，分支机构共61处。在长春设南广场、大马路两个支行；洪熙街（红旗街）、兴仁大路（解放大路）两个办事处。1937年全行人数为1168人，其中行员803人，雇员365人；到1942年人员增为2418人，其中行员为1492人，雇员为926人。"满洲"兴业银行分支机构的增加，更深刻地证明日本侵略者肆无忌惮的对东北经济侵略，该行《营业指南》上也毫不掩饰地记载："满洲国建国以来至今6年有余，产业之开发，经济建设与进展，均有惊人之成绩，而随同产业开发之进展，资金之需要亦飞跃的增加，筹划此项资金，即系我国金融界所负担之重大使命，顺应此项重大使命与责任而所诞生者，则为我满洲兴业银行也。"

二、伪满兴业银行的业务范围

根据《'满洲'兴业银行法》及《'满洲'兴业银行章程》的规定，"满洲"兴业银行的主要业务为：（一）汇票及其他商业票据的贴现；（二）有可靠的抵押或保证的贷款；（三）各种存款及活期透支；（四）保护存款；（五）汇兑及代汇；（六）为平时有交易往来的各公司、银行或商人征收票据金；（七）办理国债、地方债、公司债或者股份的募集，收缴其缴纳金及本利金或者股息；（八）接受公司债权者担保权的委托。除此以外，"满洲"兴业银行还有一项最主要的业务，就是利用伪满政府所赋予该行以筹集资金的特权。"满洲"兴业银行通过大量发行债券、有奖储蓄债券、代理伪满政府发行各种彩票等形式筹集资金，取得无本低息的资金，向工矿企业和各特殊会社进行投资和贷款。该行根据《满洲兴业银行法》第二十三条规定"可以在其缴讫资本金额的十倍发行满洲兴业债券"。

1937年11月30日，伪满经济部制订了《'满洲'储蓄债券法》，按其规定"满洲"兴业银行可以随时发行"满洲"储蓄债券，用作产业开发的资金，面额须控制在二十元以下，三十年内还清。

于是从伪满康德五年一月开始发行名为"'满洲'储蓄债券"的第一回有奖储蓄债券，债券为无记名式，可按每张债券卖出价格90%向"满洲"兴业银行进行质押贷款。为吸引百姓购买欲望，前五期储蓄债券面额设为拾元，出售价格定为五元。然而债券的发行并不顺利，发行之初只有日本人购买，中国人很少认购。因此，在伪满经济部的催促下，各地纷纷组织召开各种形式的座谈会，向当地绅商劝诱认购，效果欠佳，最后只得以摊派的形式勉强完成了第一回债券的发行任务。该债券先后共发行了十六回，以上债券发行还本期限不同，时间长的近三十年，短的也有十几年，并且是以抽签的形式分期还本付息。这种债券还本时间之长，创世界债券发行还本时间之记录，根本就是一种欺骗行为，同时也充分暴露了日本侵略者的贪婪野心。全部债券均未及还本，伪满洲国垮台即成为废纸。

事实上"满洲"兴业银行资金并无多少，都是靠欺骗掠夺、压榨中国人民的财富而积累起家的。"满洲"兴业银行通过吸收存款、发放贷款、大量发行债券和有奖储蓄债券、代理伪满政府发行各种彩票等形式筹集资金，为日本侵华和"大东亚"战争起到了特殊的作用，是日本帝国主义对我国进行经济侵略的得力工具。

三、伪满兴业银行的本质

"满洲"兴业银行专为供应军事产业的工、矿企业部门长期资金的，它可以从伪满央行和伪满政府借入大量信用借款，以供日本的军事资源的掠夺而设立的。日本本身就是一个先天不足的半封建军事性的资本主义国家，资本积累极其贫乏，它的发展和扩张主要是依靠武力来掠夺的。若凭它自己的实力来维系这样庞大的开发资金是无法做得到的，这一矛盾在伪满第一次产业开发五年计划实施的初期就显露出来了。

"满洲"兴业银行将重工业开发作为重点，推行"彻底的重点主义"方针，主要贷款对象是那些对伪满经济具有垄断性质的"特殊会社"，这些会社不是《重要产业统治法》的对象，而是受国家特定法统治，是推行日本殖民侵略政策的机关，故也称"国策会社"。这些会社主要有"'满洲'重工业开发株式会社"（满业）"'满洲'钢铁株式会社""'满洲'炭矿株式会社"（满炭）"'满洲'石油株式会社""'满洲'电信电话株式会社"（满电电）"'满洲'电业株式会社"（满电）"'满洲'大豆株式会社""南'满洲'铁道株式会社"（满铁）等。除此之外，还有一些规模较上述小一些"特殊会社"也是其重要的贷款对象。如满洲土地开发、水泥制造、棉花、纺织、制粉、制糖、制药会社以及满洲官吏消费组合等。但最主要的服务对象当属"满业"。1937年12月在日本政府、军方和日本财阀的共同策划下，成立了"'满洲'重工业开发株式会社"，总部设在长春，总裁为鲇川义介。伪满洲国建立后，关东军企图改组"满铁"遭到反对，于是便另找合作伙伴。日本产业株式会社总裁鲇川义介，对"满洲国"第一次"产业五年计划"提出了以发展汽车、飞机等军需工业为中心的战时经济设想，受到关东军的赞赏，即背着"满铁"与日本产业株式会社策划成立了该社。以伪满洲国的名义发布命令，将原由"满铁"和伪满管辖的重工业强行收归该社管理。依靠"国策会社"的头衔对东北地区的钢铁、轻金属、机械、煤炭等重工业部门实行统治，到1941年共有关系会社56个，其中直接投资的会社18个，投资额达13.6亿日元。

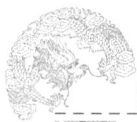

　　"满洲"兴业银行为保证军事产业重工业开发方面资金的需求,都是通过信用膨胀的途径实现的。1937年其信用放款为25800万元伪币,到1938年底就增加到41200万元伪币,膨胀了1倍;至1939年底增加到79000万元伪币,比开始的第一年增加了将近3倍,到了1940年,更一跃而至129400万元伪币,仅仅四年功夫,其信用膨胀就增加了将近6倍。在五年计划的最后一年1941年,还又放出了11亿元伪币,总共在五年计划期间就放出了309000万伪币。"满洲"兴业银行在日伪所谓的"'满洲国'第二个五年计划"的1942年储蓄计划是15亿元,1943年为16亿元。因此又采取了各种强制办法,其中包括规定各省、市、县、旗的储蓄分摊额;实行机关储蓄;发行小额短期公债、储蓄票,增发彩票;企业利润超过一定数额时,强制其购买公债;出卖不动产时,也必须将其所得的部分作为储蓄;强制摊派储蓄票,即居民按居民组摊派,而且不管购买任何物品时也要附带一定的储蓄卷。1944年榨取人民已达到极端疯狂的程度,即储蓄计划30亿元,1944年兴业银行下半年的业务报告中,明目张胆地供认:"……因决战期中,实行军需物资紧急增产,以致资金之需要量亦随之增加,金融方面为力图加强作战力量起见,对于时局有关部门及国民生活必需品等部门所需之资金,积极融通,同时,留意资金效率之发挥。"该年末放款额达307600万元伪币。从以上可以看出,"满洲"兴业银行的经营权限非常大,且具有从日本国内直接借入资金的特殊权利,所以存款、放款额度也就比较大,业务上更是无人与之竞争。"满洲"兴业银行的宗旨就是为日本侵略者战争机器的运转,提供有力的资金保障。反映了日伪统治当局妄图剥削中国人民手中每一分钱的无限贪欲。

　　"满洲"兴业银行名义上属"满洲国",为股份制银行,然而所实行一切皆在日本侵略者的掌控之中,完全听命于日本人。从各项制度的制定,到日常的管理,均由日本人设计完成之后,即以实施,就连日常用语以及公文也完全使用日文,其性质彻头彻尾的是日本帝国主义侵略中国东北经济财富、实行殖民统治及对外侵略的刽子手和帮凶。

参考文献

[1]《'满洲'中央银行十年史》枥仓正一,伪满洲中央银行出版,康德9年。

[2]《'满洲'中央银行行报》伪满洲中央银行出版,康德7年5月;康德10年3月。

[3]《东北经济小丛书》东北物资调节委员会研究组,中国文化服务社沈阳印刷厂,中华民国36年10月出版。

[4]《经济掠夺》伪满史料丛书,吉林人民出版社,1993年12月第1版。

[5]《'满洲'会社考课表集成》[2]商业金融编,南满洲铁路株式会社产业部编1937年1月。

[6]《'满洲国'史》(分论)上卷,(日)"满洲国"史编纂刊行会编,东北沦陷十四年史吉林编写组译,东北师范大学校办印刷厂1990年12月第1版。

[7]《伪满洲中央银行史料》吉林省金融研究所,吉林人民出版社,1984年8月第1版。

[8]《伪满洲国史》大连出版社出版,1991年11月第1版。

[9]《中国东北地区货币》中国东北地区货币编辑组,中国金融出版社出版,1989年第1版。

[10]《日伪证权的金融与货币图说》伪满洲国卷,黄汉森编著,亚洲钱币学会出版,2003年9月。

(作者王文丽　伪满皇宫博物院副研究馆员;

王一淼　吉林大学文学院新闻系学生)

日本殖民地博物馆文化研究
——以关东厅博物馆和台湾总督府博物馆为例

史吉祥　刘立丽

【内容提要】本文以20世纪初日本殖民者侵略中国的"物证"——关东厅博物馆与台湾总督府博物馆两个殖民地博物馆进行的文化比较研究，客观地揭示出这两个殖民地博物馆从藏品收集、保护、园林化建筑的可圈可点之处和要肯定的地方，而从博物馆的经营理念和陈列观上看，却是为日本统治者侵略行径服务的载体，必须要予以批判和坚决谴责。

【关 键 词】日本　殖民地　博物馆文化　比较研究

一、绪论

1.1 选题缘由

真正意义的博物馆文化是近代资本主义的产物，放眼世界，一个个博物馆都是诞生于资产阶级革命后期。随着先行进入资本主义发展的快速轨道，有些国家进入帝国主义，并对其他地区展开殖民侵略。帝国主义的侵略是全方位的，伴随着军事侵略的同时，文化侵略亦步其后尘。在一系列文化侵略里，在殖民地建立博物馆是一个较为普遍的现象，由此构成了世界博物馆近代发展史上一个独特的景观。英国、法国都曾经在其殖民地建立过博物馆，日本作为后起的帝国主义国家，在侵略亚洲各国的同时，亦开始在一些地区规划博物馆。殖民地博物馆承载着历史的两重性，在后人对博物馆的研究中，殖民地博物馆这个课题也越来越受到重视。关东厅博物馆与台湾总督府博物馆同作为20世纪初的日本殖民地博物馆，其存在既是日本殖民者侵略中国的"物证"，同时又在客观上为我们留下了宝贵的文化遗产。关于两个殖民地博物馆的研究，以前有很多学者做过，但在某些程度上还停留于表面，比较概念化、简单化，因此还有再进行探讨的余地。

比较博物馆学是博物馆学的分支学科，其研究方法是从各个角度对不同国家或不同文化背景下的博物馆相关问题进行比较研究，从而找出它们的优点和缺点，共同点和不同点，普遍规律和特殊规律[1]。本文就参照此种研究方法，对同一国家同一时期不同地区的两个殖民地博物馆进行比较研究[2]。

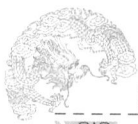

1.2 研究概况

（1）关东厅博物馆的研究状况

日本统治时期，为扩大博物馆的影响，展示独具特色的收藏与学术研究成果，出版有《关东厅博物馆一览》《馆报》《关东厅博物馆案内》《旅顺博物馆图录》《旅顺博物馆陈列品解说》和《旅顺博物馆二十年史》等刊物，成为研究当时博物馆情况的宝贵资料。在这些资料的基础上，馆内人员也先后发表著作和文章展开研究，主要有以下内容：韩行方《旅顺博物馆巡礼》，从博物馆的兴起到发展，从各个方面纪述了旅顺博物馆的发展历程。郭富纯主编《旅顺博物馆九十年》，该书是为庆祝建馆90周年而作，是目前最详细记录旅顺博物馆发展史的书籍。其中第一章"日本殖民统治时期"分别从建馆、藏品来源及陈列展览三个方面详细介绍日本统治下的博物馆。郭富纯《回顾历程展望未来》，以回顾和展望为切入点，从多个角度对旅顺博物馆的历史进行梳理，并对未来的发展做出规划。韩行方《旅顺博物馆历史沿革札记》，该文从建馆时间、馆名变更、馆舍建筑、两次交接（日苏、中苏）四个方面来记述，其中关于沙俄时期建馆情况、日本建筑的设计图表及部分藏品来源的记述都是十分宝贵的资料。葛华、于海《旅顺博物馆变迁与发展》，该文从旅顺博物馆的建立、旅顺博物馆早期的藏品特征、旅顺博物馆的发展时期、总体改造给旅顺博物馆带来新的发展四方面来介绍。王嗣洲《旅顺博物馆与大连考古研究》，从日本占领时期的考古发掘开始，一直到新中国成立后在中国政府指导下的考古成就做了详细的介绍。

（2）台湾总督府博物馆的研究状况

日本统治时期，日本人出版有《台湾博物馆手引》《创立满三十年纪念志》《台湾总督府博物馆案内》等刊物。在后人的研究中，主要有以下几个方面。李子宁《殖民主义与博物馆：以日据时期台湾总督府博物馆为例》，这篇文章重点强调博物馆的"橱窗"作用，以1920年为界限，将博物馆分为前后两期。日本作为一个后起的殖民国家，为了向世界证明其有效统治殖民地的能力，因此1920年以前，博物馆是以宣传作为重心的，通过藏品的展示来体现自己的殖民成果。1920年以后，随着博物馆由殖产局转由内务局掌管，由于组织、经费、人员和藏品方面的原因，由对外宣传不得以转变为"大众教育的机关"。王飞仙《在殖民地博物馆展现历史：以台湾总督府博物馆为例》，是在李子宁的观点基础上，加上自己对历史部藏品的分析见解而成。这篇文章重点是以新博物馆学的观点来看历史部陈列品的摆设，并由此透射出殖民者的意图。台湾"国立中央大学历史研究所"李尚颖2005年硕士论文《台湾总督府博物馆之研究（1908-1935）》，该文运用历史研究法，以历史记载与文献资料为依据，运用归纳、综合和比较分析的方法来说明博物馆的发展史。首先从日本博物馆的兴起讲起，再讲到台湾的调查活动的开展，使博物馆提前开设。在博物馆发展分期上，分殖产局博物馆和儿玉、后藤纪念博物馆两个时期，分别从两者成立的经过，行政组织、陈列品的收藏与展示等方面进行分析，最后从"观感"角度来谈日本、中国台湾、中国大陆三方对博物馆的看法。"台湾大学人类学研究所"钱晓珊2006年硕士论文《殖民地博物馆与"他者"[3]意象的再现——三个日本殖民地博物馆的分析比较》，作者研究的基调是将博物馆视为一种社会文化的产物、社会文化现象的反映，透过20世纪初的三个日本殖民地博物馆——台湾总督府博物馆、朝鲜总督府博物馆与关东厅博物馆的分析比较，讨论殖民地、博物馆与他者再现的关系。

二、两馆建立的背景

2.1 两地得天独厚的地理位置与丰富的资源成为帝国主义觊觎的目标

旅顺口位于辽东半岛最南端，三面环海，资源丰富，交通方便。东距朝鲜南浦180海浬，与山东半岛隔海相望。旅顺口以其特殊的地理位置，山川险峻的地势，自然天成的不冻良港，使其成为扼守京津的海上门户和护卫东北地区的天然屏障。随着航海技术的不断发展，旅顺口的军事战略地位日趋重要。明代开始在这里设立水军，清代设水师营，光绪六年（1880），李鸿章在此建立北洋海军，并在这里修军港、筑炮台、建军船坞，使旅顺口成为当时世界上的五大军港之一。正是因为其重要的经济、军事战略地位，使其成为近代资本主义觊觎争夺的目标。

台湾自古以来就是中国领土的一部分，它耸立在东海大陆架南缘的海上，东临烟波浩瀚的太平洋，西隔台湾海峡与福建省相望，东北与琉球群岛相接。它与祖国的庙岛群岛、舟山群岛、海南岛结成一条海上长城，系我国东南的屏障，处于国防要冲，战略地位极为重要。地理大发现后的海外殖民使西方列强一直想把台湾作为侵略中国的基地，一而再再而三地垂涎台湾，首要目的就是要把台湾变为侵略中国的基地，进而掠夺当地的资源。早在1857年美驻华大使巴驾与美国海军舰队司令亚姆斯特朗一致认为：台湾是最值得占领的岛屿，对美国价值特别大。夺取和购买台湾跟独占夏威夷群岛和购买阿拉斯加一样，纳入"太平洋帝国"的战略基地计划。其后法国内阁总理茹·费理曾扬言："台湾是最好的、选择最恰当的、最容易守，守起来最不费钱的担保品。"

2.2 日本"明治维新"后野心的膨胀

由于台湾扼西太平洋航道的中心，是太平洋地区各国海上联系的重要交通枢纽。早在十六、十七世纪日本商业资本初步形成发展时期，丰臣秀吉、德川家康数次出兵窥伺台湾。自从1868年以"富国强兵、殖产兴业、文明开化"为目标的"明治维新"运动取得胜利以来，日本摆脱了危机，走上了资本主义发展道路，迅速成为亚洲强国。但由于先天不足，走上军国主义道路的日本，在战略地位上被台湾扼着南进道路的要冲。"不甘处岛国之境"的日本帝国狂热分子，便制定了向中国和朝鲜等大陆国家进行武力扩张，梦想称霸亚洲、征服全世界的侵略总方针，即推行所谓的"大陆政策"。共分六步：1吞并台湾，2吞并朝鲜，3吞并满蒙，4吞并中国，5称霸亚洲，6称霸世界。可见，征服满蒙和台湾是日本"大陆政策"的重要环节。

随着明治政府全面地推行"殖产兴业"政策所奠定的经济基础，大陆政策于19世纪80年代趋于成熟。19世纪末期，帝国主义国家竞相争夺殖民地，后起的资本主义国家日本奋起直追，中国便是它的主要目标。1890年，日本发生了经济危机，国内阶级矛盾异常尖锐。日本统治集团为了摆脱困境，决计发动大规模战端的机会终于来了，日本乘机制造事端，挑起了中日甲午战争。

2.3 《马关条约》的签订与两馆的建立

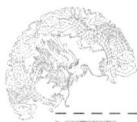

甲午战争给中国人民带来了巨大的灾难，最骇人听闻的就是"旅顺大屠杀"事件。1894年11月21日，日军攻陷旅顺，对城内进行了4天3夜的抢劫、屠杀和强奸，日军所到之处哭声震天，血流成河，就连襁褓中的婴儿也不放过，两万余名中国同胞就这样无辜惨死于日军屠刀之下。这也是日本军国主义对中国人民的第一次大屠杀事件。

清政府的腐败无能与节节败退，在甲午战争中遭到惨败。1895年4月17日，李鸿章与日本总理大臣伊藤博文签订丧权辱国的《马关条约》。其中条约第二条规定："中国将辽东半岛、及所有附属各岛屿、割让给日本"。而日本割让辽东半岛，使远东的国际局势发生了巨大的变化，首先引起了沙俄的反对。为了实现其吞并中国东北的"远东计划"，便联合德、法两国，采用武力威胁等手段进行干预迫使日本归还辽东半岛。4月23日，三国驻日公使向日本外务省提出了让日本退出辽东半岛的警告，并声称如日方拒绝即联合炮轰日本海岸。日本迫于形势，于5月3日向三国政府声明抛弃对辽东半岛的占领。但是尽管如此，却丝毫未对中国政府做出让步，反而以此为借口，向中国政府勒索3000万两白银作为"赎辽费"。日本一面在议和订约的同时，一面派遣军队去占领台湾。5月27日，日本军主力近卫师团从冲绳中里城湾出发，乘船分两路进入台湾。台湾巡抚唐景崧仓皇逃命，使日军得以迅速侵占台北[4]。虽然当地居民进行过强烈反抗，但终究抵挡不住日本殖民者的强权，台湾便由此开始了长达50年的被殖民统治的历程。而旅大地区因沙俄的干涉，在甲午战争后被沙俄殖民统治了7年。

不甘心失败的日本，经过"十年生息"，1904年2月8日，日本海军联合舰队偷袭了停泊在旅顺港的俄国太平洋舰队，发动了日俄战争。两个帝国主义国家就这样开始了在中国土地上的厮杀，最终以俄国失败告终。1905年9月5日双方签订《朴茨茅斯条约》，俄国将旅大"租借地"及附属权益转给日本。从此旅大经历了长达40年的被日本殖民统治的历程。

三、两馆的发展历程

3.1 馆情沿革

3.1.1 关东厅博物馆

关东厅博物馆的建立分为两个阶段。一为沙俄选址建基阶段，一为日本接手建馆阶段。

3.1.1.1 沙俄选址建基

1898年俄国强租旅大后，设置"关东州"，其军政统治的中心设在旅顺。阿列克谢耶夫作为首任总督走马上任后，便主持制订了《旅顺新市街设计方案》，即在旅顺新市街中央部位修建一个大型广场，周围建立官署、银行、邮局等，广场南端拟建"陆军将校集会所"（即关东厅博物馆前身）。该方案1901年5月经沙皇批准后迅速实施。由于日俄战争爆发，这一工程只完成了基础部分而被迫停止。

当时的情况据目击者回忆："我17岁（1915年）从山东来到旅顺，在一家玻璃店当伙计。有时到太阳沟一带干活，亲见俄国人修建的工地。当时房子的地基已经全部铺完，并开始用花岗岩大石块垒墙，有的地方垒了两层，还有的地方露着地基，还未垒墙。地基内积满了水，每到夏天长满没膝高的杂草，成为一片沼泽，里面还藏了许多青蛙。到了冬天便结成一片冰。"[5]由此可见，沙俄时期留下的是个"半截子工程"，后期的续建和设计都是由日本人完成的。

3.1.1.2 日本殖民统治时期

日军侵占旅大地区以后，就着手建立殖民统治机构，这些机构不仅统治大连地区，而且还担负着南满铁路附属地的统治职能。40年间，日本为加深对旅大地区的殖民统治，机构频繁变动，大体可分为三个阶段六个时期：第一阶段为军事占领阶段，设军管署，称军管署时期；第二阶段为军政统治阶段，含关东州民政署、关东总督府和关东都督府三个时期；第三阶段为民政统治阶段，含关东厅和关东州厅两个时期。[6]

在取代沙俄获得南满铁路的经营权后，为了更好地为殖民服务，日本政府于1906年6月7日公布敕令第142号"关于南满洲铁道株式会社文件"，宣布成立"南满洲铁道株式会社"（简称"满铁"）。"满铁"成立的同时，就成立了调查部，调遣日本国内考古专业人员和相关学者深入到东北、内蒙、大连等地区，对政治、经济、社会、历史、风俗、民情等方面，进行极为广泛的"调查"。为了给经济掠夺、政治压迫和军事侵略提供各种资料、情报，日本殖民者还不遗余力地进行图书文博方面的"基本建设"[7]，关东厅博物馆就是其中重要的一环。殖民者为了炫耀武力扩张和强化故国观念，当时在街道的命名上也体现出浓厚的殖民地特色。凡是日本人居住区和繁华地段的街道多称为"町"或"通"。一部分町或通取名于日俄战争时期的将领、提督的姓氏或军舰名称，一部分取自日本历史藩政时代的一些行政区域的名称或日本国内常见的地名[8]。从关东厅博物馆的地理位址名称就可见一斑（见下文）。

"关东都督府"成立于1906年9月1日，这是日本在大连地区设置的军政一体的最高殖民政权机构。通过这个机构，日本在旅大地区建立学校、医院、商社、餐饮、娱乐等一系列殖民设施。而上文提到的"满铁调查课"调查所得的收集品需要一个整理和展示的机构，再加上"文化统治"的需要，于是在关东都督府的促使下，"物产陈列所"应运而生。

日本殖民统治时期馆名的更替与沿革情况：

①物产陈列所（1915年11月26日至1916年11月）。根据日本关东都督府府令，在旅顺新市区千岁町（今万乐街33号）俄清银行旧址成立。

②关东都督府满蒙物产馆（1916年11月—1918年4月）。1916年11月，根据关东都督府府令，"物产陈列所"改成"关东都督府满蒙物产馆"，迁入松村町（今列宁街22号），1917年4月1日正式对外开放。1916年11月关东都督府决定投资30万日元，在大迫町（今列宁街42号）原俄国"陆军将校集会所"的半截子工程基础上，由日本知名建筑师前田松韵主持设计，改续建成一座博物馆，即现在的关东厅博物馆主馆大楼。

③关东都督府博物馆（1918年4月—1919年4月）。1918年，关东都督府第19号府令宣布废止"满蒙物产馆陈列规则"，馆名改称"关东都督府博物馆"。同年11月6日，迁入新建成的博物馆大楼（今列宁街42号），11月22日，博物馆本馆正式开馆。同时，将原来的松村町馆舍改为考古分馆，专门收藏和展示考古品，千岁町俄清银行旧址，这时成为博物馆的图书部。

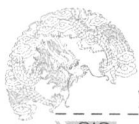

④关东厅博物馆（1919年4月—1934年12月）。1919年4月12日，日本天皇以94号敕令废止关东都督府官制，实施关东厅官制，改军政合一制为军政分治，因博物馆为其直属单位，馆名亦随之改为"关东厅博物馆"。

⑤旅顺博物馆（1934年12月—1945年10月）。"九一八"事变后，日本一手炮制了伪满洲国，并将长春改为"新京"。1934年12月26日，日本以348号敕令公布废除关东厅，成立关东局，关东局长官为日本驻伪满洲国大使，由关东军司令官兼任，关东局下设关东州厅，博物馆降为关东州厅的直属单位。由于关东州厅不久即从旅顺迁往大连，馆名因此再度更改，以地名冠之，称"旅顺博物馆"。

通过上述可见，从"物产陈列所""关东都督府满蒙物产馆"到"关东都督府博物馆"再到"关东厅博物馆""旅顺博物馆"，每一次改名都是与殖民统治机构的改变是密不可分的。名称的改变，反映了日本殖民统治的步步升级和对外政策的调整。在日本经营博物馆的30年中，共任命了13任馆长（表3.1）。他们是五泉贤三、铃木三郎、黑崎真也、田中千吉、广濑直干、神田纯一、津田元德、御影池辰雄、田边秀雄、日下辰太、米内山震作、白石喜太郎、岛田贞彦。这些人当中，只有最后一任馆长岛田贞彦是以专业人员（考古学家）身份担任，津田元德也只是有过"旅顺师范学堂堂长"的经历，并不具有专业修养，而其余的11人则均是由关东都督府、关东厅或关东局的总务局长兼任。

表3.1关东厅博物馆馆长情况一览表

序号	任职时间	人物	官职
1	1917.4.1—1917.11.1	五泉贤三	关东都督府事务官
2	1917.11.1—1919.4.12	铃木三郎	关东都督府事务官
3	1919.4.12—1920.3.11	黑崎真也	关东厅事务官
4	1920.3.11—1921.9.10	田中千吉	关东厅事务官
5	1921.9.1—1927.11.25	广濑直干	关东厅事务官
6	1927.11.2—1930.6.30	神田纯一	关东厅事务官
7	1930.6.30—1932.3.23	津田元德	原师范学堂堂长
8	1932.3.23—1932.7.26	御影池辰雄	关东厅事务官
9	1932.7.26—1933.4.1	田边秀雄	关东厅事务官
10	1933.4.1—1934.12.26	日下辰太	关东厅事务官
11	1934.12.26—1935.12.26	米内山震作	关东厅事务官
12	1935—1945.5	白石喜太郎	关东厅事务官
13	1945.5—1945.8	岛田贞彦	考古学家

3.1.2 台湾总督府博物馆

日本殖民统治时期共分为两个阶段。即"殖产局博物馆"时期（1908—1915年）和"儿玉、后藤纪念博物馆"时期（1915—1945年）。

3.1.2.1 殖产局博物馆成立

台湾本身自然资源丰富，尤其所产资源是身处寒带的日本所不能拥有的，早在占领台湾之前，就有许多日本冒险家与科学家来做调查，成果虽丰硕但并不全面。直到统治台湾后，调查才开始全面的、有计划的实施。日本殖民者在台湾建立殖民地的经济目标就是为了攫取当地丰富的资源，变殖民地为殖民母国的投资场所、原料来源地和商品倾销市场。但是因为台湾的地理位置距离亚洲大陆比日本更近，所以台湾岛上至1895年为止，是以汉人为主体，台湾人们心中根深蒂固的文化特征与经济结构，加上外来因素的影响，与日人的统治模式发生强烈的冲突，因此面对日本人的占领，台湾人民出现相当激烈的反抗。面对此种状况，日本人逐渐转变初期以"经济"为目标的经营模式，而开始重视台湾岛上居住民的问题，所以在调查中将"人民"与"自然资源"并重。"人民"[9]又分为"汉人"和"蕃人"，因此，日本人的调查方向就是"自然资源""汉人""蕃人"三个方面。

经过对岛上充分的调查，殖民者需要一个足以让世人能完整而清晰看清台湾的机制，加上当时治安的稳定、经济的发展，因此在台湾设立大型的展览会逐渐被日人重视。从日本人引进博物馆的历史看，博览会与博物馆的差别只在"一为常设性，另一为非常设性而已"[10]。从这种角度来看，一旦有固定的展示场所与合适的契机，博物馆就可以成立了。1908年10月，台湾总督府为了纪念本岛交通大动脉纵贯铁路的南北全线通车，邀请国内外宾客前来参加，并趁机举办博览会对其殖民成果大肆宣传，举办了盛大仪式。此时正值日本闲院宫亲王妃来台参加纵贯铁路开通仪式，故顺便由闲院宫亲王与其妃进行剪彩，是日起博物馆正式对外开放[11]。其实在台湾建立博物馆，很早之前就已有计划，但因为"铁路全通式"的原因，提早开设，仓促之中一时没有合适的场所，所以只以彩票局大楼临时代之。"铁路全通式"属于一个博览会性质的仪式，其主旨也是以发展经济为主，所以殖产局主导一切的事物。博物馆成立后，殖产局顺理成章成为博物馆的上级机关，所以这个时期称为"殖产局博物馆时期"。

3.1.2.2 儿玉、后藤纪念博物馆的建立

1906年，台湾民政长官后藤新平应儿玉源太郎之邀，到旅大地区经营殖民地，在离台前夕，为如何纪念儿玉源太郎与后藤两位英雄人物的功绩，于1906年9月28日开会，会中就通过"为纪念儿玉前总督与后藤民政长官对台湾的功绩，不分本岛人及内地人，官民一致建造一大纪念建筑物，建设费将花费三十万圆以上"[12]。在众说纷纭下，台史公（伊能嘉矩笔名）在《台湾惯习记事》第六卷十一号，认为博物馆的设立将有助于国际真正了解台湾，并且在维持台湾文化的存续方面，博物馆因为其性质的关系，当为最佳的选择[13]。

儿玉、后藤纪念博物馆由野村一郎和荒木荣一设计，于1913年4月开工兴建，历经两年时间于1915年3月完工。而后总督府决定原博物馆迁至新馆舍，1915年8月20日正式对外开放。从博物馆的沿革看，该馆经过两次改隶。第一次为1920年10月9日依训令二四〇号改隶内务局，从此内务课长接任博物馆馆长，第二次在1926年10月16日依训令第七九号移属文教局学务部，博物馆馆长转由文教局社会课课长接任，自此至战后均未曾再改隶[14]。作为展示台湾图像的博物馆，陈列内容随着世界形势与殖民者对外政策的改变而有所调整，从而更加彰显殖民者的殖民成果。

3.2 建筑特点

3.2.1 关东厅博物馆

3.2.1.1 沙俄时期

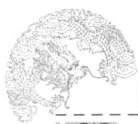

俄国"关东州"总督阿列克谢耶夫在其《关于1900年及1901年间关东州统治状况的奏文》中具体点明："大广场前为陆海军军官俱乐部所占用，其庭园通向海边的公园相连。"[15]这里提到拟建的"陆海军军官俱乐部"之地，即后来动工兴建之"陆军将校集会所"也就是今日之旅顺博物馆。

3.2.1.2 日本时期

日本占领旅大后，随着市街建设与文化侵略的需要，1916年日本关东都督府投资30万元，由前田松韵主持设计，关东厅内务局土木课负责实施，决定在大迫街原俄国"陆军将校集会所"的建筑基础上建成一座博物馆。日本人在《旅顺博物馆二十年史》中写道："在俄国统时期，本馆作为'将校集会所'开始动工，刚完成了基础工程，就因突然爆发日俄战争的旅顺围攻战，而被迫停工。在我方统治下，关东都督府于此基础之上，花费了两年时间，投资二十余万元[16]，于大正七年（1918）四月，完成了这所建筑。[17]"在博物馆退休老同志手中珍藏的一份关于"关东厅博物馆建筑年代与设计者"的图表，其中在"当初建筑名"一栏，填写"关东厅博物馆（旧俄国陆军将校集会所）"；"建筑年"为"露治时代"；设计者为"关东厅内务局土木课（改修）、前田松韵"；"备考"下标《满洲建筑协会杂志》《关东厅施工二十年史》。[18]

该建筑主体工程经过两年时间于1918年11月基本完工（图3.1），期间一些展柜就地在展厅内陆续制作，部分文物藏品已陆续调进入藏，并于11月22日正式对外开放。馆舍建筑面积5800平方米，楼房主体为砖石木框结构，主体两层，局部三层，部分有地下室。这座建筑外型宏伟壮观，内部结构变化多样，东西方建筑风格交融。整个建筑融古希腊、古罗马和东方建筑特点为一体，既有东方建筑的神韵，又具有西方建筑之风采，是典型的近代复兴式折衷主义建筑风格。

首先看一下外部结构：正门朝向北，与关东军司令部[20]相对。正立面为左右对称形式，中部凸起，中央山花屋顶，顶部有一穹窿顶塔楼，上层采用半圆形窗；正面入口有四根柱廊，两根圆柱、两根方柱、混合柱头，雄伟壮观；外墙采用人造石壁面，装饰繁缛，浮雕卷草纹、垂草纹、樱花、兽头等装饰。

图3.1　1919年关东厅博物馆[19]

楼内结构：楼内高大宽敞，有拱形门相连，入口正对面及大厅正中间两侧均为龛形设计。大厅地面铺深褐色地砖，黑白相间大理石条镶边，通往二楼的台阶由美浓大理石及水户产寒水石铺就，楼梯扶手为意大利墨绿理石贴面。室内各房间设计风格各异，别具特色，其中二层两个大厅最为典雅。北大

图3.2　1920年本馆二层北大厅[21]

厅（图3.2）天棚顶为木作式纵横方形分隔，四出斗拱，东西两壁与三楼房间通透相连，造型别致。南大厅天花为拱券顶，南北两壁上方饰有孔雀浮雕图案。

综观博物馆的内外部结构，可见当时从殖民者的主观意识上，就是要将该馆建成一座具有世界水准的、豪华气派的一流博物馆，日人经营此地所下的功夫从此处就可见一斑。该建筑是大连市现存不多的近代优秀建筑之一，它集中体现了本世纪初西风东渐时，大连乃至近代建筑风格的特点[22]。

设计师前田松韵，1880年生于日本京都，1904年毕业于东京帝国大学建筑学科，随后即到大连来，是日本官方在大连最早从事建筑活动的知名建筑师。1905年2月22日被当时的大连军政署委任为工程师。他在旅大地区较重要的作品有1907年建于旅顺的关东都督府高等及地方法院（今旅顺日本关东法院旧址陈列馆）、大连日本桥（今大连胜利桥）桥头及栏杆等[23]。

除本馆建筑外，日人也将"明治维新"后流行的"园林化"理念引入其中，在沙俄原有基础上扩建和新建配套设施，力求营造一个休闲的氛围，以突显自己的"文明"。主要表现为植物园与动物园建设上。

旅顺植物园，始建于1902年俄国占领时期，是俄国规划旅顺新市街时，投资1万卢布兴建的海岸公园，该园占地4万余平方米，园内植有多种树木和花卉。1905年日本占领旅顺后改名为"后乐园"，增建了音乐厅，荷花池等，并从日本移来大批樱花。当时园内有200多种树木，其中珍贵树木有20余种，如：悬铃木、光叶榉、大叶椴等[24]。该植物园于1925年11月交由关东厅博物馆管理。旅顺动物园建于1928年，内有各种动物80余种500余只，园内大鸟笼占地254平方米，高25米。为研究满蒙生态之用，还在周围栽植雪松、银杏、南洋杉等名树与各种花卉。从兴建之时就交由关东厅博物馆管理。

3.2.2 台湾总督府博物馆

3.2.2.1 殖产局时期

因"铁路全通式"博物馆提早开设，仓促之中选择彩票局大楼作为临时展览场所。当时彩票局大楼刚建设完毕，就遭逢彩票局废止，因此当时对彩票局大楼的存废就产生了争议，作为主管的商工课因而想到将它变成博物馆，加上当时身为殖产局技师的川上泷弥也建议将其接收，并以其内部作为展览中心，博物馆因此于彩票局成立[25]。

3.2.2.2 儿玉、后藤纪念博物馆时期

该馆于1913年4月在强制拆除台北新公园中清代天后宫兴建，由营缮课长野村一郎负责规划设计，高石组承建，历经两年时间于1915年3月完工（图3.3），1915年8月20日正式对外开放[26]。

该建筑揉合了多种古典西洋建筑元素，属"和洋折衷式建筑"[28]。博物馆主要入口和大厅位于中央，两翼的展室以中央大厅为基准，左右对称，型式简洁有力。博物馆外部造型采用希腊复古样式，外壁面采用人造石，入口正面为希腊神庙式建筑风格，逐级而上的阶梯、巨大的多立克柱式和饰有华丽花叶纹饰的山墙为主要的特征，搭配顶端的罗马圆顶，塑造出庄严神圣的权威意象[29]。中央大厅是博物馆建筑精华所在，大厅四周环绕有32根高耸的柯林斯式石柱，柱头上有精致的莨苕叶与漩涡状装饰。站在大厅中央，抬头仰

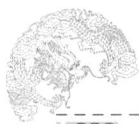

望，圆顶之下是彩绘玻璃天窗，除具有浓厚的装饰意味外，彩绘玻璃也兼具采光的效果，日光能够穿过彩绘玻璃，向大厅地面投射出炫丽夺目的光彩，营造出高贵华丽的气氛[30]。大厅的地面，运用日本大理石做拼花图案，台度和主梯则以日本赤阪大理石饰面，整个空间显得庄严典雅，大厅两侧壁龛内分别立着儿玉源太郎和后藤新平的铜像。

图3.3 台湾总督府博物馆现状[27]

设计者野村一郎和荒木荣一，其中野村是日本山口县人，1895年毕业于东京帝国大学建筑学科，1900年来台担任总督府土木局技师，后升为营缮课长。1910年总督府为参加伦敦所举办的日英博览会，野村与中根真吉率领营造团队赴英，实地营建台湾陈列所和喫茶店。在台十多年的生活中，他主持设计了台北火车站（1900年）、台湾银行（1903年）、总督官邸（1900年）及台北博物馆（1915年）等官方大型建筑。该博物馆是其在台湾作品中最为庄重典雅的一座。

3.3 藏品来源与各时期的陈列特点

3.3.1 关东厅博物馆

3.3.1.1 文物来源

日本殖民时期，关东厅博物馆文物来源主要有三个方面：一是考古发掘，二是大谷光瑞探险队20世纪初于中亚"考察"时所获，三是从私人手中购买。

考古发掘品是馆内重要收藏之一。早在1895年甲午战争刚刚结束，日本东京大学鸟居龙藏等人便踏上了大连的土地，开始在辽东地区进行考古调查。日俄战争结束后，1906年9月1日，日本在旅顺成立军政一体的最高殖民政权机构——"关东都督府"，在此机构指挥下，以"南满洲铁道株式会社调查科"为首，调遣日本国内考古专业人员和相关学者深入到东北、内蒙、大连等地区进行所谓"考古调查"活动。纵观日本殖民统治旅大的40年间，日本以"南满洲铁道株式会社调查科""日本学术振兴会""东亚考古学会"等商界或学术界组织的名义，执行着日军国主义者的意图，委派考古专家、人类学家、大学教授、学者、讲师等在东北这块土地上肆意进行考古调查和发掘。其中主要的考古发掘有1928年"牧羊城遗址"，1929年"南山里汉墓"、1931年"营城子汉代壁画墓"，1933年"羊头洼遗址"，1939年"金州亮甲店望海埚遗址"，1941年"长海大长山岛上马石贝丘遗址"、"铁山和营城子四平山积石墓"，1942年"营城子文家屯贝丘遗址"等[31]。此外还有经"满铁"之手的吉林省金代完颜娄室墓出土品、内蒙古小库伦出土品等。这些考古发掘所得大部分收藏于关东厅博物馆。至今，1918年"满铁"在辽阳太子河畔发掘的辽代石棺壁画墓，还原样保留在关东厅博物馆楼前右侧。

1902至1914年间，日本侵略者曾先后三次派遣以净土真宗本愿寺派第二十二世门主（住持）大谷光瑞为首的中央亚细亚探险队，深入中国境内，从事名为"考古调查"，实为盗窃历史文物的活动。他所组织的探险队，分别于1902—1904年、1908—1909年、

1910—1914年三次深入中国新疆、甘肃、西藏和印度、阿富汗等地进行考察，他本人参与了第一次考察行动，探险队成员渡边哲信、堀贤雄、本多惠隆、井上弘圆、野村荣三郎、橘瑞超、吉川小一郎等人，在新疆地区先后考察了古于阗、喀什噶尔、龟兹、楼兰等地的佛教石窟、吐鲁番高昌故国和敦煌一带的墓地和佛教遗址等，获取大量珍贵文物。1915年大谷移居中国旅顺，一部分文物随即被带到这里，起初这些文物中的大部分经由当时的"南满铁道株式会社"寄存在"关东都督府满蒙物产馆"，1929年大谷作价将这些文物卖给当时的关东厅博物馆。据统计，这些文物共1714个文物号（套），总计约为24600余件[32]。其中包括大量的汉文与非汉文写（印）经残片、文书残片、佛教绘画（版画）断片、佛教雕像等佛教艺术品，以及陶塑、泥塑等民俗艺术品，还有出土于吐峪沟的高昌时期的陶器，出土于阿斯塔那、哈拉和卓古墓的高昌至唐西州时期的各类陶（木）俑、丝织品、墓表、木器，以及新疆古钱和中原货币等，另有106件古印度石刻等外国文物[33]。近些年，馆内人员对这些文物进行了深入研究，其中发现西晋元康六年《诸佛要集经》写本是现存已知世界上最早的佛经写本，承阳三年《菩萨忏悔文》印证了北凉不见于史籍的"承阳"年号的使用，"失踪"多年的《坛经》也再现旅顺博物馆，被专家称为"旅博本"。

从私人手中购入藏品既有中国各地，也包括少量日本及其他国家的历史艺术品。如1925年8月征集多田仙之助收藏的陶瓷器100余件；1929年4月征集著名的陶瓷专家小森忍收藏的陶瓷器、鼻烟壶等文物600余件。此外陆续征集到池田信彦、后藤勇太郎、石野昌平等人收藏的青铜器、陶瓷器等文物。与此同时，当时博物馆的工作人员也通过多种渠道陆续从各地征集有价值的文物。如1918年8月征集的显忠祠碑、天妃庙碑，1929年征集北京西直门圣化寺主尊佛像"释迦牟尼坐像"、木质泥塑彩绘"四大天王"像，1930年代征集北京松王府门前石狮两尊，1938年购入的龙门石窟北魏"石雕佛碑残像""石雕菩萨头像"等[34]。

3.3.1.2 陈列内容

从陈列内容和时间背景来分，日本殖民时期关东厅博物馆的陈列可分为三个时期，即搜集品的集中展示时期，综合博物馆时期，专业博物馆时期[35]。

3.3.1.2.1 集中展示时期（1917—1925年）

关东厅博物馆在建馆初期由本馆（日本称博物馆大楼为本馆）、考古分馆、纪念馆（1921年5月划归）三个馆组成。三个馆舍的业务发展有着不同的侧重点：本馆的重点是征集和陈列自然科学方面的资料；考古分馆则侧重于考古发掘品的征集和展出；纪念馆收藏与陈列的主要是日俄战争的遗物。

森修在《旅顺博物馆的回忆》[36]中提到1919年的陈列状况："关东厅为纪念其建馆，在本馆陈列了当时是我国殖民地的朝鲜和中国东北、台湾、南洋诸岛等地的物产、民俗及其他，还有产业统计表。"

根据1920年出版的《关东厅博物馆一览》与《馆报》[37]第一号，此时本馆的陈列的展品共分为七个部门，分别是动物部、植物部、水产部、矿物部、风俗部、图书部、参考部。

动物部、植物部、水产部及矿物部的展品多是关东都督府民政部门组织人员进行采

集、搜藏所得，将收集到的动植物制成标本陈列展示。由于旅大地区处于沿海地区，因此水产部起步很早，其目的主要是为了普及当地水产品和养殖加工等方面的知识。植物部以辽东植物为主体，另外作为与之比较和研究的资料，还有朝鲜和日本内地生产的食用、药用等植物，并设立了中药室；此外，日本殖民地博物馆间也会互相交换、寄赠展品。例如动物部中，展示约四千种二万余件的台湾昆虫标本，这些标本就是由素木得一于1919年开展台湾全岛昆虫之大调查之所得[38]。风俗部展示目的是为了让参观者知晓"日本帝国版图内"的历史、风俗习惯。因此，除了展示日本内地的资料外，也陈列朝鲜、台湾、满洲、蒙古及中国的风俗品作为参考资料。此部门分作8个类别（包括中国、日本、蒙古、新疆、朝鲜、台湾、北海道及南洋岛）从"文明与原始"两个角度进行展示。图书部收集的图书主要包括四类：中国书籍、日本书籍、欧文书籍、考察资料。中国书籍包括四库全书、说文解字、本草纲目、大明一统志、盛京通志、辽东志等。日本书籍则多为通俗书籍，包括日本教育文库、江户丛书、大日本史、日露战史等。参考部展示其他可供参考之项目，内容繁多，诸如教育、卫生、货币、军事、度量衡、各种工业原料与制品以及各学校学生的手工艺品等。这些展品的来源多为博览会、展览会的需要而制作的展示模型，会期结束后转交给博物馆收藏，涉及的地区有中国内地、朝鲜、琉球、台湾、南洋等。

考古分馆陈列有大谷光瑞在我国西北等地盗掘和窃取的文物、南满洲铁道株式会社于1907年前后盗掘和窃取的旅顺南山里等地文物和内蒙古小库伦文物，以及印度、朝鲜等文物[39]。

1921年5月6日，位于旅顺出云町（今横山街）的"旅顺要塞战绩纪念陈列所（建于1905年6月14日）"划归"关东厅博物馆"，并改称为"关东厅博物馆纪念馆"，其主要业务是收集、整理和陈列日俄战争中的遗物，旨在宣扬日本的战绩。

3.3.1.2.2 综合博物馆时期（1925年–1930年）

受世界博物馆发展趋势的影响，此时关东厅博物馆的收藏与陈列理念发生变化，由自然科学收藏逐渐转为历史文物收藏为主。1925年11月，将考古分馆所藏的考古品和陈列品全部调整至本馆，并将博物馆的图书部迁至考古分馆（1927年4月改称"关东厅博物馆附属图书馆"）。同年，植物园交由博物馆管理，称为"关东厅博物馆附属植物园"。1928年5月，又在馆舍东侧规划兴建以研究满蒙动物生态为目的的动物园。到20世纪20年代末期，博物馆已形成了以本馆为龙头、纪念馆、植物园、图书馆四馆合一的综合性博物馆，但本馆的建设和发展是重中之重。随着展品的逐年增加与陈列方式的整合，关东厅博物馆逐渐转型为规模清晰的综合性博物馆。

这个时期馆内陈列规划17个专室[40]，展览以考古文物为主，另有动物、植物、风俗等陈列内容，具体如下：

一楼前厅作为第一展室，展出佛教造像；第二展室展出新疆出土墓志、木乃伊等；第三室展出服饰、文房四宝、漆器、玉器等；第四室至第六室展出陶瓷器等；第七室至第八室展出史前时期遗物；第九室展出货币、新疆写经、武器、古印度石雕；第十室展出矿物标本；第十一室展出水产品；第十二室展出产业部展品；第十三室为休息室；第十四室展出中华民国风俗品；第十五至十六室展出植物标本；第十七室展出动物标本。考古品陈列主要包括三个部分：一是旅顺老铁山郭家村新石器时代遗物、牧羊城与营城子汉代遗址及同时代的砖墓、贝墓等的考古发掘品；二是大谷光瑞在新疆获得的陶器、木器、泥塑品、墓志及印度犍陀罗石雕佛像；三是南满洲铁道株式会社的蒙古小库伦遗物、抚顺江官窑出土的瓷器等，其中新疆木乃伊最引人注目。此外在庭院内陈列辽阳石椁墓一座；石碑二通：显忠祠碑、天后庙碑。

3.3.1.2.3 专业博物馆（1930年以后）

1930年以后，日本在东北的势力大幅扩张。1932年3月1日，日本帝国主义一手扶植伪满洲国成立，关东军司令部随而由旅顺移到"伪满洲国"的首都——"新京"（即长春），此时日本对满洲拥有比过去更"实质"的统治权。透过扶持伪政权，日本殖民者更将势力范围向北延伸至俄国相接，向西直达内蒙。为了适应逐渐转变的政治环境，博物馆的展品也随之更换。博物馆内自然、产业与现代化推广教育的展品逐渐减少，转型成为以满洲、蒙古的考古、风俗品为主体的博物馆。从馆内出版的《旅顺博物馆图录》[41]及陈列平面图（图3.4）可知，至少在1935年，陈列已做了如下调整：馆中原陈列的动物、植物、矿物标本的展示被全部撤消，改为以考古品为主的陈列，前厅陈列佛像（中国及印度）及契丹碑拓本，一楼主要陈列中亚、西域、高句丽等考古品及满蒙民俗品；二楼主要陈列唐至清代陶瓷器、满蒙考古品等。1937年出版的《旅顺博物馆陈列品解说》[42]对陈列的重要展示品作了解说，主要包括以下内容：满洲的新石器时代遗物、满洲的金石并用时代遗物、细石器、貔子窝遗迹、陶鬲、双砣子山鸟头形石器等、绥远青铜器、牧羊城址、剑柄形铜器、南山里汉代砖室墓、瓮棺墓、营城子壁画墓、辽阳壁画墓、辽金铜（银）面具、梵文经幢、房山石经、鸿胪井刻石拓本、辽代画像石、金代完颜娄室墓遗物、元百户张成墓碑、鸡冠壶、鼻烟壶、甘肃彩陶、支那青铜器、支那古玉、支那铜镜、支那货币、敷砖、明器、支那货币、砖瓦、西域文化、西域木乃伊、人首蛇身图（伏羲女娲星相图）、新疆发现的壁画、印度石雕像等。此外为陈列需要，还复制有营城子壁画墓、南山里五室墓等模型。从中可见，对满洲地区文物的介绍占很大比重，从书中日本人对"满洲新石器时代遗物""貔子窝遗迹""剑柄形铜器""敷砖""鸡冠壶"等展品的解说内容可知，此时期展览调整的目的在于"塑造满洲是一个独立的文化圈"，以实现其独立满洲的企图[43]。

3.3.2 台湾总督府博物馆

3.3.2.1 文物来源

根据台湾当时实际情况，主要包括资源调查、汉人调查及蕃人调查三部分。

3.3.2.1.1 自然资源调查

早在日本占领台湾之前就对此地进行过调查，但是不够全面，占领台湾后才得以全面实施。对台湾自然资源的调查，在最初的十年（1895—1905年）以东京帝国大学为首，其次是在1905—1908年间，由台湾总督

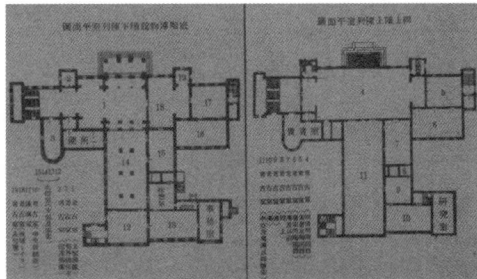

图3.4　1935年陈列平面图

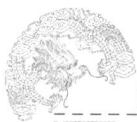

府召集成员川上泷弥、森丑之助、中原源治、岛田弥市、佐佐木舜一等人在全岛各地进行采集调查。1905年"有用植物调查系"在台湾成立，这标志调查组织的重心由日本本土转向台湾。在当时殖产局长新渡户稻造的援助下，调查系得以对全岛植物进行调查，又由于在调查期间，偶然发现重要的可用作工业原料的乳藤，解除了调查年限的限制，且经费也呈倍部数增长[44]，因而在调查方面所获颇丰。在《台湾植物目录》里所记载的台湾植物总数，计有显花植物2067种，高等隐花植物301种，合计2368种[45]。台湾也就在这些人的努力下，完成初期的自然资源调查[46]。

3.3.2.1.2 汉人调查

后藤新平任民政长官之后，成立"临时台湾旧惯调查会"。通过此机构，对台湾进行大规模、整体性的调查，其手段就是透过设立"殖民地特别法"，以排除"内地化"，让日本人能独占台湾利益，而所谓的"旧惯"只不过是个借口。后藤"生物学原则"中"尊重旧惯"的重点就在于怀柔台人（更确切地说，是指台湾的汉人）[47]。在对汉人调查中，了解汉人的习惯，分析整理并加以应用是调查的重点，所以在成果上，偏向法制与历史。"临时台湾旧惯调查会"在汉人方面的调查成果表现在，出现了第一部法制科的《台湾私法》、行政科的《清国行政法》、第二部之《调查经济资料报告》和第三部之《台湾民事令》《台湾亲族乡续（继承）令》《台湾合股令》等[48]。观察"临时台湾旧惯调查会"的研究成果会发现，汉人的生活习惯多半以"法"来表达，殖民者的用意在于借助法律的成立来向汉人宣示其权利已被保护，具有日本"国民"的身分，得享应有的"权利和义务"，而作为法律的制定者，殖民者则可借此永保其统治地位，其真实目的在于以区分日人与汉人身份关系为基础，怀柔在台汉人。

3.3.2.1.3 蕃人调查

蕃人调查初期由殖产局进行，1901年行政机构进行调整，理蕃机关转由警察本署承担，这样的举动，呈现出日本人对理蕃政策前后的差异。前期由于对汉民的反抗尚未完全廓清，因此在与蕃人的接触上尽量以避免冲突为主，以"绥抚"来安定蕃人，至第五任总督佐久间左马太就任后，理蕃政策改以"讨伐"为主。随着政策走向的不同，其调查方向也有很大差异[49]。1900年伊能嘉矩的《台湾蕃人事情》中，从"体质、土俗、言语"三方面作为蕃人分类的标准，其中土俗下再分成若干小项，如刺墨、工艺（比如织布、雕刻等）、社会组织、宗教及其他。1920年《台湾旧惯调查会》的《蕃族调查报告书》中，调查内容包括：总说、社会状态、季节行事、宗教、战斗及媾和、住居、生活状态、人事、身体装饰、游戏及玩具、歌谣及跳踊（舞）附乐器、教育附数目及色彩概念、口碑及童话等13项[50]。从内容看，此期主要是以土俗为主，少了前期的体质和语言两项而增加了许多生活状态、宗教等方面的内容。由此可见，此时期日本人已由刚开始的对蕃人分类的探讨转变为旧惯考察、制定法律方面，旨在强调日本人统治的"合法性"。

在建馆初期的调查活动中，有三位人物起了重要的作用，由于经费及身份等原因，他们的调查活动都是为殖民者服务的，因而所调查的方向及结果自然与殖民当局相一致。

川上泷弥：台湾总督府博物馆第一任馆长。山形县人，毕业于北海道札幌农学校，曾奉职于日本北海道厅，后于熊本农业学校任教，精于农作物病理研究。1903年10月来台，先后任总督府技师、农事试验场植物病理部长、有用植物调查事业主任等职，川上在台期间，全力投入有用植物调查事业，对台湾植物学研究有很大贡献。1908年出任总督府博物馆首任馆长。1910年，川上以总督府博物馆为中心，成立"台湾博物学会"，推广动物学、植物学、人类学、地学、气象学，丰富了初期的展览内容。为筹备"儿玉、后藤纪念馆"开馆事宜，积劳成疾，在纪念馆开馆前几天病故。一生著作甚多，如《台湾野生护膜树》《台湾农作物病害菌目录》《台湾植物目录》《台湾作物病害》《台湾有用植物》《台湾新高山采集纪行》等[51]。

菊池米太郎：日本动物学者，宫崎县人，1906年37岁时来台任职总督府殖产局。菊池年轻时，曾跟随东京帝大理科大学饭岛魁学习剥制标本的技术，来台之前也从驻在海南岛的德国采集学家学鸟兽采集的方法与标本制作法[52]。1908年殖产局附属博物馆成立，因为其剥制动物的手艺精良，而受到馆方重视，于1909年6月23日起为民政部殖产局博物馆工作。据素木得一回忆，菊池米太郎是博物馆内动物标本方面最大的贡献者。此时动物类展品的增加，应归功于菊池米太郎，从博物馆开馆到1921年去世期间，博物馆内所有的动物，几乎都是出自其手[53]。著有《台湾产鸟类的习性》《台湾属岛的鸟类》等。

森丑之助：日本人类学者，出生于京都。1895年5月以陆军身分来台湾，实地研究台湾原住民，多次走遍台湾全岛，探访当地部落，收集不少人类学、历史学、考古学、民俗学、植物学、地理学的资料并整理成书。据佐佐木舜说："森氏最大的功劳，在于植物采集的艰巨工作上，在蕃云瘴雨的年代，纵横于中央山脉高海拔植物标本，…殖产局所累积的高海拔植物标本，几乎全是森氏冒险采集回来的……"[54]。可见其对博物馆贡献之大。

3.3.2.2 陈列特点：

3.3.2.2.1 殖产局博物馆时期

此时陈列分自然资源、汉人、蕃人三部分。细分为十二部[55]，包括地质地文及矿物部、植物部、动物部、人类部、历史（教育）部、农业部、林业部、水产部、矿业部、工艺部、贸易部、杂项等。

在博物馆开馆前，《台湾日日新报》曾做了一遍巡览，由此可了解初期的陈列内容，摘录如下：

"殖产局博物馆从各地方搜集来的物品已全数到达，首先从正面进入，两侧长约一丈的船形台上，竖有高六尺左右，不知是杉或樟之树木，对面则是由殖产局出品，以梅、藤、牡丹、莲等各种花装饰而成的硝子箱（玻璃箱），真是百花竞放，盛况不可言喻。接下来连续排列着基隆四角亭的石炭、林务课的经木真田、糖物局的甘蔗、制麻会社的麻织物等，皆用硝子箱装着陈列，至于瑞芳、牡丹坑、金瓜石的三金山模型、专卖局的盐田和脑寮模型、盐水港制糖会社的工厂模型等，皆相对陈列。原先放彩票局机械的地方，则由樟脑做成灯台模型摆置，周围则用玻璃坛容纳各农产物品。楼上则陈列动植物标本，并作详细分类，其他楼下二室中，一室为本岛人的制作品，另一室陈列古文书类、额面、武器等历史文物标本，楼上更有警察本署出品的蕃社模型及蕃人土俗标本，另辟一室藏之矿物标本也别充一室，再过一两日就可以全陈列完成。"[56]

这篇文章对博物馆内部的陈列做了概括性的介绍。其中对林木和模型介绍较多。模型在博物馆除了因其造型生动活泼吸引观众之外，更重要的是日人欲通过其考究的制作方法来彰显自己的"文明"与"进步"。

另外一篇刊登于1908年10月26日（开馆后第三日）《台湾日日新报》中的文章，对陈列的林木资源做了详细的介绍，现摘录如下：

"……入场第一眼看到的，就是台湾各地的植物写真，一看即知本岛特殊植物的状况，摄影努力的结果看得出来。其次，台湾产的木材，特别是制脑用材、建筑用材及家具用材等一一网罗。不用说包括会产生芳香的樟楠、九芎、红厚壳、茄苳、校力、白校欑、红校欑、石楮、赤狗、柯仔为始，做为家具的用材的榄仁、苦苓、毛柿、乌皮石苓、龙眼、白桐、乌松、榕树，做为床柱很珍贵的山杉、大头茶、蛇木等数十种均入列，特别是阿里山的厚壳与斗六的白桐，更是引人注目。而剥板用的松灌，更是内地人眼中的珍宝。像这样子的仔细的观览，从西边大步往上走，千万不要错过农产品和工业品。精心制作的基隆三金山模型里，金矿由制炼所背面的坑口往上运送，那种场景相当的仔细而逼真，甚至连山上运矿的电线及把误看电线的人们动作表情亦巨细靡遗，而更令人百爱不厌的是蓪草细工的百花园，博得男女老少的赞赏。楼上有许多海陆鸟兽鱼界的标本，整齐的排列[57]。"

此处绝大多数篇幅都是关于林木的介绍，作为一名记者能了解这么多树种的名称，可见在日人眼中台湾林木对经济的重要性。

3.3.2.2.2 "儿玉、后藤纪念博物馆时期"

此时仍分自然资源、汉人、蕃人三部。

自然资源：此时分动物部、植物部与地质矿物部。1922—1932年，植物部无陈列品，即便是1932年后，植物部也只占动物部内的一小地方[58]，排列的方式、地点也不显眼，这与博物馆初创时期植物占绝大部分的陈列特点相比，发生了很大变化。这种变化除动植物标本不易保存外，也与川上泷弥的去世有关，川上去世后，许多本来与其一起工作的人，多已转至博物馆以外工作，因而收藏大大减少。

汉人展示：汉人展示中的"历史教育"此时改成"历史部"。"教育"一词的删除，说明日本人的陈列目的发生改变。1920年后，由于台湾岛内的变化，促使本岛民众觉醒，使治台政策有了极大改变，因此历史部的陈列内容也随着转变。此时期历史部按时代分为：高砂时代、郑氏时代、清领时代、领台后。在日本人的展示中，对高砂时代和领台后两个时期的陈列方式上，高砂时代所有的陈列品只有六个，且全与日本有关，而高砂人的文物反倒全摆在蕃人土俗部内。而土俗部的展示正是为证明了蕃人文化低，需要高等文化开化而设。另外，汉人土俗的隶属此时也发生了改变，前期汉人土俗隶属于历史部门，而此时汉人土俗物已被移至与蕃人土俗、南洋土俗一起成立了土俗部，这样的安排更突显历史部独立的特殊性。[59]

蕃人展示：博物馆对这方面的简介，把它归为土俗部中的高砂族土俗，此时期的蕃人，不但有了"高砂族"这个名称，人种也被分为七族，分别是：泰雅族、赛夏族、布农族、曹族、排湾族、阿美族、雅美族，七族之后也附带介绍熟蕃，纪念博物馆对七族的介绍，依据各族颜貌、饰物、生活用具等作区分。为增强观览者的兴趣，在对各种族的描述上，对其特殊性加以报道，例如泰雅族的黥面、排湾族的玉器、雅美族的酒与帽子、阿美族的身材高、曹族的容貌秀丽等，至于无特色者，就被冠以文化程度低落这样的名词，如布依族即是。[60]

四、对两馆进行比较分析

为了更全面、客观、深刻地分析日本殖民的特点，首先应明确"殖民地"的含义：殖民地最初指一国在国外所侵占并大批移民的地区。在资本主义时期特别是在帝国主义阶段，指遭受外来侵略、丧失主权和独立、在政治和经济上完全由宗主国统治和支配的地区。在广义上，还包括在不同程度上失去政治和经济上的独立而依附于外国的保护国、附属国家[61]。日本占领旅顺和台湾后，就曾向两地大批移民，在两个殖民地日本人的数量以惊人的速度增长，在殖民地开发过程中，日本人也是占主导地位，中国人完全没有自己的主权和自由。

4.1 日本人经营方式之异同

日本占领两地后，日本政府采取各种优惠政策鼓励移民，致使两地日本居民以惊人的速度急剧增长。旅大地区的日本移民由1905年的5000多人增长到1940年的20余万人，台湾地区的日人也从5万人增至30万人，比例从1.8%升至5.32%。

4.1.1 儿玉源太郎与后藤新平

在日本对旅大、台湾两地殖民统治中，有两位关键人物对两地的统治与规划起了重要的作用，他们的殖民思想也随着两人在两地的殖民活动而展开。而后日本人在两地的市街规划、统治策略都是与两者分不开的。这两位就是时任台湾总督的儿玉源太郎和"满铁"总裁的后藤新平。

1904年日俄战争爆发后，儿玉源太郎虽仍兼任台湾总督，但已回军部任职，以满洲军总参谋长身份，督阵日俄战争。在战事接近尾声，日本考虑从俄国取得东清铁路经营权之际，后藤新平应儿玉源太郎之邀于1905年5月前往中国东北视察。早在日俄战争之前，后藤新平和时任参谋总长的儿玉源太郎，曾不约而同地设想效法英国"东印度公司"经营方式，欲在国外寻觅以"会社"经营的策略，而"南满铁路"经营权的获得，恰恰迎合了这一战略的设想和实施。日本明治天皇于1906年发布敕令，建立了以大连为据点面向全东北的"负有国策使命"的南满洲铁道株式会社。后藤任台湾总督府民政长官期间，因统治台湾"有功"，受到日本政府的赏识。又由于其对满洲基本政策方面与当时负责满洲事务的满洲经营委员会长儿玉源太郎一致，儿玉极力推荐其任满铁总裁[62]。1907年，儿玉源太郎去东北赴任时，突发暴症而死在船上，所以满铁初期的殖民活动，就是由后藤新平付诸实施的。后藤在台湾有10年殖民统治经验，他一向注意研究殖民统治的策略，特别是注重实地调查。因此，当筹建满铁会社时，后藤首先组建调查部。

4.1.2 两地经营方式的区别

对于台湾来讲，日本拥有主权，虽然台湾人也有过各种反抗活动，但最终被镇压下去。殖民者通过设立总督府，以军政对全岛进行殖民统治，总督作为殖民地最大的统治者，拥有司法、行政、军政权于一身。对于"满洲"地区则不同，日俄战争后，日本从俄

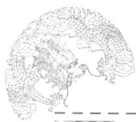

国手中获得的只是南满洲铁道的经营权与旅顺大连的租界权，满洲尚未成为日本正式的殖民地，殖民者只能在租借地范围内设置关东州，通过关东都督府行使军政与民政特权。因而比起台湾地区，对此地的经营更加复杂，为了避免与当地发生冲突，在没有"实质"的主权下，在该地区不改贸然以军政介入，只有通过"满铁会社"，进行对满洲的经营与资源的开发及对中国的风土人情各方面情报的收集。在关东州内，关东都督府负责文事与行政部分，"满铁"则负责拓殖与建设。

4.2 日本人建馆动机之分析

"就博物馆而言，经过明治前期的启蒙和挫折、明治后期的摸索和大正时期的转变阶段，到昭和战争前期，对于所谓博物馆活动的价值实体，在政策上也体现出来了。而且通过其活动所依靠的基础，实现了整个社会生活体制上的组织化，形成了博物馆活动直接同国家政策相适应和保持一致的新关系"[63]。可见，博物馆活动是日本国家政策的体现，尤其在日本法西斯时期表现的就更加突出。

4.2.1 关东厅博物馆

4.2.1.1 文化侵略的需要

日本人建立博物馆实为将其作为文化侵略的工具，也就是后藤新平所推行的"文治的军备论"。他们企图在"文"的掩盖下推行其殖民活动，而博物馆的建立正是为了对内对殖民地人民进行文化方面的侵略、摧残，对外吹嘘、炫耀国威的一种表现。为了加强对旅大地区文化的侵略，日本从占领开始时，便一方面千方百计地限制和破坏中华民族文化的发展，把当地的文化置于军警的严密管制之下，制定了各种法令条规，限制中国人的言论、行动自由；另一方面，日本侵略者为了自身的需要，在大连建立了完备的殖民文化体系，广设文化侵略机构，控制新闻出版阵地，大力推行殖民文化和奴化教育，妄图实现其在精神上颠覆大连，在文化上同化大连，进而把大连变成文化侵略基地的目的[64]。文物掠夺是日本文化侵略的重要组成部分，日本侵占大连后，曾多次派专家到大连地区从事考察发掘，部分珍贵文物被运往日本（现藏爱知大学、九州大学等处）。

4.2.1.2 控制文化阵地，作为文化侵略的大本营

《关东厅博物馆馆报》第一号（1920年）中指出博物馆有三个重要任务："作为国家民众社会教化的机关、诱导观览者（尤其是年轻人）从事产业开发、作为学者专家研究的资料"[65]。在日人编著的《旅顺博物馆二十年史》前言中开宗明义地提出："本馆是为了普及知识，提高情趣，对开发满蒙有所帮助而创建的，是满洲唯一的文化设施。"[66]尽管日人如此标榜自己，但是通过开馆初期的观众情况[67]（表4.1）及关东州与旅顺地区的人口对比表[68]（表4.2、表4.3），我们可以发现，在1919年开馆初期的观众组成中，一年中的每个月都是日本人数量多于中国人，一年来日人参观总数竟是中国人的3倍之多。关东州地区日人惊人的增长速度也充分表明日本向此地移民将其变成本土的野心。从关东州与旅顺地区人口情况统计表可以发现，虽然不同年份人数多少可能有所变化，但是从总的趋势看，大连地区的人口数量都要远远多于旅顺地区。由此，有个我们可以进一步探讨：日人在旅顺地区建立博物馆真的是如其所说的"普及知识"吗？真的是为"提升情趣"吗？开馆初期的参观者情况恰恰说明它是为日本服务的，即便是日人有"普及文化"

之意，但无论是从地理位置还是观览者角度，选在大连都是最合适不过的。殖民者将博物馆建在旅顺这个相对闭塞，人口稀少的地区，我们认为他们的真正目的是想将此处作本国后方基地，以"收藏和保管"为主要目的，作为殖民当局"战利品"的聚集地并为进一步拓展侵略提供材料。通过这种很明显的对比，足以说明殖民当局之用心。

《馆报》中还指出"本馆中陈列各种人造饰物，介绍植物、动物，此为生产化所必须知晓的"〔69〕，此处表明日本此时是将博物馆作为"产业手册"，如同明治年间在日本内地举办的劝业博览会，在殖民地举办物产共进会一样，含有诱发"殖产兴业"的目的。日本经营满洲初期以榨取满蒙资源为主要目的，如何使满蒙的开发可以得到最大利益，是非常重要的课题〔70〕。在历任的13位馆长中，田中千吉、神田纯一、御影池辰雄、米内山震作4人后来先后晋升为大连民政署长要职。这足以说明日本殖民当局对这块"文化阵地"控制之严。

表4.1 大正8年（1919年）本馆参观情况对比表

时间	类别	大正8年（1919年）本馆参观情况对比表		其他（学生及一般人）
		中国人	日本人	
一月	学生	83	432	2
	一般人	121	579	
二月	学生	316	871	5
	一般人	702	1,356	
三月	学生	240	911	16
	一般人	976	1,506	
四月	学生	260	2,622	10
	一般人	986	2,996	
五月	学生	465	1,645	32
	一般人	920	1,733	
六月	学生	228	1,078	31
	一般人	654	1,840	
七月	学生	149	822	44
	一般人	641	1,272	
八月	学生	107	990	76
	一般人	690	1,149	
九月	学生	78	1,849	49
	一般人	263	1,769	
十月	学生	208	1,837	12
	一般人	497	2,606	
十一月	学生	458	2,184	23
	一般人	575	3,321	
十二月	学生	171	1,148	5
	一般人	421	818	
总计		10,209	37,334	305

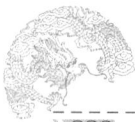

表4.2 关东州人口增加情况表

关东州人口增加情况表				
	1905年	1910年	1930年	1935年
日本人	5,025	36,668	116,052	159,749
朝鲜人		2	1,794	3,251
中国人	369,762	425,599	820,534	955,514
第三国人	34	112	734	1,356
总计	374,785	462,381	939,114	1,119,870

表4.3 日占时期旅顺地区人口统计表（不含驻军）

日占时期旅顺地区人口统计表（不含驻军）					
	1906年	1915年	1930年	1936年	1939年	1942年
日本人	3,731	9,264	12,248	13,321	13,717	16,560
中国人	74,282	92,624	122,855	128,040	166,023	198,853
其他	16	17	23	37	130	183

4.2.2 台湾总督府博物馆

4.2.2.1 殖产兴业

早在日本引进博物馆前，即以博览会做其前身，博览会一开始就负担"殖产兴业"的重责大任。随着台湾的稳定，日本人越来越希望能向国际证明其成功的治台经验，尤其将博览会看成是展示国力的绝佳时机，因此在台湾多次举办博览会。1908年，台湾铁路的完成，以及土地调查和人口调查的完竣，更象征了日本更能有效的控制台湾。凭借"铁路全通式"，台湾总督府开办博览会，也因盛大的博览会的完成，促使博物馆成立。纵贯铁路的完成，把原有的台湾与大陆之间横向联系切断，转而以日本为主的纵向联系，因此可见铁路的完成对日本人的重要性，日本殖民当局选定在"铁路开通式"时开馆，会吸引更多人的关注，其殖民成果也会得到更好的展现，由此可见其用心。接续博览会的特质，殖产局博物馆自然就偏重"殖产兴业"这一功能。铁路是殖民者经营殖民地的命脉，台湾的铁路与大连的"满铁"一样，都是更好地为殖民者开展殖民活动而设。

4.2.2.2 自我彰显

博物馆成立之时的规章中指出：台湾总督府民政部殖产局附属博物馆设置于台北厅下，收集陈列有关本岛学术、技艺、产业的标本及参考品，并供众庶观览的所有事务[71]。这里面的"学术"应是指日本人对本岛的研究成果，确切地说，是表现对台湾岛的了解程度，而所谓的"技艺、产业标本及参考品"都是为"殖产兴业"和"彰显自我"。从规模上看，殖产局博物馆实际只是一个"殖产局标本馆"，小西（成章）先生向川上泷弥提起此事认为，若用"殖产局标本馆"这个称呼比较没有名气，而博物馆的名称比较响亮，故为此名，实际上日本人所称的"殖产局博物馆"只是为了满足听觉罢了[72]。

博物馆成立后，顺理成章的殖产局成为博物馆的上级机关。儿玉、后藤纪念博物馆成立的目的，杉本良在《创立三十周年》中提到："说明台湾统治的历史，就是我们儿玉、后藤纪念博物馆的目的，这是相当明白的。"素木得一讲道："这是纪念儿玉总督和后藤民政长官之故，而非是针对博物馆募捐。"〔73〕这表明建馆的真正意图是为彰显治台功绩和纪念英雄人物，而并不只是为教育民众。

在对博物馆参观者的统计中〔74〕，1933年以前基本上以日本人居多，1933年后台湾观众才超过日本人，可见初期的博物馆观众组成还是以日本人为主。在博物馆功能与用途方面，台湾总督府博物馆与关东厅博物馆有着不同的一面，殖民者将馆址选在台北市一个比较繁华的地带，人口也较密集，相对来说，能有更多的观众，日本人在展示台湾本土物产丰富、原住居民落后的同时融入本国家的先进技术与理念，形成鲜明对比，以"炫耀自身文明"的方法实现对台湾居民的有效统治。日本人也认为"建筑物的位置选定最好在政治中心，亦即中外人士驻足之点，这样的宣传才容易达成效果"〔75〕。因此在馆址选择、参观人数及展品陈设方面，日本人在这里都是并重的而并不是像关东厅博物馆那样置参观群体于不顾。

由此可见，两个博物馆的兴建，主要是在储存和展现日本统治殖民地的"业绩"。在同时期世界各殖民国家皆有殖民地博物馆的背景下，两个博物馆的成立，更彰显日人试图向世人夸耀其辉煌殖民成果之动机。如果将两馆与日本本土博物馆作一比较，就会发现当日本第一座博物馆于汤岛大成殿开办时，其旨趣为"收集宇内所有天然人工物品，正其名称并广让大众知其用法"〔76〕。对日本人而言，博物馆是一个启蒙之地，而非专为研究某地某物的处所〔77〕。

4.3 日本人建筑特点之分析

4.3.1 建筑形式反映"脱亚入欧"思潮。

自"明治维新"以来，日本本土掀起全面学习西洋文明的"脱亚入欧"思潮。日本许多著名大学都聘请西洋建筑师前来讲学甚至派遣学生到欧美去学习。20世纪初，先后来到台湾和旅大地区的建筑设计师野村荣一、前田松韵等人，都在明治时代受到过西洋体系的建筑教育，崇尚古典复兴思潮。他们的建筑设计虽然是在殖民地区，但是无论其创作思想，还是建筑形态，都是日本本土建设的延长线。日本—朝鲜—台湾—"满洲"，这是当年日本帝国主义的一条政治、经济、文化的不可分割的链条〔78〕。建筑师手中的作品在这种思潮影响下，再糅合统治者的意图，因此展现给世人的是种别具一格的建筑形式。

后藤新平1906年离台到大连赴任满铁总裁时，他把日本本土建设理念也从台湾延伸到旅大地区。在其任职期间，念念不忘台湾统治经验，将台北建城的一些规划方法用于大连市城市的开发设计〔79〕。后藤新平对建筑做出汉人是"不睹皇居壮，安知天子尊"的物质人种[80]，因此他对殖民政府官方建筑的要求十分严格。台湾与旅顺的两座博物馆都是官方建筑的代表，因此两者颇有相似之处，既是日本"脱亚入欧"的代表，也是后藤统治思想的体现。

4.3.2 高大的建筑塑造本国"神圣"的力量

两者都属于折中主义建筑形式。折衷主义建筑是建筑师任意模仿历史上各种建筑风格，或自由组合各种建筑形式，不讲求固定的法式，只讲求比例均衡，注重纯形式美。两馆的建筑主要是模仿古希腊、罗马建筑风格与又日本"和风"相结合的杰作。这种高大气派的建筑形式能让人感受到"神圣"的力量，有一股权威、慑人的气势。日本自明治维新

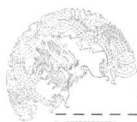

以来，一直以此作为官式建筑的形式，以此塑造官方崇高、权威的形象。

建筑高大宽敞是两个博物馆的共同之处。关东厅博物馆地面深褐色地砖，黑白相间大理石条镶边的装饰风格与儿玉、后藤纪念馆黑白方块相间的地面及大理石拼花的图案有很多相似之处，尽显庄严华美。二层南北两个大厅气势非凡，北大厅天棚顶的设计和东西两壁的格局尽显通透、别致。南大厅南北两壁的孔雀浮雕图案栩栩如生，体现了中西合璧的风采。展室内的展柜也依整个馆的风格而设，同样给人威严的感觉，让人顿生景仰之情，这种设计在国内已不多见。儿玉、后藤纪念博物馆的设计更能体现殖民者的用心，中央大厅32根高耸的柯林斯式石柱让人倍感神圣。大厅圆顶的彩绘玻璃天窗折射出炫丽夺目的光彩而更显高贵华丽。大厅内以西方神龛的手法，在龛内壁立儿玉与后藤铜塑像，则更借类似神庙的设计而尽显对英雄人物的崇拜，引导观者对其产生景仰之情，呈现出浓厚的殖民气息。关东厅博物馆物馆大厅设计应该也是这种用意，1930年代，日本人在大厅内的佛像陈列也是让观者将威严与神圣尽收眼底（图4.1）。

由于关东厅博物馆是日本人为节省资金，在沙俄基础上续建，在规模上受到限制，在设计上也受到约束，因而没有台湾总督府博物馆那般大气。

4.3.3 选址与设计充分体现"博物馆园林化"理念

"博物馆园林化"的设计理念，可以追溯到二千多年前。建于公元前283年的世界上最早的埃及亚历山大博物馆就是一座园林式博物馆，馆内除收藏大量珍贵的文物外，还包括一个动植物园，收藏大量珍禽异兽、奇花异草；中国的第一个博物馆南通博物苑，苑内种植树木花草，饲养飞禽走兽，并建有亭台楼榭、假山荷池等园林设施，把中国传统的园囿特色充分融入到博物馆大环境之中。古今中外"博物馆园林化"的实例说

图4.1：20世纪30年代大厅的佛像陈列

明这种理念有着十分悠久的历史。博物馆中可以有园林化的设计，使公园和博物馆一样，也具有收集、保存人类环境见证物（如珍贵动植物等）和向公众宣传动植物知识、提供动植物展览的职能，它就像一个天然的自然博物馆[81]。由此可见，日本人对两个博物馆的设计，既符合当时博物馆的建设理念，又将日本人自己摆在了"文明"的位置。

关东厅博物馆是在沙俄"将校集会所"基础上而建，馆舍依山傍水，南部濒临旅顺港湾海，港湾对面有西鸡冠山和老虎尾，东有白玉山。站在楼上眺望，大海与远处的山景尽收眼底，让人心旷神怡。音乐厅余音绕梁、荷花出淤泥而不染、樱花落樱缤纷、珍贵树种郁郁葱葱，各种鸟的啼鸣、动物的嚎叫……共同构成了一个美丽的天堂，从日本人将其命名为"后乐园"就可知其风景之美。这种设计，使观览者参观博物馆的收获不仅仅是知识、研究方面的满足，更大大地满足了娱乐的层面，而以此引领参观者亲身体验殖民者的现代化与进步。儿玉、后藤纪念博物馆建在台北新公园内，位于清代台北城东西主轴与南北次轴交叉点，是殖民者强行拆除此地的妈祖庙后，在其原址北侧兴建而成。地处彰显文

明的轴线，置身于文明义涵的公园，这座壮丽的西洋式建筑让人备感神圣，让观众会下意识的认为如此高贵的建筑里面所摆放的自然就是最能代表文明的"科学成果"，日本人的这种园林式设计也意在表现自己"统治的正当性"。

日本人"园林化"设计中也掺杂着殖民者的统治意图。在台湾方面表现得更为突出。妈祖庙以其信仰中心的地位，一直以来作为官府与民间的交流园地，是清朝统治台湾时期重要的政治象征之一，日本人将其强行铲除建立博物馆是为了磨灭台湾居民的本地信仰而构建新的信仰中心的一种体现。这种文化冲突势必会引起当地居民强烈的反抗，而殖民者却视以为然，在镇压之余，依旧按原计划建成博物馆，殖民者的野蛮性可见一斑。关东厅博物馆的建立，是日方为节省资金，将沙俄时期打的地基加以利用，改续建成博物馆，因此与当地民众的冲突表现得不明显。

4.4 日本人陈列展览特点之分析

上文讲到，博物馆是"国家意识形态"的传播途径，而这种传播主要是通过展览表现出来。法国在1855年万博会中，为呈现其欧洲扩张和表现欧陆与殖民地的密切联系，就展示了许多来自各国殖民地的农产品。日本在旅大与台湾藏品的搜集与展示虽然与法国在本土举办的博览会有所区别，但其实质都是为了向世界展示殖民地经营的成果及殖民开拓的野心，都是本国"国家意识形态"最好的体现。

4.4.1 关东厅博物馆

4.4.1.1 早期展品的来源与展示内容分析

关东厅博物馆早期展品的搜集范围主要是关于中国东北地区、蒙古的物品，其次是关于中国内地以及可供参考之物品，此外还包括考古分馆陈列的有关中国西北乃至国外的文物。日本租借旅大和控制东北铁路以后，试图进一步侵占东北，进而以东北与蒙古为依托，侵占全中国。因此该时期陈列以"强调满蒙历史独特面貌"而设，从初期的"满蒙物产馆"之名足以反映出日本殖民者的侵略野心。

在早期陈列中，从动物部、植物部、水产部及矿物部的这些自然类展品的特点可知，此时殖民者主要是为了开发产业而行；风俗部展示多个地区和国家的资料，目的是为了让参观者知晓"日本帝国版图内"的历史、风俗习惯；图书部作为博物馆中研究人员的参考资料，一部分也开放给民众或研究者观览；参考部内容则庞杂，荟萃诸多国家诸多类别的资料，是殖民为炫耀其在当地的有力统治，是各项殖民地治理成果的呈现。

现以动植物展览为例加以说明。

动植物展品主要是以中国东北地区（包括内外蒙在内）为主，动物标本中，陆地上大到老虎、豹子、狗熊，小到各种鸟类、昆虫，江河海洋中的各种生物也一应俱全，大豆、高粱、玉米，人参及各种珍贵药材也在陈列之中。

这一系列的展品，就好似财富"一览表"，通过两大类标本的展示，将东北地区地上财富与地下宝藏毫无掩饰地公布于众。从表面上看，动植物标本展览，似馆方在为观览者提供展品，并为其学术研究而作，但如果我们进一步思考就会发现其真实的目的，这种标本的采集，完全是日方在为其今后的殖民活动提供准备的目标地、正确的数据，以及真实的样本。否则，他们是不会动用大量的人力与财力去作如此细致的动植物标本展览的。

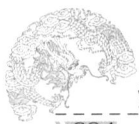

馆内收藏的4万余幅老照片，就是满铁当时为搜集情报、制作档案材料而拍摄的，内容涉及政治、经济、军事、文化、教育、交通、城市、宗教等诸方面，涵盖地域广、信息量丰富，从各个角度形象地记录了当时的历史情况。

4.4.1.2 综合博物馆时期

1925后陈列方式及内容的转变一方面是受世界博物馆发展的影响，一方面也与殖民者进一步的殖民活动有关。20世纪20年代的考古发掘所得，1929年大谷收集品的正式入藏，通过多方渠道征集私人的收藏品，再加上伪满洲国建立，日本势力向北满与内外蒙古的深入，此时博物馆的馆藏与陈列不再局限以关东州为主，内容涵盖中国东北地区、蒙古、中国内地、新疆、中央亚细亚及印度等地。这些殖民成果的取得，当然需要"自我彰显"的平台，于是契合时机而调整陈列。

以中国民俗展览一项为例。

展览表现中国人吸食大烟的丑态，贫民窟、流浪汉、妓女、妇女缠足、赌场等方面的照片和实物，以及民间服饰、复原的农家生活场景，殖民者都是尽量将中国落后的一面，以及早已废弃了的，和一些陈情与陋习表现出来，进而达到丑化中国人民的目的。这与表现台湾蕃人的野蛮有同样的目的，以此来衬托自己的"文明"与"高尚"。

4.4.1.3 专业博物馆时期

近入30年代中期，关东厅博物馆开始由综合性向专门性转变，改为考古品与历史文物陈列。此时博物馆的展示被定位以中国东北地区为主体，展品多以满洲出土文物为主另辅以中国、少部分的日本、朝鲜文物，作为参考比较。从1937年的《旅顺博物馆陈列品解说》中可窥之一斑，考古展示在于说明：中国东北地区在古代与中日鲜邻近地区有交流关系，以及突显中国东北地区是个独立的文化圈，只因地缘的关系，自古容易受到汉文化的影响，因此可以从考古遗物中，看出汉文化的色彩，亦有中国东北地区固有的文化要素[82]。此处可以明显地看出其在于强调满洲国是自古以来与中国不同民族与文化的独立国家以及日满之间自古的友好、亲善关系[83]。欲将中国东北地区从与中国大陆分离。

4.4.2 台湾总督府博物馆

4.4.2.1 殖产局博物馆时期

自然资源此时最受重视，尤其是对林木方面的介绍，不论是在数量还是种类方面，都相对远高于其他类别。可见，在博物馆开馆之初，林木扮演着重要角色。此时期博物馆展览重点明显摆在"商品"，其中林木在日本人占领初期被视为不可多得的珍品，因此如何开发山林资源，就成了此后日本人殖民台湾相当重要的课题，林木被大幅的报道，象征着日人对台湾林木的了解与控制程度[84]，也进一步表明了其建馆的目的是为了"殖产兴业"。关东厅博物馆初期展览与之有很多相同之处，都是殖民者在充分调查的基础上，将属地的自然资源状况以展览的方式公布于众。此处自然资源方面的展览也是殖民者对台湾地区财富的一种"展示"。

汉人方面强调教育的成功。这种展示将日本人视为"教者"，而将台湾人视为"受教者"，以此来表明台湾人的"落后"与日本人的"文明"，日本人处于文明的最高端，以此借口来控制台湾人。这种展示手段与当时对台湾人的"旧惯调查"产生的结果相同，因台湾人的落后、未开发而不能享有同日本人等同的国民权利，只有不断地接受日本人的教育，才能摆脱此种阴影。在汉人的展示中，通过对法律规定与汉人相关的展示，汉人被定格在被限制、被教育的这一行为上，日本殖民者作为法律的制定者和其高高在上的地位，使得汉人无法翻身。

蕃人方面采取人类学的方法，陈列过程中尽可能展现他们凶猛的一面，藉以暗示日本人面对的蕃人是原始落后的，借此表达他们透过武力征伐与开垦山林的行为是正当合理的。

综合来说，在殖产局附属博物馆中，日本人的陈列目的就是在于表达以下观点：台湾资源丰富，许多也已开发，在其地的人民多属愚昧，汉人仍需我日本人教育以臻文明之列，蕃人更等而下之，武力全方镇压以启山林成为我殖民政府唯一的选择[85]。殖产局附属博物馆在此时期，除殖产兴业外，也是日本人自我宣扬的机构。

4.4.2.2 儿玉、后藤纪念博物馆时期

自然资源此时已不受重视，反而在汉人方面历史部强调许多日本人合理统治台湾的正当性。蕃人方面改其名为高砂族，十族的分类也完成，但其内容仍视蕃人为落后地区。综合来说，儿玉、后藤纪念博物馆此时期所展现的是被转化过的台湾，日本人仍居于统治的最顶端，透过博物馆做宣传的工作。[86]

1926年，纪念博物馆转为隶属学务部之后，在内容的呈现上趋向于纯科学的展示，这是在大环境的转换下迫使殖民政策出现的变换，说明从陈列目的上此时期已由商品推销转成教育大众，不只是以商品陈列与博物馆分开那么简单。1926年出版的《台湾博物馆手引》中明确指出此时期的展示是"收集陈列有关本岛学术、技艺、产业的标本及参考品"，其目的就是以"博物馆来了解台湾"[87]。

4.4.3 展品来源的异同

关东厅博物馆藏品来源较广泛，既有考古发掘所得、"满铁调查课"调查和转交，也有大谷光瑞探险品和社会征集。从资金上讲，可以说是能保证馆内的正常运转和藏品的增加。据悉，在20世纪30年代以前，许多满蒙的民族学调查，都是在满铁提供经费下指导进行的。满铁调查部在全盛时期（1938年4月），松冈洋右担任总裁时，有2125名职员，预算金额高达800万元[88]，且该部不只在大连设立，随着日本军阀势力的扩张，在沈阳、哈尔滨、天津、上海等地皆设有事务所或出张所，甚至在纽约、巴黎等国际大都市设立分支机构[89]。

对于台湾总督府博物馆来说，一开始它的定位即为非正式组织，因此经费问题一直困扰着它，博物馆的成立运作，只有3万的经费可资运用，这还是殖产局长从劝业费中拨出的[90]。再由于川上的去世，许多本来与川上一起工作的人，多已转至博物馆以外工作，从调查中所获的展品就越来越少。《创立满三十年纪念志》中提到：1937年前，收集陈列品的经费是付之阙如的，最多的是保持博物馆的日常运作而已，陈列物品的更新此时已似乎不像开馆初期那样积极，这是因为当时的学校越来越重视收集，使博物馆收集的功能渐转由大学担任，促使博物馆考虑与大学合作，成为其收藏所。[91]

日本统治台湾时期，鸟居龙藏、金关丈夫、国分直一等人曾进行过史前遗迹发掘与原

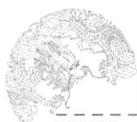

住民的体质调查，但由于这些人的考古活动和总督府博物馆是脱节的，从隶属关系上没有关联，所以就没有把出土文物移交给总督府博物馆。且日本人经营总督府博物馆的重点是放在经济方面，即使也关注到了人文，也还是人类学的调查，所以文物数量很少。而关东厅博物馆由于"满铁"调查、大谷光瑞移居旅顺，再加上考古发掘所得，保证了藏品有稳定的收藏。

综括以上分析，为简明起见，两馆比较情况见下表（表4.4）：

类别 / 馆名	关东厅博物馆	台湾总督府博物馆
选址	在沙俄时期未建成的"将校集会所"基础上建成。依山傍水。后又在园内建动物园，与沙俄时兴建的植物园连成一体。	
建馆时间	1915年成立物产陈列所，1916年兴建本馆，1918年11月基本完工。11月22日正式开馆。	1908年于彩票局大楼成立，1913年4月开始兴建新馆，1915年3月完工。8月20日正式对外开放。
建馆资金来源	关东都督府出资30万日元	各级捐献30万日元以上
设计师	前田松韵，1904年毕业于东京帝国大学建筑学科。	野村一郎、荒木荣一，野村1895年毕业于东京帝大建筑学科。
建筑风格	折中主义	折中主义
建馆目的	"了解满蒙以利开发"，前期还兼有"产业开发"目的。随着形势转变不断调整陈列内容，表现殖民者的侵略意图。以"收藏和保管"为主，教育大众为次。	侧重于经济方面，以"殖产兴业"为主。纪念博物馆的建立是为彰显治台功绩和纪念英雄人物，向世界展现"被日人转化过的台湾"，而并不只是为教育民众
隶属变更	关东都督府、关东厅、关东州厅	殖产局、内务局、文教局
馆名更替	物产陈列所、关东都督府满蒙物产馆、关东都督府博物馆、关东厅博物馆、旅顺博物馆	物产陈列所、关东都督府满蒙物产馆、关东都督府博物馆、关东厅博物馆、旅顺博物馆
藏品来源	主要有三个方面：一是考古发掘，二是大谷光瑞探险20世纪初于中亚"考察"时所获文物，三是从私人手中购买。	通过调查所得。初期主要以川上泷弥搜集为主。因考古活动与总督府博物馆脱节，所以出土文物没移交到博物馆。
藏品种类及特点	类别广泛，除旅大本地外，还有满蒙新疆等中国各地的文物。更有印度、朝鲜、日本等外国的文物。属世界性收藏。	通过调查所得。初期主要以川上泷弥搜集为主。因考古活动与总督府博物馆脱节，所以出土文物没移交到博物馆。

（续表）

藏品经费来源	由殖民当局下拔，30年代前的民族学调查由"满铁"资助。	一开始即定位为非正式组织，经费问题一直受困扰。
陈列内容更替情况	初期"强调满蒙历史独特面貌"，1920年代涵盖满洲、蒙古、中国内地、新疆、中央亚细亚及印度等地。20世纪30年代以强调满洲国的独立性为主。	一开始即定位为非正式组织，经费问题一直受困扰。
观众参观情况	以刚开馆时的1919年为例，日本人远多于中国人	1933年以前基本上是日本人多于台湾人

结语

关东厅博物馆与台湾总督府博物馆都是日本人在殖民地中首先建立起来的，皆是当地第一座博物馆，收藏与展示深受殖民者掌控。因此他们都有着鲜明的"殖民地色彩"。两座博物馆是日本帝国主义进行殖民侵略，实行殖民统治的产物，在本质上具有侵略的性质，在作用上起到反动作用。是不折不扣的"殖民地的帮凶"。

日本占领时期出版的地图和学生教科书中的地图，均把大连、台湾、朝鲜半岛、库页岛一部分同日本版图一样口实被涂上红色，中国的东北地区、东部内蒙古被为涂上黄色，称为"满洲帝国"，甚至有的街区也改成日本的街名。这是日本帝国主义摧残中国民族文化和妄图吞并东北、台湾甚至全中国的历史罪证。

日本当局对殖民地和军事占领区文化存续方面的态度是不同的。日本侵略者对军事占领区的文物古迹肆意进行摧毁、掠夺，视文化于不顾。如：占领承德后，以热河省立宝物馆为基地，以清理文物为名，不断地将搜集到的文物劫送日本。占领南通后，对南通博物苑的陈列室和文物也肆意破坏。江苏无锡县立博物馆的2000多件金石、雕刻、书画等各类文物，于1939年11月被日军洗劫一空……，以上足以说明侵略者的侵略性、反动性、野蛮性。而对待殖民地的态度却恰恰相反，殖民者在此地以调查、收集和保存文物为主，乃至建立博物馆这样保存文与展示文物的场所。有些从军事占领区掠夺来的文物也放到博物馆中，如关东厅博物馆收藏的龙门、云岗石窟的石雕佛头像，就是日本人运到此处的，馆内保存的朝鲜、印度等到地区的文物更说明殖民者是将此地当成了自己的大本营，视殖民地为自己本国领土的一部分。日人对待台湾方面的态度同样也是如此，虽然早期对当地的反抗也进行过凶残的镇压，但随着统治者对台湾这块土地的逐渐了解，为了更好地经营这个地区，在统治策略上也由"镇压"转成"安抚"，在对台湾的调查方面，也把当地原住居民与自然资源并重。

从客观上看，是日本人将博物馆这种近代形式的社会教育机构引进旅大与台湾地区，日本学者在两地考古与调查活动也为今天我们认识两地的文化和历史积累了一些材料，为后来的博物馆学、考古学发展奠定了一定的基础，因此也有学术上的价值。曾在东北进行过调查的滨田耕作、鸟居龙藏等人，具有一定的学术素养和研究水平，他们的活动给当时

自身学术落后的中国带来了先进的考古学理论和方法，对中国考古学的诞生和发展有着一定的启示作用。我国考古学界的人类学传统很大部分是受日本考古学的影响[92]。日本学者在考察活动中还特别注意文字和照相记录，旅顺博物馆现有的四万余张"满铁"老照片就是一个很好的例子，既为我们今天研究当时的情况留下了十分宝贵的第一手资料，也昭示今天的博物馆工作者在收集博物馆田野实物资料的同时也要注意影像资料的采集。

殖民地博物馆的双重性要求我们对其评价要采取一分为二的态度。博物馆本身是为保护遗产而设立，对于殖民地博物馆来说，今天博物馆本身也成了遗产，凡是遗产皆有精华和糟粕。从博物馆技术层面看，这两个博物馆的藏品收集、保护、园林化建筑都可圈可点，属于我们要肯定的地方；从当时殖民者的经营理念和陈列观上看，这两个馆都是为统治者侵略行径服务，必须要予以批判和道义上的谴责。

注释：

[1] 史吉祥. 中国比较博物馆学研究述评[J]. 《博物馆研究》2002，3：3.

[2] 史吉祥. 中国比较博物馆学研究述评[J]. 《博物馆研究》2002，3：3.

[3] "他者"指殖民地博物馆不同时期的展示对象.

[4] 王洪恩.日俄侵占大连简史[M].吉林：吉林人民出版社，2003：65

[5] 韩行方.旅顺博物馆历史沿革札记[J].旅顺博物馆学苑，2007：8.

[6] 顾明义等.日本侵占旅大四十年史[M].辽宁：辽宁人民出版社，1991：68.

[7] 王洪恩.日俄侵占大连简史[M].吉林：吉林人民出版社，2003：154.

[8] 顾明义等.日本侵占旅大四十年史[M].辽宁：辽宁人民出版社，1991：428.

[9] "人民"分汉人和著人两种人群。"汉人"指日治时期的"本岛人"，其大约指由大陆福建、广东一带来台的汉人，"蕃人"指的是岛上的原住居民，大约为现在的原住民十族。

[10] 李尚颖.台湾总督府博物馆之研究（1908-1935）[D].台湾：国立中央大学历史研究所，2005：34.

[11] 台湾博物馆协会.台湾总督府博物馆沿革[J].科学台湾创刊号，1933：8.

[12] 台史公.台湾与纪念物建设[G]台湾惯习研究会. 台湾惯习记事，1906：49.

[13] 李尚颖.台湾总督府博物馆之研究（1908-1935）[D].台湾：国立中央大学历史研究所，2005：65.

[14] 台湾博物馆协会.沿革[G].《创立满三十年纪念志》，1938：5-6.

[15] 韩行方.大连近百年史文集[G].辽宁：辽宁人民出版社，1999.

[16] 据笔者看到的资料，对于建馆的费用，大多数人持30万元一说，就连在馆工作多年的日本考古学家森修的《旅顺博物馆的回忆》中也是此说，至于下文《旅顺博物馆二十年史》中提到的20余万元，应是笔误.

[17] 赵静雪摘译.旅顺博物馆二十年史[J].旅顺博物馆通讯，1986：61.

[18] 韩行方.旅顺博物馆历史沿革札记[J].旅顺博物馆学苑，2007：8.

[19] 照片来源《关东厅博物馆一览》初号[G].1919.

[20] "在日本统治集团内部，因关东都督府独揽大权而矛盾逐渐激化。1919年4月12日，发布日皇94号敕令废止关东都督府官制，实施关东厅官制，把关东都督府中的原军政部分离出去成立关东军司令部"。顾明义等.日本侵占旅大四十年史[M].辽宁：辽宁人民出版社，1991：75编者按：地址就设在千岁町（今万乐街33号），即关东厅博物馆正北面.

[21] 照片来源：关东厅博物馆馆报[N]. 满洲日日新闻社，1920.

[22] 对于这座气势宏伟的建筑，建筑学者也给予高度评价：是一个折衷主义的作品。建筑物整个构图上下左右划分几段，突出中央，这是文艺复兴时期常用的模式。立面采用扶壁柱，混合柱头，上层采用半圆形窗，中

央山花屋顶上面还起一个塔楼。入口处的处理也是常见的巴洛克手法。整个建筑还采用凸起的雕饰，这是文艺复兴时期建筑大师米开朗基罗常用的装饰手法。李伟伟王晋良.特色与探求——城市建筑文化论［M］.大连：大连理工大学出版社，1999：5.

［23］李伟伟王晋良.特色与探求——城市建筑文化论［M］.大连：大连理工大学出版社，1999：13.

［24］韩行方.旅顺历史与文物［M］.北京：中国文联出版社，1999：110.

［25］新渡户稻造的功绩，参阅吴文星《新渡户稻造与日本治台之宣传》一文。转引自李尚颖.台湾总督府博物馆之研究（1908-1935）［D］.台湾：国立中央大学历史研究所，2005：37.

［26］杨惠娥.从建筑物谈历史记忆——以国立台湾博物馆为例.

［27］图片来源（2011-03-10）.

［28］李尚颖.台湾总督府博物馆之研究（1908-1935）［D］.台湾：国立中央大学历史研究所，2005：75台湾的近代西洋建筑是从殖民者手中移植而来，由于是经日本人二手传播，在许多方面并不类似西式，故称为"和洋折衷式建筑".

［29］杨惠娥.从建筑物谈历史记忆—以国立台湾博物馆为例.

［30］杨惠娥.从建筑物谈历史记忆—以国立台湾博物馆为例.

［31］王嗣洲.旅顺博物馆与大连考古研究［J］.旅顺博物馆学苑，2007：15-17.

［32］王宇王智远.旅顺博物馆藏大谷探险队收集品及其整理研究情况［C］.旅顺博物馆学术论文集，353.

［33］郭富纯.旅顺博物馆九十年［G］.2007：25.

［34］郭富纯.旅顺博物馆九十年［G］.2007：26.

［35］郭富纯.旅顺博物馆九十年［G］.2007：4.

［36］【日】森修著姚义田译《旅顺博物馆的回忆》译自《古代文化》［J］.1986，38：11.

［37］关东厅博物馆馆报［N］.满洲日日新闻社，1920.

［38］彭国栋.台湾自然保育简要回顾［M］.台湾文献2001，52：3.

［39］李振远殖民统治时期大连的文化艺术［M］.大连：，1999：248.

［40］郭富纯.旅顺博物馆九十年［G］.2007：27-28.

［41］旅顺博物馆. 旅顺博物馆图录［G］.满洲日日新闻社印所印刷，1935年初版发行，1937年再版，1940年三版发行.

［42］旅顺博物馆.旅顺博物馆陈列品解说［G］.满洲日日新闻社印刷，1937:1-3.

［43］钱晓珊.殖民地博物馆与"他者"意象的再现——三个日本殖民地博物馆的分析比较［D］.
台湾：台湾大学人类学研究所，2006转引自辽宁省博物馆馆刊［J］.2007，421-422.

［44］李尚颖.台湾总督府博物馆之研究（1908-1935）［D］.台湾：国立中央大学历史研究所，2005：18.

［45］李尚颖.台湾总督府博物馆之研究（1908-1935）［D］.台湾：国立中央大学历史研究所，2005：27.

［46］吴永华.明治时期宜兰植物研究史［J］.宜兰文献，1997，5：95.

［47］李尚颖.台湾总督府博物馆之研究（1908-1935）［D］.台湾：国立中央大学历史研究所，2005：28.

［48］矢野畅.南进系谱［C］.东京：中央公论社，1993：64-66.

［49］李尚颖.台湾总督府博物馆之研究（1908-1935）［D］.台湾：国立中央大学历史研究所,2005：30.

［50］李尚颖.台湾总督府博物馆之研究（1908-1935）［D］.台湾：国立中央大学历史研究所，2005：31.

［51］吴永华.被遗忘的日籍台湾植物学者卷四［C］.台湾：1997：148-197.

［52］吴永华.被遗忘的日籍台湾植物学者卷四［C］.台湾：1997：35-49.

［53］吴永华.花莲港厅动物志［M］.台湾：1998：13.

［54］杉本勋编郑彭年译.日本科学史［M］.北京：商务印书馆，1995：59-60.

［55］李尚颖.台湾总督府博物馆之研究（1908-1935）［D］.台湾：国立中央大学历史研究所，2005：52.

［56］博物馆陈列次第［N］.台湾日日新报，1908-10-20（2）.

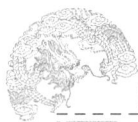

［57］博物馆瞥见［N］.台湾日日新报，1908-10-26（5）.

［58］李尚颖.台湾总督府博物馆之研究（1908-1935）［D］.台湾：国立中央大学历史研究所，2005：85.

［59］李尚颖.台湾总督府博物馆之研究（1908-1935）［D］.台湾：国立中央大学历史研究所，2005：91.

［60］台湾总督府博物馆案内［G］.1937：12-15.

［61］辞海1999年版彩图珍藏本［M］.上海：上海辞书出版社，1999（6）：3608.

［62］顾明义等．日本侵占旅大四十年史［M］．辽宁：辽宁人民出版社，1991：127.

［63］【日】伊藤寿朗 森田恒之.博物馆概论［M］.吉林：吉林教育出版社，1986：133.

［64］李振远.大连现代文化的形成与特点（二）——大连近现代文化解读［EB/OL］.大连文化网（2007-03-18）http://www.whj.dl.gov.cn/info/158878_185474.vm.

［65］立花政一郎．博物馆的管理［N］．关东厅博物馆馆报．满洲日日新闻社，1920：147-148.

［66］赵静雪摘译.旅顺博物馆二十年史［J］.旅顺博物馆通讯，1986：61.

［67］关东厅博物馆馆报［N］．满洲日日新闻社，1920：169.关于中日两国人的参观情况，据笔者掌握的资料，只有在《馆报》中有且仅有1919年的统计，《旅顺博物馆二十年史》中对历年的观众总数有统计，但没有做具体划分.

［68］关东州人口增加情况表 选自【日】满史会.满洲开发四十年史上卷［M］.辽宁：辽宁省营口县商标印刷厂，1988：48.日占时期旅顺地区人口统计表 大连市旅顺口区史志办公室.旅顺口区志［G］.大连：大连出版社，1999：175-176.

［69］立花政一郎.博物馆的管理［N］.关东厅博物馆馆报，1920：148.

［70］钱晓珊.殖民地博物馆与"他者"意象的再现–三个日本殖民地博物馆的分析比较［D］.台湾：台湾大学人类学研究所，2006转引自辽宁省博物馆馆刊［J］.2007：417.

［71］台湾总督府.府报［J］.1908，第2440号.

［72］李尚颖.台湾总督府博物馆之研究（1908-1935）［D］.台湾：国立中央大学历史研究所，2005：36.

［73］杉本勋编 郑彭年译．日本科学史［M］．北京：商务印书馆，1995：337.

［74］李尚颖.台湾总督府博物馆之研究（1908-1935）［D］.台湾：国立中央大学历史研究所，2005：105.

［75］李尚颖.台湾总督府博物馆之研究（1908-1935）［D］.台湾：国立中央大学历史研究所，2005：66.

［76］椎名仙卓.图解博物馆史［M］.东京：雄山阁出版株式会社，1930：53.

［77］李尚颖.台湾总督府博物馆之研究（1908-1935）［D］.台湾：国立中央大学历史研究所，2005：34.

［78］李伟伟王晋良.特色与探求—城市建筑文化论［M］.大连：大连理工大学出版社，1999：39.

［79］杨孟哲.日本殖民统治时期台北的城市规划与建筑［J］.旅顺博物馆学苑，2008：153.

［80］鹤见祐辅.后藤新平传［M］.东京：太平洋协会出版部，1944：45.

［81］胡小甜.浅议博物馆的园林特色［EB/OL］.（2008-4-12）.

［82］钱晓珊.殖民地博物馆与"他者"意象的再现——三个日本殖民地博物馆的分析比较［D］.台湾：台湾大学人类学研究所，2006转引自辽宁省博物馆馆刊［J］.2007：421.

［83］钱晓珊.殖民地博物馆与"他者"意象的再现——三个日本殖民地博物馆的分析比较［D］.台湾：台湾大学人类学研究所，2006转引自辽宁省博物馆馆刊［J］.2007：430.

［84］李尚颖.台湾总督府博物馆之研究（1908-1935）［D］.台湾：国立中央大学历史研究所，2005：52.

［85］李尚颖.台湾总督府博物馆之研究（1908-1935）［D］.台湾：国立中央大学历史研究所，2005：64.

［86］李尚颖.台湾总督府博物馆之研究（1908-1935）［D］.台湾：国立中央大学历史研究所，2005：93.

［87］松仓铁藏.台湾博物馆手引［G］.1926：3.

［88］换算成1980年代的币值，约40亿元日币左右.

［89］钱晓珊.殖民地博物馆与"他者"意象的再现——三个日本殖民地博物馆的分析比较［D］.

台湾：台湾大学人类学研究所，2006转引自辽宁省博物馆馆刊［J］.2007：424.

［90］台湾的博物馆和人类学的发达［J］.台湾省立博物馆科学年刊创刊号，1958：267.

［91］台湾博物馆协会. 创立满三十年纪念志［G］.1938：401.

［92］http://wenku.baidu.com/view/5329a2165f0e7cd 18425363f.html 百度文库，作者沈阳市文物考古研究所，赵晓刚.

（作者史吉祥　吉林大学文学院博物馆学系教授、吉林大学考古与艺术博物馆馆长；刘立丽　旅顺博物馆馆员）

日伪时期文化专制与奴化教育

在吉林市的推行

僮银霞

【内容提要】日伪时期，吉林市作为吉林省省会城市成为日本文化专制和奴化教育极力推广区域。日本在对吉林人民进行残酷的政治压迫和经济掠夺的同时，还实行文化专制和奴化教育，主要表现为营建殖民文化，实施文化专制；倡导"日满亲善"，推行奴化教育；以"精神教育"为主旨，突出实业教育。

【关 键 词】日伪时期　文化专制　奴化教育　吉林市

马克思针对帝国主义对亚洲殖民地的统治，曾指出：帝国主义在殖民地，"要完成双重的使命：一是破坏的使命，即消灭旧的亚洲式的社会；另一个是重建的使命，即在亚洲为西方式的社会奠定物质基础"[1]。"九一八"事变后日本对吉林市的殖民统治就扮演了这种角色。日本在占领吉林市的14年中，在对吉林人民进行残酷的政治压迫和经济掠夺的同时，还实行文化专制和奴化教育，进而达到维护殖民统治的目的。

一、营建"殖民文化"，实施文化专制

"九一八"事变后，日本立即对吉林市的文化、宣传事业进行控制和利用，报刊等宣传媒介首当其冲。1931年9月21日，日本占领吉林市后，在接管吉林电报局、邮政局的同时，对报纸等宣传媒介进行严格检查。除日伪办的报纸外，一切国人报纸皆在他的统治下接受检查，每天必须把报纸大样送去审阅，没有"检阅济"（审阅完毕）图章，不准付印。此外，日本特务机关还令报纸登载新闻，须分清"本国"与"外国"。其所指的"本国"就是东北以内的消息，而关于关内方面的消息，必须冠以"中国"字样，且须少载中国消息，以突出所谓"满洲国"。为了进一步控制报纸等宣传媒介，伪满洲国建立后，日本设立资政局，作为伪满思想统治机构。1933年日本废资政局，设情报处，后又把情报处扩大为弘报处[2]，由它统管新闻、出版、文艺、电影、广播等一切文化宣传活动。弘报处的职能也不断扩大，成为伪满时期思想、文化、宣传方面的主宰机关。此后，又陆续成立垄断组织如"满洲通讯社""满洲图书会社""文艺协会"、满映协会"等[3]。但不论是弘报处还是以后成立的"满映协会"等都将把打击和瓦解抗日武装力量作为主要任务之一，都具有镇压中国人民和进行法西斯思想文化统治的职能。

在强化对报纸等传播媒介控制的同时，日本侵略者还积极营建"殖民文化"，突出表现在图书馆的建设。当时吉林省图书馆中以省立图书馆影响最大，吉林省立图书馆于1909年6月在吉林市成立。附设教育品陈列所、制造博物标本实习所和图书发售所。中国第一历史档案馆中的一则档案反映了吉林省立图书馆成立的过程："成立图书馆为急务，属在文化之所鉴，……国家预备立宪，近仿直鄂各行省之成规，远采东西洋列邦之制度，拟于省城创设图书馆一所。首储四库之书，兼收五洲之本，编列以序，管理有条，冀以利导民。……吉林自改设行省，学风渐开，然文献无征，书缺简脱，学子既求不得，教师亦参考无资，甚或古籍奇编流传异域海外，且倡为绝学。而中国反失真传，时移岁远散失尤甚，若不及时加以甄采，惧贻将来，礼失求野之识"[4]。由此可见，图书馆不仅是主要的文化机构，更以阅读渗透潜移默化之功发挥着社会教育作用，并有着学校所不可替代的重要作用。为此，日伪当局非常注重图书馆在社会教育中的作用和功效。认为"无学校教育修学年限上之限制；以一切民众为对象，不问男、女、老、幼，皆可受教育；补学校教育资料之不足；图书馆之图书，能得全部通篇读完，其陶冶之效力大"[5]。在伪满统治前期，吉林省立图书馆仍然沿用原来名称，1938年改名为吉林市图书馆，共有房间28间，其中有3间办公室，妇女阅览室和儿童阅览室各1间，2间阅报室，10间书库等。该馆由担任司书主任、代理馆长的日人掌握实权，接收了民国时期留下的存款基金将近400万元，日伪政府还按年度由伪国库拨款。所藏书刊大多为封建和殖民主义统治服务的反动书刊，如《大东亚圣战记》《日本精神》《满洲的国政》等反动书刊，带有浓厚的殖民主义色彩。在伪满统治的14年里，平均每年入藏图书2515册。1932年藏书量为54442万册，1933年由于伪满焚毁及收缴进步书刊，藏书量下降为41369万册，1937年藏书量为60788万册，伪满末期藏书量增至63424万册[6]。该馆读者以学生居多，在成年人读者中官吏占多数，工农读者仅占读者总数的2%，全年接待读者人数平均为1000人左右，全年图书流通册次逐年增长。[7]

二、倡导"日满亲善"，推行奴化教育

在推行文化专制的同时，日本侵略者又着手整顿恢复教育，但极力突出奴化教育。由于各城市历史变迁的背景不同，所以，日本在吉林市推行的奴化教育与关内有所不同，具体表现如下：

1. 竭力鼓吹"日满亲善""民族协和"，以"王道教育"为根本目的。

日本占领东北后，为了达到奴化东北民众的目的，在破坏原有教育的同时，对东北地区的教育按其要求进行了全面"改造"，在竭力鼓吹"日满亲善"、"民族协和"的基础上，强调"以精神教育为基，陶冶学生之人格，涵养其德性，以期国家观念与国民精神之发扬光大。""所谓精神主义之教育在日本是皇国之道的教育，在伪满洲国即是一德一心，皇帝陛下之精神而造成忠良国民之教育。"即以日伪所提出的"实行王道教育之具体方针。"[8]国民学校令第一条也指出"国民学校本皇国之道，施国民必须之普通教育，以行皇国国民之必要的基础教育为本旨。"[9]1934年日本在伪满实行"帝制"后，又抛出了较为成形且具很强操作性的殖民教育方针。其内容大概为："一振兴建国之精神，明徵王道德治之理想；二使国民彻底认识国家政治；三助力日满两国之亲善，以确立东洋和

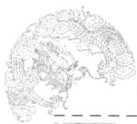

平之宏基；四显扬东方文化之精粹；五启导自治、自强之精神，以敦睦种族；六昌明礼教、矫正恶俗，以善导国民之思想；七普及、扩充国民生活上之必要知识与技能；八锻炼国民体格，以养成资质刚健风气；九缓功图治，期达到化民成俗之使命。"[10]其中，第一、二条所反映的内容实际上指出日本兴办教育的目的是为达到日伪所提出的"王道教育"方针的目的，然后通过殖民奴化教育，进而培养东北广大民众具备能为日伪服务的体能与劳动技能，即达到第七、八条的目的。

为配合这一教育方针的实施，伪政府规定"各学校课程暂用《四书》《孝经》，以崇礼教。凡有关党义教科书一律废止"[11]。伪吉林省教育厅还先后多次下达训令，敦促各级学校必须"教育以忠孝仁爱为立身之本，并充实必需智能，以巩固本协和民族俾臻世界于大同。"伪吉林公署训令中还要求"王道救世主义应参照普及建国精神……至少每周讲演一次，"同时，"应就王道主义，满日提携及治安各方面，至少每半年散发张贴一次"[12]。日本帝国主义不断向东北青少年灌输所谓"王道主义"思想。其实质是宣传"建国精神"，向青少年灌输日本是满洲的本家和主人，妄图消灭中国人民的民族意识和国家观念，培养其"顺民"，达到维持殖民统治的目的。在这一思想主导下，日本不断扩大小学、中学的学生名额，增加教育经费。1932年吉林市小学18所，中学11所，其中不含日系小学及朝鲜族小学，中小学生达5000人以上；1935年，小学24所，中学11所，中小学生总数达到9200人以上，不含私立小学生数。1931年吉林市教育经费为18000元，1932年为26000元，1933年为29000元，1934年教育经费达到91000元（1934年教育经费骤然增加，其原因为接收永吉县经营的县立中学1处及市内小学校15处，并省立学校1处所致，但总体上教育经费呈上升趋势），占该年财政的25%（当年财政决算总计367000元），较1931年增加73000元，即其教育经费的支出占总费用支出的四分之一[13]。其目的在于从小学生开始培养学生的"日满提携""王道主义"。

2. 以"建国精神"为基础，实行"新学制"。1938年1月1日起日本正式实行"新学制"。具体措施如下，即把初级小学改为4年制，高级小学改为2年制，中学由6年制改为4年制，初级和高级中学合并，称为'男女国民高等学校'为4年制，高等教育由4年制改为3年制，其程度仅相当于原中学水平，整个学程13年[14]。比"七七"事变前缩短3年，比当时日本国内的学制少5年，反映了殖民地学程短，程度低的特点。其目的是培养各种具有初级文化水平的低级职员和技术工人。至于师范教育则改称师道教育，主要是培养适合日本殖民统治的各级教师。同时，规定教授用语的45%—50%，必须使用日语。日本帝国主义还大力削减基础知识和基本理论讲授，文化课的比重大大降低，实业课、日语课和国民道德课的比重迅速提高，占全部课时的60%。当时伪民生部的训令里说："新学制"的任务是为养成忠良国民，即以建国精神为基础，陶冶人格，涵养德性"。从这个"训令"中可以看出，日本要东北人民规规矩矩遵守日本的殖民统治[15]。1938年，三次"近卫声明"宣称，"以日、满、华三国合作，在政治、经济、文化等各方面建立连环互助的关系为根本……，"[16]伪政府训令也指出："培养爱好勤劳实践躬行之资性，以期练成质实刚健之国民精神，此乃新学制之根本基调"，并强行在中小学生中推行军事训练[17]，把教育捆绑在侵略战争的战车上。

3. 对吉林市原有学校教育的破坏和对教师的摧残。"九一八"事变前，由于工商业的发展和社会的进步，吉林市教育文化得到了迅猛的发展，成为吉林省乃至东北地区的教育中心。"九一八"事变后，吉林市中国学校教育衰微达到极点，许多学校被关闭，学生失学，教师失业。1933年初虽然开始所谓整顿、恢复，但在日本殖民统治下，吉林教育受到严重摧残。当时，中小学大都停办。学龄儿童失学者逐年增多，据1938年《盛京时报》调查，吉林市学童5292名，其中失学者达2498名，全满洲失学儿童约有25%，而吉林市失学儿童则占全满失学儿童45%[18]。至于高等教育，如吉林大学，"教授多南人，亦相与俱去，学生亦因之四散，故无学之可能"[19]。

与此同时，日伪当局还对广大师生进行迫害。如1935年11月，由于"救国会案件"，吉林省立第一师范学校教务主任娄少石被日本特务逮捕，次年4月被害致死。因这一事件，"遇难的有数十人，如女师校长肖汝纶、吉林市小学校长魏辅周、吉林毓文中学校长李光汉等"[20]。除了受精神身体上的破坏，中国教师还受物质上的极端压榨。日伪时期小学教师的薪俸等级差额极大，尤其是城乡之间差距悬殊甚巨，最多相差有三倍至四倍之多。中国人与日本人的待遇，亦相差有三、四倍之多。如"省立学校日本人最高是300元，中国人最高是200元；日本人最低是165元，中国人最低是45元。市县立学校日本人最高是190元，中国人是145元，日本人最低是55元，中国人是4元；私立学校无日本人，中国人最高是135元，最低是1元2角"[21]。

此外，日本侵略者还在社会上广泛进行奴化宣传，通过诸如讲演、座谈、幻灯、展览等方式向吉林市市民特别是青少年灌输日本帝国主义的侵略理论。

三、以"精神教育"为主旨，突出实业教育

日本占领吉林市后，为了巩固对吉林市的占领，以适应其政治、经济变化发展的需要，日本将教育作为殖民统治的重要工具，其中实业教育在殖民教育中占有重要地位。在日伪看来，"职业学校，可以说是国力增进的动力，是以养成有益于产业开发之部门，及于国民生业有益之职业从事者的。"[22]且"实业教育之振兴，尤宜积极图谋，藉兹养成国家实际有用之人才，以开发产业，增进国民福祉。[23]"此间，日本大力倡导实业教育，主要基于以下四点考虑：

第一，为把吉林市建设成为发动侵略战争的主要资源基地的需要。

伪满时期，日本突出强调职业教育，这是同日本侵略者进行经济掠夺的需要联系在一起的。伪满洲国建立之初，日本就确定这样的宗旨"以教授农工商等各种专门知识技能，养成国民勤苦耐劳之习惯，以期开发国家之生产富源为主。"[24]伪文教部次长田中义男也说："满洲国的教育内容是以实业教育为主，采取努力授予适应生产之知识技能的方针。这个尊重实学的方针，在我国教育之各个领域内都能坚持，实际上是我国教育的一个基准。"并说："我国国策之最重要者是生产力的补充，使命之最重要者是以农产物、工产物、矿产物之增产而援日本完成大东亚战争。"1938年制定的新学制亦指出，职业教育的目的是"产业开发"，为经济掠夺服务。可见，注重职业教育，是日本帝国主义在中国东北推行殖民地政策的主要组成部分。同时也是为了加速掠夺东北丰富的资源，以战养战，以使"日本帝国主义和伪满洲国结成一体，弥补日本的不足，为扩大帝国主义侵略势

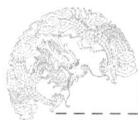

力"[25]提供重要资源基地。

第二，为培养有利于日本掠夺东北资源所必需的劳动力。

日本占领东北的目的之一就是要对东北实施经济的掠夺，而实施掠夺的一个必不可少的条件就是劳动力的培养。所以在日本推行的所谓"王道教育"方针中，除强调要从思想上奴化东北民众之外，还重点突出要使东北民众具备为日本侵略者掠夺服务的技能和体能[26]，这在伪满建国初期日本政府内部就有明确的要求。如1933年3月24日日本陆军省制定的《满洲国指导方针要纲草案》中明确指出："关于满洲国民的教育文化，勿堕入文化主义，注重劳作教育，使之振兴中等以下的实业教育。"[27]1933年8月8日日本阁议决定的《满洲国指导方针要纲》亦要求："满洲国民的教化，其着眼点应该是使该国国民充分认识满洲国同帝国之不可分的关系……以劳动教育为重点，振兴实业教育。"[28]1938年新学制颁布后，其新学制亦突出职业教育特色，即以培养与日伪一德一心并为其忠实效力的奴才，同时还有关于知识技能方面的要求，不仅对广大青少年施以普通文化知识技能教育，而且强调传授某种技能，以尽快地弥补日本在侵略和掠夺中劳动力的不足，并使他们生活安定下来，不至于"闹事"威胁他们的统治。及至新学制实施，"为谋彻底排除偏知教育之弊，"又"以劳动教育，锻炼其身心；以实科教育，育成其实力；以精神教育，涵养其意志。"借"以追随德意之现代教育，而养成兴亚建设人才"。[29]

在这一方针指引下，基于对人力资源控制的需求，日伪政权成立初期，高、中级技术人员与经济管理人员几乎全是由日本人充任，但随着殖民掠夺范围的扩大，原有人员已不敷应用，而且农、工、商业又都需要一批中、下级技术管理人员。为此，日伪当局采取了引进华北劳动力的方法，但仍然感到劳动力的不足，因此需要迅速培养出一大批具有一定知识的青壮年劳动力。为此，日本侵略者在教育上便明确提出了"排除预备教育之观念，使学校体系上各阶段之教育成为完成之教育，要重视实业教育或实务教育"。简言之"其内容可分为思想的教育、公民的教育、情操的教育、职业的教育、保健的教育五种。"[30]也就是说，职业教育为国民教育的重要组成部分，进而尽快培养出大量的具有亲日理念的、有一定技能的战时劳动力。

第三，日本出于对东北战略布局的整体考虑，认为人文科目过多训练可能引起不良的政治后果。吉林市城市的形成和发展首先得益于优越的地理位置以及其所具有的重要军事战略地位。而吉林市军事战略地位所发挥的重要作用早在清初抗击沙俄，加强东北边防过程中得以证实。"九一八"事变后，为在日俄对抗中占据优势，伪满当局大力推行"北边振兴计划"[31]，并以苏联为假想敌修筑了三道军事防线："日伪按照东部主攻，西部、北部防御的战略意图，先后修筑了东宁、黑河、海拉尔、虎头等13座军事要塞，而位于军事防线附近的满洲里、海拉尔、绥芬河、黑河、北安、佳木斯、牡丹江等城市成为重点边防城市"[32]。"北边振兴计划"具体实施后，日本又将对苏进攻的主攻方向由北方改到东方，并将49个步兵中队和29个炮兵中队部署在东部防线附近。而吉林市恰处东北中部地区，是"地绾柳塞东西之毂，握满韩之枢[33]"，在日本加强东部和北部边防中具有不可替代的重要战略地位。同时，吉林市也是东北地区抗日的集结地。如事变后不久，吉林毓文中学等校的很多师生抱着雪国耻的雄心壮志，有的投笔从戎，参加了抗联；有的愤然南下，投奔延安，投身革命。如原吉林省副省长徐原泉、司法部副部长谢邦、原吉林纪检委第二书记吕岳林、吉林省人大常委会前秘书长、省委宣部副部长韩容鲁、吉林省财政厅副厅长李玉纯、哈工大党委书记陈俊和北京协和医院副院长袁德麟等[34]。

所以，日本鉴于吉林市在东北战略布局的整体考虑，一方面规定吉林省会治所仍在吉林市，但实行分而治之的策略，弱化吉林市城市的政治辐射能力。将原吉林省的区域分割为吉林、间岛、牡丹江、东安、三江、滨江等省。吉林市由此失去了昔日在吉林地区独一无二的政治核心地位。虽然此间吉林省会治所仍在吉林市，而面积却大大缩小，仅辖今吉、长地区不足20个县。另一方面为满足精神层面的需要，凸显实业教育的重要性。日伪当局当时一位日本政治家曾经公开说过："在东北初等和中等的学校教育本身就是一种完全教育，凡是读完任何这种学校的人，都可以为社会服务。特别在中等学校里，有一门职业课程是必修的，如商业、工业、农业、畜牧业或航海业。在城市里，学生必须修读商业或工业，而在农业的县份里，农业和畜牧业课程是必修课"[35]。这是一种极端的见解，一方面表明日本为统治中国东北可能要从根本上取消中国人受教育的机会；另一方面增加职业训练为这个"新"国家迅速发展工业供给补充队伍。因此，日伪时期，在吉林市就连初小和中学的教育，都偏重于职业训练，而现存的高级学校，就全部属于职业性质了。由于日伪当局重视职业教育，职业教育得到快速发展。1934年吉林职业教育学生公私立共计359人，教员38人；1938年学生为509人，教员29人；1942年增至1275人，教员53人[36]。

注释：

[1]《马克思恩格斯选集》第1卷，北京：人民出版社，1995年，第768页。

[2] 弘报处的任务有9项：一，控制舆论；二，控制文艺；三，主管主要政策之发表；四，领导和监督报道新闻机关；五，控制宣传资料；六，管理出版物、影片及其他宣传品；七，管理和控制广播及通讯机关；八，掌管情报；九，管理一切对外宣传。

[3] 孟东风著：《吉林近代史稿》，刁书仁主编：《长白丛书研究系列之二十八》，第218页。

[4]《奏为吉林省创办图书馆并附设教育品陈列馆各情形事》，中国第一历史档案馆，档案号04—01—38—0030—004，缩微号04—01—38—002—0846。

[5] 伪满民生部教育司编：《建国教育》，[伪]满洲帝国教育会1940年第6卷第12号，第87—88页。

[6]《伪满吉林省的图书馆》，载孙邦主编：《伪满文化》，吉林人民出版社，1993年，第129页。

[7]《伪满吉林省的图书馆》，载孙邦主编：《伪满文化》，第130页。

[8] 武强：《东北沦陷十四年教育史料》(第1辑)，长春：吉林教育出版社，1989年，第104页。

[9]《满洲及日本之国民学校教育》，《建国教育》1940年第6卷第12期。

[10] 武强：《东北沦陷十四年教育史料》(第1辑)，长春：吉林教育出版社，1989年，第331-332页。

[11] 许秀亭、张玉琴：《日伪时期的吉林教育》，《长白学圃》1987年第3期。

[12] 李倩：《日据吉林时期的文化专制与奴化教育》，《中国边疆史地研究》2006年第12期。

[13] 吉林市教育志编纂委员会：《省城吉林教育史迹》(1693—1949)，第153页。

[14] 吉林市教育志编纂委员会：《省城吉林教育史迹》(1693—1949)，第144页、第176页。

[15] 杨文建：《伪满吉林市小学教育片断记》，孙邦主编：《伪满文化》，吉林人民出版社，1993年，第412页。

[16]《近卫内阁第二次对华声明》，载中国社会科学院近代史研究所译：《顾维钧回忆录》(三)，中华

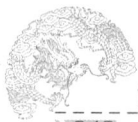

书局，1985年，第535页。

　　［17］许秀亭、张玉琴：《日伪时期的吉林教育》，《长白学圃》1987年第3期。

　　［18］《吉林市国民教育前途蔚然大观》，《盛京时报》1938年4月19日。

　　［19］伪满文教部：《第一回教育厅长会议记录》，1932年，第8页。转引自解学诗：《伪满洲国史新编》，人民出版社，1995年，第366页。

　　［20］许秀亭、张玉琴：《日伪时期的吉林教育》，《长白学圃》1987年第3期。

　　［21］吉林市教育志编纂委员会：《省城吉林教育史迹》（1693—1949），第158页。

　　［22］［日］皆川丰治：《满洲国之教育》，1938年版，第49页。

　　［23］武强主编：《东北沦陷十四年教育史料》第1辑，第31页。

　　［24］《第一次满洲国文教年鉴》，第554页。

　　［25］中央档案馆，中国第二历史档案馆，吉林省社会科学院：《东北经济掠夺》，中华书局，1991年，第205页。

　　［26］(伪满)文教部：《第一次满洲国文教年鉴》，辽宁省档案馆，(文教—210)，1934年，第551–552页。

　　［27］中央档案馆，中国第二历史档案馆，吉林省社会科学院：《伪满傀儡政权》，中华书局，1994年，第21页。

　　［28］中央档案馆，中国第二历史档案馆，吉林省社会科学院：《伪满傀儡政权》，中华书局，1994年，第27页。

　　［29］伪满文教部《建国前之教育与今日之教育》，《建国教育》1941年第7卷第11期。

　　［30］（伪满）民生部：《我国の社会教育》，《旬报》1941年第41期，第19页。

　　［31］这里所指的北边，是伪满洲国东、北两部分与苏联边境相毗邻的各省，即间岛、牡丹江、三江、黑河、兴安北和后划出的东安、北安等7个边境省。同时日伪政府计划集中资金10亿元优先发展这七省的道路和军事工事建设计划。并委派日本人担任各地县长，直接领导这些地区的城镇军工及市政建设。

　　［32］程琳：《近代齐齐哈尔城市的历史变迁》，东北师范大学硕士论文，2009年。

　　［33］魏声龢等撰、高阁元等标注：《吉林地志》，李澍田主编：《长白丛书·初集》，吉林文史出版社，1986年，第9页。

　　［34］吉林市教育志编纂委员会：《省城吉林教育史迹》（1693—1949），第159页。

　　［35］［英］琼斯著、胡继瑗译：《1931年以后的中国东北》，北京：商务印书馆，1959年，第47页。

　　［36］吉林市教育志编纂委员会：《省城吉林教育史迹》（1693—1949），第194、196、197页。

（作者佟银霞　长春师范大学历史文化学院

讲师、历史学博士）

"满洲医科大学"在中国东北侵略罪行研究

王玉芹

【内容提要】医疗卫生作为殖民统治重要手段和策略，备受日本殖民当局重视。日本殖民者于1911年在奉天设立了南满医学堂，1922年升格为"满洲医科大学"。该校是为日本殖民侵略和殖民统治政策服务的。不仅采取活体解剖、赴死刑场解剖、去墓地收集、接受奉天监狱死尸等残忍手段收集人体标本，而且竭尽全力支持731细菌部队，大量盗藏中国医学典籍，为日本殖民统治培养活跃医师，根据时局变化确立研究课题，长期对内蒙古地域进行宣抚医疗。

【关 键 词】"满洲医科大学" 东北 侵略

日俄战争后，日本殖民者开始踏进中国东北。作为文化侵略手段之一，满铁在东北设立了诸多医疗卫生设施。尤其值得一提的是"满洲医科大学"，殖民者欲将该校打造成殖民医疗政策的根据地。然而由于诸多原因国内学者对此问题研究甚少，只有孙玉玲著《"满洲医科大学"与日军细菌战》和伊力娜著《满洲医科大学内蒙古地域巡回诊疗》，这两篇文章分别从不同侧面论述了"满洲医科大学"在东北的侵略罪行。日本学者对此问题研究较多。日本于1978年出版了《满洲医科大学史》一书，该书在客观介绍该校发展历程的同时，对其侵略罪行有所涉猎。末永慧子著《戦時医学の実態－旧満洲医科大学の研究》（樹花舍2005年），文章较客观地概述了"满洲医科大学"的研究意义、医学研究的特征及人体标本的收集方法等。本多胜一著、鹤钟祥译《活体解剖的魔窟——满洲医科大学旧地寻踪》，该文是利用采访、口述形式写成的，第一手资料欠缺。真柳诚著《满洲医科大学旧藏古医籍の行方》，文章对"满洲医科大学"盗藏中国医学典籍情况有所涉猎。本文拟对"满洲医科大学"在东北侵略活动作一全面阐述，以期深入揭露日本帝国主义侵略罪行。

一、"满洲医科大学"的设立及其实质

明治维新后，日本迅速增强军备，向朝鲜半岛、中国大陆及台湾地区扩大势力，进行对外侵略。日本新殖民政策的先驱后藤新平是医学出身，特别强调卫生事业在殖民统治中的作用，将其视为殖民统治重要手段和策略。台湾沦为日本殖民地后，作为"台湾卫生局局长"的后藤新平将日本国内的医疗卫生制度全盘移入了台湾。其后，又将殖民医疗卫生事业的魔爪伸向了中国东北。日本殖民当局如此重视医疗卫生，其原因

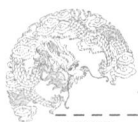

有四：一是受日本国内卫生事业影响；二是在日本殖民地支配政策中，有强调"国家卫生"的倾向；三是作为对抗欧美各国挑战的方针；四是"满洲"居民过去饱受传染病、地方病之痛，传染病蔓延对该地是极大威胁。[1]1906年满铁设立之初，即在地方部设置了卫生课。1907年夏，大连、辽阳、安东霍乱流行，1910年鼠疫大流行，东北的患者达5万之多。[2]为控制疫情蔓延，更好地进行殖民地经营，日本政府投入巨资进行了疫情的防治，同时决定在东北设立专门用于开展教学与调查、研究的专门机构。然而就学堂选址问题，满铁高层们意见分歧。有的主张在医院规模较大、设施较好、医务人员较多的大连办学，有的主张在辽宁省省会奉天办学，最终从日本侵略的长远利益考虑，设在了东北的中心——奉天。1911年8月24日，日本以敕令第230号《关于南满医学堂须遵循专门学校令之件》公布正式设置。当时由满铁地方部卫生课管理，1918年改由地方部管理。医学堂设堂长、教授、助教授、助手、技术员、舍监、学监、干事、事务员等职。历任名誉总裁为：赵尔巽、张锡銮、段芝贵、张作霖。这是我国东北最早、最大、设施最齐全的高等医学校。南满医学堂招生对象为初中毕业生，医学科学制4年，药学科学制3年，研究科学制1年，预科学制2年。第一届招收了28名学生，其中日籍学生20名，中国籍学生8名。

1918年12月，日本颁布了《大学令》，日本的医学专门学校都升格为大学。为保证在留日本人从小学到大学完整的教育体系，同时加强与欧美列强在东北创办的高等教育进行竞争，南满医学堂也迫切升格为大学。1922年5月，满铁社长早川千吉郎向关东厅提出升格申请，得到批准。这样，南满医学堂升格为"满洲医科大学"。设有卫生学、微生物学、病理学和营养学等学科，并将"开拓卫生"作为研究重点，以确保日本移民定居"满洲"。该校当时校长是松井太郎，有教授20名，助教16名，讲师11名，干事1名，书记19名，助手及技工员46名。[3]该校学制7年，1926年增设4年制医学专门部，专招中国学生，并允许中国女生入学。1937年日本撤销"治外法权"，满铁附属地行政权转让给伪满洲国，但该校仍归满铁管理。从1942年开始，由于微生物学教授北野政次带领一批人去了731部队，同时战争将更多的日本青年带往战场，学校中教学力量不足，便逐渐开始吸收中国学生留校。1945年，由八路军接收管理。1946年4月，更名为沈阳医学院。

设立"满洲医科大学"的目的和指导原则完全来自满铁首任总裁后藤新平殖民政策的核心思想——"文装武备论"，即"以文事设施以备他人之侵略，一旦有缓急之事俾便帮助武断之行动"。[4]"文装武备论"是和"举王道之旗行霸道之术"紧密相联的，关于后者，后藤新平称之为高等殖民政策。他认为，"帝国的殖民政策就是霸道"，必须是以强硬的手段来加以推行和实施，但同时又应不失时宜地推行"王道"。所谓"王道"，就是要通过"发展经济、学术、教育、卫生等"，以此使殖民地之人心"归依帝国"，达到"建设一个广义的文明社会"，[5]如若不然，只靠武力而不知致力于文化统治，一旦发生战争，则得不到民众的支持，无潜在的军备，必然要立即崩溃。后藤提出在东北创设南满医学堂时曾说，"在协助台湾统治上发挥了重要作用，同样在东北也会产生非常效果"，"是文装意义上的好武器，一旦发动战争时，对殖民地政策非常必要，对永久占领该土地奠定基础"。[6]可见，与赤裸裸的武力侵略相比，"文装的武备"更具隐蔽性和欺骗性，为殖民统治披上了合理合法的外衣。《满铁十年史》陈述了南满医学堂的成立目的，"在'南满洲'普及医道是满铁的文明使命，也是安抚中国人的要诀，所以应尽早成立医学校"。[7]由此可见，"满洲医科大学"的设立是为日本殖民侵略和殖民统治政策服务的，其最终根本目的是要从精神上消除中国民众对日本的对立情绪，达到麻痹中国民众和奴化教育的目的。正如后藤新平所讲，"殖民地医疗卫生事业不仅成为殖民者改良风土的工具，也是摧折被殖民者传统与自信心的重要手段。"[8]满铁在东北兴建学校医院等，使其文化侵略东北的功能日趋完善。满铁通过这些医疗卫生设施和科研教育机构，进一步掩盖了日本帝国主义在东北进行殖民侵略的实质，同时也加强了其文化侵略的力度。满铁的卫生医疗设施、科研教育机构与其控制的其他文化手段一起，在东北地区共同构筑了日本文化侵略的堡垒。

二、"满洲医科大学"收集人体标本黑幕

为出色地完成"培养大陆活跃的医师"使命，"满洲医科大学"致力于人体标本的收集，然而其收集手段令人发指。

第一，活体解剖。"满洲医科大学"极有可能进行活体解剖。从证人证言看，该校解剖学教室实验勤杂工张丕卿证言，"我叫张丕卿，现任沈阳中国医科大学技师。1932年在满洲医大任实验手，直至1945年祖国光复。最先为日本人打扫卫生，运送日本人上课时使用的标本，实验结束后进行收拾。那以后直到祖国光复，除打扫卫生外，还从事固定死尸（向尸体里注射某种药品，防止尸体腐烂）和制作骨骼标本工作。这期间从1942年秋到1943年春，日本人先后进行五次活体解剖。"[9]"满洲医科大学"毕业生有如下证言。"学生时代，从离家很近的皮革制造者那听到满洲医大活体解剖事情。据说皮革制造者从交往很深的解剖学教室男孩（名字不明）那里知晓了活体解剖情况（男孩将解剖学教室所藏药品私卖给皮革制造者）。而且，关于活体解剖一事，中国学生间谣言四起，从朋友那也间接听说过。"其次实物证明。日本福岛县立医科大学教授末永惠子在其《战时医学实态》一文中列举了11篇表明解剖学教室关系者可能进行活体解剖的论文题目。值得一提的是大野宪司《支那人大脑皮质尤其后颈部细胞构成学研究》一文使用了"没有精神疾病既往史健全的新鲜的北支那人成人脑"。[10]竹中义一论文《北支那人大脑皮质尤其侧头叶的细胞构成学研究》写着"我屡次使用极其新鲜且健康，尤其没有精神病学病例的北支那人脑"，[11]毫不夸张地写着把材料弄到手的事情。五十岚《北支那人大脑皮质　尤其带转的皮质构成》中有这样表述，"使用材料是死后不到几小时，最新鲜的健康的北支那人男性脑"。[12]

第二，赴死刑场解剖。"满洲医科大学"的标本收集并不局限于学校内部，经该校疏通各方面关系后，还可到死刑场解剖。病理学教授久保久雄就曾到死刑场解剖过"匪贼"。"我听说1933年11月中旬，对在农安北部农田讨伐时逮捕的27名匪贼处以死刑。如何搞到教室的病理解剖材料，使其不断增加，并将其与今年夏天热河地方性甲状腺肿流行地解剖的材料进行比较，此外在研究上也是难得的资料，所以立即向有关当局提出对死刑者进行病理解剖，满洲国方面和当事者都充分了解我的意图，同意解剖。（中略，十二月二十八日）将农安西门外两支里荒漠的原野中的某块墓地作为临时刑场，执行死刑。可是，因为我们有急事，所以到达刑场稍稍晚了一步。黑山般群众，我们一边听到连续枪

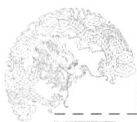

响，一般推开群众，然而赶到时，13人已经不在人世。（中略）允许我们对除头目外的12人进行病理解剖。（中略）（将遗体运到邻近寺庙院里）焚烧事先准备好的高粱秆，并在上边添加煤，将火烧旺，之后我和吉田敬助君分工解剖。（中略）这种场所的解剖尽量早些完成。所以我们简直是在拼命。因为严寒，解剖完两俱尸体时，感觉手指已经不能充分活动，无法做细微工作。于是，暖暖手提起精神，一气呵成解剖完12俱尸体。中午开始，午后两点左右结束，正好用了两小时。（中略）那天在宿舍，为包装提取的材料，忙到很晚。第二天早晨也就是二十九日早十点告别了记忆尤深的农安，驱车急驰在冻土上，赶赴新京。途中荒漠的原野，环视四周白雪皑皑，气温骤降到零下30度，这是北满真正的严寒，连在汽车中都感到寒气刺骨。可是，达到了目的，着急回去的我们的心里和意图还是明朗的。（中略）最后向在这次工作中给予我们莫大援助和关照的吉林警备骑兵第一旅长刘玉混少将、吉林省骑兵第一旅团军事指导官骑兵大尉山崎保光和骑兵少尉石桥考一及农安日本领事馆分室的各位致以忠心感谢"。[13]

第三，去墓地收集人体标本。据南满医学堂第一届学生崛江宪治回忆，"在用于1904、1905年鼠疫大流行搭建的临时板房里，武田先生教授解剖学，因为没有骨学教材，四名日本学生和一名中国学生分成组，夜里冒着零下五六十度的严寒和危险，挖掘北陵墓穴，中国人学生和日本人学生都用功学习，竭尽忠诚。"[14]另外，很多当地人坟墓经长时间风吹日晒，偶尔可以看到部分人骨露出，一些学生就挖掘这些人骨，之后进行加工，做成漂亮标本。满铁职员经常冒着零下四五十度的严寒，将穷乡僻壤冻死的尸体运到死尸室，作为解剖材料。然而，不光医学院校容易弄到人骨，日本的殖民学校都存放很多。据少年时代就来到东北的野村章回忆，"在奉天第一中学读三年级时，开设了生理卫生课。最先是从骨骼学系开始学习的，可是第一次就被集中在阶梯教室学习，刚一开门就大吃一惊，每个座位上都摆放着一个头盖骨和脊椎骨，其实物就是人骨。由于日本侵略满洲，中国人民土地被抢夺，丢弃了祖坟，饿死的农民也很多。到荒郊野外收集人骨不是难事。该校每个班级人骨都放进很大的木箱里。"[15]

第四，接受奉天监狱死尸。为筹集更多解剖材料，该校加强与奉天监狱联系，经常从奉天监狱接受死尸。中井久二从1943年5月到1945年8月15日一直担任司法矫正总局局长，任局长两年多时间内，将"数百名收容者尸体"寄送给"满洲医科大学"。以下是中井久二证言，"1943年5月到1945年8月15日，我在司法部参事官及司法矫正总局工作，奉天第一监狱应伪满洲奉天医科大学要求，在监狱内病死、无人收尸的几百名犯人提供给该大学作为解剖学的研究材料，在此名义下，押送到该大学，实施解剖。该监狱的行为，对中国人民来说，是违反人道的罪行。我作为监狱指导监督者，我负有责任，我认罪。"末尾写着，"1954年8月14日于抚顺"。此外，每个死刑犯解剖前都下病理解剖通知书，从中国医科大学档案馆所藏郝振山和戴春臣解剖通知书照片看，上面写着"从奉天监狱寄送"。清晰的文字如实记录了"满洲医科大学"与奉天监狱的不法勾当。从1936年7月27日到9月10日，在约一个半月时间内有25俱尸体下发了病理通知书，照此推算，一年解剖尸体至少达300俱。然而，这些死刑犯究竟犯了什么罪？他们真的是无人认领吗？死刑犯之一佟报功的妻子吴素珍在战后做了如下证言。"佟报功是农民，当时是车夫。1935年某一天，便衣特务逮捕了佟，关进小南门监狱。逮捕原因一直不明。我探望丈夫两次。最初一次丈夫因被拷问殴打，全身是伤。1936年第二次探望，丈夫大腿骨骨折了。而且那以后，听说丈夫被杀害了。我去监狱收拾尸体，监狱竟称，不知此事，最后事情不了了之，尸体没给我。"[16]

值得一提的是，"满洲医科大学"通过残忍手段收集到的人体标本除用于本校教学外，还大量运往日本，战后日本仍继续沿用这些标本。"满洲医科大学"解剖学教室教授，战后历任横滨医大、广岛大学医学部教授的铃木直吉战后利用该校组织标本出版了《器官组织额实习提要》一书，该书1952年由日本丸善出版社出版。另外，西成甫、藤田恒太郎、胜又正共著的《人体显微解剖图说》一书（南江堂、1955年），与消化器官有关的附图，全部使用"满洲医科大学"收集的标本。[17]

三、"满洲医科大学"为日本殖民侵略和殖民统治服务的特性

"满洲医科大学"是日本为完成国策使命在殖民地设立的殖民医科大学，这就决定了其自始至终都为日本殖民侵略和殖民统治服务的特性。

1. 对731细菌部队的支持。"满洲医科大学"为731部队培养了大批为其"开发满蒙"和侵略战争服务的医务人员。据《政府公报》和《医学杂志》记载，731部队本部较有名望的专家、学者，有相当多的人，都毕业于伪满洲医科大学。如从事肠道传染病研究的仓内嘉久雄，就毕业于伪满洲医科大学，1937年就职大连卫生研究所；731部队著名专家中黑秀外一也是伪满洲医科大学毕业的。[18]731部队第二代部队长北野政次、731部队支队　大连卫生研究所所长安东洪次等曾先后担任过"满洲医科大学"教授。任教期间，"满洲医科大学"成为他们进行细菌试验和活体解剖的魔窟，该校地下室有北野用来进行细菌实验的动物饲养室。北野在该大学的研究如果成功，100细菌部附属单位"满洲卫生技术厂"将根据其研究成果生产细菌。北野政次很多学生都与731部队有着千丝万缕的联系。自1942年北野政次任731部队长后，"满洲医科大学"和军队来往频繁，曾多次接受关东军的委托研究，该校病理系研究生冈部一敏和满铁卫生研究所研究生冈田良夫在731部队长北野政次指导下完成《关于发疹的研究》一文，实验就在731本部。生理学专家、从事耐寒研究的731部队员正路伦之助坦言，"满洲医科大学的生理学教室也协助我们做了很多这方面研究。"731部队著名的吉村耐寒研究，该校给予很多协助。此外，731部队没有脑外科，据说与脑有关的试验"都运到满洲医科大学进行"。

2. 盗藏中国医学典籍。为进行中国书志学的研究，"满洲医科大学"特设东亚医学研究所，专门盗藏满铁抢夺的中国医学典籍。1929年，满铁副总裁松冈洋右投入二十万日元，命令大连满铁图书馆从北京各书店强购了3万册古书。其中古代医书1414种，约6000册，赠送给"满洲医科大学"。书目分为"中国医学书目（1931）"和"续中国医学书目（1941）"。该校盗藏的典籍主要包括"元印《圣济总录》残卷、《解体新书》完本，明·赵开美版《仲景全书》等等，还有诸家、史书、类书、目录等"。[19]目前，存放在沈阳市中国医科大学（前身是"满洲医科大学"）和呼和浩特市内蒙古图书馆的古典籍，很多都印有满铁、满洲医大旧藏印。为研究这些书籍，讲师冈西为人翻译了《宋以前医籍考》15册，第1～4册是沈阳医学院出版，第5册以后是冈西氏油笔校本。此外，该所还出

版发行了《日本和汉药文献》《本藏经集注》《中国医书本草考》等书籍。总之，该校盗藏中国医学典籍的目的，正如关东厅所言，"投入巨资经营图书馆或学校，是对东三省文化侵略的一个方法，同时提高了日本人进行各种侵略所需要的能力"。[20]由于满铁的抢夺和该校的盗藏，使中国很多珍贵的典籍甚至是世界上独一无二的典籍都落入了日本强盗之手，最终造成中国大量典籍的丢失和流散。

3. 为日本殖民统治培养医师。医师是侵略者进行殖民医疗的重要保证，日本侵略者历来重视对医师的"培养"和"管理"。"满洲医科大学"从创设到闭学共计34年时间里，共培养中日医师2680多名，药剂师300多名。其中中国医师1000名，药剂师70多名。[21]可见日籍医师数量远远超过中国医师。日本学者饭岛涉曾评价："与其说满洲医科大学是殖民地大学，不如将其看作是设在满洲的日本医科大学。"[22]该校毕业生分配是根据日本军方需要，毕业生散布在东北各地以及南方。为了保证医疗人员可以派到殖民者所需的重要部门或偏远地方，该校实行了有条件奖学金制度，只要毕业后在规定时间内、在指定场所进行工作，即给予丰厚的奖学金。分配到东北的毕业生大多就职于满铁。满铁在"满洲"经营的医院有16所，毕业生大多在这些医院工作。以1928年至1935年间575名毕业生为例，其中430人就职于满铁各医务部门，占毕业生总数的75%。[23]也有的学生成为满铁青少年义勇队开拓团常驻医生，还有的学生被派遣到伪满洲国军医学校。"七七"事变后，由于强化对医师的统制，开业行医很难，所以自有开业者大大减少。这反映出殖民地医疗向战时殖民地医疗转变。据"满洲医科大学"《会员名簿》相关记录显示，1939年以后，标注"应召中""出征中""入营中"人数明显增多。"满洲医科大学"毕业生曾回忆说："太平洋战争爆发后，年轻的教员逐渐减少。1943年以后，高年级的日本人学生也逐渐被招募进入军队，还未毕业就提前成为军医了"。[24]为防止泄漏机密，学校很少招收中国学生留校工作，能留校的中国人需要填写留学生登记表，作为留学生留校，留在这里工作需要加入日本国籍。

4. 贡献于日本国策的医学研究。日本人曾讲，"疾病是日本殖民统治最大的威胁"。因此，"满洲医科大学"非常注重与满蒙开拓相关的保健卫生研究。然而，该校研究课题是随着时局变化逐渐推进的。"九一八"事变前，该校教授从卫生学、微生物学、病理学、营养学等领域研究日本移民如何定居"满洲"问题。"九一八"事变后，由于日本侵占范围逐渐扩大，大量日本农业移民纷至沓来，该校便开始调查研究整个东北的风土气候，同时将流行传染病、地方病的研究列为重要课题。1933年6月，根据厅令第21号，关东厅警务局卫生课内设置了"移民卫生调查委员会"，[25]该会是负责开拓移民卫生审议的满洲国驻扎特命全权大使的咨询机关，其研究成果刊登在《满洲开拓卫生的基础》上。截至1937年，该委员会26名委员中，"满洲医科大学"在职教授、助教授7名，返聘2名，占绝大多数。委员干事小坂隆熊也是该校生理学教室助手出身，也是委员久野宁的弟子。可见"满洲医科大学"掌控着研究的主导权。同时，满铁卫生课也刊发了《满洲风土卫生研究概要》报告。殖民当局得出结论，日本移民健康状况不良是由于东北气温偏低所致。于是该校便在校内建造暖房、通风等实验房屋，研究日本移民适应东北气候的对策。太平洋战争爆发前夕，该校越发认识到开拓卫生的重要性，便在校内设置开拓医学研究所，旨在动员校长、教授及所有医务人员加强开拓保健的研究及实际生活的指导，并且随时刊发《所报》。该校选择性研究最终目标是"保护日人在'异地'活动，即医学主要在研究异地风土气候，提供日本人增强抵抗力的方法。"所以该校和"在满各卫生机构一样，医学研究的目的是贡献于国策"。[26]

5. 以利用蒙古族人为根本目的的巡回诊疗。自日本取得长春到旅顺间的铁道权益后，毗邻俄罗斯的内蒙古备受日本关注。当时，内蒙古地区经济还很落后，没有近代医疗制度，人们卫生意识也很低下，如果患病，只能接受喇嘛医的祈祷和治疗。1922年，日本国策会社满铁在奉天创建了"满洲医科大学"。自1923年到1938年共计16年间，"满洲医科大学"先后向内蒙古地域派遣十五次巡回诊疗班，被施疗患者超过三万多人。[27]每次实施巡回诊疗后，"满洲医科大学"都要刊发报告书。巡回诊疗班在各地实施宣抚医疗的同时，还帮助当地伪政府做卫生工作。如第九次诊疗班在齐齐哈尔施疗时，正值齐齐哈尔霍乱流行，施疗班访问当地野战医院，帮助警务厅长等伪满洲国700名官吏注射了疫苗。"满洲医科大学"的巡回诊疗也曾遭到很多爱国人士反对。1929年到洮昂方向进行第六次巡回诊疗，遭到当地政府拒绝。虽然满铁直接出面交涉，但最终施疗班未能成功。"满洲医科大学"的频繁施疗给班员造成了严重灾难。班员"不习惯乘坐大车，摇晃，晕车、呕吐、食欲不振，或者由于酷热和臭虫影响无法入眠，或者不习惯吃当地东西。因此平均每天20人患眼病，还有很多人患其他疾病。"[28]然而，"满洲医科大学"施疗自有其深远目的。一是怀柔、安抚蒙古族人，减少对日本人的反抗斗争；二是协助满铁的调查研究；三是挑拨蒙汉民族矛盾，拉拢蒙古族人；四是改善蒙古族人体质以供其驱使。

四、结语

在"以科学研究开发、利用满洲国资源""于大东亚战争下展开科学战"[29]方针指引下，为培养殖民医师，调查东北历史地理情况，操纵控制东北地区医学教育大权，日本殖民当局在东北设立了"满洲医科大学"。在该大学存在的34年时间里，以其目标的明确、齐全的专业吸引了许多对开发"满洲"怀有狂热梦想的日本学者和资深的科学家来到中国。不仅采取活体解剖、赴死刑场解剖、去墓地收集、接受奉天监狱死尸等残忍手段收集人体标本，而且竭尽全力支持731细菌部队，大量盗藏中国医学典籍，为日本殖民统治培养活跃医师，根据时局变化确立研究课题，长期对内蒙古地域进行宣抚医疗。在他们的"奋斗"下，"满洲医科大学"在当时具有世界一流的水准，而且培养出来的中国医务人员，其中有不少人后来投身于革命，为我国的医学事业作出了贡献。但在客观效果上，他们起到了日本军国主义邪恶帮凶的作用。对于日本医学家们在中国东北的侵略罪行，日本学者莇昭三列举了"人脉、国家总动员体制、军学共同、医局讲座制 非民主的师徒关系，将医学犯罪动机置于战争状态、军事秘密背景下，因此不受伦理制约，从事'先端性研究'等这一功利主义，确认自身社会地位等。"[30]诚然，在日本侵华期间，很多医学家衷心效命于日本政府。然而，这种违反伦理、违反人道的行为，也被一些有良知的医学家所拒绝。如生理学者横山正松。横山是新泻医科大学毕业的生理学者。1944年被召集到北京北支那军防疫给水部即甲1855部队。接受上级命令，专门做小肠研究，"即使子弹穿过，肠子也不漏，做这样的药。为此必须做人体实验。"横山拒绝了上级命令，结果被送

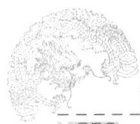

往前线，九死一生，最终回到了日本。遗憾的是，大多数日本医学研究者和军医都参与了国家组织犯罪。究其根本原因是一种民族歧视，是对中国人的蔑视，其中隐藏的是日本人的民族优越感。日本人也毫不隐讳概括殖民地医疗卫生特点是"日本人本位""利己的"。[26]前文提到该校学生采取掘墓手段收集人体标本，假如在日本，学生们会去掘墓吗？周围人会允许吗？而这些医学家们犯罪没有罪恶感，相反却认为是出色的行为。时至今日，日本医学界仍然隐瞒过去医学犯罪的证据，对过去的医学犯罪始终没有彻底反省，更得不到历史教训，因此重复相同错误的危险性很难明显减少。照此下去，日本在亚洲只能陷入孤立。日本的正确做法是，正视历史事实，对加害的历史进行谢罪，进行赔偿，这样日本才能同亚洲各国融洽相处。

注释：

［1］［日］沈洁.“满洲国”社会事业的展开——以卫生事业为中心［J］.社会事业史研究第31号，2003。

［2］［日］南满洲铁道株式会社总裁室地方部残务部整理委员会.满铁附属地经营沿革全史上卷［M］.大连：南满洲铁道株式会社，1939。

［3］［日］小胎今朝治郎.全满试验研究机构辑览［M］.长春：满洲帝国国务院大陆科学院，康德五年。

［4］［日］中村哲.后藤新平“日本殖民政策”一斑和日本膨胀论［M］.日本：日本评论社，1944。

［5］［日］草柳大藏.满铁调查部内幕（上）［M］.日本：朝日新闻社，1979。

［6］［日］末永惠子.战时医学的实态［M］.日本：树花舍，2005。

［7］［日］满铁.南满洲铁道株式会社十年史［M］.大连：南满洲铁道株式会社，1919。

［8］后藤民政长官演说笔记.台湾总督府医学校一览［C］.台湾：台湾总督府医学校，1900。

［9］中央档案馆、中国第二历史档案馆、吉林省社科院.证言活体解剖［M］.北京：同文馆，1991。

［10］［日］大野宪司.支那人大脑皮质尤其后颈部细胞构成学研究［J］.解剖学杂志，1942（6）。

［11］［日］竹中义一.北支那人大脑皮质尤其侧头叶的细胞构成学研究［J］.解剖学杂志，1943（1）。

［12］［日］五十岚.北支那人大脑皮质——尤其带转的皮质构成［J］.解剖学杂志，1944（5）。

［13］［日］久保久雄.两小时解剖十二人——匪贼的末路［J］.东京医事新志，1934（2900）。

［14］［日］辅仁会·满洲医科大学史编辑委员会.柳絮飞舞——满洲医科大学史［M］.日本：辅仁会·满洲医科大学史编纂委员会发行，1978。

［15］［日］野村章.殖民地成长的青少年［M］.日本：岩波书店，1991。

［16］［日］本多胜一.中国之旅［M］.日本：朝日文库，1981。

［17］［日］铃木直吉.因缘话［M］.日本：辅仁会·满洲医科大学史编辑委员会发行，1978。

［18］佟振宇.日本侵华与细菌战罪行录［M］.哈尔滨：哈尔滨出版社，1998。

［19］［日］真柳诚.满洲医科大学旧藏古医籍的去向［J］.日本医学史杂志，2004（50卷1号）。

［20］［日］《满铁图书馆的情况调查及印刷品的发放》，出自关东厅：《本邦图书馆关系杂件》，1929年10月18日。亚洲历史资料中心，B04012256600。

［21］［日］满史会.满洲开发四十年史（补卷）［M］.日本：满洲开发四十年史刊行会发行，1964。

［22］［日］饭岛涉.日饭岛涉《疟疾和帝国——殖民地医学与东亚的大秩序》［M］.日本：东京大学出版社，2005。

［23］孙玉玲.“满洲医科大学”与日军细菌战［J］.东北沦陷史研究，1997（3）。

［24］齐红深.见证日军侵华殖民教育［M］.辽宁：辽海出版社，2005。

［25］［日］满洲开拓年鉴［M］.昭和十七年.藏于吉林省社会科学院满铁资料馆。

［26］［日］松村高夫.满铁的调查与研究［M］.日本：青木书店发行，2008。

［27］［日］伊力娜.满洲医科大学内蒙古地域巡回诊疗［A］.国际文化论集［C］.日本：桃山学院大学，2009年。

［28］［日］满洲医科大学诊疗团.第一次蒙古巡回诊疗报告［M］.大连：南满洲铁道株式会社，大正十二年。

［29］王德歧.科技侵略铁证如山［J］.科技史志，1999（1）。

［30］［日］西山胜夫.日本医学医疗对"15年战争"的支持［J］.社会医学研究，2009（26卷2号）。

（作者王玉芹　吉林省社会科学院日本研究所副研究员）

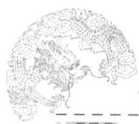

日本右翼势力概说

王　航

【内容提要】 "右翼"指极端民族主义以及国粹主义思想的团体和个人。日本右翼
　　　　势力以神道主义和武士道精神为文化源头，主要以修改和平宪法、参拜靖
　　　　国神社为政治表现；以反美、反华为军事表现；以篡改历史教科书、大肆
　　　　宣扬民族优越论为文化表现。日本右翼势力及其思想对日本国内、中日关
　　　　系、亚太地区及世界的和平与安全构成严重影响和新的潜在威胁。
【关　键　词】日本右翼势力　源头　表现　影响

一、日本右翼势力源头探析

（一）"右翼"一词的由来

戴季陶在《日本论》中曾说，要晓得它(日本)的过去如何，方才晓得它的现在是从哪里来的。晓得它现在的真相，方才能够推测它将来的趋向是怎样的。……无论是怎样反对它、攻击它，总而言之，非晓得它不可。[1]对于日本右翼的源头，我们也应该秉承这个观点。

"右翼"一词源于法国大革命时期，法国议会中，激进的雅各宾派被称作"左翼"，而保守的吉伦特派被称作"右翼"。后来人们习惯把社会主义者称作"左翼"，把民族主义、国家主义者称为"右翼"。日本学界，对于"左翼"和"右翼"的划分，并未有如此泾渭分明。战后，日本的政治学家也将代表革新派的日本共产党称为"左翼"，把保守势力的自民党称作"右翼"，但是这种划分已经不符合现在日本政治势力的趋向。例如：代表革新派的"左翼"极力反对修改日本宪法，而一向被称作保守"右翼"势力的自民党则主张修改宪法。人们把这种原本主张"革新"，而今却主张"保守"宪法的势力，和一向以"保守""中道"而趋向"革新"称作是日本传统势力的"时代逆转"[2]。松本健一认为"给右翼下定义并非易事、因为它与左翼在某种程度上密切相关，二者相颉颃，并随着时代的发展而演变[3]。崛幸雄指出：右翼没有明确定义，一般指反动的国家主义思想及其运动。木下半治则一针见血的指出了右翼的本质所在："日本右翼的重要特征之一，是从诞生的那一天起，就主张军国主义、侵略主义、并且一贯以大亚细亚主义的名义，进行侵略大陆的宣传。"[4]《大辞林》定义为右翼系"保守国粹主义的思想倾向，以及具有这种思想倾向的个人或团体"。《中国大百科全书》的词条解释，日本右翼是"日本近代鼓吹效忠天皇和向外扩张的反动社团"，是"日本军国主义的先锋"。在我国学术界，一般多将欧美等国具有强烈排外思想和极端国家主义者以及主张自己民族优越的德国纳粹主义者界定为"右翼",而且其使用范围一致比较固定。因此,我们对于"右翼"一词的理解,可以从使用惯例来考量,内涵可以理解为极端民族主义以及国粹主义思想的团体和个人。

(二)右翼势力产生的历史文化根源

亨廷顿在《文明的冲突与世界秩序的重建》序言中写道:"这一模式强调文化在塑造全球政治中的主要作用,它唤起了人们对文化因素的注意,而它长期以来曾一直为西方的国际关系学者所忽视……"。[5]美国学者赖肖尔在其所著《日本人》一书中说,日本地处亚洲东部一些散乱的岛屿上,四周是大海,在交通工具不发达之前,日本民族长期生活、困守在这些狭小的海岛上,所以,日本人表现出胸襟狭窄的国民性格,特定的生存环境造就了日本民族这一特定的文化性格。钱乘旦在《现代文明的起源与演进》中说:"一个民族的发展固然有很多外在的有利因素,但谁也不能否认,一个民族在历史积淀下来的精神财富才是推动一个民族持续发展的真正动力"[6]。考证日本右翼的精神源头对于正确认识日本右翼有着重要的意义。

武士道精神是推动大和民族持续发展的真正动力之一。武士道精神作为一种文化认同,是日本国民的深层心理,也是日本文化的特质。它的一整套的伦理道德体系,包涵了正义、勇气、仁、礼节、诚实与真诚、荣誉、忠诚、自制、自杀与报仇、武士之刀等核心概念,并由这些主要核心概念组合成了武士应当遵循的伦理道德规范体系。关于武士道,最权威的著作就是日本学者新渡户稻造的《武士道》[7]。武士道精神本身就是崇尚武勇的战争之道和崇尚献身的忠勇之道,武士道精神的硬控制,即超法律、超契约的控制力,具有不可限量的破坏力和创造力,日本的法西斯战争和战后重建都是依赖于这种精神支持。同时,武士道精神与军国主义也有很大联系,他们信奉灵魂不灭,是日后军国主义思想的重要来源,也是当今靖国神社问题的最初来源。明治维新后日本建立新式军队,武士道精神就成为了近代军人精神伦理,天皇曾发布《军人救谕》,强调效忠天皇勇武忠义,这也正是日后侵略战争的思想动力,武士道精神在思想层面上和实践层面同时起作用。武士道精神的忠君之道与历史罪行之间,日本人是无法选择的,这也是日本无法面对历史罪责的重要原因。二战结束后,武士道精神并未因战争结束而消亡。在冷战开始后的吉田茂政府,大批战犯被释放、恢复职位,甚至掌握国家权力,形成一股新旧右翼势力合流的局面。正如王硕鹏在《武士道没有终结》中说:"武士道任何时期的发展都是以本国人民的经济或政治利益为出发点的,在它异化的同时给本国人民带来经济的进步和政治的团结,但同时它又是以他国人民的被伤害为代价的"[8]。

武士道精神的最主要现实载体就是日本右翼。武士阶层被明治维新打散之后,武士阶层中的中高级武士逐渐融入日本政界商界,而下级武士则逐渐融入平民阶层。日本右翼既有来源于上层的中高级武士演化者,也有来源于中下级武士演化的平民。战前右翼、战后右翼和现代右翼的存在和发展都体现了武士道精神的内涵,战前右翼的对外扩张,战后右翼的献身奋斗,现代右翼的忠君之道都是其存在的表征。武士道精神是滋养日本右翼产生的重要文化土壤。

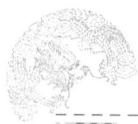

二、日本右翼势力的时代表现

（一）政治表现——修改和平宪法、参拜靖国神社

日本现行宪法于1947年5月3日生效实施，它彻底摆脱了战前确立军国主义体制的《大日本帝国宪法》的影响，确立了"主权在民、尊重人权、和平主义"三项基本原则，其中"放弃战争"的第9条规定：日本"永远放弃以国权发动的战争，武力威胁和行使武力作为解决国际争端的手段"，"为达前项目的，不保持陆海空军及其他战力，不承认国家之交战权"[9]。这部宪法是在反省侵略战争的基础上制定的，并为维护战后日本经济的繁荣和社会稳定做出了巨大贡献。日本要在战后世界上与其他大国一样能够自主行动，发挥与国力相称的国际作用，首先就必须突破战后法制特别是宪法对日本武力行使的制约。从日本政治实际来看，为成为政治、军事大国扫清"障碍"，修改宪法长期以来一直是日本右翼势力和日本新保守主义者的奋斗目标。冷战结束后，在美国的默许下，日本政府抓住一切可以利用的"良机"，制定一个又一个的法律将宪法架空，向从根本上动摇宪法第9条的路线直线突进，为实现"普通国家"的目标飞速前行。1992年，日本借海湾战争之机，通过《联合国维持和平活动合作法案》(简称PKO法案)，根据这项法案，日本自卫队实现了跨出国门的梦想，这是日本防卫战略发生转折性变化的重要开端；以1994年的朝鲜半岛危机和1996年的台湾海峡危机为借口，日本进一步加强了日美安保体制，1996年《日美安保共同宣言》和1997年《日美防卫合作新指针》的颁布标志着日美安保体制的质变，并把日本自卫队的活动区域推向了整个亚太地区，成为日本走向世界军事大国的"战略平台"；1999年《周边事态法》的通过，大大拓宽了日美在亚太地区进行军事合作的范围。"9·11"事件和之后的阿富汗战争又给日本以可乘之机，先后迅速通过了《反恐怖特别措施法》《自卫队法修改案》和《海上保安厅修改案》，三个相关法律的通过，由此日本自卫队的行动范围扩大到所有的国际公海、天空和第三国领土。这也是日本在新世纪初加速迈向世界军事大国目标的重要举措，它在许多方面突破了日本安保政策和防卫方针的限制。日本的政治野心在美国的扶植下正日益膨胀，美国政府又在拉日本参加导弹防御体系和跨太平洋伙伴关系协议(TPP)。野田政府提出了以日美同盟为基础的"太平洋宪章"的外交新战略，2012年年初野田政府决定大幅放宽"武器出口三原则"，同意放宽武器出口限制，允许日本参与武器研发和生产的国际合作以及以人道与和平为原则的国际援助。对于日本而言，修改"和平宪法"，意味着更大的活动空间，此后，日本将明目张胆地发展军事力量，甚至拥有核武器，以武力解决国际争端。谋取政治大国，重新称雄亚洲。美国学者布热津斯基认为："由于历史和自尊心的原因，日本是个不完全满足于目前全球现状的国家，虽然日本的表达方式比中国更为克制。日本不无理由地感到它有资格被正式承认为世界大国"[10]。

靖国神社是日本明治维新后为宣扬为天皇献身的精神而建立的,它利用了日本神道教的国教地位,把供奉在靖国神社中的阵亡的日本军人作为国家的"英灵",使靖国神社成为战前日本的"国家宗祠"。在日本,神道教是从日本的土壤上生长出来的。从宗教信仰的角度看,日本是所谓"多神并存"的国家,号称"天地神祇八百万"。神社就是安放那些神并供人们参拜的场所。日本的神社有8万座左右,神道教也被称为"神社神道"。[11]明治维新期间,为给当时内战战死的军人以名分,建立了"东京招魂社",当年就进行了大规模的招魂仪式,这是靖国神社的前身。在靖国神社中每年举行例行的祭祀仪式,对"靖国之神"进行参拜;对新战死的军人举行"合祀"仪式,使"靖国之神"不断增加。因为"靖国之神"是为天皇或日本牺牲的,所以在举行那些仪式的时候,天皇和政治首脑一般都要参加,即"公式参拜"。那些仪式以法令的形式制度化,成为国家性、政治性的活动。

美国学者伊恩·伯鲁马在其《一种新的日本民族主义》一书中指出:"大和民族派最重要的象征之一是东京的靖国神社,首相参拜靖国神社成为正式行动是大和民族主义事业的主要目标之一……这种不合理的民族神秘主义的危险能够导致在国内产生独裁主义和在国外发生冲突。"在日本发动侵略战争的过程中,靖国神社更成为鼓吹军国主义精神的重要工具。战后,通过日本政府的社会宣传,靖国神社在日本军国主义宣传机器中具有极其重要的地位。靖国神社在形式上失去了国家神社的地位,但仍是日本右翼势力和保守政治家的重要政治阵地。他们竭力争取恢复靖国神社在战前的显赫地位以及鼓动"正式参拜"靖国神社,实际是为了否认侵略战争的责任和罪行,否定战后对日本发动侵略战争历史的正义审判,同时也是要用靖国神社这一精神枷锁使日本人民持久地受到桎梏。显然,靖国神社是日本军国主义势力的重要支柱,是日本军国主义教育中的重要的环节,在日本的对外侵略战争中占有不可替代的重要位置。靖国神社的存在,不仅是一个宗教组织,更是一个祭奠军国主义亡魂的余烬。

(二)军事表现——反美、反华

20世纪90年代以来,随着日本政府在对华牵制政策的加强,日本右翼的反华活动不断升级,其中既有来自右翼分子和右翼团体的反华破坏活动,也有来自日本右翼政治势力的巨大影响。日本的"台湾帮"可谓是日本国内反华反共和极端国家主义、民族主义等右翼势力的集体化身,他们中有的身居内阁要职,有的掌握着执政党外交、安全部会的大权,对外务、防卫等政府职能部门和政界、财界拥有不可忽视的影响力。他们在日本政府制定旨在向海外派兵的法案、强化日美安保体制、扩大自卫队的对外职能,把台湾纳入新《日美防卫合作指针》中"周边事态"所适用的范围等方面,都发挥了巨大的作用。他们也将竭力鼓动日本政府继续坚持研究开发TMD(战区导弹防御系统),以便追求日本在亚太地区保持军事上的战略优势和对华威慑态势,为"台独"分子撑腰,为中国统一设障,唆使台湾与大陆进行抗衡,甚至邀请李登辉访日,以阻止中国统一大业的完成。在钓鱼岛问题上,右翼团体也是极尽挑衅之能事,特别是在中日双方已同意将岛问题搁置起来,留待以后协商解决之后,他们还登上该岛建设灯塔,阴谋挑起争端,破坏日中两国关系,日本右翼在钓鱼岛问题上进行挑衅,充当日本政府的马前卒,并以此挑起民族情绪,挑起领土纠纷,挑拨日中关系,以达到其反华的目的。右翼团体到我驻日机构骚扰蓄意肇事的事件不断发生。右翼团体多次将宣传车开到我驻日使馆门前,宣传右翼政治主张,高呼反动口号,甚至闯入我驻日使馆闹事和威胁我驻日外交机构。冷战时期,作为美国盟国的日本,必须站在美国的一边反对苏联,同时镇压国内的反美力量,如日本左派(共产党、社会党)。基于这一背景,战后的日本右翼多表现为反华反苏反社会进步。

冷战结束后,日本经济实力迅猛增长,综合国力不断增强,日美矛盾日趋尖锐。民

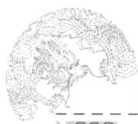

主党主要创始人之一的鸠山由纪夫曾表示："今后我们要成为政治大国，因此必须脱离美国。"为适应这种形势，日本右翼把矛头由苏联转向美国。他们利用广泛的日本社会基层对美国的不满来扩大右翼的影响。实质上，这是一种新的国家主义，也可以说是新右翼理论形成的初期表现。右翼势力敢于抗美，但其内心是极为矛盾的，一方面，他们公开批判从属于美国的日美安全条约，要求修改宪法，建立自己的军队，以谋求一个独立于美国的国际地位并抑制美国单极世界。另一方面，鉴于当前国内外形势，尤其是出于对中国的戒心，暂时难以摆脱日美安全条约的控制，在安全保障问题上又紧紧靠近美国。日本右翼学者对外战略也有两种不同的观点。一是借助美国对付潜在的敌人中国；二是借助中国对付美国。最近几年，日美两国围绕冲绳美军基地期限和驻日美军经费承担问题发生争执，也反映了日本对美国的不满。日本东京都知事石原慎太郎在谈到日美关系时指出："迄今为止，日本一直是美国的小老婆。日本的精神性、国家和民族的自主性都被掠夺，率直地说，(日本)是美国的情妇"。从总的趋势看，日本统治阶级明确提出了争当政治大国的方针、路线并推行与此相适应的种种政策，要与美国分庭抗礼的苗头日趋明显，这就更加助长了日本右翼势力反美的势头。

（三）文化表现——篡改历史教科书、大肆宣扬民族优越论

战后初期，在世界民主势力的有力推动下，驻日美军总司令部根据《波茨坦宣言》和《战后初期美国对日方针》的基本精神，针对过去的军国主义教育，下令修改教育内容，从书中删除传播军国主义及超国家主义思想。日本当局被迫采取了一些措施，如取消鼓吹天皇制及军国主义的教学内容等，战后初期编写出一批正确反映历史的教科书，以尽到教育后代的责任。20世纪50年代初，美国出于冷战政策的需要，开始支持日本右翼势力，于是右翼文人及官僚闻风而动，1958年岸信介上台后，第一次对教科书进行重大修改。其后，日本政界、军界、财界的右翼势力纷纷介入教育，文部省也利用审定书的大权强行修改教科书，把有关"战争反省"的内容全部删掉，强制加进提高天皇地位等内容，战后以来日本国内有关修改历史教科书的斗争从未停止，迄今出现过三次高潮：第一次是1955年至1965年，日本文部省从1955年起加强对教科书的审定，加大删改。1960年的审定想赖掉历史侵略的旧账，右翼力图美化日本军国主义，推卸第二次世界大战责任的教科书遭到进步人士坚决奋起反对。发生了闻名的"家永三郎教科书案件。"[12]第二次是1982年至1986年，日本文部省1982年审定教科书时，竭力要求淡化对日本侵略中历史的记述。对侵略一词提出所谓改进意见，对造成南京大屠杀的记述则提出"修正意见"等，1986年5月，日本文部省又将为军国主义翻案的《新编日本史》审定为合格教科书。第三次是从1993年开始持续到现在，这次是日本政界和学界的反扑引起的。1995年自民党内及社会上右翼势力成立了所谓"自由主义史观研究会"有组织地要求修改教科书。同年12月右翼分子组成了"新教科书编写委员会"开始炮制美化歪曲侵略历史的教科书。2005年4月5日，日本文部科学省最终审定并通过了由右翼团体"新历史教科书编撰会"编写的严重歪曲历史、美化侵略的《新历史教科书》。日本右翼极力否认南京大屠杀、强征"慰安妇"和"劳工"以及"三光"政策，1994年法务相永野茂门称"南京大屠杀纯属捏造"。[13]2001年1月日本右翼势力更是在大阪集会，颠倒黑白，说"南京大屠杀是20世纪的最大谎

言"。2000年1月21日，面对侵华日军南京大屠杀铁的事实，日本最高法院却驳回了诚实对待历史、披露其亲自经历南京大屠杀史实的日本二战老兵东史郎的上诉。东京最高法院的"判决"，宣告东史郎在日本国内已经没有表达抗议的地方了。2005年8月2日，日本众议院通过了一项"战后60周年决议"。该决议在谈到对历史的认识时根本没有提及"殖民地治""侵略行为"等字眼，对历史反省的态度比1995年国会通过的"战后50周年决议"又倒退了一步。2011年12月13日是南京大屠杀同胞遇难74周年纪念日。13日上午，南京城防空警报长鸣，5000人聚集在南京大屠杀纪念馆前为逝者默哀，参加和平集会。国际上对此很关注，英国广播公司等西方媒体都进行了报道。相比之下，日本国内对此事的报道较为低调。共同社等日本主流媒体仅就悼念活动进行了简单报道。《产经新闻》等部分媒体则在报道中强调"日中在大屠杀人数上有分歧"。2012年2月20日，日本名古屋市市长河村隆之会见到访的中国访日代表团时说："南京大屠杀是不存在的"，引起一片哗然。对日本右翼势力美化侵略历史的行为，日本诺贝尔文学奖获得者大江健三郎指出："同德国一样，日本在二次大战中犯下了可怕的罪行。但是，我们从来没有真正正视这一点。我们没有冯·魏茨泽克那样的联邦总统。"同德国相比，"日本是个软弱的国家。"[14]

日本人有一种根深蒂固的观念认为：日本是以"万世一系"的皇室为中心的神国，具有单一民族纯粹性的大和民族是最优秀的民族。日本右翼的基点是建立在"神国日本"基础上的国粹主义思想，即大日本主义、大亚细亚主义。早期的传统右翼思想是现代右翼的理论基础，日本右翼借助神道理论，宣扬民族优越论。日本人为自己创造出了祖先神——天照大神，他是800万神中最高的神。天照大神是"界之大神"，而作为他直系子孙的日本天皇就是"世界之大君"，世界各国之君理应都是"天皇之臣仆"，需接受天皇的统治。另外日本右翼分子宣传大和民族的大脑结构好，日本战后在废墟中的迅速复兴，成为举世瞩目的经济大国，使日本右翼势力原有的民族优越感进一步膨胀。如日本一桥大学教授藤原彰先生指出的：在日本人中，许多人对于亚洲，特别是近邻的中国、朝鲜有很强的差别意识[15]。他们认为，日本人的风俗习惯、品质、语言甚至头脑构造，都比任何民族优越、高贵。因此，其他民族都应拜倒在日本大和民族脚下。除此之外，日本右翼极力宣扬日本文化特殊论。认为大和民族既然是世界上的"最优秀民族"，他们的文化也就理所当然的是世界上"最优秀的文化"。无论是中国文明，还是西洋文化，它都极力藐视，无视曾先后向这种或那种文明学习、充实和发展自身的事实，反而认为自己比他们都高明。

三、日本右翼势力的影响和危害

第一，对日本国内政治、经济、社会秩序均产生了消极影响。在政治方面,日本右翼势力一再鼓吹其政治思想,使日本极端民族主义进一步抬头,推动日本修改和平宪法,促进日本军国主义复活,导致社会思潮的右倾化。右翼"理论家"们否认侵略历史、美化侵略战争的著作严重误导了日本国民,尤其日本年轻一代。使他们根本无法了解80多年前那场惨绝人寰的战争给中国带来了怎样的痛苦和灾难。以至当我们反驳、批判日本政府和右翼在历史问题上的错误言行时,一些日本国民反而认为中国在没完没了地"抓历史辫子","打历史牌"。在经济发展方面,由于政治家、官僚机构和财界中的右翼势力的增强,其右翼思想中的独裁本质日益显露,限制了市场机制作用的发挥,使市场经济规则让位于官僚机构的意志,

迫使企业为服从国家整体利益而做出牺牲,阻碍了日本的发展。由于右翼分子信奉强权即真理的武士道精神,所以经常以力服人,动不动就制造暴力事件,滋事扰民。动辄游行示威,对与己政见不和者暴力恐吓以至拳打脚踢。这些都严重扰乱了正常的社会治安,影响普通民众的日常生活。

第二,对中日关系产生消极影响。20世纪80年代之后,日本右翼政治思想家纷纷著书立说,公开否认和美化侵略历史,为右翼战犯洗涮罪名,这是对包括中国在内的所有遭受日本侵略的亚洲国家人民的公开挑衅,严重伤害了中国及亚洲人民的感情。日本右翼从诞生的那一天起,就主张军国主义、侵略主义。二战结束后,更是高举反共大旗,以改革为借口,否定侵略战争,篡改历史教科书,向青少年一代隐瞒历史真相;参拜靖国神社,为鬼招魂;在台湾问题和领土问题上煽风点火,其卑劣行径令人发指。右翼思想的泛滥必然导致日本国民的反华、侮华、仇华情绪,这既不利于中日关系的健康发展和亚太各国的经济文化交流。

第三,对亚太地区及世界的和平与安全构成新的潜在威胁。由于右翼政治思想中的黩武特征和种族优越论的恶性膨胀,右翼势力不断大肆渲染周边威胁论和地区局势不稳定论,为其增强军事力量大造舆论。目前,日本的军事力量已远远超出了"自卫"范围。早在20世纪80年代,日本的军费开支就已打破占国民生产总值1%的惯例,而军费开支的增幅在8%以上。随着1997年"日美新防卫合作指针"的制定,1999年5月"周边事态法"和2002年4月"有事法制"三法案的通过,日本在事实上修宪成功。和平宪法成为一纸空文,日本政府更是肆无忌惮地加紧发展军事力量。近年来,日本政府军事动作之多令人惊讶,日本军事触角舞动得越来越疯狂,不仅直接威胁着东亚地区的和平,给东亚各国带来极大的不安全感,同时加剧了地区的紧张形势。日本的一些战略分析家也总结到,冷战后的十年,新国家主义抬头,右翼思潮泛滥,没有处理好与周边国家的关系,没有取得亚洲国家的信任。右翼政治思想的蔓延不仅使得整个日本社会右倾化,引起日本国内有识之士的担忧,还对亚太地区及世界的和平与安全构成潜在威胁。目前,日本不断增加军费开支,加强军事实力,现已成为一个潜在的军事大国,这些都有必要引起世人的关注和忧虑。一个否认历史的民族是一个没有未来的民族,其最终难以逃脱重蹈覆辙的历史命运。

注释:

［1］戴季陶:《日本论》,海南出版社,1994年,第17页。

［2］王铁军:《当今日本右翼势力分析》,《历史研究》2006年第4期,第36-37页。

［3］松本健一:《右翼·民族主义传说》,东京:河出书房新社,1995年,第71-72页。

［4］林晓光、周彦:《战后日本右翼势力研究》,《世界历史》,2007年第2期,第64页。

［5］(美)塞缪尔·亨廷顿:《文明的冲突与世界秩序的重建》,新华出版社,2002年,第2页。

［6］钱乘旦:《现代文明的起源与演进》,南京大学出版社,1991年,第89页。

［7］(日)新渡户稻造,宗建新译:《武士道》,山东画报出版社,2006年。

［8］王硕鹏:《武士道没有终结》,《社会观察》,2006年,第8页。

［9］(日)渡边洋三著,魏晓阳译:《日本国宪法的精神》,凤凰出版社,2009年,第40页。

［10］(美)兹比格纽·布热津斯基著:《大棋局》,上海人民出版社,1998年,第228页。

［11］步平:《日本靖国神社问题的历史考察》,《抗日战争研究》,2001年第4期,第164页。

［12］文国彦、兰娟：《战后日本右翼运动》，时事出版社，1991年,第128页。

［13］王维虎：《日本右翼势力的发展与中日研究》，西北师范大学，硕士论文，2012年，第20页。

［14］新华社：《参考资料》，1995年7月，第37页。

［15］（日）藤原彰：《日本人的战争认识》，《抗日战争研究》，1999年第4期，第158页。

（作者王航　吉林省博物院助理馆员）

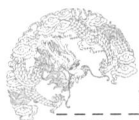

伪满时期吉林地区高等教育评析

李慧娟　姜春艳

【内容提要】"九一八"事变后，日本帝国主义对东北地区不但进行军事统治和
镇压，还竭力建立以愚民奴化为核心的殖民主义教育体系。高等教育是培
养高级人才的重要阶段，日本侵略者对高等教育的改造和摧残，就是为了
防止爱国知识分子和青年学生的抗日爱国运动，最突出的表现就是高等教
育"实业化"，为日本侵略者培养"忠顺"的高级奴隶。吉林地区作为伪
满洲国都城——"新京"（现吉林省长春市）所在地，教育更是被严密控
制，高等教育的发展也受到极大的限制。

【关 键 词】伪满时期　吉林地区　高等教育

一、近现代吉林地区高等教育的确立

东北地区是满族的发祥地，一直被看作"龙兴之地"。清入关后，多次对东北实行
"封禁"，致使本已落后的教育事业更加严重。到清光绪末年，随着西方先进教育思想的
渗透，开展现代化教育已成为不可抑制的时代潮流。为了维护摇摇欲坠的封建统治，从19
世纪60年代开始，清政府进行了为期30多年的洋务运动。伴随着洋务运动的开展，一批洋
务学堂如雨后春笋般发展起来，中国的旧式儒学教育也发生了重大变化。洋务派不仅兴办
以"科技""武备"为主要内容的专科学校，还实行"方言"教育，即开办学习外国语言
的学堂。1889年，吉林将军长顺就奏请朝廷，在珲春开办了"珲春俄文书院"，这应该是
吉林地区高等教育的起步，但还不是严格意义上的高等教育。

到1902年，清政府颁布了《壬寅学制》，规定了从小学堂到大学堂的各级教育系统，
并对整个学校教育体系做了详细规定，但《壬寅学制》并未真正实行。之后，清政府又颁
布《癸卯学制》，进一步对高等教育做了详细规定，标志着中国近代高等教育制度正式确
立。在这种全新教育体制的推动下，全国兴起了创办高等学校的热潮。这期间，东北地区
的高等教育也开始萌生，但是，东北近代的高等教育与其他地区相比而言，不仅起步较
晚，发展比较缓慢，而且地区之间的发展也极不平衡。此间的高等学校，基本都集中在辽
宁省，辽宁的高等教育发展要比黑龙江和吉林先进一些。

奉系军阀统治时期，张作霖父子都比较重视东北的教育事业。王永江就多次向张作霖
建议："欲使东北富强，必须发扬文治，广罗人才，兴办大学教育，培养专门人才。"张

作霖对此深表赞同。正因对教育的作用、地位有了重要认识，所以张作霖下大力度通过实际行动来发展教育。这期间教育经费的投入也是极高的。当时奉天省更下令要求各地教育经费的投入要占到财政总支出的40%以上。由此可见，这期间对教育的投入是绝不含糊的。皇姑屯事件后，张学良子承父业，为粉碎日本帝国主义侵略东北的野心，张学良把发展教育作为振兴民族和发展国家的重要手段。他大力提倡发展教育，尤其特别重视发展高等教育。早在1924年，张学良在北京大学的一次讲话中就特别强调："中国唯一希望在青年，青年之根本在教育。"为办好东北大学，他亲自捐钱、捐物，在1929年3月至8月不到半年的时间，他个人捐款就达到180万元，由此可见张学良重视高等教育的程度。正因如此，到"东北易帜"时，东北地区专科以上学校在校学生总数达到4279人，东北人口总数是3300多万，在每1万人口中有专科以上学生1.3人。[1]这一比例，在当时的全中国都属于名列前茅。

到"九一八"事变之前，东北地区的高等教育有了长足的发展，高等学校的数额也达到30多所，但绝大部分都集中在辽宁，如著名的东北大学、冯庸大学、盛京医学专科学校等。而这期间吉林省的高等学校，也有了初步发展，如吉林大学、吉林省立医学专科学校等的设立，这也成为吉林地区教育事业发展的一个重要标志。吉林大学创办于1929年春，校长由当时的吉林省长张作相兼任，当时校址设立于吉林市西门的欢喜岭，聘请著名的建筑学家梁思成为校园总设计师，并于当年破土动工，同年8月开始招生。到1931年，学生总人数为393人，其中本科生91人，专科86人，预科216人。[2]"九一八"事变之后，吉林大学停办，大多数师生流亡关内，新校舍也半途而废。吉林省立医学专科学校，设立于1927年，院长由张明睿担任。"九一八"事变后，由日本人接管，只招收日本学生。

总之，到"九一八"事变前，吉林地区的高等教育有了初步的发展，除了吉林大学、吉林省立医学专科学校，吉林省立第一师范学校也已经创立并运行。因此，吉林地区高等教育的正式确立应该是从奉系军阀统治时期开始的。

二、伪满时期吉林地区高等教育的运行模式

"九一八"事变前，吉林地区正处于经济振兴和社会进步时期，因此教育事业也出现了蓬勃发展的局面。然而，"九一八"事变以后，处于发展中的吉林教育事业，被日本帝国主义破坏得异常凋敝。至于高等教育，日本侵略者更是加倍摧残，致使当时由张作相任校长的吉林大学，出现"教授多南人，亦相与俱去，学生亦因四散"，故"无"学之可能。[3]伪满洲国成立后，为了加强对吉林人民思想的控制，在吉林地区恢复、建立了一些具有一定规模的高等院校。从1932年到1945年，吉林地区各类高等学校共20所左右，依据这些学校的设置条件、培养目标、教育对象的不同，大致可以分为以下几类：

（一）所谓的"国立大学"

伪满建国初期，当局认为，东北的大学生"忘掉了学生身份，作军阀政权的手足而活动，狂奔排日……与建国同时，赶快封闭了旧政权时代的高等教育机关。"[4]因此，日伪当局以大学所需款项巨大，财力不支为借口，关闭、停办了所有的公立高等学校，而对私立大学大多予以保留。然而，日伪政府要想使政权稳固，社会发展，就必然需要有知识、有技能的高级人才。正因为对高层次人才的需求，伪满实行帝制后，开始逐步恢复

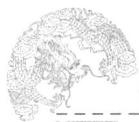

高等教育，从1934年到1936年，吉林省恢复的国立大学有国立高等师范学校、国立医院附属医学校、司法部法学校等。其中，国立高等师范学校，于1934年9月由伪文教部设立，位于吉林市郊外八百垄，最初的校长是马冠标，到康德3年（1936年），由日本人通口光雄接替。规定学制4年，有教职员工47人，学生344人。[5] 直到1937年5月，日伪政府颁布《大学令》，才将兴办高等教育纳入到日程上来。在《大学令》的第一条，就阐明了兴办大学的必要性。"大学以修炼巩固之国民精神，修得国家所必需之高学术之理论及实际，养成国家枢要之人材为目的。"[6] 此后，直到1943年，通过恢复、合并、创办等形式创设的国立本科高等学校共有14所，其中吉林地区有：国立新京工业大学、国立新京法政大学、新京医科大学、新京畜产兽医大学、国立师道大学、国立新京女子师道大学、国立师道学院等，共计7所。这些大学，大都集中在当时的伪满首都新京（今长春市），只有国立师道大学位于吉林市的郊外。

（二）师范教育及附属于大学的师道特修科

伪满初期，师范学校极不景气，日伪政府又急需教师，因而多次强调发展师范教育的必要性，"一国文教之盛衰，以直接担当学生指导教化之教师之素质如何而定。故于学制中特置重点于人的要素之培养为方针。"[7] 但是，师范学校大都经已关门，日本帝国主义还未站稳脚跟，想要恢复这些学校还十分艰难。"或以为满洲建国，需才颇多，对此培养人才之高等教育，亟应积极图谋，以宏作育，似不宜任其如此废堕。"[8] 到1936年，日伪政府着手调整师范教育，把所有师范学校都改为高级，并扩大招生范围。新学制公布后，将原有师范学校全部改称师道学校，主要是培养初等学校的教师。招生对象更是多次更改，到1942年，师道学校改为只招收国民高等学校的毕业生，修业一年即毕业。因此，毕业生的知识水平只相当于大学一年级的学生。这类学校在伪满时期大约在22所左右，其中吉林省有通化师道学校、四平师道学校、东丰师道学校、吉林师道学校和延吉师道学校。吉林师道学校是伪满的第一所培养中等教育师资的高等师范学校，也是伪满洲国创办的第一所师范大学。学校实行分科、分专业教学，修业年限初为4年，1938年改为3年。

另外，为更多地培养国民学校所需的教师，尤其是对"高素质"教师的需求，日伪对以往的师范教育体制进行改革，在各大学增设了专门培养教师的师道养成所和特修科。师道养成所和特修科，一般学制为2至4年不等，以培养更加精深的学识和陶冶更高的人格、教养为宗旨。因而，教育科目内容繁多，对学生的要求也更加严格。但是，在此学习的师范生，待遇较好，生活费等各项费用的支出全部由政府提供，毕业之后也直接充当教职工，去向稳定。这类教育机构，在东北地区共有8所，其中吉林地区有法政大学经济学部特修科、新京工业大学特修科、新京畜产兽医大学特修科、国立师道大学练成所，这几个培养机构，分别设在各大学内，分别培养不同专业的师资。

（三）特殊性质的高等学校

伪满时期，为造就和培养一些专门人才，日伪政府设立了一些特殊性质的高等学校，同时还设立了类似于进修学校及岗前培训性质的"准大学"，这类大学只有少数一些具备大学专科培训班的水平。这类学校数量不多，在吉林地区主要有：国立留学生预备校、大同学院、新京王道书院和建国大学。国立留学生预备校设立于1937年7月10日，校址在

"新京"（今长春）北大街18号，校长由伪文教部教育司长皆川丰治兼任，主要任务就是为去日本留学的学生，在精神、学业方面提前进行训练，做好留学前的预备教育。实质上更注重精神教育，目的就是培养出能与日本同心同德的人才。大同学院和建国大学，都是培养日伪所需的高级管理人员的学校。大同学院成立于1932年，首任院长由伪国务院总务厅厅长驹井德三兼任。在1937年之前，大同学院只招收日本的应届大学毕业生，而且一旦被录取，就享受伪满政府官员的待遇。这些被录取的学生，要到东北受训大约一年左右，就可分配到伪满的各级机构任职，成为伪满政府的中间骨干。日伪当局正是通过控制大同学院，从而垄断了高等官吏的培养、选择权力。大同学院的学生，开始只招收日籍学生，1937年之后，有少数中国学生也被录取，但人数极少，控制也相当严格。而且大多数为伪满权贵或蒙古王公的子弟。而这些毕业后的日籍学生，被充斥到伪满的各级政府机关，致使日籍高官的比例大大超过"满系"，出现了青一色"大同系"掌政的局面，为日本帝国主义更严密地控制伪满政府创造了条件。

新京王道书院是以私人基金名义创办的一所私立文科大学。早在1932年，郑孝胥为普及伪满建国的指导思想——"王道精神"，且使"笃学之士"从事研究，在"新京"日满军人会馆召集筹备会议，决定成立"王道书院维持会"，其顾问、理事多为日本人。之后，在东五马路郑孝胥会馆开讲。到1938年，改为大学。而新京王道书院是在1941年开始正式招生。其学制为3年制，培养目标主要是率先实现"王道"的中学语文教师。所开课程有《四书》《五经》《汉书》《史记》以及古文献、神学、日语、建国精神等。共招收学生四期，每期约60人。共有教员20人，其中日本人占多数。学生的入学资格以伪国民高等学校毕业者为限，考试办法尚未采用书类铨衡制度。与伪满时期的其他院校相比，新京王道书院的突出特点是所开设课程注重对中国国学的学习。在奴化教育的背景下，国人的国文素质日益低下，该校的建立在一定程度上起到了提高国人民族文化的作用。

伪满建国大学位于今长春市人民大街南端西侧，地名欢喜岭。1937年2月，日伪政府就组建了"建国大学创设委员会"筹划创设建国大学。同年，伪满政府颁布了《建国大学创设要纲》《建国大学令》《第一期生选拔要领》《教授聘请计划》等文件。在《建国大学创设要纲》中，伪满政府强调："独创的建国大学，要超越一切现有的概念，既深且广地通晓亚洲的现况与未来。"至于其培养目标，"造就深刻体会建国精神，彻底实现日满一德一心的骨干力量。"即要在建大培养出一大批桢干"栋梁之材""满洲国的国士""协和会的职员"[9]因此，"建国大学以培养能掌握建国精神的精髓，深究学术的奥义，并能亲身实践建设道义世界的有先觉的领导人材为目的"[10]就是为伪满政府培养高级官吏的专门学校。据《建国大学创设要纲》，该大学拟占地60.5万平方米，修建亚洲一流的图书馆。虽然计划落实时，规模压缩成原来的1/3，占地只有18.15万平方米，但也是一般院校的10~15倍。

建国大学是"新学制"的产物，不同于一般的高等院校，它的建校目的就是要建成伪满洲国的最高学府，学生毕业即可做官参政，这样的优越待遇吸引着世界各国的学子前来报考。建国大学的学制是普通大学的一倍，共6年。它的课程设置依据教育训练的重点不同，分为前期3年和后期3年。前期主要以建国精神的训练为主，同时也进行军事、武道、

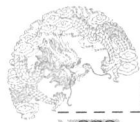

作业训练，属于预科性质；后期主要以专业课为主，分为政治、文教、经济3个学科，并设有共同的基础学科，其重点是灌输法西斯思想。此外，建国大学设有研究院，研究院主要任务是阐明"建国原理""建国精神"和编造"国家政策的根本原理"等等。建国大学不但是培养日本殖民统治骨干的中心，也是制造侵略理论和政策的场所，为日本人在中国东北的统治提供理论依据。

1938年5月2日，建国大学正式开学。建国大学不隶属于文教部门，而是由伪满洲国国务总理大臣直接管辖，大学的总长也是由伪满洲国国务总理大臣兼任。当然，按照"次长制"，副总长由日本人担任，副总长才是大学的真正管理者。建国大学的管理模式是将不同民族的学生分到同一间教室上课，同一处寝室住宿。每25名学生分为一组，在一个"塾"内共同学习生活，体现"民族协和"的精神。每一个"塾"是一层独立建筑，内设寝室、自修室、塾长室、厕所等。每一个"塾"设有塾长（日本人）和一名高年级的"指导学生"，来管理学生的日常生活和掌控学生的思想状态。1943年，建国大学第一期毕业生毕业，截止1945年，建国大学共招生8期，在籍者总人数大约1691人。[11] 其中1944年春，学生总数为929名，这是建国大学在校生数量最高的一年。建大共毕业学生3期，毕业生人数大约为210名。[12] 建国大学是伪满时期高等教育中的一个重要的机构，无论是它的建校目的、课程设置，还是管理人员的任职和管理模式，以及学生的入学条件、方式等，都能真实地反映当时吉林地区殖民教育的状况。

总之，日本帝国主义从来不愿意殖民地人民掌握科学技术，故对高等教育一贯采取严格的控制政策。通过对以上四所学校的研究，可以看出吉林地区的高等院校在伪满时期由日伪进行管理，在学校的管理上严格限制学生的思想，从而达到控制学生的目的。

（四）培养医师和护士的医用人才为主的学校

日本国土面积狭小，人口众多，如何解决人口问题，成为日本当政者大伤脑筋的重要政治课题之一。在伪满洲国成立后，中国东北地区就成为日本移民的主要对象。从1932年10月8日，第一次武装移民团员423名在大连登陆开始，之后，日本殖民者源源不断地向东北移民。依据日本殖民者的移民计划"逐年陆续增加，以50年后在满蒙居住之日本人最少限度达到500万人为目标。"[13] 随着日本侵略占领性移民的大批迁入，到日本战败前，在东北的日本开拓民数量达到20万人。而这些开拓民的医疗问题也是维持其开拓政策顺利进行的首要问题。为确保开拓地区对医生的需要，从1940年6月起，日伪政府就分别在哈尔滨、齐齐哈尔和龙井，创办了3所专门为开拓民培养医师的高等医学校，即"开拓医学院"。其中，龙井村开拓医学院，设立于吉林龙井，校长由日本人正井保良担任。开拓医学院全部招收日本学员，而且招生数量极少。设立医学部和研究部，医学部是专门培养为开拓民诊疗所需的人才，毕业生全部作为保健指导员分配到开拓地区为开拓民服务。研究部主要就开拓民的居住、营养、被服及其他进行研究，根据其研究成果进行实地指导。学生修业年限比较短，仅为2年，充其量也就是一个医学"班"而已，这也正体现了日伪对"实用人才"的速成式培养模式。

随着日本帝国主义侵略战争的深入，各级医疗机构中对女护士的需求也不断增加。因此，女护士的培养也得到重视。伪满时期，培养女护士的机构主要有医院附设的专门培训机构、医科大学附属设立的女护士养成所以及红十字会会社医院附设的护士养成学校等。此类培训学校的修业年限不同，一般在2年至4年间。当时，吉林有这类的护士学校2所，即由满洲赤十字社吉林病院主办的满洲赤十字社吉林病院附属看护妇养成所和由吉林省立医院主办的吉林省立医院附设看护妇养成所。这两所护士培训学校所培养的女护士，被广泛应用于各级医疗机构，以便为日本帝国主义的侵略战争服务。

（五）培养军警的高等教育机构

"七七事变"后，日本帝国主义发动了全面侵华战争，随之，大批侵华日军进入中国。特别是太平洋战争爆发后，日军的兵力异常困窘，为了防范作为侵略战争基地的东北"后院"起火，日伪当局开始扩充伪军，使伪军的数量激增。随之而来的就是对伪军军官的需求也大增，因而对伪军军官的培养和训练成为急于解决的重要问题。在这种前提下，日伪政府创办了各种军事院校，诸如陆军高等军事学校、陆军军官学校、陆军兴安学校、军需学校、飞行学校等。其中陆军军官学校是日伪最为重视并倾全力兴办的一所学校。该校创办于1939年，地址在伪都新京，首任校长郭恩霖，之后第二、三任校长都是日本现役军官。陆军军官学校共招收7期学生，毕业生仅为3期，大约200人。日伪创办这所军校的目的，就是要培养忠于其统治的中坚骨干力量，所以，对学生采取法西斯的教育手段和内容，实施武士道精神训练。毕业生大多被充斥到伪军各部队担任下级军官。这些学生因为有知识，又经过专门训练，在各级军队中提升很快。但是，作为中国人，他们中的很多人都投身到中华民族的解放事业中，与帝国主义进行了不屈不挠的斗争，为东北的解放做出了重要贡献。伪满时期，东北地区人民的抗日斗争从未间断。为了维持社会治安，防范人民反抗，日伪专门成立了培养警务人员的中央警察学校，学校地址在"新京"南岭小街。

总之，日伪政府就是通过创设和控制吉林地区的高等教育，为其侵略战争和殖民统治培养所需要的各类高级专业人才。然而，事与愿违，日本帝国主义经过千辛万苦培养出来的人才，有一些却通过种种方法，逃到关内，加入到了抗日队伍中，最终成为日本帝国主义的掘墓人，这是日本侵略者所始料未及的。

三、伪满时期吉林地区高等教育的特点

伪满时期的高等教育具有一些普遍的特征。例如，在课程的安排上注重实践课，不重视理论知识的学习，突出"实业教育"的特点；进入高等院校学习的学生基本是通过书类铨衡制的考试方式。所谓书类铨衡制，即依据志愿报考者的学业和操行成绩审核其是否具有报考资格，并且限制其投考的院校，以此来提高大学生的素质；[14]高等院校学生的学习和生活受到日伪政府的严格限制，所使用的书籍均为日本侵略者改编后的规定教材等等。伪满时期的吉林地区的高等教育，不但具有一些伪满高等教育的共同特征，而且具备一些独有的特点。

（一）高等院校多为官办，学校规模较大

伪满时期，吉林地区高等院校多数为官办学校。例如，位于伪都"新京"以培养伪满政府高级官员为主的建国大学和大同学院为伪满政府官办学校。还有，伪满国立师道大学、伪满国立新京工业大学、新京法政大学、新京工业大学、新京医科大学等都为官办学校。而就学校规模来说，建国大学也是首当其冲，其学校面积相当于其他院校的10~15

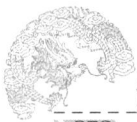

倍。

而伪满洲国其他地区的私立院校较多。例如，校址位于哈尔滨的伪满北满学校，该校原为俄人半列其主持。因新学制的实施，获得立案成为私立学校。位于沈阳城内的伪奉天商科学院，是以商科为主的私立学校。还有1938年在沈阳设立的盛京医科大学也为私立学校，规模相对较小。

（二）培养政府官员的学校占主导地位

伪满时期吉林地区高等教育的特点是培养伪满政府高级官员的院校占主导地位。伪满时期在吉林地区高等教育中占居重要地位的建国大学是以培养政府官员为主的院校。还有，以训练政府高级官员为主的大同学院在当时也是居于主要地位。并且，建国大学和大同学院是伪满洲国政府最为重视的两所学校，在日伪的高等教育体系中居于主导地位。

但是，伪满洲国内其他地区的高等院校大都是以培养各个领域的专业性人才为主。例如，伪满交通部附设哈尔滨船员养成所是专门培养船员的高等院校；伪奉天商科学院则是以商科为主的私立院校；伪哈尔滨铁路学院专以养成白俄人铁道交通技术人才为主旨。

（三）高等教育涉及的学科门类较多

由于日伪不重视对文科学校的建设，所以伪满时期的高等院校学科种类较少，大多是以农、工、商等的实用性专业为主。然而，吉林地区作为伪满洲国都城所在省份，其高等院校所涉及的学科门类较多、领域范围较广。当时吉林地区不仅有培养和训练官员的建国大学和大同学院。还有专门培养教师的伪满国立师道大学。此外，国立新京法政大学、国立新京工业大学、新京医科大学，帝国陆军军官学校等等，涉及到伪满社会生活的诸多方面。

总之，吉林地区的高等教育在伪满时期占居重要的地位。与伪满洲国内的其他地区相比，吉林地区的高等教育具有鲜明的特点。高等院校学校不仅规模较大，涉及的学科门类也较为广泛，而且不仅重视"实业教育"，还注重文科学校的建设。建国大学和大同学院，更是居于伪满洲国内高等教育的首要位置。

综上所述，伪满洲国内吉林地区的高等教育，是日本帝国主义殖民奴化教育的一部分。高等教育中关于东北地区原有的民族文化内容极少，并且摧毁了大量的文科院校。伪满时期学生的日常生活和思想受到严格的限制，日伪强制要求学生信仰日本的"天照大神"。此外，日伪规定日语为国语，随意的改编教科书，使学生不能得知历史真相。因此，伪满时期吉林地区的高等教育使东北地区的民族文化受到严重的摧残，文化机构完全掌握在侵略者手中，具有高度的集中性和垄断性。伪满洲国时期的高等院校是为了日本帝国主义的法西斯统治，掠夺东北地区的矿产资源训练殖民统治"工具"的场所。

注释：

［1］刘兆伟《东北高等教育史》，辽宁大学出版社，2000年，第91页

［2］教育部：《第一次中国教育年鉴》，丙编，，1934年，第69页

［3］伪满文教部.第一回教育厅长会议记录.1932.转引解学诗.伪满洲国史新编.人民出版社.1995年，第366页.

［4］［日］皆川丰治.《满洲国之教育》.伪满洲国教育会.19 39年，第130页

［5］齐红深《日本侵华教育史》，人民教育出版社，2002年，第286页

［6］武强《东北沦陷十四年教育史料》（第一辑），吉林教育出版社，1989年，第585页

［7］武强《东北沦陷十四年教育史料》（第一辑），吉林教育出版社，1989年，第67页

［8］武强《东北沦陷十四年教育史料》（第一辑），吉林教育出版社，1989年，第106页

［9］（日）水口春喜著，董炳月译《“建国”大学的幻影》，昆仑出版社，2004年，第147页

［10］武强《东北沦陷十四年教育史料》（第一辑），吉林教育出版社，1989年，第614页

［11］（日）水口春喜著，董炳月译《“建国”大学的幻影》，昆仑出版社，2004年，163页

［12］（日）水口春喜著，董炳月译《“建国”大学的幻影》，昆仑出版社，2004年，162页

［13］（日）满洲国史编纂刊行会编，黑龙江省社会科学院历史所译：《“满洲国”史》总论，黑龙江省社会科学院内部发行，1990年，第436页

［14］中国第二历史档案馆.伪满大学教育实况及抗战胜利后整理意见［Z］.民国档案..2001年，第33页

（作者李慧娟　长春师范大学历史文化学院教授；

姜春艳　长春师范大学历史文化学院学生）

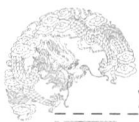

伪满时期日本神道的活动

王晓峰

【内容提要】神道是日本民族的固有信仰，源自于日本绳纹时期，属于原始的部族
信仰。在幕末改革、明治维新中，被维新政府充分利用，将在幕末时期蓬
勃发展起来的民间各教派神道信仰整合在以天皇崇拜为核心的皇室神道体
制中，在国家神道体制下，民间教派神道失去的自主传教的自由，为了自
身的生存与发展，在日本侵占中国东北的过程中，它们主动成为服从天皇
统治、辅翼日本对外侵略的帮凶。

【关 键 词】日本神道　海外宣教　宗教侵略

神道是日本民族的固有信仰，源自于日本绳纹时期，属于原始的部族信仰。由于日本
独特的地理文化环境，神道发展历经变迁，虽然在中日文化历史交流中，相继吸收了中华
儒、释、道各家思想文化内容，更在近代融合了西方基督教文化的部分内容，但依旧保留
了浓厚的原始部族信仰的特点，形成了独特的日本神道文化。

至江户末年，在日本内忧外患的危机下，日本神道发展成为具有强烈尊皇意识的复古
神道，在幕末改革、明治维新中，被维新政府充分利用，将在幕末时期蓬勃发展起来的民
间各教派神道信仰整合在以天皇崇拜为核心的皇室神道体制中，即国家神道形式下的宗教
统制当中。

在国家神道体制下，民间教派神道失去的自主传教的自由，为了自身的生存与发展，
在日本侵占中国东北的过程中，它们主动成为服从天皇统治、辅翼日本对外侵略的帮凶。

一、“九一八”事变前日本神道的早期活动

与日系佛教、基督教同样，日本神道的活动始终与日本侵占中国东北的步骤同步。最
初也是以“随军布教”的方式渗透到东北的，即驻地慰问布教和战地随军布教。驻地慰问
布教前往军队驻地，宣讲教义和赠送慰问物品。战地随军布教则是教团派遣教使与前线军
队共同行动，向前线士兵宣教及配合军队从事其他活动。

早在中日甲午战争爆发后，教派神道中最为活跃的天理教随即发起祈愿活动，祈求日
本“国家安宁”、征请“士兵健康”[1]。1896年日本宗教界在东京召开了第一次宗教家
恳谈会。包括教派神道在内的宗教界发表共同宣言，提出对抗“反宗教思想”，即反对唯
物论的反共思想。

1904年日俄战争爆发后，日本宗教界随即在东京芝公园的弥生会馆再次召开宗教家会议，神道系的柴田礼一作为发起人之一出席了会议。日本宗教界在会议上发表共同宣言："日俄之战关系到日本帝国的安全与东亚的和平，为了世界的文明与人道，我等宗教界应摒弃宗派之差异，人种之异同，秉公正之信念，向全世界阐明此战的真相。"[2]堂而皇之地把日本比做驱逐沙俄列强，拯救东北民众的救世主，并想以此来欺骗国内民众和世界舆论。

日本政府为了在中国东北地区推行其殖民政策，1904年2月，日本文部省宗教局发布了《随军教使条例（10条）》,首次由政府规定了随军布教使的任务及工作内容。批准了日本宗教界可以组织教团前往中国东北地区传教。同时还规定随军传教使的工作任务不仅对部队进行安慰和鼓励义勇思想,并且还有与收集情报,刺探军情等间谍任务。

随即，日本神道界刮起了"海外传教"的风潮。1905年11月，日本在中国东北建立了第一个神社 安东（今丹东）神社，1908年建立了千山神社，1909年建立了辽阳神社和抚顺神社，1912年建立了瓦房店神社。

1913年日本政府攫取了"满蒙五铁道"的铺设权以及1915年强迫袁世凯政府接受"二十一条"之后，日本神道也随着日寇的侵略迅速扩张，"满洲神社"的数量也随着满铁铁路的铺设不断增加。据《神社本厅十年史》记载，1913年日本在中国东北增加了一个神社，1914年增建了三个神社，而1915年则增加了新京（今长春）神社、奉天神社、桥头神社等9个神社。至"九一八"事变前，日本在"满洲"总共建立了37个神社。

在东北传教的日本教派神道主要包括神道本局、黑住、天理、金光、御狱、楔、大社、扶桑、大成、实行、修行、神理、神习、产灵等派别[3]。其中，出云大社教是最先在东北地区传道的派别。明治三十七年（1906年）6月，随军宣教使松山珵三在大连成立教会，明治四十一年（1910年）7月在大连南山脚下设事务所，作为其在"满洲"传教的本部。明治三十九年（1908年）5月，御狱教宣教使松原氏在大连浪速町设立了御狱教会。明治四十年（1909年）10月金光教宣教使松川成三在大连岩代町成立金光教会，明治四十三年（1912年）又在旅顺设立教会，[4]随后在东北各地开设金光教会。为发展教务，加强对中国人的传教力度，大正五年（1916年），松川成三开始在大连办班培训中国人传教师。黑住教等其派别也在此期间在东北各地设立了教会。

在各教派神道中，开设教会、发展信徒，最为活跃的教派当属天理教。1904年天理教在教会刊物《道之友》中开始关注"满洲"，1905年5月开始在刊物上连载随军宣教记事，介绍"满洲"文化地理、风土人情。自1905年开始，天理教宣教使高部直太郎相继在安东、旅顺、长春等东北各地传教。1910年天理教制定了《海外布教规程》，鼓励"海外宣教"，完备了"海外宣教"的制度。1911年天理教在长春设立教会，1913年后在大连、安东等满铁附属地设立5个教会，1913年11月宣教使松村吉太郎在奉天开设"满洲布教管理所"，开始有组织、大规模的传教活动，在中国东北各地开设教会、成立宣教所。自1916年~1920年，在长春、安东、大连、旅顺、辽阳开设了8个教会，在连山关、本溪、抚顺、铁岭、公主岭等地设立了15个宣教所。至"九一八"事变爆发前，天理教在中国东北各地共设立教会约四十个，宣教师百余名。成为教派神道中发展最快、信徒最多、势力最强的教派。

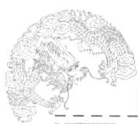

为加强对教派神道的管理，1920年日本政府成立"满洲神职会"，并在关东局内设置事务所，负责联系日本国内的神职会，每年定期召开研究会及团体演讲会等活动。

教派神道各派别除了定期举办教义研究会、演讲会等各种宣教活动，还创办发行各自的教会报纸杂志等刊物，传播教义。其中，包括天理教的《道之友》《青年会会报》，还有产灵教的《神道》、出云大社的《祖国之光》、金光教的《奉天教报》《教友》《青空》等等。[5]

同时，还为海外传教开设外语学校，学习汉语，加强语言文化的沟通，培养专业的"满洲"传教师。至"九一八"事变前，教派神道设立专门培训学校有天理中学校、天理教校、金光教教义讲究所、黑住教教师养成所等等，总计158所。[6]此外，日本神道各派还从事各类社会福利事业，如医疗、救济等方面，以此拉拢东北民众信教。

但是，由于日本神道的传教是伴随着日本对东北民众的侵略，东北民众反日情绪强烈，对神道信仰极为排斥，加之神道信仰与东北本土信仰差异很大。到"九一八"事变前，神道传教对象多局限于东北满铁附属地的日本移民、开拓团、日本军队为主，东北民众接受神道信仰的人数极少。天理教宣教师山田武逸通过社会救济、医疗救助等方式聚集了一批东北本土信徒，但这些中国信徒都是极其贫穷的百姓，迫于生计，为了获得医疗救助等目的成为天理教信徒，实际上他们并不能理解和接受神道信仰。

二、伪满统治下神道的传教活动

"九一八"事变爆发，日本军国主义扶植清废帝溥仪，建立伪满洲国傀儡政权，推行殖民统治政策。为了最终达到吞并中国东北的目的，从精神上彻底摧毁东北文化与民族意识，日伪当局认为，"为了在民众中间彻底贯彻建国精神，则需要宗教和社会事业的共同努力。"[7]而要使东北三千万民众的思想统一起来，"只有依靠宗教"[8]。即利用日本神道将其国家神道理论作为伪满洲国"建国精神"的内涵，大肆鼓吹"王道乐土""惟神之道""日满一体"的殖民思想。

伪满政权建立后，关东军在东北各地建立纳骨祠、忠灵塔，供奉日本在侵略战争中战死的日军官兵的骨灰、灵牌。1935年关东军有创立忠灵显彰会统一管理。同年8月，关东军司令南次郎对溥仪说："如果皇帝陛下能亲自去参拜，学校学生及官民对之参拜，那么，为国牺牲的人就会得到满足。"[9]要求上至伪满皇帝溥仪、下至百姓学生都要参拜忠灵塔，祭祀侵华日军亡灵。

日本教派神道紧随着日伪当局的殖民侵略，在东北各地建立布教所，广招信徒，成立宣讲班，其中，最为活跃的教派神道是大本教和天理教。

1. 扶植废帝溥仪，策划傀儡政权

"九一八"事变爆发不久，神道大本教立即发表"六点建议"，为日本帝国主义侵占东北出谋划策。即"日本要继承天命，断然发挥满蒙开发指导之使命""让世界各国列强理解日本的使命，改变对日本的错误观点""善待支那国民""严惩支那军阀"等等[10]建议，同时，还冠冕堂皇的提出"不以支那国民为敌""推行德政"，建立"王道乐土"的"满洲国"[11]，实际上是美化伪满殖民政权的侵略实质。

同时，大本教的出口王仁三郎在事变后积极向关东军献策，"应符合满洲民众的意

愿，由溥仪皇帝即位，""建立独立国家"，以此"彻底排除第三方势力的介入"，[12]
扶植满清废帝溥仪，建立傀儡政权。并且，出口王仁三郎成功说服了以建川少将为首的
关东军参谋，确定了以"占领满洲"为军事目标。早在1926年，出口王仁三郎就派遣栗原
白岭秘密赶赴天津，接触溥仪，鼓动溥仪返回东北。并且，他还积极联络川岛浪速、土肥
原，沟通想法，积极建策。

2. 维护殖民政权，支持日寇侵略

"九一八"事变爆发后，天理教积极支持日本帝国主义侵略东北，立即展开军队慰
问等活动。天理教将传教机构由管理所升格为传道厅，天理教"满洲"本部也由奉天迁到
"新京"。1933年天理教又专门创办中文版的《天理时报满洲版》，针对东北民众传教。
但其传道的内容及目的却远远超出了宗教的范畴。完全为了达到"五族共和和王道乐土的
建设"、让"满洲国在日本的庇护下打下牢固的'建国'基础"，"大教（天理教）的海
外传道以满洲为主是理所当然的，特别值此满洲'建国'之初，将宗教信仰与日满提携密
切结合乃是身为宗教家的根本理念。"[13]天理教传播的"宗教信仰"已经成为巩固日本
殖民统治下的"民族协和"与伪满洲国的"发展"。天理教宣扬"日本天皇乃是奉天照大
神之意统治国土万民"，所以，东北民众"应体察此意，敬天照大神，尊日本天皇。"[
14]而天理教传教的理想就是"建立大东亚共荣圈"，以传教实践"信仰报国"。[15]天理
教对东北民众的传教完全成为维护日本殖民统治的舆论工具。

"九一八"事变后，天理教以东北民众为主要传教对象，以维护伪满政权为目的，相
继在东北各地建立传教机构。如在奉天设立日满亲和教会与天阳布教所、在全州城内设立
下西传道所、在吉林设立续州布教所、桦甸布教所、在热河省设立赤峰教会等等，积极协
助日寇推行其殖民统治政策。

3. 建开拓村，麻痹日本移民

"九一八"事变后，东北民众抗日风潮不断，日伪当局为了消除为满洲国的治安隐
患，决定组织开拓团，大量移民东北，改变东北民众的社会结构，巩固伪满政权基础，同
时，解决日本国内由于经济危机引发的农村问题。对于如何能控制东北地区的移民，为日
本军国主义侵略东北服务，日本政府认为"建立开拓地神社是统一开拓民精神的最有力的
办法，祭祀神灵是日本国民万古不变的信念"[16]。于是，以天理教为代表的日本教派神
道积极响应日本政府的决策。

1933年10月天理教青年会召开第十五次总会，会议提出"在满洲以开拓民为主建立天
理村"的建议，1934年即得到了关东军的许可，在哈尔滨近郊选取了福昌号、城子、新立
屯等三个自然村落，共1380町步的土地。强行低价购耕作土地，驱逐当地的民众，同年11
月迁进了52家日本移民。到"七七事变"前，户数增加到79户，人口增加到358人。每年
收入52540圆，支出44552圆。对于天理教的行动，日本政府大为"赞赏"。日伪政权称之
为"北满洲日本移民村最成功之例"。日本国内也誉之为"是宗教团体所做出令人注目的
移民事业"。[17]这是日本神道为日本军国主义服务的典型事例。

对于天理村的建立，天理教在其教会刊物《道之友》中说道，"天理村移民永驻满
洲，为满洲产业开发而努力，以天理王命之名发展满洲帝国之精神，旨在保护日本帝国，

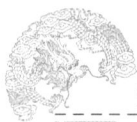

扬国威于海外，他们与日本军人具有同样的勇气。"[18]

4. 渗透民间组织，瓦解抗日活动

近代以来，东北地区民间秘密结社组织众多，"九一八"事变后，红枪会、大刀会等民间结社组织加入到反满抗日活动中，成为伪满政权巩固的威胁。为消除伪满治安隐患，在日伪当局武力围剿的同时，日本教派神道则辅以思想渗透的方式，以怀柔手段瓦解民间抗日组织、结社。

"九一八"事变前，天理教在热河省成立赤峰教会，就十分关注红枪会、大刀会等民间武装结社的活动。事变爆发后，赤峰教会会长向所忠夫随即"秘密潜入红枪会匪之中，积极从事亲日宣抚工作，向满人布教。"[19]他在赤峰传教以来，信徒最多时达到一万两千多人。

1933年大本教改名为"皇道大本教"，由出口日出总戒辅以"维护世界和平"为宗旨，积极联络世界红十字会、人类爱善会、"支那"道院、世界宗教联合会等东北民间宗教及慈善组织，从事医疗救济等社会福利事业，在东北各地设立爱善会支部。1934年9月爱善会委员安部忠夫中佐"将活动于北满边境地区的十八万三千匪贼收入麾下，让称王绿林的绰号黑龙王的匪首加入了爱善会。"[20]

可以说，"九一八"事变后，日本神道各派趁机摇旗呐喊，大肆宣扬"日满一体""共存共荣"等思想，号召信徒为"大东亚共荣"勤劳俸公，贡献一切。为日本帝国主义侵略擂鼓助威，积极协助日寇实施殖民统治措施。

三、"七七事变"后宗教统制下的神道活动

"七七"事变的爆发拉开了日本全面侵华的序幕，日伪当局不断疯狂强化其法西斯殖民体制，在宗教方面也进一步强化专制统治。

1. 建立宗教统治体制

"七七事变"后，1938年8月，日本政府在国内召开"宗教团体对华布教会议"，文部省宗教局在会上提出"凡布教者必须向文部省提交申请书,经宗教局推荐,委派到当地军队特务部,听从指挥"。将日系宗教在东北的活动置于关东军的指挥与统制之下。康德五年（1939年）日本关东军在民生部内部设立了宗教制度审议会，制定宗教法案。同年9月24日颁布了《暂行寺庙及布教师取缔规则》，规定了诸教均要向民生部说明宗派系统、名称、事由等，对"全满"所有宗教及活动进行详细登记。而且各宗布紧接着康德六年（1940年）民生部完成了第一次"国内"宗教调查，第二年又开始实行"教人员、主祭神及传教方法均由日伪当局控制。对不符合'建国精神'的宗教立即取缔。实施宗教调查三年计划，对东北诸教的详细情况进行更加深入细致的调查，以便进一步控制。"《暂行规则》的实施及随后的宗教调查活动，使得东北地区所有日系宗教的传教活动，完全置于日伪当局军警宪兵的严密监控之下，建立起一个全面适应强化殖民统治需要的宗教统治体制。

2. 全面推行"惟神之道"，强制神道信仰

日伪当局为进一步在精神上控制东北三千万民众甘心受其奴役，全面推行"惟神之道"的皇民化政策。1940年日伪当局在伪满洲国"国都""新京"建立了特殊的神社，即"建国"神庙和"建国"忠灵庙。

　　"七七事变"后，梅津美治郎就任关东军总司令，随即由日本特使、伪满皇帝御用挂吉冈安直向溥仪传达指令，命令溥仪亲自赴日迎接"天照大神"，这样才能体现"日满亲善，精神一体"，"'满洲国'在宗教上应该与日本一致"[21]。1940年2月9日，在伪满皇宫举行了"建国"神庙的奠基仪式，5月溥仪前往日本东京，拜见裕仁天皇，按照吉冈安直起草的文稿向裕仁天皇表示，"为体现日满一德一心不可分割之关系，希望迎接天照大神到满洲奉祀。[22]"裕仁天皇说"陛下愿意如此，我只好奉命"，把代表日本天照大神的"剑、玉、镜"交给了溥仪。

　　1940年7月溥仪在关东军总司令梅津美治郎、伪满国务总理大臣张景惠等日满军政高官及社会各界代表的陪同下，举行了"建国"神庙的镇座祭，宣读了由伪满国务院总务厅嘱托、汉学家佐藤知恭草拟的《国本奠定诏书》。"诏书"说："朕兹为敬立"建国"神庙，以奠国本悠久，国运无疆……自"建国"以来，邦基稳固，邦运日兴，蒸蒸日隆……仰厥渊源……。皆赖天照大神之庇护，天皇陛下之保佑。"[23]同年9月又公布了《"建国"神庙祭祀令》，规定了伪满皇帝"亲祭"的制度，即每月15日溥仪皇帝要亲自祭拜"建国"神庙，伪满官僚、市民、学生都要参拜。若有日军获胜的消息，则溥仪就要随时去神庙祭拜，以示天照大神庇佑日本皇军武运长久。

　　同年9月，日伪当局举行了"建国"忠灵庙的镇座祭，将忠灵庙作为"建国"神庙的摄庙，供奉天照大神的"御灵代"和在侵华战争中被击毙的日伪军警的亡灵，规定每年三次定时祭拜"建国"忠灵庙。至1945年日本战败，"建国"忠灵庙的灵玺簿供奉亡灵总计48050个。

　　此外，伪满当局还强迫伪满洲国的"国民"每天清晨8时向日本东京方向"遥拜"。"遥拜"之后要朗读"国民训"，牢记"满洲国"源自日本帝国的"惟神之道"，所有国民要尊敬天照大神，并忠诚于日本天皇陛下。

　　为强制东北民众信仰神道，伪满政权又发布了《对于"建国"神庙及其摄庙之不敬罪处罚法》，规定凡对"建国"神庙及忠灵庙不敬拜者，不分国籍信仰，不论男女老幼，皆为有罪，轻者受罚，重者处死。1945年1月，哈尔滨的基督教教徒反对参拜忠灵塔及神社，哈尔滨警察厅外事科长影山善次郎威胁他们说："如果拒绝参拜忠灵塔和神社，就将对全市基督教寺院停止配给蜡烛、灯油和其他寺院需要的全部物资。"[24]

　　天照大神是日本神道供奉的主神，是日本民族的祖神。伪满政权采取各种高压方式，强制东北民众改祖换宗，信仰日本神道，成为日本天皇的顺民，甘心接受日寇的奴役。

　　而这一时期的日本教派神道则是全面协力日本在东北的殖民地政策，采取各种方式支持、维护伪满殖民统治。以天理教为例，1942年1月，天理教将大连出张所升格为"关东州传道厅"，与新京的"满洲传道厅"并列，旨在加强天理教在满传教的力度。

1942年天理教在东北发展情况[25]

满洲传道厅管内	教会	72	布教所	74
	日本人布教师	754	满人布教师	10
关东州传道厅管内	教会	34	布教所	26
	日本人布教师	336	满人布教师	7

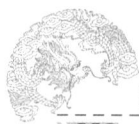

不难看出，截止到1942年，天理教在东北建立教会106个，布教所100个，布教师千余人。

可以说，日本教派神道为了自身的生存私利，甘愿成为日本帝国主义对外侵略扩张的帮凶和工具。他们以传教的名义，欺压东北民众，削弱反满抗日的意志，配合日伪当局，强制改变东北民众的传统信仰。但由于中日文化的差异及日伪政权的残暴统治，加之其侵略性本质，决定了吸收了中华文化成长起来的日本神道不可能真正被东北民众所接受，只能随着日本侵略者的战败而烟消云散。

注释：

［1］木场明志、程舒伟编：『殖民地时期的满洲宗教』，柏书房株式会社，2007年版，第172页。

［2］中浓教笃著：『天皇制国家与殖民地传道』，国书刊行会，1976年版，第30页。

［3］铁道总局弘报课编：《满洲宗教志》，满铁社员会，1940年版，第416页。

［4］松尾为作著：《南满洲宗教概观》，教化事业奖励资金财团，1931年版，第40页。

［5］松尾为作著：《南满洲宗教概观》，教化事业奖励资金财团，1931年版，第69、70页。

［6］松尾为作著：《南满洲宗教概观》，教化事业奖励资金财团，1931年版，第58页。

［7］长春文史资料：《宗教调查报告书》，1988年第4辑，第171页。

［8］长春文史资料：《宗教调查报告书》，1988年第4辑，第171页。

［9］林出贤次郎：《皇帝陛下与南大使会谈要点》，1935年8月23日。

［10］中浓教笃著：《天皇制国家与殖民地传道》，国书刊行会，1976年版，第97页。

［11］中浓教笃著：《天皇制国家与殖民地传道》，国书刊行会，1976年版，第98页。

［12］中浓教笃著：《天皇制国家与殖民地传道》，国书刊行会1976年版，第98页。

［13］中浓教笃著：《天皇制国家与殖民地传道》，国书刊行会1976年版，第94页。

［14］中浓教笃著：《天皇制国家与殖民地传道》，国书刊行会1976年版，第94页。

［15］木场明志、程舒伟编：『殖民地时期的满洲宗教』，柏书房株式会社，2007年版，第188页。

［16］木场明志、程舒伟编：『殖民地时期的满洲宗教』，柏书房株式会社，2007年版，第160页。

［17］铁道总局弘报课编：《满洲宗教志》，满铁社员会，1940年版，第417页。

［18］木场明志、程舒伟编：『殖民地时期的满洲宗教』，柏书房株式会社，2007年版，第189页。

［19］中浓教笃著：《天皇制国家与殖民地传道》，国书刊行会1976年版，第96页。

［20］中浓教笃著：《天皇制国家与殖民地传道》，国书刊行会1976年版，第99页。

［21］溥仪：《我的前半生》，群众出版社，1964年版，第361页。

［22］中浓教笃著：《天皇制国家与殖民地传道》，国书刊行会1976年版，第87页。

［23］中浓教笃著：《天皇制国家与殖民地传道》，国书刊行会1976年版，第88页。

［24］中央档案馆等编：《伪满警宪统治》，中华书局，1993年，第562~563页。

［25］根据《天皇制国家与殖民地传道》第95页相关数据统计而成。

（作者王晓峰　吉林省社会科学院日本研究所副研究员）

伪满洲国年号、国旗、国花考辨

彭　超

【内容提要】“满洲国”是1932年到1945年，日本关东军在发动“九一八事变”，武装侵占我国东北地区后，扶持建立的傀儡政权，这一政权不被国民政府、共产党和世界大多数国家所承认，被冠以“伪国”的名称，以显示其不合法性。但是，伪满洲国作为一个事实上的统治机构，其存在时间长达14年之久，“国家政治机构”完备，有自己的“年号”“国旗”“国花”。本文拟从原始史料出发，对上述史实进行重新考订补充，在质疑前说的基础上，尽可能地还原历史真相。

【关 键 词】年号　国旗　国花

伪满洲国“年号”的真实含义是什么？伪满洲国“黄蓝白黑满地黄”五色旗的含义为何？伪满洲国“国花”为何物？上述这些作为伪满洲国存在的标志和象征，尽管时间并不久远，其真实含义一直众说纷纭，莫衷一是，笔者在查阅相关资料的基础上，拟对这些问题进行考证研究，以期能够厘清真相，抛砖引玉，带动相关问题讨论。

一、伪满洲国年号解读

伪满十四年期间，溥仪作为“国家元首”共使用了两个年号：“大同”和“康德”。

“大同”这个年号，于1932年2月19日被最终确定，它名义上是东北行政委员会集体讨论通过[1]。相关事项决定后，才于同月23日由板垣征四郎在旅顺肃亲王府正式告知溥仪。同月25日，关东军以“东北行政委员会”的名义，用中、日、英三种文字发布了组织大纲及新“国家”建设的通电，正式确定年号为“大同”[2]。“大同”年号的正式使用，始于1932年3月1日[3]。

“大同”的具体含义，政府公报没有明确记载。现在学界的认识，以郑孝胥的王道思想进行追溯，认为其含义来自于《礼记·礼运》篇“大道之行也，天下为公。……是故谋闭而不兴，盗窃乱贼而不作，故外户而不闭，是谓大同[4]。”这种说法推测的成分居多，虽然有一定道理，但并不十分准确。

依据康德五年增订的《建国精神常识问答》一书，“大同”真实含义取“蠲除种见，汇纳众流之意[5]。”笔者认为上述说法可靠，取决于两点：

一是《建国精神常识问答》作为“国家”常识推广的书曾多次印行，属于“当时人对当时事”的认识，且有比较普遍的认知度。

二是年号“大同”的这一解释，和东北行政委员会于伪满洲国建立当天（1932年3月

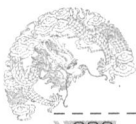

1日）发表的《"满洲国""建国"宣言》在精神上是一致的，《宣言》里就有类似的提法："'新国家'建设之旨，一以顺天安民为主，施政必循真正之民意，不容私见之或存，凡在'新国家'领土之内居住者，皆无种族之歧视，尊卑之分别。[6]"

1934年3月1日溥仪登基称帝，颁布《即位诏书》，同日正式更换年号为"康德"[7]，这一年号一直持续使用到伪满洲国垮台，溥仪宣布退位诏书之日，也就是1945年8月17日。

除了登基称帝需要改换年号的理由外，溥仪改换"大同"的年号，还和溥仪的迷信有关，根据伪满大臣阮振铎的回忆，之所以抛弃"大同"的年号，还与这个年号曾为南朝梁武帝使用过有关[8]。南朝梁武帝萧衍因"侯景之乱"被活活饿死，溥仪认为这一年号不祥。

对于"康德"这一年号的含义，据对阮振铎的采访，有"康德、德宗"之意[9]，甚至在香港《大公报》记者潘际炯采访溥仪时，溥仪曾提到"康德"有"景仰康熙"之意[10]。上述认识，既有溥仪个人的歪曲美化，也有时人的猜测推断，所说虽不无道理，但并不十分准确。

同样在《"建国"精神常识问答》一书里，关于"康德"含义亦有明确的解释："康济下民必须道之以德，使兆民康乐于德政之下。"

在1943年出版的，为纪念伪满洲国建国十周年所编写的《"建国"十周年史》一书中，对"康德"的含义解释得更加详细："兆民康乐，始于德泽首被，康济下民必须道之以德，使兆民康乐于德政之下，以王道行于天下，使民安于至德[11]。"

两相对照，《"建国"十周年史》的解释更加详细，并且将伪满洲国所奉行的"王道主义"加入年号的阐释当中，但含义明显是一致的。

此外，我们也必须认识到，伪满洲国年号的命名，一般来源于传统文化或古代典籍，不能简单地从字面加以解释，如"大同"来源于《礼记》，而"康济下民必须道之以德""则来自于《尚书》和《论语》，是对"康济小民""道之以德、齐之以礼"的融会使用，而这些都和郑孝胥所提倡的"王道精神"相契合。因为在伪满洲国对于"'建国'精神"的阐释体系中，发扬东方精神文化的道德精髓，以助世界人类幸福之增进，要以忠孝为根本，提倡"克己"之学，在修身的基础上，齐家、治国、平天下[12]。

二、伪满洲国"国旗"的含义

伪满洲国"国旗"于大同元年3月1日，即《伪满洲国"建国"宣言》发表的当天被正式定为五色旗（地用黄色，旗之左上角用红蓝白黑四色，占全旗的1/4。长宽比为6:4），并公布了国旗的图式[13]：

但是实际上，伪满洲国"国旗"的制式正式确定要比这个时间晚，直到3月5日才正式由东北行政委员会确定下来[14]。后因时间仓促，导致长宽比尺度不合，又重新对"国旗"的长宽比进行了更正，改为7:5，即长若为7尺，则宽为5尺[15]。

至于伪满洲国"国旗"的含义，则在"建国"的十四年中，不断被丰富，赋予更加复杂的内容。

1933年2月24日，伪满洲国在建国将近一年后，才正式对"国旗"的含义进行了初次的规定：青为东方，红为南方，白为西方，黑为北方，黄为中央，取中央统御四方之意[16]。

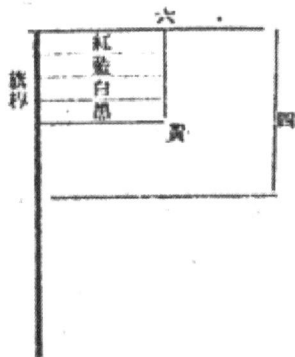

同时在这份《布告》里，对伪满洲国"国旗"的含义进行了进一步阐释，指出伪满洲国"国旗""其体取之于社稷之意"、"其用取之于王道之功"，选用五色旗帜，是认为"社之所以祭五土之祀，稷之所以祭五谷之神，谷非土不生，土非谷不显[17]"，创建"国家"就是要为百姓立社稷，而社稷坛的殿前置五色之土，中央铺以黄色，周围用蓝、红、黑、白等四色取四方之意。"满洲国"刚刚建立，用"国旗"表达这种含义，就是要与三千万民众一体，一心一意建好"国家"。

随着溥仪登基"称帝"，普通"国民"对于国旗缺乏认识，其代表的意义、如何使用均无从知晓，为了宣传王道思想，伪满洲国国务院又对"国旗"的含义和使用的方法进行了进一步的阐释和规范，将"满洲国"所谓的"建国"精神——王道加入到对"国旗"的阐释之中[18]。

在这篇名为《"满洲国""国旗"〈王道由国旗发扬〉》的文章中，一是对"国旗"的认识进一步深入，认为"国旗"为国家之表识，能代表"国家"、标识"国籍"，并能发扬"国权"，这一点在当时纷繁复杂的国际关系中显得尤为重要。二是对"国旗"所蕴含的精神进行了重点阐释。"即其地之黄色为中央之土，表现化育万物、统制四方之王者之仁德，意味融合、博爱、大同、亲善者也。其他四色乃象征四方，最上位之赤色为火，属南方，象征诚实、真挚、热情等诸德，青色为木，属东方、象征青春、神圣等，白色为金，属西方、象征平白、纯真、公义等，最下位之黑色为水，属北方，象征坚毅不拔等德[19]。""国旗"上五种颜色的顺序和五行相对，以黄色占据全体之3/4，目的是强调王道主义统治的精神。

伪满洲国"建国"十周年之际，"国旗"的含义被进一步丰富，总的来说，它表述了三个层面的信息：

1. 黄色属中央，其他四色属四方，表示全国统属于中央。

2. 满汉民族，多喜黄色，又黄色为大地及农作物之象征色彩，故以之为地，其他，赤示热情，青示活泼，白为公平纯洁，黑表坚忍不拔。

3. 象征国内主要民族，汉满蒙日鲜，国内协和，民族一心[20]。

综上，尽管国旗的含义不断被丰富，但其含义只是叠加新的内容，而"民族协和"的内容加入其中的时间最晚，但是其知晓度明显更高。

根据对郑孝胥之孙、溥仪的妹夫郑广元的采访，认为红色代表大和族，蓝色代表汉族，白色代表蒙古族，黑色代表朝鲜族，黄色代表满族，取"民族共和"之意[21]。

这种认识，一方面应当是受1912年至1928年北洋政府所使用的五色旗影响，北洋政府使用了26年的五色旗，旗面按顺序为红、黄、蓝、白、黑的五色横条，分别表示汉、满、蒙、回、藏五族共和[22]。而伪满"国旗"在形制上与其比较相似。另一方面也与伪满洲国意识形态宣传中强调的"民族协和"的观念有关。民族协和，则强调的是多数不同的民族，相安于一处，彼此间互相珍惜[23]。

三、伪满洲国"国花"

目前学界并没有学者对伪满洲国"国花"进行专门的考证研究，流行的说法大都认为伪满洲国"国花"是兰花，将高粱花说成是伪满洲国"国徽"，甚至是溥仪,1957年在抚顺战犯管理所被潘际炯采访时，也回忆说伪满洲国国花是兰花。因为兰花图案被漆在他的卤簿车上，而日本天皇裕仁的汽车上漆着菊花[24]。究竟伪满洲国国花为何物，反而成了一个众说纷纭、莫衷一是的问题。

伪满洲国"国花"究竟为何物？笔者查证当时的档案、资料和报纸后发现，有以下几

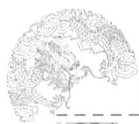

处：

1. 高粱穗。1932年3月11日，《盛京时报》以"满洲'国花'高粱穗"为题进行报道，指出"关于新国家一切制度，悉已决定，闻已以东北之大宗土特产高粱穗为'国花'。"并且其图式已由"奉天省政府"知照各县。由于《伪奉天省政府公报》及其他原始档案的缺失，无法查证"国花"的具体图式，但可以确知的是国花在伪满"建国"之初已经启用。

2. 高粱花。于康德五年（1938年）增订印行的《"建国"精神常识问答》一书中明确指出，"国花"为高粱花[25]。需要辨明的是，此处所说的高粱花，绝非分布于四川、云南、湖北等地，可以入中药的那种直立灌木卵叶荚蒾（又名藤草）的植物。在东北普遍种植的高粱，其花如高粱粒般大小，既无美感，也不为人注意，所以高粱花这种称谓应为当时通俗的叫法。

3. 高粱。于康德六年（1939年）由日本帝国在乡军人会本部印行，向日本国民介绍满洲的《满洲概观》一书中明确指出，"国花"为高粱[26]，并且指出高粱是东北人民最重要的主食之一，因此被选作"国花"。在"康德六年"出版的，专门介绍"满洲国"勋章的《"满洲国"恩赏考》一书中，作者在介绍褒章制式的时候，介绍说："（褒章）其图样之表面为"满洲国""国花"高粱由两侧相对铸出[27]。"此外，由伪满洲国国务院统计处编纂的《统计上的满洲帝国》也指出，"'满洲国''国花'为高粱[28]"。

由上述材料可以看出，毫无疑问，伪满洲国国花是20世纪我国东北地区普遍种植的高粱。高粱花是高粱授粉的部分，样子毫不起眼，缺乏美感；高粱穗属于高粱的果实部分，不是植物上意义上的花朵；整株高粱在农业的范畴内属于农作物；这些不同的说法只能算作是对"国花"高粱的不同表述，改变不了高粱是"国花"的事实。

但是，作为"国花"高粱的图式是高粱花、高粱穗还是整株高粱？由于《盛京时报》当时的报道中涉及的《伪奉天省政府公报》及其他原始档案的缺失，缺乏直接有力的佐证材料。下图是在伪满洲国国务院旧址中发现的图式，笔者推断，极有可能是伪满洲国"国花"高粱的图式。国务院作为国家表面上的行政中枢，在建筑上面普遍使用国花图式符合常理，这和伪满皇宫中普遍使用兰花御纹章的情形大致相同。

溥仪认为"国花"是兰花，显然是将卤簿车御纹章上的帝室御用花和"国花"搞混了。卤簿车是皇帝的象征，日本天皇将帝室御纹章菊花漆在卤簿车上，伪满洲国也只会将作为御纹章的兰花漆图案在卤簿车上，而绝不会将代表"国家"的高粱漆在卤簿车上。

至于伪满洲国选择高粱作为"国花"的原因，和高粱作为东北人民最重要的粮食作物有直接的关系。

通过上图可知[29]，据统计，1924年至1933年十年间，东北地区除经济作物大豆外，作为主要粮食作物的高粱，其产量远远高于玉米、小麦，高粱在东北人民日常饮食中占有绝对的主导地位，因此理所当然地被用作了伪满洲国的"国花"。

除了表示伪满洲国以农立国，物产丰

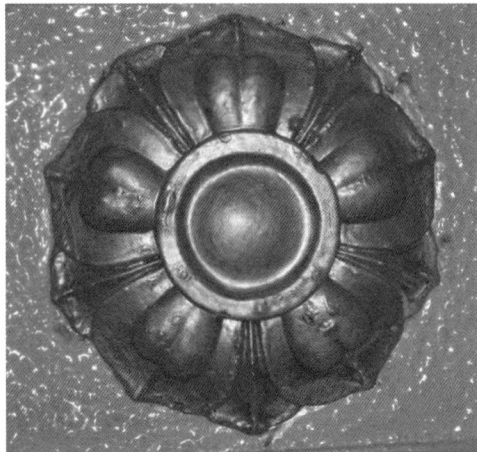

饶，人民食料，以高粱为主外，还要表示满
洲人民生活淳朴，不尚奢侈的民风[30]。

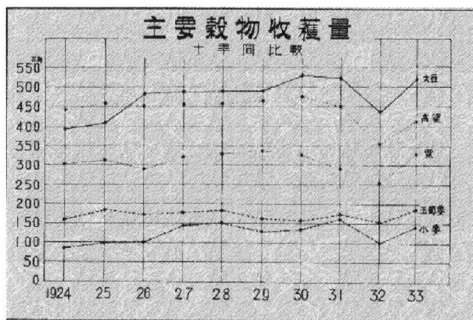

注释：

[1]《盛京时报》1932年2月23日讯：《新国家之
国体与政体犹为立宪共和制》。

[2]"满洲国"史编纂委员会编、东北沦陷十四
年史吉林编写组译，《"满洲国"史总论》，哈尔滨，
黑龙江省社会科学院内部发行，1990年版，第114页。

[3]6.7.13周光培主编，《伪满洲国政府公报》第
1卷，沈阳，辽沈书局1990年出版，第2页、第1页、第1页，第3页。

[4]范鹏飞著，《溥仪年号解读》，《溥仪研究》2013年第1期。

[5]杨凤城编，《"建国"精神常识问答》，长春，新京益智书店1938年增订印行，第12页。

[8][9]长春市政协、伪满皇宫博物院编，《见证伪满皇宫》长春，长春文史资料编委会2006年出版，第
162页。

[10]潘际炯著，《末代皇帝传奇》，北京，通俗文艺出版社1957年版，第51页。

[11]程石著，《"建国"十周年史》第44页，新京印书社1943年出版。

[12]杨凤城编，《"建国"精神常识问答》，长春，新京益智书店1938年增订印行，第8页。

[14]《盛京时报》1932年3月6日讯，《东北行政委员会通令各地，一体举办建国庆祝大会》。

[15]《盛京时报》1932年3月9日讯，《国旗尺寸更正》。

[16][17]周光培主编：《伪满洲国政府公报》第6卷，沈阳，辽沈书局1990年出版，第3页。

[18][19]"满洲国"国务院总务厅情报处编，《满洲国节假日》，长春，"国务院"总务厅1935年印
行，第21、26页。

[20]程石著，《"建国"十周年史》第15页，新京印书社1943年出版。

[21]长春市政协、伪满皇宫博物院编，《见证伪满皇宫》，长春，长春文史资料编委会2006年出版，第
162页。

[22]黄炎培著，《辛亥革命回忆录》第1集，北京，文史资料出版社1981年版，第66页。

[23]楚材著：《康德十年版：战时国民时局常识》第5页，新京大陆书局1942年发行。

[24]潘际炯著，《末代皇帝传奇》，北京，通俗文艺出版社1957年版，第51页。

[25]杨凤城编，《"建国"精神常识问答》，长春，新京益智书店1938年增订印行，第12页。

[26]帝国在乡军人会本部编，《满洲概观》，[日]昭和十四年（1939年）印行，第21页。

[27]大内龟一郎著：《满洲国恩赏考》，长春，满洲国帝国教育会康德六年（1939年）印行，第59、60
页。

[28][29]伪满洲国国务院统计处编纂，《统计上的满洲帝国》，长春，中央宣抚委员会康德二年（1935
年）印行，第4页、第18页。

[30]程石著，《"建国"十周年史》第43页，新京印书社1943年出版。

（作者彭超　伪满皇宫博物院馆员）

东三省的官兵（国军）"匪贼"的暴行实例

昭和六年九月十九日至十一月十五日（1931年9月19日—11月15日）大连商工会议所编　尹晓磊、李书源译

【译　者　按】这段史料译自大连商工会议所1931年11月编印的《自九月十九日至十一月十五日东三省官兵匪贼暴行实例》。大连商工会议所前身是大连实业会，是日本商人在日俄战争后、日本从沙俄手中夺取旅大租借地后于1906年成立的同业组织，1928年改为大连商工会议所。这个组织除了联络协调日本商人在大连的商业活动外，另一个重要的职能就是为日本政府和大连日本殖民当局提供信息情报，调查经济状况，协助日本政府和殖民当局制定政策。这本26页的小册子就是该会所搜集的九一八事变后两个月里东北各地出现的反抗日本侵略的活动及治安状况的情报，具有重要的史料价值。原件藏辽宁省档案馆，曾著录于《东北地方文献联合目录》第二辑。目前仅见韩国学者朴宣泠在《东北抗日义勇军》中引用（中译本中国友谊出版公司1998年）。这里使用的是日本国会图书馆藏本。

9月19日

1. 满铁职员佐藤忠由哈尔滨南下途中，在东支线一间房附近被"支那"兵杀害。

2. 奉天讲武堂的学生们三三两两逃往东北方向，至灰山附近解散并换成便装，然后又悄悄返回奉天，作为便衣队潜伏下来，而另一部分则秘密潜入北平。

3. 马贼窜入抚顺山阳楼抢走妓女价值三百元的衣服。

4. 约有三个中队的"支那"兵闯进新民府日本领事馆电话局进行破坏活动。

21日

5. 哈尔滨商工会议所山田理事等4名外国人从长春回哈的途中遭遇"支那"兵，但最终虎口脱险。

6. 哈尔滨小学为躲避"支那"败兵的暴行临时停课。

7. 在奉天东门外的一块约一千米的高地上匪贼与公安队巡警发生冲突，激战约一小时后，匪贼被击退。

8. 哈尔滨朝鲜银行支行、哈尔滨日日新闻社以及特务机关被投掷炸弹。

22日

9. "支那"兵在公安队的协同下企图在安奉线破坏电线。

10. 通辽方面日益吃紧，由大仓农场撤回的日本人中有一人被"支那"兵劫持为人质。

11. 宽城子火车站的俄国人站长以亲日为由被免职，并委任赤系的ルーデー（鲁迪）为新站长。

23日

12. 事变以来，被害的人数不是很详细，但已经知道的：抚顺13名，鸡冠山附近28名，孤家子附近17名。

13. 匪兵加上马贼约400人出现在营口北面的田庄台，拟对营口发电所以及水源地进行破坏。

14. 从昌图败退到新民府北面十八里彰武县的官兵一旅在其附近进行劫掠。

15. 马贼和支那兵合力在新民附近袭击列车，日军出动飞机将其击退。

16. 吃了败仗的120名"支那"兵在八面城（四洮沿线）胁迫、抢劫日本人，日军对此进行紧急扫荡。

17. 对奉天兵工厂进行警戒的步兵第78联队的上等兵小山被十几名便衣队及"支那"败兵杀害。

18. 牛庄城被约300人的匪贼包围，索要30万现大洋，我方守备队紧急出动将其击退。

24日

19. 疑是着便装的支那兵约300人的大部队以掠夺强奸为目的袭击公主岭"支那"街，被我守备队、警察、"支那"公安队合力击退。

25日

20. 在安奉线凤凰城在押的支那犯人越狱，同公安队士兵合力与我守备队交战。

21. 驻扎在敦化的吉林军在日本军到达之前，对该地进行掠夺，并且恐吓朝鲜农民，使其逃亡，当地的朝鲜农民一直受他们的欺压。

22. 张学良派遣的便衣队陆续进入奉天。

23. 张学良的部下军官张德胜等十几人趁黑夜秘密潜入奉天暗杀日本要人及外国人，制造事端，并将事件国际化，他的阴谋已暴露。

24. 此后，排日的宣传在奉天开始频繁出现。

25. 通辽西边华兴公司农场职员及白音太来满铁农场职员一行13人在避难途中，在余粮堡西方甘支里被约百余人的匪贼包围，8名护卫警察与其交战，结果日本人全部被劫持。

26. 匪贼侵入附近村落，通过日本人带回来的信件，得知他们是华兴公司农场的，于是就赶紧到现场进行交涉并被要求支付十万元，日本人将满铁职员坪井清作为人质留下，然后返回农场。

27. 哈尔滨日本商工会议所的民会、中日文化协会被投掷炸弹。

26日

28. 王以哲的残部对清河河谷进行疯狂掠夺，在尚大甸子附近迫害农民，其团长胁迫县长下台，而由他自己取而代之。

29. 在北宁线上阳河站匪兵勾结土匪袭击列车，有两名印度人被杀害，妇女遭受凌辱。

30. 被驱逐出长春的李桂林旅团长在双阳附近投放主力，在长春东南方山区一带进行掠夺。

31. 锦州方面的日本人全部撤至营口方面。

32. 上午6点钟由皇姑屯站发出的104次列车在饶阳堡、白旅堡之间遭受匪兵的袭击，乘客被掠夺现银6万元。

27日

33. 王以哲旅团横行于铁岭东南山区鸡冠山一带。

34. 有数名便衣匪兵出现于奉天北市场，我方出动兵力5人对其进行讨伐，我方上等兵浦田中弹身亡，在本次战事中打死匪兵一人俘虏两人。

28日

35. 哈尔滨方面自事变发生以来局势不断恶化，有600多人撤回大连。

36. 计划将满洲里的日本人撤至苏联境内。

37. 将伊通的日本人转移到南满沿线。

38. 将海龙的日本人转移到奉天。

39. 败兵趁黑夜潜入长春南岭兵营，并放火烧毁马粮库13栋。

40. 三名匪贼窜入奉天商埠北市场的妓院松泉堂抢钱并挟持一名妓女逃走。

29日

41. 下午三点钟有败兵出现于郑家屯南面三公里，我方对其讨之，我军一名士兵受轻伤。

10月1日

42. 王以哲的残部侵入沈海线北山城子附近，依旧恐吓朝鲜农民。

43. 败兵出没于奉天西郊公堡附近，伙同马贼进行掠夺，很多普通支那百姓与朝鲜人纷纷逃难。

44. 上午4时在铁岭东面山区貂皮屯附近，有50余名残兵向我讨伐队扑来，后被我军击退。

2日

45. 清晨，有数百名匪兵围攻牛庄城，致使多名日本人被困，我守备队紧急增援，将其击退。

46. 新民府方面有遭受败兵袭击的迹象，危险性日益加重。

47. 获取马贼匪兵欲袭击奉天西郊劝业公司农场的情报，我军紧急增援，避免了事态的发生。

48. 败兵袭击四平街南电灯会社变电所，我独立守备队步兵第五大队第一中队一等兵高桥被射杀。

49．王以哲残部1800人在孤家子附近将25名朝鲜人杀害，然后退却东方。此次屠杀是用铡刀将其头、身子、手、脚活生生地切掉，并对支那和朝鲜妇女实施强奸。

50．孤家子西南方上肥地的恶霸地主以保护为名，将朝鲜人集结到一处，然后密告败兵，将其全部杀害。

4日

51．败兵约1000人将集中在铁岭东南侧李千户屯的朝鲜农民杀害于乱石山。

5日

52．在北宁线实施掠夺的匪兵从红山嘴附近度过辽河一路向西，边走边掠夺。

53．谣传在奉天城内有敢死队的暗杀行动。

6日

54．匪化了的败兵在新民府东南地区出现，实施掠夺，而以大官屯的掠夺为最甚。

7日

55．在辽河北举新民东6里处的蛇山子附近敌败兵集团肆虐，我飞行队对其进行攻击。

8日

56．随着锦州方面兵力的增加，日中开战的谣言盛行，因此皇姑屯方面人心愈加动摇。

57．鸳鸯树（四平街、昌图中间）附近的兵匪十分猖獗，朝鲜农民惨遭杀害，我军南北夹击，配合飞机的轰炸，敌人四处逃散。

58．张学良命令南满铁路两侧地区的老东三省政权军队伺机对日本军队实施攻击。

59．在八面城法库门附近集结义勇军、招募士兵，旨在扰乱南满沿线治安。

60．齐齐哈尔政府与苏联方面联系日益密切，有消息说苏联领事出席军事会议。

61．奉天城东宪兵队拘捕一名可疑支那人，他身上带有手枪，应该是一名军官。虽然他本人不承认，但可以断定他就是张学良便衣队的人。

62．据原东北宪兵队第二大队大尉实汉忱讲，张学良重新向奉天派遣便衣队，任务是暗杀日本兵，并根据级别行赏，将官1万元、校官3千元、下士1千元。

63．便衣队为了掌握在奉天的日军要人的行踪，着手收买就职于日本官衙的支那人。

10日

64．便衣队的军官王玉堂在奉天城内朝鲜银行支店被逮捕，他身上持有服役于昌图步兵第二十旅团参谋汪铭恩的名片，并且名片上画有暗号。据此可以认定，王玉堂是从锦州方面派来的便衣队中有权力的干部。

65．频繁出没于营口县八棵树附近实施抢夺财物的匪贼团伙头目九胜、东来好等，其手下有八百四五十人，不久前曾要挟田庄台商务会在5日内拿出25000元钱。

11日

66．便衣队袭击营口，独立守备队的中队长、伊藤三作的大腿被子弹打穿。

67．山海关方面陷入恐慌，日本人到日本军营避难。

68．在天津方面支那兵非法拘禁日本宪兵。

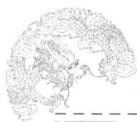

69. 大批便衣队潜入吉林，当晚一齐进行搜查，发现多数的便衣队是从锦州方面派遣来的。

70. 盖平东门外的贸易商山口的住处闯入数名匪兵抢走现金800元，同时将女主人及一名支那男孩劫持，并于次日在离盖平城东北门四华里的地方发现了被劫持女主人的尸体。

12日

71. 来奉天、抚顺、铁岭、四平避难的朝鲜农民达到1200人。

72. 通辽方面兵匪、土匪猖獗，协同支那兵强行收割朝鲜农民的稻谷，作为马粮。

73. 大石桥（奉天以西约三里）附近出现败兵百余名，掠夺朝鲜农民，我守备队出动扫荡。

74. 铃木二等会计官在皇姑屯粮库附近遭遇便衣队，腿部受枪伤。

13日

75. 新民东侧北宁线沿线匪贼活动猖獗，奉天方面出兵讨伐。

76. 以奉天东北地区为中心，近日来杀害事件接连发生：

a.仅在日本军讨伐区域，就有269人被杀害。

b.在其他地区有120人被杀害。

77. 红花岗子附近兵匪极其猖獗，在我步骑兵对其进行讨伐的过程中，山口军曹、杉井等上等兵战死。

78. 通江口北方地区遭受1000名兵匪的袭击。

79. 沟帮子东方台安出现1000名兵匪实施大掠夺。

80. 在营口北部的八棵树以九胜为头目的土匪，伙同兵匪实施掠夺。

81. 北宁线北侧辽河左岸出现300名败兵，他们实施了掠夺。

82. 被匪兵囚禁的满铁职员坪井由通辽方面救出。

83. 有人说张学良又选派少量的有能力的暗杀者。

14日

84. 在巨流河的东侧苏家窝棚，我骑兵与敌败兵交火，我方一死两伤。

85. 近日来在清源县（沈海线）惨遭杀害的朝鲜农民达40人，烧毁房屋20户。

86. 学良为了与俄国联络，秘密派遣顾问钟嘁赴莫斯科。

87. 三名匪贼侵入居住在东支铁路南部线双城堡东二道街的船桥家，手持斧头把船桥砍成重伤，当准备实施抢劫时，船桥的妻子、女儿的呼救声引来了邻居，匪贼没能得手，仓惶逃跑。

16日

88. 成立反日宣传队由北平经由锦州进入奉天方面。

89. 在锦州北部的田庄台附近的朝鲜农民由于受到匪兵与支那农民的迫害，不能进行水田的收割。

90. 山东匪贼绑架两名人质去了大连，伪装成人质父亲的人叫上其他人，答应支付银票10000元赎人，其会面的地点定在小岗子露天市场南广场，大连小岗子警署得知这一情况后，包围了会面地点并上演了一场枪战，结果劫匪被一网打尽。

91．自13日以来，肆意掠夺近县的800名匪贼袭击了昌图，实施抢劫、放火，应县长、公安局长的请求，我守备队将其击退。

17日

92．新民东方八吉米高台山出现了150名支那兵，其正在实施抢劫时，被我巨流河部队击退。

93．最新一次调查显示，在清河县被害的朝鲜农民数量如下：被杀害25人，重伤2人，失踪170人。另外，据说在龙虎屯、被王以哲残兵投入石灰窑活活烧死的也不在少数。

94．在清源县内沈海沿线，护路军的兵卒阻挠朝鲜农民收割稻谷。

95．在通江口的匪兵掠夺商务总会、强征巨额款项。

19日

96．在兴隆店附近被我军讨伐的兵匪再次出现在北宁线实施抢劫。

97．住在哈尔滨道里地段街ヴィクーリヤ旅馆的俄国人，在其住处放映违禁播电影，得知此事的"支那"巡警前往该旅馆欲对其进行抓捕，不料该俄国人已逃之夭夭，于是就故意刁难说住在隔壁的喜井夫妇是同犯，并不容其辩解强迫他们写承认书并按上手印。

20日

98．四洮线法库门方面匪贼极其猖獗，集结于大窑附近并向商务会索要百万元。

99．四洮上茂林、三林衙门台方面均遭受千名匪贼的掠夺，妇女被强奸。

100．不清

101．在铁岭南方大凡河，王以哲残部切断南满铁路电线，我部对其进行讨伐，缴获众多迫击炮和卫队旗帜。

102．在清河县，"支那"警官抢夺朝鲜农民金钱。

103．在奉天兵工厂长官公署附近，我步兵哨兵一等兵北野于夜晚被便衣队杀害。

22日

104．在四洮线玻璃山与茂林间出现马贼数百人，当第一列车、第二列车通过后扒掉两根铁轨，然后沿着茂林站附近的市区进行疯狂掠夺，并一路向白山方面行进。

105．当北宁线由皇姑屯始发的旅客列车行驶至锦州南部兴城与白庙子之间时，遭到约200名土匪军的袭击，洗劫列车长达两个小时，损失高达20万元。

23日

106．白天在奉天城外苏家屯出现敌武装骑兵200余人，我军对其进行讨伐。

107．四平街南方上下二台子出现的败兵大肆掠夺。

108．鸡冠山附近再次出现败兵进行掠夺。

109．在清河县"支那"警察与"支那"农民持凶器威胁朝鲜农民。

110．奉天西方李官堡附近出现败兵和匪贼200余名，与浑河分遣队发生冲突。

24日

111．以茂林车站的通讯所为中心，设备被破坏，市中心的商店被抢，一部分还被放

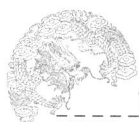

火烧掉。

112. 三林车站全被马贼破坏，车站职员一家5口遭到暴力。

113. 东门台附近出现马贼约500人，向我装甲列车及第二列车开炮，我第二列车避难，装甲列车应战，将其击退。

114. 辽沈地方维持委员会会长杨显青带赵翻译造访我宪兵分队，请求承认临时税捐局长代理虞恩荣，并请求我军部出兵扫平横行于辽西八十华里区域的数千名匪贼。

115. 台安、辽中附近铁血团兴风作浪，进行大肆掠夺。

116. 公主岭受到便衣队的袭击，日本巡查队一死二伤。

25日

117. 开源向西三十华里处，出现匪兵约1000人，当地治安大队增援迫击炮一门，士兵50名。

26日

118. 千山附属地出现土匪约300人，在市内放火并杀害1名支那人，绑架1名日本人志保太吉和7名支那人。山本、矢野、塘内等3名巡警负伤。

27日

119. 开原以西约5里，在四家子、西孤家子附近出现匪兵1000余人，实施抢劫、放火。

120. 营口商业保护总局一跃成为海盗，所有船只八艘，没收了根据地二界沟方面自警团的兵器，并袭击了附近的民宅抢劫2万元大洋，强行向税捐局收缴管理费1万大洋。这些强盗持有的兵器包括：步兵冲锋枪100余挺，手枪70余支，水压机关枪2挺，机关枪2挺，小炮2门。

28日

121. 在汤岗子北部中所屯附近的村庄出现了五六十名匪贼，在要塞布下哨兵，索要小铳五六杆和壮丁五六百名，在千山站西侧二华里处的马蚁屯出现了匪贼约200名，我守备队和警官队出动。

122. 在郑家屯东南三里的一棵树附近，兵匪200人与我军交战，我中队长栗原大尉及兵卒两人战死，另有三名身负重伤。在四逃线为非作歹的匪贼团约有千人。

123. 在牛庄对岸田庄台附近出现数十名马贼，向戎克发炮，逞淫威，袭击了营口的水源地。

124. 在铁岭县内的大康屯出现匪贼300余人，袭击村庄，铁岭公安队对其进行讨伐，刘中队长及一名士卒负重伤，匪贼逃至法库县内并袭击了石佛寺。

29日

125. 在郑家屯三江口出现匪贼1,000余人，在支那将校的指挥下，频繁肆虐。

126. 避难于四平街的伊通县附近的朝鲜农民，在四五名巡警及十八名四平街署员的保护下去田里收稻谷，不料在途中遭到了约200人的兵匪的袭击。

127. 在一夜之间抚顺发生五起匪贼掠夺事件，他们握着长枪、手枪入室胡乱射击，威逼家人，抢钱、奸淫妇女。

128．400余人马贼占领了铁岭法库县城，贼团派遣数名便衣潜入城内，登上里山点起烽火与城外的马贼联络，马贼由西门进入城内开始大肆掠夺，并与前来讨伐的"支那"公安队发生激战，结果马贼逃跑，但有两名公安队员战死，两门迫击炮被抢走。

31日

129．通辽方面的匪贼与骑兵第三旅联系紧密，集结800余人对茂林站、三林站进行了掠夺。

130．吉林步兵第627团基本上分散到各地进行掠夺，671团也在五城附近同样进行掠夺并逐渐向北行进。

11月1日

131．通辽的由日本人经营的公清号农场再次遭到匪贼的掠夺，日本及朝鲜的从业人员全部逃走。

3日

132．因受匪贼的袭击四洮铁路郑通线的各站遭受了严重的破坏，正当基本修复完毕，准备6日通车的时候，以老来好为头目的，约150名骑匪贼在便衣队的指挥下，袭击了大字、大林站的中间地带，并将木桥烧毁致使通车计划落空。其匪贼持有通辽驻屯东北骑兵第三旅的军旗。

133．郑家屯的护路巡警以及车站里的工作人员中的不良分子40余名聚集在车站附近的住户，对我军进行挑衅、投掷手榴弹，我军应战将其全部抓获，但我军有4名下级军官负重伤。

134．有40名匪贼袭击郑家屯农场，抢走了两匹马。

135．盘踞在怀德县附近的匪贼团加上败窜兵约1000余人，分成五个中队，每个中队200余人，在怀德县长的支持下，计划趁长春附近的日本军南下警备力量薄弱之际，破坏满铁铁路、攻击长春附近属地，先遣主力部队攻击范家屯，残余部队攻击大化、陶家屯，并已开始行动，逐渐接近属地。

136．为讨伐横行于平顶堡附近的匪贼头目平心的一队，铁岭守备队向贼团的根据地大高力屯进发，在冲沟和大冲沟之间的山顶上发现了百余名贼团向我军袭来，激战长达一小时，贼团败退，我军一名士兵受重伤。

137．盘踞在公主岭附近的匪贼华山九龙与其他五个头目合力，约有750余人把该区域作为根据地进行疯狂掠夺，其贼团的一部200余人向朝阳坡的西南郭家店移动，构成威胁之势，当地自警团700余人加强了警备。

138．在伊通县城大肆烧杀掠夺的全胜北霸天等贼团800余人，后来增加到1000余人，组建成一个大集团，把靠山屯作为中心，横行于其南部的大孤山一带的部落，并注视着讨伐队的行动，"支那"百姓对此忧心忡忡。

139．西洋、德山统领的70余名贼团，袭击了住在刘房子车站东三华里的农宪英，通过交战劫匪没获得任何财物而逃走。

140．有情报称汤岗子、牛庄城一带发现有匪贼活动，我大石桥独立守备队一部队紧急出动，在途中与百余名匪贼相遇并交火，匪贼大败，丢下大量的死尸与马匹而逃跑。

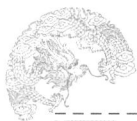

141. 经过与昌图县公安局长的磋商，匪贼大头目同意以（当局）拨给四万元现大洋的安抚费和六千元的津贴的条件接受改编，将三省麾下的1756名隶属于昌图县公安队，负责城外警备，名称为民国乡团兵，制作团旗，为维护治安服务并对昔日的朋友匪贼乐天进行围剿。匪贼头目乐天一伙颇为狼狈，恐有一战。

142. 在开原县下施家堡子出现马贼团，我铁岭守备队35名警官与其激战了一个半小时，马贼将掠夺的枪支丢下逃跑。但发现其中一名训练有素的二十七八岁的美女骑着白马进行了卓越地指挥。

9日

143. 梨树县长向我驻四平街的守备队报告称，在小城子附近出现匪贼千余名，他们肆意烧杀掠夺、奸淫妇女。于是，我守备队立即派出一个中队以及宪兵的汽车、摩托车紧急前往，但当我军到达之前他们已经逃走。

144. 有很多人惨死于王以哲军的手下，在铁岭县内的孤家子庄以西三十华里，最近出现了实力强大的匪贼，据传二三日内匪贼将来袭击。有很多人到铁岭避难。

145. 有三十名马贼出现在田庄台北三华里的地方，欲对其进行袭击，同时又在西北方向的药王庙出现了着军服的匪贼七八名，抢走马车三辆，马匹四十匹，然后向北方逃走。

146. 有三名带着枪的匪贼到安东市四道街的九支那杂货店王银号洋装买东西，从前门进入店内，拔出手枪胁迫店主拿出大洋五百元、小洋陆百元，还将店主劫为人质乘坐门前马车逃走。

147. 自时局动荡以来，住在全满内地的朝鲜农民接连遭到迫害，不得不转移到安全地带避难，有一些随着地方治安的安定回到了原住处，但在铁岭的难民的数量仍然很多。现在各地避难的难民数量如下：

地方名	难民数	回归者数	现在数量
营口	520	79	441
奉天	466	——	466
抚顺	728	580	148
铁岭	1398	879	519
开原	357	70	287
四平街	590	——	590
公主岭	499	——	499
长春	69	——	69
安东	13	——	13
合计	4640	1608	3033

148. 获取由锦州派遣的便衣队秘密潜入奉天，策划在该地的工业区实施某种行动的情报，将其所在处包围并逮捕一名，估计会牵出很多人。

149. 秘密潜入铁岭的匪贼团突然对我军进行射击，我军予以还击，击伤敌人三十名，我军有四人负伤。

11日

150. 马贼团把范家屯附近的农民的东西抢劫一空。匪贼们利用调查农家的特产收成的好时机，强制农民把特产卖给附属地的商人，不仅把卖的钱拿走，还绑架其家人。还在途中袭击农民的卖粮车，把大豆和马车一同劫走，然后他们化装成农民把大豆直接卖给商人。

151. 接到一份紧急情报，称在长春附近刘房子东约半里地的地方出现匪贼，他们拥有大炮两门，机关枪数挺，对刘房子猛烈攻击。我公主岭、范家屯两守备队各出动一百名，加上二十名警官将其击退。

152. 在沈海线、清原北山城子、辉南金川柳河方面，尚有为数不少的王以哲的败鼠兵存在，于芷山正为将其纳入自己的势力范围而努力。

153. 王军败鼠兵环沈海、吉海、吉长满铁四条线一带向北移动，并不断与各地的土匪联合，扩大他们的势力。

154. 以怀德、长岭两县为据点的幼白龙、扫北两个头目率领马贼团八百人逐渐向北移动，有袭击长春的迹象。

155. 锦州方面的"支那"军商没有冬季服装的供给，于是，连长以下军卒结伴逃亡至北宁沿线，装扮成土匪为非作歹，搞得人心惶惶。

13日

156. 由瓦房店发出的轻油动车行至沙岗站北二公里地点时，车内化装成乘客的两名匪贼拿出手枪，击中司机石野纯男和车长和多田强两人的腹部。

在骚乱中一名日本乘客和一名"支那"乘客将所携带的物品丢弃在车中，在沙岗站下车呼救。犯人将遗留在车内的数十件价值陆百元的吴服以及现金四十三元抢走。受重伤是司机忍着伤痛将车开到盖平站后便不省人事。

157. 在范家屯西南方三十五华里五探字附近出现了以大佬好、海江为头目的匪贼四百名，对附近一带进行掠夺，并已接近范家屯。

158. 在范家屯北方六十华里平安岭附近出现匪贼约二百名进行掠夺。

159. 奉天邮局的青木宽与木村忠吉两人去城里探访朋友，在坐人力车回来的路上，在接近大西门的时候，突然遭到枪手的袭击，在右腿关节处造成穿透伤。

160. 匪贼头目满江率领匪贼二百余名出现在汤岗子以东一千五百米的突大屯，实施抢劫、放火，有三户房屋被全部烧毁，并有向北移动的迹象。汤岗子第三中队派出八名警察骑摩托进行巡查，在所中所屯遭二三十名匪贼的射击，山松上等兵受重伤。在汤岗子温泉所有的人都操起武器保卫温泉，把家属关进玉泉阁，陆军轻地疗养所的所有伤员穿着病号服操起刀枪把坐垫堆在门口，做出防御的态势，由进行疗养的武田中尉指挥。车站要求附近的居民关灯躲避，另一方面，一四列车在千山避险，八六列车的车头从中所屯的西边遭到阻击。

161. 开往辽源的三五列车当行进到位于南台和汤岗子之间的甘泉堡北侧的岔口时，与满载掠夺来的物品的匪贼的马车相撞，车上的三名匪贼受伤，见状，后面的匪贼三十余名一齐向列车开火，列车上有八名从大石桥回鞍山的守备兵立即进行还击，匪贼一死三伤，丢下东西逃走。

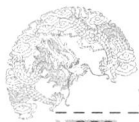

162. 奉天商埠地三纵路カイニン饭店主人シエ二ッキ与他的佣人、香上银行支店员工シエナーズ、德国商人ビラスノー等三人一同去新民屯打兔子。当走到新民北屯以北五公里处，被九名败窜兵围住，后来有更多的败窜兵出现，开枪威胁，抢了他们身上的钱财。还用马匹把他们带回窝点。用粗绳子拷打他们长达半小时，工シエナーズ的前额部、鼻子受重伤，终于在他们的头目九江乐的命令下放他们回去。他们回去时给工シエナーズ穿一件上衣，给其他三人穿上支那服，四名外国人好不容易于九点钟回到奉天，向德国领事馆报告，但工シエナーズ生命垂危。

163. 在距陶家屯车站西北约二里的黑林子附近出现四百名兵匪，他们抢夺财物，强奸妇女。公主岭守备队接到情报立即出动四十名警力前往清剿，可是当他们行进到黑林子附近被匪贼包围，情况危急，长春部队接到情报后紧急增援。

164. 奉天铁西青木砖瓦厂出现二三十名匪贼，有一"支那"人背部被击伤。

165. 在长春城内西四道街长春县公安局在押的五六十犯人越狱，并从看守人员手中抢走手枪六支，长枪一挺，子弹数百发。越狱者中有二十七人被逮捕，二名被击毙。

（译者尹晓磊　东北师范大学外国语学院教师；李书源　吉林大学文学院教授、博士生导师）

旧址与文物

关于满铁长春公学堂

赵　洪

【内容提要】本文通过对满铁长春公学堂的介绍，对这一段历史有一个新的了解和认识。也本着对历史负责的态度，纠正过去关于长春公学堂与长春室町小学的一些模糊概念，以还其历史本来面目。

【关 键 词】满铁　小学校　公学堂　历史

日俄战争结束后，日本以"胜利者"的身份，取得了沙俄在中国东北所拥有的部分权益，其中包括中东铁路长春至大连段及附属地，为了达到其长期占有以及进一步扩张的目的，在其刚刚脚跟站稳的情况下，便急不可耐地开始谋划关于殖民地教育体系。于是，1905年4月12日，日本辽东守备军政长官、陆军少将神尾光臣，根据在台湾推行殖民地奴化教育的经验，对各日本侵占大连后设立最早的小学地军政委员即军政署长发出训令，鼓励在占领区设立学堂，讲授日语。训令称："目前各军在军事上需要做好的工作虽然很多，但同时致力于疏导清国官民勤于职守和生产也是当务之急。其中首要的任务应是教育事业。"这是日本占领旅大后发布的第一道对中国居民进行奴化教育的命令。1906年，日本政府也声称："我国对满教育的目的是通过教育促进日满的文化融合、互相亲善和共存共荣，永远维护远东的和平。"同年3月31日，"关东州"民政署颁布《关东洲公学堂规则》规定："公学堂以向中国人子弟讲授日语、进行德育，并传授日常生活需要的知识和技能为办学宗旨。"

首任满铁总裁藤新平在入主满铁后，就迫不及待地提出了"文装的武备"这一殖民主义统治策略。所谓的"文装的武备"这个词，随着时间的流逝其具体内容也逐年有所不同。最初的"文装武备"简而言之，就是用文事设施，以备外来的侵略，能够在突发事变时兼可有助于武力行动。后藤新平的这一主张，形象地说，就好像是用文人的外衣裹着一个体格强健的军人。但有一点是可以肯定的，后藤新平就是要在中国的东北通过以发展经济力量的方法，来达到增强军事实力的目的，而不是赤裸裸地去加强军事力量。其实在他的"文装的武备"统治策略中还有另外一种含义，就是要把其在台湾所施行的惯用手段"王道与霸道"更好地运用于满铁的施政管理之中。后藤新平从一个殖民扩张主义者的立场出发，认为"帝国的殖民政策就是霸道"，就必须是以强硬的手段来加以推行和实施；但同时又应不失适宜地推行"王道"。所谓"王道"，就是要通过以"发展经济、学术、

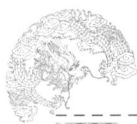

教育、卫生等"，达到"建设一个广义的文明社会"。后藤新平也正是妄想通过这些具体的措施来达到笼络人心，磨灭中国人民的民族精神，"使之皈依帝国"。这里的"王道"只是一种手段，具有极大的隐蔽性和欺骗性。而"霸道"才是根本的目的。就是要把满铁所能达到的区域，统统地变成日本的属地。正是在这种"文装的武备"的思想指导下，满铁建立了一系列的科技、文教、卫生设施。尤其以开办学校，进行殖民主义的奴化教育，为日后长期殖民统治培养人才，这种思想与日本政府的殖民地教育体系不谋而合，不难看出其思想已超出一个企业的经营范筹，完全是一种赤裸裸的以经营企业为幌子的政治及文化侵略。在满铁沿线附属地内开办公学堂更是其"文装的武备"思想的一种体现。

满铁附属地公学堂的开办，既想进行殖民奴化教育，又担心引起中国人的抵制。所以多从施以"德政"笼络人心及传播日语的角度考虑。1909年6月(明治四十二年)，满铁特设第一所中国人学校——盖平公学堂。在11月3日的授旗仪式上，满铁第二任总裁中村是公训词说："夫施德教，授实学，培养有用而善良的人才，此乃本官殷切期望于学堂教育之处也。望教职员及学生等体察本官之诚意，努力锻炼身心，振兴学风……"。1910年满铁又在熊岳开设了第二所公学堂，此后便不断地在满铁沿线的主要附属地内兴建公学堂。在满铁经营的前10年中，满铁为铁路沿线附属地投资500万元建立了10所供日本儿童学习的小学和8所供中国儿童教育的公学堂(后又增加抚顺和松树两所)。1914年3月31日又正式公布的《南满铁道株式会社公学堂规则》，"规则"中对公学堂的办学宗旨是表述为："注重学生身体的健康成长，施之以德育，授之以实学，并使之学好日语。"所谓"德教"，其实就是加强"亲日教育"。对中国人的日语教育，在满铁附属地也是给予特别的强调和重视，按中村的话说就是："要做到在满铁沿线，日本人所到之处，只讲日本话就可以办事"。同时，在日本国内广招教员，并许以各种优惠条件，为其长期殖民统治服务。

南满铁路附属地公学堂一览

校名	所在地	设立年月	班级数	教职员数	学生数			
					初级	高级	高级预科	合计
盖平共学堂	盖平	1909年7月（明治四十二年）	1925	6	9	200	57	——	257
			1928	5	7	172	52	——	224
熊岳公学堂	熊岳城	1911年10月（明治四十三年）	1925	5	16	152	24	——	176
			1928	5	7	147	43	——	190
长春公学堂	长春	1912年11月（大正元年）	1925	8	11	265	102	60	427
			1928	8	11	358	70		428

（续表）

瓦房店公学堂	瓦房店	1913年3月 （大正二年）	1925	5	7	197	40	——	237
			1928	5	7	212	47	——	259
开原公学堂	开原	1914年4月 （大正三年）	1925	8	12	164	52	——	216
			1928	8	11	254	56	——	310
四平街公学堂	四平街	1914年6月 （大正三年）	1925	6	8	239	65	——	304
			1928	6	8	247	68	——	315
公主岭公学堂	公主岭	1916年3月 （大正五年）	1925	5	7	189	24	——	213
			1928	5	7	184	51	——	235
奉天公学堂	奉天	1919年11月 （大正八年）	1925	8	12	243	48	45	336
			1928	9	12	337	78	——	415

　　长春公学堂是满铁所办第三所公学堂，于1912年（大正元年）11月1日创办，其全称为"南满洲铁道株式会社长春公学堂"。1913年元月至2月22日招收首批学生，免收学费及一切杂费，校方负责免费住宿，但伙食费自理，每人每月交小洋三元五角。学生家庭如住满铁沿线，节假日还可享受免票待遇。学堂学制为初级和高级两级制，初级4年，高级2年。初设堂长一名（堂长饭和氏，1915年堂长为日本人熊田隆，舍监佟竹忱），日籍教师4名，中国教师4名。设8个班级，教职员为11人，1925、1928年共招收初级班学生623人，高级班学生172人。另外，1925年为了方便附属地以外的中国学生初小毕业生的升学，还设置了高级预科班，该班学生共60人。学堂设有修身、国文、习字、算术、日语、唱歌、体操、手工、图画、裁缝(限女生)等课程。学生除必须学好日语课之外，唱歌、图画和手工，则完全采用日本内容和日本风格，就连算术课的例题也都明显地透露出日本文化的气息。对修身和国文两科,他们下的功夫更大,抓得更紧,尽最大能量地施展其文化侵略伎俩，奴化教育色彩极为明显。1912年，日本人在大连成立了一个"教科书编纂委员会"。教科书编纂委员会的编辑长由日本人今井顺治担任,中堂谦吉任副编辑长。经过一年时间编出了新的教材《汉文读本》,由日本大阪书屋仿照商务印书馆所出教科书装帧的原样印刷销售。一战结束后不久，日本的经济飞快发展起来,情况就不同了,金州公学堂堂长岩间德也跑到关东厅大肆煽动："欲灭中国固有之文化，当由教科书始"，日本当局听其言，委其责，让岩间德也联合满铁学务课，于1922年成立了一个"南满洲教育会教科书编辑部"，今井顺治为专职编辑长，岩间德也任中文科编辑主任,今井茂（满铁学务课人员)为主稿委员，聘傅立鱼为名誉委员，一些中国教师为编辑。由初等和一年级起，每年编两册，花六年时间编完初、高等教科书共十二册，称《中国文教科书》，在满铁附属地所属公学堂推广使用。由此日本军国主义分子把一般概念的奴化教育，公开推进到"皇民化"教育。学校中的一言一行，都是为了效忠于日本天皇，必须学好日语，杜绝中国文化，积极为日本霸占全中国做准备。长春公学堂成立之初暂设于长春日本领事馆院内，后在附属地建一校

舍，位置在附属地东一条通（今东一条街）与室町二丁目（今天津路）、东二条通（今东二条街）、大和通（今南京大街）、浪速町二丁目（今芷江路）等五条街路之间（其中包括现在的宽城区进修学校、原九十二中学现四十八中分校），为一层建筑。因最初正门开在室町一侧，所以初始登记时为"室町"。西侧与满铁长春室町小学校（长春小学校、长春满铁小学校、长春日本小学校）相邻。由于其初始登记为室町，以至于后人多将其与室町小学校相混淆，将1912年成立的"满铁长春公学堂"错误的视为"室町小学校"的一次更名。在《长春市天津路小学简介》中，就错误地介绍到"长春市天津路小学始建于1908年，最初名为长春小学校，1912年改称长春公学堂，1921年改名为室町小学，1936年改称新京大和通小学校，1945年更名为中心国民学校，1954年改为天津路小学"。2008年5月16日在庆祝长春天津路小学百年华诞时，《吉林日报》一篇题为《往昔辉煌》的文章中，将公学堂与室町小学校亦混为一谈。由长春出版社出版发行的《镜头里的长春》一书中，亦错称"长春公学堂旧址即现在的天津路小学所属校区""是日本人为方便其侨民子弟而创设的学校"。其实同为满铁所办的公学堂与室町小学校是有着本质区别的。所谓的"公学堂"是专门为中国儿童所开办的学校。而满铁长春室町小学校则只招收日本儿童，其中少有中国、俄裔儿童进入其内，但要经过校长批准，而且严格控制。

满铁长春室町小学校（图一）

1932年伪满洲国成立后，将伪首都设在长春，并将长春定为"新京特别市"，满铁长春公学堂则随其改名为"满铁新京公学堂"。更名后的公学堂还继续循满铁的教育体制办学，直到1937年（伪康德四年）12月1日，伪满政府撤销治外法权及附属地行政权后，将过去满铁对附属地内的中国人和朝鲜人就读的学校全部移交给伪满洲国。"满铁新京公学堂"也随之更名为"新京大和通国民学校"。而满铁所办的14所日本寻常小学则继续由满铁经营，未交由伪满政府，室町小学的名称也未改变。1938年，伪满政府实施新学制，根据新学制规定，将分离改编初级小学校为国民学校，高级小学校为国民优级学校。"新京大和通国民

满铁长春公学堂校门（图二）

满铁长春公学堂（图三）

民学校"随改为初级小学校，为单级学校（一至四年级）。

新中国成立后，该学校改为长春市南京（大街）小学至今,其校舍经多次翻建，由最初的一层改为二层建筑，后又改为三层，2010年又将原三层校舍拆除，原地又复建三层新楼，同时将宽城区进修学校办公楼划归该校作为教学楼。随着近百年历史的变迁（至明年整一百年），原公学堂建筑连同其名早已被后人所遗忘，这段尘封往事也化为历史烟云，慢慢地飘散消失在无尽的宇宙长河之中。

本文通过对满铁长春公学堂的介绍，希望能对大家对这一段历史有一个新的了解和认识。同时，也本着对历史负责的态度，纠正过去关于长春公学堂和长春室町小学的一些模糊认识，乃至错误的观点，以还其了历史本来面目。

一、证实了长春市宽城区南京小学的前身为"长春公学堂"，使该校的历史得以还原，建校的时间得到接续和前提。同时也确定了该校的准确位置。

二、长春公学堂是满铁在其附属地所建十所公学堂之一，也是满铁设在长春的唯一一所招收中国儿童的学校。

三、长春公学堂1932年更名为"新京公学堂"。1937年（伪康德四年）12月1日，伪满政府宣布撤销治外法权及附属地行政权后，"新京公学堂"移交伪满政府，并更名为"新京大和通国民学校"。

四、长春小学校为最初名称。是一所专门招收日本儿童的学校。1921年（日本大正十年），长春满铁附属地的街路皆改为日本名称，长春小学校也随改名为室町小学，之后一直未变，直到伪满洲国垮台。

（作者赵洪　中国钱币学会会员、吉林省钱币学会理事、长春市政协文史专员）

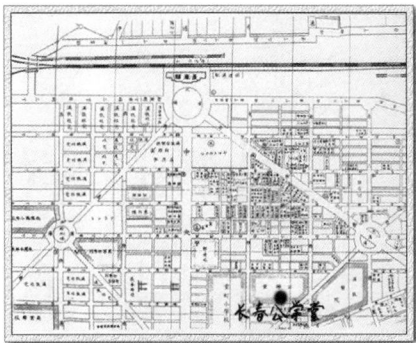

1929年长春附属地地图中的长春公学堂位置（图四）

满铁新京公学堂（图五）

图六

图七

从日本外务省与驻华领事馆密电揭秘

日本承认伪满洲国内幕

周　波

【内容提要】本文以"伪满洲国成立前后日本对其外交设想、中日两国在国际联盟的交锋、在承认伪满洲国问题上与英美等国的博弈、日本在外交上正式承认伪满洲国"四个部分，通过研究同时期日本外务省与驻华各领事馆的往来密电，剥去日本侵略者的谎言外衣，揭露日本怀着不可告人的目的承认伪满洲国的真实内幕，以及侵占中国东北，奴役东北人民的罪恶目的。

【关　键　词】日本　密电　揭秘　内幕

日本帝国主义在经过一系列精心准备后，发动了"九一八"事变，随后，又纠集溥仪等大小汉奸，建立了伪满洲国。但碍于世界舆论的谴责、英美等国的干涉和中国国民政府的反对，日本对他们一手炮制的伪满洲国未敢马上承认，而是犹抱琵琶半遮面，经过一番外交折冲和利弊权衡，才羞羞答答地承认伪满洲国。

日本外务省与驻华各领事馆的往来密电表露了日本侵略者的真实想法，本文就是通过研究这些密电，剥去日本侵略者的谎言外衣，来揭露日本怀着不可告人的目的承认伪满洲国的真实内幕。

一、伪满洲国成立前后日本外交设想

在伪满洲国建立之前，日本方面对其外交就提出了设想，在1932年1月先后两任日本驻奉天代理总领事致外务大臣的绝密电报中就说："外交形式上新国家设外交部但其最高级职员全部采用日本人，要使其在军部内部指令下行动。""我方对新政权的统制有两个方面，一是深入到新政权机构本身，掌握内部实力；一是从外部进行控制。后者将是驻满日本领事馆之任务，即各领事馆对内作为满洲都督或高级委员之办事处，负有知事或地方长官任务，对外是派驻新政权之领事馆。"通过这两封电文可以看出，所谓新国家的外交部只是一个牌位，不仅最高级的官员要由日本人充任，而且要听命于日本军部，这就是要把新国家的外交权完全掌控在日本人手里。所谓日本驻东北各使领馆只是对外的招牌，实质负有地方长官任务，是日本对东北实行殖民统治的行政机构，这就戳穿了日本侵略者所谓建立东北三千万人民当家作主新国家的谎言。

日本虽然把伪满洲国视为"儿"国家，包藏着早晚将其吞并的祸心，更是把伪满外交视为囊中之物任意摆布，但为了欺骗社会舆论和广大东北民众，也不得不做些表面文章，有些做得太过火的地方连他们自己人都看不下去。当时日本驻长春总领事发给外务大臣的绝密电报中反映，伪满洲国外交部总务司长大桥忠一报怨说："最近频频传来日本在满洲各地增设领事馆或在保护朝鲜人名义下设置很多警察派出所以及日本集体移民之渡满计划等，事前未取得新政府之谅解而所谓单方面行事，从而给人恰似要将满洲之地日本化的印象的消息，为此，新国家要人中甚至有的怀有不快心情。姑且不论日本之国策将使满洲变成朝鲜第二，然而目前应考虑以某种形式预先使新国家谅解，给予不伤害为独立国家体面之印象。"这番话，应视为日本人自己绝妙的供词，把他们欲盖弥彰的心情惟妙惟肖地表现出来。

二、中日两国在国际联盟的交锋

"九一八"事变后的9月21日，中国政府代表向国际联盟秘书长递交了照会，控告日本的侵略，要求根据《国联盟约》第十一条召开理事会，处理满洲事变。9月22日，在国际联盟举行的理事会上，"九一八"事变第一次付诸讨论，中国代表要求：（一）防止事态扩大；（二）恢复原状；（三）决定赔偿。日本代表强调说："日本方面确信，通过直接交涉来处理本事件是可以期待的。"对此，中国代表在反驳中强调："对于自国领土被武力占领之国家来说，是不能进行直接交涉的。"9月23日，国联理事会主席就满洲事变向日中两国外长发出紧急通告，称："应避免恶化现状或有害于问题解决之一切行为"。同日，上海的重光公使在给币原外相的电报中，激烈攻击了陆军在满洲的行动，就事变的处理，陈述了如下意见：民国政府"首先将事件申诉于国联和《非战公约》，……此次事件将使日中两国长久处于实际上国交断绝之状态下，由于民国方面之策动，日本将受到世界舆论之谴责。"

1932年1月14日，国际联盟决定由英、美、法、德、意五国各派一名代表组成向现地派遣调查团，团长为英国人李顿。3月11日，国际联盟全会以45票赞成、2票弃权，一致通过决议案，阐明了不承认满洲国的方针。3月15日，国联调查团抵达上海。日本政府暂时停止对满洲国的承认，同时密切注视与警戒国联调查团的动向，这些动向由驻各地领事馆逐一报告外务省，而日本政府则对调查的过程予以巨大关注。

此时，日本关东军和议会一致要求立即承认伪满洲国。7月末，伪满洲国的驹井总务长官来到日本，疏通政府重要部门，促进对满洲国的承认，而刚刚成立的满洲国协和会也向日本派出使节团，竭力唤起舆论。就这样，争取承认伪满洲国的活动刺激了列国的警戒心，并使日本的派出外交官不胜忧虑，因此，斋藤首相兼外相及各驻外使臣对承认伪满洲国采取了慎重态度。7月10日，日本驻日内瓦联盟事务局长泽田在一天内两次发给内田外务大臣极密电文，第一个电文请求在李顿报告提出前不要承认伪满洲国。指出："若是此时立刻承认，被理解为是践踏去年以来的联盟决议精神的行为，估计对于我们的行动将更加遭到谴责和攻击。"第二个电文指出："确保我方在满洲的立场已定，适时地把它向'李顿'委员会提出，通过该委员会把它介绍给联盟，是为良策。"

由此可以看出，日本在南京政府向国际联盟控告的初期，极力排除第三方介入，不想

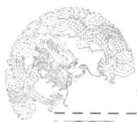

让国际联盟插手此事。后来，国际联盟派出调查团后，日本又想通过调查团向国际联盟做出对他们有利的报告，然后，通过国际联盟承认伪满洲国的现状，在某种程度上支持或默认日本对伪满洲国的承认。这样，既达到承认伪满洲国的目的，又未损害与英美等国的关系，做到两全其美。但，历史没有按照日本的如意算盘去发展。

三、在承认伪满洲国问题上与英美等国的博弈

日本侵略并独占东北，侵害了英美等国家的利益，因此，他们对伪满洲国的建立是持抵制态度的。伪满洲国成立后不久的1932年3月12日，日本内阁确定了《满蒙问题处理方针纲要》，追认了关东军建国的方针，同时在决定了的《伴随满蒙新国家成立处理对外关系纲要》中，采纳了担心国际关系恶化的芳泽外相的意见，确定了如下方针："对于新国家，帝国于目前尚不能从国际公法上予以承认，在可能范围内以适当方法给予各种援助，用来逐次导致其具备独立国家的实际条件，并努力促进未来国际承认的形势。"

同日，伪满洲国外交部部长谢介石向日英美法德意苏等17国通告伪满洲国成立，并要求与各国建立正常的外交关系。但因伪满洲国分明是由日本以军事力量炮制的，所以求得列国的承认是不可能的，这在当时的外交场合明显表现出来。例如，日本驻哈尔滨代理总领事致外务大臣的电报中说："第二天（3月11日）之祝贺（伪满洲国成立）晚餐会，对本地各国领事亦皆发了请帖，但他们答复说，没有本国训令不能列席。故除本官外无一人列席。"

美国政府还在日本军队占领锦州后的1月7日由史汀生国务卿致送日中两国内容相同的通牒中，就表明了不承认违反九国公约及非战公约的对一切原状的改变。6月23日，日本驻英美两国的大使在与外务大臣的密电通讯中透露了英美对日本承认伪满洲国的态度：美国的国务院长官希望不改变满洲的现状。英国警告："日本承认'满洲国'势必产生极其不幸而且毫无希望的一些纠纷。"7月6日，英国驻日本大使再次警告："日本承认满洲，而且若采取类如侵害海关的统一性之行动的话，日本将被从各国中彻底排除出来，陷于孤立，受到敌视。"这期间，日本驻巴黎国际联盟的事务局长于8月18日发电报给内田外相，再次要求对承认伪满洲国应慎重从事。同时，日本多名驻外使臣在给外务省的电报中表明了希望承认伪满洲国要慎重的意见。

侵略者的贪婪本性和对东北大好河山的觊觎之心，使日本就像被鬼迷了心窍，是谁的劝说也听不进去的。7月22日，面对驻外使臣的不同意见，内田外相在给驻外使臣的回训中说："驻外机构要体察上述（承认伪满洲国）宗旨，启发有关方面更加拥护帝国之立场。"在8月27日的日本内阁决定文书《从国际关系来看的时局处理方针方案》中，明确关于承认伪满洲国问题的对外方针："我对华关系将来会有种种波澜，尤其满洲问题，今后更会有许多难关。由于未来形势之变化，难以期待不发生国联方面或列国共同对帝国施加重大现实压力之险恶事态。万一出现上述压力，自不待言，我方将以实力予以排除，但为了应付这种局面，政府要及早做好各种准备，以坚强之决心和周到之准备处理今后事态。"应该说，这时的日本是"王八吃秤砣，铁了心"要不顾中国和英美各国的反对，不顾世界舆论的谴责承认伪满洲国，至于时间只是早晚问题。

四、日本在外交上正式承认伪满洲国

1932年7月12日，日本内阁针对承认伪满洲国问题，决定对国联调查团"以帝国有尽速承认之意向，但其时间尚难明确"来应付，如果调查委员要求在提出最终报告前不要承认伪满洲国时，则"以承认乃属帝国政府自身决定之事，不能与上述事情相关联而约定"来回答。同一天，曾任满铁总裁的时任日本外务大臣内田康哉在会见李顿调查团时，赤裸裸地说出了他的强盗逻辑："如果满洲与中国之间，保留某种关系的话，中国就会利用这一点，必然成为日后纠纷之根源。因此，唯一之方法在于承'满洲国'，同时中国也要把"满洲国"视为善邻。"7月12日，内田外相又向来访的英国大使表明了态度："日本至今未实行承认"满洲国"这一事实，却遭到种种非议。……我国对此舆论已经统一，……，如适当时机来临，即准备断然予以承认。"8月19日，内田外相在致日本驻英美两国大使的密电中，通报了关于承认伪满洲国的问题："武藤全权大使于20日离开东京赴满洲，到达该地后，即开始就与'满洲国'政府缔结日满议定书问题进行谈判，帝国依据该议定书的缔结承认'满洲国'。"8月22日，内田外相就承认伪满洲国的政府方针问题致电日本驻巴黎联盟事务局长："武藤大使到任后便着手与'满洲国'之间缔结条约的交涉工作。在上述缔结条约的基础上，以此为条件，决定我方正式承认'满洲国'。"

9月6日，日本内阁不顾国际社会的强烈反对，悍然决定承认伪满洲国。可以说，承认伪满洲国是日本既定国策。日本视"满蒙"为生命线，承认伪满洲国、图谋长期侵占中国东北是其侵略本性决定的，是历史的必然；至于什么时候承认，还要观察国际形势和世界舆论变化，还要在国际社会投机和钻营，争取把损害降低到最小程度，但这只是偶然的，改变不了最终承认的结果。

伪满洲国是日本在中国建立的最早也是最大的一个傀儡政权。日本在炮制伪满洲国之后，又相继扶植建立了冀东防共自治政府、伪蒙疆联合自治政府和南京汪伪等汉奸政权。这些国内投靠日本侵略者的汉奸集团之间演出了相互勾结、相互声援、相互承认的丑剧。同时，伪满的一切外交活动，实质上只是日本对外政策的组成部分。因此，轴心国集团成员国、德国和日本等扶植的傀儡政权以及一些拉丁美洲国家，共计17个国家，相继宣布承认伪满洲国并与之建立所谓"外交关系"，带来了中国东北地区事实上从中国分裂出去的结果，在国际社会造成极其恶劣的影响。

由于日本承认伪满洲国超出了列强在东亚的帝国主义利害关系所能容许的范围，便成为导致日本孤立于国际的决定性契机。1933年2月21日，国际联盟通过了李顿报告书的报告案和不承认伪满洲国的劝告案，3月2日，日本政府正式退出国际联盟。可以说，日本胆敢选择孤立于国际的道路，给其前途带来决定性影响，注定它会有最终失败的结果。

最能说明这个结局的，就是在承认伪满洲国之前的1932年8月25日，内田外相在议会上所做的外交演说中，以非常激烈的口气谈了自己的"信念"，他说："我国国民为了（承认'满洲国'）这个问题是举国一致的，即使把国家化为焦土也要彻底贯彻这一主张，可谓有寸土不让之决心。"可以看出，这时的日本为侵占中国东北抱着冒天下之大不韪和豁出一切的心态，然而，历史真的被内田言中了，仅仅13年后，日本东京、广岛、长

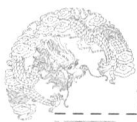

崎等大片国土，在美国原子弹和战略轰炸机的攻击下，真的成为焦土了。通过解密和重温这段历史，可以看出日本因二战所遭受的灾难确实是咎由自取，这对今天的日本右翼日益猖獗、在慰安妇问题上拒不认错、在侵略亚洲国家的历史问题上拒不反省、公然挑战二战后国际秩序等种种作为，也应该有很大的借鉴意义。

参考文献：

〔1〕爱新觉罗·溥仪著：《我的前半生》，群众出版社2007年版。

〔2〕孙继武、郑敏等编：《九·一八事变资料——日本外交文书选择》（第二卷），东北沦陷十四年史总编室、吉林省伪皇宫陈列馆编、2000年版。

〔3〕爱新觉罗·毓嶦，《末代皇帝的二十年》，中国社会科学出版社2000年版。

（作者周波　伪满皇宫博物院研究馆员）

日莲宗在侵华战争中倒行逆施的行为

目　贯

【内容提要】自明治维新以后，日本逐渐走上了对外侵略扩张的军国主义道路。
　　　　　　为了侵略扩张，他们在包括宗教在内的一切领域内强行推行自己的政治主
　　　　　　张，控制和利用宗教为其服务，蒙骗佛教徒去充当侵略战争的炮灰，挖空
　　　　　　心思阉割佛教经典，炮制侵略有理、杀戮无罪的歪理，在这些佛教宗派
　　　　　　中，日莲宗表现得尤为恶劣。本文以日莲宗为例，详尽论述了日莲宗的起
　　　　　　源、发展、推广和它在侵华战争中如何沦为日本军国主义的帮凶以及所实
　　　　　　施的倒行逆施的行为。

【关 键 词】日本　侵略　佛教　日莲宗　倒行逆施

自明治维新以后，日本逐渐走上了对外侵略扩张的军国主义道路。日本军国主义政府掌握着国家机器，在包括宗教在内的一切领域内强行推行自己的政治主张，使宗教成为发动战争的"助推器"，甚至赤裸裸地利用宗教组织为自己的侵略战争服务。在这些佛教宗派中，日莲宗表现得尤为恶劣。本文以日莲宗为例，详尽论述了日莲宗的起源、发展、推广和它在侵华战争中如何沦为日本军国主义的帮凶，以及所实施的倒行逆施的行为。

一、日莲宗的起源、发展和推广

日莲宗可以说是脱胎于中国，且影响力最大的天台宗派系。天台宗开创于南朝末年、隋朝初期，是信徒众多的佛法宗教。由于其创始人智大和尚常住天台山，故名天台宗。天台宗以"定慧并重"为本则，所著《法华玄义》《摩柯止观》和《法华文句》被奉为天台三大经。这三部经典也是天台宗的基础本教义，而天台宗的这些教义也成为日本佛教的本宗，当然也包括后来的日莲宗。因此，日莲宗可谓是与中国佛教有着千丝万缕的联系。

日莲宗创始人——日莲圣人诞生于1222年日本的安房国（今千叶县）一个极为贫困的渔民家庭。社会最低层的疾苦让圣人自小励志把救济贫苦众生视为己任。他12岁出家，16岁正式成为僧侣，并取名为"莲长"，先后求学于必睿山及奈良等地，专研当时最高的佛家教义。他刻苦求学，一丝不苟，在佛教方面专研严谨使其在32岁时大彻大悟，通过研读《法华经》，而领悟到了佛教的精华是潜藏于每个教徒的生命里最"宝贵"的所在，并确立《南无妙法莲华经》才是佛法教义中的最正确的精华经文教义。从此立宗，并改名讳为"日莲"。日莲尊者在创宗立派时，对天台宗也进行了判教理论，但在创建初期依然称自

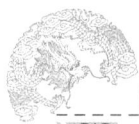

己为"天台沙门日莲"。

当时的日本正处于内忧外患、天灾人祸、连年五谷不收、瘟疫流行的年代。1260年7月16日，日莲大圣人向当权的最高权力者北条时赖提出了《守护国家论》《立正安国论》，谏诉这一切原因乃信仰了错误的宗教。他破斥了当时错误的诸宗派，进而预言若人民还是执迷不悟，日本会受他国侵略而幕府也会发生内乱。但镰仓时期的日本，净土宗、禅宗是官方承认的正法宗派，日莲尊者的新派宗教受到当权者及其他宗派的大肆抵制，日莲大圣人也因此触怒了镰仓时代宗教界和幕府当局，最终被流放。

大赦后，日莲尊者隐居，并潜心从事著书立传。不断充实和发展自己的新宗派。并在这一阶段写出了《观心本尊钞》及《开目钞》等著作300余种，同时也在这一阶段以法华经为核心的教义完善并加以传布。日莲尊者不断鼓励其信徒，坚守本宗教义佛法，而当年其鼓励信徒的书简也成为其佛法教义中的"圣书"被后世信徒膜拜。

日莲尊者来自社会最底层，深知人民的疾苦，所以日莲宗传布的佛法在底层社会迅速得以推广，这深深地触动了其他教派的利益，日莲因此受到了常人难以忍受的磨难，其信徒也往往受到其他教派的抵制，可以说，日莲宗在创派之初受到了其他教派所没有经历的磨难。但随着日莲宗教派的不断壮大，日莲宗逐渐成为举国上下认同的佛法宗教，信徒广布，《法华经》也成为日本的主体佛法经文被广为传播。1282年9月，日莲大圣人自觉大限将至，将一切托付给他的第二代弟子日兴上人后圆寂，享年61岁。后来，日莲的弟子分成许多宗别，近代日本新兴宗教的几十个教团，有70%属于日莲系。

日莲尊者出生于贫困之家，他治学严谨、刚直不阿、意志顽强，创办宗派之初历经磨难，因此，日莲宗以体察民情、普度众生为本怀。从传世的日莲宗佛教经文典故也可以看出：日莲宗不但是一个以慈悲为怀、普度众生的佛法形象，而且还是教导人积极向上的正面佛教宗派。

二、日莲宗如何沦为日本侵略中国的帮凶

综上所述，从日莲宗的起源、发展和推广可以看出日莲宗不但是一个以慈悲为怀、普度众生的佛法形象，而且还是教导人积极向上的正面佛教宗派。那么这样一个佛教宗派如何沦为日本军国主义侵略中国的帮凶呢？我个人认为，总结起来主要有以下几个因素。

1. 在战争狂热的鼓噪下，日莲宗迎合并追随军国主义思想，佛教的法西斯化也不断加速和深化。

晚清时期如同日莲尊者所处的镰仓时期一样，社会动荡，各处起义揭竿而起，外忧内患不断，特别是中日1894年甲午战争后，日本得到大清国巨额赔款，国力极具膨胀，日本军国主义者大力煽动战争狂热，开始走上对外侵略扩张的军国主义道路，所有的一切也波及到了日本的佛教界。

从总体上看，20世纪前半叶，日本佛教的绝大部分宗派都积极追随军国主义政府，提倡迎合统治者需要的"忠皇爱国"思想，宣传"护国"精神，为政府推行军国主义政策、建立法西斯集权统治和对外发动侵略战争服务。它们用佛教思想美化法西斯统治，将侵略战争说成是"以大道征服不道"。

尤其是中日战争爆发后，日本政府近卫内阁颁布总动员令，并颁发扼杀一切反战言行的《言论、出版、集会和结社等临时取缔法》等一系列战时法规，要求"举国一致，尽忠报国，扶助皇"。佛教各宗各派纷纷举行效忠集会，向天皇表忠心，表示要"振作国民殉国精神，奉献报国诚之心"，"发扬皇道宗教之真谛，奉戴圣战之宗旨"。此后各寺院布教，竟大肆宣传"尊皇即奉佛""皇军是为完成统治全世界的圣业而战""皇军所至，宇宙经轮回转""天皇必胜，神国必胜"。

随着侵华战争逐步扩大和深入，日本佛教的法西斯化也不断加速和深化。日本全国"佛教恳话会"被改组成"佛教联合会"，规定每月月半为"托钵修行日"，向战死日军行"慰灵法会""效劳大会"。各宗派还联合成立了"兴亚宗教同盟"，其总裁竟是陆军大将林铣十郎。军方完全控制了佛教。

太平洋战争开始，日本国内又成立了全国性的"完成大东亚战争宗教赞翼大会"，由特别成立的"宗教团体战时中央委员会"领导"战时教化"。各宗派的教化指导员纷纷奔赴学校、工厂、城镇、乡村从事"思想善导"，"启迪国民宗教之心，培养坚韧不拔的精神，做忠良之臣民"。

战败已成定局，教化人员还在宣传"誓死效忠，一亿玉碎"。至于寺院被征为军队驻地，僧侣被赶往军工厂日夜"勤劳报国"，更是普遍的现象。

2. 在日本法西斯分子的鼓噪和军国主义骨干分子的引导下，日莲宗逐渐走上了倒行逆施的畸形发展道路。

随着战争的扩大，日莲宗的右翼势力蠢蠢欲动，他们不顾佛法道义，用心险恶，积极鼓吹战争狂热，一切宣传都为日本政府推行法西斯化铺路，妄图把佛教徒引入歧途，将日本佛教徒沉入侵略战争的漩涡。

日莲宗和尚田中智学（1861—1939，东京人）早在中日甲午战争时就组织佛教徒为日军念经祈祷。战后又倡议不尊佛祖而改尊天照大神，鼓吹"必须让日本去统一宇内，让日本最终地永远地成为宇宙人类灵魂之巨镇，世界万邦朝仪的大戒坛，王佛冥合的理想世界。"其狂热的征服世界的邪说，引起了日本右翼政客和少壮派军人的极大兴趣，即由山梨县身延山久远寺的和尚井上日召（1886—1967）出面发起成立"一人杀一人"的"血盟团"，为日本政府推行法西斯化铺路。

田中智学又在日莲宗内组织建立了法西斯团体"国柱会"，以"内固祖庙中心宗门统一之基，外启王佛如一法国冥合之猷运"为宗旨，自任总裁。国柱会的骨干分子石原莞尔（1889—1949）是"九一八"事变策划人之一，他从日莲宗的经文《撰时钞》里找出"一天四海皆归妙法"等句，宣称"日本是佛教正法源头"，妄说日本人能以"一乘妙法统一亚洲、统一世界"。这一谬论后来竟成为日本建立"大东亚共荣圈"和发动太平洋战争的理论依据。

正是在这些日本法西斯分子的鼓噪和军国主义骨干分子的引导下，日莲宗才逐渐走上了倒行逆施的畸形发展道路。

3. 利用最早的中国大陆布教史和"满洲"传教经验扩张教线，使日莲宗成为侵华的主要佛教宗派而沦为日本对外侵略扩张的工具。

在日本佛教诸宗中，日莲宗感到自豪的是该宗有着最早的中国大陆布教史。然而这也成为了日本军国主义所利用的工具。

特别是贞松山的莲永寺，因日莲门下"六老僧"之一日持[1]的海外布教，更加觉得

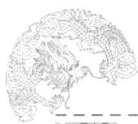

在中国传教问题上责无旁贷。日俄战争之后，莲永寺第35世小泉日慈继日持之遗绪，于1907年至满洲大连开设"日莲宗清国大连布教所"（后改称大莲寺）。至二战结束，该宗在满洲共有29个开教所和布教所，教线扩张至大连、旅顺、安东、鞍山、奉天、郑家屯、长春（新京）、哈尔滨、佳木斯、齐齐哈尔、四平街、延吉、平安镇、北安镇、牡丹江、营口、本溪等地。满洲之外，该宗在北京、上海、苏州等地也有布教所。

大连在地理位置上距离日本最近，九州移民来的人很多。该市90万人口中30万是日本人，所以日莲宗大莲寺的传教对象最初当然是日本人。大致到松村日量接管该寺后，开始向中国人传教。为此，该寺设立了"满蒙布教师养成所私立修养寮"，这就是后来称之为"满洲立正学校的旃檀林"。除大莲寺以外，小泉日慈还在旅顺创建白玉山日清寺，该宗的平间寿本于沈阳市（时称"奉天"）十间房建莲华寺。[2]据《战时下的佛教》一书记载，当时大连市内真宗西本愿寺派有布教师60名，东本愿寺派20至30名，曹洞宗20名，日莲宗15名，真言宗和净土宗也是15名，临济宗妙心寺派10名。此外新兴宗教中的天理教、金光教等也有人在此传教。

三、日莲宗在侵华战争中倒行逆施的行为

1. 充当帮凶，蓄意挑起事端

像在韩国和中国台湾一样，日本佛教的许多派别在日本帝国主义侵略中国期间扮演了帮凶的角色。日莲宗僧侣在侵华战争中也充分暴露出其帮凶的罪恶面目。

1932年1月18日下午，日莲宗和尚天崎启升、水上秀雄带上藤村国吉等三人，从上海江湾妙发寺出发，来到位于租界外的三友实业社门前，蛮横地向正在操练的中国义勇军辱骂和扔石头，中国工友起而还击，于是引发了"一·二八"淞沪事变。事后日方招认，这两名和尚是受驻沪特务机关长田中隆吉和间谍川岛芳子指使，蓄意挑起事端的。

2. 配合日本军国主义，打着佛教的幌子，进行殖民洗脑和奴化宣传

但就是这样以拯救苦难众生的佛法宗派，却在日本侵略中国时充当了帮凶，并利用自己的势力影响，协助军方对被占领地的民众，进行殖民洗脑，迫使其甘心被日本侵略者统治而麻木不敢反抗，在战争中充当了不光彩的角色。有些人甚至还打着佛教的幌子，充当起日本侵略者的间谍。

"九一八"事变爆发后，田中和他的门徒兴高采烈，发表了"解决满蒙危机"声明，主张乘机扩大侵略，以武力"彻底解决，实现国运兴隆"。同时派出僧侣赴中国东北地区，慰问关东军。田中智学还亲赴长春，向傀儡皇帝溥仪宣讲"王道本义"。

伪满洲国成立后，日莲宗在同年三月召开的第26次宗会上，管长酒井日慎便叫嚷道："当此之秋，满蒙大事屡屡发生，'支那'抗日之形势日益恶化，东亚天地忽然暗淡，遂至出动应征之义军。世界列国动辄误解我国之正义，而张猜疑之眼。……另外从'满洲国'之建设来看，今日宗门应率先扩大教线。"[3]酒井日慎既看到时局的严重性，又意识到伪满洲国的建立给日莲宗扩张教线提供了大好时机。酒井的声音是当时国内形势的反映，也是佛教界共同的心声。日莲宗宗务总监柴田一能在此观点上制定出施政方针，要求驻伪满的布教师趁"满洲事变"之机"慰问死守与匪贼战斗的帝国的生命线的忠勇义烈的皇军将士"。该宗还将"于十二月在东京举行国光宣扬、出征将士色心坚固大国祷"。柴田在报告书中说，日莲宗将大幅度提高在满洲布教的费用，准备制定对"大满洲新国家"

积极布教的方策，伴随着"王道主义新国家的发展"而期待着万无一失地发挥"立正主义"。

实际上，日莲宗在伪满的传教也是异常积极的。1935年（昭和十年）9月，该宗管长神保日慈亲自到伪满洲国布教，和陆军中将四王天延孝合流，"谒见"伪满洲国皇帝溥仪，激励开教使。他对溥仪说："'满洲国'应当同日本国携起手来，必须成为象万世一系的日本国那样的万世不易的国家。必须认识到《法华经》常住不灭的大精神为国民自体，从而达成五族融和之实。"〔4〕神保日慈宣扬的基本上就是日莲教团主张的"伴随着王道主义新国家的发展而发挥立正主义"的那一套理论。

为了配合战争达到"宣抚"的目的，日莲宗全面配合军方开展被占领地的文教，社会公益，特别是伪满洲国成立后，大量的日本驻军，移民急切需要佛教布道人员。日莲宗大量的培养传法人员，他们在中国各地开办专科教育、幼稚园、别院、妇人会、施药机构、劝业所、殡仪所等，几乎涵盖了能做到的一切，这些机构是以传播佛法的名义开展，实际归根结底还是"日满一家""日满亲善"的殖民宣传，以怀柔的形式让被占领地人民逐渐同化，逐步消除民心的抵抗。军方高层的背景及信徒广布，使得日莲宗侵华时期在伪满的势力急速膨胀，寺庙数量达到34座。

日莲宗所做的一切也使日本关东军为他们大开方便之门。日莲宗在伪满洲国建国寺庙数量的激增，均得益于日本关东军对这些佛教宗派纵容，不但在行政手续审批上大开绿灯，而且在寺庙占地拨划上也给日本僧侣最好的建寺地点，即使在战争物资吃紧时，日本的寺庙也可以得到大批的珍贵木料自行建设，日本僧侣在这种高人一等的坏境中竟将佛家的"众生皆等同"的佛家法则一概抛于脑后。

3. 协助日本关东军布教、施法，以鼓士气、安军心

1938年日莲宗宗务院发布的《开教规则》，在规定向北美、朝鲜、"满洲"、"台湾"、桦太等地区传教外，还特地提到向"北支"（中国北部）和"南支"（中国南部）传教。在此前后，该宗重要人物还多次专门来华巡教。如1927年的教学部长平间寿本（奉管长酒井日慎之命）、1932年小野日熹（风间日法管长的代理）、1936年的村云尼公、1938年和1939年的马田行启教学部长（望月日谦管长的代理）等，此外还有神保日慈、宇都宫日纲、铃木惠隆等。像其他各宗派一样，日莲宗也同关东军保持着密切的关系。如慰问驻屯军，举行战殁者慰灵祭等。布教使中的皇军慰问使和军队布教师都是通过宗命派遣的，他们享受着将校的待遇，可见地位很高。这些人还时常做演讲，鼓舞军队的士气，以安军心。

随着日本对朝鲜、中国的侵略扩张，佛教各宗也加紧组织对出战人员的家庭、战死者亲属的慰问和援助，对伤残士兵进行救护。此外还向前线军队派遣随军僧，让他们在战地传教、慰问士兵，为死者安葬和举行法会等。包括到战败后，到遣返，这一时期的日莲宗所面对的只有为死在中国的日本人做法事或帮助信徒遣返等琐事，包括川岛芳子死后尸体的收敛、超度都是日莲宗的和尚去做的。

4. 阉割佛教经典，炮制侵略有理、杀戮无罪的歪理邪说

在日本军国主义的鼓噪下，很多日本佛教徒都穿上军装，投身到侵华战争中。日莲宗等佛教宗派不顾佛法经典，在日本军国主义的指使和纵容下，还利用佛教真宗，向即将出

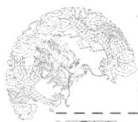

征的日本士兵灌输侵略有理、杀戮无罪的歪理邪说。

他们向出征士兵教喻："无论杀死多少敌人，也一点不违背佛意！"日军中的佛教徒

认为，信佛首先要忠君，他们不相信"阴阳轮回"和"因果报应"之说，认为只要身首不分离，死后都能成佛，无论恶行多大，也不会受到神佛的惩罚。因此那些穿着军衣的日本佛教徒在杀人、放火、奸淫时毫无忌惮，他们如同野兽，以虐杀为乐事，对妇孺老弱和伤员、战俘毫无恻隐之心。他们的佛教信仰已完全被法西斯军国主义的宣传所扭曲，慈悲行善的念头已荡然无存。在旅顺屠城和南京大屠杀中他们的表现与那些杀人不眨眼的日本军人又有什么分别呢？侵入浙江的日军烧佛寺、杀僧侣，也从不手软，致许多千年古刹被焚，和尚被杀不计其数，尼姑被奸又被杀，也屡见不鲜。

侵华时期带有日莲宗教义和日莲宗信徒签名
和誓言的日本国旗

四、结论

追溯历史，日莲尊者对元朝对日本民众造成的伤害义愤填膺，因此在上书镰仓幕府首脑北条时赖时曾明确指出自己对元朝入侵日本的愤慨之情，日莲尊者的言论对日莲宗的信徒无疑是一种意识的传承和灌输。而在日本侵华战争中，日莲宗一改抵御外敌入侵的佛法形象而变成助纣为虐的帮凶，不知道日莲尊者在天之灵看到会怎么去想？

那么是什么原因造成这些祖庭来源中国的日本佛教反过来协助日本军队侵略自己的佛教发源地国家呢？究其实质，是日本侵略者的侵略野心和罪恶本质，为了侵略扩张，他们的野心不断扩大，就连心如止水的佛教也不放过。他们为达到侵略扩张之目的，控制和利用宗教为其服务，蒙骗佛教徒去充当侵略战争的炮灰，挖空心思阉割佛教经典，炮制侵略有理、杀戮无罪的歪理，其倒行逆施的行为不得不引起我们的深思和警醒。

注释：

［1］日持生于建长二年(1250年)，骏河国庵原郡松野人，为松野六郎左卫门之子。曾登比睿山出家，文永七年(1270年)21岁时至镰仓投日莲门下。日莲入寂后与同门诸老僧共守祖庙。弘安六年(1283年)于骏河创建永寺。他时常打算至异域传教，于永仁三年(1295年)正月将后事托付给弟子日教，只身来到东北，取道奥州而至北海道，然后又至中国的东北和蒙古各地传教，因此被看作是日本向海外传教的先驱。

［2］据松村寿显著《日莲宗满洲开教状况》。

［3］中浓教笃编：《战时下的佛教》，国书刊行会，昭和52年第69页。

［4］《战时下佛教》第75页。

（作者目贯 长春电视台《发现长春》历史顾问、长春溥仪研究会会员）

末代皇帝溥仪夫妇居津活动遗址

张绍祖

【内容提要】本文重点介绍末代皇帝溥仪夫妇居津活动遗址。文中遗址分为五类。本文主要介绍一类和二类遗址。一类是居住遗址，如日租界大和旅馆、张园、静园、静安里等；二类是政治活动遗址，如老龙头火车站、日本驻屯军司令部、天津日本总领事馆、曹家花园、意国兵营、开滦矿务局、敷岛料理店、英租界码头等。

【关 键 词】末代皇帝溥仪夫妇　居津　活动遗址

1925年2月23日，经过日本公使芳泽的安排，在天津日本总领事馆人员和便衣特务的秘密护送下，末代皇帝溥仪乔装打扮成青年学生模样，由罗振玉父子陪同，从北京前门车站逃到天津。这一天是农历二月初二，俗称为"龙抬头"。2月24日，陈宝琛带着婉容、文绣以及留在日本公使馆的人员，连同宫女、太监、遗老遗少来到天津。1931年11月10日，溥仪由郑孝胥父子等辅弼，登上大沽口外的日本商轮"淡路丸"号，暗渡海河离津出关。11月25日，婉容由川岛芳子等策划秘密登上日本商船"长山丸"号出海经营口到大连与溥仪相会。溥仪在天津共度过了7个年头。溥仪居津期间的活动遗址有哪些？曾参与了哪些活动？这些遗址从1931年算起，至今80多年过去了，这些遗址发生了怎样的变化？本文试想回答这些问题，以飨读者。

溥仪夫妇居津期间活动遗址大致可分为五类。一类是居住遗址，如日租界大和旅馆、张园、静园、静安里等；二类是政治活动遗址，如老龙头火车站、日本驻屯军司令部、天津日本总领事馆、曹家花园、意国兵营、开滦矿务局、敷岛料理店、英租界码头等；三类是餐饮社交活动遗址：如利顺德大饭店、西湖饭店、国民饭店、起士林、正昌咖啡店、致美斋等；四类是休闲购物活动遗址，如大罗天、中原公司、惠罗公司、隆茂洋行、万昌古玩店、仙宫理发店等；五类是娱乐活动遗址，如明星大剧院、新民大戏院、天津赛马场、东局子、英租界球场、英租界高尔夫球场等。当然这种分类也不尽科学，相互也有交叉，只是有个分类，叙述起来条理比较清楚，阅读起来也条分缕析。

第一类：居住遗址

一、日租界大和旅馆

大和旅馆位于日租界花园街（今山东路北段）[1]。"大和"一词源自公元3世纪的

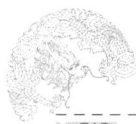

日本政权所在地的大和地区。是构成日本民族主体的民族，约占当前日本人口总数的99%（其余为阿伊努族与琉球族），主要分布于整个日本。有时成为"日本"的代称。因此该旅馆的名称具有浓厚的日本色彩。该旅馆所在的街道尚存，但大和旅馆旧址可能已不存，遗址尚未考证出。1925年2月23日溥仪到天津后，由日本总领事吉田茂安排先到日租界大和旅馆暂住。溥仪离京，立即引起报界关注，《申报》称："溥仪23日赴津，住大和旅馆，待船东渡。"转天，陈宝琛带着婉容、文绣以及留在日本公使馆人员，连同宫女、太监、遗老遗少来到天津。《申报》称："溥仪23日夕8点10分出京，住津大和旅馆。妻妾今晨8点行。陈宝琛等今申时行。日使馆有声明书通知政府。"载沣为溥仪的出行担心，与载涛商量，派大管家张文治赶往津门，打听溥仪下落，巧遇溥仪派随侍到北府报安，告知住在天津大和旅馆，准备近日出洋留学。载沣急匆匆赶到大和旅馆，不同意溥仪出洋，要其留在国内，溥仪只得叫人将已买好的船票退掉。载沣告知溥仪他也想与载涛、载洵一起迁居天津，以便有事随时商议。2月27日，溥仪告别大和旅馆，住进了日租界宫岛街（今鞍山道）张园。

溥仪夫妇1931年11月~1932年初住过的旅顺大和旅馆

大和旅馆遗址日租界花园街（山东路北段）
此为现山东路2号（2013年11月摄）

二、日租界张园

张园在日租界宫岛街（今和平区鞍山道59号），是前湖北提督、武昌第八镇统制张彪的别墅。其占地18亩，满园花草果木，还有假山、凉亭、水池、戏台和网球场地，三步一景、五步一画，林荫深处还有一个"百鸟笼"，高10米，饲养200余只鸣禽鸟雀。园中主楼平远楼系十楼十底，各房间都摆设了外国式家具，一楼前部为客厅及大餐厅，后部为文绣卧室，储藏室等；二楼为溥仪卧

溥仪念二岁寿辰与遗老名流合影于天津张园

室及小客厅，后部为婉容卧室及饭厅，溥仪选择的东侧房间及新床摆放位置，竟然与孙中山先生居住时一模一样！

溥仪来后房子不敷用，张彪又在此基础上添建三楼五间，为饭厅、游艺室及客室，在

园内右侧兴建平房四间，给溥仪的随从和下人用。楼前南面是假山、水池；西面为传达室、总务处、警卫室、汽车库；西北角有罩棚及戏台一座；东部为中西厨房、马圈、护军、差役宿舍等。

张彪虽年将七旬，仍尊溥仪为旧主，为禁止园丁靠近平远楼，每日清晨，亲自为溥仪洒扫庭院，精心安排溥仪的饮食起居。

张园原为游艺场所，仅戏楼就有2座。溥仪迁入后，西南的戏楼由护军占用，东北的戏楼夹在建筑物中，它的东北角连着一栋二层小楼，而西边紧挨着平远楼二层阳台，溥仪出入的楼门以及楼梯在此。张园院内还有条廊子，弯弯曲曲地由车库通到楼前再转到大门口。

平远楼原除地下室只两层，楼顶原为屋顶花园，左右两边是上、下楼的楼梯间；前后有一米高的水泥栏杆，溥仪就以此作为平台，在上边放十二节的蜈蚣大风筝。后平台上加盖一层作为娱乐场所，溥仪将立式收音

日本占领时期的张园

机放在这里，每天在这里收听新闻、音乐、戏曲等。婉容还在这里设宴，招待西洋女宾。溥仪生日"万寿节"曾在这里招待外宾，还请了韩炳谦表演"中国戏法"。张园林木中的鸟儿引起溥仪的兴趣，遂叫人买2支火药枪，在张园马号试枪。在张园大门口，站着3个巡捕和1个"白帽"，两人24小时不离。张园戏楼底下有扇门在北角上，开这道门，溥仪就能避开大门口的"白帽"和巡捕，到外边"微服私访"。

1926年2月25日，张园里最盛大、最隆重的节日，是溥仪的生日万寿节，也是封建遗老大聚会的日子。这天，溥仪就身着清朝龙袍，头戴祭帽，祭祀列祖列宗，然后接受皇族、王公、大臣们的叩拜。朝贺者人很多，有当地的，也有来自全国的，按官衔尊卑、亲疏远近，排班依次叩拜。朝贺者服装一致，大体是紫色或青色的长袍马褂。这种贺寿之举，其实就是当年中国封建复辟势力的大示威。

1927年初，张彪因患癌症卧病在临近张园的宏济里8号住宅。溥仪亲自来探望他，并让他的御医俄国大夫，为其诊治。9月13日张彪病逝后，溥仪曾赠其"忠恪"二字，以示皇恩。

1929年日军看中张园，想强行收买作为军部使用。日本人为把溥仪迁走，派川岛芳子同张彪的儿子商洽，张家8兄弟也想将张园出售，各得一份财产，分道扬镳，派张挺向溥仪要房租，每月支付700元。溥仪回忆

张园（今鞍山道与山西路交口2013年11月摄）

录里说："后来张彪死了，他的儿子拿出房东的面孔要房钱，我也嫌他的房子不好，于是又搬到了陆宗舆的'乾园'"。

溥仪离开后，张彪后人以18万元将张园卖出，成为了日本驻津高级军官和高级特务住所。1934年日本将旧楼房拆除，重建了一座二层楼房(即现存楼房)，作为日军军部。解放战争时期，张园是国民党天津卫戍司令部所在地，新中国成立后曾是中国人民解放军军管会所在地。后来张园曾是天津日报社的一部分、天津少儿图书馆等。1982年7月张园被列为市级文物保护单位。

三、日租界静园

1929年7月9日，溥仪由张园迁至前驻日本公使陆宗舆位于宫岛街协昌里（今鞍山道70号）的私宅乾园，陆宗舆则搬到石山街（宁夏路）居住。溥仪把乾园的名字改为"静园"，取有静观变化，静待时机之意。

溥仪、婉容、载沣等在静园合影

静园与张园都在日租界，相距500米，于1921年建造，占地3360平方米，建筑面积2062平方米。建筑形式为西班牙式。沿街为红筒瓦白墙，门楼带有日本风格。有三道院子：前院、后院、西跨院，但面积只有张园一半。静园主楼比张园宽大一些，主楼是二层、局部三层的砖木结构。主楼入口处为三层，外檐逐层向里退缩，红筒瓦门廊出檐很大；二三层为带有红筒瓦栏墙的平台。底层有大餐厅、酒吧间、配餐室、会议室、会客厅等。二楼东部为溥仪的卧室，西部为婉容卧室、北部为小客厅、书房及储藏室等。前院有花园，后院有小游廊联通着一幢内廊式二层砖木结构楼房，称为西楼，楼下为办公室，二楼南部为祠堂及佛堂，北部三小间为文绣卧室，两楼二层中间有通道可供来往，溥仪常到婉容房里，却很少光顾文绣住所。溥仪在静园的生活和张园差不多，到英租界购物，到起士林吃饭、骑马、开汽车，到跑马场观赏游乐。

刚迁进静园，溥仪就命人修网球场，因在园内找不到太宽敞的地面，只好安设在静园主楼东门外侧一处狭长的地方：一头紧靠汽车库，另一头挨着厨房南墙；一侧靠在主楼台阶之下，另一侧直抵静园围墙。修筑网球场地的程序和技术要求，要先把地面刨了，土要过筛子，只留细面搀上石灰，用耙子耙平，再喷水洇湿。当上面可以站人时，铺上麦秸，先用二碌子再用大碌子压，再上一层红土再压，压到用脚碾也不出土末为止。

静园（今鞍山道70号2013年11月摄）

这一年，是静园网球运动的高峰期，溥仪请了许多网球明星，由单纯训练到组织比赛，由单打到双打，由静园内部赛到吸收外界人士召开运动会，有四川人吴少香，租界的日本人也常来参加，除日本人大崎外，还有日本驻天津部队上尉参谋吉冈安直。吉冈是陪同日本驻屯军司令官去静园拜访溥仪时，与溥仪相识，后又因司令部经常派参谋来给溥仪讲时事，完事和溥仪打网球，逐渐与溥仪成为"球友"，两人打到兴头上，脱去上衣赤膊上阵。

网球是户外运动，严冬之际则无法进行，教练林宝华[2]看出溥仪兴致未尽，入冬后建议在书库北面搭起一个大席棚，棚壁以"沙高"组合，设置了打羽毛球的全套设备，并安装了电灯，成了风雨无阻的羽毛球运动室。

1931年11月溥仪婉容夫妇相继出走后，静园几易其主，日本投降后，静园成了国民党天津警备司令陈长捷的居所。解放之后作为单位宿舍，历经多代住户，唐山大地震后多处结构遭到破坏，成为危房。至腾迁修复前，共有45户人家。2005年8月，静园被列为天津市特殊保护级别历史风貌建筑，进行了保护性腾迁和整修，于2007年7月正式对外开放。

四、静安里

静安里（曾为惠安里）在和平区东南部，南海路北段东侧。属民园街道办事处。西起南海路，东端不通行。长30米，宽3米。沥青路面。1919年英租界填土垫地，是年路小嘉在此建房成巷。末代皇帝溥仪之妃郭布罗·婉容之父郭布罗·荣源（1884—1951年），达斡尔族，正白旗人。其与北京盐业银行经理岳乾斋一起于20世纪10年代在天津共同组建了荣业房产公司，在南市地区占地170亩，建有荣吉巷、荣福巷、荣平巷、荣贵巷和荣厚里(今蓉芳里)等，共建有

南海路静安里婉容居住遗址（2013年11月摄）

房2500多间。至今南市还保留有荣业大街之名。据说婉容曾在天津教会学校念过书，她来津时与随行人员住过静安里，笔者走访当地居民，他们听说过此事。该里取清静平安之意命名。1982年因重名更名惠安里。两侧为砖木结构三层楼房。居民21户，80人[3]。近年惠安里被拆掉，盖起了一座小洋楼。

第二类：政治活动遗址

一、老龙头火车站

老龙头火车站旧址在一经路北端．建于清光绪十八年（1892年）。1888年天津至唐山铁路通车，车站起先设于旺道庄。1892年延伸至老龙头，初称"老龙头车站"，后改称"天津车站"，俗称"天津老站"。当时站内有花车房、机车房、候

天津站（前身老龙头火车站）

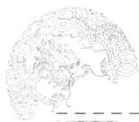

车房、公车房、站台等，是天津市区建造最早的铁路车站。1900年6月间，义和团为了保卫天津，抗击八国联军进犯北京，曾与敌激战于此。老龙头火车站作为中国最老火车站之一，于1988年进行了大规模改造，2008年建成了天津站交通枢纽工程。1978年前天津站候车室只有1000平方米，只能容纳500名乘客。2008年天津站交通枢纽改扩建工程基本完工，高架候车室包含站台层及高架层，总建筑面积2.06万平方米，可容纳8000至1万名旅客。

　　1925年2月23日，溥仪向芳泽夫妇辞行，一起合影，送给竹本银瓶一个。随后溥仪着便装，由池部书记官陪同，出日本使馆后门，在天津日本领事馆人员护送下，乘马车到前门火车站，郑孝胥、罗振玉父子随行前往天津。溥仪在天津老龙头火车站下车后，由日本驻天津总领事吉田茂带领几十名穿便衣的驻屯军士兵接站，因出站口人多，这群穿青衣的便衣蜂拥而上，把溥仪裹在中间护送出站，吉田茂安排溥仪先到日租界大和旅馆暂住。1926年11月12日第39期《北洋画报》以《溥仪出走纪实》为题报道了溥仪被逐出宫后从北京到天津的全过程，称："幸而一路来并没委屈受惊，且能于几个钟头的短时间，逃出了他的心目中所谓可怕的北京，安抵津门。这也算是近年来的一出有叫座能力的拿手好戏哩！"

1892年的天津老龙头火车站

二、天津日本总领事馆

　　天津的日本领事馆则开设于1875年，是日本在华北地区设立最早的总领事馆，管辖区域为直隶省、山西省及察哈尔都统管辖内蒙古一带地方。1875年9月29日日本政府派遣副领事池田宽治、外务三等书记生水品梅处到天津建立领事馆，但因当时日本自身实力不足，只是租用一个美国寡妇的房屋开设事务所，两年后才在紫竹林新设领事馆，构建日本进入华北的据点。1879年池田宽治由

天津日本总领事馆

副领事升格为领事，另有两名书记生，共同处理领事馆事务。1894年中日两国因朝鲜问题而关系日益紧张，战争一触即发之际，荒川巳次领事于1894年8月宣布天津领事馆闭馆，带领使馆人员及其在留的日本人撤回国内。直到1895年6月中日两国恢复谈判后，天津的

日本领事馆才又重新开馆。它是日本在天津设立最早的官方机构。1909年迁入日租界内。先在荣街（今新华路）17号设立临时事务所，同时在宫岛街（今鞍山道）和花园街（今山东路）拐角处建设新馆，1915年建成后转移至此。而原来英租界的领事馆厅舍则成为历届总领事之官邸[4]。

溥仪在天津期间对外交际很广，主要和日本人往来，日本驻天津驻屯军司令官高田丰树以及历任驻屯军司令官都和溥仪常来常往；日本驻天津总领事吉田茂、副领事白井康和他们的继任者也都是溥仪的常客。宴请，是他们交往的重要方式。日本国内来人一定要拜会溥仪；每逢新年或溥仪过生日，日本领事官和驻屯军的将军必定到张园祝贺；日本天皇过生日即所谓的"天长节"，溥仪也必须到日本领事馆或驻屯军司令部

天津日本总领事馆遗址（今鞍山道与山东路口）

表示祝贺，他们也邀请溥仪去参观阅兵典礼。日方有所举动时，也邀请溥仪出席仪式，如参观日本军舰、参观日侨小学校、参观日本学生运动会等。一次日本总领事吉田茂请溥仪参观日本侨民小学，日本小学生手持纸旗，夹道向溥仪欢呼万岁，这个场面使溥仪热泪盈眶，感叹不已。

1928年初溥杰的不辞而别让其父载沣着急万分，他拿着儿子留下的信，急急忙忙来到张园找溥仪。哭着让溥仪无论如何也要把溥杰追回来。溥仪也不愿让溥杰到张学良手下从军，于是就到天津日本总领事馆找到日本驻天津副领事白井康，让他想办法找回溥杰，白井康答应了溥仪的要求，马上和大连日本关东厅联络，如果溥杰坐船登陆，便可拦他并送他回来。白井康和关东厅的翻译中岛比多吉取得了联络，中岛便来到大连日本水上警察署，带着四五名日本警察来到码头守候。后来傅杰在旅顺大和旅馆住下，每天都有日本警察监视，十几天后，溥仪派徐良来到大连，溥杰和他一起回到了天津。

三、日本驻屯军司令部

天津日本驻屯军是于1901年4月22日到达天津的，最初仅有1700余人，1901年各地合计有兵力2600人。1902年初清廷回銮，各国开始减少驻军，日本也分两期撤退，1908年10月，天津日本驻屯军变为步兵2个中队。日军最初是驻扎在英租界，并开始在海光寺建设兵营和司令部，1902年转移至此。第一任司令官为大岛直久中

天津日本驻屯军兵营正门

将，该部队不仅有步兵、骑兵、炮兵、工兵、野战医院，还有一个军乐队。1912年清政府驻屯军改称"中国驻屯军"，又因常驻在华北地区，又称"华北驻屯军"[5]。

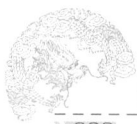

1929年4月29日，天长节，日本驻屯军司令植田谦吉邀请溥仪，以及日租界其他寓公曹汝霖、陆宗舆、靳云鹏等，植田司令官特意骑马过来向溥仪敬礼，阅兵结束，这些人同日本人一起高呼"天皇万岁"。一次溥仪到海河边游逛，眺望河心里的日本兵舰，"藤舰"舰长莆田见是溥仪，便亲自上岸邀溥仪到舰上参观，日本海军将校列队向他致敬，溥仪邀莆田和军官们回访张园。

1931年10月1日国际舆论强烈谴责日本，迫使日本政府不能不有所顾忌。日本外务省与军方在挟持溥仪、炮制伪政权的进度和方法上存在重大分歧，日本驻津总领事馆得知溥仪去日本兵营，后藤副领事前来静园告知，说桑岛总领事表示，他们对溥仪的心情和处境是完全理解的，但最好是慎重从事，现在不要离开天津；他们负有保护的责任，不得不作这个劝告。从此，后藤副领事不是直接来见溥仪，就是找陈宝琛外甥或是郑孝胥父子，进行劝阻。而另一方面，日本驻屯军的通译官吉田，却一再向溥仪宣传，说日本军方决心支持溥仪上台，最好立刻动身。10月2日，后藤副领事来找郑垂说，桑岛和香椎商量过了，意见一致，都不主张溥仪现在离开天津。为了弄清真相，溥仪又把司令部通译官请来，吉田忠太郎的回答却是，所谓总领事和司令官的会商，根本没这么回事，香椎司令官主张溥仪立刻随上角利一走。11月3日，《益世报》披露土肥原已于11月2日从沈阳秘密抵达天津，与溥仪见面的消息也登了报。民国政府马上派曾在清朝当过官的国民党监察院委员高友唐专程来天津。在庄士敦离开溥仪途经南京时，宋子文约见了他，想让他劝阻溥仪，放弃去东北的计划。庄士敦告诉宋子文，如果溥仪需要他帮助，他会去的，但是现在不行，他帮不了宋子文的忙。

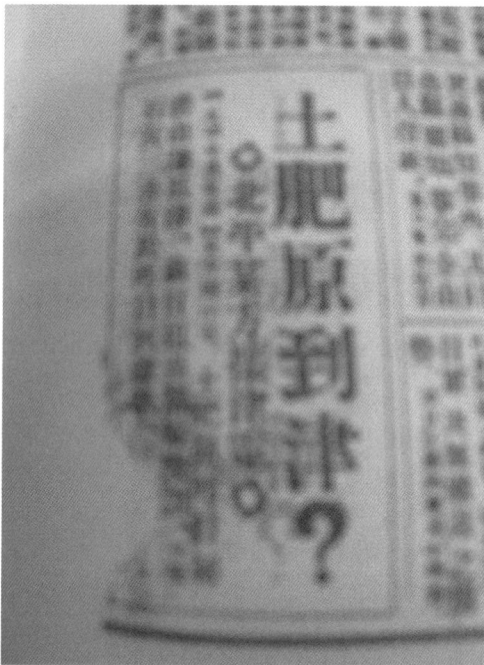

1931年11月3日的《益世报》

海光寺日本驻屯军司令部遗址（今二七二医院）

海光寺日本驻屯军司令部遗址（今血液病医院）

四、曹家花园

天津河北曹家花园是天津历史上著名的豪华园林别墅，在民国史上占有重要地位。曹家花园初名孙家花园，1903年（清光绪二十九年），为天津怡和洋行华账房买办孙仲英所建。1905年曹锟担任陆军第三镇统制后，孙以重金转让于曹，曹购园后以其权势扩充面积，大兴土木，曹家花园占地200余亩，楼平房100余间，建筑面积4000多平方米。这一著名的私家园林别墅，房屋建筑别具一格，既有古代建筑的飞檐、明柱、格窗、游廊的风貌，又有西式建筑的跨梁、拱顶、长窗、装饰豪华的特点，园内有公子楼、小姐楼、松月楼、客宾楼等，园林建筑有叠石．假山、人造土山、湖泊。水区占全园的五分之一。湖中有小岛，岛上建有莲藕荷塘。游廊环湖而设，遍通园内。该园堪称天津名园。1924年曹锟倒台后。曹家花园成为军阀混战中战胜者的行辕，张作霖、李景林等均在此居住过。

1925年6月张作霖通过后来任过财政总长的阎泽溥，经婉容父亲荣源，给溥仪送上10万元大洋，并以此邀溥仪到曹家花园见面。因张作霖在租界外，安全没保障，陈宝琛极力反对，溥仪也犹豫了。转天夜里，荣源把阎泽溥带来张园，阎泽溥说张作霖正等着溥仪，曹家花园虽属中国地界，但却绝对安全，保证没危险，只是他自己不便来租界，才恳请溥仪前往。也许是因为那10万大洋，最后，溥仪还是在日本便衣的陪同下，偷偷乘车前往曹家花园，当汽车经过手持古代刀枪剑戟和现代步枪的灰衣大兵仪仗队，一直到大门里，张作霖热情地款待了溥仪。

溥仪在曹家花园与张作霖谈了很久，张作霖先是痛骂冯玉祥"逼宫"，又说溥仪不该在他带兵进了北京之后，还向日本使馆里跑，说他是有足够的力量保护皇上的。张作

张作霖

曹家花园老照片

2012年新修复的曹家花园

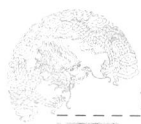

霖还说他把奉天的宫殿保护得很好，要是乐意到奉天去，怎么都行。最后张作霖送溥仪上汽车时，发现有日本便衣随行，就说："要是小日本鬼子敢动你一个指头，你就告诉我，我会整治他们。"

1935年，曹锟以十万元将花园卖给天津市政府，改称为天津第一公园，并对外开放。1937年日本侵占天津，公园改为陆军医院。1945年抗战胜利后，仍为陆军医院。新中国成立后改为中国人民解放军二五四医院。目前曹家花园遗存得到修复，尚存有龙兴湖、渤叟书屋、乐寿亭、雨亭、虎威堂等景观。

五、意国兵营

意国兵营也称意大利兵营，位于河北区光明道20号（原22号），原路名叫利玛窦路。利玛窦是意大利传教士，是中意文化交流的使者。后因这条小马路上建了兵营，又被人们俗称为营盘小马路。

意国兵营为天津市特殊保护等级历史风貌建筑。1902年，天津意租界划定后，意大利政府根据《辛丑条约》在天津派驻军队，并在租界内设立兵营。初期驻扎海军

天津意国兵营老照片

陆战队400人，至20世纪30年代增至500余人。驻军为营建制，司令官为上校衔。现存兵营建筑建于1925年，为砖木结构四层楼房（局部三层），清水砖墙。建筑平面呈凹形布局，主楼二、三楼为拱券式通廊，虚实变化丰富，具有鲜明的意大利建筑风格[6]。意国兵营建筑朝南，呈"Π"形布局，原为三层坡顶楼房，房屋高阔，砖木结构、瓦顶、红机砖清水墙，虚实变化丰富，局部还有雕饰和灯饰。营盘占地6.309亩，房屋131间，建筑面积为8470平方米。正面主楼的二、三楼前檐为大拱券式通廊，也就是房间外都有三米多宽的走廊。营盘建筑的整体结构紧凑，布局合理，虽然占地不大，但功能齐全。是以古罗马式建筑为主体的典型的军营造型。三面建筑围成了比较宽阔的操场，军官站在楼上俯视，对士兵的操练情况可一览无余，军官还可在楼上训话，这会给在操场上仰脖听令的士兵们造成很大的压迫感。意租界当局在营盘操场上举办过多次隆重的纪念活动，还在此接待过中外军政要员，此举无疑是要抖抖"大意国"的威风。逊帝溥仪避居津门时也曾来此进行所谓的"视察"。营盘正面和东面建筑主要是营房，都比较敞亮。其中，数十至上百平方米房屋多间，均为士兵宿舍，基本上以大通铺为主。而军官宿舍的面积普遍较小，估计当年军官宿舍的条件较好。另外，还设有厨房餐厅和多处放置军需物品的房屋。西面建筑的主要功能是用于军官办公。营盘东面

天津原意国兵营（2009年摄）

建筑的拐角处部分房屋为牢房和禁闭室，筑有铁门、铁窗、铁栏杆等，据说这里曾关押并拷打过支持抗战的中国人士。兵营的地下室还有多达二三十间的小屋子，高均不足1.8米。这些房屋的铁门上刷有棕红色的油漆，铁门中间分别用白漆标着号码，每个铁门上都安有小窗，还设有插锁，应为地下牢房。

1940年，意大利墨索里尼法西斯当局因欧洲战场兵源不足，撤回天津驻军去助战。抗战胜利后，美国海军陆战队在此驻扎。美军撤离后，国民党军队又在这里驻扎。

1949年1月15日天津解放，意国兵营回到人民手里。原兵营建筑曾经整修改建，在正面和东面的建筑顶部增高一层，顶子处理为一般坡瓦顶，与原建筑风格迥异。当年3月这里曾作为华北大学天津分校，后来这里成为了解放军某部驻地[7]。

溥仪参观天津意大利兵营时兵士举枪致敬之景况

1928年5月12日《北洋画报》第187期刊登王君异所摄"宣统（高冠前行者）参观天津义国兵营时义团兵士举枪致敬之景况"[8]。溥仪《我的前半生》中讲道："我看过不少兵营，参加过多次外国军队的检阅。这些根据我的祖先——西太后应许的《庚子条约》而驻在中国土地上的外国军队，耀武扬威地从我面前走过的时候，我却觉得颇为得意，认为外国人是如此地待我，可见他们还把我看做皇帝。……（意国兵营）那是我在外国租界里，受到的一般中国人绝对得不到的待遇……意大利等各国的总领事、驻军长官、洋行老板，对我也极为恭敬，称我'皇帝陛下，在他们的国庆日请我去阅兵，参观兵营，参观新到的飞机、兵舰，在新年和我的生日都来向我祝贺……"

溥仪也同美、英、法、意等国的总领事、文官武官、洋行老板有来往，庄士敦给溥仪介绍了英国总领事和英国驻军司令，以后他们辗转介绍，历任的司令官都和溥仪酬酢往还不断。溥仪出席英皇加冕纪念的庆贺

溥仪参观意大利兵营

宴会，参观最新式的英国飞机。各国的国庆日他们都请溥仪去阅兵，参观兵营等。

六、开滦矿务局

原开滦矿务局大楼（曾为天津市委大楼）位于和平区泰安道5号，为特殊保护等

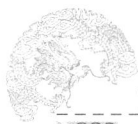

级历史风貌建筑，建于1919年至1921年，设计者在天津市房地产局查设计图纸上署名"Atkinson & Dallas"，原天大建筑系主任、著名建筑学家周祖奭经过考证，确认为上海的英商同和工程司的驻津代表苏格兰建筑师伯乃特设计。伯乃特出生于中国，跟随爱迪克生（Atkinson）和达拉斯（Dallas）工程司做设计，1913年来天津，后去马来西亚、澳大利亚，并于1942年在澳大利亚去世，他在中国、马来西亚、澳大利亚留下了很多建筑作品，根据《北京天津泰晤士报》（Peking & Tientsin Times）英文报1920年刊载：新建开滦矿务局大楼是在设计竞赛中获得一等奖[9]。

开滦矿务局的前身为开平矿务局和滦州煤矿。开平矿是晚清官督商办矿。1900年八国联军侵华，英商乘机攫得开平矿所有权。1906年直隶地方政府企图以滦制开，在开平附近另建滦州煤矿，然后与开平矿进行激烈的压价竞争，但英商有国际财团的支持，并依靠不平等条约中赋予的特权，使滦州煤矿在竞争中难以为继。1912年两矿合并，成立中英合资的开滦矿务局。

溥仪出席开滦矿务局门前举行盛大阅兵庆典仪式（图1）

该建筑为希腊古典复兴式混合结构三层楼房（设有地下室）。楼内中部是贯通三层的大厅。厅顶作半圆形，井字分格镶彩色玻璃。顶拱上有精美雕饰。厅内地面饰彩色马赛克，周围作大理石墙群。办公用房沿周边设置。主房间内设有木制古典壁柱，并装有古典式壁炉。室内外装修雍容华丽，其造型是欧洲古典建筑形式的代表作。外檐为水刷石断块墙面。建筑采用严格对称的古典三段式构图，正立面设有高10米十四棵贯通一二层的爱奥尼克大理石石柱支撑，形成空廊，

开滦矿务局旧址（2013年11月摄）（图2）

柱头均以紫铜板制成，做工精细。造型庄严稳重，简洁大方，属典型的古典主义风格建筑。空廊两端略突出，墙面转角作壁柱装饰。三层为带阁楼层的檐部，檐口饰齿状。门前设有坡道，高石台阶两侧筑有水磨石古典式花盆四座。一楼设舞厅、产品展厅及洽谈室，二楼设总经理、副理秘书办公室，三楼为业务办公室。在局内靠大沽路口设有俱乐部，建有一座礼堂，为本局大型集会与开展文艺活动之用。该俱乐部设有开滦国剧社，开滦昆曲社，开滦国乐社等，在津门颇有名气。该礼处于英租界的中心，且建筑良好，场地阔宽，设备完善，常有中外音乐家或团体在此举办各种音乐会。

1926年11月11日，是第一次世界大战停战8周年纪念日，欧洲各国驻屯军在天津开滦矿务局门前举行盛大阅兵庆典仪式，各国驻屯军首脑、驻津公使、领事馆要员及夫人参加了庆典活动，溥仪作为清朝逊帝亦被邀请参加典礼。图（3）是"驻津英军司令官希斯"

（又译为"希资"）与溥仪握手寒暄时所拍，拍摄时间在先；上图（1）中"驻津英军司令官希斯"已经与溥仪站在同一排台阶上，可以断定是"驻津英军司令官希斯"与溥仪握手之后等候典礼开始时所拍，拍摄时间在后。上图（1、3、4）中溥仪同排右侧挂刀之人是日本的中国驻屯军第十任司令官高田丰树[10]。上图（2）是笔者近日拍的原开滦矿务局现在的照片，与80多年前所拍照片时的建筑基本相同，似乎能够找到当年溥仪所站的位置。建筑是凝固的音乐，老照片奏响了历史的乐章。

七、敷岛料理店

《近代天津日本侨民研究》一书作者万鲁建先生说："敷岛料理店：根据1925年的记载，其在日租界曙街四十号，应该是现在的嫩江路。"据《天津地名志》（和平区）记载："嫩江路在和平区北部。西起同孚里，东至锦州道，中与多伦道、佳木斯道、鞍山道、四平东道、哈密道、沈阳道相交，长643米，车行道宽6米，人行道各宽0.6～1.6米。沥青路面。1898年沦为日本租界地。1902—1904年筑路，以日本樱花之别名曙草命名曙街。1946年国民政府收复，以黑龙江省嫩江县名改今名。路侧多旧式平房和二层砖木结构楼房，有粮店、食品、副食、煤店等小型商店。"[11]笔者2013年11月考察了嫩江路，该路靠海河一面已不存在，另一侧只暂保留从鞍山道到哈密道一段。

1931年11月10日日本天津驻屯军司令部翻译官吉田忠太郎潜入静园，向溥仪秘密通报司令部为他计划好的赴东北的具体办法。临走时吉田告诉溥仪："此事千万不要让领事馆方面知道，因此，必须先瞒过院中日本警察！吉田忠太郎离开后，溥仪立即把郑孝胥父子找来，告诉他们日本军部已经通知，

溥仪与驻津英军司令官希斯握手寒暄（图3）

溥仪右侧为高田丰树（图4）

天津日租界曙街（今为和平区嫩江路）

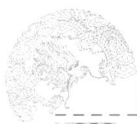

晚上派一只小型运输船，停在白河岸边，让郑孝胥父子提前去那里等候。

日本租界方面对静园的警戒部署也和张园差不多，晚8点，溥仪由随侍祁继忠陪伴走出楼门，随侍李国雄发动汽车并打开汽车后备厢盖，溥仪迅速钻入其中，临时由护军佟功永充当司机，祁继忠押车，在朦胧的夜色掩护下悄悄离开了静园。溥仪的汽车驶离静园，吉田忠太郎的汽车悄悄地跟在后面，两辆汽车颠簸着一直开到"敷岛料理店"，随侍祁继忠才小心翼翼地把溥仪从车后备厢搀扶出来。

八、英租界码头

从1860年设立英租界后，英国工部局就不断的修筑和改建码头，英租界码头在今天的营口道至开封道段，长度约4600英尺，在各国租界码头中，英国码头的设施和设计是租界码头中最为完善的。有多处机械房、消防水箱、公共厕所及岸壁起重器，运载能力一般为30吨，实现了完整的码头功能。

1931年11月10日晚，早已等候在敷岛料理店的日军真方勋大尉见到溥仪后，立即给他换了日本军大衣、军帽，然后改乘日军司令部军车，来到白河岸边英租界码头，码头很静，真方勋大尉与溥仪匆匆地登上早就等在这里的日军司令部运输部小汽船"比治山丸"，郑孝胥和他的儿子郑垂早在船上等候，这时溥仪一直紧张的心才放下来。汽船上还有3个日本人，一个是上角利一，一个是从前在升允手下做过事的日本浪人工藤铁三郎，还有个叫大谷。船长是西长次郎，船上还有十名日本士兵，由一个军曹带领着担任护送。这个小型运输船上不仅装有沙袋和钢板，日本人还准备了一大桶汽油，放在离溥仪坐的地方不远，准备一旦被中国军队截获，日本人将把汽油点燃同归于尽，绝不允许溥仪落到中国军队手里。小汽船"比治山

和平区嫩江路（前身日租界曙街）

和平区嫩江路（前身日租界曙街，2013年11月摄）

和平区嫩江路60号（2013年11月摄）

丸"在夜幕下离开了码头，外国租界过去了，他们在枪声中闯过军粮城附近的检查站，半夜时分到达大沽口。溥仪等登上等在那里的日本"淡路丸"商轮，离开天津驶向茫茫大海，26岁的溥仪，从此揭开了伪满傀儡生活的序幕。

第三类：餐饮社交活动遗址

一、利顺德大饭店

利顺德大饭店始建于1863年，其名取用于孟子格言"利顺以德"。早期的利顺德是一座富有西欧乡土气息的三层楼房，为当时天津洋式建筑的佼佼者，也成为了当时最为豪华的饭店。

1924年，在此基础上又扩建了一座约2500平方米的四层大楼。自建成后至19世纪末，逐渐成为中国外交活动和政治活动的重要场所。英国、美国、加拿大、日本等国先后将领事馆设在饭店内。《中国丹麦条约》《中国荷兰条约》《中葡天津通商条约》《中法简明条约》等也是在此签订的。美国第十八届总统格兰特将军曾在此会晤晚清重臣李鸿章；孙中山先生第二次北上天津在此下榻；美国第31任总统胡佛青年时代在津供职，曾住利顺德饭店，并由此发迹。

利顺德大饭店为英国古典浪漫主义风格和欧洲中世纪田园建筑特点，是租界风貌独具特色的代表建筑，尤其是主楼转角处的中世纪哥特式风格塔楼。其次是主题套房，总统套房、兰芳套房等精心保留了孙中山、梅兰芳下榻时的装饰与设施。此外，利顺德是中国唯一拥有专属博物馆的酒店，3000多件文物和展品诉说着历史沧桑传奇。还有一部老式电梯，如今依然正常运行，堪称中国现存最古老的电梯。1996年该饭店被国务院批准为全国重点文物保护单位。

溥仪与利顺德大饭店有不解之缘。1925年溥仪来津不久，在庄士敦的陪同下，偕婉容来到利顺德大饭店吃西餐、喝咖啡。溥仪、婉容虽是第一次到这里吃西餐，但因在清宫中早有教习基础，所以他们照例注重礼仪。用餐时，溥仪、婉容熟练使用刀叉，不乏风度。婉容一边品味，一边聆听着钢琴曲，好不惬意。1928年5月《北洋画报》载："废帝日前忽思至英租界小白楼利顺德饭店食西餐，事前该饭店得官方传令，勿售他客，华人西人，

天津英租界码头老照片

天津英租界码头遗址

天津早年的利顺德

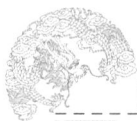

平等待遇，来者一概请出，如是者两小时，一切肃静，大众回避之后，溥先生始率其夫人及如夫人，翩翩然莅止焉。"[12]难怪面对此情形，署名为"愚"的作者说："崭新头脑之群必曰：'此帝国主义下之腐败情状也。'"据说溥仪品尝西餐，有时还摆弄着银餐具，欣赏维多利亚厅，听着钢琴曲，不禁啧啧称道："这才能称得上享受西餐文化。与此相比，宫廷中吃西餐不过是徒有虚名。"

传说1928年的一天，溥仪在利顺德饭店吃"煎肠"，觉得很可口，忙打听是谁的厨艺。一位中年厨师前来觐见，深得溥仪赏识，于是很快成为"御厨"。溥仪喜欢的煎肠大致类似今天的烧烤肠。

当年在饭店任总经理的英国人海维林的儿子回忆说：1930年8月中旬的一天，溥仪与婉容，载沣携女儿，载涛携子，一起到马场游玩，而后在利顺德小憩。在咖啡厅，溥仪给每个人都点了一份咖啡，然后便借题发挥，讲起了喝咖啡的学问。海维林正在办公室给4岁的儿子拿玩具，听说溥仪光临，就

溥仪与婉容经常光顾的利顺德咖啡厅

领着儿子去见溥仪。夏天，婉容随溥仪也常到此间品尝冷食，如刨冰、奶油栗子粉等。每个节日，利顺德饭店都要举办舞会，常常会看到溥仪的身影。喜爱演奏的婉容在一片掌声中坐到了钢琴前，她修长的手指在黑白琴键上跳跃，动听的音乐在利顺德饭店的舞厅中环绕。人们开始结伴下到舞池，相拥起舞。溥仪和婉容也曾在宴会厅跳过探戈舞[13]。

二、西湖饭店

西湖饭店位于原马场道171号，建筑面积1000平方米，砖木结构，主楼五层作阶梯形，拱券窗，铁构架平台。侧楼两人字坡顶，中间为大平台，三层，水泥饰面。保存较好。由军火买办，国内最大的军火中介商雍剑秋1925年建成。据说比张学良在沈阳的凛格饭店还好。张学良闻讯，特来观看，此后西湖饭店开始接待各方军阀显要，张学良、赵四小姐等多次来此聚会。20世纪30年代前后河北省主席商震及傅作义等来津多住在雍剑秋开设的西湖饭店。1942年春，北京协和医院等英美机构被日人查封接管。雍剑秋把自己的西湖饭店惠租给从北京协和医院来到天津的张纪正、方先之、柯应夔、邓家栋等名医，并借用一切家具，设立了天和医院，"天和"乃取"天津的协和医院"之义。西湖饭店旧址现已不存。

溥仪、婉容夫妇在西湖饭店舞厅与张学良、赵四小姐多有交往。据说张学良与溥仪的初次相见是在天津。1925年适逢第二次直奉战争结束不久，奉系军阀首领张作霖成为中国政治舞台上的风云人物，他的长子张学良也一跃成为天津城里炙手可热的"大公子"。末代皇帝溥仪这时也恰好住在天津。在溥仪的《召见簿》中，第一次出现张学良的名字是在1926年4月1日，当年溥仪21岁，张学良26岁。据传之后的一天，两人在天津的一家饭店相遇，笔者考证在西湖饭店的可能性较大。心直口快的张学良可不管溥仪是怎么想的，竟对

其进行了一番"说教"："你肯不肯到南开大学去读书？好好读书，你做一个平民，把你过去的东西都丢掉，你真正做个平民。如果南开你不愿意去，我劝你到外国去读书，到英国或到哪儿去读书。""你原来有皇帝的身份，现在你虽然是平民，但比平民还是高，你要是真正好好做一个平民，说不定将来选中国大总统会有你的份儿。你如果以后还是皇帝老爷这一套，将来有一天也许会把你的脑瓜子耍掉。"张学良说得推心置腹，但溥仪是一句也没听进去。溥仪、婉容来到西湖饭店舞厅最感兴趣的是跳舞，哪里听得进去张学良的"说教"。据记载从1925年到1931年西湖饭店是溥仪、婉容夫妇经常光顾的地方。

三、国民饭店

国民饭店位于和平路、赤峰道交口，为赤峰道58号，原址为平安影院，1922年影院被大火烧毁后，由美丰洋行买办李正卿出资，瑞士乐利工程司设计，1923年建成，是一个经营餐旅业的高级饭店。国民饭店开业之初，主要股东为潘子欣，后转入瑞士人鲁伯纳之手。饭店建筑为法式建筑风格，钢混框架结构，三层，建筑面积5188平方米。主立面首层做古典式分段处理，墙面凹槽大块分格。二、三层中部置倚列柱，上下窗间饰山花。南立面中部凹进，设正门。上有女儿墙. 山花间镶盾形图案，顶部作大挑檐。院内宽阔，修有喷水池、假山和凉亭，幽雅美观，是天津市老牌饭店中唯一可以进出汽车的庭院式饭店[14]。该饭店地处旧法租界，客户多是达官显贵、富商巨贾。

许多重大历史事件和名人轶事发生在这里。1926年11月，著名共产党人罗章龙在此主持召开了中华全国铁路总工会第三次代表大会。1933年，著名爱国将领吉鸿昌在津成

老画报上的西湖饭店

西湖饭店（天和医院前身）

国民饭店（1923年建）

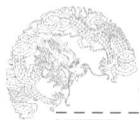

立"反法西斯大同盟"，将联络站设于国民饭店38号房间。同年11月9日，正当吉鸿昌接待李宗仁派来的代表刘少南时，突遭国民党军统局天津站行动组特务吕一民等两人枪击。刘少南当场死亡，吉鸿昌被枪击伤，被法租界工部扣押，后被秘密转押北平后牺牲。天津新中国成立前夕，中共地下党员刘仁也曾在此从事过革命活动。

1933年陈文波用5万元银洋典营到手，并出任饭店总经理。陈文波接手后，将国民饭店更名为"馨记国民饭店"，并重新装修了内部设施，二楼设置了豪华高档客房，一楼改造后的"皇宫舞厅"金碧辉煌，盛极一时。1949年天津新中国成立后，国民饭店一度租给中国人民解放军第四野战军作为招待所。1950年1月收归国有，同时将渤海大楼并入，全部作为内部招待所。1953年，国民饭店划归市委交际处，改名为天津大饭店第三饭店。1957年恢复国民大饭店，1958年划归市服务公司系统，开办国营旅店，1960年，市委交际处再次收回。1966年改名人民饭店。1977年复名国民饭店。

1931年，末代皇妃文绣离家出走后居住于国民饭店，与溥仪打起了轰动一时的离婚官司。文绣又名蕙心，是满族额尔德特端恭的女儿，被选为皇妃的时候还不满14岁，宫中的锦衣玉食并不能使少女开心，她曾在《哀苑鹿》一文中写道："忽闻围鹿，悲鸣宛转，倪而视之，奄奄待毙，状殊可怜，如此鹿在园内，不得其自由，犹狱内之犯人，非遇赦不得而出也。"暴露她那内心的困惑和渴望，把自己比做被关在花园里的小鹿，虽然不缺衣食但却没有自由，这种生活就像一个被关进监狱的囚犯。溥仪和婉容住在楼上，文绣住在楼下，无事谁也不来往，陌生人一般。有次文绣吐唾沫，婉容认为这是在吐自己，就告诉溥仪，溥仪就派人斥责文绣，因此，文绣几次拿起剪刀要自杀，都被太监抢了下来。还有一次，文绣自言自语说"烦人"，溥仪也认为是说自己，一顿斥责，文绣又是闹着要自杀，这使溥仪很烦恼，溥仪让太监把文绣妹妹文珊找来，叫文珊来看着文绣，劝解文绣。一天，文珊将表姐妹玉芬带到文绣的屋子。玉芬是冯国璋大儿媳，思想解放，是追求婚姻自由的新女性。听了文绣的哭诉，说："你干吗不跟他离婚？民国有法律，即使皇后皇妃，只要有合法理由，都可以办到的。"临走玉芬对文绣说："你好好想想我的话。如果你愿意，外面的事，包括请律师，我都可以给你办好。几天后，玉芬又来，文绣给她1000元，让她与文珊一起去聘律师。8月25日，文珊带文绣到外面散心，溥仪让太监跟着，文绣让司机把汽车开到国民饭店，太监跟着姐妹俩进了国民饭店37号房间。文珊对太监说："你先回去吧，淑妃就留在这里了，还要向法庭控告皇上呢。"太监听到跪求文绣回去。文绣拿出了三封信，对太监说："今天的事与你无关，你拿着这几封信回去告诉皇上。"文绣在信中写道：事帝九年，未蒙一幸；孤枕独抱，愁泪暗流，备受虐待，不堪忍受。今兹要求别居。溥应于每月定若干日前往一次，實行同居。否则唯有相见于法庭。文绣还提出让溥仪支付50万元作为赡养金，这时进来了三个律师，把太监赶了出去。

文绣在文珊及三位律师的陪同下，转住在袁世凯七姨太家中。10月22日溥仪与淑妃文绣正式签订《离婚协议书》。协议书写明：1、自立约起双方完全脱离关系；2、溥仪付给文绣5.5万元终身生活费；3、允许文绣带走常用衣物和用品；4、文绣返回母家居住永不再嫁；5、双方互不损害名誉；6、文绣撤回要求法院调解的诉讼，今后不得再提出诉讼。

四、起士林

起士林的创办人为阿尔伯特·起士林（Albert Kiessling），清光绪三十一年（1905年）他在德国驻北京领事馆总领事的建议下来到天津，在法租界开了一家小西餐店，并以自己的名字"起士林"命名。1906年，又在今解放南路政协委员活动中心（原北京影院）对面正式开设了起士林。当时，各国租界里的西方人很多，身在异乡他们能吃到了正宗的西餐，有一种回家的感觉，起士林自然也就有了一批固定的常客。因此，

天津早年起士林

起士林的生意非常红火。随着客人的不断增多，起士林很想扩大经营规模，于是在1913年，他给德国的好友弗里特希·巴德写信，邀他来津一起合伙经营，巴德欣然应允，店名遂改称为"起士林·巴德"。起士林精通做菜和做面点，而巴德则是一位烤制西点的专家，他们精湛的技艺和珠联璧合的配合，得到了更多新老顾客的青睐，也为该店赢得了可观的收入。1915年，在天津旧法租界24号路天祥市场后面（今和平区长春道）开设分店，地处繁华，日日发达，资产愈益雄厚。1934年4月1日，奥国人的陶必治（Robert Toebich）与德国人瑞却尔（Walter Reichel）接兑了起士林，在上海、北戴河等地开设了分店，天津起士林总店生意更加兴隆，餐馆发展成为5间大门脸，附设舞厅和露天餐厅。1937年"七七"事变后日军侵占天津，后来又封锁英法租界，起士林的生意一落千丈。抗战胜利后，"起士林"一度为国民党励志社接收，供招待美军使用，其生意随着整个西餐业的复苏始有好转。新中国成立后，由人民政府接管，归交际处经营，仍称"起士林"。

溥仪与婉容、文绣是起士林西餐厅的常客，他们很喜欢吃这里的冰淇淋、杨梅冷饮等。据二格格韫和回忆："在天津时，我和妹妹们常去婉容那儿玩。那时候，婉容精神比较好，只是胃不大好，吃不了多少东西，稍显瘦些。婉容常带我和妹妹上街去买东西，有时买些布料，做衣服。有时，溥仪就坐在车里等我们。"

在张园时，溥仪经常带婉容到天津著名的德国"起士林"餐馆去吃西餐。因为他们早在宫中就爱吃西餐了。所以，刀叉使用自如；面包、牛奶、奶油吃起来非常香甜可口。他们还将这家餐馆中著名的厨师王丰年请到了张园，为他们做西餐。就是这个王丰年，一直跟着溥仪到了长春。直到祖国新中国成立后，王丰年还在长春开了个"乌苏里"大餐厅呢！

五、正昌咖啡店

正昌公司是一家以经营烟草为主的公司，由希腊人C.Caneiiakis兄弟于1902年开设的，总部设在埃及开罗。天津正昌烟草公司是三家希腊人开设的烟草公司（正昌、协和与普罗斯）中规模最大的，在当时的天津烟草业中仅次于天津英美烟公司、东亚烟草公司，位居第三位。正昌烟草公司，除经营烟草外，还开设有正昌咖啡店。

正昌咖啡店位于法租界大法国路（解放北路）与狄总领事路（哈尔滨道）口。经理为希腊人达拉茅斯，进口各类咖啡豆，现磨现卖，还经营法式西餐和西点。有简餐和冷热饮，外卖有正宗的法式面包、点心、糖果、葡萄酒与水果。法式面包主要是一种外形像长长棍子一样的硬式面包，俗称为"法式棍"。其他种类有月牙形面包、黑麦面包、全麦面包、小圆面包、面包心（切片面包）等。作为饭店，这里的法国菜也很

正昌咖啡店旧址（今解放北路与哈尔滨道交口）

有名。法国菜选料广泛，加工精细，烹调考究。不仅有牛羊鸡鸭与海产品，还有蜗牛和鹅肝。法国菜讲究半熟和生食，如牛排羊排要半熟才鲜嫩，海产品的蚝可生吃，烧野鸭要六成熟。这里的葡萄酒、白兰地、各式西点和奶酪也很有特色。这里由法国来华厨师和面包师主理。

溥仪的二妹韫和曾用日记记录下溥仪等人在天津的生活片段，其中1930年6月24日在日记中写道："下午，同皇上、皇后一起去正昌购点心，又来到跑马场散步。在正昌购物时，我和婉容等人开玩笑，我手持一只花瓶问她们众人："你们说这是什么？"没想到却没把花瓶放稳，就听"砰"的一声，花瓶竟倒了，因倒在玻璃柜上所以声音很响。当时我满面通红，放声大笑。后来三妹告诉我，当时所有在店铺中的人都瞪眼看着我，我当时却笑得十分开心。……回静园用完晚餐，七时多才回来。"这里提到的"正昌"是天津一家有名的咖啡、点心、果品店铺[15]。据说，当年正昌有位烘焙点心的高手于清和，后来溥仪多次请他来专门做点心。溥仪和婉容经常光顾正昌咖啡店，家里大部分高档面包和西点均购自这里[16]。

六、致美斋

致美斋品牌始于1608年，迄今已有400多年的历史。天津致美斋，根据1941年的电话本记载，致美楼位于日租界的荣街，即现在的新华北路。而致美斋饭庄位于法租界的31号（今河北路，锦州道至营口道段）嘉乐里（曾为罗振玉旧居）。

溥仪的二妹韫和曾用日记记录下溥仪等人在天津的生活片段，其中天津1930年11月23日的日记中说："今天是星期日。今天也是我虚度二十岁的生日……晚上同父亲和众

天津致美斋旧址（河北路与锦州道交口嘉乐里）

人来到致美斋用晚餐，然后又到了明星剧场欣赏马连良精彩的京戏表演，直到午夜二点才回来。"这里的众人之中，当然包括了溥仪、婉容与文绣等人。

第四类：休闲购物活动遗址

一、大罗天

大罗天，原本是道教语，指天外之天，即最高最广之天。1917年，曾任天津海关道的广东中山人蔡绍基出资，在日租界中心地区宫岛街（今鞍山道）与明石街（今山西路）交口购买了一片土地，兴办了大罗天游艺场。大罗天占地9400平方米，为花园式综合游艺场，总体设计精美典雅，包括假山、水池、亭台、楼阁等。游艺场内建有剧院、露天电影场、杂耍剧院（演出曲艺、戏法等）、鹿圃、野兽间（饲养狼、熊、猴等）等，并建有熙来饭店（兼旅馆）、小卖部，备有烟酒点心及台球、套圈等赌博游戏。游艺场开办后，居住在租界内的清代遗老遗少、北洋军阀政客及洋人买办多来此游玩消闲，尽情享受，京剧名家梅兰芳、程砚秋、杨小楼等均来此演出。

1925年后，大罗天杂耍剧院停业，大罗天经理遂把古玩摊聚集在一起，开设了大罗天古玩市场，成为20世纪二三十年代天津最负盛名的古玩市场，极盛时期共有大小古玩商店四十多家，字画古玩店有稽古斋、集萃山房、云山阁、古香斋、同好斋、辉云阁、道古斋等。1923年，张彪和广东商人彭某合作在张园内开设北安利广东餐馆、剧场、曲艺场、露天电影场和台球房等并设立茶座、

大罗天古玩市场（1925年摄）

冷饮。使露香园成为露天游乐场，和对面的大罗天游艺场交相呼应。1925年至1929年间，末代皇帝溥仪住在张园，与大罗天古玩市场相对，溥仪曾多次到此观光，欣赏古玩，小朝廷的大臣罗振玉、郑孝胥也经常到此。1932年张大千到天津举办画展时曾在此作画，新中国成立后，在大罗天旧址上建成天津日报社。1990年代初，《天津日报》一个著名的周末综艺副刊就曾叫做"大罗天"。20世纪90年代中期天津八一礼堂曾建新罗天卡拉OK歌舞厅游，把在大罗天旧址发现的"大罗天"碑石立在八一礼堂前院。

二、中原公司

中原公司始建于1926年，处在南市与日租界交界处。1927年底刚建好的百货大楼鹤立鸡群，光彩夺目，成为天津城市标志性建筑。该公司由上海先施公司高级职员林寿田、黄文谦，与旅日经商多年的林紫垣合作，由黄出资5万元作为基金筹建。由基泰工程公司的中国工程师关颂声、朱彬、杨宽麟设计，由复兴公司投标包工建设。该楼为钢筋混凝土结构，建筑面积1万平方米，经营面积5000平方米。一、二、三楼为百货商

1939年天津发大水时的天津中原公司

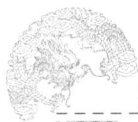

场；四楼为游艺场；五楼开设大剧院；六楼开设中原酒楼；七楼则是露天花园。

该公司采用了名人效应来制造轰动效应。1928年元旦，中原公司大楼隆重开业为了扩大声势，特邀请前大总统黎元洪剪彩揭幕。游客如潮地涌进大楼，楼内设计新颖，规模宏大，货色齐全，设备先进，尤以垂直电梯最为引人兴趣。该公司是一个集购物、娱乐、餐饮、健身、金融、实业于一体的大型商业企业。经营理念是：心气、多变、高效、盈利；经营特色是：高档、新潮、精致、齐全。该公司于是年秋首次引入了现代商业促销手段，利用南北消费习惯的差异，从上海组织了大批进价低廉的滞销商品，在天津举行首次大减价活动，特别是削价销售绸缎，大受欢迎。顾客群起抢购，营业额日销高达五六万元，当时在全国各大商场中实属罕见。同时中原公司还利用媒体优势大造声势，在当时的全国媒体连续刊登广告，赢得了华北乃至全国的客源。

1937年至1945年，日本占领中国期间，中原公司大楼也如同中华民族一样，难逃厄运，大楼于1940年夏突遭火灾，木质货架、商品被烧得片物未存，只留下大楼原框架部分，后经设计人重新设计整修，呈现为：总高61.60米，主、侧门分别设在现和平路和多伦道一侧，首层变为敞开式商场。楼体的塔楼内设钢制旋转楼，可直通塔顶，至1976年前始终是天津的"至高点"。

据说，在1949年初，天津新中国成立前夕，国民党天津城防司令陈长捷和天津市长杜建时，曾多次登上塔顶观察天津城防布置。据载：登上塔顶可"俯视海河、鸟瞰全市，北而可见民权门，南可观察到李七庄一带的城防攻事"。由此可见其高度和地理位置之重要。

新中国成立后，中原公司改名为"天津百货公司"，后更名为"百货大楼"。百货大楼又于1970年9月扩大了营业面积，拆除了毗邻的老"华竹绸布庄"，建起了百货大楼新楼部分，成为了当时全国十大百货商场之一。1976年7月唐山大地震后，百货大楼的主体结构受到了不同程度的损坏。在抗震加固中拆除了老楼的塔楼部分，建成了四面塔钟。

琳琅满目的早年中原公司

百货大楼新厦改扩建工程于1994年1月奠基。1997年10月竣工，新厦主体39层，楼高151米，占地面积6600平方米。1997年11月，百货大楼新厦主体实现新老商厦对接。2000年初，市政府决定整修改造和平路，当年9月百货大楼恢复了原貌，整体高达66米，其中主体33米、塔楼33米，改为轻钢网架结构。她象一座巨人俯视着天津的变化。

天津中原公司是溥仪、婉容常去的购物的场所。由于婉容对天津的一切都比较熟悉，且又极其善于交际，溥仪每次外出几乎都是带着婉容，把中原、惠罗、正昌、义利等天津的大百货公司，最热闹的中街以及不少游乐场等吃、喝、玩、乐的地方逛遍了。中原公司十分看重名人效应，特别关注溥仪、婉容夫妇的到来。据1928年5月26日第192期《北洋画报》记载："唯上次参观中原公司时，则于晚间十点营业时间之后，店里只得临时延长工作时间，以伺候贵客云。"

溥仪不仅到中原公司购买东西，还到中原公司去理发，间或又去看戏……这种行动就引起了遗老们的议论，不免要对溥仪苦谏一番。胡嗣瑗一次竟因屡谏不改，而提出请求告退的奏折，其中曾提到："……前者臣以翠花俯临剧场，外议颇形轻侮，言之不觉垂涕……近来商场酒肆又传不时游幸，罗振玉旦扬言众中，谓有人亲见皇上至中原公司理发……"胡嗣瑗先生最后竟提出请求离开天津去驻京办事处当差。

三、惠罗公司

《天津志略》第八章百货商店记载："天津之百货店凡四：为中原公司，国货售品所，惠罗公司、加藤百货店等。"惠罗公司位于英租界维多利亚路，曾为解放北路173号。建于民国初年。钢混结构，三层楼房，立、平面均呈条状布局，建筑面积3200平方米。墙体水混饰面，缓坡顶，四周出檐。檐部中央作三角形折檐。二层以壁柱相隔，开有方窗。一楼为商场，二楼为办公用房。曾由伊文思图书公司、利亚药店及英商惠罗公司共同使用。惠罗公司用一楼的大厅，主要经营英制的高档生活用品。

惠罗公司所在的英国中街（即维多利亚路，今解放北路）

1925年春溥仪的到来，使张彪受宠若惊，马上亲自去准备一切，在英商惠罗公司购买上好的欧式豪华铜床三张和全套外国被褥，又令家人赶制上百件床上用品。张彪的选购，使溥仪知道了惠罗公司，以致后来成了惠罗公司的常客。溥仪在《我的前半生》里写道："为了把我自己打扮得像个西洋人，我尽量利用惠罗公司、隆茂洋行等等外国商店的衣饰、钻石，把自己装点成《老爷杂志》上的外国贵族模样。我每逢外出，穿着最讲究的英国料子西服，领带上插着钻石别针，袖子上是钻石袖扣，手上是钻石戒指，手提文明棍，戴着德国蔡司厂出品的眼镜，浑身发着密丝佛陀、古龙香水和樟脑精的混合气味，身边还跟着两条或三条德国猎犬和奇装异服的一妻一妾"。在惠罗公司购买的东西还有：钢琴、钟表、收音机、化妆品、家具、皮鞋、眼镜以及运动器械。溥仪在津花钱无数，而皇后婉容和淑妃文绣则比着买[18]。

溥仪和婉容经常到天津惠罗公司去购买舶来品。那些职员起初并不知道他们的身份，但一见他们用丝带系着碧绿的玉石时，方知是贵客上门了。因为人们知道清宫中的皇亲国舅都鄙视黄金，所以不以金链佩饰物，而是用丝带系宝石来佩戴。公司里的职员们纷纷殷勤相待，热情服务。当然，这样，他们买的东西也就更多了。

有一次，溥仪心血来潮，单枪匹马地去逛惠罗公司，给婉容买了一块钻石手表。为了赶时髦，他叫职员在手表上刻上"I Love You"的英文字样。第二天，他派太监去惠罗公司去取表。太监发现手表背后的金壳面上多了一行英文，以为是商标，便向职员询问。职

员便认真地读给他听，但不好意思向他说明其中文的含义，太监也没有想到是这个意思，就高兴地跑了回来。一进入内庭，他急不可待地喊道："皇上，皇上，您买的'I Love You'牌手表十分标致，奴才已带回来了。"大家听后都欲笑不得，只好用手捂嘴笑。这哪里是商标啊？分明这是"我爱你"的意思。溥仪的秘密被揭穿了，一阵阵面红耳赤；婉容咯咯笑个不停，一股爱的暖流涌上心头。此刻，只有淑妃文绣，心里不是滋味，只好装作听不见，看不到了。不过，在心灵深处却刻下了难以忘却的一页。从此，这个太监，便得了个"I Love You"的绰号。

四、隆茂洋行

隆茂洋行位于英租界大沽北路140号咪哆士道（泰安道）与海大道(大沽北路)口，建于1902年。由德商鲍特开办，总行设于上海，20世纪初设天津分行，主要经营进出口业务。旧址砖木结构，2层清水墙面，坡顶。溥仪乘坐的汽车，就是购自该洋行。一天，溥仪由张园主人张彪的第十二子张挺带着看中了一辆美国最新出品的别克六缸宝石蓝色小轿车，漂亮极了，具有马力大、速度快、行车稳的特点，跑起来舒适、威风、富贵。这种车是于20世纪20年代由美国密歇根底特律市派克公司制造的名牌豪华老爷车，车体长5.7米、宽1.8米、高1.7米，右舵轮。别克车足足花了溥仪六千五百元，一大沓钞票，好厚。张挺鼓励他，由他自己一张张点清，交付洋行经理。当年用的是中国银行和交通银行发行的大钞票，这几千张大钞，在他手里，倒腾来倒腾去地总也数不对，直到五六遍，最后还是交给秘书去付了。溥仪胆子小，买了这辆时髦汽车，着实高兴，却不敢驾驶，仍是由司机开，带着张挺，天天在天津的大街上兜风玩耍。

隆茂洋行坐落在海大道（今大沽北路）

溥仪曾使用过这种别克轿车

那会儿的老百姓稀罕见汽车跑，一时引得老老少少，呼儿唤女站在马路上看皇上，还有人趴在地下就磕头。张挺哪里有过这等威势，索性打开车窗，伸长脖子，四处招摇，溥仪也并不阻拦。有一次，他们开汽车去马场道俱乐部打球，经过宽阔的佟楼十字路口，指挥车辆的法国巡警，打老远就看见了这辆"宝石蓝"，立即挥动指挥棒，强行停止了四面八方的各路行车，示意中国皇帝的轿车优先通行，并脱帽致敬。溥仪在路人的注视下，八面威风地在马路中央驶过，他传唤随行侍从，拿出一张五元大钞，赏给了那个法国巡警。

五、万昌古玩店

溥仪在津的初期的生活并不充裕，活动经费靠遗老们进贡，他还向日本正金银行贷过款。多亏有些东西可卖，那是溥仪利用溥杰每天出入宫廷，以"赏赐"为名，盗运出宫，是为游历英国而准备的生活费，有些宝物在津期间就变成现钱了。北门外锅店街的万昌古玩店是溥仪变卖古玩兑换现钱的一个场所，曾以1万元大洋卖了几件古玩，后又有把几件宝物送到万昌，以6万元成交。这其中很多人从中获利，有个跑腿的，就从中赚了300元大洋跑腿费。

20世纪30年代的天津北门外锅店街，万昌古玩店就坐落在这里。

六、仙宫理发店

位于法租界葛公使路（今和平区滨江道，大沽北路与滨江道交口）春和戏院对面的仙宫理发店是当年天津最时髦的美发店之一，曾改名为世界理发店、万寿山理发店。笔者2013年11月11日到仙宫理发店旧址考察，由仙宫理发店沿革至今的万寿山理发店，仍在原址二楼营业，有两位理发师正在工作，他们对本店的历史比较了解，仙宫理发店约建于20世纪20年代初，原一、二、三层楼都是理发店的，在20世纪20—30年代曾有过辉煌。新中国成立后也有一段辉煌。他们对婉容来过仙宫理发店剪发也有耳闻，听老职工们说过。

仙宫理发店旧址

1929年5月，得到溥仪的允许，婉容来到仙宫理发店剪发，也引起了当时大小报纸的热议[19]。据有关资料记载：1930年天津革命诗人黄白莹13岁时曾在"仙宫"学徒，从1931年开始他对诗歌产生了浓厚的兴趣，并开始习作诗歌。1936年6月，在天津"左联"推动下，黄白莹与天津革命诗人邵冠祥、曹镇华、简成等人发起成立了"海风社"，出版了《海风诗歌小品》月刊。黄白莹担任了《海风诗歌小品》月刊散文组编辑。他和简成合作出版了《海河，夜之歌》散文诗集。1937年参加党领导下的抗日武装，写下《我们的歌》《泰西进行曲》《陆房突围之歌》等诗歌。1941年3月21日黄白莹在战斗中牺牲，年仅24岁。

第五类：娱乐活动遗址

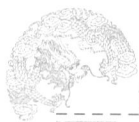

一、明星大戏院

明星大戏院（今和平影院），开业于1927年（民国16年）2月5日（旧历除夕日），创办人是广东人陈宜荪、范文干，曹舞霜（《银坛》杂志编辑）为经理，地点在法租界二十七号路（今和平区新华路100号）。这是一座造型新颖的两层砖木结构影剧场院建筑，占地面积约1400平方米，影院为二层楼座，影剧两用，共有927个座席。前面是3个圆弧门，门两侧各有一根爱奥尼克式精美石柱，顶着门上的平台，平台上有大幅电影广告栏。进门后有进深3米的前厅，从两侧明楼梯上楼，影剧院有二楼，靠2根水泥柱、8根铁柱顶着挑台、侧台。影剧院内有办公室、观众休息厅、小卖部等。

和平电影院（前身明星大戏院）

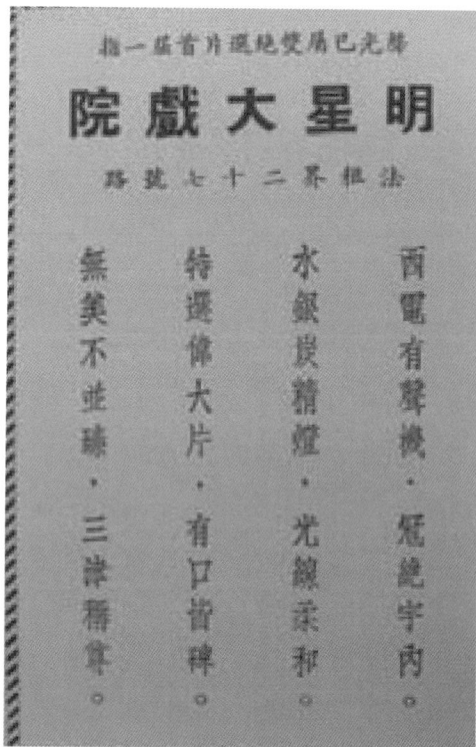

明星大戏院开业后上映的第一部电影是由明星影片公司出品，宣景琳主演的《富人之女》；随后上映的影片有《爱情与黄金》《乱点鸳鸯谱》（滑稽片）《赛走得妻》（美国滑稽大王兰村主演）《西游记·盘丝洞》《三剑客》《欲海淘情》（华纳影片公司拍摄）等。上演的第一场戏剧，是由京剧艺术家程砚秋领衔主演的《玉堂春》。随后上演的剧目有《斟情记》《聂隐娘》《文姬归汉》等，参加演出的还有侯喜瑞、郭仲衡等。

明星大戏院广告

明星大戏院开办不久，陈氏父子又在其右侧开设有三层楼的福禄林舞餐厅（后改永安球房），在影剧院一二楼楼梯拐角处有门与舞厅相通，内设舞池、球房、餐厅，成为当时法租界集吃、喝、玩为一体规模甚大的娱乐场所。

1929年4月，南开校友为兴建"范孙楼"，在该院举办募捐演出，由南开新剧团演出《可怜的裴迦》《少奶奶的扇子》等剧，演出未满两周即募款1万余元。

1936年由广东外贸巨商、外贸公会会长罗宗强接管该院，委派杨季随（广东人）为经理。1942年顾也鲁领班在该院上演《清宫秘史》等剧。40年代该院在放映西片时出租"译意风"，观众戴上耳机，即能听到华语对白。当时尚无译制片，其他影院演西片靠打字

幕，独有"明星"有"译意风"，不识字的人也可观片，听到华语对白，而只需交1角钱租赁费，此创举倍受欢迎。

1947年，该院上映过苏联故事片《宝石花》和《从莫斯科直捣柏林》（即《攻克柏林》）。上映《攻克柏林》时，影院制作了一个立体广告，苏联红军战士架枪向柏林国会大厦扫射，电影放映时场场满座。该片是影院向苏联亚细亚影片公司租赁的。映到第二天，突然接到特务组织所谓"蓝衣社"的恐吓信，内夹子弹。该院因此被迫停映此片。新中国成立后，经理杨季随因故去职，股东罗宗强去香港，"明星"收归国有，改名为和平影院。

二、新民大戏院

新民大戏院的前身是下天仙戏院。俗话说："买毡帽到马聚元，看好戏到下天仙"。下天仙戏院开业于清末光绪年间，初名天仙茶园。为与东门外袜子胡同的上天仙茶园区别，改为下天仙戏院。经理赵广顺，是京剧名旦赵燕侠的伯祖，名生赵小楼的父亲。1920年代初，改名大新舞台；20世纪20年代后期改称新明大戏院，由孙宝山经营。抗战胜利后，1946年改名美琪电影院，经理李吟梅。1949年1月天津新中国成立后，收归国有，改称"人民剧场"。

在辛亥革命时期，同盟会员、辛亥革命烈士王钟声（1881～1911），名熙普。于1911年3、4月间，他为了配合当时日益高涨的革命形势，率剧团来津在该院及南市同乐茶园演出新剧《热血》《鸣不平》《秋瑾》《黑奴吁天录》《徐锡麟》《官场现形记》等剧目，讴歌为国捐躯的志士仁人，讽刺鱼肉人民的亲贵官僚，以新颖的方式宣传革命思想，在社会上产生了广泛的影响，观众交口称赞，一时名声大振。王钟声利用新剧宣传革命，引起了清廷的注意。1911年9月，在

《大公报》1930年11月23日马连良在明星剧场演出广告

下天仙戏院（新民大戏院前身）

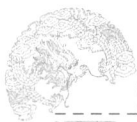

北京被京师警察厅解递回原籍监管。武昌起义爆发后，他设法解脱了监管，去上海参加领导武装起义。上海光复后，王钟声一度出任沪军都督府参谋，成为12名领导成员之一。他虽然身居要位，但时刻没有忘记曾经数年从事革命活动的天津。为了亲自策划天津的武装起义，1911年11月间，他毅然辞去都督府参谋的职务，只身化装再次来津，不料他下火车后，即有暗探局的便衣跟踪。他潜居河东奥租界于家大院移风乐会会长刘子良家，秘密召集戏剧同行故旧，酝酿举事。12月2日晚，直隶总督陈夔龙、暗探局长杨以德串通奥国驻津领事将正在刘子良家开会的王钟声等7人逮捕，并当场搜出都督印信和文件、信函等。

在法庭上，王钟声承认自己是革命党人，并理直气壮地质问军法官："九月九日上谕，大开党禁，非据法律不得擅以嫌疑逮捕，我是革命党，你们把我怎么样？"军法官理屈词穷，无言以对。陈夔龙请示清廷如何处置。次日，得到袁世凯内阁"尽法惩治"的回电。于3日下午王钟声被天津镇总兵张怀芝杀害于西门外韩柳墅疙瘩洼刑场，他大义凛然，神色自若，高呼"驱除鞑虏，光复大汉！"身中13枪，牺牲场面十分壮烈。

辛亥烈士王钟声

无独有偶，在天津辛亥革命遗址新明戏院1927年4月由梅兰芳主演《西施》，溥仪夫妇都是戏迷，婉容授意其娘家姨夫，给溥仪当英文翻译的察存耆买了两张戏票，恭请皇帝和皇后观赏。当溥仪夫妇正以观众身份坐在楼上包厢上欣赏梅兰芳表演时，被在楼下看戏的大总管胡嗣瑗发现。转天胡嗣瑗便给溥仪上了奏折，说是皇帝、皇后杂坐于市民中间看戏，有损龙凤之尊。还提出要惩罚给溥仪和婉容买戏票的察存耆，为此老总管还辞了职，从此溥仪再也不敢沾"戏子"的边了。

胡嗣瑗上奏的内容都是事实，他提到的"俯临剧场"，那是溥仪和婉容到新民大戏院去观看梅兰芳演出《西施》这出京戏。婉容是梅兰芳京戏的绝对爱好者，平素就常听梅兰芳的京戏唱片。今梅大师演出《西施》，那是一定要去看的。溥仪对梅兰芳也尊崇备至，他和婉容经常研究着梅氏的念白、唱腔、舞蹈以及音乐融为一体的高超艺术。照理说，年轻的帝后能经常在一起看看影戏，乃是夫妻和睦、生活和谐的体现，本不应有什么非议。可这位胡老先生却以"大失帝王威仪"为由，坚持他的奏谏是正确的。终经溥仪再三挽留，并赏了他狐皮筒子，才算使他安下心了。溥仪在中原公司理发引起胡老先生的又一次辞职，也是采取赏赐办法解决

梅兰芳演出《西施》广告

的，为此溥仪还被胡嗣瑗称赞为"从谏如流的英主"。

三、天津赛马场

1886年，德璀琳出任天津赛马会会长及秘书长，他凭借与李鸿章的私人关系，以开赛马会名义圈占了与"养心园"毗邻的约200百亩土地，建立赛马场。后在1900年的义和团运动中被毁。1901年德璀琳等人开始重建佟楼以南的跑马场，还建了一个木结构的看台。这座木结构看台一直使用了24年，直到1925年春天，才为另一座新建的混凝土看台所取

代。天津的英商赛马场无论是跑道也好，其他设施也好，在远东地区都是一流的。占地扩为600多亩，跑道二千四百米，合一英里半距离。修建了仿上海跑马厅式的观众大楼看台以及餐厅、酒巴间、休息厅、售票处、付款处、马房、骑马师休息室；骑师过磅室。建筑庞大，各部俱全。

天津赛马场

据记载1930年4月中下旬，溥仪夫妇五次到天津赛马场游玩。同年6月，婉容和小姑到正昌公司买糕点，然后去跑马场散步。7月，溥仪夫妇和妹妹们4次去跑马场，然后去逛街，在起士林吃冷饮。8月中旬，溥仪夫妇到跑马场，载洵带着女儿、载涛带着儿子一起随行，回来时在利顺德小憩。9月，溥仪夫妇又去了一次跑马场。10月，溥仪夫

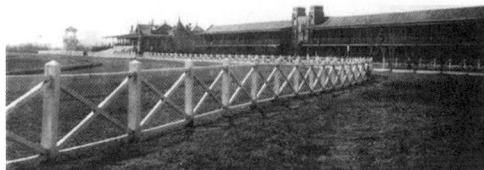

天津赛马场内景

妇去跑马场，让几个妹妹到中原公司代自己买东西，然后到戈登路接载沣到静园聚餐。看来1930年4月至10月，溥仪夫妇对赛马着了迷，看赛马成为其生活的一个重要组成部分。

四、东局子

东局子位于河东区和东丽区的交汇处，泛指程林庄路以北，月牙河以西，东丽区万新庄街道办事处东北部一带。清同治六年(1866年)清政府决定：由三口通商大臣崇厚负责在天津筹办生产枪炮弹药的机器局。1867年，崇厚在城东18里贾家沽道附近觅得土地22顷，在周围挖壕沟，建造长1500余丈的围墙，建成天津机器局的火药厂，又名天津机器局东局，俗称为"东局子"。当时，这座工厂形成长390丈、宽250丈的长方形城垣，周长约九华里，"城堞炮台之制，井渠屋舍之观，与天津郡城相对峙，俨然海疆一巨镇。"城角处筑有防御炮台，东、南两面有河道环绕护卫，对临近的防洪排水河——贾家沽道引河(今月牙河)的原有河道拓宽加深，以利于军工原料和成品的运输。尤其值得认真一提的是，中国近代军事学校，李鸿章筹建的北洋水师学堂、水雷学堂、电报学堂均设在那里。可以说这里曾经是中国近代最早的军校遗址（今解放军军事交通学院，河东区成林道东局子一号）。

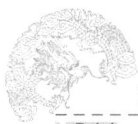

在崇厚之后，直隶总督李鸿章主持天津机器局。使机器局迅速发展成为机器制造、金属冶炼、铸造、热加工、基本化学、船舶修造等规模可观的大型军工企业，东西两局工人达2700余人，据《津门杂记·机器局》载："(东局)地广数百亩，屋宇机器全备，规模宏大，井井有条。工作者约二千人，日费不止千金。专制火药及各种军械，均有道员总理其事。并有洋匠及闽广江浙人，谓之监制云。"1895年，天津机器局改名北洋机器制造总局。

在1900年八国联军入侵时，东局子被大炮夷为平地。后来东局子成为法国兵营，设有运动场。溥仪在张园居住期间，曾设有马号，养着四五匹很不错的坐骑马，溥仪经常上东局子运动场练习骑马。法国租界当局还邀请溥仪在东局子参观运动会。

五、英租界球场

英租界球场，俗称英国球场，建于清光绪二十一年（1895年），坐落在英租界红墙道(今新华北路)，是专供外国人进行体育活动的场所。前身为英法联军的练兵场。有足球场、跑道、草地网球场等设施。20世纪后期，原建筑仅存老式木制看台，面积1020平方米。平面"凸"字形，台基高大，灰砖清水墙，出檐大坡顶单层建筑，具有英国建筑风格，是天津最早的运动场地[20]。英租界球场于1944年改名第一体育场，1957年改为新华路体育场，该场对发展我国和我市体育运动起过重要作用。现仅存1992年由该场健身房为基础建成的和平体育馆及市政协旁的和平网球馆。

20世纪20~30年代，在天津的上层社会中，打网球要算是最时髦的运动了。溥仪可算得上是最赶时髦的人了，他雇用了著名网

天津东机器局（简称东局子）

马背上的溥仪　东局子法国兵营及其运动场

和平体育馆（馆址前身英租界球场）

和平网球馆（馆址前身英租界球场）

球选手林宝华做"陪打"。

一次，溥仪一行参观网球表演赛，被著名记者徐铸成发现了。他在《报海旧闻》一书中，曾生动记下了这一场面。他写道："那是在一九三零年春天，我编辑《大公报》教育新闻版，体育新闻是主要内容。有些重要的比赛，我也去采访。有一天听说当时的网球健将林宝华、邱飞海(曾获远东网球单打冠、亚军)将在英租界球场举行表演赛，我欣然去参观。球场不大，只有一个场地，两对面各有一木制看台，座位不过二三百个。我正在凝神欣赏林、邱对打的球艺时，忽然旁边一位观众说：'看！像是宣统皇帝来了。'霎时间，全场的视线都移向门口，只见八、九个人走向对面看台，簇拥着一个着黑色西装的人，三十上下年岁，瘦长条子，脸色灰里带黑，架着一副墨绿眼镜。后面伴随着两个少女，一个丰容盛鬋，一个纤弱苗条。不用说，那就是溥仪和他的'皇后'婉容和'淑妃'文绣了。听观众的议论，才知道这位'皇帝'也喜欢网球，自从林宝华(原是南洋华侨，远东运动会后长期留居上海)到津后，不时被请去静园伴打，也算是一个'上书房行走'的师傅吧。"

徐铸成先生栩栩如生的描绘，使人们看到当年溥仪带着妻妾在天津市抛头露脸的情景，也看到这一伙知名人士当时在天津人们心目中的位置[21]。1931年2月14日林宝华给溥仪来信说："我已经收到您惠赐的460元，得悉您已渐告康复，摆脱感冒，实感欣慰，希望能再见到陛下，并陪同您一同打球，我愿永远为您服务。"但是溥仪再也没邀请他来。

六、英租界高尔夫球场

打高尔夫球，也是溥仪喜欢的运动项目，他订制了专用球衣、球裤和球帽，买了一块可以挂在腰上的厚壳计时表，到英租界北头高尔夫球场去玩。一次，溥仪带着皇后婉容、淑妃文绣去打高尔夫球，同去的还有溥杰、二格格和三格格，随侍背着装高尔夫球杆的皮筒子，紧跟在后面。溥仪大球场用大杆，小球场换小杆，轮到三格格起杆时，因溥仪挨得太近，被轮起的高尔夫杆铁头打在眉骨上，顿时鲜血直流，把三格格吓坏了！婉容和三格格同时用手帕捂住溥仪的伤口。婉容吩咐随侍李国雄："快去把车子开来，送皇上去德国医院。"众人把溥仪搀到车上，不大功夫，车子便开到了德国医院，经白大夫缝了两针，仍在眉毛处留下条细细的伤痕。溥仪和婉容都非常喜欢三格格，后来每当溥仪和婉容开玩笑时，只用手指指眉

溥仪打高尔夫球

角，三格格便脸红了。

末代皇帝溥仪夫妇居津活动遗址绝不只是以上介绍的30余处，笔者只是抛砖引玉，引起人们对末代皇帝溥仪夫妇居津活动遗址的关注与进一步挖掘。有的活动遗址我虽然知道名字，经过查询，目前仍未查出具体地址及有关资料、照片，如义利百货、日本体育会等等，希望知情者予以补充。就是笔者介绍的30余处末代皇帝溥仪夫妇居津活动遗址也难免有不完善，甚至有错误之处，欢迎大家补充和指正。

天津英租界高尔夫球场

注释：

［1］历史学博士、《城市史研究》杂志编辑、《近代天津日本侨民研究》作者万鲁建先生提供。他说："大和旅馆：位于日租界花园街，即现在的山东路北段，好像目前还保留着。"笔者1958年至1989年住在山东路29号。对这条街比较熟悉，近日又进行了进一步考察。我从现存建筑考察，山东路2号像旅馆建筑，4号是一个现存的有三道院的公馆建筑。现山东路与鞍山道交口长城宾馆长期为旅馆。其过路口加油站等是原日本总领事馆、日本警察署的遗址。但这些只能作为大和旅馆遗址认定的参考。

［2］林宝华，澳洲华侨，出生于澳大利亚悉尼。著名网球运动员。16岁学打网球，20岁成为闻名全澳的网球选手。1927年回国，与邱飞海代表中国参加当年8月在上海举行的第8届远东运动会网球赛，以3：2的相同比分，战胜菲律宾队和日本队，夺取我国运动员在该赛中的首次冠军。1928年偕汪道章参加"戴维斯杯"赛失利，旋即赴美国各地巡回作战，获13州锦标。回国途中顺访日本和南洋各地。1929年夺得由西人举办的上海草地网球锦标赛的单打桂冠，一举震惊网坛。

［3］主编何铁冰《天津地名志》和平区卷是，天津人民出版社1998年11月第一版第一次印刷，第194页。

［4］万鲁建：《近代天津日本侨民研究》，天津人民出版社2010年版，第45－47页。

［5］万鲁建：《近代天津日本侨民研究》，天津人民出版社2010年版，第53页。

［6］路红：《原意大利兵营》，《今晚报》，2009年11月6日副刊。

［7］王勇则：《意租界营盘的前世今生(图)》，《天津日报》2010年12月26日《都市风情版》

［8］李从娜：《<北洋画报>上溥仪的公众形象》，载自李立夫路红主编：《末代皇帝溥仪在天津》，天津人民出版社2010年版，第147页

［9］周祖爽：《开滦矿务局大楼是谁设计的》，2009年6月2日《今晚经济周报》。

［10］张立宪：《溥仪在天津的历史照片》，载于《末代皇帝溥仪在天津》，天津人民出版社2010年版，第158～160页

［11］《天津市地名志》天津人民出版社1998年11月第一版第92页。

［12］1928年5月26日《北洋画报》第192期《废帝近况》。

［13］章用秀：《溥仪钟情利顺德》2011年12月5日《天津日报满庭芳》。

［14］《中国文物地图集》（天津分册）《文物单位简介》第12页国民饭店。

［15］金彭育：《溥仪居津活动场所寻踪》载于《旧天津的日租界》天津人民出版社2012年6月第一版第一次印刷第65页。

［16］金彭育：《溥仪的高端时尚生活（图）》2011年7月10日《每日新报生活广记》。

［17］孙惠民：《大罗天》，2009年1月12日《今晚报》副刊。

［18］金彭育：《溥仪的高端时尚生活（图）》2011年7月10日《每日新报生活广记》。

［19］由国庆：《溥仪在津时尚生活二三事》载于《旧天津的日租界》天津人民出版社2012年6月第一版第一次印刷第68页。

［20］《天津市地名志》天津人民出版社1998年11月第一版第3页。

［21］由国庆：《溥仪在津时尚生活二三事》载于《旧天津的日租界》天津人民出版社2012年6月第一版第一次印刷第68页。

（作者张绍祖　天津市河西区政协文史委办公室副主任）

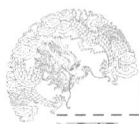

徒有其名的勤民楼揭秘

宋伟宏

【内容提要】在伪满皇宫中有一座鹤立的百年建筑，它外型独特，功能杂陈，一人
专属，溥仪美其名曰"勤民楼"。然而，这座傀儡皇帝的办公楼既没有让
溥仪"勤政"，也没有让溥仪"爱民"，完全是徒有其名，空落下许多鲜
为人知的秘闻。

【关键词】勤民楼 溥仪 勤民殿 候见室 缢宴场 承光门

在伪满皇宫13.7万平方米的宫墙内有一
座鹤立的穹顶式建筑格外引人注目，它位于
伪帝宫西院的中轴线中央，砖木结构，灰墙
灰瓦，二层方形圈楼，楼中央有方形天井，
二楼的外侧带有木制回廊，正门入口上方建
有铁皮穹顶，门两侧以爱奥尼柱为装饰，这
就是伪满洲国傀儡皇帝溥仪的办公楼——勤
民楼，该楼曾作为伪满洲国皇权的象征，经
常出现在伪满报刊及杂志上，并被广泛印制
在伪满洲国的钱币和邮票上。这栋坐落于伪
满洲国帝宫中的傀儡皇帝的理政大殿，始建
于上世纪初的百年建筑，究竟上演过多少历
史事件？发生过哪些历史秘闻？本文将为你
一一揭开。

勤民楼，始建于1911年，建筑面积
1392.7平方米，原为"中华民国"吉黑榷运
局的办公楼。1911年10月，专门管理经营吉
林、黑龙江两省食盐的吉林全省官运总局从

執政府大樓承先門

吉林省省府吉林市迁到长春，其办公机构就设在了长春这个盐仓内。1915年1月1日，经东
三省榷运总局盐务署决定，吉、黑两局合并，称吉黑榷运局。1932年2月25日，时任吉林
省长官的熙洽，为执行日本关东军将长春设为伪满洲国首都的决定，命令将吉黑榷运局及
长春盐仓全部即速让出，这里将作为"新国家"执政府的驻地。3月，吉黑榷运局迁出盐

仓。

1932年3月9日，清朝逊帝溥仪在日本侵略者的挟持下来到长春，在长春道台府就任伪满洲国"执政"。4月3日，溥仪按照日本关东军的旨意，把"执政府"迁到原吉黑榷运局。溥仪为效法康熙皇帝"敬天法祖，勤政爱民"的祖训，以表恢复大清王朝的夙愿，以"勤民"二字命名此楼。从此，这栋吉黑榷运局的办公楼成为伪满洲国皇帝溥仪处理政务、正式接见来宾、使节，以及赐宴和举行典礼，祭祀列祖列宗的重要场所。伪满十四年间，溥仪根本无公可办，无政可理，这里完全变成了一个伪满皇帝礼仪接见的场所，溥仪只是作为一个木偶道具，严格地按照日本关东军的要求频繁地出镜而已。

不同时期的房间布局

勤民楼房间的使用功能和名称分为两个时期，1934年之前，溥仪"执政"时期，一楼为应接室、警卫处、内务处和侍卫处办公室。1934年3月1日，溥仪登基后，这几个房间分别改为第一候见室、第二候见室、第三候见室、第四候见室，分别接待不同身份和等级的日伪官吏，1935年以后，又增设了"帝室御用挂"吉冈安直的办公室。二楼也是如此，1934年3月之前，曾为谒见室、飨宴场、西餐室、奉先殿等。此后，为了迎合溥仪称帝，二楼进行了扩建修整，改为勤民殿、东便殿、西便殿、赐宴殿、音乐室、配餐室、佛堂等场所。

另外，在勤民楼方形环楼的中间，有个见方的露天天井，阳光直射进楼里。在一楼和二楼加有环绕走廊与木栏杆，内廊为封闭式，栏杆一部分用木板封闭，一部分用大块玻璃封闭。天井的地面上是一片草坪，当时，这里经常表演剑术或摔跤，溥仪站在二楼的回廊上就可以看到下面的表演。

等级分明的候见室

1934年1月7日至2月29日，为了迎接溥仪登基大典，对勤民楼进行了重新装修。这项被视为重点的工程由伪满国务院总务厅需用处营缮科监督设计，由日本清水组、胜本商会、渊上商会、高岛屋、清水制作所等分别施工，对该楼的建筑、采暖、电器、家具装饰等项工程进行了全面修改，并增设了二楼的木制外廊。改建后一楼的警卫处、内务处、侍卫处、应接室四个房间分别改为第一、第二、第三和第四候见室，用以接待不同身份和等级的日伪官吏。除了关东军司令官可以直接上楼面见溥仪外，凡是等候溥仪接见、赐宴、赐酒、举行特任式的人员都要在候见室等候，届时由候见室礼官将各个官员带到楼上，向溥仪行最敬礼。第一候见室是接待特任以上文武高官，文官特任官及同等待遇者，武官上将等；第二候见室是简任一等文官、中将武官及同等待遇者在此等候召见。第三候见室接待文官简任二等及同等待遇者和武官少将。第四候见室接待荐任以下文武官员。[1]伪满十四年间，只有日本天皇弟弟秩父宫雍仁、日本关东军司令官和南京伪国民政府主席汪精卫来伪满皇宫时，伪皇帝"陛下亲待于承光门阶上"，握手言欢后，未到候见室直接上楼，算是例外。其他人员则严格地按照等级在此等候。

与溥仪同楼办公的日本人

在勤民楼一楼，除了候见室外，还有个特殊的办公室，即"帝室御用挂"吉冈安直的办公室。1935年以后，日本关东军为了监视溥仪在伪帝宫中的一切行动，特增设了这间办

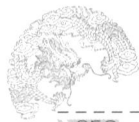

公室。

吉冈安直，日本九州鹿儿岛人，生于1895年。高颧骨、小胡子，身材矮小，日本陆军士官学校和陆军大学毕业。1932年12月7日，任关东军参谋，1934年8月1日任日本陆军士官学校战史科教官，与溥杰结为好友；1935年3月18日，任伪满皇帝溥仪的"帝室御用挂"，同年7月18日，任关东军参谋中佐；1937年8月2日，晋升大佐；8月27日，任张家口特务机关长；9月24日，继任关东军参谋，"帝室御用挂"；1939年8月，晋升为少将；1941年5月13日，升任关东军参谋副长兼日本驻满武官，同年7月17日，调任关东军防卫军参谋长；1942年7月1日，再任关东军高级参谋兼任"帝室御用挂"，同年12月1日，晋升陆军中将。短短十年间，吉冈的官阶，从中佐、大佐、少将，最终步步高升至关东军陆军中将。

吉冈安直有两个身份，一个是日本关东军高级参谋，一个是伪满洲国"帝室御用挂"。御用挂为日语名词，"御用"为事情的敬语，指皇帝的事情，"挂"为"办理"，"帝室御用挂"即是办理帝室和皇帝的事情，意为"内廷行走"，"皇室秘书"，即关东军派来的专门与溥仪联络的参谋。吉冈作为一名日本高级特务，以关东军参谋副长和"帝室御用挂"的身份，往来于关东军司令部和伪满皇宫之间，名义是关东军派到溥仪身边的联络人，实际上，他是依照关东军的旨意，控制、操纵溥仪的一切行为，关东军的每一个意图都是通过他传递给溥仪的。这种局面直到伪满垮台，在沈阳机场，溥仪才彻底摆脱了这个跟随他十年的影子。1949年1月15日，吉冈死于苏联莫斯科。

"登基"大殿——勤民殿

勤民殿是勤民楼的主体部分，位于勤民楼二楼东侧，溥仪执政时期称谒见室、御座所、登基式场，是溥仪举行正式仪式、大典、接待来宾及授勋的场所。溥仪的一些重要会见、重大仪式都是在这里举行的，如：伪满洲国成立之初，1932年5月3日，溥仪在谒见室会见了国联调查团李顿一行。国际联盟又称国际联合会，简称"国联"，是第一次世界大战结束时，由美国总统威尔逊倡议成立的国际组织。1920年1月成立，总部设在日内瓦，由63个会员国组成，国联的领导权一直由英、法、日、德、意五个大国控制，美国因与英法争夺领导权失败而没有参加，但对国联有很大影响。中国和日本都是最早参加国联的会员国。

（上）檀天 殿椏登

1931年9月18日，日本侵略者武装侵占我国东北之初，中国国民政府向国际联合会呼吁维护盟约，主持公道，迫使日本撤兵。然而，国联在英、法等国的操纵下，一开始就对日本的侵略采取纵容、姑息、退让的态度，只是空洞地要求日本限期撤兵，日本不但没有撤兵，反而侵占了东北全境。1931年12月10日，国联理事会对日本作出让步，并在征得日本代表同意的情况下，通过了派遣调查团赴中国东北调查的决议。1932年1月21日，经国

联行政院核准，正式成立调查团。调查团由英、美、法、德、意五国各派代表一人组成，团长由曾任印度总督的英国人李顿担任，中国政府委派顾维钧，日本政府委派驻土耳其大使吉田为调查团陪查员。2月3日，调查团由巴黎出发，途径美国及太平洋到达远东，再到日本东京、大阪，绕了地球大半圈后，于3月14日到达上海，26日到南京，调查团在视察了南京、武汉、北平各地后，终于在4月21日抵达沈阳，5月2日到达长春，这时伪满洲国已经成立。

1932年5月3日上午11时，溥仪由侍从武官张海鹏、秘书长胡嗣瑗、警备处长佟济煦、内务处长宝熙陪同，在伪执政府首席咨议中岛比多吉、关东军参谋长桥本虎之助和参谋板桓征四郎等人监视下，在勤民楼谒见室会见了国联调查团李顿一行。10月2日，调查团发表了"李顿调查报告书"，其结论不是制裁日本武装侵略，恢复中国领土完整，而是建议由帝国主义国家来共管中国东北。

出卖东北主权的卖国协定《日满议定书》也是在这里签订的。伪满洲国成立后，根据关东军参谋板垣征四郎的事先安排，1932年9月15日上午8时25分，溥仪在勤民楼会见武藤信义后，伪国务总理郑孝胥和日本关东军司令官武藤信义在勤民殿签订了《日满议定书》。日方出席签字仪式的有关东军参谋长小矶国昭、首席随员川越、书记官米泽、林出贤次郎；伪满方面出席签字仪式的有外交总长谢介石、外交次长大桥忠一、总务长官驹井德三、秘书郑垂。《日满议定书》的主要内容是：1、确认日本在中国东北的"一切权利和利益"；2、确认了关东军对"满洲国"的实际统治。规定"满洲国"的国防、治安、铁路、港湾、水路、空路全部委托日本管理；日本有权开发伪满洲国的矿山、资源；日本军队所需的各种设施由伪满洲国供应；日本人充任伪满洲国的官吏；日本有权向伪满洲国移民等。[2]通过这个条约，日本掌握了中国东北的政治、经济、军事、文化等一切权力，从根本上把东北变成了日本的殖民地。

此外，溥仪在这里同婉容一起接受了秩父宫代表日本天皇授予的勋章。1934年6月6日，日本天皇的弟弟秩父宫雍仁代表天皇访问伪满洲国，溥仪亲自到"新京"火车站迎接，站台上军乐队奏日本国歌，鸣礼炮101响，日满官吏近千人到车站迎接，仪式极为隆重。7日，秩父宫来到伪满帝宫会见溥仪，在郑孝胥、沈瑞麟、谢介石及菱刈隆等日满高官参列下，秩父宫向溥仪呈交日本天皇的信函，并代表裕仁授予溥仪大勋位菊花大绶章，授予婉容勋一位宝冠章。

这里上演的最重大剧目莫过于溥仪的登基大典。1934年1月，为了迎接伪满洲国实施帝制，溥仪登基，伪满政府对勤民殿进行了重新装修，对大典中的御用家具进行了特别制作，登基所用的宝座及全部家具都是由日本大阪清水制作所加工制作的，当时该制作所特选240人"斋戒沐浴，谨慎从业"，加紧制作。[3]此次登基大典的经费预算是2614395元。[4]

1934年3月1日，在日本关东军的导演下，正式将"满洲国"改为"满洲帝国"，溥仪由"执政"改称"满洲帝国"皇帝，年号"康德"。当日早上7时50分，溥仪在伪宫内府大臣沈瑞麟、侍从武官长张海鹏等侍从下，从缉熙楼经中和门，在勤民楼承光门前乘坐红色轿车，由摩托车开道，在首都警察、宪兵、护军的森严护卫下，在被迫站在街头的数

万市民的目送中，卤簿车队浩浩荡荡沿大同大街向位于杏花村的顺天广场郊祭场驶去。在溥仪与关东军的反复交涉下，溥仪身穿由北京荣惠太妃保存了22年的清朝光绪皇帝穿过的龙袍，登上在杏花村临时堆起的天坛，面朝南行"告天即位"的古礼。随后，回到伪满帝宫中，于中午12时，溥仪换上日本人设计的所谓"满洲帝国大元帅正装"，腰挎皇帝刀，踩着大红地毯，在日伪官员的恭迎中步入正殿，站在用丝帷幕装成的金色殿顶神龛的御座前，两旁是宫内府大臣宝熙、侍从武官石丸志都磨和金卓、侍卫处长工藤忠、侍卫官熙伦奂和润良等侍立。大典开始，以伪国务总理大臣郑孝胥为首的日伪官员列队向溥仪行三鞠躬礼，溥仪半躬身答礼，继之，溥仪观览诏书钤以玉玺，传旨捧诏官宣读《即位诏书》。然后，郑孝胥捧呈贺表宣读，随后率日伪官吏三呼"皇帝陛下万岁"，再由日本驻伪满特命全权大使菱刈隆向溥仪呈递国书并表示祝贺。接下来是从北京来的皇族及前清内务府人员向溥仪行三拜九叩之礼。[5]至此，在日本关东军导演下，溥仪成为伪满洲国皇帝。

非正式接见场所——御学问所

御学问所位于勤民楼二楼西侧，这是日本人的称谓，是日语当用汉字，又称西便殿，是溥仪的书房及非正式接见伪满官吏、外交使节的场所，伪满洲国的特任式多在此举行。

伪满的特任与日本的亲任略同，但比之低一等。接受特任官的人员早上十点前在勤民楼第一候见室等候，然后由侍从武官引入西便殿，向溥仪行九十度礼，接受特任状，此时，溥仪并不发表讲话。第二天溥仪赐宴，接受特任官的人要穿大礼服参加。大礼服文官是黑色，武官是天兰色，类似海军服，袖口和领口都有金边，裤子带金线。无论文官、武官都佩有剑，剑把为金色，有护手，剑套是黑色，末端也包有金色。如：1932年8月2日上午11时，溥仪在这里为伪国务总理郑孝胥及参议府议长、各部总长以下特任官举行首次亲任式。1933年5月25日上午11时，溥仪为张景惠、于芷山上将举行特任式。此外，溥仪还在这里接见了一任又一任的关东军司令官和驻伪满特命全权大使。1934年12月27日，新任日本关东军司令官南次郎进宫递交国书之时，曾在此停留后，再至勤民殿会见溥仪。1938年3月23日，意大利驻伪满第一任公使科尔迪宰进宫递交国书时，也在此会见了溥仪。1942年5月8日，南京伪国民政府主席汪精卫来帝宫时，溥仪在"御用挂"吉冈安直的陪同下，在此会见了他，并互赠了纪念品，表示要为建成日本的"大东亚共荣圈"协同卖力。1943年2月6日，溥仪会见了前来参加万寿节庆典的关东军司令官梅津美治郎。另外，1932年4月18日，溥仪二妹韫和与伪国务总理郑孝胥之孙郑广元的婚礼也是在此举行的。

会见政要的东便殿

溥仪称帝时，曾在勤民楼布置了两个便殿，一个在东北角，一个在西南角，因其位置一个在东，一个在西，故称东便殿和西便殿，这是溥仪进行接见及亲授式等重要政务活动的场所。1932年12月22日上午11时，日本关东军司令官兼驻满特命全权大使武藤信义向溥仪递交国书就是在此进行的。此外，溥仪为陆军上将张景惠、张海鹏、于芷山、吉兴、于琛澄等举行勋一位勋章亲授式也是在这里举行的。伪满的勋位等级与日本相同，但同一等级的比日本低一等，勋是标志功绩的，一般是4年一授勋，大臣有勋一位和勋二位的，但文官授勋和武官是不同的。

此外，溥仪还在这里进行过许多其他重要活动，如：1935年5月2日，溥仪第一次访日回来，立即召集伪满各部大臣、各省长、各司令官，在东便殿发表了访日《回銮训民诏书》。诏书的主要内容是"深维我国建立，以迄今兹，皆赖友邦之仗义尽力，以奠丕基。……朕与日本天皇陛下，精神如一体。尔众庶等，更当仰体此意，与友邦一德一心，以奠定两国永久之基础，发扬东方道德之真义。"[6]溥仪作为日本侵略者的代言人把日本侵略东北说成是友邦出兵援助，要伪满洲国与日本精神一致，同心同德，让东北人民顺从地接受日本的控制和奴役，实质上是让东北人民一切服从日本，使日本侵略者可以为所欲为地对东北进行法西斯殖民统治。诏书颁布的同时，还把这一天定为"访日宣诏纪念日"，以后每年的这一天伪满洲国全境都要举行纪念活动。

1939年9月19日，新任关东军司令官兼驻满大使梅津美治郎向溥仪捧呈国书也是在此举行的。1942年5月8日，汪精卫来伪满皇宫时，溥仪在西便殿会见了汪精卫，又在东便殿接见了汪伪外交部长褚民谊、宣传部长林柏生、参谋总长杨揆一等一行七人。1942年4月22日，德王进宫时，溥仪特赐德王于东便殿觐见。1944年10月26日，溥仪在此会见了菲律宾驻日大使瓦尔加斯。这里成为溥仪会见政要的重要场所。

无政可理的健行斋

健行斋位于勤民楼二楼西南角，在御学问所的北面，是集书斋、办公、赐宴的多功能场所，其名取自《易经》"天兴建，君子以自强不息"之意，溥仪发誓自强不息，兢兢业业，恢复祖业。起初，溥仪雄心勃勃地想把"执政"的权力充分使用起来，每天早早地就到勤民楼办公，一直到很晚才回缉熙楼寝宫。但是，日本主子压根不允许他"勤政"，他除了遵照日本关东军的旨意，在呈递的奏折、诏书、法律、法令上签"可""知道了"外，根本无政可理。据宫中人员回忆：溥仪"每天清早起床，便到健行斋坐等文武百官来向他启奏国家大事。来的人却也不少，但有的是请安，有的是贡献方物。溥仪问起国事，总理的回答是：总务厅长正在办。总长的回答是：次长正在办。而总务厅长和次长是很少和溥仪见面的。至于以国务总理名义呈递的敕裁书，则只能裁可，不能驳回或改动。日子久了，溥仪渐渐懒散下来，成天待在缉熙楼，无意于日理万机了。"[7]1936年以后，溥仪的书房变成与飨宴场相通的多功能场所，一室二用，当时室内摆放两套家具，既有办公用的大写字台，又有宴会用的长条餐桌。此后，健行斋取代了飨宴场，变成了宫中小型的赐宴场所。这里除了办公、赐宴外，有时也在此召开"御前会议"。

如：1936年3月12日，日本陆军中将清水喜重、三毛一夫、川岸文三郎，陆军少将藤田进见，午宴赐于健行斋。同年12月4日，日本海军中将滨田吉治郎进宫，赐宴健行斋。1937年1月2日，新岁赐宴，关东军司令官植田谦吉、国务总理张景惠等在健行斋预宴，简任各官在清宴堂预宴。同年2月22日，又在健行斋赐宴民政部大臣吕荣元及各省省长、本部次长、司长及特别市长等。1938年，又在健行斋举行了四次宫宴，分别赐宴日本陆军中将大串敬吉，日本陆军中将多田骏等。从1939年开始，宫中赐宴主要在怀远楼内的清宴堂和后来建成的大型赐宴场所嘉乐殿里举行，健行斋作为赐宴场所不再发挥作用，至于伪皇帝溥仪的办公功能也只是偶尔用一次，事实上，伪满十四年间，溥仪根本无公可办。

赐以洋餐的飨宴场

飨宴场也称西餐室、赐宴场、大食堂。是伪帝宫中举行重要宴会和溥仪赐宴日本关东

军及伪满高级官吏的场所。溥仪举行登基大典和节日庆典等重大仪式时，都在这里举行隆重的赐宴。宴会厅内摆成一字形，溥仪坐在正中御座上，参加宴会的人员按身份的高低、职位的显赫依次入座。特任官、简任官分开参加，荐任官一般只赐酒，不赐宴，或者是在外边冷餐立食。元旦时，伪帝宫内赐宴人员最多，扩大到简任一二等官，包括各部大臣、总务厅长、首都警察厅长、特别市长，以及关东局长、大使、各特殊会社总裁、外宾等也参加。每逢赐宴均以西餐为主，备有日本酒、白葡萄酒、红葡萄酒以及香槟酒等。并配以乐队演奏，每上一道菜奏一次军乐，菜上齐了，停止奏乐。因此，飨宴场附有配餐室和音乐室。配餐室有配餐台、消毒柜、冰柜、和餐柜等。音乐室的职责是每逢宴会开始之前，由宫中乐队演奏伪满洲国国歌，宴会中间奏圆舞曲，宴会结束时奏进行曲。虽然是西餐，给溥仪上菜也是单有一套餐具。西餐是由大和旅馆的厨师到帝宫里来做，溥仪那份则由御膳房单做一套完全一样的，一般是一个汤，二道菜，一个点心，一个水果，每次总会有一些当时市面上吃不到的东西。[8] 1932年9月15日，《日满议定书》签订后的当日中午，溥仪在此设宴招待武藤及随员一行，并致祝酒词。1934年3月2日，在溥仪举行登基大典的第二天，溥仪在飨宴场赐宴日本关东军司令官兼伪满特命全权大使菱刈隆大将，驻满海军司令官小林省三郎、驻满大使馆参事官谷正之、总领事吉泽等日本文武官员及日本侨民等，并发表敕语，菱刈隆大使致祝贺词。翌日中午12时，溥仪赐宴伪国务总理郑孝胥及各部大臣、参议府等伪满简任官以上官员，并发布敕语。1934年6月秩父宫访满时，溥仪在此为其举行了招待宴及送别宴会，关东军司令官、伪国务总理等出席坐陪，婉容也出席了这次宴会。直到1934年秋，怀远楼二楼清宴堂建成前，这里是伪帝宫中唯一赐宴、宫宴的场所，清宴堂建成后，在相当长的一段时间里，飨宴场与清宴堂并存。

供奉祖先的佛堂

佛堂是由奉先殿演变而来的，是溥仪供奉列祖列宗和其他神佛的地方。1934年，在溥仪称帝前，勤民楼二楼就设置了奉先殿，用以祭神拜祖。"奉先"一词出自《尚书.太甲中》："奉先思孝，接下思恭"名，这和北京故宫中的奉先殿是一致的。据伪满宫内记事簿记载：奉先殿里供奉着清朝列帝列后、四太妃、醇贤亲王二侧福晋，还有王爹爹王妈妈、佛、大成至圣先师孔子、关圣帝君、孚佑帝君等多个神主牌位和供像，每年元旦、万寿节及清明、冬至、岁暮、七月一日、七月十五等重大节日都要在此举行大祭，每月朔（初一）、望（十五）、列帝列后诞辰、忌日及太妃、福晋忌辰还要举行小祭。凡遇重要祭祀，溥仪要亲自行礼，称作"亲行"，其余派专人恭代行礼，称作"代行"。[9] 1934年末，溥仪将列祖列宗等牌位移至新建的怀远楼，这里成为单一的佛堂。

伪帝宫名门——承光门

勤民楼南北中轴线上各有一门，在楼的南侧，与勤民楼哥特式圆屋顶垂直，有一个半圆形拱门，拱门前的阶梯呈半圆形，在门的上方有三个楷书木雕字"承光门"，

菱刈宮城／紙幣對蒙ナ件×伊即御宴会
勤務御雕正嗜念列重和同之伏即御宴会

这是溥仪为继承光绪皇帝的遗志而命名的，此门谓勤民楼的正门。承光门可谓伪帝宫第一名门，伪满的许多重大历史事件和卖国活动都在此门前留下了历史镜头。如；伪满建国一周年，溥仪与武藤等于承光门前合影。1934年元旦，日本驻伪满特命全权大使菱刈隆及各参事官到执政府向溥仪祝贺新年后，在承光门前合影。1934年3月5日，日满两国就国防中的东亚问题发表宣言，接受溥仪敕谕后留影。伪满国军军旗亲授式后，溥仪与伪军政部大臣张景惠等合影。1937年3月30日，日本驻伪满全权大使植田谦吉呈递国书后在此门前留影。1933年6月1日上午，溥仪接见日本人形使节团后，在承光门前合影。1943年4月2日，日本内阁总理大臣东条英机访满时，到伪帝宫会见溥仪后，在承光门前合影。承光门是伪满报纸、书刊、画报曝光率最高的伪帝宫之门，它以影象的形式真实地记录了在伪帝宫中发生的一个又一个重大历史瞬间。

注释：

［1］秦翰才：《满宫残照记》1947年5月版，中国科学图书仪器公司出版，第109页。

［2］姜念东：《伪满洲国史》1980年10月版，吉林人民出版社，第147页。

［3］伪皇宫陈列馆：《伪满宫廷秘录》1993年12月版，吉林文史出版社，第63页。

［4］（日）满洲国史编纂刊行会编，黑龙江社会科学院历史研究所译：《满洲国史总论》1990年9月版，第422页。

［5］同［3］，第67页。

［6］同［3］，第135页。

［7］周君适：《伪满宫廷杂忆》1981年2月版，四川人民出版社，第94页。

［8］长春市政协文史资料委员会、伪满皇宫博物院编：《见证伪满皇宫》，第208页。

［9］《伪满皇宫博物院年鉴》2000——2001年，第267页。

（作者宋伟宏　伪满皇宫博物院研究馆员）

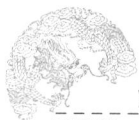

简述溥仪御赐张作霖的"龙袍"

赵菊梅

【内容提要】1909年，为表彰张作霖在剿灭蒙古叛匪中的英勇表现，宣统皇帝溥仪御赐"龙袍"作为奖赏。后来，此"龙袍"流失到了日本，几经周折又漂洋过海回归了张氏帅府。经考证，确定应将其称之为"蟒袍"而非"龙袍"。

【关 键 词】溥仪 张作霖 御赐 龙袍 蟒袍

1999年5月20日，张氏帅府张灯结彩，喜气洋洋，辽沈各界为张学良将军九九华诞举办的祝寿大会在此进行，更令人欣喜的是，张作霖的旧藏——溥仪御赐给他的"龙袍"也在这一天回归帅府。这件具有重要的历史和艺术研究价值的文物是由日本友人汤山蓝一郎专程从日本前来捐赠给帅府的。

"龙袍"长146厘米，腰宽75厘米，下摆宽114厘米，袖长70厘米，袖口宽27厘米，两袖通长216厘米，是采用独具特色的刺绣艺术——盘金纳纱绣工艺制作而成的。纳纱绣，又称戳纱绣、打点绣，是世界上久负盛名的绣种之一，它是以极细密的真丝筛绢作地，有规律地按纱眼用各种颜色的绣线手工戳纳花纹的刺绣技法，其工艺繁复精湛，针路规律匀整，花纹凸出，有强烈的织纹感和装饰效果。中国的刺绣品历来是高贵的象征，而纳纱绣的精湛技艺使其毋庸置疑地成为了刺绣艺术品中的佼佼者，尤其在明清时期常为皇家所用。此件纳纱绣袍服为圆领、右衽、大襟、窄袖笼、马蹄袖口、下幅四开裾，质地轻盈，面料透薄，是一件用于夏季穿着的蓝色外罩衣。袍料由六种面料与辅件组成，主体以蓝地二经绞直经纱为主；领缘和袖缘分别为深酱色地八枚缎的织金锦和黑地二经绞直经纱，用金线缂边；马蹄袖内衬湖蓝地平纹暗花绸，接袖用黑地二经绞直经纱，内衬白地纱缝制而成。该袍服具有鲜明的手工特点，主体纹饰为捻金线盘金绣，前后共绣有9条龙，其中前胸、后背、两肩各有一条正龙，前后襟有四条行龙，里襟一条行龙，龙纹间饰以暗八仙纹和朵云纹，下幅绣八宝、江崖海水等图案，表现出龙腾海而起，翱翔于云间。龙的上下和周围，主次分明，布局匀称协调，纹饰舒展流畅，地花设色协调精妙，针法细腻，自然工整，平挺光润，具有较高的刺绣工艺水平。整件袍服素淡清雅，与清代早中期袍服花团锦簇、豪华富丽的华美风格形成了鲜明的对比。

这件袍服，据捐赠人汤山蓝一郎所言是张作霖送给曾任日本关东军驻奉天独立守备队队长植田照猪少将的，收藏它的日本人将其称之为"龙袍"。张氏帅府博物馆在接收了汤山蓝一郎的捐赠之后，经过多方考证，确定应将其称之为"蟒袍"而非"龙袍"。

民间有"四爪为蟒"的说法，蟒与龙以爪区分，其余的形、神并无大异。按此说法，这件袍服所绣之物皆为五爪，当属龙纹之列。且此袍服前胸、后背、两肩所绣四龙，龙首均面向正面，头部左右对称，双目圆睁，正视前方，蜿蜒而坐，被称作正龙，是龙纹中最为尊贵的纹饰。按照清代服饰定制，龙袍只限于皇帝穿用，而皇子也只能穿龙褂。五爪龙缎、金绣等都在官民禁止穿用之列。而四开衩的衣裾，也只有宗室才可穿用，其他官吏士庶只能穿二开衩的衣式。但这件袍服不仅通身遍布金绣，又有四团五爪正龙图案，而且下幅还是四开衩的衣裾，其等级如此之高，大大超出了张作霖所能享用的范围，这究竟是怎么回事呢？

据史料介绍，清朝时王公大臣及各级官员最常穿的礼服是蟒袍，其行制、纹饰均同龙袍。据《大清会典》颁布的有关规定，蟒袍分四个等级：一、亲王、郡王、文武一品、二品除特赐穿金黄色者，蟒袍一律用蓝色或石青色，片金边缘、通绣四爪蟒九条。特赐五爪蟒者除外。二、贝勒、贝子、奉国将军、文武三品、一等侍卫蟒袍准用石青、蓝色片金缘，绣四爪蟒九条。三、奉恩将军、文武四品至六品官、二等侍卫为一等级，可着四爪蟒八条。四、文武七品至九品官着"过肩蟒"纹，全身共绣五蟒。

关于蟒、龙的区别，历来都没有明确的答案。《野获编》中说："蟒衣为象龙之服，与至尊（即皇帝）所御（龙）袍相肖，但减一爪。"《大清会典》中则规定："凡五爪龙缎立龙缎团补服……官民不得穿用。若颁赐五爪龙缎立龙缎，应挑去一爪穿用。"据此，人们得出了"五爪为龙，四爪为蟒"的结论，其实并不尽然。因为人们在各个时期对蟒和龙的概念并不是固定的。龙不完全是五爪，蟒也不完全是四爪。到了清代，尽管在名称上将龙、蟒划分得十分清楚，但在图像的反映上往往是一致的。地位高的官吏照样可穿"五爪之蟒"，而一些贵戚得到特赏也可穿着"四爪之龙"。至于何时为龙，何时为蟒，主要是因为当时的社会等级制度比较严格，龙被视为帝王的化身，除帝后及贵戚外，其他人不得"僭用"，所以同样是一件五爪龙纹袍服，用于皇帝的可称为龙袍，而用于普通官吏时，只能叫蟒袍。在颜色上，只有皇族可用明黄、金黄及杏黄。普通人一般为蓝色及石青色。

该件袍服上的主体纹饰，均清晰地示出"五爪"。既然《大清会典》规定五爪蟒袍只有"特赐"者方能着之，张作霖的这件"五爪九蟒"之袍服显然也是受皇帝的"特赐"而来的。那么，清代皇帝为什么会把这件绣有金龙图饰、至贵至尊的蟒袍赏赐给张作霖呢？这件蟒袍又是怎样到了日本人手里的呢？它的背后究竟隐藏着怎样鲜为人知、有血有泪的故事呢？事情首先还得从张作霖追剿蒙匪说起。

二十世纪初，清政府为推行"新政"，在蒙古地区掀起了大量垦荒移民的行动。为此，当地的蒙古王公贵族与汉族地主军阀勾结在一起，大面积地买卖旗地，招进了众多的移民百姓，使得当地的蒙古族牧民群众无法生活下去。蒙古谚语说：水是银，草是金；土地、牧场失掉了，就等于失掉了饭碗。在这种情况下卓索图盟苏鲁克旗的白音大赉和哲里木盟郭尔罗斯前旗的陶克陶胡先后举起了抗垦斗争的大旗。

面对各地风起云涌的武装抗垦运动，清政府先后派兵进行了镇压与追剿。当时，白音

大赉与陶克陶胡在东蒙一带形成了一双南北呼应、坚实而锋利的犄角。他们纵横驰骋，对东北地方当局造成了极大的威胁。要知道，东北是清朝的龙兴之地，蒙古是清朝崛起的重要联盟。内蒙局势不稳，让清政府十分震惊。另外，这种情况的存在也会给一直觊觎中国东北的沙俄势力提供乘机干预中国内务和利用起义者作乱的良机。尽管清廷三番五次责令东北地方当局全力追剿，但终因不敌对手，无法将其剿灭。

其时，于1902年被清廷招抚，在协助新民府平定当地匪患的张作霖，却在剿匪行动中屡战屡胜、越战越勇。他先后击溃了新民的侯老疙瘩、红罗砚的苑四苑五、海沙子、张万里、张海东、唐占山、陈殿文等匪徒，剿灭了辽西巨匪杜立三、田玉本，接连打了几个干净漂亮的大胜仗，赢得了上司的极大赞赏。新民知府增韫说他："奋勉从公，颇知自爱，安心向上，出于至诚，……为可用之料。"一时间，张作霖声名鹊起，渐成大势。

1907年秋，东三省总督徐世昌命时任奉天省巡防营前路统领的张作霖率部前往洮南进剿。洮南一带属于蒙古大漠的一部分，地势特殊，山荒地僻，夏天瘴雾弥漫，冬天冰天雪地。不同以往在辽南，定会备尝艰辛。但是，当时一心想升官发财、建功立业的张作霖，在接到命令后还是立即携带家眷，急速进兵洮南，从彰武出发，与蒙古族反清抗垦军展开了激战。

在辽南时，张作霖因为熟悉那里的地理环境，作战可谓游刃有余。但漠北却不同，那里没有村落，人烟稀少，饮水困难，加之叛匪个个精于骑术，每人都配备两匹马，骑一匹休息一匹，行动快如闪电，让人很难捕捉到踪迹。在此地作战，张作霖可谓吃尽了苦头，每次追剿蒙古族反清抗垦军，张作霖的马队很快就被甩在了后面，留在他眼中的只有越来越远的滚滚烟尘。

经过几个回合的交手，起初张作霖不断失利。但他善于总结经验，吸取教训。一方面他在追剿中也采用了蒙古族备两匹马，换马骑乘的战术，一方面则想法获取了可靠有效的剿匪路径图，摸索出了蒙古族反清抗垦军的活动特点，逐渐取得了一些可喜的战绩。1907年底，张作霖联合黑龙江省的清军对蒙古族反清抗垦军南北夹击，迫使蒙军西退，"遁入索伦山中"。

次年早春，张作霖带兵深入冰雪覆盖的索伦山区。在那里，他身先士卒，与蒙古族反清抗垦军短兵相接，展开了白刃战。张作霖挥兵直上，前赴后继，陶克陶胡等人见势不妙，越山而逃，张作霖穷追不舍，大约追到离洮南有2000余里的地方。这次追击十分艰苦，所经之处，冰雪载途，人烟寥寥。当时由于天气寒冷，又经过连日追击搏斗，张作霖和手下人马十分疲惫。士兵的脸上、手掌都被冻裂了，甚至有不少人的手指头都被冻掉了。当时由于军粮接济不够及时，士卒只有吃些干粮、捧雪为饮，晚上则露宿寒林。当奉天府特派朱佩兰前去赏银犒师时，他在绰尔河岸看到一个精小黑瘦之人正在指挥手下操练，见面时才发现原来是张作霖。朱佩兰当时几乎都不敢相认了。

经过一系列艰苦卓绝的战斗，张作霖等终于击毙了白音大赉，生擒了牙什，驱逐陶克陶胡远遁，取得了重大胜利，为清政府立下了大功。对此，徐世昌在1908年10月4日给光绪皇帝的奏章中叙述了张作霖等作战的大概情形，并赞誉道："该统领张作霖等，驱驰绝漠，艰苦备尝。年余之间，将积年巨患，歼除殆尽，实非寻常剿匪之功可比。"捷报传到朝廷，光绪皇帝龙颜大悦，立即恩准了徐世昌为张作霖等请奖的奏折，张作霖被"以游击尽先补用并赏加副将衔"。

1909年春，清政府任命锡良接替徐世昌为东三省总督。他上任后，继续调集各地军队对陶克陶胡残部进行堵击，并令张作霖再次深入索伦山区，务必将土匪彻底剿灭以安定边疆。在张作霖所部和其他清军的合力兜剿下，陶克陶胡向北部沙俄逃窜，蒙边一带又恢复了往日的宁静。捷报传到朝廷，清朝末代皇帝溥仪龙颜大悦，特地赐予了张作霖这件蟒袍。

在得到朝廷的嘉奖之后，起初张作霖是满心欢喜，一时间，他觉得皇恩浩荡，受主隆恩，内心充满了要效忠朝廷的感激之情。他将这件皇帝御赐的蟒袍视为心爱之物，时不时地就要拿出来观赏一番，然后小心翼翼地收藏起来。但随着清政府的垮台、末代皇帝溥仪宣布退位和几次帝制复辟的失败，张作霖内心对朝廷和皇帝的敬畏之意逐渐淡漠了许多。后来，张作霖干脆将此蟒袍转赠给了曾任日本关东军驻奉天守备队的队长植田照猪少将。

植田照猪在1916——1923年任职期间，兼管"满铁"部分事务，由于"满铁"经常为张作霖运输军队、军械，张作霖和植田照猪关系不错。为表示友好，张作霖将此龙袍送给了植田照猪。1945年日本战败后，植田照猪回国，50岁时因病去世，此袍由其夫人保存并传给了女儿。

植田照猪的女儿非常珍视父亲与张作霖交往的情谊，也深知这件袍服的价值，惟恐它无谓地湮灭世间，便一直打算寻找一位可以托付此物的合适人选。时光荏苒，1954年6月，植田照猪的乡人——高知县的文化学者、汉诗翻译家汤山槐平举办文学作品展时，应邀前往的植田女儿，认为将袍服交给汤山这样研究汉文化，又和中国有渊源关系的人收藏最合适，便将保存了多年的袍服转赠给了友人汤山槐平。

汤山槐平是汉诗译者。早年曾在东北攻读汉学，在取得一等通译资格后，又只身来到北平（北京）。他笃爱汉学，孜孜不倦，翻译了许多中国古诗，对中国有浓厚的感情。在中国期间，其诗集曾赠送给郭沫若先生。他在北平王府井居住，一直到日本无条件投降后才回到久别的故乡高知县。后来他将翻译的唐诗和自己的俳句整理后，出版了《一壶春诗片》和《一壶春曼陀罗华》。

从汤山槐平的人生经历可以得悉，他谙熟中国文化，植田的女儿将袍服转赠汤山槐平，以达长久保存的目的，可谓慧眼识人。

汤山槐平确实没有令人失望，他收下这件珍贵的礼物后精心保存，用檀木做了匣盒，并请日本著名书法家用中文题写了"张作霖将军旧藏——龙袍"。1976年，汤山槐平在生命弥留的最后时刻，对守在病床前的妻子坂本正子和子女说："这件龙袍是属于中国的，你们一定要把他送回中国去。"

汤山槐平过世后，他的长子汤山蓝一郎继承了父亲的餐馆"一壶春"，经营中国菜，也承接了父亲的中国文化情结，他学习唐诗、宋词，写作俳句。但一直萦绕在心头的是何时将袍服送回中国去。那时，中国正轰轰烈烈地开展"无产阶级文化大革命"，汤山蓝一郎很清楚，对这带有封建帝王象征的袍服，是不会有人肯逆"敢把皇帝拉下马"的历史潮流而接收的，更何况还要承担里通外国的罪名呢。

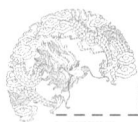

1991年，正值中国大地春意盎然，百花齐放，汤山蓝一郎首次来到中国。他在上海博物馆的展柜中，看到了与自己保存的袍服相似的展品，更增加了他早日将袍服送回中国、完成父亲遗嘱的心愿。但是，汤山蓝一郎苦于人生地不熟，不知与何处联系，只好遗憾而归。

汤山蓝一郎的母亲坂本正子与汤山槐平当年在北平完婚，归国时，怀有8个月的身孕，胎儿正是回国后出生的汤山蓝一郎。汤山将此行的结果对母亲坂本正子述说后，母亲决定择时与儿子同行，实现丈夫的遗愿，寻求袍服的归宿地。

1997年，樱花盛开时节，坂本正子来到阔别半个多世纪的北京时，虽然是旧地重游，但是旧貌换新颜，就连当时的住处也已没有了踪影。她深深地感觉到，要将此袍服送到接洽人的手中，绝非想像中的那样简单随意。在抱憾返回前，坂本正子将心愿托付给了接待此行的翻译张博军。

张博军身为中国国际旅行社日本部的翻译，通过前后两次陪同汤山母子寻访，十分体察她们的心情，几经努力，通过全国政协友人的介绍，与时任辽宁省政协文史委员会副主任的赵杰先生取得了联系。在赵杰的斡旋下，1998年5月，汤山蓝一郎专程从日本赶赴沈阳，与张学良旧居陈列馆（张氏帅府博物馆的前身）达成了"龙袍"回归张氏帅府的意向。在文物捐赠仪式上，汤山蓝一郎满怀深情地说："我是我母亲喝中国水滋养大的，我把这件袍服的来龙去脉和我的感受说给你们，就是因为这件袍服回到了应该回到的地方，我很高兴，我终于完成了父辈致力于中日友好的愿望。"

有资料表明，二十世纪二十年代，在张作霖生辰祝寿乃至嫁女时，溥仪还曾数次向张作霖赠送厚礼，所赠物品包括各种瓷器、寿画、寿屏、佛像、如意、砚墨、玉器等，但流传保存至今者寥寥无几。令张作霖万万没有想到的是，这件皇帝御赐的蟒袍经他送给日本人，多年以后却又几经沧桑、漂洋过海，最终回到了张氏帅府，可谓殊实难得。它不仅见证了张作霖和清廷的关系，也见证了张作霖和日本人之间的交往。现在，这件蟒袍经专家鉴定，已被列为国家二级文物。

（作者赵菊梅　张氏帅府博物馆副研究馆员）

溥仪印章考略

李　红

【内容提要】溥仪作为中国封建君主制的最后一位皇帝与最后一位享有玺印的君
王，他所用玺印必然成为难得的文化遗物。这些印章在特定的历史时期和
一些重大历史事件中，起到了关键作用，成为各个历史事件的重要凭证。
本文对溥仪在紫禁城时期、天津时期、伪满时期所用印章进行了梳理，并
对印章制作过程、主要用途等方面进行了分析考证。

【关　键　词】玺印　紫禁城　天津　伪满　见证物

印章，亦称"图章"。"印"以字解释，左半部是
个"爪"字，即手，右半部是个"节"字，就是符节、凭
证，合起来就是手持符节，代表信用与诚信。秦以前，无论
官、私印都称"玺"。秦统一六国后，规定皇帝的印独称
"玺"，后世称"御玺"。臣民的印章只称"印"。汉代也
有诸侯王、王太后的印章称为"玺"的。唐武则天时因觉得
"玺"与"死"近音（也有说法是与"息"同音），遂改称
为"宝"。唐至清沿旧制而"玺""宝"并用。[1]

一、概说

爱新觉罗·溥仪作为中国封建君主制的最后一位皇帝与最后一位享有玺印的君王，所
用玺印必然成为难得的文化遗物。这些印章在特定的历史时期和一些重大历史事件中，起
到了关键作用，成为各个历史事件的重要凭证。因此，对溥仪在紫禁城时期、天津时期、
伪满时期的印章进行梳理，通过对印章制作过程、主要用途等进行分析考证，对研究溥
仪、了解历史，包括对当年社会文化的掌握都有着积极的意义。

溥仪从1908年走进紫禁城成为大清王朝的宣统皇帝到1945年8月17日在通化大栗子沟
第三次宣布退位，曾作为宣统皇帝、伪满洲国皇帝的他，拥有象征皇权的国玺是必不可少
的。比如乾隆帝制定并流传下来的25方宝玺，在光绪末宣统初刻制的"大清帝国之玺"，
"大清皇帝之宝""大清帝国皇帝之宝""大清国宝"四方玺印，伪满时期刻制的"满洲
帝国之宝"等等。尽管笔者到目前为止还未找到溥仪正式使用过这些国玺的踪迹，但从制
度层面讲，这些均属于溥仪所独有并可享用的印章。除国玺外，溥仪在这三十七年间使用
较为频繁的还是他的私人印章。据笔者统计，这一时期溥仪所刻制的私人印章有70余方，

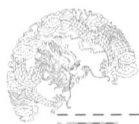

并大部分是在紫禁城时期所镌刻。这些印章因其主人的特殊性，大小不一，字体各异，材质贵重，雕刻精细，都堪称印中精品。其中，现保存在北京故宫的私人印章有47方，包括宣统御笔6方、宣统6方（其中"宣""统"二字分两块刻制的有4方）、宣统御览之宝4方，宣统尊亲之宝4方，宣统御笔之宝3方，养心殿尊藏宝2方，宣统鉴赏2方，无逸斋精鉴玺2方，无逸斋2方，即此是学2方，宣统御赏、宣统御赏之宝、礼耕义种、经纬阴阳、朝乾夕惕、寡欲、御笔、德日新、庄敬日强、所其无逸、冲龄辰翰、用笔在心、宣统宸翰、无逸斋宝各1方[2]。另外，溥仪还有自强不息、皇帝之宝、执政之印、康德御印、缉熙静止、勤民之宝、缉熙楼宝、溥仪御印等印章。

二、印章的制作与来源

溥仪玺印的制作来源主要有以下三方面。第一是由清宫宫内府造办处刻制。印章的制造程序一般来说是这样的，奉旨领取所用材料，经钦天监选择吉日开工，依据印样铸造、镌刻印纽后存入广储司。刻字时由钦天监依据皇历选择吉期，礼部批复后送至内阁，内阁大堂行礼后由镌刻人按翰林院预先撰发的印文镌刻。镌刻完成后一般即可使用[3]。

第二是在民间刻制。溥仪在紫禁城这一时期，正是清朝政权的衰落时期，新旧政治体制开始转换，是各种思想观念、文化现象不断泛起的多样化时期[4]，当时文人们盛行通过自篆自刻印章，并将其与自己的书法绘画作品相结合，达到他们所追求的艺术境界[5]。不仅使民间印章的刻制达到了一定的高度，而且还促进了印章艺术的发展及印章在文化领域的广泛使用。这一文化现象也影响到了溥仪小朝廷。在张国维整理出版的《士一居印存》一书中，收入了他祖父张樾丞为溥仪镌刻的印章。"那是1909年，经宝熙引荐，张樾丞为清朝末代皇帝溥仪制作'宣统御笔''宣统御览之宝''无逸斋精鉴玺'等8枚印，

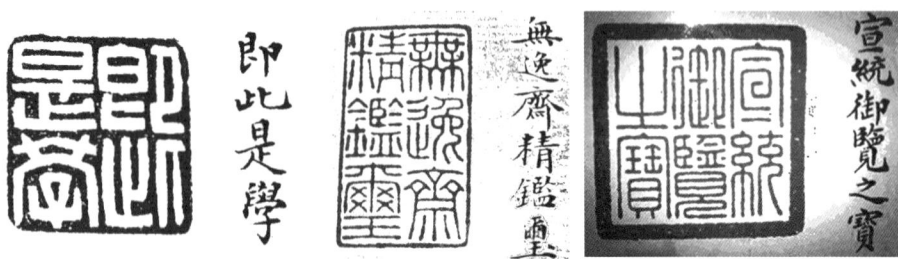

其中尤以'无逸斋精鉴玺'最为精到[6]"。另外，溥仪到东北充当伪满"执政"和"皇帝"后，所用印章也是在民间刻制的。《盛京时报》于1934年2月23日和28日对溥仪刻制国玺、御玺的过程都有着详细的报道：《盛京时报》在1934年2月23日这样报道："皇帝登基在迩，关于国玺御玺之制作，以志本报，兹悉国玺御玺业经本市名刻家陈古陶氏熏沐制刻完竣。"据陈古陶介绍，国玺为白玉铸成，玺文字为汉篆"满洲帝国之宝"六字，是溥仪亲笔书写。此御玺大小为二寸六分立方形，背面印纽为云纹钮，给人以丰富华丽之感。印面汉篆笔划纤细如线而刚劲如铁，宽边光地。此印章刀法细腻、打磨细致、地子平整、线条流畅、工整有序。御玺，石材为青玉。二寸四分立方形，上铸兽钮。印文为

"皇帝之宝"四字，溥仪书写。1934年2月28日，《盛京时报》又对镌刻的过程有了详细的描述：1934年，伪满执政府派出特派员兼程前往北京，用重金购买了两块白玉，郑孝胥亲自找到当时在东北赫赫有名的雕刻家，北大街美术馆的陈古陶。陈古陶接到玉石后，便着手制作。但由于玉质非常坚硬，一般工具无法刻制，因此，便又到北京购置工具及钻石刀，总计花费350余元。因任务重大，从安全起见，决定到沈阳进行此项工作。在去往沈阳的途中，郑孝胥还特派两名亲信专程护送。到沈阳后便在南门内古陶馆租一房间。一切安顿妥当后，特在立春那天，选了一个吉时，并在焚香礼拜后开始动工制作。经过了19天的日夜劳作，在1933年2月20日，制作完成，陈古陶立即返回长春，亲自交到郑孝胥手中。在郑孝胥的日记中对此事也进行了证实："1933年12月20日，得稚辛书，言定购玉玺两方，五百三十元；侯仰山者，自言宣统御玺为彼所制，所蓄白玉建方四寸有余，欲售两万元，玉作坊号玉成祥；定制二钮，约三十日。2月20日，陈古陶来送玉玺两枚。"郑孝胥的日记与《盛京时报》的报道完全吻合[7]。

第三是由宫中老臣和日本人进献。比如"即此是学"印章，这方印章是金绍城进献给溥仪的。印文"即此是学"，是指帝王应具备的学识和涵养，都要学习。这方印章鸡血石质地，光素方形玺。面2厘米见方，通高7.9厘米。边题："臣金绍城敬篆"。金绍城（1878——1926）字巩北，号北楼。浙江吴兴人。曾任上海中西会审公堂会审官、大理院推事。1911年（宣统三年），金绍城作为中国代表，参加美洲万国监狱改良会议，并赴欧美考察监狱。归国时大清朝已灭亡，后出任内务部金事，众议院议员，国务院秘书，蒙藏院参事等职。此人嗜画，兼工书法篆刻。另在郑孝胥日记中对日本人进献御玺有着这样明确的记载："1934年1月25日吉冈参谋及北京日本公使馆书记员渡边雄记来访，渡边特送玉玺两枚来新京。"

三、印章的用途及作用

溥仪刻制每一枚印章都是有明确目的的，甚至印文的选取与个人的人生经历有密切关系，其标准是非常严格的。从儒家经典，到佳句名篇，乃至自己的创作，都是印文的选取范围，它反映了溥仪的思想和内心的希望。但由于溥仪做大清王朝的宣统皇帝只有3年，其他时间或是养尊处优，或是寻求复辟，或是充当傀儡，真正反映闲情逸致、抒发自己心性的成语印文很少，更多的是年号章，但也正是透过这些印文，反映出溥仪在不同时期的生活状态、性格特点、情趣心境、文化修养及背景故事。

1. 紫禁城时期

溥仪在紫禁城，做宣统皇帝的三年还是一个不能亲政的孩子，但退位后，根据优待条件，仍在紫禁城内过着帝王生活。溥仪的印章多半是在这一时期刻制，它们从另一侧面体现了溥仪在紫禁城小朝廷里的生活。在封建旧制和清朝遗老的影响下，溥仪接受的仍旧是封建帝王的思想教育。做宣统皇帝的三年，由其父载沣监国摄政，遇有重大事件，还有隆裕皇太后代为下达懿旨。退位后的溥仪，虽不做皇帝，但仍旧住在紫禁城，仍旧继续着从六岁起便开始的练字临摹、书法绘画，鉴赏名品等所谓帝王教育的生活。

（1）"大清国宝"印，交龙纽，篆书。面11.6厘米见方，通高9.8厘米，纽高5.2厘米。附系黄色绶带。用黑漆木匣装。无使用痕迹，刻宝时所着墨迹如初。这方玺印应是始

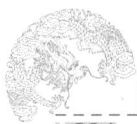

行新政时备用之宝。此国玺镌刻于光绪末年宣统初期。时局正处于专制政权衰落，新旧政治体制的转换时期，新政与立宪成为国家政局的大势，清政府国家机构围绕着君主立宪体制进行了一系列制度转化。这其中也包括国宝玺印制度的改革。这一时期清王朝共新增了四方檀香木交龙纽宝玺，印文分别为："大清帝国之玺""大清皇帝之宝""大清帝国皇帝之宝""大清国宝"。在中国封建王朝中，国玺被视为皇帝身份的代表，是皇权的象征。失去了国玺，将意味着失去了对整个国家的占有权和统治权，导致一个国家一代统治的结束。1908年，慈禧临终前的一道懿旨改变了溥仪的命运，使他成为大清王朝的宣统皇帝，也使他成为了拥有象征着皇权的国玺的最后一人。但年幼的溥仪还未来得及推行新政，甚至还不知国玺为何物时，大清王朝便灭亡了，尽管如此，这方玺印的刻制和存在，仍旧代表了清代国宝演变的一个阶段。

（2）"法天立道"印，檀香木，面3.9厘米见方，通高4.9厘米，两行各二字。"法天立道"原是慈禧太后的闲章，溥仪继位后继续使用，专门钤用于小朝廷发布的"谕旨"上。1912年2月12日，隆裕太后在紫禁城的养心殿代表年仅六岁的溥仪签发了大清王朝的最后一道上谕——《清帝退位诏书》，退位诏书上使用的并不是乾隆皇帝制定的国玺，也没有使用新刻制的国玺，而是用了慈禧生前曾使用的闲章——"法天立道"印章，有人分析，之所以退位诏书用此印章，是隐含了非正式意味，颇有不甘心之意。但笔者认为，之所以用此印章，正是说明溥仪当时还是一个孩子，没有亲政的能力，慈禧临终前也是这样安排，由其父载沣监国摄政，还命载沣"遇有重大事件"必须随时面请"皇太后懿旨"。这方印章也成为了这一历史事件的重要见证物。

（3）"宣统宸翰"印，寿山石质，篆书。面1.5厘米见方，通高2.9厘米。是溥仪儿时描书时常使用的印章。宸，原指紫薇垣，后借指帝王居处。翰，古以羽翰为笔，凡用笔所书者曰翰。

唐代已有用"宸翰"，专指帝王笔墨之迹。边题："臣载洵恭刊。"钤有"宣统宸翰"的匾联，有一部分是朱益藩代笔。溥仪自己书匾联时，事先由师傅把拟定词句写在

纸上，再由人按照笔划用针刺出小孔，撒上白粉后，漏在另一纸上，白粉就勾勒出字形。溥仪照白粉字形来描书，最后盖上"宣统宸翰"或"宣统御笔"之类的宝玺[8]。溥仪从六七岁就开始向臣下颁赐御笔。起初是采用这种漏笔描字的办法，逐渐就能放开手脚了。这枚印章也正是年幼的溥仪在小朝廷里描书写字的印证。

（4）"德日新""朝乾夕惕"印。"德日新"，

此句出于《尚书.商书》："德日新，万邦惟怀，志自满，九族乃离。"乾隆于此多有宏论。"日新之谓盛德"，何为日新？"日新非必日日务求有所新意，盖君子自强不息即所以进德也。"何以进德？进德须防习染。"盖习染之最易害人心，如尘埃之最易生室宇，日日扫之，尘埃未必能尽去，日日新之，习染未必能尽除，日日新，又日新，如是而已矣、"（《清高宗御制文二集》卷二）此印文是溥仪效仿他所崇拜的乾隆帝印章刻制的。还有溥仪的"朝乾夕惕"印章，这个印文也是雍正帝较为喜爱的，"朝乾夕惕"《易经》传注，"皆以为人君之事。"形容一天到晚勤奋谨慎，没有一点疏忽懈怠。雍正即位后，日月勤慎，他对自己之勤政行为颇为自豪。因此用"朝乾夕惕"自励、自诩。溥仪效仿先帝们喜欢的印文刻制成自己的印章，说明他复辟大清王朝的思想始终没有泯灭，时刻告诫自己要修心养性，要继承大业，有朝一日重登大宝。这些印章对于帝王心思的透视是非常重要的，通过这些印章我们对此有了清晰的进一步的了解和确认。

（5）"宣统御览之宝"印。在作品上钤盖收

藏鉴赏印记是大清王朝的皇帝们在研习鉴赏之余的一大喜好，在很多传世名画上，皇帝的"御赏""御览"玺，有的竟多达几十方，这也成为清宫藏书画图书的一大特点。溥仪的小朝廷里存有先帝们为其留下的大量的珍贵书画，使年轻的溥仪耳濡目染了先帝们的这一喜好，喜欢闲来无事在宫内所藏的名画上加盖印章，象"宣统""宣统御览之宝""宣统御赏""无逸斋精鉴玺"等，这些印章多钤盖在书画上，用以赏赐群

臣。尤其是"宣统御览之宝"（椭圆形），在溥仪离宫前的一段时间内，以赏赐溥杰名义偷盗出去的大量藏品书画中，很多是钤盖此印的，这些印章也因此成为了验证这些藏品真伪和偷运出宫时间的铁证。

2. 天津时期

1924年11月5日，时任卫成总司令的鹿钟麟和警察总监张璧闯入故宫，逊帝溥仪被迫离开故宫。溥仪交出国玺，带走私人印章前往天津，过起了七年的寓公生活。天津时期，寻求复辟力量成为溥仪生活的中心。尽管溥仪已经被赶出紫禁城，尽管他离复辟清王朝的梦想越来越远，但在溥仪的内心深处，始终以宣统皇帝自居。这可以从溥仪在此期间使用的印章得以印证。

"宣统""宣统御笔"印。"九一八"事变后，

溥仪对日本的态度由坐门会见转为主动接触。在日本驻屯天津司令官香椎浩平的建议下，溥仪亲笔写信给关东军司令部，表示他坚决要跟日本人到中国东北的态度。同时，他还在黄绢亲笔信中向日本人说："欲谋东亚之强国，有赖于中日两国提携，否则无以完成。"乞求日本对其复辟予以武力帮助[9]。这封盖有"宣统御玺"印章的信件，成为了战后在东京国际法庭上，差点让溥仪失去证人资格的物证。1946年8月21日，溥仪第四次出庭作证。梅津美治郎的律师布莱克尼对溥仪进行了一系列的逼问。他在法庭上公开声明，要使溥仪丧失证人资格。在布莱克尼看来，溥仪说他当"满洲国"的皇帝并非出于自己的意愿是不可信的，只要找出证据证明这个观点，便可证明溥仪是一个说话靠不住的人，从而剥夺他的证人资格。于是，围绕着溥仪是出于自愿还是被强制不得不当"满洲国"皇帝这个问题，展开了激烈的论战。对于这次询问布莱克尼显得信心十足，因为他向法官出示了溥仪自愿当伪满洲国皇帝的铁证——溥仪亲笔写给南次郎的黄绢信。在溥仪极力否认的情况下，布莱克尼追问道："上面的宣统御玺也是假的吗？"溥仪斩钉截铁地说："完全是假的。在天津我是个平民，没盖过皇帝御玺。"中国季楠检察官立即提出：应把这封信作为集团阴谋的证据，由被告方面负伪造罪责[10]。但后来溥仪也承认了自己的隐瞒。他在《我的前半生》一书中提及到："今天回想起那次的作证来，我感到遗憾。由于那时害怕将来会受到祖国的惩罚，心中顾虑重重，虽然说了一部分罪行，但是为了给自己开脱，我在掩饰自己罪行的同时，也掩盖了一部分与自己的罪行有关的历史真相，以致没有将日本帝国主义的罪行，予以充分地、彻底地揭露。"而"宣统御玺"这方印章，做为溥仪在天津求助日本要来东北的凭证，险些使溥仪失去做证人的权利。它成为了溥仪寻求外援复辟、与日本相勾结的历史见证物。这方印章在特定的历史时期中起到的关键作用，成为这一历史事件的凭证。又如在他的英文教师庄士敦出版的《紫禁城的黄昏》一书，溥仪于1931年9月为其

书写的序文中，在文章的落款处，钤印宣统御笔、自强不息两方印文，再次证明了溥仪在天津时期，始终在以宣统自居，在使用着宣统印章。

3. 伪满时期

1932年，溥仪投靠日本，来到东北就任伪满洲国执政。但就任执政绝非溥仪心甘情愿，对于他及清朝遗老们来说，能够重新登上"皇帝"之位，即使在满洲，也算是自辛亥革命爆发二十多年来，向着夙愿迈进的一个里程碑。根据日本人的许愿，溥仪先是做执政，然后做皇帝。既然做了执政，那象征身份的印章是必不可少的，"执政之印"随即产生。但无论是"执政之印"还是溥仪的伪满皇帝"康德御印"，无不见证和讲述着溥仪的傀儡之路。

（1）"执政之印"，溥仪就任执政签发的第一道执政令就是任命陆军中将石丸志都磨为侍从武官、溥仪的御前进讲。该执政令道林纸印刷，长方形，长45厘米，宽35厘米，四边加2厘米宽黄色花纹纹饰，手书楷体字。右起竖写："执政令将字第壹号补陆军中将都磨为侍从武官此令执政（下方盖有'执政之印'正方形朱红印模）军政部总长张景惠（下方盖有'军政部总长印'正方形朱红印模）大满洲国大同二年七月日（下方盖有'军政部印'正方形朱红印模）。"溥仪任命的这位侍从武官具有其特殊的使命，非同一般的侍从武官。石丸志都磨原是日本陆军退役少将，是日本关东军司令官武藤信义的亲戚。武藤将石丸志都磨安排在溥仪的身边，作为"监护人"并以溥仪的名义任命石丸志都磨为中将侍从武官，有了这样一个头衔，石丸便可名正言顺地监视溥仪。他时常给溥仪进讲所谓的军事课、时事政治，吹捧日本帝国主义的"赫赫战果"，1933年7月武藤信义死后，石丸志都磨在关东军中失去了靠山，1935年他这个"监护人"的位置便被取代。

（2）"满洲帝国之宝""皇帝之宝"印。伪满洲国建国一年零四个月后，关东军司令官终于提起了溥仪盼望已久的"帝政"。1933年7月17日，郑孝胥和刚晋升为元帅的关东军司令官武藤信义在旅顺黄金台的关东厅长官别墅，进行了长达三小时二十分钟的会谈。这一天也初次提起了溥仪热切希望并一直期待着的有关"满洲国"向"帝制"转变的话题[11]。1933年10月，接任武藤信义的关东军司令官凌刘隆正式通知伪满国务总理郑孝胥，日本政府可以承认溥仪为伪满洲国皇帝。（我的前半生灰皮本第243页所说时间为33年3月，时间有误，因为3月份司令官应是武藤

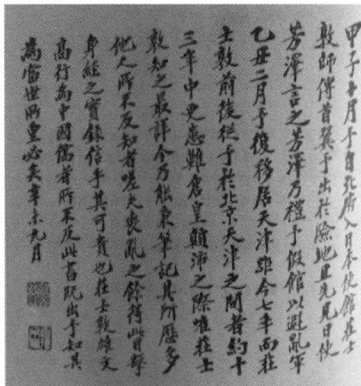

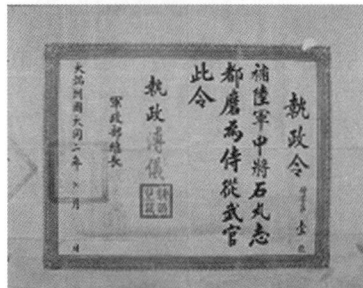

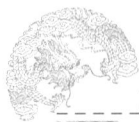

信义。）登基大典之事一经确认，为彰显权威，制作国玺、御玺马上便列入计划当中，即着手制作玺印。"满洲帝国之宝""皇帝之宝"也就此刻制完成。从"玺印"上看，此印章是使用过的，但笔者到目前为止，还没有查找出溥仪用此印章的记录，他的侄子毓嶦在回忆录中有这样的一段话：伪满洲国的"皇帝之宝"国玺，连溥仪都未看过，是否在尚书府都不知道，据说是在关东军那里，也有说同时做了两个，一个放在宫内府，一个在关东军，总之不在宫内[12]。此宝现收藏在辽宁省博物院。

（3）六面印。此印为六面，有两面为阴刻，四面为阳刻。印文分别为"无逸斋""勤民楼宝""缉熙楼宝""静专动直""道法自然""精一执中"。从这一印章中，我们仍然可以找寻到溥仪在伪满期间，仍旧没有泯灭要恢复大清的愿望。"缉熙""勤民""静专动直"表达了溥仪要继承康熙祖业、要勤政爱民、告诫自己不要享于安乐的意愿。伪满初期，溥仪还会经常到勤民楼办公问政，签上御笔并钤印上"无逸斋""道法自然"等印章。但随着时间的推移，溥仪自己也渐渐地明白，他只不过是一个地地道道的傀儡，恢复大清祖业不过是他的幻想而已。而这些印章，也成为表达他内心深处思想的一个寄托而已吧。

（4）"康德御印"。1934年溥仪颁发的登基诏书用此印章。1934年3月1日，伪满洲国的政体由执政制改为君主立宪制，溥仪也从伪执政改为伪皇帝。溥仪第三次登基"即位诏书"，长52厘米，宽37厘米。诏书上部两侧为伪满洲国"国旗"，左右及下部边缘为高粱装饰图案，中为宋体印刷，右起为横读的"即位诏书"正文。整个诏书文中共有269个字。正文中下盖有朱红小篆体"康德御印"。

从此，在日本人的操纵下，此印章成了傀儡皇帝最为有利的见证物。"康德御印"章不仅在颁发诏书中使用，溥仪还钤印在赐予大臣的字画上。在伪满帝宫中，整天无事可办的溥仪以习字为乐。他临摹古帖，如苏东坡的字、柳公权的字都临，但最景仰的还是各位祖先的御笔。曾任伪满宫内府大臣的沈瑞麟在《皇上乾德恭记》一文中写道："上善书法，日必临摹古帖与列圣御笔，时写擘窠榜书，龙翔凤翥，笔势飞动。赏赐臣下及外国人士，无不珍为至宝。"下面这幅字就是赐予日本领事田中的字——"万岁"。在字顶端钤印"康德御印"。1945年8月17日，溥仪在通化大栗子沟宣读了他人生的第三个退位诏书——《满洲国皇帝退位诏书》，最后一次使用他所谓的玺

印，结束了他的傀儡生涯。

　　溥仪印章，不仅是一件具有实用价值的信用物，它因其主人的特殊性，使其更是集历史价值、艺术价值和科学价值于一身，成为人们了解历史、研究历史的重要资料和宝贵财富。

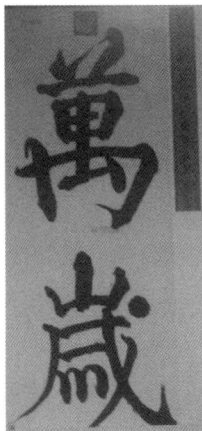

注释：

［1］杜延平：《印章收藏与投资》，北京：化学工业出版社第1页，2012年。

［2］故宫博物院：《清代帝后御玺印谱第十三册宣统卷》，北京：紫禁城出版社，2005年。

［3］李立夫：《末代皇帝溥仪在天津》，天津人民出版社第16页，2012年。

［4］马庆有：《铜印钮》，北京美术摄影出版社第6页，2012年。

［5］故宫博物院：《明清帝后宝玺》，北京：紫禁城出版社第54页，2008年。

［6］故宫博物院：《明清帝后宝玺》，北京，紫禁城出版社第126页，2008年。

［7］中国国家博物馆：《郑孝胥日记五》，北京，中华书局出版社第2498页，1993年。

［8］故宫博物院：《明清帝后宝玺》，北京，紫禁城出版社第276页，2008年。

［9］爱新觉罗溥仪：《我的前半生》，北京，群众出版社第226　　227页，1964年。

［10］李国雄口述、王庆祥撰写：《他者眼里的溥仪》，北京，团结人民出版社第207页，1999年。

［11］（日）中田整一著，喜入影雪译，《溥仪的另一种真相》，上海人民出版社第68　　69页，2009年。

［12］吕长赋：《溥仪离开紫禁城以后》，北京：中国文艺出版社第64页，2001年。

　　　　　　　　　　　　　　（作者李红　伪满皇宫博物院副研究馆员）

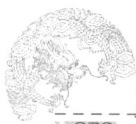

伪满洲国漆器考析

石　宪　赵忠霞

【内容提要】漆器起源于中国，其技艺东传日本后被大和民族发扬光大。"九一八"事变后，日本炮制了傀儡政权——伪满洲国，漆器作为日本文化的重要代表，成为日本帝国主义侵华战争的纪念品和宣传品，成为日本法西斯无可言辩、铁证如山的罪证。本文以伪满皇宫博物院入藏的几件重要漆器文物为实例，进行逐一深入的考证和评鉴，从而见证侵华战争抹杀不掉的罪恶历史，揭示伪满洲国的殖民本质，探求近代日本漆器文化的飞速发展，带给我们的诸多警示与思考。

【关 键 词】伪满洲国　漆器考析　历史罪证

中国是漆器的母国，从新石器时代开始，中国人就认识了漆的性能并用以制器，到汉唐时代达到了繁盛，其技艺东传日本。在此后的岁月里，中国人渐渐摒弃了这种轻巧华丽且貌似缺乏变化的物件，转以将瓷器文明发扬光大，而与此同时，漆艺的种子却在东瀛之国落地生根，硕果满枝。百年后，西方人来到了东方，给中国命名为"China"（瓷器），给日本命名为"Japan"（漆器），漆器在日本以国名而代之，成为日本文化最重要的艺术载体和象征。然而，伴随着"九一八"事变的隆隆炮火，这一源自古老中国，又被大和民族发扬光大的艺术瑰宝，无可避免地被烙上了战争的印记。

伪满洲国漆器主要分为三大类，一类是日伪政府为了政治宣传所需，极力美化侵略战争，将漆器作为纪念品嘉奖给"建国"有功的日本人或伪满官员，此类漆器是伪满漆器的主体；第二类是"九·一八"事变后，一些东洋漆器作为日本人的生活用品被随身携带到东北，其中一部分产于伪满时期，另一部分则年代久远；第三类是日本为伪满洲国傀儡皇帝溥仪专门定制的宫廷餐具，伪满垮台后散落于民间。以下是对伪满皇宫博物院入藏的几件重要漆器文物，逐一进行考证和评鉴。

一、满洲派遣凯旋纪念圆漆盘

此盘直径28.2厘米，高3.9厘米，木胎，圆形，直壁，平底。盘整体髹黑漆，盘口一周髹褐漆，盘内纹饰以红、蓝、白、金多色彩绘。此盘产自日本，于2005年8月13日，由日本日中友好协会辻田文雄先生捐赠，国家一级文物。

这件漆盘作为纪念品，被日本政府奖励给从伪满洲国"凯旋而归"的日本士兵。盘内图案的最上方是一个五角星，为日本关东军的军徽标志，军徽下边交叉而立伪满洲国国旗和日本国旗，正中间的主体图案为"满洲国"地图，地图右下方是一项日军钢盔，左侧竖行为描金楷书"满洲派遣凯旋纪念"。"九·一八"事变爆发后，入侵中国东北的日军被称为"满洲派遣军"，而"七·七"事变时负责攻取、占领中国内地的日军被称为"支那派遣军"，日本有意将"满洲"和"中国（支那）"分开，可见日本蓄意侵占中国东北由来已久。

漆盘上的"满洲国"地图将中国东北分为10个省，由此可以推断出此盘生产于1934—1937年之间。中华民国时期，我国东北地区设置了4省，分别为辽宁省、吉林省、黑龙江省、热河省。伪满洲国成立后，日本侵略者为了强化统治基础，控制地方势力，采取了"广设诸侯，分而治之"的方针。1934年10月1日公布了新的"省官制"，把原来的4省划分为10省，1937年增至16省，1941年增至19省和1个特别市。此漆盘具有极高的史料价值，是日本武装侵略中国东北的有力罪证，日本军国主义企图永久地侵占中国东北，进而征服中国、称霸亚洲乃至全世界的狼子野心昭然若揭。

二、忠勇金边黑漆盘

此盘边长21.5厘米，木胎，正方形，圆角，平底。盘主体髹黑漆，盘口四边髹金漆，盘内纹饰用红、白、绿、金、粉等多色彩绘。此盘产自日本，于2005年8月13日，由日本日中友好协会辻田文雄先生捐赠，国家二级文物。

盘内最上方为象征日本关东军的五角星，五角星下是伪满洲国国旗和日本国旗图案，伪满洲国国旗的左上角和右下角分别书写中文"忠""勇"二字，日本国旗上书写日文，中文含义为"欢迎您荣归故里，祝您生命永恒"。两面国旗的周围簇拥着代表日本的菊花和代表伪满洲国的兰花，盘内左下角用金漆绘有"纪念"二字。

日本人对漆器的喜爱胜过陶瓷，唯美派文学大师谷崎润一郎（1886—1965年）曾有过一段比较漆器和陶瓷的文字，被颂为经典："食器之中，陶器虽不差，但陶器并无漆器之阴翳、深味；手触陶器，觉其重、冷，而且传热快，盛热质物是不便的，又有叮叮之响声。漆器予手的感觉却是轻、柔，近耳旁亦几不出声；我手捧盛汤的漆碗时，掌中承受汤之重量与暖温的感觉，甚感欢喜，正如支撑刚出生不久的婴儿的肉体。""漆"的内涵被文学大师如此诠释，可见漆器在日本文化中的分量。各式漆器伴随着日本国民已经走过

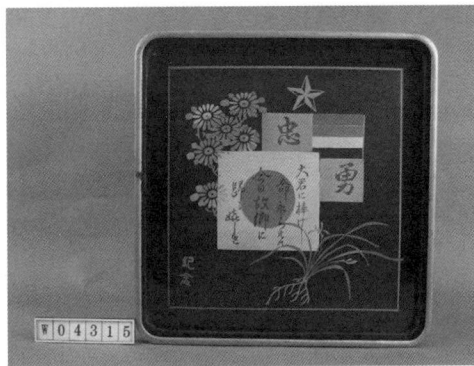

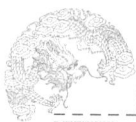

了千百年的时间：刚刚出世的婴儿去神社取名，途经的鸟居门是朱漆所髹；步入彼岸的逝者，家人要为其建起黑漆莳金的牌位，置办漆制的佛坛；为"大东亚战争"而四处征战的士兵，在归乡之时，也以获得漆器为最高荣誉。

武士道精神一直被日本作为社会伦理的基本支柱而大肆宣扬，二战后武士道理论更是被日本军国主义所利用，经常以"征战光荣"的思想和"忠勇义烈"的事迹，对军队进行奴化教育，使其天皇崇拜的理念在军队中根深蒂固，效忠天皇成为日本军人心灵深处不可动摇的精神支柱。"忠"是绝对服从天皇的旨意，"勇"是勇往直前，不惜以肉身为武器攻击所谓的敌人。日本青年在其"忠勇"观的蛊惑下，血涌骨鸣，从容赴死，义无反顾地充当征服世界的战争炮灰。

三、亲邦圣战讲演纪念漆盘

此盘长22.8厘米，宽36厘米，木胎，长方形，圆角，平底。盘整体髹黑漆，盘内纹饰以褐、黄、绿多色彩绘。此盘产自日本，于2001年3月22日，从辽宁省丹东市市民迟连成处征集，国家二级文物。盘的右上角从右至左书有"亲邦圣战讲演纪念"的字样，盘内图案为富士山，山脚下是波澜起伏的湖水、随风荡漾的帆船和怪石嶙峋的岛屿。富士山是日本的第一高峰，海拔3776米，面积90.76平方公里，被日本人民誉为"圣岳"，是日本民族的象征。富士山北麓有富士五湖，其中河口湖是五湖中唯一有岛之湖，湖水中可以映衬出富士山的倒影，被称为富士山奇景之一，画面所绘图案正是这一奇特景观。

太平洋战争爆发后，日本首相、高官和军界首脑纷纷在广播中作鼓动性演讲，煽动战争狂热。1942年1月21日，日本首相东条英机在第七十九次帝国议会上发表演讲，鼓吹大东亚战争必将争夺远东殖民地，独霸亚洲："指导帝国目前正在进行中的大东亚战争的关键，一方面在于确保大东亚的战略据点，另一方面在于把重要资源地区收归我方管理和控制之下，由此扩充我方的战斗力量，同德、意两国紧密合作，互相呼应，更积极地展开作战，一直打到美、英两国屈服为止。"同年3月1日，伪满洲国傀儡皇帝溥仪发表了《建国十周年诏书》，要求"国民献身大东亚圣战，奉翼亲邦之天业"，至此，仅仅10年的时间，日本同伪满洲国完成了从"友邦"到"盟邦"再到"亲邦"的演变进程，为赤裸裸的侵略披上了虚假的外衣。日本和伪满洲国的关系说得更直白一点，就是已经变成了"老子"和"儿子"的关系，东北政权被彻底地掌控和操纵。1943年4月2日，东条英机访问伪满洲国，溥仪谄媚道："请首相阁下放心，我当举满洲国之全力，支援亲邦日本的圣战！"伪满洲国此时已经被牢牢地拴在了日本帝国主义的战车之上，在"大东亚圣战"阴云恶雾的笼罩下，东北同胞遭受着灭种灭族的欺凌。

1945年日本投降后，东条英机作为甲级战犯被捕，羁押期间自杀未遂，1948年经远东国际军事法庭审判被处以绞刑。这件漆盘，以无声的语言折射出在日本侵略者控制之下的伪满洲国这个小伙计，以各种形式来配合和支援日本所发动的侵略战争。

四、伪满洲国建国十周年纪念表彰漆瓶

此瓶口径10厘米，高28厘米，足径10.3厘米，木胎，唇口，短颈，圈足。整件器物通体土黄色，并以红、白、绿三色在正面创作出一幅生动活泼的兰花图，瓶的背面用银灰色喷涂出"十字瑞云"庆典徽章标识，该标识专为伪满洲国建国十周年所设计，标识下方有两行楷书"建国十周年纪念表彰，国务总理大臣勋一位张景惠"字样。此瓶产自日本，于2005年8月17日，从辽宁省抚顺市市民何新处征集，国家二级文物。

1942年3月1日，伪满发布了《建国十周年诏书》，宣称："我国自肇兴以来，历兹十载，仰赖天照大神神庥，天皇陛下保佑，国本基于惟神之道，政教明于四海之民，崇本敬始之典，万世维尊。奉天承运之祚，垂统无穷，明明之鉴如亲，穆穆之爱如子，夙夜乾惕，惟念昭德。"同年9月15日，伪满在新京南岭运动场举行了庆祝建国十周年典礼，上午10时30分，伪满洲国傀儡皇帝溥仪来到南岭运动场参加庆祝典礼。伪满国务总理大臣兼建国十周年庆典委员会委员长张景惠发表了"夫辩方正位，体国经野。设官分职，以为民极。实建国之圣制，立本之宏图。所以奠皇基于亿载，而安万方于无穷之久也。我国之始开大业，仰日景于长白，协玉衡于斗枢。定都长春，改其名为新京……"据伪满盛京时报康德九年四月九日（1942年4月9日）报道："十周年纪念庆典对建国功劳者赠与纪念品。"此花瓶为当时表彰建国功劳者所发，得此"殊荣"者，必须具备以下两个条件：一是大同元年十二月（1932年12月）以前任命的官员；二是迄止康德九年一月一日（1942年1月1日）一贯勤奋工作者或相当于上述同等待遇以上者。根据当时统计调查，具备上述条件者，共计25000名。这件漆瓶造型挺拔，体轻胎薄，色漆光亮，做工考究，非几十道工序无以完成，堪称日本漆器中的上乘经典之作，具有相当高的艺术水准和欣赏价值。然而，就是这样一件精美的艺术品，却沾满了日本武装侵略的血腥，记录了日本侵华抹杀不掉的罪恶历史。

五、描金花卉漆瓶

此瓶口径4.7厘米，高19厘米，足径5.7厘米，产于日本江户时期，铜胎，圆口，短颈，丰肩，圈足。瓶身通体描金，瓶身以白、粉、绿多色彩绘菊花图案。此瓶于2001年3月24日，从辽宁省大连市市民王家山处征集，国家三级文物。

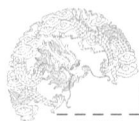

据出土文物记载，日本人认识漆，使用漆修饰器物已经有4000年的历史，可是真正做成漆器是在公元七世纪，相当于我国的唐朝，这个时期日本先后派了13批遣唐使来到中国学习文化、艺术和手工艺，漆艺也随之流传到了日本。由于日本的地理环境同中国相似，加之天然漆的资源极为丰富，很快日本便组织起了漆器生产，并逐渐形成了独具特色的漆艺行业。日本的漆器工艺深受中国影响，但色彩更趋向华丽，装饰也更为精致。公元九世纪，日本发明了莳绘漆器，中国人称为描金漆器。此类漆器主要以金色为主，有时并以螺钿、银丝嵌出花鸟草虫或吉祥图案，构图丰富，经久耐用，装饰感强。因为制作过程中在漆液里加入了金、银屑，干燥后进行了推光处理，所以器物表面彰显金银色泽，华贵异常。莳绘漆器的发展高峰是在日本的江户时代，这个时期在东京、名古屋、奈良等地方，相继制作生产出大量的莳绘精品。此件文物，造型饱满圆润，色彩大气奔放，花卉富丽缤纷，代表了日本江户时代莳绘漆器的别样风采。

六、御纹章红漆托盘

此盘直径10.9厘米，高4厘米，足径4.2厘米，木胎，敞口，弧壁，圈足。盘整体髹朱漆，盘口和足口髹金漆各一周，盘内正中央绘有金色"兰花御纹章"图案。此盘由日本特制，于1988年3月30日，从吉林省长春市101中学教师刘仁和处征集，国家二级文物。

W 0 1 3 7 4

纹章一词是日文汉字名词，以家族标志形式出现的家纹便是纹章的最早起源。自日本天皇家族自镰仓时代开始，就将菊花定为家纹，名曰"菊花御纹章"，是由十六瓣金黄色的菊花纹组成的图案。由此，庄重大方的菊花也就成为了日本皇室的代表，日本皇室因此又被称作"菊花王朝"。日本在法律上并没有确立正式的国徽，而是将日本皇室的家徽"菊花御纹章"作为日本的国家徽章而使用至今。伪满洲国是日本在中国东北建立的傀儡政权，溥仪充当伪满洲国皇帝后，在日本人的授意下沿用了日本的纹章习俗，将兰花定为他的专用家纹，名曰"兰花御纹章"。它是由兰花的五个花瓣儿，花瓣儿中间的五个花蕊以及花蕊上镶嵌的五颗珍珠所组成。同日本一样，伪满洲国法律上也没有确立正式的国徽，"兰花御纹章"便是伪满洲国的国徽。日本人之所以选择兰花作为溥仪的家徽，是想通过中国传统文化中的"金兰之交"，来象征日本帝国同伪满洲国的肝胆相照，日本天皇同溥仪的同心同德。由此可见，日本对中国东北早已垂涎三尺。

此盘共有大、中、小三种规格，此件文物为最大规格，其他两种尺寸直径分别为10.6厘米和10.1厘米。溥仪将此托盘作为宫中的高档礼品，按照官位等级赏赐给"建国"有功的伪满大臣。

日本帝国主义对我国东北长达十四年的殖民统治，加速了日本文化对东北的渗透，伪满洲国漆器便是中华屈辱史无可言辩、铁证如山的罪证文物。如今，漆器作为日本文化的代表，其产品驰名全球，而现代的中国漆器却江河日下，风光不再。如何拯救和振兴中华民族的漆文化，历史已留给我们诸多的警示与思考。

参考书目：

［1］加藤宽、乔小青著：《日本漆树及传统漆艺》，《中国生漆》，2009年第02期。

［2］方兆华：《日本东京艺术大学漆艺教学体验》，《装饰》，2008年第08期。

［3］李永清：《日本现代漆艺作品选》，湖南美术出版社，2001年版。

［4］福州市漆器研究所：《日本漆器与产地》，福州市漆器研究所出版，1981年版。

［5］（日）伊东俊一郎《东条英机传》，商务印书馆，1972年版。

［6］伪满皇宫博物院：《勿忘"九·一八"　　日本侵略中国东北史实》，吉林美术出版社，2006年版。

［7］蒋志平：《友邦、盟邦、亲邦浅析》，《伪皇宫陈列馆年鉴》，1986年版。

［8］夏晓东：《院藏文物研究（一）》，《伪满皇宫博物院年鉴》，2002年版。

(作者石宪、赵忠霞　伪满皇宫博物院副研究馆员)

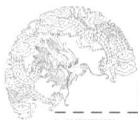

炮制伪满洲国的元凶

——第九任关东军司令官本庄繁

沈 燕

【内容提要】本庄繁1931年8月1日任关东军司令官，至1932年8月7日离任，短短的
一年时间里，秉承日本军国主义的旨意，成功地敲开了中国东北的大门，
阴谋策划发动了"九一八事变"，亲自指挥关东军以武力侵占全东北；为
了把中国东北变成日本独占殖民地，炮制"表面上由中国人说了算，实权
掌握在关东军手中"的新国家——伪满洲国，威胁利用清朝末代皇帝溥仪充
当伪满洲国傀儡皇帝，使中国东北处于日本殖民统治之下长达14年之久。

【关 键 词】殖民统治 本庄繁、关东军、伪满洲国

伪满洲国是日本帝国主义对中国东北进行殖民统治所采取的重要手段。在伪满洲国
建立过程中，有一个关键性的人物起到了关键性的作用，那就是第九任关东军司令官本庄
繁。研究本庄繁的所作所为，可以进一步揭露日本帝国主义侵略中国的罪行，用事实回击
日本右翼否定侵略战争，推卸战争责任的社会思潮。那么，本庄繁是一个什么样的人物？
为什么会有如此重大的影响力？他在日本侵略中国东北过程中都干了哪些恶事？为什么说
本庄繁是伪满洲国的始作俑者？带着这些问题，本人查阅了大量的历史资料，以事实为依
据，以历史为准绳，将本庄繁这个日本侵华急先锋公诸于众，接受世人的审判。

一、临危受命任第九任关东军司令官

（一）陆士九期的"五员大将"之一

本庄繁，1876年5月10日生，日本兵库县人，父母都是普通农民，他是家中的长子，
父亲希望孩子能够健康成长，故取名"繁"。他自幼聪明好学，喜欢舞枪弄棒，最大的
愿望就是能考上军校。日本陆军士官学校非常有名，历史颇久。1868年8月，由明治天皇
批准开办了京都军校。1874年根据《陆军士官学校条例》正式更名为陆军士官学校。该校
在军事技术上注重学员的全面发展，在思想上则进行军国主义精神教育，为日本发动侵
略战争培养了大批高级将领，共开办61期，培养军官36900名，其中6人曾担任内阁首相。
1945年日本投降后，陆军士官学校受到《和平宪法》的规定被撤销。该校的纪律极严，以
武士道精神培养学生，曾在此留学的中国军阀孙传芳后来回忆"陆士"，评价道："那简

直不是人能待的地方，只有野狼才能够忍受。"学校的毕业生都成为日本建设近代军队的骨干。1897年，本庄繁成为这所鼓吹武士道精神、充满军国主义思想毒素军校的第9期毕业生。他与著名的侵华头目荒木贞夫、真崎甚三郎、阿布信行、松井石根一起，被称为陆士九期的"五员大将"。1904年，日本与俄国为了争夺中东铁路，在中国的领土上进行一场肮脏的帝国主义之间的战争，史称日俄战争。日俄战争爆发后，本庄繁积极请战要求到中国的前线参加战斗，以中尉的身份率部前往中国东北参加对俄作战。日俄战争以日本胜利而告终，战争结束后，由于本庄繁在战场上表现英勇，被选入陆军大学继续深造。在这所培养武士道精神的大学里，与侵华战争的狂热分子板垣征四郎和土肥原贤二成为同期学员，他们的结识，为日后合谋侵华打下了基础。

（二）熟悉中国内情的"中国通"

本庄繁熟悉中国内情是他日后担任关东军司令官的重要原因之一。1907年，本庄繁从日本陆军大学毕业后，又被参谋本部选派为军事研究生。在学习的过程中，他以日本驻华使馆副武官的身份，负责刺探中国政治、经济、军事、文化等各方面的情报，他经常穿梭于北京、天津、上海、汉口、南京等军事战略要地，与中国有亲密的接触，这也是他迈出侵略中国的第一步，成为后来发动侵华战争的起点。从这时起他开始成为日本侵略战争的参与和策划者。

本庄繁从1913年起，升任参谋部中国班班长、"满蒙"班班长、又从大佐，晋升任参谋本部中国课课长，参与研究制定日军对华，特别是对中国东北地区的一系列侵略政策。1919年，调任步兵第十一联队任联队长，率部随关东军进入中国东北。1921年5月，以参谋本部部附身份，奉命担任张作霖的军事顾问。

1922年4月底，爆发了第一次直奉战争。由于直军改编到奉军的第十六师临阵倒戈，奉军乱阵，全线溃败，张作霖不得不率残部撤至关外，另图它日东山再起。本庄繁乘机唆使张作霖宣布东三省"自治"，并一手策划"大沽口事件"。

本庄繁不仅深得张作霖的信任，对奉军的兵力、编制、装备、作战能力及人事一清二楚，为他日后以关东军司令官的身份发动"九一八"事变打下基础；也深得军部首脑的赏识，他秉承日本政府和军部的旨意，积极从事侵略中国的活动。1927年，本庄繁晋升为陆军中将。1928年，担任日本陆军精锐主力——第十师团师团长。

（三）战前受命任关东军司令官

本庄繁是在"九一八"事变前最紧要的时刻被任命为关东军司官的。1927年6月，由新组建的田中内阁亲自主持召开"东方会议"。在会上，时任关东军司令官武藤信义"强调武力解决（张作霖）"。因为日本人看到，张作霖"未必是孙文主义者，但却同样希望中国统一，立场横扫在满洲的苏联及日本势力"，即使让他退回东北，他也"未必和日本相安无事"。[1]关东军参谋河本大佐后来在供词中说："一定要杀死头目，看透了除此以外，没有解决满洲问题的办法，只要干掉张作霖就行。"

此时的张作霖因第二次直奉战争胜利后打进北京，当上了中华民国陆军大元帅和安国军总司令。而国民党南京政府以实现国内统一为由，调动国内军阀向张作霖的防地进逼。面对北伐军的攻势，张作霖表示愿意与国民军息争对外，退兵休战，避免了一场内战。岂

料，张作霖的行动是日本人所不愿看到和容忍的，1928年6月，日本人在皇姑屯炸死了返回东北途中的张作霖，史称"皇姑屯事件"。"皇姑屯事件"是日本侵略"满蒙"的"最高政策"产物，从此揭开了"九一八"事变日本侵华战争的序幕。

张作霖被炸死后，张学良继承父业就任东三省保安司令，年仅27岁，从此开始主政东北，当上了"东北王"。1928年12月29日，张学良毅然宣布"东北易帜"，打乱了日本帝国主义企图吞并中国东北的阴谋。日本认为要尽快解决"满洲问题"，除行使武力外别无他途。1929年7月，关东军参谋、作战主任石原莞尔等对"满洲"北部进行考察后，提出了《扭转国运之根本国策——满蒙问题解决方案》以及《关东军领有满蒙计划》，系统地提出了侵略东北的计划。1931年6月11日，陆军大臣南次郎秘密组织了一次所谓的"五课长会议"，由陆军省的军事课长、人事课长、参谋本部编制课长、欧美课长和中国课长组成。经过反复讨论，于6月19日制定了《解决满洲问题方策大纲》。1931年春夏先后挑起"万宝山事件"和"中村事件"，为行使武力寻找借口。与此同时，从日本国内增援关东军的两门240毫米口径大炮，从神户启运秘密运到大连港。关东军士兵化装成中国码头工人搬运，大炮运到沈阳关东军兵营后，用三个夜晚赶制一间长宽各10米高7米的铁皮房子，掩蔽起来。一门炮口对准北大营，一门炮口对准飞机场。战争一触即发。

1931年8月，日本军部作出了一项重要的人事调整。于8月1日，任命谙熟中国东北情况的本庄繁中将为关东军司令官，另一著名的"中国通"土肥原贤二大佐任命为奉天特务机关长。日本军部将此二人派往中国东北，显然是为发动侵略战争而作出的军事部署。8月1日，日本天皇亲自授予本庄繁任第九任关东军司令官。本庄繁是在首相官邸正式接受天皇的委任状，随即到叶山夏宫拜谒了天皇，得到天皇赐膳。从8月1日到8月15日，本庄繁在前往中国东北上任之前，亲自与日本政界、军界高官接触，包括闲院宫载仁亲王，陆军省的陆军大臣、次官、军务局长、军事课长、人事局任命课长，外务省的外务大臣、政务次官、亚洲局长，参谋部的参谋总长、参谋次长、各部部长，海军省的海军大臣、次官，军令部军令部长、次长，以及有关专家，就"满蒙问题"交换了意见。本庄繁对各方人士的意见心领神会之后，于15日同前关东军司令菱刈隆在东京办理交接手续，动身前往中国东北。

二、发动"九一八"事变武力侵占中国东北

（一）战前部署与动员

本庄繁对能担任"占领满洲的领导任务"的关东军司令官"感到很荣幸"，他是带着效忠天皇的意愿和军部的"厚望"来到东北的。有两种意见：一是军部渴望迅速解决"满蒙"，"吃"下东北三省；二是内阁主张缓一点儿解决，在"内外"谅解的情况下，夺取东三省。因此，本庄繁上任后即刻采取行动。本庄繁是8月20日到达关东军司令部所在地旅顺，21日开始听取参谋长三宅光治和其他各参谋汇报情况，随后专门拜访了关东厅长官肪本。22日至25日，本庄繁巡视关东军在旅顺的部队，参观了"满铁"公司。26日，分别听取了安插在张学良身边的"顾问"柴山兼四郎和奉天特务机关长土肥原贤二的报告。9月1日晚，本庄繁仔细征询石原莞尔对解决"满蒙问题"的意见，以及关东军内部的意见情况。关东军作战部主任的石原莞尔，是一个狂热的侵华分子，他根据与另一狂热的侵华

分子板垣征四郎的"参谋旅行"刺探到东北，尤其是奉天军事地形、武器装备等状况，结合关东军的具体情况，向本庄繁详细汇报了作战计划。本庄繁对此非常满意，并向部属训示说："近来'满蒙'的形势渐告紧迫，不容一日偷安，我关东军的责任真可谓既重且大。本职深深有所期待，信赖我精锐之将士，望同心协力，以忘我精神应付局面，共同为伸张国运做出贡献。"板垣征四郎、石原莞尔都认为，新司令官是可以信得过的人。

本庄繁决心拿下"满蒙"，并果断采取行动。他频频向部下发表训示，做战斗前的思想动员；同时进行军事检阅，鼓舞士气。9月7日起，本庄繁在石原、板垣等人陪同下，对关东军各部队以及铁路警备队进行了为期12天的视察检阅，先后到海城、鞍山、本溪、公主岭、长春、奉天、辽阳等地。与此同时，命令驻奉天关东军独立守备队在奉天北郊中国东北军北大营附近进行所谓的军事演习。

9月13日，本庄繁偕板垣、石原等一行9人赴长春视察，在给独立守备队司令官森连的训示中说："查最近匪贼跳梁益甚，不仅妨害铁路运行，并且多次窥视我附属地，诚堪忧虑。对于敢于轻视我军威严之此类不逞之徒，应采取断然措施，以求完成铁道守备任务，同时消除帝国侨民之不安"。[2] 此番训话的意思已心照不宣了！与此同时，板垣、石原等人多次同驻朝日军司令官林铣十郎密谋后，驻朝日军也遥相呼应，开始有计划地向中朝边境集结，不断进行越境演习，并准备在事变爆发后兵分两路，越过鸭绿江和图们江，配合关东军作战。9月15日、16日、17日，日军仍借演习之名，不断猖狂挑衅，都没有成功。

关东军的行动，与日本内阁所制定的"满蒙问题"处理计划发生了冲突。为了安抚这帮嗜战分子，参谋本部奉天皇旨意，派建川美次少将前来"阻止"。建川美次也是一个侵华狂热份子，9月15日，在启程之前有意向参谋部俄国组组长桥本欣五郎等人泄漏军部的意图。桥本立即利用建川与板垣之间使用的私人密码本，向板垣接连发了三次密码电报。第一次说："事暴露，立刻坚决行动。"第二次说："在建川到达沈阳前，应坚决行动。"第三次说："国内不用担心，应坚决行动。"[3] 提前得到建川要到东北的消息，板垣征四郎和石原莞尔果断采取行动，将原定于9月28日实行的计划提前到9月18日。

（二）发动"九一八"事变

本庄繁得到建川美次要来的消息后，取消了原定于9月18日去参观奉天附近日俄战争旧址的计划，于9月18日下午2时，乘火车返回旅顺关东军司令部坐阵指挥。

9月18日晚10时20分，板垣征四郎下令，关东军独立守备队第二大队第三中队中尉河本末守，率部下以视察铁路为名出动，在距离东北军北大营西北角约800米远的"南满"铁路柳条湖段的一节，把四十二块黄色炸药埋在铁路两侧，河本末守点燃了导火索。关东军以"贼喊捉贼"的惯用伎俩，自炸铁路，以此为借口，关东军发起对中国守军北大营和奉天城的进攻，这就是震惊中外的"九一八"事变。9月18日晚11时50分，本庄繁收到事已成消息后，一面命令参谋长三宅光治召集各参谋到司令部召开紧急会议，一面让石原莞尔打电话命令驻辽阳的第二师团紧急支援，进攻奉天。在本庄繁的心里，一定要把这仗打得"漂漂亮亮"，一举拿下东北，建立"奇勋"一桩，彰显"皇军声威"！

本庄繁电告日本驻朝鲜军司令官林铣十郎大将，请他迅速率部"越境作战"支援关东军。随后，本庄繁向参谋本部报告了关东军的情况，并称"我军主力，将扫荡'满铁'

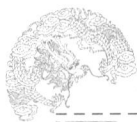

沿线之中国军"。凌晨3时30分，本庄繁率领三宅参谋长、石原莞尔等，与驻旅顺步兵第三十旅团一起，乘专列由旅顺奔赴奉天。

9月19日上午，本庄繁赶到奉天时，板垣征四郎已指挥日军占领了北大营和奉天城。中国军队在蒋介石"不抵抗"政策下，均主动弃营撤退，致使日军以极小的损失，迅速占领了奉天。

关东军占领奉天后，本庄繁立即将关东军司令部迁往奉天，以便坐阵指挥。同时，对将士进行了一系列人员调整，任命第二师团长多门二郎中将为奉天卫戍司令，任命特务机关长土肥原贤二为临时奉天市市长，负责维持市内秩序。并将提前准备好的以本庄繁的名义发布的安民布告，在沈阳城内到处张贴。在这篇布告中，本庄繁极力掩盖事变真相，谎称：中国军队"爆破""南满铁路""悍然袭击日本守备队""甘为祸首"。换句话说，本庄繁把一切罪过推诿于中国的东北边防守备队的炸轨挑衅。然后又花言巧语地欺骗说"夫我军欲膺惩者，彼东北军而已"，关于民生问题，要"拥护其福利，爱抚其身命"。[4] 布告系由木板印刷，可见事先准备的周密。

帝国主义强盗，一面说得好听，一面随便开枪杀人和抢掠。关东军占领奉天后，即大行烧、杀、奸、抢之道，犯下滔天罪行。"凡与日人在东北经劳事业有妨碍者，日人无不乘机占领，或破坏之"；对于青年学生"尤肆意蹂躏，男生被残杀，女生被奸污者，不可指数"。[5] 关东军从中国银行掠夺四千万元白银，从张学良官邸抢走6个金库。[6] 据不完全统计，仅官方财产损失就在17亿元以上。东北军飞机、火炮、战车、枪械以及大批弹药、粮秣都落入日本侵略者之手。

（三）侵占东北全境

随着奉天的沦陷，关东军更加耀武扬威。本庄繁按照事先制定的作战计划，命令向长春以南的铁路沿线重要城镇进行突然袭击，短短的时间里关东军相继侵占了安东、凤城、本溪、辽阳、海城、营口、抚顺、铁岭、四平、公主岭以及其他重要城市。

在进攻沈阳城的同时，进攻长春的准备也同时进行，关东军主力第三旅团、日本警察、在乡军人、青年联盟[7]都严阵以待。驻公主岭的关东军骑兵，也急行开到长春。关东军如此调兵遣将，南岭和二道沟的中国驻军"事前毫无戒备，当时都安然进入梦乡"。[8] 19日晨4时45分，轰然炮响，关东军突然开始袭击二道沟及南岭方面的中国军队。[9] 二道沟和长春的中国官兵奋起抵抗。南岭炮兵虽接到"不抵抗命令，但激于爱国热情，还炮反击，起而应战，激战数小时，双方均有伤亡。[10] 因事前无准备，加之接到吉林边防军副司令熙洽的撤退命令，中国军队冒死突围，且战且走，在一天的激战中，日本侵略军死伤145人。[11] 当中国军队撤退时，许多群众恐怕日军杀戮，也弃家逃走，而敌人不分兵民，一律用野炮轰炸，机关枪扫射，沿途尸体纵横，血迹斑斑！

长春沦陷后，本庄繁下令进攻吉林。当时吉林省主席张作相因父丧回锦州，由参谋长吉林省政府委员熙洽代理军政大权。他借口遵照蒋介石不抵抗的指示，进行叛国投敌活动。他不仅不进行抵抗，反而暗地与关东军勾结。以警卫团团长冯占海等为首的爱国官兵要求抗日，不愿撤出省城；吉林工人、学生和爱国群众也群情激愤，张贴标语，高呼口号反对日本帝国主义侵占中国东北，要求军队起来抵抗日本侵略，保卫国土，并表示愿意作后盾。爱国军民的行动并没有阻止熙洽与日本侵略者的勾结，他派亲信与日本关东军联系，表示欢迎关东军和平进入吉林。早就有借机复辟清朝旧制野心的熙洽，在日本关东军进城后与其表演一场枪指胸膛的闹剧后，与日本关东军多门师团长"握手言欢，畅叙师生旧谊"。[12] 到9月23日，关东军又攻陷了齐齐哈尔，黑龙江省大部分地区沦入日军之手。

10月8日，本庄繁派出12架飞机对锦州进行侦察，其实名为侦察，实为轰炸锦州。向锦州市区投弹75枚。[13] 炸死男女居民16名，负重伤者12名，受轻伤者不计其数。[14] 笔者的父亲当年就是在这次轰炸中右臂被弹片炸伤，落下硬币大的伤疤。同年11月27日，本庄繁下令关东军向锦州进犯。但关东军这次独断的行动，在国际上引起了强烈的反应，尤其是美国从维护在华利益的考虑出发，向日本提出了严正抗议。为了避免同美国发生直接冲突，日本参谋本部决定暂停对锦州的作战。次日，本庄繁下令把进攻锦州的部队撤回到了辽河以东。

12月28日，本庄繁再度下令攻打锦州，并于1932年1月3日攻占锦州。这样，山海关外的全部辽西地区也迅速被关东军所占领。而此时的裕仁天皇一面提出了"事态不扩大"的要求，并要求警戒关东军、朝鲜军的肆意行为；一面以最高统帅的身份，对关东军侵占东三省大片土地的"功绩"进行了确认和表彰："曩者满洲事变勃发，关东军将士基于自卫之必要，果断神速，以寡克众，迅速完成芟伐，此后，凌艰苦，冒祁寒，荡伐各地蜂起之匪贼，完成警备任务，或在嫩江、齐齐哈尔地方，或在辽西、锦州地方，冒冰雪，勇战力斗，拔除祸根，宣扬皇军威武于中外。朕深嘉奖其忠烈。尔将士等其各坚忍自重，以确立东亚和平之基础，有厚望焉！"[15] 这一敕语清楚地表明：裕仁的军队不管是擅自发动侵略战争也好，擅自扩大战争也罢，只要取得成功，他就认为是应加赞赏的。[16] 天皇的表态，给日本帝国主义势力打了强心针、兴奋剂，使军国主义势力更加膨胀，更加肆无忌惮。裕仁天皇以敕语的形式把关东军擅自采取的战争行动作为国策予以追认，使日本军国主义的侵略战争从"无诏书的战争"变成了以天皇名义进行的"圣战"。

三、建立伪满洲国

（一）确立"建国方案"

日本帝国主义一直觊觎中国东北，将其视为日本的"生命线"和"利益线"。早在1927年6月东京的东方会议上，由时任首相的田中起草的《田中奏折》中称："欲征服支那，必先征服满蒙；如欲征服世界，必先征服'支那'。"在1931年4月制定的日本参谋部形势判断中，曾提出了分三个阶段亦即三种形式逐步吞并中国东北：一是扶植卖国集团，成立亲日政权；二是建立"脱离中国本土"的"独立国"，即扶植傀儡政权；三是吞并中国东北，划入日本版图。"九一八"事变后，关东军在军事上占领东北轻易得手的情况下，用什么样的形式、什么样的统治机构实行对东北的殖民统治，成为侵略者关注的问题。事变第二天，日本参谋本部作战部长建川美次即以"同日本国策协调一致"[17] 为由，向关东军司令官本庄繁、参谋长三宅光治正式提出："消灭现在政权，树立以宣统帝为盟主，接受日本支持的政权，当为上策。"[18] 9月22日，按照建川的指示，本庄繁召集关东军参谋长三宅光治、奉天特务机关长土肥原贤二及参谋坂垣、石原等议定《满蒙问题解决方案》，即："建立由我国支持，领土包括东北四省（辽、吉、黑、热）及蒙古，以

宣统皇帝为元首的中国政权，成为满蒙及各民族的乐土。"[19]事变当初，满铁虽帮助关东军的军事行动，但根据日本若槻内阁"不扩大事态"的方针，内田康哉总裁及满铁理事会采取了"对军方不协助，对事变不参与"[20]的观望态度。"日本外务大臣币原喜重郎命令满铁总裁内田康哉，满铁对关东军一概不得协助。"[21]为了解事变真相，币原命令满铁"正副总裁希即来京汇报满洲事变情况"。[22]内田临行前，于10月6日下午，偕同江口定条副总裁在奉天关东军司令部，与本庄繁司令官及其幕僚进行了约一个小时的会谈。会谈中，本庄繁为了得到满铁总裁内田的支持，围绕建立新政权，提出如下原则："一、满蒙完全脱离中国本土；二、满蒙统一于一个政权；三、表面上由中国人统治，实质上则须掌握在我们手里……至少也要掌握军事、外交、交通的实权。"[23]表示坚决反对同中国谈判和撤兵，拒绝国联或美国的干涉。同时他恳求内田康哉："此次事变的结局，从我国目前的大局来看，最终还须烦请阁下尽力，希望阁下能体察我之诚意，进京后与政府要员充分交换意见，竭力帮助为盼。"[24]

本庄繁的态度让内田十分满意，甘愿充当关东军的代言人，并表态："须举国一致应对事变，既然事件已越过万里长城，就应作为与中国本土间的问题、世界的问题来妥善处理。"[25]这使"处于孤军奋斗状态的关东军部……因获得国家重臣满铁首脑内田伯爵的共鸣，简直高兴到了感激涕零的地步"。[26]这次会谈让满铁和关东军军财一体，对后来的事变进程产生了深刻的影响。

由于内田等积极而有力的游说活动，很快产生了明显的作用，使关东军在3个月的时间内占领了东北全境。1931年12月13日随着犬养内阁的成立，新任陆相荒木贞夫批准制定了与关东军主张完全一致的《时局处理要纲案》，并将关东军早就确定的以溥仪为首建立伪满政权提到了议事日程。

1932年1月初，日本占领了锦州，东北三省绝大部分已经沦陷。这时，国际联盟决定派调查团赴东北调查。日本感到必须在国联调查团到达之前将一个"新国家"产生出来。于是，军部中央要求关东军派人回日本汇报，做最后的敲定。关东军决定派板垣前往东京。行前的1月4日，关东军研究确定了"新国家"的最后方案。该方案的主要内容是：1.设置伪"满蒙中央政府"，以溥仪为"元首"，给以总统之类的称号；在伪中央政府中设置参议府，以便由日本参议传达日本帝国主义的意志。2.建立名副其实的"独立国家"，以脱离中国本部。但为避免与《九国公约》及《国际联盟章程》相抵触，应伪装成中国人本身的内部分裂。3."国防军"以日本充任，其费用由"满蒙中央政府"负担。4.驻"满蒙"的日本官厅，要采用都督制或总督制，但如不可能时，则在关东军内部设置政务部，在关东军司令官的直辖下掌管产业及交通等。[27]

板垣于1月6日到达东京，这时，军部中央已经制定了《处理时局要纲案》，其基本精神与关东军方案完全一致。进而由陆军省、海军省和外务省共同制定了《处理中国问题方针要纲》。该要纲有关"满蒙"方面的主要内容如下：1.根本方针是运用帝国的威力，使"满蒙"成为在政治、经济、国防、交通、通讯等各方面，为日本的永久生存发挥更重要作用的地区。2.当前，要引导"满蒙"从中国本部分离出来，使其逐渐具备"独立国家"的形态。为此，要确立、稳定各省的伪政权，使其在适当时机联省合并，宣布成立"新的统一政权"。3.让日本人以顾问或其他身份参加"满蒙"的中央和地方机构，以加强日本的政治统治力量。4.当前"满蒙"的治安，主要由日本负责，今后，日本也要起指导性的骨干作用。5."满蒙国家"的国防由日本负责，使该地成为日本对俄对华的国防第一线。驻该地的兵力至少要增加3个师团。6.通过"满蒙"地方官民乃至"新的统一政权"，恢复和扩展日本在该地的权益。7.实行上述措施时，为避免与国际法或国际条约相抵触，"要尽量采取中国方面自愿的形式"。8.彻底改变"满蒙"的经济结构，使之与日本成为共同的经济体系。[28] 这个要纲，成为制造伪满洲国的指导性文件。

（二）挟持废帝签订《溥仪·本庄密约》

早在"九一八"事变前，日本侵略者蓄谋侵略东北，物色傀儡头目时就已把溥仪列入其中，"并通过居住在旅顺的清朝旧臣罗振玉暗中跟他联络"。[29] 1930年9月，关东军参谋板垣征四郎和石原莞尔亲自访问了寓居天津的溥仪。这表明，日本侵略者"即已产生迎接清朝逊帝宣统为新满洲政权首脑的构想"。[30] "九一八"事变第二天，本庄繁按照日本参谋本部作战部长建川美次的要求："消灭现在政权，树立以宣统帝为盟主，接受日本支持的政权，当为上策。"[31] 于当天下午四时，通过天津日军司令官香椎浩平对住在日租界的溥仪及罗振玉等开始进行"保护"，并开始一系列挟持溥仪的阴谋活动。本庄繁指令关东军特务机关长板垣征四郎具体负责。板垣希望驻旅顺的第二外遣队司令官津田静枝帮助将溥仪送到东北，但被静枝拒绝；又授意罗振玉和关东军军官上角利一携熙洽写"劝进信"，请溥仪来东北也因"遗老"们反对而未果。日本侵略者急不可耐，再派上角利一"与天津的步兵队长酒井隆接头，欲不分皂白地把溥仪拖出来"[32]，最终也遭到天津日本军司令官香椎浩平的阻止。在这种情况下，本庄繁坐不住了，向被称为"东方劳伦斯"的土肥原发出训令："不管怎样，希望利用良机，将溥仪极为秘密地转移至最安全地带。"[33] 于是，土肥原贤二亲赴天津，具体策划了溥仪出逃的阴谋活动。11月2日夜，土肥原贤二看望溥仪，在伪善面孔的掩饰下编造了骗人的鬼话："下决心"到祖宗发祥地，以"大清帝国皇帝"的身份，亲自领导那个"独立自主"的新国家。溥仪被土肥原答应帮助"复辟的美梦完全迷了心窍。"[34] 正像溥仪自己说的那样："我这时的想法只有一个，就是越快动身越好。我的皇帝瘾已发作起来，一切反对动身的理由我都是听不进去。"[35] 这时的溥仪一切听从土肥原的安排。而土肥原害怕出现任何差错，进一步对溥仪采取威胁恐吓的手段，促使溥仪尽快离开天津。1931年11月10日，溥仪被装进一辆赛车的后备厢里，几经辗转，乘坐日本商船"淡路丸"号，于13日到达营口。

溥仪为什么会成为关东军导演的这出傀儡戏的首选对象呢？据当时参与策划建立伪满洲国的关东军参谋花谷正回忆："我们所考虑的独立政权之首脑条件是：1.为三千万民众所敬仰，出身世家而有德望的人；2.满洲人；3.不会跟张作霖或蒋介石合作的人；4.肯跟日本人合作的人。而拿这些条件来衡量，最理想的人选当然是溥仪。"[36] 曾任伪满总务厅次长的古海忠之回忆："将隐居在天津的清废帝宣统招至满洲，使之充任国家元首，其理由是：1.清朝的始祖发迹于满洲，溥仪从血统上是满洲人；2.因此溥仪在满洲土著民等多数民众中，无疑受到尊重；3.溥仪同张学良政权及国民政府没有任何关系；4.从溥仪过去的经历来看，可以同日本合作。"[37]

而溥仪又是如何甘心被利用呢？因辛亥革命而退位的溥仪，妄图依靠日本人的外力复辟大清王朝。面对国破家亡，侵略者的铁蹄践踏东北三千里大好河山之际，溥仪不但不难过，反而兴高采烈，认为他"龙归故里"的大好时机来了。"从一听见事变的消息起，每分钟都想到东北去"，"恨不得立时就奔到东北。"[38]尽管身边"遗老"们反对，但他还是经不住日本人的威胁利诱，被日本人挟持到东北。溥仪一到东北，便被日本特务软禁起来，断绝溥仪与外界的一切联系，连楼都不准下。溥仪哪里知道，他只不过是日本人手中的一张纸牌而已。皇帝没当上不说，最后只当个不伦不类的"执政"，就这也是要付出巨大代价的。2月29日，在溥仪不得不答应就任"执政"后的第6天，关东军以安排伪国家最高人事为由，迫使溥仪答应与本庄繁签署一项出卖东北主权的密约。为使日本在东北统治地位得到确实的保证，1932年3月6日，当溥仪在板垣等人的"陪同"下到达汤岗子温泉后，板垣拿出一份"书信式"的文件，迫使溥仪签了字。据日文资料记载，"这天板垣参谋到达汤岗子，决定了最后的人事并与溥仪签署了与关东军司令官之间的有关国防、交通等问题的文件"。[39]这份文件被称为《溥仪致本庄函》。

溥仪在上面签字盖章的这封"书简"，无异于签订一份卖身契。"书简"所开各项，把东北的国防、治安、交通、官吏任免等权交与日本，也就是将整个东北卖给了日本作殖民地。这一"书简"是伪满后来与日本签订的"日满议定书"的母约，属绝密文件。溥仪签字于3月6日，而日期却署为3月10日。这是因为日本关东军考虑到，溥仪将在3月9日就任伪执政，把签字日期署在溥仪就任之后，可以使这一卖身契具有"合法性"。

值得注意的是本庄给溥仪的复函，是在时隔两个月后的5月12日，本庄在回函中写道：3月10日的尊函确已收悉。我方对此无异议。谨复。

《溥仪致本庄函》和本庄给溥仪的复函，合称"溥仪·本庄书简"，又称《溥仪·本庄密约》。

据日本学者研究，关于"书简"一事，日本枢密院审查委员会曾进行过讨论，但目前未发现文件记载。内阁方面也是经过审慎的议论之后，于4月15日才得以承认。看来本庄复函是日本统治者内部统一意见后做出的决定。其原因主要有两个方面：一是在东北中国人民的抗日武装斗争不断高涨，4月初马占山反戈一击，伪满政权极其不稳。二是国际舆论普遍谴责日本制造伪满洲国的行径，国联调查团也将要到达东北。在这种情况下，日本不得不暂缓了"日满"关系的进展。

（三）伪满洲国的建立

关东军以武力侵占中国东北后，为掩盖其赤裸裸的侵略行径，加紧拼凑傀儡政权。为了使其更具欺骗性，便采取以华治华政策，策动汉奸大搞独立运动，一幕欺世盗名由本庄繁导演的建立"独立国家"的闹剧拉开了大幕。

"九一八"事变第二天，本庄繁即推出特务机关长土肥原贤二任奉天市长。在遭到中国人民和国际舆论的谴责后，本庄繁按照日本军部的指令调整了统治政策，即利用汉奸大搞"独立运动"。以维护治安为名，组织各种所谓地方维持会，脱离南京政府和东北当局，实行地方独立。一批由日本豢养多年的老牌汉奸粉墨登场。由赵欣伯任奉天市市长；袁金铠任"辽宁省地方维持委员会"委员长。采取软禁、威胁利诱的手段强令臧式毅出任伪奉天省省长。东北边防军副司令长官公署参谋熙洽，在关东军的策划下抢先发表"独立宣言"，宣布建立伪吉林省长官公署，充任长官，这是一个满族后裔，妄图借助日本关东军的力量恢复满清，他曾发誓："为恢复清朝统治，就是肝脑涂地也在所不惜。"〔40〕在关东军策动汉奸独立过程中，东省特别区行政长官张景惠起到了推波助澜的作用。1932年1月3日，张景惠发表独立宣言，宣布就任伪黑龙江省省长，与南京政府脱离关系。同时指令张景惠对马占山做出许诺，谎称"暂且进入省城，不久即将省长位置让给你"。鉴于国际国内形势，马占山内心充满了矛盾。锦州沦陷后，马占山的抗日情绪也日渐消沉，对关东军及张景惠的诱降，也开始动摇，最终表示愿意合作。

至此，本庄繁一手策划的东北三省的"汉奸独立"运动已收到了预期的效果，各省伪政府的头面人物均已到位，于是，建立伪满洲国的罪恶活动进入到实质。1932年1月22日，本庄繁亲自主持召开"建国幕僚会议"，讨论建立"新国家"的有关条款和纲领。2月16日，在关东军的主持下召开了所谓的"建国会议"。出席会议的有张景惠、熙洽、臧式毅、马占山等人，这就是历史上臭名昭著的"四巨头会议"。会议的第二天，本庄繁提出要求，成立"东北行政委员会"作为"新国家"成立之前的过渡机关，任命张景惠为委员长，熙洽、臧式毅、马占山、汤玉麟、齐王、凌升6人任委员。要求"东北行政委员会"在3月之前建成"新国家"。当日晚，在本庄繁的要求下，由板垣参加，指定"东北行政委员会"应以委员长和委员的名义通电宣布东三省独立。由张景惠召集熙洽等人讨论通过"独立宣言"。2月25日以"东北行政委员会"的名义发表了所谓国体实施方案：定"国名"为"满洲国"；"元首"称为"执政"；"国旗"为"红兰白黑满地黄的五色旗"；"年号"为"大同"；"首都"设在长春，并改称"新京"；"新国家"的政治为"民本主义"等等。3月1日，本庄繁指令以"满洲国政府"的名义，发表了所谓的"建国宣言"，宣布"满洲国"成立。

1932年3月9日，关东军扶植溥仪就任伪满洲国"执政"，同日公布了伪满洲国《政府组织法》。依此设置国务院及其所属民政、外交、军事、财政、实业、交通、司法7部，对省公署和各警备区也进行了调整。

本庄繁实现了他的统治思想：即伪满洲国表面上由中国人统治，而实际权力则掌握在日本人的手中。他扶持大批汉奸卖国贼充当伪满洲国的"执政""总理""部长"，把伪满洲国打扮得俨然"独立国家"的样子，而真正统治中国东北的、掌握实权的则是日本关东军司令官。日本侵略者利用伪满洲国这块遮羞布，对中国东北进行殖民统治长达14年之久，给东北人民带来了深重的灾难，祖国的大好山河支离破碎，生灵涂炭，3000万东北人民生活在水深火热之中。

1932年8月，本庄繁调回陆军本部，因其侵华有功被晋升为大将，仍任要职。1934年4月29日授予勋一等旭日大绶章，1935年12月26日被列为华族，授予男爵。本庄繁情系中国东北，时刻不忘对中国东北进行殖民统治，1936年11月，本庄繁充当"媒人"角色，开始为溥仪之弟溥杰在日本公卿华族出身的女子中择偶，不顾溥仪对此举的反对，终于促成了这桩政治谋略婚姻。然后，不到一个月，日本殖民当局便迫不及待地炮制出：可由帝弟之子继帝位的"帝位继承法"，其用心正如溥仪所言："关东军要的是一个日本血统的皇

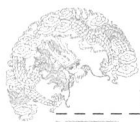

帝。"1942年，伪满"建国"十周年时，本庄繁以"满洲会"会长身份来长春参加所谓的庆祝活动。由于本庄繁执行日本帝国主义的血腥扩张侵略政策有功，先后获得全部八个等级的"旭日"勋章和最高的"瑞云"勋章。

结束语：本庄繁作为一个以"效忠天皇"为最高荣誉、以"日本帝国利益"为最高利益的军国主义思想浓厚的法西斯军官，严格执行日本军国主义的侵华指令，在中国东北制造借口，发动侵略战争，妄图"名正言顺"地把这块资源丰富、土地肥沃的地方献给日本帝国。如他所说"为伸张国运做出贡献"。因而，他伙同并大力支持石原、板垣等人的计划，充当了侵华战争的急先锋，对中国人民特别是东北地区的人民犯下了不可饶恕的罪行。他确立的"表面上由中国人统治，而实际权力则掌握在日本人的手中"统治政策，始终贯穿于日本帝国主义利用伪满洲国对中国东北进行殖民统治的过程中，这种残忍、阴险、毒辣的手段，给中国东北人民带来了灭种灭族的灾难。

1945年11月20日，本庄繁接到远东国际军事法庭传审的第二天，在东京盟军占领指导处切腹自杀。1946年4月2日，他的秘书河村出庭，向法庭提交本庄繁自杀40日前（1945.10.10）写的遗书。遗书中本庄繁把"九一八"之责任推给中方。称中国东北边防军炸毁南满铁路柳条沟之路段，是因为中国排日运动引起。而关东军迅速反扑，全是自卫行动[41]。本庄繁没有勇气面对司法裁判，也没有勇气承认"九一八"的真相。本庄繁企图用自杀来保持武士的"荣誉"，来为天皇"尽忠"，他也想通过自己临死的遗书来掩盖那段侵略的历史。本庄繁的这种行为，是日本右翼势力的代表。许多活着的日本战犯的获释和军国主义分子解除肃政之后，有机会重返政治舞台，谋居要职。他们有意识地隐瞒、歪曲历史真相，一有机会就跳出来为侵略战争翻案。造成相当一部分缺乏自觉自省的日本人对日本侵略战争问题在认识上、情感上难以摆脱旧军国主义的羁绊，无法割裂同历史上的日本的关系。这种极端狭隘的民族主义情绪成为近年来日本国内的一股势力，他们不顾国民的感情，屡挑事端，掩盖罪行、美化侵略，公然参拜靖国神社，公然向亚洲人民挑衅。

本庄繁作为伪满洲国始作俑者尽管因为畏罪自杀而没有受到正义的惩罚，但他对中国东北、中华民族、全世界的和平所犯下的滔天罪行罄竹难书，人们是不会忘记的，他将被永远地钉在了历史的耻辱柱上。

注释：

[1]【日】小浦贯一：《森格》第635~637页。

[2]【日】《现代史资料11·满洲事变（续）》，美铃书房，1987年版，第297页。

[3]【日】中野雅夫：《桥本上校手记》，1963年版，第118~130页。

[4]《日本军司令官布告》原文。

[5]姜念东等著《伪满洲国史》吉林人民出版社，1980年10月第1版，第54页。

[6]ねず·まさし著《日本现代史》7，第200页。

[7]注满洲青年联盟拼凑1000多人的青年义勇警备队和满铁大雄峰会成员也持枪参加侵略活动。

[8]《吉林文史资料选辑》第1辑，第15页。

[9]《本庄日记》，第352页。

[10] 片仓衷：《满洲事变机密政略日志》。

[11]【日】藤原彰:《日本近代史》Ⅱ，第28页。

[12]《吉林文史资料选辑》第1辑，第3页。熙洽在日本陆军士官学校留学时，多门是他的排长。

[13]【日】满洲国史编纂刊行：《满洲国史》总论，第145页。

[14] 锦县中处法团致电国联电文。

[15]【日】《现代史资料·7·满洲事变》，三铃书房，1965年，第337页。

[16]【日】井上清：《天皇的战争责任》，商务印书馆，1983年，第69页。

[17] 易显石等《九一八事变史》辽宁人民出版社，1981年8月第一版，第194页。

[18] 易显石等《九一八事变史》辽宁人民出版社，1981年8月第一版，第194页。

[19] 易显石等《九一八事变史》辽宁人民出版社，1981年8月第一版，第194页。

[20]【日】山口重次：《消えた帝国·满洲》，第72页。

[21]【日】草柳大藏著、刘耀武等译：《满铁调查部内幕》，第401页。

[22]【日】草柳大藏著、刘耀武等译:《满铁调查部内幕》，第402页。

[23]【日】片仓衷著：《满洲事变机密政略日志》（10月6日），【日】《现代史资料（7）满洲事变》，みすず書房1965年（昭和40年）7月，第201-204页。

[24] 同上。

[25]【日】片仓衷：《满洲事变机密政略日志》（10月6日），[日]《现代史资料（7）满洲事变》，みすず書房1965年（昭和40年）7月，第204页。

[26]【日】林久治郎：《满洲事变と奉天総領事》，原書房，第131-132页。

[27]《现代史资料》(7),第333～334页。

[28]【日】《太平洋戦への道資料篇》第171～172页。

[29]【日】花谷正著：《我们如何计划发动"九一八"事变》。

[30]【日】土肥原贤二刊行会编《土肥原秘录》，天津市政协编译组译，第114页。

[31] 易显石等《九一八事变史》辽宁人民出版社，1981年8月第一版，第194页。

[32]【日】片仓衷著：《满洲事变政略日志》。

[33] 易显石等《九一八事变史》辽宁人民出版社，1981年8月第一版，第204页。

[34] 爱新觉罗·溥仪著：《我的前半生》，群众出版社，1981年10月，第277页。

[35]《文史资料选辑》第二十九辑，第118页。

[36]【日】花谷正著：《我们如何计划发动"九一八"事变》。

[37]【日】古海忠之著：《难忘的满洲国》。

[38]《文史资料选辑》第二十九辑，第96页。

[39]《文史资料选辑》第二十九辑，第96页。

[40] 姜念东等著：《伪满洲国史》，吉林人民出版社，1980年第一版，第95页。

[41] 姜念东等著：《伪满洲国史》，吉林人民出版社，1980年第一版，第95页。

（作者沈燕　伪满皇宫博物院研究馆员）

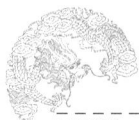

沦陷时期的东北佛教徒

王晓峰

【内容提要】 "九一八"事变后，日寇扶植其伪满洲国傀儡政权，中国东北沦为日本帝国主义的殖民地。国土沦丧，民族危亡，面对日本帝国主义实行的残酷的宗教统制政策，在生死抉择前，或是奴颜婢膝、亲日卖国，或是奋起反抗、驱逐日寇，或是坚持中道、洁身自好，东北佛教各派也都做出了各自的选择。

【关　键　词】殖民统治　东北佛教徒　亲日投降派　反满抗日派

1931年日本侵略者发动了蓄谋已久的"九一八"事变，武力强占中国东北，扶植其伪满洲国傀儡政权。为达到将中国东北沦为日本帝国主义的永久殖民地，彻底奴化东北三千万同胞的罪恶目的，日本帝国主义的殖民政权对东北宗教各派别施行了残酷的宗教统治。

面对日伪殖民政权的宗教迫害，东北本土佛教徒随即相应地表现为三派：亲日投降派、中立派（钻研佛学，传播教义）、反满抗日派。

一、亲日投降派——如光为代表的政治和尚

如光，半路出家，通晓世事人情，又具有一定的文化修养，佛学修养是同辈中的佼佼者，连旧东北佛教长老倓虚法师也很器重他，"九一八"事变前，任哈尔滨极乐寺方丈。如光表面上看，虔诚笃信佛教，清高稳重，俨然一个大和尚的风度。他讲经通俗易懂，很受听者欢迎。但是，事变后，他一变成为亲日卖国、谋取私欲的政治和尚。

1. 勾结日本特务，卖国求荣。"九一八"事变后，哈尔滨尚处于一片混乱的状态，以"随军布教使"的身份进入东北、身负政治使命的日本比叡山天台宗僧侣武藤顺应、加藤顺正来到哈尔滨极乐寺，秘密考察、搜集东北地区佛教历史及发展等情报。当时任极乐寺方丈的如光，热情接待了两位日本僧侣。在仁信、澍培和尚的回忆录《伪满佛教总会会长如光》一书中记载，如光得知两位日本僧侣的身份后，"在他与日本僧侣会谈时，对日本佛教表达出深深地敬慕之情。并且流露出想要访问日本，学习日本佛教精粹，以增进'日满佛教的亲善与团结'的想法。如光的政治态度深得两位日本僧侣的赏识。"[1]

武藤顺应、加藤顺正回国后，立即积极促进如光的访日进程。1934年春，如光率领"答礼访问团"赴日访问日本比叡山延历寺。所谓"答礼"，用如光的话说，就是"日满亲善团结"。[2]"答礼访问团"团长是如光，成员有哈尔滨的普一、普光和尚，王瑞华

居士、绥化的静空和尚等，都不是东北佛教界的知名人士，可见，如光的亲日行为并未获得大多数本土僧侣的认同。

访问团在与日本天台宗的座谈中，日本天台宗提议，"日本与满洲互派留学僧侣"，"派遣日本僧侣进驻哈尔滨极乐寺和新京（长春）般若寺"。[3] 然而，仅仅作为极乐寺方丈的如光却以东北佛教界领袖的身份自居，承诺了日本天台宗提出的全部要求。

如光从日本"凯旋"回来不久，1934年夏，如光按照伪满洲国民生部的指令组织代表团，参加日本佛教界主办的泛太平洋佛教青年会，如光被任命为"满洲国佛教代表团"团长，长春般若寺方丈澍培任副团长，组成了由伪满民生部教化局宗教课课长王裕加等28人组成的庞大代表团，其中包括喇嘛僧6人。伪满民生部对如光表示，这是一次具有政治使命的国际大会。如光立即表示："决不辜负政府的期待，必能增进日满两国佛教界的友好与团结。"会议期间，成立了"国际佛教青年会"，会长是日本僧侣德田能一，如光任副会长。如光在就职发言中说："释迦的基本教义就在于发扬大乘救世的精神……今天，在日本天皇的翼赞下，我们（伪满洲国）与日本友邦携手共进，打破旧秩序，建立新秩序，这是佛教徒的光荣使命。"[4] "打破旧秩序，建立新秩序"，这是日本帝国主义发动全面侵华战争时提出的重要口号，如光在就职发言中，特别提出来，以取悦日本主子。会后，如光还对"弟子"今井昭庆（日本关东军司令部特务）表示，惊讶于日本佛教界的发展。对于如光的亲日态度，深受日本各界的欢迎。

会议后，如光一跃成为东北佛教界的政治领袖、伪满洲国政界的上层人物，身价倍增。为了方便做事，如光常驻长春般若寺。

2. 巴结日本高官，谋取私利。如光驻长春般若寺期间，经"新京"特别市行政处长董旸的介绍，认识了"新京"特别市总务处长植田贡太郎，植田神通广大，有权有势。植田不是普通的日本人，他与关东军参谋长板垣征四郎中将的关系密切，后来又调任伪满洲国治安部警务局长，是全东北的警察头子。植田也笃信佛教。如光借机巴结植田，为自己的升官发财寻找靠山。如光经常设素斋招待植田全家，并时常赠送礼品；如光还在般若寺特设道场做法事，祈求"日本皇军取得胜利，武运长久""日满一德一心，共存共荣"。因而，植田对如光深表赞赏。

此外，如光还费尽心思为植田老母庆寿，极尽阿谀奉承之能事，甚得植田欢心。如光借机提出建立佛教护法会的构想，并请求植田就任会长。植田贡太郎听后，欣然同意。不久，如光就任国际佛教青年会会长、伪满佛教总会会长，宗教地位更高。

3. 宣化讲演，为日伪殖民统治摇旗呐喊。日本侵略者宣传和污蔑苏联共产党不讲人道，共产共妻，对宗教采取消灭政策，对宗教信徒实行镇压等等。如光则在其日本主子的授意下，为日伪殖民政权摇旗呐喊，亦步亦趋，紧跟日本侵略者的步伐，信口雌黄，宣扬"佛教的'末法'在世界上已经出现了，苏联就是一个先例，胡说苏联已经摧毁了宗教，所有教堂一概不留，神职人员和宗教信徒一律杀光，还打破家庭制度，不要人伦等等。现在是五浊恶世，濒临灭亡，如果不是日本皇军保护，苏联的红色力量渗透过来的话，还能允许我们设立道场讲经说法吗？"[5] 如光的歪理邪说蒙骗了一批遭受日本侵略者欺压的中国人中的有产者，相信因果报应，期待来生能获得好报，对殖民政权的统治忍气吞声

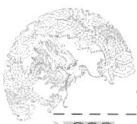

了。

如光不遗余力地到东北各地宣化讲演，要"东北民众忍辱行善，大慈大悲，日满亲善，相互提携，唇亡齿寒，一德一心，八纮一宇，建设大东亚共荣圈，打胜大东亚圣战，才能实现王道乐土，过上幸福生活"。[6]如光不顾中国僧侣从不过问国事的传统，大肆活动，到处演讲，宣扬"建国精神""惟神之道"，为日本帝国主义的殖民统治服务。

此外，如光对于那些不满其卖国行径的有正义感的僧侣，均驱逐出寺院。如光以日本侵略者为靠山，借助伪满汉奸的势力，不断巩固自己在佛教界的地位，并借宣扬佛法之机，为日伪政权服务。因此，伪满洲国民生部授予如光"长老"的头衔，日本比叡山天台宗也赠予如光"权僧正"的最高称号。

如果说如光是卖国求荣，那么长春般若寺的善果就是认贼作父，直接作为日本在东北佛教界的间谍从事特务活动。

1937年善果在倓虚的推荐下，成为长春般若寺的方丈。1938年夏，善果随佛教代表团赴日参加日本天台宗1050周年开山纪念庆典，这个代表团是由日伪当局挑选的。在日活动期间，日本佛教界头面人物梅谷孝永发言说："日满两国有着不可分割的历史，佛教本来就是一家，我们佛教能够有今天的成就，是和天皇的翼赞分不开的！身为佛教徒就应该忠于天皇陛下，竭力完成大东亚建设的共同使命！"不久之后，善果成为日本大使馆的特务，特务头子是山口，山口经常到般若寺来找善果，秘密从事特务活动。

在日本侵略者的支持下，善果很快成为日本天台宗总务厅教学部长、伪满佛教总会新京支部长。为了回报日寇的"提携"，讨好主子的欢心，善果利用佛教讲经说法等活动之机，大肆宣扬伪满"建国精神""日满一德一心，八纮一宇，共存共荣"等殖民思想[7]，伪满每月8日为"诏书奉戴日"，每到这天，善果都带领般若寺全体僧众遥拜日本天皇等。太平洋战争后，善果带领僧人到军队宣讲，鼓吹"日本皇军帮我们建设一个新天地"，因而，我们"应该与日本亲邦携手"[8]共建伪满洲国。随着战争的扩大，日军的伤亡人数不断增加。善果在每月4日够组织僧人到车站迎接阵亡日军的遗骨，并举行隆重的慰灵祭。举行仪式时，日本特务头子和伪满汉奸都亲临仪式，表示哀悼。

随着太平洋战争的发展，日本的战略物资极度匮乏。为了支援日本侵略军的大东亚"圣战"，善果在佛教界开展献纳金属活动，尤其是铜器和铁器全部上缴，这次活动使东北各地寺院所存的金属为之一空。同时，善果还展开了献纳飞机的活动，他说"佛教徒虽然不能到前方打仗，也应该给打仗的人送些利器，捐献飞机是佛教徒支援圣战的一点表示！"[9]1945年，日本败亡之际，善果又动员青年尼僧组成国防妇女会，帮助日本侵略军从事各种衣物劳动。善果强调，"这是关系到大东亚的前途和命运的问题，国防妇女会的成员一定要效忠于日本皇军，为皇军多做一些后勤工作，尽到我们的赤诚！"

日本战败后，善果还帮助日寇逃跑。伪满协和会中央本部参事板井荣三郎，在日本宣布投降的那天，到般若寺求救，善果立即拿出一套僧衣给他穿上，摇身一变成为般若寺的和尚。

实际上，善果经常喝酒吃肉、吸毒打牌、为非作歹，根本不是什么出家人，而是披着宗教外衣、为日本侵略者服务的特务分子。

二、中立派——虚法师为代表的高德僧侣

在东北佛教界，始终有一批德高望重、佛学修为精深的著名僧侣，即便在战乱时期，依然弘传佛法，给苦难中的东北民众或多或少的精神安慰与寄托。虽然他们不直接反抗日寇的侵略，却也没有屈从于殖民政权的利诱，始终保持中国佛教信徒的传统，出家人不参与政事，只是以钻研佛学、传播教义为重。东北沦陷时期，比较著名的有倓虚法师、修缘法师、逝波法师，其中以倓虚法师影响最为深远。

倓虚法师，天台宗第44代法统嫡传人，是中国佛教界盛传的"三虚"——虚云和尚、太虚大师、倓虚大师之一，于民国初年开始，弘法东北各省，踏遍白山黑水和南北各地。在兴办佛教教育，建设佛教道场方面有突出贡献。他在北方各地讲经说法，重修、兴建道场无数。他一生致力于"僧伽教育"，认为"佛法弘扬本在僧"，若无人弘法，不待外人摧残，佛教本身就会消灭，故在每个道场完成后，皆创办佛学院，培育僧才。民国初期在沈阳万寿寺讲经3年，受惠弟子及居士达数万人。1924年到哈尔滨负责兴建极乐寺，担任首任住持，并在山门内两侧空地上建了十多间瓦房，办了一所极乐寺佛教学校。他在极乐寺担任六年住持，期间，又筹资兴建营口楞严寺、长春般若寺，应奉天万寿寺的佛学院、北京弥勒寺的佛学院之邀讲经。1925年东渡日本，代表中国佛教界出席在日本召开的"东亚佛教联合会"，由于其佛学修养及名望高深，受到日本政府和佛教界的热情接待。"九一八"事变后，因与抗日将领朱庆澜交往密切，受到日本特务秘密监视和传讯。倓虚法师一生所兴建的寺院，除前述的营口楞严经、哈尔滨极乐寺、长春般若寺外，经他手复兴的，还有吉林的弥陀寺、天津的大悲院、沈阳的般若寺、永安寺、青岛湛山寺等。他所兴建的寺院，均附设有佛学院。他一生设立的佛学院有一十三处之多，而他在国内造就的僧才及度化出家的僧伽，难以数计，因其佛学造诣深厚，功德卓著，以他为代表的佛学学派被称为"湛山学派"。

修缘法师，专修净土法门，1926年来到沈阳万寿寺。曾经任奉天省佛教会会长，慈恩寺住持。1934年和1940年两次在慈恩寺内设坛传戒，受戒弟子总计2000多人。1943年圆寂，列为当年东北佛教六大长老之一。

逝波法师，1940年先后在辽宁、长春、吉林等地讲经传法，最长时间达70天，应邀说三皈传五戒，听者云集。

三、反满抗日派——普济佛教会为代表的抗日佛教团体及僧侣

东北民众的抗日斗争，也激发了宗教界有识之士的爱国热忱，爱国僧侣以宗教作掩护，暗中支持抗日斗争或直接参加抗日队伍。

更多的是抗日志士假借宗教的名义，策划反满抗日活动。其中在东三省中国最有影响力的就是普济佛教会。普济佛教会在北京五台山设有总本部，总务部长杨山，负责指导在东北各地普济佛教会的抗日活动。其中以吉林、黑龙江两省最为活跃。

黑龙江地区的普济佛教会在拜泉县设有黑龙江总务会，在呼兰、海伦、肇东、肇州等县设有理事分会。由于地理位置的关系，普济佛教会活动的地区原属于抗日军队马占山部所在地，事变后，诸多抗日军队的残部，如马占山部、抗日救国军等都加入到普济佛教会等佛教团体中来，借宗教名义进行反满抗日活动。普济佛教会还联络其他宗教团体、结社

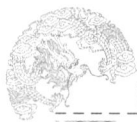

共同抗日，黑龙江地区的世界大同佛教会、红十字会、在理教、大刀会等团体都曾与普济佛教会秘密联系过。拜泉县理事分会负责人刘景太就曾经是大刀会会员，1937年刘景太在北京总会的指示下，联络各地抗日力量，并动员各县散在会员，准备在10月袭击县公署，但由于进驻哈尔滨极乐寺的日本僧人、今井昭庆为首的日本特务组织的破坏，刘景太等教会主要人员被捕，计划失败，教会被强制解散。[10]

吉林地区的普济佛教会的理事长叫王连恒，原住滨江省，现居住九台。吉林教会的总帅是朱庆澜将军，原为张学良的部下，后来假借佛教运动的名义策划反满抗日。他的宣传口号是：不久将爆发日苏战争，战争自然在东北进行，而日本人一定会战败，结果将使中国东北纳入苏联的势力范围。加入该会的会员，到那时可以享有生命财产受到保护的特权。普济佛教会自民国17年（1928年）以来，在吉林省九台、安东、热河等地均有活动，其他地区也有流行，由教会中的理事、监事、募集员通过传教与各地教会及其他抗日团体取得联系。后来因为日伪当局派警察化名打入教会而侦查到教会抱有反满抗日的密谋后，1937年5月中旬被勒令解散。天台宗的慈云和尚在"九一八"事变后也参加了朱庆澜的抗日军队。

结语

日寇实行的宗教统治对于东北各宗教派别来说，是一次严酷的"试炼"，或是奴颜婢膝、亲日卖国，或是奋起反抗、驱逐日寇，或是坚持中道、洁身自好，这是每一个东北民众都必须要做出的生死抉择，也是每一个中国佛教信徒对自己的未来必须要做出的选择。其中以普济佛教会为代表的反满抗日佛教团体及僧侣的各种活动在东北抗日斗争中起到了重要作用，打击了日寇的侵略气焰，有力支援了东北民众的抗日斗争，间接、直接地为抗战胜利、解放东北做出了应有贡献。

注释：

［1］仁信、澍培：《伪满佛教总会会长如光》，《长春文史资料》第5辑，政协吉林省长春市委员会文史资料编纂委员会，1984年版，第1页。

［2］木场明志、程舒伟编：《殖民地时期的满洲宗教》，柏书房株式会社2007年版第64页。

［3］木场明志、程舒伟编：《殖民地时期的满洲宗教》，柏书房株式会社2007年版第64页。

［4］木场明志、程舒伟编：《殖民地时期的满洲宗教》，柏书房株式会社2007年版第69页。

［5］高丕琨：《如光其人》，《伪满社会》伪满史料丛书，吉林人民出版社1993年版第587页。

［6］高丕琨：《如光其人》，《伪满社会》伪满史料丛书，吉林人民出版社1993年版第587页。

［7］孟享鳞：《披着宗教外衣的释善果》，《伪满社会》伪满史料丛书，吉林人民出版社1993年版第598页。

［8］木场明志、程舒伟编：《殖民地时期的满洲宗教》，柏书房株式会社2007年版第112页。

［9］孟享鳞：《披着宗教外衣的释善果》，《伪满社会》伪满史料丛书，吉林人民出版社1993年版第600页。

［10］政协吉林省长春市委员会文史资料编纂委员会编：《长春文史资料》第4辑，1988年版，第153页。

（作者王晓峰　吉林省社会科学院日本研究所副研究员）

溥仪的国宝在大栗子的散失和收缴

王文锋

【内容提要】本文以历史见证人和当事人的回忆为第一手资料，详尽论述了伪满洲国垮台溥仪逃离通化大栗子沟后，留在那里的国宝在大栗子沟散失和收缴的前后经过，从而还原了溥仪国宝回归的艰难历程和历史真相。

【关键词】溥仪　国宝　大栗子沟　散失　收缴

溥仪在通化大栗子沟退位后，当他要等着上亡命的汽车之际，他又做出了一次令人肉麻的尾声丑态。一对日本兵正在列队送"退位皇帝"，溥仪突然出其不意地对一个日本兵来了个奇袭式的拥抱亲吻，借以充分表达他对日本人的最后忠诚。当然这一切都是做给吉冈安直看的，那个头脑简单的日本兵被感动得发出了呜咽之声。但此时的吉冈哪还有心思看溥仪这司空见惯的表演，只是冷冷地对溥仪说："日本关东军已和东京联系好，决定把你送到日本去，但是天皇陛下也不能绝对担保你的安全，这要听盟军的了。"吉冈又告知溥仪亡命的路线，由通化经平壤乘飞机去日本，随即，吉冈又吩咐溥仪挑选随行人员。

因为飞机小，不能多带人，溥仪挑选了他的弟弟溥杰，三妹夫郭布罗润麒、五妹夫万嘉熙、三个侄子毓嶦、毓嵣及随侍李国雄和御医黄子正。另外加上吉冈安直、祭祀府总裁桥本虎之助、日本宪兵曹长浪花和捧"三照大神"三件神器的一名日本神官共计13人。就在这出逃前的忙乱之中，溥仪还安排毓嶦把他这些年所记的日记烧掉，目的就是不能留下他的亲笔证据，毓嶦说："这天溥仪又给了我一项新的任务，烧掉他亲笔写的日记，满满一小皮箱，这些日记要是保

临江大栗子溥仪退位旧址

存到现在，可是绝好的历史资料了。要是在我烧的时候，大致看看都是什么时候写的，或者是记住那么片言只句的也行，可当时也没往这方面想，整个是人心惶惶。现在能有点儿印象的就是有不少线装的红格子本，里边是用毛笔写的，这些可能是溥仪当年在故宫里写的。再有一些本是硬皮的笔记本，是用钢笔写的，这可能是他在天津、长春时写的。烧这些日记本比烧电影片子省事多了，外边有的是空地，捡几块碎砖头围个圈子，免得被风吹

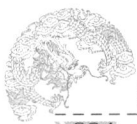

跑了，不大的工夫全都烧完了，提着空箱子向溥仪去复命，这只小皮箱马上派上了新的用场。溥仪一些箱子都是印有伪满的国花——兰花，都不能用，临时就抓了一只装电影放映机的箱子。这个箱子是不是装着电影放映机，当时我也不清楚，不过我现在要特别交代一下这只箱子，因为刚才说的珍宝，所以能带回国来一部分，就用的是这只箱子。一般的箱子都是放平了开盖，这箱子是放电影机的，它是立着开盖儿。箱子是黑色皮子做的，里面的衬是黑绒的，所以在箱子底下，做一小夹层，如果不用尺子量，绝看不出来。当然，这是后话。"

挑选完随行人员，溥仪又令随侍李国雄再挑一些珍宝携带，好在由长春带到大栗子的珍宝有许多可选。挑出的珍珠、钻石、翡翠、猫眼以及多种宝石和名贵的金表，金首饰等，足足塞满了一皮箱。其中有一块金盾，这是溥仪过生日时别人送的寿礼，就是一片儿足赤纯金，直径有一尺来长，盾的中间有"万寿无疆"四个字。重达300多克。此外，还给溥仪带上了一箱随身使用的物品和换洗的内衣。因其他的箱子上都印有伪满皇宫标志的"兰花御纹章"，这是万万不能用的，就临时抓了一只装电影放映机的箱子装了进去。还带上了一小箱药品，带了些常用药，还有一些安眠药。随行的其他人员，谁也没带东西，就穿着一身西服，都想一到日本就好办了。

溥仪丢下了重病大烟瘾兼而有之步履艰难的皇后婉容，未成年的福贵人李玉琴及溥仪的妹妹们和乳母等。李玉琴哭哭啼啼地问溥仪："我可怎么办呢？"溥仪说："飞机太小，你们坐火车去吧。"李玉琴问："火车能到日本吗？"溥仪不假思索地说："火车能到，顶多过三天，你和皇后她们就能见着我了，""火车要是不来接呢？我这里一个亲人也没有呀！""过两天就见着了，行了行了！"此时的溥仪心乱如麻，反复思索着如何能逃脱死亡，哪还有心顾什么火车不火车呢？

溥仪随即换上他的蓝色带道西服，连夜和吉冈安直、桥本虎之助及溥杰等随行人员一起由大栗子登上火车，8月19日晨到达通化，下车后即直奔机场。溥仪、吉冈、桥本、浪花、溥杰等登上了日本军用8人座双引擎机，其余的人分乘两架伪满邮政飞机。就在飞机将要起飞时，又收到了关东军改变飞机航向的命令：原准备以平壤作为换乘打飞机的地点，现改为到联络一切事情都方便的奉天（沈阳）。溥仪所乘坐的那架双引擎机，在当时的日制飞机中还是较先进的。这架飞机上午9时许先起飞，另两架邮政飞机后起飞，约定到沈阳聚齐。

回过头来，再介绍一下溥仪等人逃离大栗子沟后，留存在那里的国宝的散失和收缴的情况，一些当事人的回忆较为详细，可信度较高。溥仪和日本人吉冈选择大栗子作为他们的"临时行宫"，不仅因为这里气候宜人风光美，更是看中这里能攻能守、能进能退的地利优势。在大栗子沟，溥仪和皇后婉容、福贵人李玉琴、太监等人住进了"东边道开发株式会社大栗子采矿所"

溥仪身着西装

所长染谷前的住宅——"丁字房"。丁字房其横五间，其竖三间。横五间为东西走向的正房，竖三间为厢房。贵人李玉琴住在正房最东头的一个大间。溥仪的侄子毓嵣带着一队亲兵日夜巡逻，戒备森严。溥仪及婉容分别住在竖向房的两个卧室里。丁字房位于一个十字路口的西北角，斜对过是一栋二层的旧式黄楼，长约30米，宽约8米，分为两个单元。溥杰一家人及部分伪满大臣就住在这里。溥仪在大栗子时最关心的便是他携来的文物、珍宝，他把"行宫"西头的两间房作为临时"藏珍库"，最贵重、最值钱的物品全放在那里面了。

8月18日，溥仪从大栗子准备逃亡日本时，除将一批金、银首饰、珍珠、宝物一小皮箱随身携带外，又将他所有的衣物以及那个手提带层小匣内所装的表链、表坠、戒指、金银别针等以纪念品的形式分给随行的亲属及杂役人员。溥仪走后第二天，大栗子周围的日本关东军队部全部撤走，溥仪的一大群亲属和随行人员处于群龙无首的混乱状态中。长期遭受日本帝国主义奴役、欺凌、压迫的中国人民，终于盼到了扬眉吐气的这一天，"距大栗子沟不远的临江县城里，前一天，日本人挨了中国人的打，他们家里的东西全被抢光，消息传到大栗子沟，村里、矿里、工人和家属，大人、小孩一齐来到矿区日本人的住处，把他们家里的东西全部抢走了。"鉴于此况，伪宫的内廷人员也都集中迁到叫柴扉疗的一所大库房里住，库房里分隔成8~9间，此时从长春带来的物品还有40多箱，集中存放在西面的第四间屋子内，门上连个锁也没有，只贴了象征性的一张小封条，有些内廷人员包括溥仪的家族在内，夜里悄悄潜入此屋内，专拣贵重易携带的物品塞入自己的私囊。甚至因为你拿得多，我拿得少而彼此之间发生争吵。

当时伪宫内府近侍处处长毓崇和溥仪的亲信随侍严桐江以及溥仪的二妹夫郑广元管理这个摊子。他们将所带的手卷，金银珠宝、首饰等分给个人保存。由于形势岌岌可危，随时都有被掠一空的危险，所以联系准备搬到临江县，又由毓纹、严桐江向个人追要所分的溥仪用品，收了一夜，要回的也是为数有限，于是又将原剩余部分挑出精华，共装了七皮包，由毓纹和伪宫内府室会计审查局审查官吴少香雇了一辆马车，将这些先行运到临江县，寄存在临江县商会会长林某所开的商店里。20世纪40年代的临江城在辽东仅次于通化县城，交通虽不发达，但是梅河口至大栗子的铁路畅通无阻，鸭绿江的水运可以直驶安东（今丹东），是木材、矿产和山货的集散地。县城商铺林立、旅馆和大车店配合着餐饮业应运而生。当时，在临江城的中心地带，有一处日商开设的旅馆，这就是当地称为伊美朵的旅馆。伊美朵旅馆是个两进的平房大院，室内布置得比较豪华，20世纪30年代是东北居室的一流房间。宫内府留下的所有人员都住在这里。日本投降后，该旅馆倒闭了，改为县公署的集体宿舍，又叫临江公寓。溥仪宫内府人员，在当地"山民抢日本"的报复行动之后，总觉得安全没保证。虽有公安队派人保护，他们还是不放心。溥仪的亲信随持严桐江是溥仪的忠实奴才，此时俨严成了宫内府的老总管，为讨好主子和他自身的利益，多次带吴少香等人去县公署联系并花钱买通了伪县长、地方维持会长兼公安队长边树芳，用了10万伪币租下了这所旅馆，据说买一所旅馆也花不了这么多钱。边树芳以宫内府人员在大栗子不易保护为由，于11月下旬将宫内府留下的40多人接到了县城。边树芳派人联系了一列火车专列，公安队沿途保护并亲自带领县公署人等到车站接驾。宫内府当事人马文周回忆

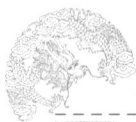

说："那天到临江是晚七八点钟，市民大多没睡觉，天还下着小雪，约一手指多厚"。（马文周，满族，经亲戚介绍，15岁进宫，他是宫内府留在临江的唯一老人。因为他经常出来采买，熟悉不少临江人。后来，就在当地娶妻生子。新中国成立后参加了工作，是食品厂的退休工人。）

溥仪的二妹韫和，人称二格格，聪明能干，是溥仪比较喜爱的妹妹，她主事，联系皇后和贵人，同时也监视她们。她回忆说："宫内府近40人被安排在临江公寓。婉容、李玉琴、溥仪乳母二嬷嬷和她的孩子住在左边的几间房子里。溥杰的妻子浩子和次女嫮生我们几个格格住在后院。"宫内府从大栗子带来的一些文物国宝开始放在储藏室集中保管。后来怕集中上交给共产党，严桐江征得皇亲国戚主事人的同意，分散到了个人，特别是侍卫、随从等内廷人们分散保管。期间盗窃事件时有发生。

溥仪宫内府人员从大栗子迁往临江城住定以后，大约半个月，12月中旬左右，中共通化地委和专署责成罗衡同志成立了临江民主政府，罗衡为县长。这时，军队和地方都发现溥仪宫内府人员正在分散、盗窃、转移他们带来的国宝。郑广元回忆说："严桐江把溥仪一些宝物交给内廷人们，分头藏起来。"马文周回忆说："我曾拣到一个很精致的烟盒，带有一块东洋表，还有女人装胭脂等化妆品的装置，严桐江看见后，就用两幅画换我的。"这两副画用黄布包着，其中一幅有5尺多长，我叫不上是什么画，并说："你收起来吧，这两幅画可值银子啦！能换一座大楼，"我当时不相信。"还有人把金戒指等珠宝玉器藏到炉子里，被烧炉子的伙计拣去了！"

郑广元和二格格

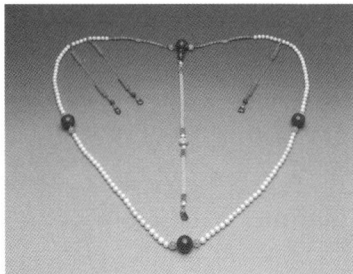

二格格韫和及郑广元曾回忆说："不知是谁在后院把溥仪的三大柳条包照片给烧了。这些照片有大清历代皇帝、皇后、皇妃及溥杰等人的各种照片"。还有一次，部队炊事员到宫内府住的伊美朵旅馆敞口辘辘井去打水，捞水罐斗时，发现井内有一块金饼子。这块金饼子是赤金的，据说是宫内府大臣熙洽献给溥仪的宝贝。

郑广元是伪满洲国国务总理郑孝胥的孙子。与溥仪的二妹韫和结婚后，即跟随在溥仪身边。"满洲国"崩溃时，他是负责"帝宫"逃亡的经管人之一。他以其亲身经历，回忆了在大栗子的许多细节，是对这段逃亡过程的翔实记录：

随同溥仪逃跑的，有他的"皇后"婉容、"贵人"李玉琴、弟弟溥杰和妻子嵯峨浩，溥仪的二、三、五三个妹妹及妹夫，溥仪的乳母、"学生"、侍医、随侍、太监和佣人，还有伪宫内府次长鹿儿岛，各处长、科长和他们的家属，近侍处长毓崇和家属。"帝室御用挂"吉冈安直和伪祭祀府总裁桥本虎之助，是离不开溥仪

婉容曾佩带的珍珠朝珠

的人。其他如伪满总理张景惠、总务厅长官武部六藏及各部伪大臣，也纷纷跟着逃跑。这一大群人，活像逃难的难民，挤在一列火车上，走了两天三夜，于八月十三日到达长白山区，鸭绿江边，大栗子沟铁矿区。这群人在这里过了两天惊惶不安的日子，八月十四日，日本天皇裕仁宣布无条件投降，伪满洲国傀儡皇帝也宣布"退位"（这是溥仪第三次"退位"）了。

当天，"御用挂"吉冈通知溥仪去日本，叫溥仪挑选几个随行人员。溥仪挑了溥杰和三、五两个妹夫(润麒和万嘉熙)，这三个人都是在日本学过军事的；还挑了三个侄子，都是侍候"皇上"最得力的；此外是医生黄子正和随侍李国雄。下午，我去看溥仪，见他情绪颓丧，他叫我把随行人员名单交给吉冈。我走进吉冈住所，只见他和伪祭祀府总裁桥本两人，身穿日本和服，坐在"榻榻米"席上，正在低声谈论什么。他一回头，我发现他鼻下的小胡子没有了，脑里顿时一闪：莫非他要显示"武士道精神"，要剖腹自尽吗?吉冈接过名单，看完后说："好吧，飞机小，乘不了许多人，就这样吧。"随即，溥仪把一大群家属和随行人员留在大栗子沟，派溥俭、溥俣和我三人照料，晚上，溥仪一行人，匆匆忙忙乘上火车，离开大栗子沟到通化去了。

溥仪走后第二天，大栗子沟周围的日本关东军部队全部撤走，半山上的"建国神庙"被放了一把大火烧光了。这时，一大群伪满宫内府和大栗子沟铁矿的日本职员和家属，还留在铁矿区宿舍楼里。伪满宫内府的日本人，每天的饮食，由矿区日本人供给。内廷有自己带来的粮油，矿区只供给一些菜蔬。伪宫内府的一群日本官吏，见溥仪一走，更是摆出一副专横跋扈的样子；日本翻译道满，要内廷司房管理人严桐江交出带来的大米、面粉、白糖和油料等食品，由日本人管理。溥俭、溥俣和我研究，不同意将全部食品归日本人管理，只同意分一部分给他们食用。道满不同意，向严桐扛发怒，我们不理他，他也再无办法。伪宫内府的日本人弄到内廷分给的食品后，就各自在家里做糕点。不料，距大栗子沟不远的临江县城里，前一天，日本人挨了中国人的打，他们家里的东西全被抢光，消息传到大栗子沟，村里、矿里、工人和家属，大人、小孩一齐来到矿区日本人的住处，把他们家里的东西全都抢走了。那个一向气势汹汹的日本翻译道满，被打得鼻青脸肿，衣服也被撕破，垂头丧气地靠在墙角边，不敢动弹。当晚，所有日本人都被赶到车站仓库里去住。溥杰的日本妻子和女儿，仍留在中国人当中生活。第二天，内廷人们也都集中迁到一所大库房里住，库房里分隔成八九间，带来的食品和溥仪的一些行李，都放在那里。

青山绿水环绕的大栗子沟，秋天来得早，气候渐渐凉了。住在库房里的一群内廷人们，各自安排各自的生活。"皇后"婉容有两个太监侍候，有带来的鸦片烟抽；"贵人"李玉琴也有佣人侍候；嵯峨浩自从到大栗子沟以后，就穿上中式服装，带着女儿整天坐在房中，愁眉不展；严桐江把带来的英国香烟，分给会抽烟的人们，还把内廷贮存的鱼翅和海参做菜分给大家吃。

一天下午，忽然来了一辆大轿车，后面跟着一群伪警察。车停在路旁，从车里走出一名苏联军官，一个没有穿军服的苏联人和两名手里拿着轮盘式冲锋枪的苏联士兵，向库

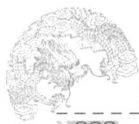

房走来。这时内廷人们都惊慌起来，一个个都急忙收拾行李，挤在走道里，等候苏联军官吩咐。苏联军官(大约三十多岁，胸前戴着一排小勋章)把这一群人召进一间平时是饭厅、也是会客室的较大的房里，然后，满脸笑容，向屋里挤满的人们讲话，由那个没有穿军服的苏联人翻译成中国话。他先问："你们为什么都背着行李，站在走道里呢?"然后解释说："你们不必害怕，我们不是来抓你们的。"于是大家都围着长桌坐下，静静地听着。苏联军官自我介绍，他是苏联战斗英雄比夫廖夫中校，是在欧洲战场战胜纳粹德国后，调到远东来对日本作战的。他还透露消息说，你们的"皇帝"溥仪在苏联受到很好的待遇，你们可以放心。最后他说，他来大栗子沟，是要找几个人去苏联侍候溥仪，其中要一名厨师，去做中国饭给溥仪吃。最后他拿出一张名单，叫溥俭、溥俟及随侍数人，准备随他去苏联。严桐江拿出带来的法国香槟酒和进口雪茄烟，请苏联军官们用，比夫廖夫中校高兴地举杯一饮而尽。少时，他要求见见"皇后"婉容，他走进婉容的房里，有礼貌地和婉容握手后出来。他又约大家到屋外参观两名苏联士兵手中的新式武器——轮盘冲锋枪。侍候婉容的太监说，婉容要给溥仪去信，让他执笔，报告溥仪婉容平安，希望早日团聚。信写好后，交溥俭带去。

溥俭、溥俟走后，留在大栗子沟的还有四十多人，由我照料。溥仪的侄子、伪宫内府近侍处长毓崇和职员吴少香，也自动参加照料。侍医徐思允一家和内廷佣人霍青云，搭上老乡运货马车，回长春去了。其他人也想分散雇大车回家，只因听说山沟里时常有拦路抢劫和绑架的事，未敢冒险而行。为了安全，每夜都有两人一组，轮流在库房门口值班。一次轮到我和一个随侍值班，半夜时，只见两个人影向库房大门走来，手中都拿着长枪，走到大门前五六米处，发现了我们，就举起枪对我们气势汹汹地叫"不许动"。他们见我们没动，就往大门里走。门里没点灯，一片黑暗。他们的叫声惊醒室内的几个随侍和佣人，随侍们吓得连滚带爬，致使桌椅乱响，把这两人吓了一跳，以为室内有不少人，便急忙向门里放了两枪，回头就跑了。这次幸亏没有伤人，但使住在库房里的人们都感到极不安全，毓崇和严桐江建议，去联络当地伪警察和伪铁路警察，请他们保护，每处送去十万元伪币。

一天下午，我到村里去看看，想探听当地老乡们对伪宫内府的反应。我遇到一位老乡，因他有时来库房前卖菜，早就认识，他见到我，非常热情，留我在他家里吃晚饭，还把他的一位邻居请来作陪。酒过三巡，他劝我尽快把我一家搬到村里来住，说"宫内府很不安全"。我们正说得热闹时，忽然毓崇和伪警察所长找来了，说到处找我，以为我失踪了。回去后我想起老乡说过"宫内府很不安全"的话，恐怕是有些根据的，便同毓崇和严桐江研究今后怎么办。毓崇建议约伪警察所长和伪铁路警察头头来谈谈。严桐江主张全体搬到临江县城里住去。我赞成他们的建议，就派吴少香去临江县联系住处和搬家用车辆等，吴少香去后回来说，临江县里没有人管，找不到联络人。一天夜里，我们约了两处伪警察头头来谈，他们建议给我们枪支，自己保护，我们没有同意。正说话间，忽然听到远处传来很密的枪声，越来越近，伪警察头头们忙取出手枪，跑到屋外墙角，向天空放了几枪。这时室内灯火全都熄灭，一时枪声不断，约半个小时才渐停止。一场虚惊，弄得大家一夜没有睡觉，究竟是怎么一回事，我不知道，很可能是这些伪警察头头们表面上"保护"我们，暗中却唆使一帮地痞流氓抢劫我们来了。

约一个月过去，山风飕飕地吹着，寒冷的霜露浸黄了地上的野草和路旁的树叶。天气变化，有时也飘一阵雪花，库房里寒气袭人。严桐江找到过去烧暖气锅炉的老工人，用日本人留下的大堆煤块，把通到库房暖气的锅炉升起了火，使库房温暖如春。这时内廷佣人霍青云又由长春回来。毓崇自告奋勇同吴少香、霍青云再去临江县城，联系迁移的事。他们找到临江县伪县长，安排离县公署不远的临江公寓，做我们的临时住所；并联系了铁路段派一列专车到大栗子沟来"接驾"，沿途由铁路警察保护。办这些事，一共被索取了十万元伪币。我当时纳闷，严桐江几次大量花钱，究竟带来有多少钱？后来严桐江才透露，溥仪当了十几年傀儡皇帝，每月都有存钱，到大栗子沟时，带来一百二十多万元伪币，这些伪币如不尽快用掉，转眼就要成为废纸。

到了十一月，我们迁到临江县城里。临江公寓是一所临街的中式平房，进大门，右边一间大厅，厅后是存放行李的小库房和几小间住房；左边一排七八间住房，婉容、李玉琴、溥仪的乳母"二嬷"等人都住在那边；后院有四间日本式平房，溥杰的妻子嵯峨浩、女儿嫮生、溥仪的三个妹妹和孩子住在那里，经过几天安顿，生活稍安定些，县城里确比大栗子沟安全，日用品和食品也能买到。

约过半个多月，临江县一带又紧张起来，传说八路军向临江进军，已离县城不远。伪铁路警察和县警察队，在县城北面山坡上把守，企图抵抗；伪县长以下一些官吏，纷纷逃跑。新年前夕，气候已很寒冷，时常下雪，街上行人稀少，偶然可听到远处零星枪声。有一天晚上，闻枪声越来越近。第二天早上，街上店铺都没有开门营业，直到下午枪声才停止。临江公寓大门整天紧闭，内廷人们个个紧张不安，不知又会发生什么事，夜里大部分人不敢睡觉，静静地倾听着门外的动静。一天夜里约十一点钟，忽有敲大门声，敲声很急，随侍和佣人慢慢打开门，突然冲进来十几名八路军战士，举起枪叫大家"不许动"。随后进来一名拿手枪的战士，让大家都集中到大屋里，听他讲话，后来才知道他是八路军后勤部李政委。李政委中等身材，面貌红瘦，态度和蔼，四川口音，是参加过二万五千里长征的老干部。李政委宣布，溥仪的财物全部查封，随行人员的行李要检查一次，不需用的物品全部交出。次日早晨，李政委和七八名青年战士便到每人房里检查行李，我们把一些用不着的物品，如我的草绿色"协和服"等都交了。严桐江曾把溥仪的部分物品分交内廷随行人员，藏在各自身边，后来在我们准备离开临江公寓，再次检查各人行李时，这些物品都被查了出来。新年过后不久，李政委通知伪宫内府内廷准备送婉容、李玉琴、嵯峨浩、太监和佣人共七人回长春。次日，一辆卡车把七个人送走，其他随行人员也搬出临江公寓，遣散各自回家。

婉容、李玉琴、嵯峨浩等七人，到通化后，就暂时住下了。溥仪的乳母"二嬷"和她的儿子后来也到通化，和婉容等七个人住在一所房屋里。在大栗子沟那一群伪宫内府日本

官吏也都在通化，关在伪公署底层一间屋里。农历的除夕半夜，在通化市内，准备遣返的约两千多日本人，阴谋暴动，冲进八路军设在伪公署楼上的办事处，双方枪战，日本暴徒多有伤亡。战斗中流弹横飞，穿过婉容等人的住处，溥仪的乳母"二嬷"臂上中弹，流血过多，不久死去。婉容、李玉琴、嵯峨浩在通化住了不久，就被送到长春去。婉容被送到她的哥哥润良家，润良不肯收她；李玉琴被送回她的娘家去了；其他人也散了，只有婉容和嵯峨浩没有去处。当苏军撤出东北时，比夫廖夫中校在中途扔下溥俭、溥偀等人不管，于是溥俭、溥偀都逃走了。溥俭到通化，随婉容等人到长春后，又随婉容和嵯峨浩到延吉，一起被关进监狱。那时，婉容病已垂危，有时昏迷不醒。过了不久，准备去哈尔滨，婉容行动不便，溥俭本来要送婉容去，后来旁人再三劝溥俭不要带婉容去，就让她死在监里算了。溥俭和嵯峨浩离开延吉，途中听人说，在他们走后第三天，婉容就死去了。

郑广元回忆中提到八路军收缴物品，事情经过是这样的。

宫内府分散、转移、隐藏、销匿国宝的种种迹象，引起了当地军政领导的注意并层层上报，经通化省委有关领导批准，一场收缴宫内府国宝的行动开始了。

根据国宝收缴组负责人武清禄《还国宝于人民》的回忆材料，将当年收缴工作进程和具体执行情况略述如下：

12月下旬，东北民主联军后勤部通化办事处的武清禄同志受后勤部谷政委的委派去临江收缴国宝。谷政委分管通化地区敌伪物资的接收工作。他找武清禄说："老武，给你一个新任务，去临江县收缴溥仪宫内府的珍贵文物。这些文物是我国的国宝，是中华民族的文化遗产，它是一个国家文化及生命的代表。最近，种种迹象表明，宫内府人员正在隐藏、转移、处理他们从大栗子带来的这些国宝。为了制止宫内府宝物的失窃，我们必须采取果断措施，尽快地收缴起来交给有关单位。这个任务复杂而艰巨。你到通化卫生学校挑几名助手和一些警卫人员组成收缴工作组。"

到达临江，武清禄立即去找通化支队的谢凤山副政委（兼政治部主任），向他报告了国宝收缴组的情况和任务。谢副政委说："军区政治部已告诉我了，还有什么问题需要我们解决？"武清禄说："需要警卫部队的大力支持和配合。"谢副政委接着说："这个问题，我们已作了部署，你可以再督促检查一下……"当天（21日）下午，他们安排好食宿，立即开会研究工作计划和措施。经过热烈讨论，统一了认识并明确了收缴组的纪律。最后议定：在进一步摸底的基础上，首先召开宫内府全体人员大会，进行动员，交待政策，宣布纪律。其次，在动员的基础上，让他们上交应交的文物珍品，边交边查，进一步调查摸底，着重弄清转移、变卖和隐藏的情况。第三步，在进一步摸底的基础上，进行强制性的普遍搜查。同时，要求收缴工作组人员：深入细致，严肃认真，态度和蔼，严守政策纪律，不许打骂、逼供；物品不论大小、多少，一律登记造册，绝不许私拿或隐藏。

摸底时，他们首先找老管家严桐江交待库存。严桐江交出一些无足轻重的物品，企图蒙混过关。22日上午八、九点钟，工作组将宫内府全体人员，上到婉容，下至太监、随从和仆人都集中到伊美朵旅馆的大厅里。由武清禄进行动员，着重指出溥仪是战争罪犯，已被苏联红军带走，其他人员要和他划清界限，不要害怕，打消顾虑。共产党、民主联军的政策是：首恶必办，协从不问，优待与我们合作共事的人，并给以出路，还可以遣送回家或安排工作，改造成为新人。溥仪战犯所有的宝物和珍品都是人民血汗的结晶。供皇帝、皇后、王妃及大臣们挥霍的各种金银财宝都是劳动人民创造的，本来就是人民的，只是被统治者掠夺和占有。因此，应全部没收，归还人民。转移、隐藏或出卖都是不允许的，而且是违法的。欢迎大家主动交出，如发现私自转移、隐藏或变卖，一经查出不仅没收，对本人还要加重处理，破坏，对抗者要依法治罪。

动员之后，会场气氛大不一样。有的人表现沉闷，绝大部分人比较活跃。意味着收缴工作已初步打开了局面。婉容神态疲惫，无所顾虑，默默地坐在那里深思着，口里打着哈欠，好像犯了大烟瘾似的。李玉琴神情自若，精神头十足，不时地左顾右盼，原来紧张、害怕的面孔顿时消失。年纪较大的御医徐思允当场发言表态说，部队和政府早就应该收缴这些国宝和珍品，咱们也应该主动上交，不能再隐藏或据为己有了，谁有就赶快交出来吧！他的一番话的确打动了大家。当场就有人交出了一些物品，开始的多是各种皮衣。工作组除将溥仪、皇后、贵人、大臣们的珍贵皮衣收来以外，其他一般侍从、佣人的皮衣当时就退了回去。通过收缴皮衣发现了一个问题。这些皮衣多半没有扣子。经调查，一个

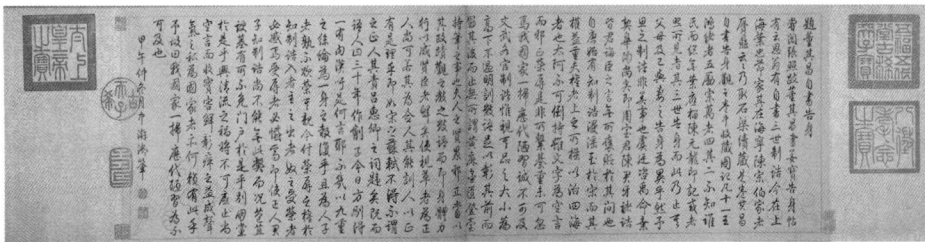

乾隆题董其昌自书告身

佣人说，八路军刚进城那会儿，有个穿军装的拿了皮衣都把扣子撕掉，皮衣不要。他们交皮衣时，就乘机把扣子撕下来自己要。原来，其中有不少是金扣子，色泽比铜扣子稍暗，但分量重。这样，工作组便抓住时机，动员大家把金扣子都交上来。接着交出来的是一些金银首饰、金银碗筷、酒具；各种玉器、翡翠、玛瑙、各式钟表等，收上来的宝物，收缴组都仔细登记和收存。头几天没有交字画的，可收缴的重点就是历代名人字画，因为这是宝贵的艺术珍品。所以收缴时特别强调私藏的字画要一律交出来。这样就逐渐有人交字画了，但为数不多。据一位侍从说，八路军进城时，个别战士拿了他们两幅字画，他们花言巧语地说，字画没用，结果就用两件皮衣换回来了。有一幅乾隆御笔的条幅，他们用5元伪币又买回来了。

收缴组分析：这些人迟迟不交字画，是认为："土八路"不懂艺术，不识货，还想继续欺骗我们。同时，收缴组深刻认识到没收伪满宫内府的这些国宝，是一场严肃的政治事

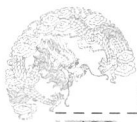

件。长期骑在人民头上作威作福的皇亲国戚和他们忠实的奴才，是知道这些珍宝的真实价值的。虽经再三宣布政策纪律，晓以大义，但是，他们还存在着侥幸心理，千方百计拖延时间，这样，收缴组除继续做思想工作外，便采取了坚决的行动措施。头天晚上通知要送他们回长春，第二天早饭后，收缴组又突然通知，宫内府所有人都留在自己房间里不许外出，听候检查。三位女工作人员负责对皇亲女眷及女佣们进行检查。三位男同志当然要检查男人了。果然不出所料，从他们的行李和包裹、被褥中检查出了不少字画，还查出一些金银珠宝。她们有的把一些小型贵重的珠宝缝在随身穿着的棉衣里。更狡猾的女人竟把珍宝小件缝在内裤前阴部的地方。侥幸地认为这样就可以蒙混过关，保住他们的珠宝。当收缴组把搜查出来的国宝摆在他们面前时，一个个像打了败仗似的，低头认错，乖乖地服从检查。

原宫内府佣人马文周回忆说："记得有天晚上，八路军通知我们，明天送你们回家。于是，我们都高高兴兴地把所有藏的、借出去的大大小小的东西全部收集起来，第二天早晨老早就打好行李。早饭后，八路军通知开会，男女分开，男的集中到一个屋，女的集中到另一个屋，经过一番动员，便开始搜查，衣服全部解开，检查很细，一个接一个地进行，检查完谁，就由谁领着工作组的同志到自己的住室，把行李、包袱打开，一切检查完结，你就坐在自己的铺上。就这样应收的东西基本上全收了回去。我是一个佣人，没啥玩意儿，就是把我用烟盒换的两幅画从行李里给搜走了。别的东西一样也没动我的。"

李玉琴在《坎坷的三十年》中也提到过收缴国宝类似的情况。她这样写道："过了些天，八路军来人告诉我们说，明天就送你们回长春，我们高兴极了，开始收拾东西。……第二天，午前七点多钟我们就都收拾好东西，准备出发。不一会，来了八路军叫我们男女分别集中开会。……我们女的由两三名女八路来搜，一个一个叫到我屋里搜身检查。"搜查完毕，武清禄和警卫部队联系，搜缴上来的宝物集中保管，警卫部队负责看管。现在家住在新开社区的通化市制鞋厂的老干部郎昆会回忆说："我18岁参军，在通化支队（杨靖宇支队）当战士，后来又调到警卫连连部当通讯员。临江收缴上来的宝物，由我们连看管着，当时住在临江县法院院内。离伊美朵旅馆伪满宫内府人员住处很近。班长张耀武，四川人，为了让我们开开眼界，拿出一个精致的小匣子，里面装的都是耀眼的金银首饰，还有一只金表。大家看过以后，又原封不动地放回包装箱里。"

武清禄收缴国宝工作组收上来的艺术珍品有：名贵字画三十多幅，其中最宝贵的无价之宝是汉朝的一幅丝绢山水画；最罕见的是五六百年生的一棵老人参。这是伪满通化省献给溥仪的贡品，参体三寸多长，全长二尺有余，装在一个精致的玻璃盒内，红绒布托底，

图4-55 收缴上来的溥仪的珍宝

包装盒左下文，注明该参的重量、长度、生长年限，以及采集时间等数据。其他是金银器皿（一套金碗、金酒具等），还有金银首饰、珍珠、玛瑙、翡翠、玉器等。另外，还有日、法、意、英、美等国同伪满外交往来的礼品，光各种钟表就有几十件种。金扣子、金戒子、名烟、洋酒的种类更多。见图4-55。

收缴国宝工作组专门研究了包装、起运及安全措施等问题。之后，他们亲自包装，责任到人、到车。总共装了28个皮箱，在警卫部队护送下，用汽车运抵通化。这批国宝运抵通化后，按军事系统上交。武清禄回忆："收缴的国宝首先交给刘东元（刘西元）同志，他时任通化支队司令员兼政治委员，刘司令又上交给东北民主联军后方司令部司令员朱瑞同志。听说，最后交给了吉林省委"（据史料记载应为通化省委）。据查证，这批国宝的确是按军事系统上交的。先交给了刘西元司令员、谢凤山副政委，他们又交给东满人民自卫军（后改称东北民主联军）后勤部谷广善政委，之后又上交给东北局，最后交给沈阳故宫博物院，保存至今。至此，由武清禄同志为首的收缴溥仪宫内府国宝的艰巨而复杂的任务，便圆满地画上了一个句号。

武清禄作为亲历者，其回忆形象、具体，还原了当时收缴伪满宫内府人员国宝及金银饰品的整个过程，和其他一些当时人的回忆，情况也是吻合的。

如前面所提到的溥仪亲信随侍严桐江，他实际上是宫内府遗留大栗子沟人员的实际管理者。新中国成立后，他在长春市的粮食部门工作。其后在历次政治运动中，多次写出了交待材料对在临江收缴国宝的过程也曾提到。

1945年11月13日，严桐江与铁路方面联系租了一列小运转车，将全部人员和物品迁到了临江县，租借了临江公寓。不久，临江县解放，东北民主联军一团团长许凤山，政委李金明来到临江公寓接收溥仪的物品，他们首先说明了我党我军的政策，李政委宣布汉奸傀儡皇帝溥仪的东西应归还人民，所以溥仪的财务全部查封，随行人员的行李要检查，不需用的物品全部交出。次日早，便将装在木箱、皮包内溥仪剩余的物品28-29箱接收过去，但其中的珍品甚少，又经过一再追查，方将寄存在林某商店内的几皮包贵重物品交出。接着又两次检查个人所带的物品，将检查出溥仪的物品全部收缴。当然也有人千方百计地隐匿起一些珍贵的物品，其中一件珍品值得一提，就是历代清朝皇帝所使用的那颗帽顶珠。

关于这颗珠子溥仪介绍说："乾隆在圆明园一条小河边散步，发现河里放光，他用鸟枪打了一枪，光不见了，叫人到河里去摸，结果摸出一只大蛤蜊，从中发现了这颗大珍珠……用这颗珠子做的帽顶冠，我曾经戴用过，伪满垮台时把它丢在大栗子沟。"

毓嶦曾回忆说：这颗珠子，清朝皇帝就拿它当帽顶子，一直传到溥仪。我们看到溥仪穿清朝服的照片，都能见到这颗闪闪发亮的帽顶珠。在通化大栗子沟，我和李国雄亲手放入房子仓库最西北角的箱子内的，任何外人不得而知，结果几日之间竟遍寻无着了。

当然这颗帽顶珠是不能无翼而飞的，不知是通过什么渠道到了毓纹的手里。此珠类似红枣一般大小，装在一个金盒内。在民主联军检查时，毓纹将帽顶珠顺着木板铺床边推到严桐江那，检查严桐江时，他一手解着纽扣，一手悄悄将珠子塞起来，并借口外出小便，

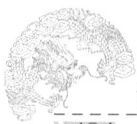

将帽顶珠扔到雪堆里。后来在毓纹去通化前，严桐江将此珠从雪堆中找出交给他。不久，严去通化时，毓纹还曾拿出此珠共同欣赏，其后便不知去向了。

参考文献：

［1］爱新觉罗·溥仪：《我的前半生》全书，群众出版社，2007年版。

［2］中央档案馆国家处存藏抚顺战犯管理所战犯档案。

［3］俄罗斯国家档案馆藏中央档案9401号98卷。

［4］爱新觉罗·毓嶦《末代皇帝的二十年》中国社会科学出版社2000年版。

（作者王文锋　伪满皇宫博物院研究馆员、

长春溥仪研究会副秘书长）

地方史志

中国共产党在长春组织的抗日斗争

王 钢

【内容提要】本文重点记述了长春地区在反满抗日时期，在中国共产党的领导下长春人民不受屈辱，反抗日本侵略者和伪满洲帝国的统治。众多长春爱国的有志之士们揭杆而起，组织和参加抗日队伍，奋起反抗；长春籍爱国青年学生们也纷纷组织社团，在异乡他地聚集到故乡，参加家乡的反满抗日斗争。长春人民在党的抗日号召下，坚持反满抗日，组织地下工作和游击战争，给予日本侵略者以重创的打击，对全国的抗日战争胜利和伪满洲帝国的垮台做出了重大的贡献，为长春历史谱写了壮丽篇章。

【关 键 词】中国　共产党　长春　抗日斗争

1931年9月20日至30日，中共中央先后发表《中国共产党为日本帝国主义强暴占领东三省事件宣言》《中共关于日本帝国主义强占满洲事变的决议》《中国共产党为日本帝国主义强占东三省第二次宣言》。宣言和决议揭露了日本帝国主义公然出兵侵占中国，"是日本武装占领整个满洲及东蒙的企图最露骨的表现"，痛斥了南京政府"无耻的屈服，出卖民族利益的面目。"明确了东北党组织的任务是："加紧地发动群众斗争"，"加紧在北满军队中的工作，组织其兵变与游击战争，直接给日本帝国主义以严重的打击。"9月19日至23日，中共满洲省委发表《为日本帝国主义武装占领满洲宣言》《日本帝国主义武装占据满洲与目前党的紧急任务的决议》《关于士兵工作的紧急决议》，揭露日本帝国主义的侵略罪行，号召工农民众和士兵立即武装起来，驱逐日本侵略者。陆续向各地党组织派出巡视员、军事干部、工人和学生党员，到军队中开展抗日斗争的动员与组织工作，到农村从事建立抗日游击队的工作，把反对日本帝国主义侵占东北作为最重要的斗争任务。

活动在日伪统治中心的两个中共长春特支，按照中共中央和满洲省委的指示，提出了"没收敌人武装，拿起刀斧、梭镖、单枪，由小到大，动员和组织群众起来抗日"的口号，深入到工人中间开展抗日宣传工作，揭露日本帝国主义的罪行。油坊特支积极领导制油、火磨、窑业、砖窑、建筑业工人，从1932年12月到1933年7月多次发动和组织了全市性的工人大罢工，参加人数达到一万多人。日伪当局惊呼：这是"满洲'建国'以来从来没有的大罢工"。监狱特支动员党员、学生、群众积极参加义勇军、救国军，开展武装抗日斗争。参加抗日救国军宋国荣部的肖丹峰找到监狱特支刘作垣，研究由特支发动

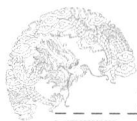

监狱暴动，配合宋国荣部攻打长春计划，后因条件不具备而取消计划。9月18日，在纪念"九一八"事变一周年时，组织学生在大同公园（今儿童公园）门前举行游行集会，散发传单和其他宣传品。1933年5月31日，中共满洲省委巡视员巡视长春，对长春党组织作了整顿。由油坊特支和监狱特支统一组成共有党员19人的中共长春特支干事会，刘作垣任特支干事会书记，成员有傅根深、唐吉昆等人，下辖道北（即铁道北油坊）和城里（即吉林省第二监狱）两个支部。提出主要任务是发展党团组织，成立群众抗日会组织，注意士兵工作。特支建立后，在群众中开展宣传和发动工作，支援抗日义勇军，从经济斗争入手，领导全市砖窑业、制油业工人等抗日活动。10月，中共满洲省委再次遭到破坏，长春特支得到"哈总号倒闭，涉及长春分号，速做准备"通知后，刘作垣迅即转移到关内，唐吉昆加入东北抗日联军，留下傅根深继续坚持特支工作和斗争。

1934年4月20日，长春特支召开军事会议，决定在长春以南的乐山一带建立抗日武装；在长春以西的大屯采石场3000多采石工人中建立反日组织；在长春以东卡伦一带开辟农村抗日据点；在长春东南二道河子一带修路工人中开展反日活动。22日，在中共满洲省委党团代表李大波的主持下，中共长春特支经过整顿，改称中共"新京"特支，先后派人到伊通购买枪支弹药，准备在长春附近建立抗日游击队，到附近采石场、市内油坊和教育界发动和组织反对日伪统治的工作。由于傅根深暴露转移到哈尔滨。7月，"新京"特支改为支部，有10名党员，划分为3个党小组。后与满洲省委失去联系，留守的党员继续坚持活动。

从1932年3月，陶赖昭特别支部成立，以当地派驻所巡长身份为掩护的张义堂任书记，深入铁路、邮政局工人中，宣传抗日主张，发展组织，到1935年有党员19人，积极分子近40人。1932年5月1日，中共双伊特支在桦木林子、三道沟一带领导农民举行了声势浩大的"五一大暴动"，参加农民多达2000余人，破坏敌人的交通线60多华里，暴动前后持续了20多天。1933年春，中共双伊特支决定化整为零，桦木林子支部书记曹外焕与金一才、金世振等人隐蔽在长春进行抗日斗争。1933年8月，受北京中共地下组织派遣来吉林开展建党建军工作的李向之与杜华昌建立榆树县华昌药房地下联络站，杜华昌为负责人，搜集日伪重要情报，输送革命力量参加抗联队伍，掩护东北抗联人员在榆树县城活动，千方百计将药品、胶鞋、武器等物资支援给抗联队伍。1935年3月，地下联络站暴露，杜华昌辗转到八路军晋察冀军区工作。

双阳地区的抗日活动

双阳在长春地区开展革命活动较早。肖丹峰等人曾在双阳宣传过马克思主义和反帝反封建思想，双阳学生与长春学生遥相呼应，组织过声援"五四"运动，以及后来的"五卅"反帝运动。1929年，李红光受共产党的影响成立了农民武装劳农赤卫队，自发地开展反日反霸的活动。1930年8月，中共满洲省委在磐石县烟筒山粳米所成立了中共磐石县执行委员会，决定在基础比较好的所辖双阳建立特别支部，派金三哲为中共双阳特支书记。一个月后，分别建立了金三哲兼任书记的肚带河支部（今太平镇一面山新村朝鲜族学校）、曹外焕任书记的桦木林子支部（今黑顶子水库）、初明利任书记的三道沟支部（今土顶子乡三道村），共有党员14人。特别支部是双阳建立起的第一个党组织、肚带河支部是双阳第一个党支部，是党在长春地区最早成立的农村基层组织，成为党在双阳地区开展有组织活动的革命起点。10月，中共满洲省委根据形势需要，在中共双阳特支的基础上，扩建成立中共双阳区委员会，金三哲任双阳区委书记，驻地肚带河，中心任务是号召党团员带领积极分子和广大贫苦农民，在群众中秘密宣传反帝反封建思想，抵制日货；组织汉族和朝鲜族贫苦农民联合起来，开展抗税抗粮和抢粮斗争。在肚带河建立了中朝反日同乡会、共产主义青年团；在桦木林子建立了共产主义青年团组织，成立了以千逸首、金顺姬为核心的妇女救国会。这些组织经常利用晚上在三道沟、草矿沟和长山屯等地密林中召开群众大会，贯彻中共满洲省委等上级组织的有关精神、宣传没收日本帝国主义及其走狗的一切财产，分给贫苦的中朝工农民众的政治主张，唤起民众反奸锄霸、抗日救国的热情。中共双阳区委和活动在磐石、双阳、伊通地区的李红光武装组织联合在一起，提出"中朝人民一条心，抓住汉奸打日本"等口号，进行开仓扶贫、打土豪、斗恶霸、锄汉奸、反日寇的斗争。桦木林子支部根据上级党组织提出的"中朝工农联合起来反对日本帝国主义挑拨民族恶战，建立革命政权"的指示精神，经常以出售草袋子和传播种稻经验为名，到双阳的一面山、肚带河、土顶子、三道沟和伊通的营城子、流沙咀子及其磐石的吉昌、明城等地广泛联系和发动群众，宣传革命思想，扩大党的正确思想影响，打牢在群众中基础。

1931年春，肚带河支部和桦木林子支部领导群众组织在三道沟、桦木林子等地多次集会，声讨日本帝国主义及其走狗相互勾结，残酷压榨汉族、朝鲜族人民的暴行。在大会上，群众情绪高昂，振臂高呼"打倒日本帝国主义"、"打倒汉奸"，高举"中朝团结起来"的旗帜，手持棍棒游行到土顶子等地，张贴标语，逮捕了替日本人办事的刘兰庭等大小汉奸18人，除一人以外，全部处死，狠狠地打击了日本侵略者及其汉奸走狗的反动气焰，鼓舞了广大民众。党领导群众的革命活动在社会上引起了极大地震动，反动当局开始动用各种手段，与日本人勾结，调动军警加紧了对双阳区域的控制，大规模地进行盘查和搜捕，制造白色恐怖。7月份，磐石县委书记朴风在肚带河巡视时被双阳县保卫总队抓住，途中侥幸脱逃。双阳区委在极大困境中难以继续工作，被迫停止活动，各支部与上级失去联系后，转入十分隐蔽的状态。8月，磐石县委派李承宇在三道沟建立了中共双（阳）伊（通）特支，何正任书记，组织委员李红光，宣传委员金衡山，委员曹外焕、金成焕。特支重新联系肚带河、桦木林子等支部，与伊通县境内的几个支部继续开展革命斗争，在肚带河和桦木林子建立了共产主义青年团、党的外围组织同乡会等，李红光还在磐石、双阳、伊通毗邻地带组织起反日同盟会，壮大了劳农赤卫队的力量，但在高压环境下，这些活动只能秘密而谨慎地转向双伊交界、山区等地进行。

长春地区的反满抗日英雄们

1931年9月27日，东北籍爱国知识分子阎宝航、高崇民等人在北平发起组织"东北民众抗日救国会"，张文海和同乡刘靖等人，先后成为该会的负责人之一，联合组成600多人请愿团，向南京政府请求出兵东北。

长春铁路工人采用转移机车和车辆等方式，破坏日军铁路运输，1931年9月22日，站内当日共有车辆452节，到下午4时左右，只剩下169节，使关东军无法迅速出兵攻占北满。9月28日夜，日军占领的长春南岭兵营有13栋粮库、马厩被人放火烧毁。1932年3月10

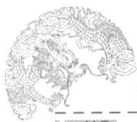

日，正当日伪、汉奸大肆庆祝日本帝国主义一手炮制的伪满洲国在长春成立时，伪满政府的实业部、交通部被人放火烧毁。1939年，伪满"皇帝"溥仪打算去牡丹江一带巡狩打猎，被一些爱国人士乘机狙击。后因事发，一名爱国青年壮烈殉难，驻牡丹江的17名爱国军人也全部遇害。1941年夏季的一个周日，日本人纵犬咬人，被伪宫内府禁卫军武术教官将军犬一脚踢死，日本人也被义愤填膺的禁卫军官兵痛打一顿。1941年10月，长春市内的一些角落出现大量的反日传单和漫画，日伪军十分惊慌，在伪满建国大学、新京法政大学、师大女子部以及文化国民高等学校大肆进行搜捕，先后抓走100多人也没有发现线索。1942年秋天的一个夜晚，关东军在长春西北郊区一座贮存重要军用物资的大型军用仓库突发大火，烧了一天两夜，损失惨重。日伪警察由于残害百姓，民愤极大，时常有人惩处这些恶棍，搞得日伪警察人人惊恐不安，不敢在夜间单独进行巡逻。

王西秋曾经参加过中东铁路中方理事会、担任吉林省高等顾问等职，伪满洲国成立以后，他誓死不当汉奸，日本人把他公开列为"要事视察人"，不准随便出入家门，但他始终没有屈服，赢得了人们的钦佩和敬仰。文艺界爱国人士以笔和纸为武器，同日伪当局展开了一场特殊的斗争。李季风1937年参加东北抗日义勇军，第二年到长春，在《民生报》担任校对员。1939年在《大同报》副刊连载他的长篇章回小说《昙花一现》，对东北产生了震动性的影响，被聘为《大同报》副刊编辑兼该报休闲版主编。此后，李季风在《大同报》副刊《麒麟》《新满洲》等报纸杂志上发表很多以抗战救国为题材的小说、散文、杂谈、旧体诗等。他还向读者介绍马克思、恩格斯的著作，和鲁迅、巴金、茅盾、屠格涅夫、高尔基等人的作品。他说："我一定要拿笔进行战斗，我宁可血洒在东北大地上，也要让革命开花！"他3次遭敌逮捕，3次逃脱，备受折磨和通缉，1945年8月下旬，传奇爱国文艺战士，却在沈阳小河沿附近的街头被国民党特务暗杀，时年28岁。王天穆在长春伪满协和会中央本部青年文化杂志社任总务部长兼《青年文化》《协和青年》主编。他经常利用职务之便，在刊物上发表一些蕴含着激励民族意识、揭露日本帝国主义侵略和掠夺罪行的进步作品。在王天穆的影响下，青年文化杂志社的许多记者、编辑等人员也都具有反满抗日的爱国倾向，从而引起日伪当局的不满而遭逮捕，后被秘密杀害。张辛实是东北文艺界在当时比较有影响的青年作家。由于编导和在公会堂（今人民艺术剧场）公演话剧《遥远的风沙》，伪首都警察厅特务科认为有反满抗日的内容，于1944年5月以"思想犯"的罪名将其逮捕入狱，受尽日伪警特的折磨和迫害，直到1945年4月才获释放。

在中国共产党坚决抗日主张的感召和人民迫切抗日要求的推动下，东北军一部分爱国官兵和民众力量组成义勇军、救国军、自卫队等武装部队，在长春一带高高举起抗日旗帜。

1931年9月25日，原驻防吉林市的东北军步兵第二十五旅旅长张作舟，拒绝汉奸熙洽劝降，率领部队开抵榆树县宣布抗日，成为在长春地区范围内第一支举起抗日大旗的武装队伍。在榆树与敌伪军展开了殊死搏斗，1933年1月，因叛徒出卖，张作舟被俘牺牲。

王辅臣是德惠县杨树乡黑渔泡村大沙坑屯人，1931年12月，经赵尚志介绍，被吉林省临时政府编为东北抗日义勇军第三路，任司令，人员最多时达2000多人，主要活动在德惠、榆树、舒兰交界的松花江沿岸。后被吉林抗日义勇军总指挥冯占海，委任为吉林抗日义勇军第二十五旅旅长，1934年在同日军激战中牺牲。

罗明星，山东人，逃荒落脚到九台，当过兵、矿工、铁路工人。1932年2月，在九台秘密组织抗日武装，报号"三江好"。不久，被辽吉黑民众后援会任命为东北抗日义勇军第十九支队队长、被吉林抗日义勇军指挥部委任为吉林抗日义勇军暂编第一师师长、被杨靖宇领导的南满游击队编为第十九支队。在极端严峻的环境中，这支部队伏击敌伪、炸毁列车、攻占九台，给日伪政权以很大威胁。1939年5月20日，由于叛徒出卖，罗明星被捕，在长春牺牲。临行前，罗明星向长春父老乡亲高声喊到："乡亲们别难过，俺罗明星是为反满抗日豁出性命，死得值个儿！死得光荣！我死了，抗日斗争不会停止，日本鬼子不会长久了！"年仅42岁。1983年，国家民政部追认他为革命烈士。

1934年，九台县放牛沟农民孙殿文、刘福全组织起大刀会，会旗上书"鬼欺中华，国家受难；拯救中华，匹夫有责"，会员有3000之众。6月，在放牛沟乡贾家沟屯和甘家岭屯，与前来偷袭的日军展开拼杀，大刀会牺牲200多人。事后，百姓将死难会员埋成两个大坟丘，称作"肉丘坟"。

冯占海原为吉林省副司令长官公署卫队团上校团长，1931年9月23日，在吉林省第一个宣布武装抗日，自任东北抗日义勇军总司令，后改称吉林抗日义勇军，任总指挥，人员最多时达7万多人，转战五常、舒兰、榆树等地。1932年4月，冯部袭击长春二道沟一带，又在榆树县泗河与李合交界的靠山屯和关东军多门师团大川支队及伪军刘宝麟旅激战，6月，胜利进占榆树县城。10月，冯部开进长春附近的米沙子、布海，对日伪反动统治中心长春再次构成威胁，使得日伪军政要员惶惶不可终日。1931年，冯部转战至关内。新中国成立后，冯占海由北京调到长春，兼任吉林省体育运动委员会主任等职。1963年病逝。

李海青，山东人，绿林报号"海青"，曾任黑龙江省地方军骑兵营长，1932年3月，打出东北民众自卫军的旗号宣布抗日，任总司令，使部队迅速扩展到万余人。3月28日，在攻占扶余县城后，又包围了农安县，激战数日后，北撤转战于黑龙江继续坚持抗日斗争，被叛徒杀害时年仅33岁。

宋国荣，吉林省伊通县人，原任东北军吉林督军所辖陆军第八旅第三十三团一营营长。1932年4月，在磐石县三道岗镇打死日军指挥官和汉奸，公开举起抗日旗帜，组成抗日救国义勇军第四战区第八军，任司令，队伍迅速扩大到5000多人。9月，攻占双阳。11月，日伪派重兵前来进攻，宋部被迫撤离双阳，转战磐石、桦甸、辉南等地。

红枪会发起于五常县，会员以农民为主体。1932年5月，会首白殿三率领红枪会103人由五常县进入榆树县境，击溃了伪军刘宝麟旅派来的阻击队伍。7月，攻占了榆树县城，半个月后撤走。途中在山河堡与日伪军展开激战，红枪会死伤惨重，白殿三被俘，被拉回榆树县城，捆在电线杆上，被刺刀戳死。

在长春一带战斗过的抗日武装还有汪亚臣领导的"双龙队"、傅学文领导的"殿臣队"、宋德林领导的"德林队"、"金生道"道首张麻子领导的红枪会等。他们人数众寡不一，此起彼伏，活动地域广，流动性强，忽东忽西，随机打击日伪统治。1934年10月，日伪当局统计，东北各地铁路遭到东北抗日武装袭击破坏计354次。其中，伪满新京铁路局管内线路被破坏105次，约占三分之一。

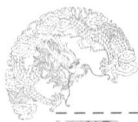

在反对日本帝国主义武装侵略东北、野蛮占领长春的斗争中，由于抗日武装成分复杂，没有统一组织和统一领导，都是各自组织活动，缺少配合，没有政府支持，没有后援，装备和素质也极差，虽然人数众多，但成功收效极少。然而，他们不怕流血牺牲、誓死反抗外来侵略的精神和历史的功绩，却永远受到人们的尊敬和传颂。

青年学生组建抗日结社组织

在中国共产党的抗日主张影响下，长春一些大学的进步师生秘密地开展着各种各样的斗争，积极地筹建各种形式的社团组织，参与反满抗日活动。

"真勇社"。1936年9月18日，由日本陆军大学学生王家善在日本东京发起成立。他虽然多年接受日本军事教育，但始终具有抗日反满思想。1939年伪满新京陆军军官学校成立，王家善任军校教授部长。1941年12月15日，真勇社在长春红熙街（今红旗街）伪满军官宿舍何正卓家召开会议，确定执行纲领是：团结爱国青年军人，打倒日本帝国主义，收复失地，复兴中国。总社设在长春，分社有吉林、沈阳、锦州、大连、哈尔滨、牡丹江等地的训练学校、宪兵总团、军需学校、军医学校以及哈尔滨的伪满洲国江上军等，到1943年已有成员70多人。

"全满读书会"与"东北铁血同盟"。1939年6月，伪满新京财务职员养成所（今东北师大院内），学员陈树满、李逢春、刘荣久等人以研究文学为名，发起成立读书会。12月，决定成立全满读书会，确定政治纲领：打倒日本帝国主义军阀和财阀，收复东北失地，联合全国有志之士共同奋斗。到1941年6月，全满读书会不幸事发时，读书会在东北各地已经发展成员300余人。9月7日，由恢复会陈东升和全满读书会马成龙、刘荣久等人发起，在长春市三道街伪满中央银行职员石太明的宿舍秘密集会，把全满读书会改称为东北铁血同盟，有会员200余人，决定积极与共产党取得联系，接受共产党的领导，打倒日本帝国主义，推翻傀儡政权伪满洲帝国，在各地积极从事抗日反满活动。12月30日，由于刘荣久、马成龙急于寻找共产党，不辨真伪，陷入敌人以共产党的名义设计的"东北联络会议"的陷阱，在哈尔滨市南岗区曲线街2号一幢俄式住宅里，马成龙、常吉、徐连汉、崔立福、徐鸿昌等人全部被捕，造成轰动一时的"一二·三零"事件，日伪特务机关随后在东北各地大肆搜捕东北铁血同盟、恢复会成员及其他反满抗日分子直到1942年上半年，先后有355名爱国青年遭到逮捕。刘荣久等9人被判死刑；马龙成、徐连汉等被判无期徒刑；崔立福、常吉、孟宪昌等被判9年徒刑。

伪军校"恢复会"。伪满新京陆军军官学校（今装甲兵技术学校）是培养和训练陆军初级军官的学校。1940年5月，军校中国学生秘密成立抗日组织"恢复会"，吕殿元为会长，崔立福、孙景寅为副会长，立誓"决心驱逐日寇，恢复中华。"他们秘密传阅巴金、鲁迅、茅盾等人的作品和革命政治理论书籍，创作增强民族意识和爱国主义思想的诗歌、歌词和剧本、表演剧等，后来发展到34人，1943年夏天，八路军冀东军区决定接受吕殿元、崔立福为八路军地下情报员，成为党的地下情报组织。

伪满军校三期生秘密小组。1943年9月，伪满新京陆军军官学校三期生徐尚丰、冯志良、范迪厚串连兰中玉、白恒明组成抗日反满的秘密小组，他们接受"一二·三零"事件的教训，决定不起组织名称，尽快发展小组成员，寻找共产党的领导。1944年9月，中共领导的东北救亡总会决定吸收这个小组，开展情报搜集活动。兰中玉、白恒明与军校三期生齐振周、杨冠甲、谢德全曾在长春二次解放战役中，搜集到长春城防情报交给攻城指挥部，为我军解放长春作出了特殊贡献。

此外，伪满军校还有老红军、中共地下党员邓昶领导的反帝大同盟；李殿儒、常吉组织的仙洲同盟；鲁辅相、刘汉宗等成立的东北青年学生抗日反满组织。

东北留日青年救亡会，是党领导的在隐蔽战线斗争中以搜集战略性情报为主的情工组织。其成员利用特殊身份，成功地打入敌人的军政要害部门，在极其险恶的环境里，卓有成效地从事情报的搜集和联络活动，是抗战期间党在东北惟一完整保存下来未遭破坏的情工组织。他们舍生忘死所搜集到的大量情报，为党对东北斗争做出正确决策，提供了重要的依据。1944年年初，毛泽东在看过他们送来的《满洲工作报告》以后，高兴地说："满洲不是铁板一块，满洲工作大有可为。"东北留日青年救亡会的前身，是以中国东北籍留日青年学生为主体，在日本东京建立起来的几个抗日反满组织组成。1936年8月，中共党员张维先串连丁宜、赵家宾等人在日本东京发起组织东京反帝大同盟。传阅进步书刊，学习和讨论马克思列宁主义，宣传抗日救亡思想。1937年6月，张维先从日本回国，在北平通过中共党员何松亭与中共北方局接上关系。根据中共北方局联络局副局长南汉宸的指示，张维先回到奉天与丁宜建立了情报组织觉社，他们以银行职员的身份为掩护，在奉天、伪满"新京"等地从事敌情调查和研究。1937年8月，在日本学习的侯洛、田琛、丁非（张绍维）、高亮和在法政大学学习的马昆山等人发起组织社会科学研究会，同年秋，改称新知识研究会。研究会的会章规定："会员终身为共产主义而奋斗"，"当前是反对旧民主主义，主张新民主主义"，要求会员"努力学习马列主义理论，发展组织、积蓄力量，准备回东北，在共产党领导下从事反帝救亡运动"。1937年8月，在日本读书的赵冬日、夏航等人发起组织东北留日学生读书会。他们学习和传阅艾思奇的《大众哲学》、沈志远的《政治经济学》等书籍，坚持用马克思主义武装自己。1938年2月，东京反帝大同盟、新知识研究会、东北留日学生读书会3个组织决定合并，成立东北留日青年救亡会，简称"东青救"，到1939年底，已发展会员60多人。经请示北方局批准，张维先和丁宜决定利用"东青救"开展战略性情报的搜集和研究。这个组织的一些成员家庭和社会关系复杂，不少人是伪满上层汉奸的子弟。如伪满国务总理大臣张景惠的侄子丁非、伪满皇帝溥仪的侄子宪东、溥仪的侍卫少将处长佟济熙的儿子佟志杉等。1938年3月，"东青救"的骨干成员高亮、王文石、马昆山等人毕业从日本回东北，先后被分到伪"满洲国通讯社"当记者。当年秋，"东青救""新京"支部成立，高亮任书记。从此，"东青救"正式接受了中国共产党的领导。这期间，高亮作为家庭教师，经常出入总理公馆，借补习的机会对张景惠的儿子张梦实进行革命教育，并把张梦实的书房作为存放马列主义书籍和密写重要情报的地点。到1940年春，"东青救"的骨干成员先后打入伪满国务院八大部大臣秘书室，总务厅弘报处、协和会中央本部、伪满官需局、新京放送局、交通部公路总局、图们海关、伪中央银行、兴农金库、伪满警察局等要害部门，形同一把深深插入日伪心脏的尖刀。曾经担任伪满三江省警备厅特高课课长兼地方保安局理事官的岛村三郎，在他的回忆录《中国归来的战犯》一书中，深为惊叹地说："当时我们都拼命瞪大眼睛寻找从延安来

的地下工作者，没想到张总理大臣的儿子就是共产党员。这个事实说明，伪满洲国的机密泄露出去是多么容易！"1940年4月，中共中央晋察冀边区北方局决定，东北留日青年救亡会改称东北青年救亡会，总部迁往奉天，由晋察冀分局社会部领导。组织任务进一步明确为专门从事情报活动，不参与集会、撒传单等具体抗日反满斗争。1942年3月，晋察冀分局社会部长许建国派遣情报科李振远、周梅影夫妇潜入奉天，加强对"东青救"的领导，决定把"觉社"与"东青救"合并为晋察冀边区政府东北救亡总会。对敌情调查工作也重新作了调整，决定以伪满"新京"、奉天、哈尔滨3个大城市为中心形成工作网。其中，伪满新京下辖吉林、图们、扶余、四平等地，有会员30多人，由田琛、高亮、关克负责，是对日伪开展情工活动、掌握日伪上层动向的重点地区。东北救亡总会的多数会员，由于拥有特殊身份和合法职业作掩护，会员之间又都是留日的同学关系，来来往往不易受到怀疑。利用这些有利条件，多次成功地完成组织交给的任务。他们先后搜集到的敌情有关于日本关东军的战略部署和调动情况，伪满陆海空军编制、兵力、部署、武器装备、军队训练、作战能力、官兵思想动态，日伪军工生产的有关情况，"满铁"在北部国境线增建铁路的情况，伪满军警宪特欺压百姓的情况，日本向东北移民的情况，伪满商业货源短缺的情况，伪满汉奸警宪特名单，伪满"新京"市区和奉天、鞍山等城市要图，1945年日本空军"神风队"在太平洋战争中惨败的情况，东北抗日联军袭击日伪军的有关情况等。这些情报传递到延安以后，深得中央领导的肯定。毛泽东同志高兴地说："我们的情报工作突破了伪满的'钢铁国防线'，是我党对东北工作的先锋。东北救亡总会搜集的情报，对配合国内抗日战争的作用是很突出的。"

长春光复与伪满洲帝国垮台

1945年8月9日零时，根据克里米亚英美苏三国首脑会议精神，苏军3个方面军150多万人向中国东北的东、北、西部边境和朝鲜北部、库页岛南部地区总长4千公里的战线上，同时发起总攻。清晨，美国飞机在日本长崎投下第二颗原子弹。同日，毛泽东向中国人民发出《对日寇的最后一战》的号召："最后地战胜日本侵略者及其一切走狗的时间已经到来了。"8月10日，延安八路军总部发布大反攻命令，解放区军民立即向日军展开全面大反攻。八路军冀热辽军区李运昌部开始向辽宁、吉林进军。

8月14日苏军占领洮南，对长春、沈阳形成直接威胁。8月15日中午，日本天皇发出了"终战诏书"。8月19日12时左右，苏军后贝加尔方面军派遣方面军司令部作战处长阿尔捷缅科上校作为全权代表飞到长春，直接会晤关东军山田，要求山田立即在全线停火，放下武器；迅速撤出长春及其附近地区的所有部队，到指定地点接受投降；通过电台向东北人民宣布关东军无条件投降。山田不甘心投降，妄图把无条件投降变成"停战谈判"。为加强对关东军的压力，后贝加尔方面军又派出重型飞机载着500名空降部队，在长春机场一架接一架地强行着陆，很快控制了长春市的重要部门、重要建筑。山田被逼无奈，表示投降，交出了自己的军刀，8月20日12时，驻长春的关东军第三十军15000人开始在南郊集中，统一向苏军缴械，解除武装，长春光复。

8月13日清晨，"御用挂"吉冈安直拥促溥仪等人，经吉林、梅河口，逃亡到通化大栗子铁矿。17日午夜时分，在一间屋子里，溥仪仅仅用了两分钟，就读完由日本人草拟和修改定稿的"退位诏书",宣告了伪满洲帝国的垮台。18日夜,溥仪从大栗子登火车到通化,逃往沈阳。19日,他们在沈阳机场被从天而降的苏军空降部队俘虏,押往苏联伯力战俘营。1950年7月,苏联将溥仪移交给中国政府,关押在抚顺战犯管理所,接受改造。

（作者王钢　长春市地方志编纂委员会
总编室主任、研究员）

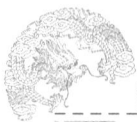

章太炎东北筹边中的"松辽运河"计划

——对冬雁《章太炎在长春》一文的补充

孙彦平

【按语】长春电视台《老曹讲故事》栏目主编、主持人曹冬雁曾在《溥仪研究》2013年第2期的《地方史志》栏目发表过《剑骑临边塞风尘起大荒　章太炎在长春》一文，对清末民初的大学者章太炎于1913年1月9日到4月3日在长春出任"东三省筹边使"期间的历史背景和活动做了详尽介绍，而本文则主要以章太炎东北筹边中的"松辽运河"计划作了重要论述，可以说是对冬雁《章太炎在长春》一文的补充。

辛亥革命后，革命成果落到了大阴谋家袁世凯手中，袁世凯正式出任中华民国大总统，成立了北洋政府。袁世凯宣誓就任大总统后，继续玩弄阴谋，一方面对象孙中山、黄兴这样的同盟会元老、辛亥革命元勋，不得不授予全国铁路总办等高职，给以一些权力；另一方面又利用各种矛盾，极力排斥像章太炎这样的性情高直、不受利用、不肯与他同流合污的反清名士，为自己将来称帝扫清障碍。1912年，当章太炎就全国局势上书袁世凯，力陈东北的重要性及其危机情境之后，袁世凯就顺势将章太炎委任为东三省筹边使，排挤出京。

袁世凯口惠而实不至，当面对章太炎至东北筹边的诸多要求全部答应，而实际上处处掣肘，不予实权，甚至暗中支持东北地方势力排挤和架空章太炎。但是，章太炎不愧革命赤子，虽然身处在清朝遗老充塞的东三省政坛中，连一个象样的办公地点都难以得到，但他却满怀热忱地筹划他的振兴东北计划。

当时东北虽然名义上属中华民国，实际上却处在日俄两强争夺之间。自光绪三十一年（1905年）日俄战争结束后，日俄两国分别以东清铁路、南满铁路为依托，将势力伸入到东三省。特别是光绪三十三年（1907年）日俄两国暗订条约，以长春为主要分界点将中国东北划为南满、北满两部分，俄占北满，日控南满，互相承认对方的势力范围，中国东北民族权益日益丧失。

当时，许多资产阶级民主革命家和各界有识之士普遍认为，实业不兴是国贫、国弱的根本，因此，实业救国成为这些人的共识。章太炎也是抱此理想来东北筹边的。由于长春的特殊地位，章太炎任东三省筹边使后便将筹边使署设在长春，以长春为中心开展筹边工作。

　　章太炎到长春后，招贤纳士，组织筹边研究会，向外派出多名调查员，具体研究筹边大计，很快于1913年2月写出《东三省实业计划书》呈报袁世凯。章太炎认为"边民生计日艰，拟从兴办实业入手"，这些实业包括开矿、垦荒、招商、设银行和开运河，计划恢宏。在他的计划中，"松辽运河"计划尤令中外关注。

　　开凿"松辽运河"不是章太炎的独创，因为受康熙朝"松辽联运"的启迪，清末就有人提出开凿"松辽运河"的主张，章太炎在到任前也已接受了这个主张，到任后又获得吉林民政司韩国钧等人的大力支持，经过初步调查他也认为可行，便列入计划书中。

　　1913年2月20日，在长春各界人士欢迎章太炎的大会上，章太炎即席演说，在大力提倡实业的主张中，专门讲到"松辽运河"计划："……次则便利交通，其权必应操之自我。现在东清、南满二铁道直贯满洲，脚价昂贵，外省人开垦者自不能扶老携幼而来，其为移民殖边之碍非浅。……从前南满铁道未成，营口商务较今繁盛，今则日日冷淡，而辽河上流亦已雍塞。将来辽河既淤，营口必废为荒土，而三省无海口矣。故欲便利交通，以开通辽河为首。辽河者，南满一大江流也。松花江、黑龙江，北满大江河也。三省人民知陆路交通之便利，不知江路交通尤便利，其运费乃减于陆路远甚。鄙人现在有规画，欲将松辽沟通，使由黑龙江至松花江，由松花江达辽河，可以直抵海口，较之锦爱铁路事半功倍。"（见1913年2月26日《盛京时报》）

　　由此，开运河计划正式从章太炎口中宣示于世，中外震动。

　　关于"松辽运河"连接的具体路线，章太炎先是接受从康熙朝"松辽联运"脱变出来的方案，认为使用伊通河连接东辽河是最近的，后来发现地理障碍，他又把目光落了松花江与嫩江汇合的三岔口，认为连接点放在此处比较适宜。

　　在《东三省实业计划书》中，章太炎采用的就是从伊通河某处连接辽河的方案。计划书表述："黑龙、松花合流延绵几五千里，辽河亦八百里，惟辽河与松花江间尚有陆地，未能一线穿通……其伊通州、新民府间辽松二源相隔不过一百四十余里，前清嘉庆时代曾拟开凿运河。以今相度地势，辽河南流，松花北下，而辽河流非径直，发源之处亦以迤向北，此正与松花江平行，就此开凿适顺水性。是工即费至多不过六七百万，视锦爱工费，仅可八分居一……"

　　一个月后，经筹边使署人员调查，运河东接松花江的连接点改在位于伯都讷的三岔口，一个比较具体成型的计划以筹边参事高毓祥的名义，公诸于世：

　　"通松辽总沟图说　　东三省自路权丧失以来，言交通者鲜不注重航业，而航业之发达必资海口。海参崴既让于俄，旅顺口复租于日，要害之区尽沦异域，茫茫一省仅辽河有出口海港，松花、黑龙等江皆无。为此，沟通松辽之说所自昉也。夫松花江界于吉黑两省之间，纳北部诸水蜿蜒二千余里，东流入海。辽河辖奉天西南诸流域，亦千余里，南流入海。两流虽殊，两源甚逼，远者不过数十里，近则数里耳。世之言沟通者，利其浅近，昧乎事理，创为瞽说。欲从两源处贯通之，置水性之顺逆、地势之高下于不顾，此盲从者流，所以屡言沟通卒无成功者也。夫两源接处万无可沟通之理，纵有移山倒海之力亦恐不济。盖高丘之下必有深潭，凡水之源多出峻谷，至水源相接之间非有大山长岗弗足以分水流之势。水流既分，其入海之处必低于发源处，以无待耆龟者也。流域愈长其地平线与海平线之差度愈大。故欲得东西分流之水使之合为一流，势必倒其一流以就之，克成建瓴之势。非使东流之水转为西流，即应使西流之水转为东流。反道而行，是必以流为源，立于

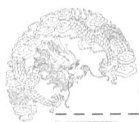

不动之地位。凿其源至与流成平行线，已不知几千万丈。然仅平行不能倒流，仍有中途分流之患。故欲易其源转为流之地位，使其水倒行而与他流合，又不知几千万丈。此等河流而欲沟通之难，虽有神禹亦难奏效。松花江与东辽河，其水流虽有南北之分，其发源乃成东西之势，并行而北。松花江则折而东，辽河则转而南，其转折之处地必均低，沟流之点即应从是处入手。水势既明，所谓决诸东方则东流，决诸西方则西流，引嫩江诸水南流至新城府北之三岔口，与松花江南部诸水汇，顺其水势导之南下，与辽河合流入海，若溃堤决壅耳。苟从大赉厅直导嫩江南下，即不收松花江之水。从伯都讷开凿，仅通松花江南部必不能收嫩江诸水。惟三岔口为二水汇合中心点，从此处沟通，则三水均能灌注。但辽河狭小，骤受诸流固可去淤塞之弊，不免泛滥之虞，是必为水闸以节其流，方免冲洗之患。松花江东部必低，万难倒之西流。然依兰府牡丹江以西水势多平行，或可入吾计画。果尔，则三省水域已十通八九。牡丹江以东人烟稀少，商务窳败，交通事件亦不甚繁，即听水之东流入海可耳。但牡丹江流颇大，恐不易回波狂澜使之西向。至哈尔滨以西诸水，如拉林河、阿什河等流，本多西向，略加修浚使之西流汇于三岔口，当亦易易。由三岔口南下，经廓尔罗斯前旗，穿乾安、长岭二县，绕怀德西部直至辽源州东南之三江口，距离不过三百余里。若至东辽河之太平沟，不过二百数十里。四望平原，无山岭之阻隔，有湖水以接济。廓尔罗斯西部虽小有沙漠龙，不从大赉厅凿经，不开即到。是处以二百余里之平原，合三省财力以济凿之，反掌间事耳。"（见1913年3月2日《盛京时报》）

"松辽运河"虽然成议在胸，但章太炎也深知并非易事，因为以前曾有各方大吏（熊秉三、张季直、赵尔巽）均持此主张，但均未实行，因此他非常小心，在自行筹划这个计划的同时，特请在营口的海关道任职的英国工程师秀思来吉实地勘查，做技术上的考量。两个月后，秀思以"开河工难费巨，以两路水平线互较，中有高至二百六十尺无可避让之处，虑难开凿"（见1913年4月23日《盛京时报》），且"辽高于松"而否定了这个计划（未见具体数据，难断否定意见是否正确）。

接收否定意见之后，筹边公署并未轻易放弃"松辽运河"计划，一方面致函秀思等人，要求公布"实在证据"，另一方面，还在找新的方法和途径。但是，因为章太炎来任东三省筹边使后，不仅系统地筹划东北实业，还要严厉打击贪官污吏、追剿宗社党、查办地方贪腐案件，致使他与整个东三省官僚体制发生激烈冲突。东三省的旧官吏对他恨之入骨，他们在背后指使东三省议会起而反对，要求袁世凯划清筹边使的职权范围。不久，宋教仁遇刺，章太炎看清了袁世凯的政治野心，感到"大抵政府之与我辈，忌疾甚深，骂亦阻挠，不骂亦阻挠"，1913年6月章太炎写了辞呈获准，章太炎"奉身而退"。至此，"松辽运河"计划随着章太炎的整个东三省实业计划一起中止。

此时的孙中山也在热情地期待"松辽运河"的实现，他曾在《建国方略》中设想在章太炎计划中松辽两河连接点——今松原之地建一座名为"东镇"的水陆经济重镇，前提就是"松辽运河"的开通。孙中山满怀热情地写道："此之新镇，不独可为铁路系统之中心，至当辽河、松花江运河成立后，且可成为水陆交通之要地。"

（作者孙彦平　长春市地方志编委会方志馆
管理处处长）

溥仪祭天知何处　勿忘当年"杏花园"

于祺元

【内容提要】众所周知，地质宫广场是当年伪满傀儡皇帝溥仪穿上大清国皇帝的龙袍"登基""祭天"之所在地。而紧邻地质宫广场后面的"御花园"则很少被人提及。本文以地质宫广场后面的"御花园"园林命名不当，有伪造历史之嫌为线索，追溯历史，正史求真，从而揭示出"杏花村"园林的来龙去脉，并呼吁把这块难得的宝贵遗址作为"杏花村"的名片，加以正名、保护和开发起来，以进一步充实长春的历史文化内涵。

【关键词】溥仪　祭天　园林　"杏花园"

长春现有两处园林都叫"御花园"。一处在现"伪皇宫博物馆"院内，另一处在东民主大街西侧，地质宫后面。"御花园"并非是一般园林的"泛称"，不论规模大小，必须是专供帝王嫔妃游览休闲的园林。一般都在宫廷范围之内。因此，对现"伪皇宫博物院"内的"御花园"当无异议。

惟有在地质宫后面的"御花园"有点名不符实。不知溥仪何时确认过？又建于何时？据我所知，在沦陷时期，日伪政权要在此处（包括现文化广场和地质宫）建造溥仪的新"帝宫"。因为日本帝国主义发动太平洋战争，财力不足，无力实施这项工程，便不得不停建，留下了已破土的部分基础。在国民党统治时期，这里变成一片杂草丛生的荒原。所谓"御花园"，不过是当年设计图纸上的构想，难道我们还应该实现这个沾满殖民化气息的梦想吗？在今天，"御花园"一词，应该只属于历史遗址的名称，不应该用于现实园林的称谓。记得该园建园之初，起名为"裕华园"，采用的是"御花园"的"谐音"，这还勉强说得过去。但不知何时，出于何目的，竟直呼"御花园"了。这岂不是要以假乱真，有伪造历史旧址之嫌吗！

如果我们回溯到100多年之前，这里乃是历史上闻名的"杏花村"。它是长春最古老的园林胜地，在民国时期又增建了一个由它代管的长春县第一个苗圃。伪满傀儡皇帝溥仪"登基"时，特意穿上大清国皇帝的龙袍跑到杏花村设坛上演了一场皇帝"祭天"的闹剧。这样一个极具历史内涵的"杏花村"，现在却被一个毫无价值的所谓"御花园"遮盖起来，取而代之，实在令人费解，后人将不再知道长春还有这么一个古老的园林　"杏花村"。目前，党和政府十分重视挖掘和整理长春的历史文化，我们更应该对历史负责，为充实长春的历史文化底蕴多做一些贡献！

根据《长春县志》和《长春市志·总志》中《杏花村碑碑文》的记载，"杏花村"

原属清末村民刘殿臣的私产，曾称"灌园"。它位于长春老城西北五里。其大致范围现包括：东起同志街，西至东民主大街，南临建政路，北到锦水路，总面积约有40余亩。当时种植大量果树，如樱桃、李、杏等林木，其中以杏树居多，故名"杏花村"。村内地势起伏，一泓碧水被环绕其中，池中有荷花。春意浓时，杏花盛开，好一派争妍景象。1900年（光绪二十六年）沙俄士兵入侵，惨遭其蹂躏，溪水枯竭，莲藕败，花木摧折殆尽。1901年，长春府太守王守愚到任后，公暇之余，偶游此地，目睹此景，甚为可惜。遂将土地购为官有，重新修整，构筑茅舍，恢复旧貌，并名之曰"课农山庄"。其重建始末，在树碑镌刻的《杏花村碑碑文》中有详细记述。此碑文已载入《长春市志·总志》的附录（下册1066页）中。

每当夏秋佳日公余之际，王太守常邀宾朋幕僚到此游宴。人们称赞：杏花村复苏乃太守之力，可与苏东坡喜雨，欧阳修醉翁相媲美。

"杏花村"自官府收购后，设专人管理花木。对尚存花木精心栽培，对残缺者进行补植。花开时节杏花飘香，蜂蝶飞舞，一派生机。

山庄正门在南侧，进入正门迎面有三间瓦房，西面是两间座南朝北的平房。再往北，地势起伏相间，溪水蜿蜒曲折。溪水由西流向东南，被称为"黄瓜沟"。溪水两岸栽植杨柳，柳垂似线，草嫩如茵，景色宜人。山庄以此为樱桃地和草地。草地北侧为荷花池，池边围有护栏，旁有甬道和小路。池西南修一茅亭，内设桌椅，供游人休憩。山庄东南有两座岗丘峙立，岗上栽李、杏等树木。因此，池中荷花，岸边杨柳和岗上杏李，红绿掩映，令人心旷神怡。两岗之北立有石碑，镌刻着秋元朗撰写的《杏花村记》。

在"杏花村"旧址之南，是村民孙仲、孙宝行的40余亩耕地。吉长道尹用2099块大洋收买归官，与"杏花村"连成一片。在1916年（民国五年）三月二十六日利用这片土地正式成立"长春县苗圃"。这是值得纪念的长春第一个县立苗圃。

苗圃的管理机构事务所设在"课农山庄"内，实际的经营及技术的管理工作，均由山庄代管。苗圃广植桑、樟、松柏、杨、柳、榆、槐等树苗10余种。每到春季，将这些苗木分发至道署、各县栽植。这个苗圃对长春及周围各县的绿化造林曾有一定贡献。东北沦陷时期，为修筑同志街和东民主大街（原称"东万寿大路"），将苗圃与山庄隔开，并形成两部分，一小部分划入"白山公园"（现长春电视台占用的范围），但仍保留为苗圃。新中国成立后，这个分成两块的苗圃地均划归"白山公园"管理，又进行过补植，有过一定发展。"文化大革命"期间，苗木被铲除，改造成居民住宅区。

"课农山庄"所在地，因受日伪当局国都建设计划的影响，开发修建了数条街路和使领馆及日伪官吏的住宅，并在其中的区域划定为"帝宫营造予留地"。从此"杏花村"便成为鲜为人知的历史旧址。

现在所谓"御花园"的这块园林，正是"杏花村"仅存的一小块遗址，应该把这块难得的宝贵遗址作为"杏花村"的名片，加以正名、保护和开发起来，进一步充实长春的历史文化内涵。

（作者于祺元　原吉林省地方志总编室主任）

松花江纪事二则

杜立平

【内容提要】本文是对满族先民历史的母亲河 松花江的两则纪事。通过记述松
　　　花江贡鱼 鲟鳇，清朝以来的历史传说和满族仍然保留着的古老驯鹰习
　　　俗之松花江畔驯鹰人的介绍，使人们了解了松花江这条承载着满族先民历
　　　史的母亲河所承载的丰富历史和生活。

【关 键 词】松花江 纪事 二则

松花江贡鱼:鲟鳇

1682年3月，清康熙大帝率领着太子、后妃、亲王、重臣和待从兵丁组成的200支船队，人数达7万人，浩浩荡荡沿松花江顺流而下，东巡到吉林松花江。康熙皇帝弃船上岸，当他看到此地的打牲丁抬着从松花江里打上来的上千斤的大鳇鱼（鲟鳇）时，康熙欣然提笔赋诗道："更有巨尾压船头，载以牛车轮欲折、水寒冰结味益佳，远笑江南夸鲂鲫。"诗中赞美了鳇鱼体形的巨大和美味，远远超过了江南的名鱼。

鳇鱼产自东北的松花江、黑龙江和乌苏里江。鳇鱼是鲟鱼的一种，属于2亿年前白垩纪时期和鳄鱼同时期保留下来的物种，被誉为"水中的大熊猫"。它的体形巨大，成年的重达1000公斤，可以说是松花江中的巨无霸。鳇鱼和大马哈鱼（鲑鱼）一样属于洄游鱼类，生命力极其顽强，每年的谷雨时节，鳇鱼便成群结队从溯源而上进入黑龙江、乌苏里江和松花江，上至源头深水处产籽。由于生长十分缓慢，近20年才进入成熟期，从大海再洄游至出生地产籽，正常情况下，鳇鱼的生命周期能达到40多年。鳇鱼几乎全身是宝，肉鲜美无比，骨脆而香；鳇鱼的肚、鳔、唇都是上好的烹饪原料，而鳇鱼的皮则能制成高档的皮革用品，柔韧度高，抗撕扯，堪与鳄鱼皮媲美。

因为鳇鱼的肉质鲜美无比，早在金朝时就和人参、飞龙、海东青、貂皮和东珠等列为皇家专贡，据《金史地理志》记载："上京岁贡带秦皇鱼"，"秦皇鱼"就是鳇鱼的别称。

清顺治初年，清廷在吉林设立打牲乌拉总管衙门，管理着松花江沿岸周长560里内的地区，打牲丁户共4万余人，当时的吉林乌拉和江南的江宁、苏州和杭州齐名的中国四大朝贡基地，直接归京师内务府管辖，是集行政、军事和生产为一体的专门机构，可以说打牲乌拉总管衙门是整个东北地区的物质集散供应中心。

每年的谷雨之前，打牲乌拉的捕鱼八旗就要带着网具乘上小威呼（独木舟）从打渔楼

出发，远赴黑龙江、乌苏里江和松花江的诸支流日夜下网。鳇鱼习性不爱活动，平时喜欢卧在江底等食儿，吃饱后经常用尾巴拍打江石取乐，捕鱼八旗了解鳇鱼的性情后就用大排钩下到江底，鳇鱼见到铁钩上的浮漂后用尾巴拍打玩耍，结果尾巴被铁钩钩住，一旦被铁钩钩住鳇鱼开始乱成一团，又被更多的钩钩住，几十个捕鱼八旗一起用力将重达千斤鳇鱼生生拖上岸。

因为用铁钩捕鳇鱼的方法鳇鱼易受伤，满族人经过长期的实践又"鱼亮子"捕鱼法，就是为了让鱼集中，他们在鱼群经常出没的地方用石块筑坝，坝中留出通水口，鱼群在通过时下网成功率高，这就是"鱼亮子"捕鱼法。捕上岸后还要立即送到事先用松木桩围好的"黄鱼圈"中饲养。到了冬天，捕鱼八旗要破冰取鱼，选出12尾千斤以上的鳇鱼，将每条捋直，然后浇水挂冰，用黄凌布包好装上马车。鳇鱼不但是宫廷的美味，还被皇家视为最重要的祭祀之物，所以出发前护送的旗丁要沐浴更衣，吃住在总管衙门。上路时要打起"贡"字黄旗子一路逶迤进京，因为是贡品，一路上各个驿站不得慢待，两个月才到京城。护送的旗兵第二年正月才返回乌拉衙门。

20世纪70年代末，我下乡到的农安县黄鱼圈乡，据当地老人说，黄鱼圈就是当年为朝廷圈养鳇鱼的地方。在当地有这样一个关于鳇鱼的动人传说。

在松花江南沿有个江汊子，这就是早前修的黄鱼圈。提起这黄鱼圈老辈子人都知道黄郎中跳江的故事。从前黄鱼圈一带有个渔窝棚屯，有个渔民刘大网，世世代代在松花江以捕鱼为生，他身下有个儿子叫刘小网。有一年刘大网一病不起，家中又没有钱请郎中，眼看父亲的病越来越重，正是桃花水下来的时候，这个季节鳇鱼"咬汛"甩尾，刘小网想多打到鳇鱼卖钱给父亲治病。

一天在江上打鳇鱼时，遇到一支过江船翻了，刘小网顾不上一切跳下江救人。那人原来是个郎中，醒来后，大哭大叫："我的羊皮口袋掉江里了。"刘小网二话没说又一头扎进翻着白浪的江中，一袋烟功夫捞上了郎中装着药方的羊皮口袋。

这位郎中姓黄，他是到这里寻找鳇鱼身上的一味药来的。黄郎中告诉刘小网说："世上一切活物，不外是胎、卵、湿、化而生。胎生的眼皮往下眨，卵生的眼皮往上眨，湿生的没有眼皮，化生的眼皮来眨。鳇鱼是化生的，它要20年才咬汛。化宝就是鳇鱼的精囊，这味药能治你爹的病。"

黄郎中为感谢刘小网的救命之恩，把羊皮口袋里剩下的几丸药给刘大网服了，刘大网服了黄郎中的药第二天就能下地了，第三天后，刘大网就能和儿子一起到江中下滚钩捕鳇鱼了。

黄郎中用鳇鱼配药治病的事，一传十十传百传到了皇宫。乾隆爷下旨请黄郎中进宫献药。乾隆和妃子们吃了黄郎中配的药浑身飘轻飘轻的，精神头足得使不完，皇帝给他配的药起名叫"肌稣丸"。皇帝有意让黄郎中留在宫中当太医，可是黄郎中思乡心切不愿当太医便回到了家中。

又过了很多年，乾隆爷的爱臣纪晓岚编书时翻出有关鳇鱼入药做肌稣丸的记载，就急宣黄郎中再次入宫。这时的黄郎中到了古稀之前，已经很老了，他提着一壶酒到刘小网家喝告别酒。黄郎中三杯酒下肚，说："咱松花江是富江啊！有鳇鱼、'三花'、'五罗’、'十二丁'，故土难离呀，我这一去可就要老死它乡了。"临别前，黄郎中把肌稣丸的秘方传给了刘小网。

几天后，黄郎中在进京的路上跳进了松花江。据说打牲衙门派兵到刘小网家收查肌稣丸秘方，刘小网家中空无一人，没有人知道他的去向，肌稣丸秘方从此失传。

松花江这条承载着满族先民历史的母亲河如今已拂去了昨日的风烟。昔日松花江上那种船帆点点、渔歌互答的场景永远成为今天人们的缅怀与淡淡的惆怅！松花江这条壮美的大江，在现代工业文明的进程中，是否能走出困境重现人们所期待的"沙鸥翔集、锦鳞游泳、渔歌互答"场景！松花江无语。

松花江畔驯鹰人

从吉林市往北30公里，便是永吉县土城子满族乡的打鱼楼村。这里曾有一座闻名的古楼—— 打鱼楼。打鱼楼村俗称鹰屯，这里的满族村民，家家户户仍然保留着古老的驯鹰习俗。

这是入冬的第一场大雪，我踏着苍茫的暮色，来到了这心仪已久的神秘地方。

当我走进"鹰把式"赵明则家低矮昏暗的黄泥草房，见到这位当地赫赫有名的养鹰传人时，心中不免有些失望：眼前这位矮墩墩、蓄着唇胡、胳膊上架着一只"海东青"(驯鹰)的人，就是我要寻找的传奇养鹰人吗？

打鱼楼一带属长白山脉。古时候盛产东珠、黄鱼和海东青，是清代王公贵族驯养海东青的首选之地。这一古老的习俗在经历了百年沧桑巨变之后，在这大山深处竟奇迹般地传承下来。

我问正在抚摸着架在胳膊上的鹰的羽毛的赵明则："明天围鹰吗？"他操着古钟般的嗓音说："天天围。"这天晚上，我和赵明则聊到很晚才睡下。

这场大雪让山野间一片隆冬的浑茫景象。天不亮我被叫醒。他妻子忙碌着在炕上摆放酒菜，赵明则给我斟上半碗白干，说："山上冷，你跟我上山得喝了这碗酒，不然你蹲不了山窝棚。"临出村前，他仍然用怀疑的目光打量着我说："你们这些城里人，要跟我走20多里山路，再蹲上七八个钟点鹰窝棚，能行吗？我看还是别去遭罪了。"我说："我从城里来这儿，是苦是累你总得让我自个体验体验！"他被我的执著感动，不再劝我，抹下旧军帽的耳朵闷下头，扛鹰拐子，朝那座尖子山的方向深一脚浅一脚开拔。

多少年来，满族这个剽悍的北方渔猎少数民族，始终蒙着一层神秘的色彩。眼前这位满族人的后裔，血管里还流动着多少先民的血液？一路跋涉，他开始讲述他和父辈们养鹰的故事。

鹰在满族人眼中是神鸟，用赵明则的话说是"百鸟之尊"。海东青是鹰中最为名贵的一种，它体小俊健，其优秀者上能捉天鹅，下能擒狐狸和野鹿。满族先民上至皇帝下至庶民都喜欢放鹰。据说康熙和乾隆都是放鹰的好手。康熙皇帝曾留下了"羽虫三百有六十，神俊最属海东青"的诗句。

养鹰大致分围鹰、熬鹰、放鹰和送鹰四个过程。围鹰在满族民谚中说是："二八月，过黄鹰。"每年的庄稼棵子一倒，这种生活在俄罗斯堪察加半岛上的鹰便飞越鞑靼海峡到我国东北越冬。围鹰人便在山坡的鹰场子上下网，放上一只鸽子做诱饵。鹰隼的眼睛异常

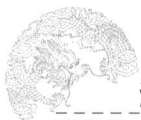

敏锐，在几千米远的高空盘旋就能发现地面上的猎物，然后像闪电一样俯冲下来扑向目标。这时，躲藏在伪装的窝棚里的鹰把式一拉网绳，鹰就被扣住了。赵明则说：你不用看天上有没有鹰，只要盯住鸽子就行了。因为鸽子发现了天空中盘旋的鹰时，它的脖子就伸成一根棍儿，刹那间鹰就要冲下来了。围住鹰那兴奋的一刻，他往往高兴得骨头节都要酥了。

围鹰人把围到的鹰放到家中驯养，几天几夜架在胳膊上，不让它睡觉，将它的野性磨蚀殆尽。这期间，驯鹰人要和它亲近交流，逐渐让鹰依赖人。然后让鹰吞下老鼠皮或是裹着肉的麻绳。鹰无法消化这些东西，第二天把食物吐出来，同时也把体内的油脂带出，这叫做"勒腰"。经过几次勒腰之后，养鹰人上秤称过，见鹰掉下了二两膘，就可以上山放鹰了。这个过程是驯鹰的关口，如果不把鹰熬下二两膘儿，或是人和鹰没有真正的感情交流，或是鹰捉猎物时没有速度，放出去的鹰不听吆喝就飞走了。赵明则之所以成为远近有名的鹰把式，就是因为经他调教的鹰，不论原来性情多猛多烈，都会驯服。每天晚上，奔波劳碌了一天的鹰把式们都要架着鹰到他家里谈鹰论道，听他指点迷津。他的家是村里鹰把式们的"俱乐部"。

放鹰一般是三四人一伙，在山脚下的荆棘棵子中寻觅野物的行踪，有架鹰的、有"扣踪"的，当"扣踪"的发现了如野鸡野兔或其他野物的新脚印，架鹰的便快速绕到前面的山坡上，等"扣踪"的把野物围起来，鹰会迎面闪电一般扑向目标。往往一天下来，放鹰人要在山野间奔行百里之遥。在北方的春天冰雪消融之际，鹰把式们还要举行一个特别的仪式，把他们养了一冬的鹰放归自然。满族先民自古就有保护大自然生态平衡的朴素意识，让鹰这种心目中的神鸟飞回故乡繁衍生息。共同生活了一个冬天，有了感情，每到这个季节，爱鹰如痴的赵明则就像掉了魂儿一样，含泪和心爱的鹰依依惜别。

高耸的尖子山和马大山比肩而立，我们要翻过两山之间才能到达老鹰场子。两山之间荆棘丛生，一条毛毛道是赵明则几十年踩出来的。他显然是走热了，敞开了棉袄，我不敢相信他已是50多岁的人，走起路来倒像个小伙子。他乐呵呵地说："这叫土地老吃烟灰——有这口神累！不让我玩鹰比杀了我还难受！"

趟着雪来到老鹰场已是上午10点多钟了。在鹰场子边，他开始虔诚地下网。他说："按老一辈的习惯，围鹰前要插香草用酒祭山，围到鹰要敬鹰神格格，现在都免了。"他打趣地说，"信神有神在，不信土坷垃。"他架好鹰网，拴上鸽子，带我钻进了狭窄的窝棚里，透过树枝的缝隙可以看见网和鸽子。每隔一分钟他就抖动鸽绳，让鸽子飞起来，引诱天空的鹰隼。他说已经连续九天没有捕到鹰了，昨天有只鹰从网后扑下来撞翻了网，抓伤了鸽子逃掉了。他说，这场大雪后正是放鹰的大好时光。我问他山上有没有野鸡。他说这些年政府禁猎后，山上的野鸡多起来了，"刚才我还看到山坡上有野鸡脚印呢！"呼啸的山风钻进山窝棚里，气温已是零下20多度。在鹰窝棚里佝偻着身子，只觉着四周的寒气钻入我的身体，我瑟瑟地抖了起来。他笑着说："咋样？熬糟了吧？不过你是第一个到鹰窝棚看围鹰的记者，我挺服你。"赵明则见我缩成一团儿，从怀里拿出一瓶白干递给我说："喝口酒吧，暖暖身子。"然后自己咕咚闷了一大口。他的兴致上来了，开始讲他的故事。

他19岁那年，跟父亲来到马大山上放鹰，半路上遇到了一条瘸狼，后来才知道这条狼是被人用铁丝套住后逃脱的，铁丝还缠在爪子上，跑起来有些瘸。那条瘸狼正在偷袭一头老母猪领着的一群小猪。他对着那条狼骂道："杂种，你敢叼猪?我宰了你!"他不顾劝阻地拎起鹰拐子就去撵狼。满族人善奔跑是常年狩猎生涯磨练出来的。赵明则有撵鹰跑出30公里山地的经历。

他很快接近了那条瘸狼，但不论怎么追撵总有四五十米远的距离，那毕竟是四条腿的狼呀!他停下来，狼也停下来蹲在一条土埂上望着他。他忍受不了狼对他的那种蔑视，又朝狼追去，狼跳进了一条壕沟往前跑，他觉得有门了，那条沟一会就到头了。狼跑到了壕沟尽头两爪搭着沟边想跃上去，但没得逞。他用鹰拐子挑着帽子猫着腰接近狼，屏住呼吸把帽子挑到沟沿边，当狼猛扑向他的帽子时，他抡圆了鹰拐子朝狼头砸过去。狼是铜头麻杆腿豆腐腰。他手里的腊木鹰拐子断成两截，狼没有倒下，他却被震得两眼冒金星。他豁出去了，呼地从壕沟沿跳到狼身上，两手死死按住狼头，狼被他制服。几个人把狼抬回去一过秤，足有40公斤重。

有一年尖子山上来了一头熊，鹰把式们都不敢到尖子山来放鹰了。赵明则邀了几个胆大的仍然上山放鹰。他说，20多岁时血气方刚，天都敢捅个窟窿，什么猛虎野猪都想试试较量一下!有一天在山坡上放鹰，一个"扣踪"的竟把那头黑熊惊出了杂树丛。是他的鹰先发现了黑熊的影子，鹰搜索猎物时眼珠卡缩小几倍。他朝鹰眼凝视的方向一看，见前面四五十米的树丛一阵枝摇叶颤，一头黑熊奔窜过来。他心里猛地一咯登，想：我不惹你，你也别惹我，杂种!谁知黑熊竟嗥叫着扑过来。他架着鹰朝山上的柞木林里猛跑。那片柞木林密密匝匝生在很陡的山坡上，黑熊受到阻挡速度减慢了。赵明则凭着多年练就的一副奔走如飞的铁脚板儿，在林子里左拐右闪竟把熊转懵了。他一手架鹰，一手从腰间拔出刀，靠在一棵柞树上，等熊冲过来，他又灵巧地闪到另一棵柞树后。熊扑了空在地上打个滚又呼哧呼哧冲过来，两腿直立高声嗥叫，竟一巴掌击断了一棵碗口粗的柞树。然后晃晃悠悠下山了。

我问，要是再遇上这样的大"牲口"敢不敢较量了?他摇着头说："现在山上的狼和熊已经很稀有了，再打就绝种了。"话语间，他眼里现出一丝不易察觉的悲凉。他是个烈性汉子，不轻易向人流露内心的无奈。我发现他身上少有内地农民的那种懦弱和卑微，而刚烈中带着一股野性的男人自尊，随时会淋漓尽致地表现出来。他在妻子面前也处处显示出一家之长的尊严。他称妻子为"奴仆"。他说："山，再高也遮不住太阳!"言外之意他就是家中的"太阳"。

话题又转到养鹰上。我问："你说家族养鹰传了近十代，到了你的下一代还能传下去吗?"他沉思片刻说："满族人祖辈靠打鱼和放鹰生活，现在松花江已经打不了鱼了，再不玩鹰，那还叫满族人吗!满族人的根子不能丢啊!要让我赵明则不上山围鹰，除非太阳从西边出来。我喜欢鹰呀!"话语间那份憨态就像个天真的孩子。

他说了一桩奇事：1990年这个鹰场子飞来了一只白鹰，当时躲藏在窝棚里的他急得狠抖鸽绳，白鹰在天上盘上盘下，就是不下场子。事后，村里90多岁的老鹰把式奚昆老人说，那是过去鹰把式一辈子也难见到的"白玉爪"，围住要送给皇上的。

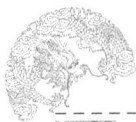

据《柳边纪略》载："海东青者，鹰品之最贵者也。纯白为上，白而杂他毛者次之。海东青，满汉人不敢畜，必进梅勒京章；若色纯白，梅勒京章亦不敢畜，必进内务府。"从那以后，他就铆着劲儿年年到鹰场子来。在这寒风透骨的鹰窝棚里天天等待白玉爪再次出现。我想，那只白玉爪在他心目中意味着什么呢？难道这只神秘的鸟已化成一个美丽的梦在他脑海里翱翔，才使他天天在冰窖般的窝棚里甘之如饴、苦中求乐而笑傲生死？匍匐在窝棚里听着他讲的故事，我仿佛徜徉在满族先民遥远的沧桑里。山野间的寒气在一分一秒地蚕食着我的体温，我只能靠一会儿喝一口白干来支撑。

鹰场子上仍不见海东青飞临的影子。

中午过后，我快冻成了冰坨了。赵明则见我脸色发紫舌头根子都硬了，就让我先下山。我踉踉跄跄下了山，走进山下的一户农家烤火盆。烤完火后走出低矮的土房时，我发现脚和膝盖都肿了，我不可能再上山看赵明则围鹰了。于是循着脚印朝鹰屯方向走。那10多公里山路竟走了整整一个下午，夕阳吻在群山的额上时，我才回到村里。

此时赵明则也随后跟上来。人未到，朗朗的笑声先飞进了院子："杂种，围到了一只'坡黄'！"这只鹰是午后我刚刚下山时围到的。我终究没有看到那精彩的画面。赵明则把挣扎的鹰放到筐里，用黑布蒙上并过了秤，他妻子特意做了几个下酒菜，呼来几个鹰把式喝酒。在酒桌上，他兴致勃勃地说："这家伙性子挺烈，熬好了活儿一定好。"他对我说，"你明天跟老哥上山放鹰吧，老哥的鹰上山捉野鸡，准成！"我最终没有跟他上山放鹰，因为我的脚疼得不能再穿过荆棘了。

翌日清晨，赵明则和几个鹰把式上山放鹰去了。在长途汽车到来之前，我独自来到松花江边漫步……

昔日江岸上巍峨的打鱼楼已在"文革"时随着一把火永远沉寂了。松花江上游因丰满水电站常年放水，使这一段江面终年不冻。这条满族人的母亲河那种狗拉爬犁、凿冰叉鱼的热闹景象已成昨日烟云……几天来和鹰屯的鹰把式们在一起，我似乎隐隐约约地，但又真真切切地体会到满族人那种桀骜不驯、重义而刚烈的血液依然在松花江畔鹰屯这些鹰把式身上流淌着。

（作者杜立平 长春市群众艺术馆研究馆员）

从《盛京时报》看吉长铁路修建迟缓原因

杨洪友

【内容提要】吉长铁路是近代东北地区构建早期现代化交通网络的一条骨干铁路。本文以日本人创办的《盛京时报》报道的吉长铁路修建工作为中心内容，主要论述吉长铁路建设中遇到的重重问题，而引起的铁路修建迟缓原因，比较全面地展示了该铁路从路权争夺到通车等各个过程。吉长铁路作为当时吉林省城拥有的第一条与外界相连的铁路，不但对于吉林市、长春、哈尔滨、沈阳、大连商业圈的形成，有着巨大的作用，而且还有效地遏制了日俄两国利用修筑铁路在东北进行侵略的欲望，并让中国在铁路运营初期掌握了铁路的运营主权，最大限度地维护了东北路权。

【关 键 词】吉长铁路　修建　迟缓　《盛京时报》

吉长铁路西起长春，东至吉林（原吉林省城，今吉林市），该路从1908年开始修建，历时四年，1912年建成通车，全长127.7公里。从工程技术上来说，一条修建于平原上的铁路是极为容易的事情。但这条铁路，从动议到立项，到1912年10月建成通车，耗时近十年时间。这其中既有中国与俄日在吉长铁路建设权上的斗争，也有与日本的斗争在铁路建设与监督管理权上的争夺，更主要的是，吉长铁路在修建过程中所遇到的重重困难。近年来，关于吉长铁路的修建缓慢原因，多集中于论述日本对其干扰，而对于遇到的客观困难或没有论述，或一笔带过，或论述不详。《盛京时报》创刊于1906年10月，由日本人创办，从创刊开始，吉长铁路修建工作，就是该报的报道重点，到1912年10月建成通车，该报对其报告文字量达50,000字，比较全面地展示了该铁路从路权争夺到通车等各个过程。尽管该报是站在日本人的角度，但相关的记载，对于还原历史，分析吉长铁路之所以先后10年才得以建成的原因，提供了珍贵的史料。本文即以其记载为主体，主要论述吉长铁路建设中遇到的重重问题，而引起的铁路修建迟缓原因。

1905年12月，日本强迫清政府签订了《中日会议东三省事宜条约》7款和附约15款，在此次会议的节录中载有："由长春到吉林省城铁路，由中国自行筹款筑造，不敷之数，允向日本贷款，约以半数为度[1]"日本以此，来向清政府施加压力，要求与中国合办吉长铁路，以便伺机控制该路，进而把势力扩展到吉林省腹地。1907年4月15日，中日两国签订了《中日新奉、吉长路协约》，日本实现对吉长路的控制取得了法律上的保障。这为

日本军国主义后来独占东北，奠定了基础。1907年4月15日——1909年8月18日中日就借款细目、路线选择进行谈判，在确定的三条线中，最后确定了北线。1909年10月吉长铁路局在长春开始运作，负责吉长铁路修建工作。到1912年10月才最后建成。在此过程中，遇到的天灾人祸，使吉长铁路建设一再拖延。

一、组织机构的建立

"铁路既开，事端繁颐，应遴员办理，以专责成。"为了修建吉长铁路，更好地统筹安排相关事宜，在借款合同没有签订之前，根据《盛京时报》报道，清政府在吉林市成立吉长铁路局。

"中日合办吉长铁路早经外务部核定，现闻吉林省垣已设有吉长铁路局一所，由邮传部委派分省补用道麦观察鸿钧为该局总办，并奏调吉林差遣直隶候补道颜观察世清为该局会办，所有吉长路事统归麦颜二观察主持。刻下已奉到部文，莅差任事矣[2]。"这一机构，在其他文章中没有提及。我个人认为该机构还是存在的。因为根据中日间的协议，吉长铁路总工程师应由日本人担任，该职务事关修路成败，因为为尽量减少日本人的干扰和影响，中国政府"聘订日本工学士曲尾君充当粤汉工程师，以经理路工。闻曲尾君铁路事极有把握，办事亦属认真。日前突尔晋京，人颇不解何故。嗣经探悉因系徐尚书按照吉长铁路借款条约，与日钦使伊集院君协议，即调该工程师充当吉长铁路总工程师，不久当见明文云。该工程师业已请假二月，于日前由京起程回国矣。"[3]这条记载，一是说中国政府在人选上，抛开日本政府和南满公司，选择自己认为可以信赖的日本工程师，可为积极主动，尽量减少日本政府和"满铁"因素；二是说明，应该是先由吉长铁路局，然后才能选择工程师，以健全该机构。至于1909年10月20日，在长春成立的吉长铁路总局，可能是由吉林市搬迁而来。经邮传部奏准，军机处存记道傅观察良佐充任总办，同时"督抚接到部咨，奏以吉林西路道颜观察世清充任帮办。谓其熟悉情形、材长肆应。"[4]委派日籍曲尾辰二郎（日本工学士，粤汉铁路工程师）和罗国瑞分别任总工程师。总工程师外，设有区长、助理工程师，由京汉、京张线各选一名充任；三名技师由日本人充当。从人员构成看，吉长铁路总公司一经组建，就积聚了一批掌握现代化铁路专业技术知识，具有日本、欧美及国内铁路建设经验的人才，为保证本项工程的高质量建设奠定了坚实基础。1909年12月2日，吉长铁路举行了开工典礼，在经历了6年多的斗争与坎坷之后，吉长铁路终于进行到实质修建阶段。

二、路基勘察与购地

吉长铁路的修建工作，在初期还是十分顺利的。"吉长铁路总办傅君莅差后，即踏勘绕城一带，相度设立总局地址。闻近已勘定城东伊通河东岸，四围绕钉木椿，以为标志。闻既经圈定后，地主即不许任意变卖，以扰路政。并移请府宪出示晓谕，俾众周知云。"[5]并明确规定，"自长春东关外伊通河东岸起，所经卡伦街、吴家店、马鞍山、土门岭、桦皮厂、九站街等处，以至吉林省城，沿途插放标椿，路线已定。而购买地亩，尚须由地方官明白示谕"[6]同时铁路总局又参照京张铁路购地章程，对征用土地实行严格的定价。由于征地方法简单易行，因此沿线所有用地的征购很快解决。傅良佐初期的各项措施，包括铁路路基勘察、土地购买、地租处招标、工料准备等项，还是非常周到细致的。特别是在土地购买上，有效地处理了与沿线农民之间的关系，比长春市城内商埠地的购地工作要完备得多。根据《盛京时报》记载，"吉长铁路占用地共三百九十垧零零壹分二厘五毫五丝二忽，内有无租地共十垧零五亩伍分壹厘六毫六丝五忽。除无租地，应纳租者共三百七十九垧四亩六分零八厘八毫七丝。傅总办拟将各地数目并有租无租缮写清楚，令租子柜查照每年应如何纳租。闻日昨已移知府署，并请转咨查照。"这样通过政府的行政命令保证了吉长铁路土工如期进行。

为防日俄因素的介入，和施工质量，工程项目除个别项目由总局以自营方式施工外，大部分工程项目实行招标，总局对承包商的资格进行了严格的认定，严防路权外溢。据《吉长日报》记载，某甲欲联合日人包办吉长铁路土工，此事为总局闻知后，遂将某甲"重加申斥"并且严令："不准连（联）合日人包办。"对于铁路枕木，经过"招商投标，遂归吉林集兴公司承办。计订购枕木二十万根，价值每根洋圆八角五分，在吉林交货；若运长春交货，则每根价值洋一元一角五分。又有吉林储材公司亦承办桥梁用材，计一千五百根，轨铁枕木一千八百根，价值每根一元九角五分云。"[7] 而铁轨"系由傅观察在天津采买德商瑞记之货，后归汉阳铁厂包办，以免利权外溢。"[8] 不仅如此，总局对于所招工人，也进行了严格筛选。其间，吉林某巨绅因为吉长铁路开工，主动交出押金款额十余万两，招集本地灾民苦力，以资助铁路工程，一时间传为佳话。先期准备工作大体就绪后，在清政府"催令赶速动工"的政令下，1910年5月9日，吉长铁路动工，"先从首站伊通河东沿入手，所有土方系天津刘某、宁某等承办，每方价洋三角四分，已派工程司督饬起筑。由长至吉二百余里，半系平地，起筑土垄尚不费力，惟近吉省一带向须开辟山路，建筑铁桥二架，方能交通。闻该局预算，至早亦须明年三月方能告竣云。"[9]

三、吉长铁路修建过程中的天灾与人为不利因素

吉长线共划分九段，原计划一年即可修建而成，但从1910年5月，"工程近时颇有进步，长春至卡伦街间不久可开驶，曾志前报。兹据该铁路总工程师曲尾君云：当初开筑该路之时，以全线分作七段，饬各工程师承办各段，务须在本年内完成土工。然照现在情形言之，土工已经告竣者，惟有长春、卡伦间之一工段（相距计十五英里）耳。至其余各工段，则有一部分仍未完成处。故就全线计之，完成部分仅不过七成，较诸预定工程似稍觉迟缓矣。"[10] 历经七个月的时间，吉长铁路只完成了长春、卡伦街间（相距计十五英里）路线业经筑成。并"订于（宣统二年）十二月初一日（1911年1月1日）起当开驶输运筑路工料，并准将一般坐客及货物搭运。……闻该路局总办傅观察良佐定于是日邀请中外官绅举行开车典礼。"并在报纸上面向社会各界刊登了广告。将"客货车价、时刻续订登录。"[11]

尽管初期进展顺利，但1910年到1911年，东北作为清代龙兴之地，遭遇到百年不遇的自然灾害，再加上当时任吉长路总办的傅良佐办理不善外，历经1911年中国政局变动，日方又多方刁难，资金益加困难。使建成时间一延再延，最后但却花费了2年4个月的时间。

（一）瘟疫

1910年到1911年东北爆发鼠疫，历时近半年，东三省死亡六万多人，长春作为重灾区，死亡6000多人。鼠疫的爆发，直接影响到这一工程。吉长路在修筑时，全路共分10个

工区，其中长春府境内为三段，吉林府境内七段。根据计划，用一年时间，吉长线完成全部土工，但当年"降水太多，兼之各工头欲赚利稍多，减省苦工所致"，所以没有完成规划，到宣统二年十月末，只有第一段即长春到卡伦（三十余里）已经修建完成，其他各段只完成了七成土工左右。负责吉长路的总工程师，日本人曲尾为此提出，1910年冬天，天寒地冻，不能再行土工，但准备"安设铁轨"；同时"铁路总局及其余房屋，刻已在半成就，一俟明春融后，一律迁移，余如本剩下土工，亦于明春完成。"从当时情况看，这个计划是完美可行的。特别是长春到卡伦之间铁路完成之后，即于当年的宣统二年十二月初一日（1911.1.1）通车，以"输运筑路工料，并搭运一般坐客和货物。这大大地增加了修建铁路的直通车能力。但整个工程规划受到疫情的冲击而成为泡影。这种冲击主要体现在两个方面。第一是冬季施工停止。长春、吉林成为重灾区后，中东、南满铁路根据中国政府的要求，停开了客车和货车；卡伦站也出现死亡，"吉长路局因有疫死者一名，在卡伦街站发生。爰于二十三日起，亘十五日之久，将所有货客一律禁止搭运。"[12]于12月23日起，"十五日之久，将所有货客一律禁止搭运"，并将"一切工事中止"。这样，原来计划的冬季铺轨计划，以及运输工料等措施全部搁浅。

第二个冲击，是劳动力极为缺乏。吉长路的修建中，使用的劳动力有本地居民，但多数为外来人员"黑龙江省自入春以来工作过少，故南来哈谋生之苦工咸在进退两难，均有仰屋求食之叹。近哈埠传有吉省自治会筹款一百七十万元，将赎回吉长铁路自行开办从速开工之说。苦工闻此消息，不问真假，以为谋生有路，日来赴长春者相接踵云"。[13]然而自从瘟疫爆发以来，自疫疠创劫，路工尽行停办。由于长春是重灾区，人心惶恐，再加上防疫的需要，外来人要不被收容死亡，要么逃离。

由于疫情造成长春及周边地区大量人口死亡。根据"万国鼠疫研究会"会长伍连德在研究会做的报告中指出，"此次染疫之人，其中年在二十以上，四十岁以下者为最多"，而高达90%以上的死亡率，造成大量青壮年死亡，这其中就包括这些筑路者。"吉长铁路局自疫疠创劫，路工尽行停办。今虽均已开工，无如长埠工人染疫毙命者十居八九，刻下招雇甚难，故卡伦至土门岭一路，所有凿山、筑路、建屋各工程，遥遥无期。青黄不接，大有关山难越之势。现闻该局暨包工人拟赴内省招募苦工，以冀赶速建修，及期报竣。"吉长铁路局陷入了用工荒，严重地影响了工程进度。

疫情得到控制之后，长春防疫局决定从宣统三年三月初一日（1911年3月30日）起，"一律解除隔断交通之禁，以苏民困。"为了解决劳动力问题，加强工程进度，在交通解禁之后，"该路局亦拟于是日起照常开办，于日前订买轨钉、寨门土及砖瓦万枚。且路工一旦开手，则每日约需苦工一万五千余人。"[14]

但当时因为疫情，关内关外是禁通行的，要想招工，必须得到当局的批准。吉长铁路于是"禀请邮传部转咨直鲁督抚，变通办法，准许放行，务使此等苦工得早日来东，以期该路之速成。惟长春城内虽疫势渐减，然在附近村屯则并未熄灭，届期果能开工与否，盖尚属未可知之数也。"[15]"铁路局房舍剩工，与饮马河架桥以及卡伦一带一切工程，本拟早日兴办，以冀如期告竣。嗣因苦工缺乏，招雇为难，致工事殊多延搁，本报已略载之。兹闻该局及包工人已由内省招募，多数工人日内陆续到长，现正订立合同，经营一切，大约日内即当一律兴工矣。"[16]

（二）水灾

1910年夏天到1911年秋天，吉长一带降水要大大多于往年。吉长一带又位于平原，土质疏松肥沃。一开始的修筑方式，是吉长间十个工程段同时施工，受劳动力缺乏影响，一些做好的路基因未及铺上碎石。一经雨水，就会垮塌。如"吉长铁路自日站卡伦地方，名称联络线，土垄皆归总局筑修"，先是"拟于七月初旬一律告竣。近因阴雨连绵，土质稍涉松活者，悉皆坍塌""后又改成八月开车。"但"嗣因今年雨量过多，工程未能克期告竣。傅总办以此段不能先行开车运输各项材料，诸多滞碍，现拟十月间由首站至卡伦定须开车，闻已传谕各工赶紧修筑，勿再延缓云。"[17]这样，由此可以看出，长春至卡伦间只到年末通车，与雨水过大有直接关系。

然而进入到1911年的春间，吉长路的修筑，仍旧受困于降水的影响。本来已经修好的长春至卡伦一段，"自去冬告竣后，来往客人及载运货物均已通行无碍。不料春夏之交，冰雪融化，加以阴雨连绵，而中间土方遂遭雨水冲坏，以致交通复形阻碍。现正觅工修补，特未知何日始能工竣也。"[18]"兹闻该局加急补修，日内可望完竣。又闻现由唐山购买机关车一辆、货车十辆、缓急车二辆，不日即可到长。是以准于五月初一日开车运转，现正拟定输运价目及一切章程。至客车票价，则每人计洋四角云。"[19]但这一计划是无法实现的，根据《盛京时报》记载："今春开冻后，伊通河之水日见消涸，近因连日大雨，沟浍皆盈。故该河之水竟暴涨至三尺有余云。"[20]"吉长铁路本定五月二十二日开车售票，兹悉因连日大雨，该路冲坏甚多，恐遭危险，故开运载货物车辆售票搭客，仍行从缓云。"[21]在一个月之后，"吉长铁路前拟开车搭客，旋因大雨冲坏数处，以致至今尚未售票，惟每日运送修理材料，开驶货车数次。"[22]

可见原来为五月初一通车，又改为五月二十二通车，一直到七月，但仍旧没有实现计划。这一雨期，直到八月中旬仍没有结束，"府属伊通河、饮马河水势暴涨，东门外一带因之尽成泽国。吉长路线被水冲坏者，闻亦有数处。"[23]只到9月份，吉长铁路才"补修告竣，重新开车。"[24]持续两年水灾，使"吉长铁路已成之土，经今年春夏之交，被水冲刷大半，徒耗巨款。"还造成长春至卡伦段列车停运，交通受阻，修路所用的材料根本无法运进去，大大影响了工期；同时货物又运不出来，减少了铁路的收入，并且大片农田绝产，粮价上涨，增加了长吉铁路建设的费用支出。综合各种情况，水灾对吉长铁路的修建影响，是最严重的。

（三）火灾

1911年，对于吉林省来说，绝对是一个多事之年，还处在洪涝灾害之中的吉林省省会，在1911年4月18日"初十日下午三钟时，火起于江沿一板屋，由东而北，烧去城中十分之七。抚院幸竭力防护得免，若度支（案卷俱焚失）、电报、邮政、巡警、财政、官钱（羌帖七万元）各司局所及高等、地方两厅，均付一炬。房屋计几千百间，各省旅吉人士大半遭劫，向之所谓熟闹街及精华荟萃之处，今已荡焉无存。所遗留者，仅西北隅贫窭之子，破屋数椽与熙春里而已。统计火起至火灭，绵历二十五小时（至十一日五点钟始熄），损失殆不下几千百万。"[25]根据事后统计，全省城"灾区占全城五分之二，而人

民财产则占全城十分之八；计被灾官绅、商民正附共二千四百五十八户，房屋在一万余间。"[26]为重建吉林市，"经内阁总协理暨度支大臣泽公议奏，向大清银行息借伍拾万两交东督，揆度情形分别拨济。"

锡良为了救济吉林市，电奏朝廷，提出"赶筹接济各项善后，无一不需经费，即就目前急用，恐非百万两上下不敷分布。惟有仰恳俯念根本重地，颁发善后的款，以拯急需——惟现在部库奇绌，每月收支往往不敷周转，筹拨巨款实属为难。"安插灾民、分筹食宿，搭盖板棚帐蓬，给灾民栖止之地；分设粥厂，采买米粮，同时殷实商铺荡然无存，市面荒凉，还要恢复商业，林林总总，无一不需要经费。吉林这次火灾，其损失是无法估计了。给本来就财政支绌的吉林省增加了巨大压力，而吉长铁路的修建经费，大半由吉林省自筹，因此，这次火灾，对于本来就是经费奇缺的吉长铁路更是雪上加霜。大量资金用于吉林市重建，势必占用吉长铁路修建资金；同时吉林省各级官员衙门都忙于求济吉林市，根本无暇于吉长铁路。

（四）管理不善

除了天灾，吉长铁路没有"极欲赶速竣工"还有人为因素，主要是体现在吉长铁路总办傅良佐在承包上，任用私人，疏忽公务，"因循缓延"。

第一，吉长路的包办土工者为了取得最多的利益，层层分包，从中盘剥。如"吉长铁路头、二、三段土方已陆续包出，该局总办以四段距城较远，雇工运物诸多不便，故略加增添，以示体恤。日前开标，某工人竟以每土一方小洋三角九承办。该工人资本不巨，势难垫办，已让归裕丰公司姚某。姚以兼顾难周，拟以三角三四转觅包主，以便坐收其利。闻所雇苦工每方不过给小洋二角有零，其中利仍不少云。"[27]第二，各工头中许多人由关里来到北方，他们"不谙此地风景，彼此减价，互相兜揽。现在工价日涨，加以大雨连绵，两日不能做一日之工，赔累不堪。咸有潜逃之势"。第三，一些承包商人没有尽到责任。如第五段工程承包商幺乐轩，深为傅良佐所信任，是他特意在天津请来的承包人，但此人在包妥土工之后，"意以为从此可以发财。遂每日花天酒地，任意挥霍。讵料不及二月，资本一空。该工头即潜逃赴津，至今数月未见回来，以致各段工程不但告竣无期，且将无人建修。"[28]即使这样，傅良佐也没有对其严办，而是准备另招妥工包筑。此外，傅良佐对于整个工整"独断独行，所耗巨款任意呈报，年余以来无人过问。近闻邮传部已探知消息，又因由长而至卡伦路已告竣，复行坍塌重修，不但又耗巨款，且于公务未免疏忽。"[29]

对于吉长铁路的进度，当时各界都十分不满，《盛京时报》曾三次发表评论，进行抨击："惟第一工区业已告竣，其余各工尚未及半。闻长春第二工区尚余土一万方；第三工区一万四千四百二十方；吉林第一工区五万八千五百一十五方；第二工区五万零四；第三工区六万一千四百七十方；第四工区二万二千二百九十八方；第五工区四万六千九百八十五；第六工区四万七千零五;第七工区四万一千余方。共计余土三十六万有零，倘不由此实行整顿，极力操作，不但今岁难以告竣，即明岁亦难通行开车云[30]。这与原计划1910年年末通车的时候，已经过去一年，然而工程仍是遥遥无期。于是，邮传部将傅良佐撤职，另派广东候补道李凤年接充总办。

　　李凤年接手该工程后，除了严催包工广招苦力，还调验沿路工程及所用人员。并与日本工程师曲尾君，共同查阅大概情形，以便筹商改良。他注意到前车之鉴，吸取了傅良佐的教训，但在操作上，矫枉过正，"过于急烈，难以用人"，"以前手办理不善，遂将订货、包工一切契约，概行取销，重新改革。"这引起包工者的强烈抗议，"即工程师曲尾君亦萌退志。"此外，他还与德商瑞记洋行私自订妥合同，采购铁轨，除了信用受到广泛质疑，他的这一做法，还与原来既定的方针，即减少外部干预，使用国货是相违背的。12月初，当吉长铁路业已修至第四站马鞍山时，"修路工人因天气严寒，实难工作，经工头禀请李总办，转商工程师曲尾君暂为停工，俟明春天气回和，再行接修云。"[31]这时，李凤年因经营无方，亦与其前任一样，被撤免去职务，由孙玉铭接任。孙总办到差之后，即"因款项支绌，加以天气严寒，不便工作，爰即停工"。由此，吉长铁路不得不再延长一年工期。

　　除了上述天灾和人为因素，吉长铁路所以迟迟不能完工，亦与资金不足有关。在资金使用上，"遵照部章：凡各工程均按八成开支，以作接济，其余俟工竣后再行如数发讫。"但在1910年末，时届冬寒，各工段以次停工之后，"所欠工价各工头面禀总办傅良佐设法挪借，以救燃眉。该总办因局内实无的款，遂电禀邮传部请款。"[32]到1911年末，吉林受大火影响，"吉省时局、财政两者俱处困难地步。"而"吉长铁路曩以四百五十万圆作为筹筑经费。就中一半，初动工时，由南满铁路公司筹借，尽人所知也。顷闻该款几已用罄，而工程迟迟并无进步可言。土门岭隧道大工事亦在未成之列，故一切经费非预算所能支给，须更需三百余万圆之补助云。"[33]到了1911年11月，满铁公司筹借给吉长路局的款项"业经告罄，当由交通银行通融银两，藉以办理一切。顷该银行以银根奇绌，不肯如前之通融。"[34]为了解决资金问题，孙总办日前禀请吉林巡抚陈昭常，"拟向正金银行借款百万，以便来春早日开工，已邀允准"。此时，日本政府为了促使吉长铁路局向其进行永久性借款，以便取得吉长铁路的监督权，于是对正金银行加以暗示。正金银行在日本政府的授意下，以吉长铁路与满铁有借款合同，正金分行不借为理由而拒绝。

　　在资金没有着落的情况下，各项工程不能开办。于是"总办孙玉铭君屡向邮部请款，卒未发到，现于五月一号亲身进省恳请陈都督及度支饶司使，暂借官帖二十万以作兴工之费，俟将来部款发到即为偿还。闻陈都督业已准如所请。"同时，孙玉铭专门进京，向中央政府"陈说土门岭一带废工之情形及现下款项之艰窘，加以米粮昂贵，非速发巨款不能接续办理。现闻部中已发银十万两"。

　　在中央政府的催促和支持下，吉长铁路公司也加大加工力度，克服重重困难，坚持不渝，积极推进工程，工程尚未完工时，随着铁路的修建而逐渐通车。11月4日，铁路通车到营城子，12月至土门岭。1912年9月10日长春至桦皮厂办理客货运输。10月2日路轨铺至九站，20日铺至吉林，完成了整个铁路的修建工作。十月"二十三日全线各站一律开办客车货物等提取事务。"[35]吉长铁路正式通车。回顾整个工程，共用银362万两，到1915年加上续修车站和隧道共用银650万两，完成正线127.727公里。土石方总量为364.5万立方米。沿线设长春东、卡伦、饮马河、下九台、营城子、土门岭、桦皮厂、九站、吉林共9

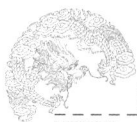

个车站。

　　还有一点，需要说明的是，除了全程路线，吉长铁路局还在长春城东五里堡修建了吉长车站。并在吉长铁路与南满铁路车站之间修建联络线，"使两站得以直接，避免间隔。"吉长铁路火车站建成后，命名为"吉长铁路长春站"，民间则因为车站地处伊通河东岸，长春府城的东北，通称为"东站"；而满铁在长春火车站，则称为"满铁头道沟站"。而满铁对于"长春"二字，觊觎已久。1931年"九一八"事变不久，日本侵略者即"因从来吉长路头道沟车站与长春站（即东站）名不相符，现特对头道沟站改称长春站，原长春站改称东站，以资区别云。"[36] 以此来证明头道沟火车站才是长春的合法代表，也间接证明日本在长春的合法统治。在现在许多历史性记载，都以为长春东站从建成起是这个名字，这是对历史的不了解。"东站"是日本人强加名字，是长春受到殖民奴役的象征。"长春站"才是它的本名。

　　吉长铁路修建过程的历史，体现了中日从中央统治阶级到平民之间的对抗，也说明在兴办民族工业的起步阶段，我们是要付出学费和代价的。吉长铁路没有按时交付使用，也并不完全是傅良佐或李凤年的过失，巨大的天灾，动荡的时局，以及吉林省窘困的财政，这些困难，是任何人都无法回避或解决的，我们不能因为吉长路的延缓就否定他们的付出。正是那一代铁路人，不管他们因为急于求成，还是任用私人，走了弯路，但防止日俄占领东北，防止日本势力侵入上，是他们的共同目标。特别是建成后的吉长铁路，然只有120多公里，在长度上比中东、南满铁路短得多，而且经过地区局限于长吉地区。但该路"扼三省要冲，为东陲重镇"，其影响较为深远。它作为近代东北地区构建早期现代化交通网络的一条骨干铁路，使当时吉林省城拥有了第一条与外界相连的铁路，对于吉林市、长春、哈尔滨、沈阳、大连商业圈的形成，有着巨大的作用；它有效地遏制了日俄两国利用修筑铁路在东北进行侵略的欲望，并让中国在铁路运营初期掌握了铁路的运营主权，最大限度地维护了东北路权。

注释：

注：本文所有注释，除标明出处者，其他皆来自长春社科院编辑的《<盛京时报>长春资料选编》清朝卷和民国卷（1912-1913）。

[1] 王芸生编著：《六十年来中国与日本》第五卷第28页。

[2] 宣统元年正月二十八日（1909.2.18）东三省新闻·奉天　吉长铁路局业已开设

[3] 宣统元年五月二十九日（1909.7.16）东三省新闻·奉天　吉长铁路总工程师已有其人

[4] 宣统元年十月十九日（1909.12.1）东三省新闻·奉天　奏准吉长铁路帮办之行知

[5] 宣统元年十月二十五日（1909.12.7）吉长铁路定期开工

[6] 宣统元年十二月初十日（1910.1.20）吉长铁路局拟定购地章程

[7] 宣统元年十二月二十二日（1910.2.1）东三省新闻·长春　吉长路线工事近闻

[8] 宣统二年四月二十日（1910.5.28）市井杂俎（吉长铁路铁轨问题）

[9] 宣统二年四月十三日（1910.5.21）东三省新闻·长春　吉长路工近闻

[10] 宣统二年十月二十五日（1910.11.26）东三省新闻·长春　吉长线已竣路工之大概

[11] 宣统二年十一月二十三日（1910.12.24）东三省新闻·长春　邮传部吉长铁路局启

［12］宣统二年十二月二十六日（1911.1.26）东三省新闻·长春　吉长首段因疫停驶

［13］光绪三十四年七月十八日(1908.8.14)东三省新闻·哈尔滨　苦工改赴长春之原因

［14］宣统三年二月二十六日（1911.3.26）东三省新闻·奉天　吉长工事已拟继续进行

［15］宣统三年二月二十六日（1911.3.26）东三省新闻·奉天　吉长工事已拟继续进行

［16］宣统三年四月二十五日（1911.5.23）东三省新闻·长春　铁路局工程可渐次兴办矣

［17］宣统二年九月初七日（1910.10.9）东三省新闻·长春　铁路开车日期

［18］宣统三年四月二十五日（1911.5.23）东三省新闻·长春　卡伦铁路暂不开车

［19］宣统三年四月二十八日（1911.5.26）东三省新闻·长春　卡伦铁路已有开车确期

［20］宣统三年六月初三日（1911.6.28）市井杂俎伊通河水势暴涨

［21］宣统三年六月初6日（1911.7.1）东三省新闻·长春　吉长路仍不售票之原因

［22］宣统三年六月二十三日（1911.7.18）东三省新闻·长春　严禁火车私卖坐票

［23］宣统三年闰六月二十五日（1911.8.19）东三省新闻·长春　　［24］宣统三年六月初三日（1911.6.28）市井杂俎伊通河水势暴涨

［25］宣统三年四月十八日（1911.5.16）东三省新闻·奉天　吉垣大火始末略

［26］宣统三年五月十二日（1911.6.8)奏折度支部奏议覆东督等电奏吉省火灾用款甚巨，请颁发的款折。

［27］宣统二年四月二十一日（1910.5.29）东三省新闻·长春　包办土工之变相

［28］宣统二年九月二十八日（1910.10.30）东三省新闻·长春　傅总办竟为工头碍难

［29］宣统三年五月十七日（1911.6.13）东三省新闻·吉林 邮部亦知查验吉长路工

［30］宣统三年闰六月二十三日（1911.8.17）论说吉长路土工现状

［31］宣统二年十一月初五日（1910.12.6）东三省新闻·长春　包工人之现象

［32］宣统二年十一月二十日（1910.12.21）东三省新闻·长春　吉长铁路电请部款

［33］宣统三年七月十六日（1911.9.8）东三省电报　吉长工事公费必逾于预算额乎

［34］宣统三年九月十八日（1911.11.8)东三省电报　吉长铁路筹借款项未准

［35］1912年10月24日东三省新闻·奉天　吉长全线确已通车

［36］1931年11月29日，长春，长敦直通改站名"头道沟"为"长春"，"长春"为"东站"。

（作者杨洪友　长春市社会科学院副研究员）

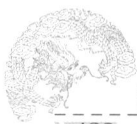

吉长道尹公署新说

赵　洪

【内容提要】"道台衙门"，作为长春仅存的几栋历史建筑之一，百年间经历了风风雨雨，世间沧桑，见证了长春的屈辱历史和发展的全过程。本文在有选择地利用史料的同时，佐以历史图片，发现和纠偏了以往史料中，对"道台衙门"一些记述的偏失和遗漏，还原历史真相，重拾那些散落的记忆，弥补对长春历史认识之缺憾。

【关 键 词】"长春道台衙门"　建筑　悬疑

2013年5月7日下午，长春市第七批全国重点文物保护单位公布状况新闻发布会在长春市政府举行，长春市相关部门领导和相关媒体出席了此次发布会。

经过历时4年的努力，第七批全国重点文物保护单位终于通过了国务院的审批，并于2013年3月份以国发[2013]13号《关于核定并公布第七批全国重点文物保护单位的通知》的形式予以公布，共有1943处不可移动文物名列其中，其中包括我市的8处18项。涵盖了我市从青铜器时代至辽金、清末、伪满以及建国初期各个不同时期最有典型代表性的文化遗产，集中了长春市文物遗存的精华。这8处18项不可移动文物是：五家子遗址、揽头窝堡遗址、农安辽塔、吉长道尹公署旧址、伪满皇宫及日伪军政机构旧址、伪满洲国中央银行旧址、长春电影制片厂早期建筑、长春第一汽车制造厂早期建筑等。

长春是一座文化城市，历史遗产丰富，长期以来由于种种原因所致，一直与国家级文物保护无缘。此次国务院一次就将长春市8处18项不可移动文物列为全国重点文物保护单位，使长春在国家级文保项目上实现了"零的突破"。它对于继承和发扬民族优秀文化传统、弘扬爱国主义精神、提升文化软实力、建设社会主义现代化强国都具有重要意义。同时对于长春人来说，也确为一件可喜可贺之事。据悉，长春市近期将举办一场以"古老的土地，年轻的城市"为主题的长春历史文物图片展，还将在伪满皇宫旧址等国保单位现场举行国保单位揭牌仪式和中国历史文化名街新民大街揭牌仪式。

在此次公布的全国重点文物保护单位中，吉长道尹公署旧址也位列其中（图一）。吉长道尹公署民间俗称"道台衙门"，清代道的长官，官方称为"道员"，民间尊称为"道台"，因而才有道台衙门之称。清代的道，是省以下、府以上的机关，因此吉长道尹公署也是当时驻长春级别最高的衙署，管辖吉林、长春、伊通、农安、德惠、长岭、舒兰、桦甸、盘石、双阳、蒙江（今靖宇）、乾安等十二个县。"吉长道尹公署创设于清光绪三十四年（1908年）初名叫吉林西路兵备道，后又相继更名为吉林西南路分巡兵备道衙署、吉林西南路观察使公署、吉长道尹公署、吉林督军行署、外交部驻长春交涉员办事处、长春市政筹备处。"九一八"事变后，日本帝国主义侵占东北，在长春扶植溥仪做了"满洲帝国皇帝"。1932年3月9日，溥仪来到长春的当日，就是在这个大院里举行的"执政就职典礼"，这里也一度成为伪满洲国的"执政府"和"国务院"。溥仪在这个院子里共住了25天，4月3日搬到原吉黑榷运局（今伪皇宫博物院）。之后此地又相继为伪满政府国务院、参议府、恩赏局、外交部、法制局、交涉署、市政筹备处、首都宪兵团、王道书院（部分房舍）、满洲国建国纪念馆等部门使用。1945年光复后这里为国民党新一军炮团驻地。新中国成立后该处由邮电部长春电话设备厂一分厂使用。

日俄战争中，日本获胜，并于1905年12月22日逼迫清政府签订《中日会议东三省事宜》正约三款、附约十三款，除迫使清政府承认日本占有长春以南原由俄帝国享有的一切权益和特权外，还对其开放东北三省包括长春在内的16个城镇"开埠通商"。清政府于1908年（清光绪三十四年）1月批准，吉林省添设西路兵备道，作为吉林巡抚派出的官员，分巡吉林省西南一带的行政事务，兼

图一

管长春关税、商埠和对外交涉事务。道衙初设时，衙署暂租住于长春府城内四道街天主教堂西侧的吉林永衡官钱局屋舍。首任道员陈希贤。吉林西路兵备道是当时在长春的最高行政机关，第二任道员颜世清上任后，开始修建衙署，署址选在长春城北门外通往日本"满铁"长春附属地的头道沟南沿上。之所以将道署建在头道沟南沿上，后人推测其用意为"扼制日本人向南继续扩张"。在《满洲日日新闻》记者日本人伊原幸之助所著《长春发展志》中，对修筑衙署的解释是"在临近附属地边界之高处修建道台衙门，宏伟壮观，中国国旗高高飘扬，恰有居高临下威龙附属地之势"。两种说法虽不同，但对日本人确有敌视和戒备之意。

史料记载，建成的道台衙门的房舍是中西结合的建筑群。其规模宏伟、壮观。整个建筑为青灰色砖瓦水泥结构，占地2.5万平方米，建筑面积约2000平方米。它的正面门楼坐西向东，高约十二米，水泥挂面雕砌花边图案。门楼两侧有配房五间，作为传达室、卫队办公室用房，占地七百余平方米。穿过门楼即是大堂，其也是道台衙门比较典型的建筑，占地七百余方平方米，正面十四根水泥圆柱冲天而起，气势非凡，该建筑主体高达七米。此处为衙门长官办公的地方，厅堂内宽阔明亮。再向西几十米便是后厅堂，建筑与正厅堂相同，只是略矮。正堂北侧有洋房四座，占地九百平方米，是衙内高级官员起居的地方，房屋建筑很是精致考究。修建衙署共花费白银9万多两，耗去商埠地建设经费的1/3。

此次申报成功，笔者欣喜万分，但欣喜之余，总感觉在其成功之后，还尚存些许缺憾，虽非徒有虚"名"，但在"零的突破"背面，我们还有许多的工作尚待完成。到目前

为止，作为素有文化名城之称的长春，且拥有众多的专业研究部门，对首次被国家核定为全国重点文物保护单位的吉长道尹公署旧址，仍有诸多悬疑未解，对其所经历的历史、建筑以及所发生的事件皆知之甚少，甚至连其所经历数次更换的名称也没有一个准确的说法，至今也无对此权威的发布。更有甚者，有些人竟说出"道台府是长春历史上第一个中央直属机构"错话，实在令人汗颜。

图二

笔者出于兴趣，对长春的历史也经常进行一些小小的探究，在有选择地利用史料和口述历史的同时，更注重于实物和图片的佐证。通过历史图片的搜集整理，从中发现，过去史料中对吉长道尹公署的一些记述，颇有偏失和遗漏。为还原历史，重拾那些散落的记忆，破解关于"道台衙门"的诸多悬疑，笔者特从收藏"道台衙门"为背景的图片中选取几张，做一下探索性的解读，以弥补之缺憾。

图解一，由竹岛书店发行的名为《长春道台衙门》明信片（图二），印制时间不详，但从其门额上的名称"吉林西南路观察使公署"来看，其时间应为1913年(民国二年)1月29日（由吉林西南路分巡兵备道衙署更名为吉林西南路观察使公署）至1914年(民国三年)5月23日（吉林西南路观察使公署改为吉长道尹公署）。从时间上看，该片应为道台衙门最初建筑，从图中可看出其正门门楼为典型的中式建筑风格，门额上雕有中国传统的二龙戏珠图案（图三）。从另一张名为《长春道台衙门表门》的明信片中可看到，在大堂前还建有一座高大的钟楼（图四），要说其间间杂着西式建筑元素，当属那座高高在上的钟楼了。为了证明其为道台衙门的准确位置，笔者特选一张从长春"日本桥"方向远望道台衙门的图片（图五），以图中建筑群隐约可见的钟楼顶部作为标志物，用以比对前几张图片的佐证。

图三

然而，道台衙门正门门楼，不知何时、何因改为后来的西式风格，建筑群中的塔楼也悄然消失，这一点无从考证，但在山阳堂书店发行的《满洲土产写真贴》中，有一张"吉长道行署"图片（图六），所标注的时间为大正十一年五月，即公元1922年5月。就是说至少在1922年5月前，该建筑形式还未改变。关于该门楼的改变，史料并无记载，

图四

但在这一年，长春道台衙门发生的一件大事，这件事看来与该建筑的翻修不无关系。即1921年春天，当时驻守于吉林省省会吉林市的吉林督军兼省长鲍贵卿因病辞职，接替他的是孙烈臣。孙烈臣，字赞尧，辽宁黑山人，行伍出身，从1909年起就是张作霖部下。张任师长时他任旅长，张任总司令时他任副司令，地位一直在吴俊升、张作相之上，是奉军将领中仅次于张作霖的实权人物。孙烈臣主持吉林军政后，认为长春地处东三省中心，交通便利，提议将督军公署移驻长春。在得到张作霖批准后，1922年7月中下旬，吉林督军公署机关大部、陆军稽察处和卫队团陆续迁到长春，孙烈臣开始在长春办公，督军公署办公地点即设在吉长道行署。9月中旬，留在吉林市的军务、军法、军备和军医等四课也迁到长春。留在原地的仅是"督军行署"的空名。这期间，名义上吉林市仍是省会，实际上省会已经大半在长春了。1924年4月25日，孙烈臣病逝于奉天（沈阳），遗职由张作相接任。张上任的第一件事就是把督军公署迁回吉林。5月12日，督军公署的搬迁基本完毕，张作相在吉林正式"接印视事"。从1922年7月起至1924年5月止，吉林督军公署驻长春共计22个月。此后该衙门仍归吉长道行署使用。笔者认为此即为道台衙门正门门楼改变的因由。另外，在日本人井上信翁于1922年11月所著《长春沿革史》中，对这一事情进行了简单的叙述："吉林督军孙烈臣在吉林留下若干留守人员，于大正11年（1922年）7月移驻长春，重修吉长道尹公署旧址作为办公地点"。据此可断，吉长道尹公署正门门楼的改变（图七）的确切时间应为1922年。井上信翁，20世纪20年代曾任"满铁"长春地方事务所所长，也即为长春"满铁"附属地的行政负责人，行使地方行政长官的职权。

图解二，由加藤写真馆发行的一张『长春道台ノ门』明信片（图八）。关于该张明信片，此前已有媒体和专家对其作过详细的报道解读。在报道中说："在院门口处有站岗执勤的军警，有拉人力车的车夫，还有一个小收发室。在院门上方有松枝搭成的'彩门'，上面还有灯饰。在院门最上面还有一面旗。'门道'就在这面旗和'彩门'上。这面旗是伪满国旗，所以可以断定这是在伪满时期拍摄的照片。1932年3月，溥仪在

图五

图六

图七

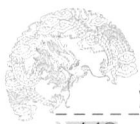

'道台衙门'就任伪满执政，正门上方也有松枝搭成的'彩门'，上面也有灯饰。溥仪在'道台衙门'仅待了20多天，据此，认定这张照片应拍摄于1932年三四月间"。对于专家的上述观点，笔者并不敢苟同。首先对专家所说："在院门最上面还有一面旗。'门道'就在这面旗和'彩门'上。这面旗是伪满国旗，所以可以断定这是在伪满时期拍摄的照片"的说法，这一点显然是错误的。其实若对这面旗帜稍加认真辨识的话，即可看出，此非为"满洲国国旗"，而是民国时期北洋政府的国旗（图九），虽同为"五色"，也同代表"五族"，但其形制上是有明显区别的。北洋政府的国旗，是一面由红、黄、蓝、白、黑五色横长方条自上而下排列的五色旗。而"满洲国"国旗在伪政府发布的《国旗制度布告》中公布的标准样式为："满洲国国旗由五色组成，旗地为黄色，左上角分别为红、蓝、白、黑的四色横条，各占四分之一，横纵比例为3:2"（图十）。显然明信片上的旗帜为北洋政府的国旗——五色旗。其次，专家对照片所产生的时间也有失偏颇，下面一段话为专家解读："1932年3月，溥仪在'道台衙门'就任伪满执政，正门上方也有松枝搭成的'彩门'，上面也有灯饰。溥仪在'道台衙门'仅待了20多天，据此，认定这张照片应拍摄于1932年三四月间"。众所周知，在长春，

图八

图九：北洋政府五色旗

图十：伪满洲国五色旗

春季到来较晚，每年大约在四月下旬甚至更晚，人们才能脱去厚厚的衣装。但从照片上人力车夫着装上来看，其显然是夏天的装束，对于"三四月间"的说法也就不攻自破。另外还有一点就是，从人力车夫的发束上看，也与民国时间相吻合，应为清末民初。

关于该张明信片院门的方位，笔者经过对该片的研究和与其他明信片对比后得出结论，证明该门位置为道台府南门，其理由如下：第一，从老图片背面全景照片中可以看到，该建筑群的西侧和北侧均为院墙，只在西北角处设一角门。而东侧为正门，也就是说只有一种可能，那就是南门。第二，从该明信片与《伪满洲国旧影》一书中一张"吉林铁道警备队司令部"照片（图十一），同为该建筑不同时期的照片的日照阴影中可看出，该建筑的方位为南，因西侧和北侧均产生不了这种效果。另外，据溥仪侍从李国雄回忆刚搬

进吉长道尹公署的情景时说："这里（指道台府）一切就绪，我又打听到溥仪住的房间——院里靠南的两间，想去看看布置好没有。"这段回忆，正好与上述两点得到相互印证。

同时，还有一个关键的问题需要弄清，那就是『長春道台ノ門』明信片中的建筑，是否在道台府建筑群内。对此，笔者在查阅日本战争资料馆《满洲国建国》一节中，找到了答案。其中一张照片名为"溥仪官邸"照片（图十二），即为该建筑的内侧之景。无独有偶，在长春电视台《发现长春》栏目拍摄的纪录片《百年道台府》第三集《堂榭往事》中，有一组镜头就是溥仪从该处经过，去往大堂参加"执政"的"就职典礼"（图十三）。由此得出结论，『長春道台ノ門』明信片中的建筑，为道台府建筑群内之一部分无疑。

图十一

图十二

"长春道台衙门"作为硕果仅存的几栋历史风貌建筑之一，百年间经历了风风雨雨，世间沧桑，也见证了长春的屈辱历史和发展的全过程。在长春的建筑史上，亦留下浓墨重彩。此次入选第七批全国重点文物保护单位名单，成为我市又一处文化景观和爱国主义教育基地，为世人提供了又一个了解长春历史的"窗口"，在弘扬传统文化、保护警示性遗址、促进旅游业发展、开展爱国

图十三

主义教育等方面发挥了重要作用。然而，我们对其了解还不十分透彻，还有许多工作需要继续完成，特别是还有诸多悬疑和未知，等待我们去继续探究完善；使其历史更加完整地展现于世人面前，以不负全国重点文物保护单位之名。

（作者赵洪　中国钱币学会会员、吉林省钱币学会理事、长春市政协文史专员）

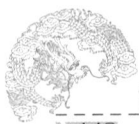

长春历史名人轶事

王　钢

【内容提要】本文主要向读者介绍清末时期在长春地区的两位历史知名人物和一个历史事件。李金镛，是清朝政界一位正直清廉的官吏，曾在江苏、吉林、长春、黑龙江等地任职，每任一处，清廉执政，被称之为"李青天"。张云责，清朝末期生人。任长春《大东日报》主编，李大钊的同窗好友，思想进步，是早期接受马列主义的青年进步人士，撰写了多篇进步思想文章，联合进步学生和组织参与反帝爱国活动。后任张学良秘书，被叛徒石友三杀害。长春义和团，是清末年间长春铁路劳工组织的反抗外来侵略列强的武装社团。他们以杀洋人、烧教堂、扒铁路为手段，打击帝国主义侵略者，大长了中国人民的志气。

【关 键 词】长春　历史　名人　轶事

李金镛，(1835—1890)年，字秋亭，号翼御，江苏无锡人。他早年随父经商，1862年，应试得官同知，在李鸿章的淮军中任职。任职中尽心尽力务实，得到李鸿章的保举。1870年，他被委派到兴安，转运军械粮饷。1876年，淮安、徐州一带大旱，粮食颗粒无收，灾民流离饥号。李金镛首先倡导义捐，并写信到江、闽、粤等地与江人胡光镰一起，共筹集赈金10万余两，亲自前往灾区赈济灾民。

1877年至1879年，山东、直隶、河南等地遭受大灾，李金镛亲自到灾区散发60万两的赈金。因他放赈有功，被提升为知府，调到直隶，1880年，李金镛被委派承修千里长堤，历时3个月完工。不久，被督办防务吴大澄奏调出关，办理珲春招垦事项。他到珲春后，查出珲春地区有闲荒48处。他就招集流民垦种，安置了不堪俄匪侵略的苏城沟华民数千户。并在此期间，勘定黑顶子

清代名吏——李金镛

山边界，据理争回沙俄所侵之地，重立了界碑。后来，又发生了俄国匪徒烧杀八道河居民一事。李金镛亲自进行调查核实，赶赴双城子俄宫住地，强烈要求惩办凶手。俄方迫于事实，只好交出凶手抵法。李金镛对俄方苛索华民，迫害华商等事，从不退让。他认为，这些表面上看上去好像是小事，事实上是与国家尊严和民族大局相连的大事。

1882年，吉林将军铭安非常赏识李金镛的才华，并向上奏请，留李金镛在吉林府任事，并让他担任了第一任知府，接着就派他前往图们江口勘定界址。当时，中俄边界条约规定：由瑚布图河口顺珲春河及海中间之岭至图们江，岭以西属中国，距江口20余里立土字界碑。由于地域广，界线划得不详，致使岭西的罕奇、毛珲藏等处海口盐场均划线外，与条约不符。李金镛认为："珲春河及海中间之岭天造地设，万古不移……"他按图据约迫令俄宫退还占地，终于重新立了界碑，使其土地疆界与条约相符。从此，沙俄非常敬服李金镛，不敢轻易相犯。1883年，李金镛代理长春厅通判。在他任通判的3年中，他亲自询问民间疾苦，裁革陋规，清理积讼，除暴安良，兴利剔弊。经过实事求是地进行治理，长春厅得以大安，民众称颂他，认为他广施德政，很合民意。当时东北正在开发，李金镛感到"亟应兴办教育，培养人才，开民智，振风气，以适应社会所需。"因此，他将自己的薪俸捐出，于长春创建了书院，并购图书数千册，以供学习之用。这个书院，无拘何等身份，均可来院观学看书，并招愿学者入院，倡导实学，讲求实用。他的义举，对边疆开发，文化发展，人才教育，起了一定推动作用。当时人们称之为"李青天"。人们不仅在他离任时沿途挥泪相送，而且在他走后，人们常常思念他。后来在勘定的精奇里江48里旗地界，争回俄方占地170余里。1886年，李金镛因功升为道员。

1887年4月，由于李鸿章的推荐，李金镛从吉林被调往黑龙江筹建漠河金矿。漠河地方荒僻，背靠兴安岭，面临黑龙江，与对岸俄国伊格那思依诺屯遥相对峙。雅克萨战争时，这里是清军驻兵运粮的要地。担任漠河金矿第一任总办的李金镛，面对运转难(距最近的瑷珲也有850千米的路程)，筹款难，用人难，无一不难的条件，于1887年5月，取道墨尔根，沿山路赴漠河，又由漠河，沿江经瑷珲返回省城齐齐哈尔。历时4个月，一路上，裹粮露宿，无一不苦，终于取得了有关漠河建矿的第一手资料。拟定了《开办金矿章程16条》，并南下保定化验金沙样品，依据实情奏报朝廷，恳请开矿。1888年初，清政府正式同意开矿。李金镛积极奔走于天津、上海、烟台等地，募集资金，招聘矿师，购买机器，筹运粮食、军火，招募矿丁……凡为矿所应用各物，皆于未开矿前陆续运到。对于开矿前的筹划，极周到缜密。李金镛率领同僚和开矿矿丁近千人，于1888年10月抵达漠河创办漠河金矿，矿务局正式成立。经过近3个月的筹备，在漠河雪高盈丈、马死人僵的恶劣环境下，李金镛在群山中设3个金厂。金厂安定后，他亲莅各处查视，于1889年2月12日，3个金厂正式开工采金(漠河金厂、奇乾金厂、洛古河金厂)。李金镛素有怜才爱士之名。自来到这万里奇荒的漠河，饮食起居、事务工作，百般均苦。李金镛对同来的员友，加倍优待以诚相交。同仁中遇有疾病，每天一定前往数次探问，并亲自调药，从不厌倦。因此，同来的僚友人人竭智尽忠辅佐李金镛的办矿事业。对应募来的矿丁、随员，李金镛都一视同仁，奖勤罚懒，关心他们的疾苦，帮助他们解决困难。他的善举，调动了矿工们的积极性，人人尽心竭力地安心工作。李金镛一方面整顿矿务，精心创业；一方面派人解决水上

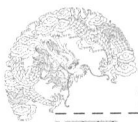

交通问题，以避免事事仰仗俄轮，受其牵制，并拨兵开拓漠河至墨尔根(今嫩江)达2000余里的运输道路。另一方面，悉心处理与俄方的交涉事宜，收复被俄方占据的金矿，令其不经允许不得过江采金，不得在华办矿，并在小北沟加强操练军队。俄阿穆尔省总督廓尔孚，因不知我华开办的漠河金矿如何布置，特于6月间，假借巡边为名，乘轮船来到漠河与李金镛会晤，探查我方的虚实。登岸后，廓尔孚携夫人及随员一齐来到居中。李金镛设宴以酒款待，宴间俄督廓尔孚对李金镛说："今年夏天，正值我方边防军队更调，军队轮船在江上往返络绎不绝，您难道不因此怀疑而害怕吗？"李金镛爽朗地笑到："两国和好，又有什么怀疑的呢？如果说害怕，那么，我们在边境上剿除金匪，班师凯旋的时候，骑兵、步兵将近百万，营垒连云，族旗蔽日，连绵数百里，加之东三省练兵及边防各军多达数万，害怕的应该是你们。我经常在军营里，对于这些，早已习常见惯。哪有对你们边境上调防这点儿小事害怕的道理呢？"俄督廓尔孚听李金镛如此说，一时语塞无话，一笑了之。心中不但敬重李的才华，更钦佩他的机智。俄方见李金镛勇而多谋，颇惧李金镛的威势。自此，各遵奉条约，两境相安无事。自漠河金矿开办以来，李金镛处理边塞和矿务内外各事，经常天亮就起，夜深才睡。在百忙中抽时间到工棚问寒问暖，注意改善矿工的生活条件和劳动条件。鼓励他们发挥自己的能力，多劳多得，允许他们发财后可以回乡探亲。经过近两年的苦心经营，漠河金矿已初具规模，矿工人数已达万人。漠河金矿总局，下设漠河金厂6处，分局9处，盘查局6处，员司达150余人，漠河一带房屋栉比，商贩渐兴。沿江平旷土地，种植了几百亩的白菜、萝卜、土豆、铃当麦等，基本解决了蔬菜自给的问题。

漠河金矿开矿采金21个月中，共得金4.8万两。除陆续归还借款，分给股商官利外，所有勇夫的粮饷、军械、粮运及各局经费，全由金厂支出。并提出余利，解充黑龙江省军饷。

漠河金矿开创的初期，因应募的矿丁少，故允许俄人入矿工作，但必须遵守矿章。1889年夏，有几个俄国矿丁私自藏匿金砂，依照金矿章程，李金镛依法用棍责打了几个俄国矿丁并将他们驱逐出厂。《中俄和约》规定：两国人民无论在何处犯事，均送回本国，各办各国之人。李金镛棍责俄国矿丁，各同僚们很为他担心，这不禁使他们想起了前不久所发生的事：一个叫赵凤兰的，在俄国边界博格罗夫因钱财和俄国商人发生口角，气极用火器打死了这个商人。俄官当即将赵凤兰提获，但并没有送交中国，而送到俄阿穆尔省进行了究办。中国方面屡次据约照会俄方首领，请他们将罪犯送交中国办理，俄方最终也没有答应。又过了一个月之久，碰巧有俄人在漠河上游数十里江道中，抢劫中国金厂兵丁的财物，巡江兵士当场将他们捉住带回金厂。本预送交俄国，但因江水刚刚解冻，稍稍延缓了一段时间，俄方就认为我方在违背条约。因此，他们立刻禁止沿江驿站替我方传递文报，轮船也不准附搭华人，不允许我方借用他们的轮船载货物，导致两国关系一度紧张。直到开江后将这几个抢劫犯送达，两方才和好如初。同一条约，他们公然违背是常有的事。鉴于上次的风波教训，李金镛的僚友们担心是有一定道理的。李金镛却劝慰大家说："都是矿丁，假如俄人犯法不处理，那么，以后华人犯法又该如何处置呢？再者，他们在我华地犯法我们不究，以后他们会更蔑视我们的法令。大家不用为这事考虑，我自有办法。"

过了几天，俄国矿丁就到他们的阿穆尔省固毕尔那托尔衙门控诉。俄方官首即刻据约向我方照会，李金镛根据俄方的照会答复说："俄民在中国金厂做贼偷金，这才是贵国最大的耻辱。我处不将贼犯送回，是替你们稍稍惩罚了一下，实在是看在两国和好友谊的份上，没有使你们伤体面。否则，条约俱在，况且我在珲春办理交涉多年，哪有不懂遵守条约的道理?望贵省固毕尔那托尔仍然忠于我们两国友好交往，以后不要听信刁民贼人的妖言，以免妨碍我们两国的正常交往和友情。"不久，就收到俄方首领的复函。在复函中，俄方酋首非常诚恳地表示歉意。从此以后，俄人更加敬服李金镛并送他一个绰号"一只虎"(即与知府谐音)。知人善任的李金镛来漠河创办金矿，不少有才之士跟从他来到这里。当时担任重要职务的有：屠荫堂剌史综览文件、奏章方面的事；唐钦昭掌管财物的支出和收入；张春承监督矿工的工作；钟勉孚主管各卡伦的盘查；俞云盐分掌粮盐的发放；顾翼初督转运；费溪桥、秦映岩负责采买粮、物；宋小濂协理漠河金矿总务，主管文案及交涉各事；袁大化任漠河金矿提调，可代他处理矿中内外事务。这些人各个称职胜任，都甘心情愿舍弃江南享乐，来到这塞北共助李金镛办矿。

1889年，李金镛就不时咳喘吐血，就医调理，时好时犯。1890年正月，李金镛自赴阿穆尔省，与廓尔孚会晤，议定了雇佣俄轮章程。又取道到齐齐哈尔，谒见依克唐阿将军，禀告矿务各情。二月初返回漠河。冰天雪地，寒侵霜凄，劳顿之苦，可想而知。只因百感忧心，万事劳神。至此7月初，李金镛便又有了怔忡吐血的症状。始时，他还勉强支持处理各种事务，不肯因病偷安休息几天。10余天后，渐觉精神萎靡不振，请医服药，均不见效。7月末，病情沉重，已无法再支撑工作。于是，李金镛方写呈上省，拟请3个月假调养身体，矿务内外上下各事，皆交由金矿提调袁大化代理。

谁知请假的呈子才送到，而李金镛于八月初四(9月17日)早4点多钟，在漠河金矿局与世长辞。临终之际他的家人(一妾一幼子)守在身边哭泣，僚友们围在旁边流泪，李金镛挣扎着坐起，劝慰大家说："大丈夫视死如归，又有什么遗憾的呢?我所抱憾的是金矿刚见成效，苍天不借给我年华，使我不能见到3年后的盛况。希望诸君好自为之!"说完，吐血数升气绝。临咽最后一口气，也没论及半句自己的私事。

僚友们无不伤感流泪。把头、矿工等闻讯也都赶来哭祭，皆泣不成声。"德在人心，功在边陲。"现存南北相随的僚友们之悼念挽联为证。

屠荫堂题曰："相随南北奔驰，历数万里程途，同尝辛苦；何遽人天隔绝，承十八年知遇，倍切感伤。"代秋海门、李子愚、孟儒林挽联曰："创天下义赈之风，救灾恤邻，不遗余力，生祠昭宇宙，已足享俎豆以千秋，而治肃冠裳犹其余事；肩国家开矿之任，安边兴利，默运精心，功业迈古今，和遽谢尘寰于一旦，使谊关僚友同抱悲怀。"顾翼初挽联曰："勇学世忠，廉师公绰，惠比郑侨，出关承十载提携，有过则规，有功必录，而今已矣，纵粗才他日有成，何处酬恩万一?始创义赈，继宰岩疆，终筹边矿，柔远动四夷威服，为民请命，为国捐躯，不亦悲夫，倘老父重泉相遇，为言不肖流离!"

宋小濂以门下的身份也题了挽联曰："忠勇从血性而来，赴万里奇荒，开一朝美利，何意大勋未集，尽瘁以终，纵报国有心，只剩英魂依北关；姓字忝门墙之末，受八年知

遇，才两载追随，回思训诲殷勤，栽培优渥，恨酬恩无日，徒教痛苦过西州。"

由于李金镛所创办的漠河金矿达到了清政府的办矿宗旨——兴利实边，因此李鸿章请旨加封李金镛。清廷颁旨，让李金镛的事迹在国史馆立传，荫袭一子(入监书)，并准予在漠河及原籍无锡建立祠堂以示恩宠。

从此，在漠河这片神奇的土地上，流传着许多关于李金镛的传说。这些传说，吸引着无数探险家前来采风。凡采金人在揻硃(采金人的用语，即挖矿井)前，都首先要顶拜李金镛的亡灵。当膜拜时，就用一根木棍，系一块红布，当成李金镛的偶象，以表示淘金者对李金镛的敬服、怀念和祈求他保佑自己能采到金子的诚心。

张云责与《大东日报》

张云责，原名张清岱，吉林省榆树县福安乡柴家村柴家林子屯人，光绪十七年（1891年）出生。少年时期的张云责，曾就读于榆树种榆书院。光绪三十三年（1907年），考入天津南开中学。宣统三年（1911年），考入北京高等师范学校。他阅读了许多进步著作和期刊，对其思想的发展起到了很大的影响，他关心国家的前途和民族命运。

1915年，他由北京高等师范学校毕业后回到家乡吉林，与同学李光汉等进步人士，于吉林迎恩门（今临江门）北官运胡创办了吉林私立毓文中学，张云责任教务主任兼国文教员。在此期间，他和同窗好友李大钊联系密切，开始接受马克思主义影响。"五四"运动期间，为了宣传马克思主义和新思想、新文化，宣传进步思想，1919年春，他同李光汉创办了进步刊物《春鸟秋虫》，揭露反动当局的腐败，唤醒民众救国。他在发刊词中写道："世界潮流，声浪波动，激人耳鼓，亦犹春鸟之声、秋虫之鸣也。"同年5月5日马克思诞辰日那天，张云责和进步师生创办了《毓文》周刊。在发刊词中提出三项宗旨："扶导社会""研究真理"和"向外界报告情况"。1921年，张云责又同徐玉诺等人创办了《吻爽》文学月刊，成为当时吉林新文学的园地。1921年4月，张云责请郭沫若亲自到毓文中学作《发扬"五四"精神》的演讲，并住在张云责家中，一起探讨新文化运动的方向，使毓文中学成了吉林传播新文化、新思想的重要前沿阵地，培养和造就了众多的革命志士。

1921年《大东日报》在长春创刊（社址为现在六马路）。1923年12月，张云责被聘为社长兼总编辑。他的到来，使《大东日报》一改风貌。他是中国最早接受马克思主义的知识分子之一，并且具有一定的号召力和感染力，在他的影响下，身边的编辑们也逐步接受了马克思主义。当时的《大东日报》已成为宣传反对帝国主义侵略、传播马列主义和共产主义运动的阵地。面对反动的黑暗统治，张云责敢于在《大东日报》上报道中国和苏联的革命活动。中国共产党成立之后，党组织曾派一些共产党员秘密到东北各地宣传马列主义，建立党的组织。《大东日报》巧妙地对此做了报道。如1924年4月5日出版的《大东日报》，报道了共产党人到哈尔滨宣传共产主义思想的活动。

"总编辑，守常先生最近有信来吗？"报社编辑经常问张云责。

"哦，守常先生对我们的报纸非常满意……"张云责十分自得地说。

"守常先生"就是中国共产党的创始人之一李大钊。因张云责与李大钊是同学，两人经常有书信来往，除互致问候，多是谈论或探讨社会问题。李大钊也经常为《大东日报》

提供有价值的社会新闻和新思想、新文化发展动态。

1924年1月21日，伟大的无产阶级革命导师列宁逝世，张云责得到消息极为悲痛，他下令撤消已经编好的版面，彻夜奋战，带领全社编辑赶编纪念列宁专刊，这期报纸在社会上反响很大，格外畅销。

之后，张云责在《大东日报》上开辟了纪念列宁专刊，先后撰写并发表了《论列宁之死》等文章，介绍了列宁的生平、思想、功绩，公开对无产阶级革命领袖给予高度的赞扬，并表示深切的哀悼。他在文章中大胆而明确地写道："列宁之为人，其思想、其丰功及一生之历史，无微末不与世界人类有较大关系，绝非一乡之善士、一国之伟人所可等量齐观。"然后，他以满腔热忱在文章中高呼："盖其生为真生，故其死为真死。"

1925年，上海爆发了"五卅"反帝爱国运动。6月上旬，消息传到长春，吉林省立第二师范学校韩守本等进步学生在中国共产党的领导下，组织长春各校的学生代表在《大东日报》社开会，成立了长春学生联合会和长春沪案后援会，发表宣言，领导全市学生的爱国运动。6月21日早晨，全市八、九万学生在韩守本等人的领导下，走上大街，开始游行，他们高唱校歌，高呼口号，手拿小旗，一路高喊"打倒日本帝国主义""取消外国人在中国的租界""取消二十一条"等口号，口号声犹如一声声沉雷，在长春的上空炸响。正值星期天，人多热闹，在青年学生的影响下，许多市民、商人也都参加了浩浩荡荡的游行队伍，经过大马路"气势汹涌"。

反动派当局当面佯装允诺，背后调兵遣将。22日凌晨，反动派当局派出军警几百人，将正在《大东日报》社开会的长春学生联合会代表驱散，并警告了支持学生运动的《大东日报》社。

由于《大东报社》的进步倾向，也招致了一些麻烦。时常有"满铁"派来的密探盯稍。但是，张云责并不在意，"不要理他，我们的报纸并不想讨他们的喜欢。"

1928年，张云责离开了《大东日报》社，任张学良将军的秘书。并在天津经营《益世报》。1931年初，张学良派他到石家庄，任军阀石友三第十三军秘书长，并主编了军事月刊《军光》。张云责发现石友三组织谋叛活动。一次，石友三想借张学良阅兵之机杀害张学良，张云责对石友三的伎俩深恶痛绝，极为愤慨，便立即报告了张学良，使张学良免于遇难。石友三得知是张云责告密后，于1931年7月将张云责在河北石家庄活埋，遇难时年仅41岁。张云责死后，他的文坛好友将其在当时能搜集到的文章结集，取名《大胆》，并出版，这是他惟一的遗作。

长春义和团

清末，中东铁路所需大量民工，多数是从山东、河北等地招募来的，这刺激了关内的贫苦农民闯关东的热情，掀起了又一次移民热潮。

那时还没有现代机械，华工在铁路工地上的劳动是相当繁重的，他们平均每天工作10个小时以上，而报酬仅仅是10戈比。就是这10戈比是日工资，还往往拿不到手，这是因为俄国的工程技术人员和管理人员大都异常凶暴，劳作中稍有过错，非打即骂，动辄便要克扣工资。华工们暂时敢怒而不敢言，然而仇恨却在心里积聚着。

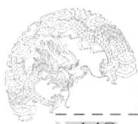

1900年，山东、河北等地爆发旨在反对帝国主义侵略的义和团运动，他们杀洋人、烧教堂、扒铁路，大长了中国人民的志气。

在中东铁路工地上劳作的几十万华工，大多来自山东、河北，也正是义和团起源的地方。故乡传来的消息无疑对他们是一种鼓励，长时间积聚在心头的不满与仇恨，顿时如同火山一样爆发出来。

"我们也要成立义和团！"一个消息在华工们中间传递。

经过串联，很快就聚集起一批人，他们模仿关内义和团的做法——设坛、祭天、推举大师兄，于是，在长春地面上也有了自己的义和团。

1900年7月5日，奉天（即沈阳）义和团法师来到长春，设立神坛，传授"刀枪不入"的法术。长春义和团军威大振。他们列队行进在长春街头，童子在前，成人在后，皆持单刀，法师持剑殿后，军容凛然。长春城的老百姓纷纷上街围观，人人脸上一扫往日的愁云惨雾，都把重振中华国威的希望寄托在义和团的身上。

当然，所谓"刀枪不入"是没有科学根据的，以迷信和愚昧来抵御帝国主义列强的钢枪火炮，其结果可想而知。但是，在当时，义和团的"法术"确实起到了团结队伍、凝聚民心的作用。

12日，义和团烧毁城西小孤榆树俄国人的住房，吓得俄国人只好逃到宽城子火车站去住。在城里，义和团将英国耶稣教开办的"施医院"（打着施舍旗号的医院）和医士的住宅烧毁，熊熊大火烧至午夜。14日，义和团扑向宽城子火车站，俄国人纷纷溃逃，义和团又是一把火，烧毁了站房及站内物资。

义和团旗开得胜，极大地鼓舞了铁路沿线的村民，他们也自发地行动起来，拆毁了刚刚铺轨的铁路，还切断电线或砍倒电线杆，使俄国人的交通和通讯陷于瘫痪。

义和团的兴起，使沙俄政府十分恼怒，他们一方面参加"八国联军"出兵京津，同时又单方面发兵17万人侵入我国东北。7月17日，一股俄军窜至长春城西骚扰，清军管带阮复元率马队40余人出城迎击，但因寡不敌众，清军大败，阮复元管带殉国。

此役失利，义和团深为悲愤，他们对俄军全面出击，将俄国人的船只、机车毁坏殆尽，迫使俄军不得不将分布在长春一带的护路军哨所大部撤往吉林。

由于当时朝廷对义和团采取支持的态度，长春府的官员们作为权宜之计，建立起官办的长春义和团，表面上义和团获得合法地位，实际上是官府对义和团实行限制与管束，以免义和团"滋生事端"。他们给长春义和团制订了"团规"，要求义和团择僻静之处演练，并不得随意外出，从而切断了长春义和团同外界的联系，削弱了义和团实力。到朝廷下令取缔义和团时，长春府亦立即解散了曾声名大振的长春义和团。

（作者王钢　长春市地方志编纂委员会
总编室主任、研究馆员）

访碑人过柳条边

——金毓黻在长春考证、研究东北史的岁月

孙彦平

【内容提要】"关东才子"金毓黻，民国期间曾任长春开埠局总务科长、吉长道尹
　　　　公署总务科长兼长春电灯厂厂长，两度客居长春，利用为宦之便，勤奋地
　　　　检索典籍、考据金石、搜访掌故、著书立说，对东北史进行了认真系统地
　　　　研究和考证，不仅奠定了他日后成为东北史研究大家的地位，同时也对长
　　　　春地方文化建设做出突出的贡献，为长春人民留下一笔宝贵的文化财富。

【关　键　词】金毓黻　考证　研究　东北史

在长春二百年的历史上，不仅从本地产生了众多的杰出人物，而且也有许多外地名人
在长客居，为长春的经济、文化、政治建设做出贡献。著名的东北史学家、被誉为"关东
才子"的金毓黻，就是其中之一。他在民国期间，先后身任长春开埠局总务科长、吉长道
尹公署总务科长兼长春电灯厂厂长，两度客居长春，利用为宦之便，勤奋地检索典籍、考
据金石、搜访掌故、著书立说，对东北史进行了认真系统地研究和考证，不仅奠定了他日
后成为东北史研究大家的地位，同时也对长春地方文化建设做出突出的贡献。特别是经他
总纂的《长春县志》，已被公认为东北旧志中的一部佳志，其中以他渊博的学识为基础撰
写的"沿革"各篇，尤具特色。提起《长春县志》，长春人是不会忘记他的。

一

金毓黻（1887—1962年），字静庵，号千华山民，辽宁省辽阳县人。他生于塾师家
庭，从小就喜欢读书，1913年考入北京大学文科，1916年夏毕业。"九一八"事变前宦游
于奉天（今沈阳）、齐齐哈尔、吉林、长春等地，职位最高时任辽宁省政府委员兼教育厅
长。后来主要以教学和研究为业。他客居长春期间，正是他着手研究东北史之时。

1925年5月12日中午，春暖花开的长春又迎来了一队官宦——吉林省财政厅长孙其昌
带其幕僚，转任驻长春的吉长道尹。阳光和煦，洒照在新绿的长春街道上，也洒照在这一
行人的身上。在随行的幕僚中，有一位身材中等、衣着随和、面容敦厚、神情恬淡的中年
人，他就是当时就被称为"才子"、后来成为著名的东北史学家金毓黻，时年38岁。金毓

皾到长后被委任为吉长道尹公署总务科长、商埠电灯厂厂长，成为当时长春重要的人物之一。

应该说，金毓皾对长春并不陌生，两年前曾随孙其昌来长八个月，任长春开埠局总务科长。这次来长算是第二次了。与第一次不同，这次他把家眷也带来了，这主要是因为上次孙其昌是代理道尹，这次是实任道尹，短期内是不会变更的，他们这些幕僚当然也会安稳些。

步出长春车站月台，随行在长春的街路上，金毓皾的心绪颇不平静。回想自己秉性平和，为政实无兴趣，可大学毕业后十年，为谋生计不得不投身仕途，充做幕僚。幕僚之身，蓬踪无定，依人作嫁，诚可感叹。

初到长春，金毓皾的身体不大好，白天官场上的文牍琐事，夜晚僚属们的酒席应酬，使这位总想做学问的北大高才生苦不堪言。特别是从前年起，他的治学方向转到史学后，他总感到时间不够用，原想利用吉林省城相对优越的文化环境很好地研究一下东北史，编写一部《东北文献征略》，但还未及动手便已身转长春，免不了又要一番忙碌。尤其是接手长春电灯厂厂长一职后，厂内外的人事纠葛，营业上的纷繁事务，更是令他不厌其烦。

金毓皾终于被累跨了，从8月初患伤寒症，到11月初始愈，他大病了一场。他在日记中记述道，"自斯以来，卧病两月，缠绵床蓐，日与医师晤对，药饵为缘。"

初到长春他竟然大病一场。

二

冬日的长春疏朗、清新，病后的金毓皾虽未欣赏到"池塘生春草，园柳变鸣禽"的景致，但北国雪后的阳光也足以让他心情舒展。此时他的心绪与半年前确实大不一样，精力和体力也稍感充沛。然而没想到，1925年11月7日病后第一天理事的他，却被一件意外之事勾起了满怀愤懑。这天，他接到了从都门晨报社寄来的两本书，都是北京师范大学白眉初教授所作，一为《满洲三省志》，一为《地理哲学》。他对"满洲"一词并不陌生，日本人多用其称谓中国的东北，但他对中国人写东北之书却冠"满洲"之称十分不满。他在日记中写道，"《满洲三省志》宜改称《东三省志》或《奉吉黑三省志》，满洲之称为日人所命，盖以此比于朝鲜，认为中国藩属，以肆吞并之地步。若在我国，三省久有定名，时王之制，不宜妄改。即从古称，宜曰辽东，何为以部落之名加诸行省，贻笑方家，授隙外人，非著书之本，白氏何不之思耶？"这些观点都被他收进日后所著的《东北通史》中，成为他研究东北史的一个基本的观点。

这件事后，他发奋要尽快研究东北历史，以期用正确的观点正国人之思，为国立论。他又重新梳理了在吉林的想法，初步拟编《辽东文献征略》《辽东耆献录》和《辽东文征》三部书，并马上着手边读史边从中摘抄有关东北的史料，对东北史进行科学的研究、考证。翻开他的日记，我们看到在这之后，他研读的史书数量大增，有赵翼撰的《廿二史札记》、钱晓微撰的《廿二史考异》、王西庄撰的《十七史商榷》、吕诚之的《中国史》及《汉书》《后汉书》《三国志》《清朝全史》《明史》《隋书》《大清一统志》《渤海国志》《东陲纪行》《皇朝续文献通考》《清史纂要》等上百种。

在众多的史书中，他对《清朝全史》感触颇深。

《清朝全史》是日本人稻叶岩吉著，取材于中国的官私文书、中西杂记数百种，历时十余载撰著而成。金毓黻认为该书中虽有失实之处和武断之论，但其中许多论点"皆具特识"，特别是和中国同类书籍相比，中国人撰著的《清史纲要》《清史纂要》和《中国近百年史》等已皆"不足称史"。金毓黻在日记中写道，关于清朝"自清亡以至今日，正史既未成书，私家著述亦少名作，幸有稻叶此书，撷采甚富，足资学者之研习，即修正史者，亦可取材于是。而号称衣冠文物之邦，学士林总，竟无一惬心贵当之清史，岂非事之至可耻者乎！"金毓黻作为中国人对此深感羞愧。

在研究东北史之初更注重日本人的研究成果，这是金毓黻的清醒和见识；要雪此之耻，更是金毓黻的胆略和志向。38岁的金毓黻此时以"书生报国无他物，唯有手中笔如刀"的精神，确定了自己的位置。

在1925年末的这段时间里，除了道署和电灯厂的日常事务和应酬外，金毓黻把业余的大部分时间和主要精力都放在了对辽东的研究上，终于以无可辩驳的史料和精当的论述，界定了辽东的历史沿革和地理范围：

"辽东郡秦所置，以其地在辽水之东故名辽东。而辽东之名则起于周末……秦置辽东、辽西二郡，汉因之。自辽水以西以至今永平迤东之地，皆为辽西郡所属，历千余年迄无改易。然古之辽东实兼辽西而言，燕王喜畏秦之逼徙居辽东，盖在今卢龙、临渝一带，去蓟都不远，故迁徙较易。至秦汉之辽东郡远在辽水之东，去蓟都千余里，地当燕国极边，恐燕王未必舍辽西之地而远徙于此也。苏秦说燕文侯仅云东有朝鲜、辽东，不言辽西者，以举辽东即以包辽西矣。项籍分封诸王，徙燕王韩广为辽东王，都无终……地在辽西郡之西，然王其地者犹曰辽东，则其所包之广可知。明代因元代辽阳等处行中书省之旧，置辽东都指挥使司……盖古帝王宅京于冀、雍，辽地在其东方，故以幽、蓟迤东地统称之曰辽东，非以在辽水之东得名也。"

辽东即东北，东北不能叫"满洲"，这就是金毓黻的结论。这些观点也同样收录在他后来编著的《东北通史》中。

1925年12月5日，金毓黻正式开始编辑《辽东文献征略》，初分为郡邑、古迹、人物、杂录四集。

为编辑此书，金毓黻在广征文献的同时，还多方考据金石。从他的日记中看，这时期他曾考证了辑安（今集安）的高句丽好太王碑、汪清县百草沟出土的"副统所印"、舒兰小城子的完颜希尹碑、额穆出土的"汉军万户之印"、五常出土的"熟伽泊猛安印"、千山出土的崔源墓碑等上百种。从考据金石中，金毓黻验证了大量的史实，有力地佐证了他的研究成果。他在考证完颜希尹碑时验证《金史》的记载和纠正了后人将"达懒"改为"达兰"等错误，指出"人名、地名、官名本以取信后世，皆不得枉易，致人迷惘，此文史之定律"。1926年3月，他考证在辽阳千山出土不久的崔源的墓碑，参佐文献，证实了明代置奴儿干都司前宣德元年用兵东北的一件大事。

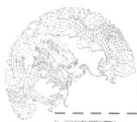

金毓黻在考据金石中受益非浅，1926年初他在日记中记道："近年余得辽金庙碑、墓志六、七通，皆可证史事，又可补史之阙佚，以其出北东北一带尤为可贵。以意度之：今热河地方必多辽人刻石，吉林地方必多金人刻石，特无人发抉，故罕见耳。"

1926年元旦到来，金毓黻的日记恰好记到了第36卷，他在卷首总结这一年的生活和学术研究时写道："昔人以征献为难，吾生惟漫游是好，不恤操觚之妄，拟待裹粮以行；船唇驴背，启验陈编，山巅水涯，别求胜赏。方之霞客，宁人无多让焉，斯则余之愿也。"他是以徐霞客为榜样，多方搜寻古迹史料，来开辟一片中国人研究东北史的天地。

1926年，金毓黻在继续研究东北史的同时，也把目光投向了脚下这片土地，他闲暇时更多地在城内外走走。虽然从政以来他多次到过长春，前年还曾在这里供职八个多月，但真正地了解和欣赏长春还是在这次。他的家眷住在电灯厂内，但他却因公事方便而常独寓道署，早起无事，便往东沿伊通河散步；晚间应酬后，也常携二三好友到"满铁附属地"内的西公园消磨；有时还到清真寺内、城南门外等处游逛……当时长春的杏花村、商埠公园、西公园、日本桥公园等园林，他都去过，而且各有评价。金毓黻才思敏捷，游玩之余常留下一些诗句，长春给他留下相当美好的印象。

然而，最令金毓黻着急的还是长春的历史。长春设治是在1800年，设治前是蒙古的游牧地，再往前应从属于黄龙府，研究黄龙府就能解决长春的历史问题。另外，岳飞诗文中有"直捣黄龙"之句，黄龙府也是东北史中最重要的问题之一，对此更为关注。于是他开始认真地梳理文献，细致地比较史料，从文献和史料形成的年代、背景及承接关系等多方面论证，最后取《金史·地理志》之说，得出"辽金之黄龙府城即今之农安县治，农安为隆安之音小变（俗话称龙湾），亦即渤海之扶余城，这时其地为龙州"的结论，驳正了《盛京通志》等史书上将金代黄龙府定在开原的说法。至此，长春的历史沿革辽金以前已很清晰。1926年4月18日，他独往西公园散步时，在这种喜悦的心情下吟出"再游西公园"诗一首：

"觅取隆州旧苑花，西园重到路非赊。缓归陌上冰初泮，长啸林中日未斜。栗里渐舒元亮柳，东陵待种邵平瓜。川原信美非吾土，暂得安身便是家。"

1926年10月，金毓黻应邀在长春中日教育联合会等处做东北文献演讲，又将辽金以前的长春历史沿革予以阐述清晰："长春之地本为古扶余国，在昔扶余太子朱蒙为国人所不容，逃往东南，过奄利大水，鱼鳖成桥始为安渡，不为追骑所获。此水疑即今之松花江，江水浅处固可褰裳而涉也，后朱蒙竟为高句丽之始祖。故长春实为一朝发祥之地，居此地者得山川之劲气，尝卓荦不居人后，而能有所树立，此徵之历史而可知者，吾人安可自待太薄乎？"

客居长春，考据得证，不亦乐乎！

1927年，他的东北史研究的第一个成果——《辽东文献征略》定稿并刊印发行，被东北学人普遍称赞。他的老师、北大教授黄季刚先生读后写信给金毓黻，称之为"翔实谨严，非区区方志之比"。

三

　　1928年初，金毓黻的注意力又集中到了金代完颜娄室墓上，这是因为它不仅能佐证长春历史，而且还因为它曾遭到日本人的盗掘。

　　关于完颜娄室墓的所在地及被盗掘，金毓黻早在阅读杨宾（号大瓢）的《柳边纪略》和《双阳县乡土志》两书时就知道了。杨宾在书中记载金完颜娄室墓在"船厂西二百里薄屯山"。《双阳县乡土志》记载完颜娄室墓被日本人盗掘的事情。金毓黻在日记中将其全部载下：

　　"城北五区小河台北之石碑岭上，有一古墓中藏有石棺二具，一出土外，已残破，一埋土中。民国元年为日本人发掘，得金龟、宝剑、玉佩之属，立祠于其地，木（墓）主题曰'女真仪同三司左副元帅完颜公之神位'，旧有石碑，已无存，祇胜（剩）碑座半埋土中。"

　　1928年初的一个偶然的机会，激起了金毓黻一定要踏访完颜娄室墓的决心。当时金毓黻寻找一本叫做《清朝未入关史事》的书，在朋友的介绍下见到了该书的作者日本人泉廉治。见面后，泉廉治得意地向金毓黻谈起完颜娄室墓及日本人发掘之事，说中国人皆不知其具体位置，并说"掘墓之时，中国人知之者甚鲜，若在今日，则酿成交涉矣。"得意之态，溢于言表。当时金毓黻虽然列举了《柳边纪略》和《双阳县乡土志》所记，力挫了他的谈锋，但心情还是十分沉重的，他深为当时中国政府的无能而黯然神伤。

　　5月下旬的一天，长春县公安局长修长余（字云汀）、梁钧甫邀金毓黻在益丰楼宴饮，陪座中有一人叫刘棣选，家住在石碑岭附近，金毓黻向他详细地询问了完颜娄室墓的具体位置和1912年时被日本人盗掘的情况，决定尽快踏查一番。

　　5月27日是星期日，金毓黻邀长春县县长张书翰（字筱斋）和魏镜如、曹佩章、王秩清、李汝梅、关路夫、吴冼之、胡秀钟、张禹铭、孙渔滨、唐星祺12人，带几个仆人，乘小铁道的马拉斗车，赶赴石碑岭。

　　5月是长春最好的时候，春风已歇，杨柳郁郁。一行人清早出发，10点钟左右在稗子沟下车，按刘棣选所画的方向，步行过柳条边上了石碑岭。

　　完颜娄室墓座落在石碑岭南坡。整个墓地已凌乱，墓倚岭面向东南，迎面对一岭，形势极佳。金毓黻找到一位当地的居民访问，得知当日日本人发掘时，有玉带扣、玉石牌、头盔、金碗、妇人头饰等，娄室之骨已粉，墓碑也已被毁……

　　石碑岭上，金毓黻盘桓了许久，归来后心情仍久久不能平静。他在日记中详细记下了有关完颜娄室墓的所有情况，并挥笔写下纪行的两首诗：

　　"佳晨结伴出东郊，绿树青山入望遥。岭阪有坟难觅骨，边壕无柳不成条。黄龙故国思娄室，白马名都访大瓢。共向枝荫寻一醉，漫将往事问渔樵。"

　　"龙川东望霭苍烟，不尽南阡又北阡。龟础存骨千劫后，石棺发在十年前。白云如盖横驰马，绿树成荫缓著鞭。无语斜阳吊兴废，访碑人过柳条边。"

　　"黄龙故国思娄室，白马名都访大瓢。""龟础存骨千劫后，石棺发在十年前。"一代学者，在此追思往昔的历史云烟，抒发被强邻欺侮的愤慨；一代学者，也在此完成了对

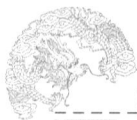

脚下这片土地历史沿革的详尽考证。

访碑归来，县长张书翰将久修不成的《长春县志》总纂之责委托于金毓黻，金毓黻知难而上欣然接受，并为此倾注了大量的心血。他在7月27日的日记中记载编纂《长春县志》的考证之难：

"阴雨数日，皆霍霖小雨……今日撰县志页数稍多，大抵此事不难于落笔，而难于检书。书卷不多则失之陋，考览不详则失之疏，往往下笔数行而检书多至数十种，盖不如此则不能极此道之能事也。原撰书人考览未详，书卷亦不多，仅据省志钞撮，而又不知去取之宜，所以无可观采。"

此时的金毓黻异常忙碌，从美国购来的发电机在年内安装完毕并发电，使发电厂第一次转亏为盈；长春县筹建图书馆，他又为其整编图书目录；奉天（今沈阳）方面还邀他参加《东三省丛编》等多种史书的编纂工作……但金毓黻还是分出大量的时间和精力，投入到《长春县志》的总纂中。他的日记记录了这一进程——

7月25日："思纂《长春县志》，而头绪甚繁，非旦夕可了……"

7月26日："自今日起纂《长春县志》，首撰沿革，日以五页为度。"

8月3日："纂《长春县志》第一卷竟。"

8月9日："撰《长春县志》第二卷天度篇毕。"

8月20日："辑《长春县志》山川卷毕。"

8月22日："辑《长春县志》疆域卷毕。"

8月24日："辑《长春县志》城镇卷毕。"

…………

至1928年末，《长春县志》经金毓黻手脱稿。书中将他这几年来对长春的研究成果都写了进去，特别是否定了长春即辽长春州的说法，将长春的历史沿革叙述得无比清晰。他还怀着强烈的民族义愤，将日本人在长春盗买土地,盗掘完颜娄室墓，强占大屯石山和开办华实公司从事非法活动等许多丑恶行径，如实记载在志，为后世留下铁证。

1928年末和1929年初，东北历史发生了巨变，张作霖被炸，张学良易帜，日本帝国主义加紧了侵占东北的准备……1929年3月，金毓黻离长赴奉任职。金毓黻在长春的岁月，对东北史的研究取得了初步成果，也为长春人民留下一笔宝贵的文化财富。

（作者孙彦平　长春市地方志编委会方志馆

管理处处长）

长春城之起源地——"宽城子"之名

来源新解

杨洪友

【内容提要】1800年，清政府设置长春厅于伊通边门附近。1825年，长春厅衙署移建于宽城子。对于"宽城子"的名称来源，一直成为史学界探讨的难题。上个世纪末，李健才先生提出"宽城子"来源于长春市奋进乡小城子。但笔者认为，李健才先生的观点有待商榷。这一名字是因为人口迁移此地开垦建村时，以原籍命名，即地名迁移的产物，即来自于河北省宽城县。

【关 键 词】长春厅　宽城子　地名迁移

1825年，长春厅治移建于宽城子。宽城子名称来源及起源于何时，是困扰史学界的一个难题。东北史研究专家金毓黻编撰的《长春县志》记载，宽城地方，原来曾有一座古城。"城垣之形，颇不规则，南北袤约四里，东西广约7里。盖东西广于南北一倍，故有宽城子之名。此城在设治之前即有之，其为何代所建，已渺乎不可睹已。"[1]但关于这座记载中的古城，在长春后来的考古发掘和城市建设中，根本没有发现任何地下遗存来证明其存在，因此，这一记载没有得到当代史学工作者的采信。而在长春民间，一直有"先有小城子，后有宽城子"的传说。20世纪90年代，吉林省文物考古研究所东北史研究专家李健才先生从考古学、地理学角度，并结合这一传说，提出"宽城子地名的由来，是因为这一带有一座长方形古城，即今长春市宽城区奋进乡境内的小城子古城"。这一论断自提出以后，几十年来，在没有新历史资料发现的情况下，曾为史学界所广泛认同。但是李健才先生的论断，结合从现有的史料上看，是站不住脚的。笔者认为，"宽城"这一地名并不是发源于小城子古城，是流入迁入此地开垦建村时，以原籍命名，应来自于今天河北省宽城满族自治县的宽城镇。

一、"宽城子"之名，与小城子无关

李先生所说的小城子，是位于长春市以北奋进乡，距长春50里，《长春县志》曾对该城有过记载。新中国成立以后，考古工作者的调查和发掘证明其为一座辽金古城。今天长春一带，在康乾时期，虽然受到封禁政策影响，但是还是有人居住的，只是"人烟稀少，人口增长相当缓慢。最先到达各地的流民开荒斩草，被称为座山户。早期的村落规模

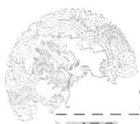

都很小，少则三两户，多则十数户。"小城子这一居民点，应就是早期的村落。李健才先生对于宽城子之名来源于小城子，依据如下：一是依据嘉庆重修《大清一统志》卷68记载："宽城子在（长春）厅北五十里，设废年无考。"[2]李先生认为，"厅北五十里，即50清里（180仗1里），当今57里（今为150仗1），正是当今小城子的位置。"二是长春市流传着"先有小城子，后有宽城子"的说法。李健才先生认为，小城子形制上东西500米宽，南北250米长，所以前小城子应该叫宽城子，就是《长春县志》中提到的宽城子古城。"而长春厅北治北迁到宽城子，是指迁到宽城子古城的所在地。"后来，人们就将长春厅治所在的地方叫作宽城子，而原来的宽城子就改叫从小城子。

但从现在能看到的清代文献资料，以及对民间传说的考证上看，笔者认为，李先生的论证并不能完全证明这个结论。

第一，李先生从"清里"与"华里"的长度不同，提出的"五十里"长度，已经跨过了宽城子，正好是到了小城子。但这个从长春厅治（新立城）到宽城子的"五十里"的距离里数，并不单单出现在《大清一统志》中。1825年，吉林将军富俊因为长春厅治偏南，准备将其向北迁移，于是向朝廷上奏了《为请借支养廉银移建衙署易资弹压事由折》。奏折中明确提出："拟请于所属相距五十里适中之宽城……移建衙署。"由此可见，在当时，不管是吉林将军的概念里，还是志书记载，"新立城的长春厅衙署到宽城的距宽就是"五十里"，而不是指到小城子，是没有丝毫联系的。之所以记载为五十里这一整数，一是当时的测量并不精确，二是不管《吉林外记》，还是《吉林通志》，并于两地之间的距离描述，几乎都是记录为整数的。

第二，关于李健才先生所说的小城子地名，因为东西宽于南北一倍，所以曾经叫过宽城子。后来该地名迁移到长春。对于这一点，《宽城区地名志》对于奋进乡所属的一些地名来源及其演变都进行了详细的记载。比如对于奋进乡新月屯，就记载该村原来叫白果屯，后改成白狗屯，"地名普及时因其屯名不雅，故更名为新月屯"[3]。但该志对于小城子的记述如下："姜振……从山东登州府海阳县裕乡远各庄来此地开荒占草形成，来时发现此地有古城（历史无记载）遗址，其方圆红三百亩左右……便以古城遗址称此屯为小城子。"由此可以推断，既然其他村名变化都会记载，那么小城子曾经有个"宽城子"的名字，应该会流行下来，并在《地名志》中加以记载。但《宽城区地名志》却单单舍此不记，从逻辑上是说不通的。合理的解释就是小城子从来就没有过宽城子这一称谓。

第三，"先有小城子，后有宽城子"，不一定指是宽城子名字来源于小城子，而是另有含义。1998年，长春城市起源研讨会期间，笔者曾随到会的全国各地专家赴奋进乡小城古城调研。据当地一位80多岁的老人许瑞芝说：小城子在清乾隆后期，比较繁华，有当铺、烧锅等。乾隆末年，万寿寺在该村建成，但寺院修建完后，井水突然变红。全城人们认为是天降凶兆，非常不吉利，于是全村人南迁到宽城子[4]。《长春文物志》记载：长春小城子"距城二百余米，有一荒废庙址，名为万寿寺，传为清代所建。"《长春县志》记载，万寿寺"有坐观二，塔形者为元宝和尚。"《长春市奋进乡志》曾记载："万寿寺根据传说，修于嘉庆二年。其始建者元宝和尚为嘉庆帝摄政王的替僧（替僧即代替皇帝出家修行的人），即代替当时已经退位的摄政王乾隆来此修行。"《长春市奋进乡志》还记载，"寺院建成后，摄政王题匾：决我元疆悬挂大殿中央，后由乾隆皇帝赐匾""'万寿寺'"。这段记述是充满矛盾和问题的：一是如果元宝和尚真是乾隆替僧，也是应该是乾隆没有退位的时候。而且其退位，已经不是真正的皇帝是不需要替僧的。二是乾隆退位后，尊为训政，从来没摄政王的称号。三是《长春市奋进乡志》记载，先是说摄政王题匾，后又说乾隆皇帝赐万寿寺三字。一个人，两个称谓，这本身就是矛盾。所以，笔者认为，如果元宝和尚真的是替僧，也是乾隆在位之时，"万寿寺"三个字也是乾隆在位时所赐，和许姓老人所说的万寿寺是修于乾隆末年，而并非嘉庆二年，是相符合的，是有可信度的。

二、长春地区村屯命名特征及长春地名移入现象

（一）长春地区村屯命名方式及特征

如果宽城子之名不是来于小城子，那么来源于何处呢？我们应该分析今天长春地区各镇乡村屯的名称来源。

清康熙九年，清朝设柳条新边，其主要目的保护清代皇室的发祥之地，保护清室的东北三陵，此举能限制流民的逾矩向北。今天长春附近的柳边外，当时只有极少的民人、旗人杂居村落，且户数甚少，他们从事以自给自足为主的农业生产。据近年长春地区的社会调查表明，当时存在的10786个居民点中，形成于明代中晚期的，仅有21个，占总数的千分之二，就是把清代封款禁前的顺康雍（雍正七年，即1729年，已经下令停止招民）三朝形成的村落加在一起，也只不过有243处，仅占6.64%。长春地区，是开发于乾隆末年，原来郭尔罗斯前旗王公拥有的私产。乾隆五十六年（1791年），蒙古王公开始在其所有的土地上，开始私自招垦，土地出荒。但其招垦之处，并没有明确记载。而长春厅辖区半公开化的大规模招荒，是在嘉庆元年之后。所以长春地区93%以上的居民点，是因为前郭尔罗斯招荒，流民大量入行形成的。

在我国，一个地名的产生，是有其来历和深刻含义的。中国人特别重视地名的确立，因为对一个地方或地区的命名，就象征着对此地的所有和管理。历史文化和经济发展条件不同，会导致人们在命名地名时的风格。而长春作为清代中晚期开发，为人口迁移地区。

因为移民按劳动性质和谋生手段来分类，主要有农垦型、商贩型、近代工业型；从群体上分，有家族型、不同家庭群体形、单个形；从地域上分，有山东、直隶、山西等地。移民的特点是以务农为主，以家族为中心，同时非政府强制的移民具有群体上的松散性。而移民在思想意识上表现为重土轻离及浓厚的宗族观念，对旧地充满着依恋。移民在命名地名，充分体现出这些特点。他们在命名时，一是简单，二是没有文化含量，主要有以下几种。一是最容易想到的；二是眼前能看到的；三是自身经历的；四是祈福型的；五是音译。这一主要性质，决定了长春的地名命名有自己的特点，即和移民这一社会经济事件有直接关系。

1. 以移民的姓氏或名字命名地名。这是最常见的一种方式，约占地名来源的四分之三以上，即当时都是第一户开荒人家的姓氏或名字来命名的。这种方式基本是是自然村名，主要因为外来移民初到陌生之地，一是亟需家族的团结，以求安家立业；二是表示占有，故以姓氏名村，以示别于土著或他族。如孟家屯，陈家大院，张九皋屯等。

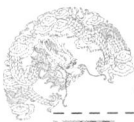

2．以建筑物取名，如小城子，双城子，大双庙等。例如前文所说的小城子，即因为其居住地有辽金古城一座。

3．是来源于店铺或职业相关的事物，即商贩形。即从事某种手工业和经商的移民，凭着手工业和商业的特长建村立业，长期被人用店名指代村名，长期约定俗成，由此产生了具有行业性特点的自然村名。如兴茂号、拐脖店、烧锅店等。在这个类别中，还有把姓氏与其所从事的生意结合起，如葛家粉房、于家油坊。如西新乡棒槌杨。据杨家谱书记载，"此屯是杨家前十一代人于嘉庆元年由吉林一带迁来立屯，因该人是药房先生，医道较好，又开过参店，迁来此地后，就起名棒槌杨[5]。

4．为求取吉利，如兴隆屯，太平庄。例如，西新乡大开源堡，是在嘉庆年间，刘姓来此开荒，为求吉祥，取名开源堡，后来屯子越来越大，即叫大开源堡了。

5．来自于数字。这种方式，多数是结伴而来的不同家族的数个家庭，或政府移民开垦为管理上方便而对某个聚焦点指定的数字，或是取自身边某种事物的数字。如十四户、八家子、八号、四间房，五棵树等。例如九台市，就是清代所建柳条边的第九个边台。

6．来自于自然地理。这里，一是根据地形取名，如上台子，下台子，小岗村、偏脸子等等。例如，西新乡靠山屯，是因为其背靠土山而得名；二是根据山、河等地理和植物取名，如兴隆山、滴水湖等；三是来自于动植物，如孤榆树、稗子沟、苇子沟、黑鱼泡、獾子洞等。

7．是蒙古语或满语的译音。如土们岭、官马山、哈拉哈等。例如伊通河满语意为"洪大、汹涌之水"。如"卡伦"，即满语为驻军的哨卡。

8．地名迁移。即以出身地或来源地的地名来称呼的，如天增堡等。除前述这些，还有部分村屯命名已经无法得知其名称来源。如九条玉带等。

（二）长春地区有关移民原籍命名的村屯

在上述命名中，有一种命名方式，即地名迁移。地名所代表的实体(城市、村庄、山、河等)一般情况下是难以迁移的,但地名的迁移在历史上是极为普遍。从商周各诸侯国的频繁迁都到历代王朝的大规模移民与侨置州县,都是地名迁移的实例。如具有"世界工厂"之誉的广东东莞，现在已是座驰名世界的城市；但查阅史籍，中国大陆有三个"东莞"，既广东的东莞、江苏的东莞和山东的东莞。据史学工作者考证，山东、江苏、广东的东莞，是居住在山东东莞地区的若干氏族、家族南迁和再南迁后，将原来的地名亦迁至新地，用原来的地名命名新住地的结果。除因战争，使某地沦陷造成了大批的居民迁徙外,由国家统一的进行的大规模移民,也造成了地名的迁移。如明代山西洪洞县有名的大规模移民,至今在不少地方仍留有"遗痕"。还有就是因为灾害而造成的贫民逃荒，是一种民间自发的行为，如历史知名的闯关东，就是如此。

乾隆中叶以后，进入到长春地区的流民，最主要来源地为直隶、山东，其次为苏北、皖北、河南、山西等。还有一部分人口是二次流民，即已经定居在奉天（辽宁）省各地，然后再次向北流动，来到长春地区。如果从同一个地区结伴逃荒而来的人群，并非同一个家族，那么在命名上，就不会使用姓氏，而用其原籍命名的可能性就大大增加。这种方式，在长春地区是可以见到的。《长春县志》记载1600多个地名，许多都可以辽宁、河北、河南、山东、山西地区找到相同的名字。如抚安乡九甲就有"岫岩窝堡、岫岩沟"，十甲还有"岫岩窝堡"，恒裕乡十甲还有"岫岩窝堡"。恒裕乡上九甲则"开元"还有"腰开元""东开元""西开元"，以及"小开元"之分。广宁，也有"广宁洼""广宁堡""广宁窝堡""广宁王"等。还比如"铁岭屯、朝阳堡"等等。这些地名中，对应在辽宁，就有岫岩县、铁岭市、朝阳市、开原县（元代属开元路）、广宁（今辽宁北镇）等地方。仅于"岫岩"而论，史载：岫岩二字，出于元代，岫"指有穴的山，岫岩县位于之滨，因受海潮冲击岩石形成许多洞穴，因此而得名。另据金代转运使王寂所撰的《鸭江行部志》载："发龙岩山前，数十里北望，大山连绵不绝，数峰侧立，状如翠屏，秀色可掬，里人谓之磨石山故也，予恶其名不佳，欲改之曰竟秀岩。"明代将"秀岩"改为"岫岩"，明太祖洪武元年（1368年）设岫岩堡抚民通判，属盖州卫。明崇祯六年（1633年）始建城，并设立守城官。不管"岫岩"一词是哪种意思，长春一带的地形地貌，都不具备命名特征。而广宁、铁岭、朝阳、开原等地区明代就已经形成市镇，开原马市更是名振东北。所以，长春地区与其名字对应的村屯流民，应分别来自于岫岩、铁岭、开原、广宁、朝阳等。除了辽宁省，还有其他省份的地名，在长春一边也能找到。如民国时期的恒裕乡十二甲的"横街"，以及长春老城的街道中，连接东、西九圣祠胡的"横街"，则对应的有山东临安锦城区的横街村，该村已有170年以上历史；恒裕乡的"大、小南阳堡"，对应的则有河南南阳，秦代即设有南阳。"万山堡"对应的河南荥阳有荥阳十景之一的"万山"。裕恒乡二甲的"辽滨塔"对应的，则有位于今天沈阳东北29公里镇辽滨塔，因其傍依岸边，世人称其为"辽滨塔"，为一座八角十三层密檐青砖塔，为辽代所建，其西北有著名的辽滨古城，具有一千多年的历史。这样的例子还有很多。

上述这些外来的地名并不见于文献，但一些地名在文献中明确地记录为来源于外省地名。如《长春市朝阳区地名志》就明确记载，其所管辖的双德乡"广宁王"清代为恒裕乡所属，"清代嘉庆年间，王松仁由广宁迁来开荒种地，因为他是广宁人，故称此屯为广宁王。"[6]朝阳区所属的西新乡所管辖的天增堡屯，清代时，为恒裕乡六甲所管。"此屯是由天津来的老李家，于嘉庆元年建立的，叫天津堡。后来叫白了，叫千层堡。之后传说有一年屯中失火，火势旺时，天降大雨，将火浇灭，人们说剩下的东西是天赠的，所以叫天增堡(谐音)。"[7]还有其中长春人最熟悉的，是乐亭屯，现在位于长春大马路和亚泰大街附近，今天设有乐亭街。乐亭是中国共产党的主要创始人李大钊的故乡，历史悠久，公元1123年（金天会元年、辽保大三年、宋宣和五年）始建乐亭县，属滦州。迄今已有800多年历史，明代和清代，都设置为乐亭县。根据历史记载，长春市的乐亭屯在清代，是直隶乐亭县人的集中居住地。光绪初年长春练总刘鸿恩为匪案，曾惊动朝廷，这个刘鸿恩即是直隶乐亭县人。清末民初年，长春益发合、东发合、成发合等商号的东家，就是乐亭县的"京东刘家"。1907年，长春商会第一任会长王获人，以及后来的孙秀三，都是河北乐亭县人。尽管目前所见的文献中没有标明明乐亭之名是来自于河北乐亭县，但多数史学工作者都认为二者之间存在着必然联系。

三、长春城之起源地——"宽城子"应是河北"宽城"的地名迁移

"宽城"之名，既然不是来自于"小城子"，考古也没有发现《长春县志》所记载的

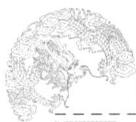

古城，而且长春地区也有许多地名都是来源于异地他乡，如山东、直隶、河南、山西等。那么宽城子这一名称，最大的可能性，也像"天增堡""广宁王"一样，就是异地名称迁移，即宽城子第一批移民取名于其原籍。而长春地区流民的最大迁入地直隶——今天的河北省，恰恰有一个"宽城满族自治县"，县政府所在地，叫"宽城镇"。

（一）河北宽城镇历史沿革及位置的重要性

宽城满族自治县，为河北省承德地区属。其县城所在地——宽城，位于县境西北部，三面环山，一面临水，城随瀑河流向，呈东北——西南坐落。现在城区长2.5公里，宽0.8公理。据《宽城县志》记载："宽城古为卢龙塞外，是通往漠北辽东的交通孔道。迨于元代，始有宽河驿设置。1387年（明洪武二十年）大将冯胜率师出松亭关，筑宽河城（旧城墙基宽1.2仗，顶宽0.8丈，周长812丈，城墙外有壕沟，深1.5丈）建宽河卫，宽河遂名宽河城。1389年，明朝废去宽河卫，设置了宽河千户。1403年(明永乐元年)又将宽河下户所迁往遵化。后，宽河城演变为宽城。"由此可见，宽城在元代就已经出现，明代已经成为长城以北之重地。宽城之名，与城池形制毫无关系，而是由"宽河城"演变而来。

中华民国时期，"改直隶承德府为热河特别行政区（民国三年，热河特别行政区从直隶省划出），平泉州改州为县，并设承德县"。宽城归平泉县管辖；1935年，划归青龙县。1945年8月，宽城解放，成为区政府驻地；"1963年，青宽分治"，又将承德县一部分划入其中，宽城县诞生，宽城县人民委员会驻宽城。而宽城县之名，即来源于宽城镇，是全县的政治、经济、文化中心。

清朝时，随着康乾对长城以北今天承德地区的土地开发，宽城因其重要的地理位置成为口外驿站，"自清初始，满族陆续定居宽城，尔后又分居他乡，逐渐扩散到全县各土地，使宽外宽城形成了以满族为主的少数民族聚居区。"[8]同时，大量汉人也进入这一地区，宽城人口不断扩大，成为一个重点的居民点。

一是驿站的设立。清初，清政府为了加强蒙古与内地的联系，修筑和恢复了明代北京通往内蒙古的喜峰口、古北口、独石口、张家口、杀虎口五条驿路。这五条驿站中的一条，即喜峰口至扎赉特旗，共1600余里，每站相隔百里。史料记载，该条驿路设于康熙三十一年(1692年)，其中汉站二，蒙古站十六，共十八个站。[9]第一站为喜峰口，宽城驿马站即为喜峰口外的第二站，设有驿丞、官夫、驿丁等驿站官员、驿丁，为朝廷内务府派出的汉八旗兵丁，这些人靠朝廷拨与的耕地为生。"他们是现其后裔主要有翁、李、曾、赵、鲍、梁、张、詹、王、康、陈、姚等12姓氏分布在宽城镇、缸窑沟、下河西等乡。"

二是商贸发展。口外五条驿路确立之后，就成为清代北京与蒙古以及东北的重要的商品流通之路。其中喜峰口至扎赉特旗"蒙古商队每年都驱赶着马匹驮着毛皮畜产品沿该驿路到八沟(今平泉县境内)、热河(今承德市区)、北京等地进行贡市、边市、军市贸易再驮回内蒙地区所需要的茶叶、蓝青绫布、苏州青缎等物资。"驿路沿线还不断涌现出新的居民点或村落有的村落，逐渐形成了具有一定规模的城镇。"[10]同时，清朝皇帝频频驾临热河，进行木兰秋弥及建立避暑山庄之后，大量的随驾王公、大臣、侍卫、驻军等消费人群使热河商业迅速繁荣起来。随之而来的是关内移民的不断涌入，使今天承德地区的人口大量增长，使农业生产发展迅速，每年大宗的粮食贸易更加促进了热河商业的发展，经济上不断繁荣，热河地区以承德府为中心，以各驿站为据点的一批重要的城镇出现，如多伦诺尔、八沟（今平泉）、热河（今承德）、塔子沟（今朝阳）等等。而宽城做为喜峰口外的第一站，"马车可北上八沟，哈达（赤峰），南下尊化、唐山。宽城成为喜峰口外的交通要冲与物资集散地。"[11]

三是大量垦地人的进入，带来了当地人口大量增长。清朝初年，长城以外地区，"田土高，而且腴，雨雪常调，无荒歉之年，更兼土洁泉甘，诚佳壤"[12]。清代前期，内地就有农民开始越过长城，来到塞外垦荒种田。清政府也允许少量内地农民到长城外垦种，令春种冬归，即实行"雁回制"。一方面，口外蒙古王公的田地和八旗官田需要佃给汉人耕种以获取更大的利益；康熙十年以后，陆续有为数众多的关内民人迁移到此处，垦地种田，主要是向蒙古王公租地耕种。到了康熙中期，清政府即已在蒙古适宜发展农业的敖汉诸部提倡耕垦，发展农业，康熙三十七年（1689年），康熙皇帝曾谕示："朕巡幸所经，见敖汉及奈曼诸部田土甚佳，百谷可种。如种谷多获，则兴安岭左右无地可耕之人，就近贸籴，不须入边市米矣。其向因种谷之地不可牧马，未曾耕垦者，今酌留草茂之处为牧地，自两不相妨。且敖汉、奈曼蒙古以捕鱼为业者众，教之以引水灌田，彼亦易从。凡有利于蒙古者，与王、台吉等相商而行。"[13]另一方面，明末清初北方各省灾害频繁，加上战乱以及畿铺大规模圈地，清初清政府实行口外招垦政策，于是大批破产的直隶、山东、山西、陕西农民大量涌向口外地区。康熙五十五年(1716年)六月，陕西、山西，河南等省发生严重的旱涝，难民如潮，大批灾民欲往口外蒙古地区谋生。迫于压力，康熙帝晓谕各地官府"给予出口印票，令其前往川圳，并令长城沿边关隘予以放行。此令在事实上承认了汉民出边的合法性，表明清政府禁止汉民出边政策的转变。

雍正元年(1723年)，"河南黄水溃决，泛滥于直隶地方，此年以来，两省近水居民耕种无资，衣食匮乏。"大批流民涌入京师一带。迫于灾民就食的压力，为了解决流民问题，清廷一面设立粥厂，一面下令内地乏食民人，可往口外可耕蒙地开垦地亩谋生。清廷要求各旗容留流入蒙古的灾民，"特许其吃租"。雍正帝颁令户部："惟开垦一事，予百姓最有裨益……嗣后各省，凡有可垦之处。听民相度地宜，自垦自报，地方官不得勒索……不得阻挠。这此令被称为"借地养民"令，或曰"一地养二民"。此项措施当初不过是清朝统治者的一项权宜之计，然而其影响却很大：标志着清政府对汉民出边由默许进而鼓励的重大转变。此后大批灾民流入蒙古，加速了塞外农业的发展，对稳定清王朝的北部边疆具有重要意义。

康乾盛世以来，人口急剧增长，在荒歉年份，灾民无法生存，不得不外出觅食。康熙后期，在长城外耕种的内地农民越聚越多，此时仅山东人"或行商或力田，至数十万人之多"[14]。乾隆时，"至出口垦荒者，动辄以千万计"[15]，致使口外的察哈尔一带，"旷土闲田，所在皆是。雍正中始募民垦种坝内，以为农田，画井分区，村落棋布"[16]。随着承德地区土地的开垦，和汉人的移居，清政府为了加强对此地的管理，在此加强了行政建制，雍正元年，设立了热河直隶厅，雍正七年(1729年)十月，清廷在热河直隶厅之东八沟地方(今河北省平泉县)建八沟厅，与理藩院章京分管喀喇沁蒙古民人缉捕盗贼等事。雍正十一年(1733年)，雍正将热河厅改为直隶承德州，寓继先帝的德政之意，也可理解为"承

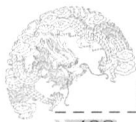

天之德"，设知州一员，州治仍设在热河厅址重建。雍正帝在谕旨中说："我国家光宅区夏，薄海内外成隶版图，而热河由密迩畿辅，置道分厅，吏治赅备，近复改设府州县，归置与内地等。"其中八沟厅和承德州由口内霸昌道节制，其中宽城在八沟厅管理区域之内。乾隆朝，清政府将八沟厅改为平泉州，行政区划的设立，表明该地方农业区的形成，这里已经形成了相当规模的定居人口。根据承德府人口变化统计，到1781年，宽城所在的平泉州，户数已经达到29315，人口数为154308。这其中当然包括宽城。《宽城县志》就明确记载：在清代，按照清政府"借地养民"解决生计政策，有大量从山东、山西，河南等地出关逃荒的汉人灾民，以及被"招垦入境"的汉人佃户等来到这里生活；特别是在乾隆年间，有来自甘肃、陕西、宁夏等地逃荒而来的回民。其中有甘肃马氏，以及尾随而来的丁氏、会氏等。

（二）长春城之起源地——"宽城子"原名为"宽城"，与河北宽城同名。

从地名学的角度，我们现在回头在长春厅衙署的移建地"宽城子"，也有一个地名演变过程。不管是见诸于清代往来公文，还是民间所说的并一直到现在仍在通用的"宽城子"，其名字原来只叫"宽城"，这是与清代直隶省的宽城完全同名。现存中国第一历史档案馆的一份吉林将军富俊《奏为请借支养廉银移建衙署易资弹压事由折》曾说："长春厅事理通判常……拟请于所属相距五十里适中之宽城，人烟稠密、商贾辐辏、五路通衢地方，移建衙署。"[17]这其中使用的就是"宽城"二字，这是目前能看到的"宽城"之名，在清代官方文件中的最高应用，同时又是上奏给朝廷的奏折，具有权威性。但该奏折所附绘的地图上，除了直接标出"宽城子"的地理位置，上面还标注"宽城子至纪家窝铺一百二十五里，现居商民人丁一千余户"的字样。这说明，一是在1825年，这个有上千户的村落，宽城子这一名称已经出现。二是在官方正式文书中，"宽城"、"宽城子"两名已经开始混用，但给皇帝的奏折行文中，还是用"宽城"这一正式名称。《吉林通志》也曾两言"长春府城，旧名宽城"。绘制于1876年《长春厅舆地全图》及其所说明文字，从大小，形制上，据学者分析，应该也是奏折的附图，也具有权威性。在提到长春厅所在地时，该图有八处使用的是"宽城"，一处用的是"宽城子"；同时该图内在今天长春位置上，标有"长春厅即宽城子"字样。这表明在在光绪初年，"宽城""宽城子"两种写法仍然混用，二者含义相同，指代也相同，但宽城子一词，出现的频率已经相当高了，在更大程度上为人们所认同和使用。

《吉林通志》也曾言"长春府城，旧名宽城"，但"宽城"为什么被叫成"宽城子"呢？从语韵学上讲，一个地名的确定，一是列强的标识性，二是不能拗口。不管是绘制于1876年的《长春厅舆地全图》上的一百多个地名，还是《长春县志·市镇》所记载的20世纪20年代的长春县所辖的1640余个地名，都可以发现，当时村屯名称，两个字的极少。如果是二个字，第二个字又是平声，后面绝多数要加"子"以收尾；特别是带"城"的二字地名，都加"子"字，比如"朱家城子""小城子""偏脸城子"等等，这合适东北方言的语韵特征。宽城子应是民众为发声方便，对"宽城"一词的通俗化。《长春县志》就名确记载："长春县志原名宽城子，清同治四年始筑今城。《吉林通志》：'长春府原名宽城。'应作俗称，加'子'字。"由此可知"宽城子"是对"宽城"的俗化，又在民间广泛传播，流布通用，并从民间口传进入清代官方文书之中，最终代替了"宽城"，成为官方到民间的通用称呼。因其影响巨大，还被俄国用来拿来命名在长春老城以北的车站。1905年日俄战争之后。长春"居三省之中，日俄两国铁道之交，华洋杂处，轮轴纷驰，扼险控制"，宽城子这一叫法，声名远播，甚至在某些时候替代长春，如1917年在长春爆发的中日兵警冲突，不管是当事人，还是史学家，都称为"宽城子事件"。今天长春宽城区，又得是因为俄国宽城子车站而名，已经1825年时的宽城子老城，"宽城"这一名字在长春市内又发生迁移。

（三）河北"宽城"之名具有迁移到长春的可能性

不管是从长春宽城子同名，还是宽城子的人口与地理位置上看，长春城之起源宽城之名来源于河北省宽城镇这一推理，还是有其合理性的。

1. 交通的优势。河北宽城镇沿革及史料表明，第一，"宽城"这一地名，是从"宽河城"演变而来，在明代末期就已经出现，清代继续使用这个地名；第二，宽城在清初年，作为驿站，有清兵驻守，已经是长城以北的交通要冲和物资集散地，在当时具有相当大的规模和人口数量，是一个较大的居民点。《宽城县志》已经明确记载：宽城镇中有大量山东、河南、山西、甚至是陕甘宁等地回族的逃荒的人，都到达这里。第三，作为交通要冲，宽城可以能直通辽东那么从这里自由地进入到辽宁，可达长春地区。那么这里的原住民、二次流民，或山西、河南等地流民，甚至是西北地区的回民，借助辽宁这一交通要道，绕过山海关，来到长春，一路坦途，也没有官府限制的障碍，对于流民到达吉林地区，绝对是一个上佳的路线。清初长春，曾有大量回民进入长春，是否有陕甘宁等加回民借助这一通道，需要加以研究考证。

2. 民俗的相似性。从民风民俗上看，河北省《宽城县志》所记载的其地大量满族语言，如"稀罕、秃鲁了，哈喇味、寒碜"等用语；以及家居用品称谓，如"囤子，炕琴、被格"等；还有习惯等等服饰，如"扎腿"等风俗，与今天长春周边乡镇也极为相似，所以，二者之间应有一定的联系。

3. 宽城这一名称，不具有长春命名的本地性特征。从地名学上看，长春地区清代村落，都是流民自己命名的，极少文化蕴意在其中，除了外来的名字，其他起名，都是与姓氏、地形、建筑、经历、店铺、数量、风俗、祈福等日常生产和生活关系非常密切的事物有关。其中以面积相关的，都是"大，小"之分，特别是以"城"的形制命名的，也都是"大城子、小城子、半拉城子"，这种对城的名字，完全是以大小等面积和形状之分，极为通俗。以"宽"字来命名，并不符合清代长春地区命名习惯，亦可见其地名的外来性特征是很明显的。

综上，从历史学、地理学、语韵学等多个角度分析，200多年前长春"宽城"与当时直隶省"宽城"两者的名字和写法，是完全相同，宽城子之名，是完全有可能来源于河北宽城镇的。如果《长春县志》所记载的"宽城子古城"并不存在，那么宽城子地名迁移说，能较好地解释宽城子之名来源。虽然我们目前没有直接证据表明这一观点，只是一种推理，但正如李健才先生的宽城子之名来源于小城子一样，其结论也没有直接史实资料为证据。早期的流民们既然能将"天津""广宁""乐亭"等地名带到长春地区，那么从山

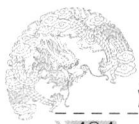

西有一大股流民从"宽城镇"迁到伊通河边，并将新建的村子叫"宽城子"，是完全有可能的。

注释：

[1] 金毓黻编撰，于泾校注，《长春厅志·长春县志》，2003年124页

[2] 李健才《东北史地考略第三集》，吉林文史出版社，2001年，218页

[3]《宽城区地名志》，宽城区地名志编纂委员会，1985年

[4] 杨洪友《再谈小城子与宽城子》，见《长春社会科学》2000年第二期，第67页

[5]《长春市朝阳区地名志》长春市朝阳区地名志编辑办公室，1984年，44页

[6]《长春市朝阳区地名志》长春市朝阳区地名志编辑办公室，1984年，56页

[7]《长春市朝阳区地名志》长春市朝阳区地名志编辑办公室，1984年,44页

[8] 唐学凯，宽城满族来源考，《满族研究》1991年第01期

[9]《嘉庆会典事例》卷五三一"兵部·邮政·置驿四"。

[10]《论清代长城沿线外侧城镇的兴起》陈喜波/颜廷真/韩光辉《东北史研究》2012年第2期

[11]《宽城县志》宽城县志编纂委员会，河北人民出版社，1990年，53页

[12]《清圣祖实录》卷二二四，康熙四十五年三月乙未

[13]《清史稿》卷五一九《藩部传》

[14]《清圣祖实录》卷二五零，康熙五十一年五月壬寅

[15]《清仁宗实录》卷一六四，嘉庆十一年七月巳未

[16] 乾隆《口北三厅志》卷五《风俗物产志》

[17] 吉林将军富俊倭楞泰《奏为请借支养廉银移建衙署易资弹压事由折》（现存中国第一历史档案馆）

（作者杨洪友　长春市社会科学院副研究员）

清末民初吉林的新式教育与赴日留学潮

刘晓晖

【内容提要】1840年的鸦片战争，标志着中国开始沦为半殖民地半封建社会。1860年，中国开始向西方学习，推行洋务新政。1894年，中日甲午战争爆发，大清国战败，中华民族危机日益加深。清政府与社会各界的爱国志士，面对西方列强的入侵和日渐衰落的清王朝，开始探索变法图强之良策，急切寻找中华民族自省自救自强之路。1895年前后，一种新的变革思潮强势兴起，中国从向西方学习转变为向东方学习，也就是学习日本的"明治维新"，开始"洗心革面"推行"新政"，在政治、经济、军事、文教诸方面，实行了自上而下的改革措施，期望中国也能走上维新图强的道路。1898年，光绪皇帝颁布的《明定国是诏》，被史学界誉为"百日维新"运动的政纲。其中，《诏书》重要的内容之一，即是废除科举考试，创办京师大学堂，以实现旧式教育向新式教育的转换。清政府在推行新政的同时，亦选派官绅和青年赴日本考察，同时谕令各省选派学生去日本留学，并使之成为一项既定的政策。由此，吉林受清末民初国内赴日留学热潮的影响，也有部分官绅、青年学生赴日留学。这些人不仅将科学知识带回家乡，而且成为投身新式教育，传播进步思想，主张社会变革，助推近代吉林社会文明与发展的有生力量。

【关 键 词】清末吉林 推行新政 教育改良 赴日留学

近代变局

1840年的鸦片战争，是近代中国进入社会转型的特殊历史时期。西方列强用武力和鸦片敲开了清王朝闭关锁国的大门，中英《南京条约》、中美《望厦条约》、中俄《瑷珲条约》、中日《马关条约》，中俄、中法、中英《天津条约》，以及《北京条约》《辛丑条约》等一系列不平等条约，一张张印在中国的版图上。侵略扩张、割地赔款、资本输入、投资设厂、商品倾销等，中国主权受到严重侵犯，封建式的自给自足经济开始走向解体，中国沦为半殖民地半封建社会。

鸦片战争过后，中国的社会政治、经济、文化发生了一系列的变化。特别是在抵御西方列强的战争中屡尝败绩，清朝统治集团内部颇受震动。在中国人民反对殖民主义侵略斗争的推动下，一批具有御侮图强思想的爱国志士，如林则徐、魏源、姚莹、包世臣等，开

始探索和寻求变法图强之路。经世致用、中体西用、维新变法、民主革命等社会改革思想纷纷登上历史舞台。1860年，清政府开始向西方学习，其内部也出现了"洋务派"与"顽固派"的纷争。以曾国藩、李鸿章、左宗棠、张之洞为代表的"洋务派"，开始推行洋务新政，先后创建了24个近代兵工厂，规模较大的有江南制造总局、金陵机器局、福州船政局、天津机器局等。清廷戍边大吏吴大澂在吉林创建了吉林靖安军和吉林机器局。在兴办近代军事工业的推动下，中国民族资本开始积累。1870年以后，陆续创办了天津开平矿务局、天津电报总局、上海机器织布局、上海华盛总厂、兰州机器织呢局、黑龙江漠河金矿局等官督商办企业。1862年，中国第一所新式学堂同文馆成立，随之有30余所近代新式学堂开始兴办。北洋师范学堂、北洋女子师范学堂、山东师范学堂、山西师范学堂、浙江师范学堂、河南高等学堂等。1872年，清廷官派120名幼童赴美留学；1877年，清廷又先后选派四批共80多名学生赴欧洲的英、法学习船政。中国近代海军的著名将领刘步蟾、林泰曾、邓世昌、林永升；民初北京大学首任校长严复等，均为"留欧船政学生"，他们日后成为政治、军事、外交、文化诸多领域的新型人才。

西方列强的入侵，特别是1894年的中日"甲午战争"，两国展开军事博弈与较量，陆军的"平壤之役"，海军的"黄海决战"，大清国一败涂地。洋务运动以"自强""求富"为目的发展军用与民用工业，也未能拯救清王朝的衰落。以康有为、梁启超、严复等人为代表的"维新派"，先后在北京、上海组织"强学会"，明确提出"变法图强""救亡图存"的时代目标。1895年前后，一股新的变革思潮强势兴起，也就是中国自1860年向西方学习转变为向东方学习，学习东方日本的"明治维新"，开始"洗心革面"推行"新政"，在经济、政治、军事、文教诸方面，实行自上而下的朝政改革。1898年，光绪皇帝颁布《明定国是诏》，被史学界誉为"百日维新"运动的政纲。其中，《诏书》重要的内容之一，即是废除科举考试，"废八股，改试策"，创建京师大学堂，设中、西10个学科，以"广育人才，讲求时务"为宗旨。[1]

如果从中国近代历史发展的轨迹上看，京师大学堂作为国家新式教育基地和核心模式，对于至上而下推行"废科举兴新学"，实现旧式教育向新式教育模式的转变具有重要的现实意义。与此同时，清朝政府谕令各省选派学生去日本留学，并使之成为一项既定的国策。清末民初，国内以青年学生为主体兴起了赴日留学热潮。留学生回国后投身新式教育，促成了许多官立、公立、私立学堂的建立，如，吉林省立第一师范学堂；浙江、四川、河南、湖南、安徽、福建、云南高等学堂等。留日学生跻身教育领域，一定程度上缓解了兴学之初师资不足的困难，更重要的是改变了旧式教育的师资结构，其进步作用不可估量。在国内新式学堂担任过教习的王国维、黄兴、张继、陈独秀、沈钧儒、何炳麟、苏曼殊、鲁迅、江庸等，皆成为中国近代教育史及民主革命史上颇具影响的杰出人物。

一、清末吉林——内忧外患之时政

吉林省地处东北中部，统辖着松花江以东、黑龙江以南直到乌苏里江的广大地区。其东北部近邻沙俄，东南部与朝鲜接壤。如果从时空、社会、文化三个维度来考量，这种地域性多维度文化的形成，是其成员在特定的时（历史演化进程）空（文化生态环境）结构中，共同参与、创造、传承和交融的结果。其决定性因素依然是该地域的历史演进、社会生产方式、生活内容，以及朝代更迭的历史性沉积，从而形成了清末吉林的历史特征：

首先，"移民潮"的开发重建意义。吉林省地处东北亚区域的中心位置，幅员辽阔，地形多样，河川纵横，资源丰富。东部为长白山区，西部为科尔沁草原，中部为广袤的松辽平原，为发展农牧业提供了自然基础；丰富的资源储藏，又适宜发展工商业和军事工业。特别是清王朝将东北视为"龙兴之地"，对其实行的长达200余年的封禁政策，严重地影响了吉林的开发与建设，但客观上也保护了这一地区的生态环境。直到20世纪初，吉林仍旧是尚未开垦的"处女地"，处在农耕、渔猎、采集等多种经济方式混杂的半农业社会。期间，关内山东、河北、山西、河南等地民众，不畏艰辛冲破清朝的封禁，陆续进入东北乃至吉林，形成了中国近代史上又一次规模最大的"移民潮"，史称"民闯关东"。清政府迫于内外交困的压力，自咸丰七年（1857年），后经同治、光绪、宣统朝40余年间，对东北解除封禁全面开放。"据记载，光绪十七年（1891年），吉林人口由道光末年的32.7万人，增加到86.3万人。光绪三十三年（1907年），吉林人口已接近400万人，汉族人口约占2/3。"[2]人口的增加，土地的开发，农业生产规模的扩大，农副产品加工业的兴起等，使吉林加速了由多种经济方式混杂的半农业社会向完整的农业社会的转型。早在1800年，清政府为管理大量的关内移民和被开垦的土地，除省城吉林而外，在蒙公封地新立城设治长春厅，1825年移至宽城子，重建衙署于西四道街。1888年设长春府。1907年，吉林省实行省制。1913年改设长春县。长春是在东北近代化发展过程中新兴的城市之一。特别是辽河、伊通河航运，以及后来中东铁路的开通，加速了长春城市化的历史进程，使之逐渐成为吉林地区的中心城市和商贸梯级市场。从这种意义上讲，"移民潮"对于东北乃至吉林，无疑是一场具有开发和重建意义上的历史性蜕变。

其次，近代民主精神的缺失。近代中国的起点及社会转型，发端于1840年的鸦片战争。而近代吉林的起点与社会转型相对滞后。1861年营口开埠之后，东北才缓慢进入半殖民地半封建社会，其社会转型晚于关内20余年。近代吉林的社会转型与关内各省比较相对滞后，这与清王朝对东北的封禁是不无关联的，但深究其社会转型迟滞更为重要的历史因素，应该是社会政治、经济、文化缺乏近代民主思想和文明精神的引领。如，被誉为"吉林三杰"的成多禄、宋小濂、徐鼐霖，他们作为生长在本土文化界的代表性人物，在面对中国古代文化（封建形态）向近代文化（民主形态）转换的过程中，其担当的历史使命，应该是为民族为国家提供前瞻意识。他们的审视目光必须放在传统的体制、等级和秩序之外，成为时代的慎思者、探索者、改革者和前行者。然而，他们却表现出"士大夫"思想观念保守落后的一面。具有权威的儒家思想仍旧统治着关东地域，多数文化人还处在妄自尊大、封闭因循、依附正统的禁锢之中，缺少社会变革图新的文化自觉与勇气；他们没能在意识形态领域成为批判、超前、改革和创新的力量，没能尽快地缩短地域文化与社会变革思潮的距离，最终只能是迟滞在近代中国社会转型的门槛之外。可见，这种"迟滞"决不单纯是社会总体发展的不平衡性所能决定的，而是关乎到地方知识群体民主精神的近代缺失。

再次，俄日入侵对吉林的影响。19世纪中叶，西方各资本主义国家先后进入资本垄断时期，开始对海外资源、商品市场以及领土进行疯狂的掠夺和瓜分，东北也处于西方列

强特别是俄日的觊觎、侵吞与蚕食之下。清道（光）咸（丰）年间，西方列强开始染指东北，侵略势力直接造成了边疆危机。1856年，第二次鸦片战争中，沙俄侵占了乌苏里江以东约40万平方公里的领土。1894年甲午战争后，日本殖民势力开始渗透东北。1900年，沙俄侵入吉林。1904年，日俄战争爆发。总之，从鸦片战争到日俄战争的近半个多世纪时间，沙俄是东北的主要侵略势力。日俄战争后，沙俄欲图独霸中国东北的妄想已经破灭，日本在英、美列强的支持下从独占东北南部开始逐步扩大势力范围，成为又一个侵占东北的帝国主义国家，吉林也深陷于俄日列强侵略瓜分的历史漩涡之中。一方面，俄日列强无视中国主权，军事征服越演越烈，所到之处，烧杀抢掠，无恶不作。与此同时，俄日分别以中东铁路、南满铁路为依托，疯狂掠夺吉林的土地、农林与矿产资源，并以铁路附属地为轴心和点线，输出资本，开矿设厂，倾销商品，建立殖民者所谓的"国中之国"。俄日列强对吉林的经济渗透和技术引进，特别是中东铁路的铺设，以及俄日铁路附属地的出现，对东北乃至吉林的近代化、城市化的客观影响是显而易见的。如，中东铁路作为一种先进的交通运输系统，促使长期封闭的东北腹地被迫对外开放，加速了近代吉林的社会、经济转型，不同程度地拉动了城镇交通业和区域经济的发展，反映了近代工业文明对社会政治、经济、文化发生的促进作用。

简言之，自1900年沙俄入侵到1904年日俄战争爆发，吉林受到战祸的波及和影响，出现了与中国近代史异同性的"历史错位"。相同的是，1840年以后，吉林也将缓慢地进入半殖民地半封建社会，不同的是其社会转型发生在1861年的"牛庄（营口）开埠"，稍晚于关内20年。20年虽然在历史的长河中只是短暂的瞬间，但带给近代吉林社会的影响却是显而易见的。如，当时的社会形态停留在封建专制阶段，相对于外部世界是隔绝和封闭的；其地方的政治、经济、文化没能融入时代发展的潮流，依然迟滞在近代中国社会转型的门槛之外；俄日列强的入侵，一方面给吉林人民带来了深重的灾难，传统的农耕、手工业经济遭到不同程度的破坏；一方面封闭的东北腹地也被迫对外开放，西方工业文明促进了吉林向近代化和城市化的被动转型等。深入认识这种"历史错位"，特别是在与中国整体社会转型的比照中，发现异中之同和同中之异，才能廓清近代吉林社会转型迟滞的历史脉络与主要因素。

二、新式教育——封建主义之改良

1905年9月，清政府在东北推行新政和预备"立宪"，吉林地方亦开始兴办近代工业，修筑吉长（吉林——长春）、吉敦·（吉林——敦化）、四洮（四平——洮南）和洮齐（洮南——齐齐哈尔）铁路，设立文报局，成立专营的交通运输公司。油坊、火磨、烧锅、皮革等传统手工业开始向近代工业转变。1907年8月，吉林省成立了具有资产阶级议会性质的组织"地方自治会"，以及商务会、教育会等。在文化教育方面也进行了一系列改革。如，废除科举制，兴办新式学堂，创办近代报刊，弘扬经世致用史学等，从而促进了新旧文化教育的更替和改良。可以说，近代吉林真正意义上的社会变革是从这时开始的。

吉林地方在清廷推行新政的影响下，也开始试行旧式教育改革。1906年5月，吉林将军达桂创办省立第一所师范学堂，采用新学制，设置西方近代科学课程，首开吉林近代新式教育之先河，（这与1862年中国第一所新式学堂同文馆设立相距30多年）。1907年，吉林改将军制为省制，主管教育机关改设为学务公所，各厅、州、府、县设立劝学所，省城吉林市设有宣讲所、小学教育研究会、私塾改良会等教育机构。由此，吉林省开始兴办各类各级新式学堂，推广新式教育和普及教育。据载，1907年全省学堂共有78所，学生2713人；1908年，全省学堂增加至183所，学生9001人；1909年，全省学堂274所，学生11745人；1910年，全省学堂407所，学生17758人。其中，小学堂和学生占很大比重。小学教育是国民教育之基础，吉林省教育改革的时间晚于关内，推广新式教育必须从增设小学堂开始。1907年，高、初等小学堂设立24所，学生1655人；至1908年末，共有140所，学生7264人；至1909年暑假时，共有高、初小学堂212所，学生8935人。[3]

应该指出的是，吉林省新式学堂的兴办与新型教育模式的初兴，其实质是在推行"新政"过程中的一种教育改良，并未能从根本上改变旧式教育的形式和内容。在初等教育领域，小学与私塾并存。吉林省的私塾教育，主要分布在人口相对密集地区。私塾的种类可分为四种：一是家塾，也叫族塾，是由大户人家或富绅创办，聘请塾师上门教授自家子弟及亲属子弟，办学费用由办学家族负担。二是门塾，也叫散馆，由塾师在家或租赁房舍所办的学馆，自行招生授业，学费通常为米、柴或现款。三是公延塾，由两姓以上或相邻村屯联合举办，供参与的姓氏或村屯儿童就读。推举有威望的人作学董，负责延请塾师，掌管学务。塾师的报酬与其他费用由参与者或学生家长分摊。四是义塾，以祠堂庙宇设馆，私人捐款举办的免缴学费的私塾。此类私塾不分班级，不定学制，入学时间不限，入学年龄不等。然而，私塾的教学内容在启蒙阶段是以"村书"为主，如《三字经》、《百家姓》《千字文》《庄农杂字》《名贤集》《千家诗》《唐诗三百首》等。两三年后，根据学生的成绩，开设"四书五经"课程，即《论语》《大学》《中庸》《孟子》；《诗》、《书》《礼》《易》《春秋》等。私塾以文科教育为主，同时也教珠算、记账等常识。大多数塾生因家境困难，不待开讲便辍学谋生，虽读了几年书，对书的内容不能深切理解，只识得一些字，勉强写信、记账而已。总的来说，私塾教育是以封建伦理、孔孟之道为准则，培养"孝悌忠信"品德及"学而优则仕"观念，与社会现实不相联系。

1908年，吉林省小学增至4倍，学生亦增至近9000人。1908年9月，东三省总督徐世昌札饬吉林省提学司，要求各学堂开设的地理、历史课，须有"本省士民研究本省政俗"之内容，"本东省外侮交警尤宜加意注重……此后无论何种课本均须推演本省要素，将东省危难情状、外人经营事实绘图立说，定为教科书。供人怀故土，通知时事，蔚为有用之才。"[4]此乃乡土教育、时事政治教育之发端。吉林学子所接受的新式教育，对于后来的民族民主革命具有一定的启蒙意义。然而，这些创设于半殖民地半封建社会的近代学堂，其教育宗旨仍旧离不开"忠君、尊孔、尚公、尚武、尚实"等传统教育观念的束缚。按照这一宗旨培养出来的学生，大多成为以"忠孝为本"，加之"声光化电"知识的封建统治者的顺民。如，小学堂的课程安排，既有传统的读经诵经（包括诗经、孟子、论语等内容），又有代表西方文化内容的课程，包括植物学、声学、力学、化学、体操、图画等。这种带有浓厚封建意识和西方文化的教育内容，无疑使近代新式教育蒙上了封建与殖民的双重阴影。尽管封建统治阶级将西式教育和实业教育当作培养"深造之才"的途径，

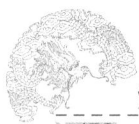

但其教育改良的终极结果与御辱图强的民族愿望相距甚远。

清政府虽然在推行新式教育方面进行了有益的尝试和改良，但这种由于西方列强入侵而形成的近代中国社会的被动性转型，以及半殖民地半封建的社会现实，致使新式教育带有浓重的封建和殖民色彩，政府根本没有为新式教育的生成与发展，提供有效的政治保障和优良的社会环境。特别是袁世凯篡夺辛亥革命果实后，出于维护封建军阀统治和复辟帝制的需要，一方面以武力镇压南方革命党；另一方面，举借巨额外债，用来弥补财政亏空。据统计，1914年北洋政府外债达7572万美元。加之南方频发的自然灾害，北洋政府陷入经济危机之中。因此，无力投入大量资金办教育，致使中国新式学堂的数量有限，质量也不高。"1914年，全国的中学仅有800余所，学生近9万人；师范类、职业类学校300多所，学生近4万人；大学只有10所，学生约4000人。"〔5〕多数学校教学设施陈旧，教学内容匮乏，极不适应社会近代化的需要。北洋政府对学校的保护形同虚设，有的军阀还肆意摧残地方新式教育。总之，内忧外患致使教育落后，很难满足青年才俊求变强国之夙愿，出国留学自然成为有识之士的重要抉择与路径。

事实上，吉林与全国一样，其近代历史的嬗变与社会转型，并不是自身内在动因促成的结果，而是由外部因素介入使然。特别是来自西方殖民力量的侵入，带来了社会的急剧动荡和变化，原有的相对稳定的封建社会结构和生产关系开始解体，阶级关系开始发生重组。作为吉林地方的封建政权，其专制制度内在的种种弊端日渐显露，所谓的"维新变法"也只能是流于形式，对实现社会变革更是无能为力。正像长春籍留日学生王希天所说："国内的学校设备不十分完全，更加以中国的社会太坏，恶习易害及青年，且中国式的家庭，尤其是易使青年堕落。甚至于使有用的青年蛰居家中，饱食暖衣，终日无所事事，成为无用之人。"〔6〕"在中国，并不是不能读书与研究学问，不过是在国内的环境，正像入了鲍鱼之市，久而不闻其臭的一样。至于国外读书，很可以考察他国各方面的好处，免受国内恶社会的同化，吸收新思想，或许可以在将来作为改良中国社会及家庭的参考。"〔7〕

因此，知识群体中的时代精英往国外跑，以寻求救国图强之良方，亦成为历史之必然。19世纪末和20世纪初，中国掀起赴日留学热潮，留日学生逾万人，出现了前所未有的盛况。

三、负笈东瀛——探索强国之路径

毛泽东说："要救国，只有维新，只有学外国。那时的外国只有西方资本主义国家是进步的，它们成功地建设了资产阶级的现代国家。日本人向西方学习有成效，中国人也想向日本人学。……这就是19世纪40年代至20世纪初期中国人学习外国的情形。"〔8〕

日本与中国是一衣带水的邻邦。1868年，日本开始的明治维新，从国体上进行资产阶级改革，并逐步走上了军事帝国主义的道路。据历史资料统计，从1884年到1890年，日本的产业革命取得了成效，"各种公司的资本由1340万日元增至18900万日元，增长了14倍。从1887年到1890年，民营的棉纺织厂和纱锭数，由19个厂5万枚纱锭增至30个厂27.7万枚纱锭。"〔9〕1887年，按照日本制定的十年扩军计划，日军参谋本部拟定了《征讨清国策》。1890年，内阁首相山县有朋又相继提出了"征韩论"和"大陆是日本生命线"的军国主义理论，侵略扩张气焰十分嚣张。日本政府为了赢得侵略战争，在政治、经济、军事、外交等方面进行了准备。军备方面，已拥有新式陆军野战师团12万人和6万吨舰艇8万人的新式海军。1894年，中日甲午战争爆发，清政府战败。中国民族危机的加深，刺激了一部分率先接受新思想的知识分子，他们急切要求寻找民族自救的出路，迫切期望中国也能走上日本维新图强的道路，于是纷纷东渡日本留学。而清政府为了"改革"现行的政治、军事和文化教育，也曾选派官绅和青年出洋考察。

1896年，清廷重臣大学士李鸿章出洋考察，应邀访问了俄、德、法、英、美、加等国，并与俄国签订了著名的《中俄密约》。1905年，清政府派"五大臣"出洋考察，镇国公载泽一行重点考察日本，回国后力陈中国立宪之要旨，促使慈禧太后颁布《仿行立宪》诏书。期间，清朝政府谕令各省选派学生去日本留学，并使之成为一项既定国策。据记载，1896年，中国官派赴日本留学的首批学生共有13人，他们是唐宝锷、朱忠光、胡宗瀛、吕烈辉、吕烈煌、冯阁莫、金维新、刘麟、韩筹南、李清澄等。首批学生是经过总理各国事务衙门考试选拔派往日本留学的。他们的年龄参差不齐，18岁到32岁不等。最后，日本外务省转请高等师范学校校长嘉纳治五郎，承担对中国留学生教育责任。由此，中国留学生的人数逐渐增加，1899年增至200名，1902年约500名，1903年达1300名，1904年达2400名。到了1906年，中国留日学生实数约为8000名（有的文献记载，留日学生达2万余众）。当时，日本的《太阳》杂志"时事评论"说："中国的急务在发展教育，而教育上的急务在派遣海外留学生；近年派遣学生来向昔日的弟子问道求益，真不愧大国风度。"[10]据相关资料记载，1906年至1909年中国青少年赴日留学达到第一次高潮，包括预备校、各种职业速成班在内，每年中国留学生在册的约有4000—8000人。自1908年后的15年内，日本的第一高等学校、东京高等师范等校，每年招收中国官派留学生165人。其教育补助费由中国公使馆交给日本各校，每名中国学生约200—250元不等。留学生由各省派出，经费由各省负担，留学生参加各校入学考试，成绩合格者为官费生，教育费和学费每人每年650日元。日本文部省专门学务局长兼东京帝国大学教授上田万年，撰文说："中国这个衰老帝国，过去昏昏欲睡，奄奄一息，自从甲午一役以来，益为世界列强侵凌所苦，如今觉醒过来，渐知排外守旧主义之非，朝野上下，奋发图强，广设学校，大办报纸杂志，改革制度，登用人才，欲以此早日完成中兴大业。今日清朝派遣留学生来我国；最先虽或因我国公使领事劝诱所致，然实亦气运所使然。……清朝于四五年前，仍对我轻侮厌恶，今一朝反省，则对我敬礼有加，且以其人才委托我国教育，我国应如何觉悟反省一己之重任。"[11]1911年1912年，因受辛亥革命的影响，赴日留学生暂时减少，辛亥过后再度呈现增长趋势。留日学生不仅将科学知识带祖国带回家乡，而且成为投身各地新式教育，传播进步思想，主张社会变革，助推近代吉林社会文明与发展的新生力量。

吉林省官派日本的留学生，多选择师范类、法政类专业。主要是考虑到新式学堂急需培养师资力量，推行新政也亟须法政人才。1905年3月，双城厅通判的奏折说明了赴日留学的理由，即"欧美各国道远费重即不能往，而日本断不可不到，此事为办学堂入门之法……学堂所重不仅在教员，尤其在有管理学堂之人，办以应急需。"同年，吉林省共选派出洋官绅21名。1906年，吉林省又有11人赴日学习法政。吉林将军曾批复："吉林地经

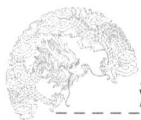

兵燹、创痛愈深……当此大局未定之际似宜首先派员前往东瀛肄业法政速成科，兼令考察军备、财政、工艺、商务诸要政，为异日改行新政之用。"[12]1907年，据吉林省"东洋游学官费生花名单"统计，有10余名留日官费生由东洋警察速成毕业回国。当时留在日本的官费生，分别就读于宏文学院普通科、法政大学预科、法政大学速成科、同文书院普通科、早稻田大学预科、警监学校警务科等。留日的官员和学生回省后，大多投身教育必须有明于教育法、管理法者实力从事其间"，"俟速成科师范生回国即可依仿开办实业，"给当地文化教育带来新的生机。[13]如，吉林留日学生孙宗尧回国后，创建了具有近代意义的"希天医院"；王朴山出任吉林政法学堂教习（后任东北军独立旅政法处处长）；长春籍留日学生王希天，积极投身民族民主革命，成为近代中国的爱国先驱——"拒约运动"的卓越倡导者、留日中华学子的杰出代表、侨日华工拥戴的著名领袖。

王希天，原名王熙敬，1896年出生于长春金钱堡一个民族手工业者的家庭。1914年秋，为探求救国救民真理东渡日本留学。在日本一高留学期间，经学友王朴山介绍与周恩来相识，并建立起深厚的友情。1918年5月，他与周恩来、李达、邓中夏、许德珩、吴伯涛等人，倡导发起反帝爱国的"拒约运动"，首开留日学生民主革命斗争之先河。同年5月，积极组织"留日学生救国团"，并以代表身份先期归国，会晤北大学生代表邓中夏、许德珩，共同将京、津、沪的"拒约请愿"斗争推向高潮。同年8月，在"拒约运动"遭到反动当局压制后，转赴哈尔滨东华中学宣传"拒约运动"盛况。期间，在与东北早期爱国志士邓洁民、马骏的接触中，开始接受苏俄社会主义革命影响，并产生了赴德、俄考察之愿望。1919年，在日本名古屋八高深造期间，组织留日学生声援国内"五四"运动，被日本当局视为"排日巨魁""社会主义分子"。同年底，毅然弃学从事华工救济事业，开始探索知识分子与工人运动相结合的革命道路。1922年，与王家祯、王朴山、孙宗尧等人，创建"中华民国劳动同胞共济会"，被推选为会长，成为深受侨日同胞拥戴的领袖人物。1923年，在日本大地震期间，他不畏艰险，舍生寻访罹难华工下落，被日本军国主义分子秘密逮捕并惨遭杀害，牺牲时年仅27岁。

辛亥革命后，"1913年至1914年间，留日学生人数颇多，最少也有五六千人，仅次于日俄战争前后的最盛时期。"留日学生早年在日本东京创办的《国民报》，就宣传和主张以革命救亡图存，大声疾呼："今日之政府官吏，为列强所擒之纵之威之胁之具，必不足恃以图存也。"王希天也曾说："我们的运命，是我们自己去开拓。""现代青年精神上的损失太大，不应都因循苟安虚伪妥协，应当有爆炸式的自己革命警醒世人。"[14]可见，中国之命运只能掌握在中华民族自己手中。唤醒中华民族的自主意识，争取民族的独立和解放，也必然成为一代国人为之奋斗的终极目标和时代选择。清末民初，中国由青年学生为主体形成的赴日留学热潮，涌现出了一批杰出的近代历史人物，如蔡锷、章炳麟（太炎）、陈独秀、鲁迅、刘道一、邹容、黄兴、宋教仁、秋瑾、陈天华、吴禄贞、周恩来、王希天等，他们探索真理，结成革命团体，传播民主思想，开展反帝反封建运动，践行民族民主革命，成为一代终结中国封建专制政权的民主革命先驱。历史的经验已经证明还将继续证明：用封建主义拯救封建专制制度是徒劳的，没有出路的。近代中国只有用革命手段才能达到中华民族救亡图存之目的。中华留日学子所倡导的先进思想和言行，为近代中国注入了民主革命的催化剂，同时亦或影响到近代吉林的社会变革与文明进步，其历史影响和时代意义无疑是深远的。

注释：

［1］《文史知识》中华书局，2011年1期。

［2］李澍田等：《中国东北农业史》吉林文史出版社1993年版。

［3］郑登云编：《中国近代教育史》，华东师大出版社1994年版。

［4］郑登云编：《中国近代教育史》，华东师大出版社1994年版。

［5］孙乃民主编：《吉林通史》第三卷，吉林人民出版社2000年版。

［6］刘学兵；《王希天生平与思想研究》，吉林文史出版社，2013年版。

［7］同上。

［8］《毛泽东选集》第四卷第1470页。

［9］刘洪浪编著：《日本概况》，科学普及出版社广州分社，1986年版。

［10］〔日〕实藤惠秀著：《中国人留学日本史》三联书店1983年版。

［11］〔日〕实藤惠秀著：《中国人留学日本史》三联书店1983年版。

［12］刘学兵；《王希天生平与思想研究》，吉林文史出版社，2013年版。

［13］《同上》。

［14］《同上》。

（作者刘晓晖　吉林省博物院研究馆员）

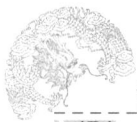

从反日爱国到抗日救亡

——"九一八"事变前后东北先进知识分子的对日斗争历程与特点

石 岩

【内容提要】 "九一八"事变前，东北先进知识分子通过实业救国、教育救国等方式，创立各种团体，开展抵制日货运动，进行反日爱国活动。"九一八"事变后，东北先进知识分子的对日斗争发生了质的变化。这一时期，他们的斗争不仅仅停留在反日爱国的阶段，而是积极投身到抗日救亡的革命洪流之中。他们组织成立"东北民众抗日救国会"，联络东北各地抗日义勇军，掀起东北抗日救亡运动的高潮。

【关 键 词】 "九一八"事变 东北 先进知识分子 反日爱国 抗日救亡

19世纪末20世纪初，西方列强掀起了瓜分中国的狂潮。各帝国主义国家在中国强占租借地、抢占沿海港湾、掠夺铁路修筑权和划分势力范围。同时，开始向中国大量输出资本，对中国进行经济侵略。在中国东北地区，尤以日俄两国的争夺最为激烈。日俄战争后，日本势力渗入南满。日本以南满铁路为中心，攫取了铁路沿线的矿藏和森林资源，源源不断地掠夺中国东北的物资。面对日本帝国主义对中国东北的蚕食鲸吞，人民生活的水深火热，中国政府的步步退让，东北地区先进知识分子不忘使命，通过自己的努力，用独特的方式开始了对日斗争的艰难历程。

一、倡导实业救国，以奉天总商会为号召，开展抵制日货运动

日俄战争后，日本开始对中国东北进行政治、经济渗透。1907年7月1日，日本满铁会社设立奉天出张所。1908年，日本横滨正金银行在奉天城内设立支行，并发行纸币，日本金融势力开始侵入。1909年4月1日，日本成立满洲独立守备队司令部，派兵驻奉天、公主岭等南满铁路沿线地区。1914年，第一次世界大战爆发，西方列强忙于欧洲战事，日本想趁机独霸中国。1915年，日本向袁世凯提出了旨在灭亡中国的"二十一条"。"二十一条"严重地损害了中国的主权，仅就东北来说，中国在领土、港口、铁路、矿山、司法诸方面的主权都被日本攫取了。消息传出后，全国人民一致反对，决不承认。在奉天及其他各地掀起强烈地反对日本侵略和抵制日货运动。

日本帝国主义对中国东北的侵略野心，激起了东北人民的强烈反对，同时也使得东北地区的爱国知识分子积极探索反日救国的良方。这一时期，一些爱国知识分子倡导实业

救国，其中最有代表性的就是杜重远。1915年，在奉天省立两级师范附属中学读书的杜重远，积极参加了反对袁世凯与日本签订的《二十一条》的斗争。1917年，杜重远考取了官费留学，来到日本，攻读陶瓷工业。1923年，杜重远学成归国。他认为当时中国之所以为外人欺侮，归根结底是因为中国的工业和经济落后，外国资本得以侵入中国。因而，要想国家富强，就必须兴办实业，以实业救国。为此，他决心投身实业，1923年3月1日，在奉天大北边门外创办了肇新窑业公司。这是我国第一家机器制陶企业。1928年，张学良就任东北边防司令长官，对肇新窑业公司给予了大力支持，并从边业银行拨12万元到肇新窑业公司，作为他个人的投资。1929年8月16日，杜重远经营的肇新窑业公司首次试验成功机械制造陶瓷新技术，并投入生产。由于其产品质优价廉，畅销东北各地，挤垮了日本在大连的陶瓷企业。

在日货充斥奉天市场，奉天工商界深受日本帝国主义欺压的情况下，杜重远不畏艰险，创办肇新窑业公司，提倡国货、抵制日货，是真正爱国的实业家，因而受到广大奉天商民的拥护。1927年，杜重远被推选为奉天总商会副会长。"他援引一些进步人士参加商会工作，多所兴革和建树，并敢于同当时的坏人恶事作斗争，使当时沈阳工商界呈现出一种新气象。"[1]

1927年4月，日本政府强行在临江县设立领事分馆，派田中作为领事，明目张胆地侵犯我国领土主权，遭到临江爱国官民的强烈反对。日本欲在临江设领事分馆的想法由来已久。临江毗邻朝鲜，是鸭绿江畔的边境重镇，战略地位十分重要。1922年，日本政府就曾以保护居住在长白山区的朝鲜侨民为借口，欲在临江设立保民会，遭到了当时中国政府的拒绝。但日本政府并未就此罢休。1923年12月28日，日本驻安东领事西泽义征向日本外务省提出了"关于在临江设立领事分馆的请示报告"。1925年11月19日，日本外务省正式决定在临江设立领事分馆。1926年初，日本以临江对岸的朝鲜中江郡为基地，多次派密探侦察临江政治、经济、军事情报。11月20日，日本从原临江居民王作昆手中，诱骗宅地22亩，房三间，作为日本政府开设分馆之用地。1927年3月7日，日本政府首相币原责成芳泽公使向北京政府正式提出在临江设立领事分馆。4月6日，田中作奉命赴任，但未敢直接进入临江，暂时到中江镇隐蔽，派人到临江窥探。在遭到临江官民拒绝之后，日本政府隔江架起大炮，扬言要带兵过江，进行武力威胁。

这一消息传到奉天省城后，立即激起各界群众的极大愤慨。杜重远奋起组织领导奉天商民声援拒日临江设领的斗争。1927年8月10日，"奉天全省商工拒日临江设领外交后援会"正式成立。后援会发表了《宣言书》，历数日本侵华之罪行，指出："田中内阁召集东方会议，乘中国多事之机会，施行侵略之政策。无故出兵于青岛，惨杀华工于安东，抗拒二万之附捐，捣毁延吉之关库。今更变本加厉，愈演愈烈，竟以武装设领于临江，演出未有之奇局，破坏东亚之和平。"《宣言书》一针见血地指出："临江之设领，即东方会议侵略政策之先锋"，"假令设领成为事实，吾恐东亚和平从此破坏，世界和平亦受莫大之影响。"[2]16日，奉天商工联合大会在商务总会大礼堂召开，杜重远当选为"奉天全省商工拒日临江设领外交后援会"临时委员长。杜重远主持大会，发表了激动人心的长篇演说——《泣告东三省父老兄弟姊妹书》，结合切身经历，历数日本帝国主义的侵华罪

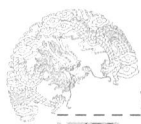

行。会议决定发动奉天商民举行抗议示威、抵制日货运动。

9月4日，奉天城全体商号一致罢市，十万商民高举"打倒田中内阁""反对临江设领"等标语，走上街头。在满铁奉天公所、省议会、日本满洲银行等处门前，杜重远发表了慷慨激昂的演讲。市民游行大会后，反抗日本帝国主义的风潮一浪高过一浪。杜重远到处宣传和组织各商家和市民提倡国货、抵制日货。这场抗日救国活动在吉林和黑龙江两省也逐渐展开，日本帝国主义慑于中国民众的强大威力和力量，终于撤销了临江领事分馆。

拒日临江设领事件平息不久，有个日本驻奉天总领事馆的领事岗村企图对杜重远以高官进行利诱，遭到杜重远的愤怒痛斥。他说："君以官吏为贵乎？不知人生最低要求即为生命。今敝国受制于贵国，形同猪狗，我这生命已置度外，又要官做什么？"[3]从中，可见杜重远的民族气节。

1928年11月，奉天省长翟文选伙同警察厅长白子敬，事先没有和商会协商，即令商民附加警捐，引起商民的强烈不满。为保护商民利益，反对苛捐杂税，杜重远和奉天总商会总务长高崇民等人发动商民数万人举行罢市，迫使当局不得不撤换省长刘海泉等恶吏。但杜重远和高崇民也引起司令长官公署的不满，遂被解除职务。尽管，杜重远被解除职务，但他在奉天商民和广大人民中的影响力却依然很大。他仍然孜孜不倦地与他的朋友卢广绩、阎宝航等开展抵制日货运动，宣传国货产品。1928年11月，奉复印版石矿公司经理卢广绩代表奉天总商会去上海参加中华国货展览会。在"奉天宣传日"这一天，卢广绩向参观群众发表了慷慨激昂的演说，介绍东三省的丰富资源，以及受日本侵略掠夺的情景。上海《申报》和《新闻报》纷纷发表了他的演讲。不久，卢广绩被任命为奉天总商会副会长。1931年5月，杜重远、阎宝航、卢广绩、金恩祺和王化一等一行13人，以国民会议辽宁代表的身份，参加了国民政府在南京召开的国民会议。并就赎回中东铁路、撤销领事裁判权和对抗日本人在东北非法行为等问题，向大会提出议案，受到与会各省代表的赞助和支持。

二、宣传教育救国，以奉天基督教青年会为基地，开展反日爱国活动

民国以来东北地区兴办学校，众多青少年有了学习和受教育的机会。随着军阀混战，日俄帝国主义的侵略与争夺，东北的青少年学生政治意识和政治觉悟逐渐提高，爱国热忱普遍高涨。这一时期，东北的一部分爱国知识分子也看到了教育的重要性，抱定教育救国的决心。他们积极投身到学校教育中，兴办学校，培养有志青年。同时，以奉天基督教青年会为基地，发动青年学生，走上政治斗争的舞台，积极参加社会活动。

奉天基督教青年会是1912年，在美国牧师普赖德、英国牧师邱树基、丹麦牧师华茂山的提议下创立的，最初会址设在奉天大南门里。首任干事为华茂山。基督教青年会，是以宗教活动为号召，以德育、体育、智育、群育为宗旨的社会活动机构。虽然，基督教青年会作为基督教事业的一个机构，不可避免地具有宣传基督教义，进行帝国主义文化渗透，以麻痹中国青年的一面，但其进行慈善事业，开办学校等活动，还是吸引了广大青年加入其中。奉天基督教青年会设德育部、智育部、体育部、群育部。德育部负责向青年宣传基督教义，在青年学生中发展基督徒；智育部负责为青年进行补习教育，宣传科学文化知识；体育部负责向青年开展体育文娱活动；群育部负责招募会员捐款，作为青年会的活动经费。"一九二五年张作霖捐献大南门里景佑宫地址，美英丹三国合资，修建新会所四层楼房，有中西餐厅、独身宿舍、健身房、理发、沐浴、电影等等现代化设备。"[4]

随着奉天基督教青年会的发展，该青年会也开始聘请中国人担任干事。1921年，阎宝航被聘请为青年会干事。出身贫苦家庭的阎宝航，1918年从奉天两级师范学校毕业。为了让更多的贫苦人家的孩子能够走进课堂，进行学习，在奉天基督教青年会的支持下，于1918年4月，创立了奉天贫儿学校。奉天贫儿学校实行义务教育，不收学杂费，同时还免费为学生提供书籍、文具和纸张。贫儿学校创办后，得到了张学良和郭松龄等人的支持。社会各界热心教育的人士也积极捐款、捐物。郭松龄的夫人韩淑秀不但拿出自己积攒的钱进行捐助，还自愿当起了义务教员。"1922年，贫儿学校从青年会分离出来，自行办校，韩淑秀被选为首届校董会董事。为力求学校不断扩大和发展，她不避抛头露面，东奔西走，经常去叩一些显官贵妇，名流学者家的大门，请求给予赞助。两年间，经她手募集的捐款近两万元，并协助校长关纯厚在大南门外筑起新的楼房校舍。"[5]

青年会经常举办德育讲演、科学讲演、辩论比赛、英文查经班、夏令会和各种球类竞技比赛等活动。阎宝航和青年会的其他负责人刘仲明、高文瀚等就利用这些活动，以奉天基督教青年会为基地，与各校青年学生建立起广泛的联系，向青年学生宣传爱国进步思想。1921年，奉天公济钱号职员巩天民也加入青年会，教初级英文班和扫盲识字班。在这里，他同阎宝航、刘仲明、高文瀚等人结下了深厚的友谊。

在阎宝航等人的倡导下，青年会聚集了许多爱国青年，他们组成各种各样的组织，从事爱国活动，宣传新文化。1922年，阎宝航、张韵冷、吴竹村、巩天民、苏子元、高子升、何松亭等人，以奉天基督教青年会为基地，组织了一个"礼拜三座谈会"。"他们每星期三晚聚会，在一起阅读报刊杂志，评论时事政治，探讨"五四"运动以来中国新文化运动的发展，议论国家的命运和青年的出路。"[6]

1925年5月30日，"五卅"惨案爆发。南京、广州、天津、北京等各大城市的学生、工人、商人等都纷纷采取行动，进行罢课、罢工、罢市，举行游行示威，向当地政府请愿，坚决反对日、英帝国主义，声势十分浩大。为了声援各市的反日、反英活动，在青年会的支持下，奉天各大、中学校也秘密准备请愿游行。各校同学连夜赶制标语、油印宣传品、海报等。6月10日早晨，省立第一师范学校、基督教坤光女子中学、省立第一高级中学、基督教文会中学、南满医科大学和南满中学堂的同学们2000余人举行了前所未有的罢课斗争，高举旗帜，来到奉天省长公署请愿，向全市和全省各界宣传"五卅"惨案的真相，唤起全省同胞一致反对日英帝国主义。这就是奉天"六·十"学生运动。为了声援学生运动，青年会副会长巩天民也组织一些商民参加了"六·十"运动，带动商民参加反对帝国主义，抵制日货的斗争。

1925年夏，从北平中国大学毕业的车向忱，来到了奉天。不久，即与阎宝航结识，也加入到青年会的日常工作中来。"在'救国先要救民；救民先要教民'的思想指导下，他和青年会的郝克勇、许爱生、孙化新等人，联合了奉天的大中学生，大力兴办平民教育事业。至1927年，他们先后在小南关第一监狱、北陵第三中学、东北大学附属中学、青年会、沈阳北关、横街等处办起了平民学校五所，设立八个班，共有学生六百多人。"[7]

为了唤醒人民群众，反对日本帝国主义侵略东北，1929年夏，阎宝航、张希尧、车向忱等发起成立了"辽宁国民常识促进会"，会址就设在奉天基督教青年会内，由车向忱和黄宇宙主持具体工作。"辽宁国民常识促进会"是一个群众性教育组织，也是个反日爱国团体，该会宗旨就是"唤起民众，反日救国"。奉天基督教青年会负责该会的一部分经费，并将青年会内一处面积20余平方米的地下室借给"辽宁国民常识促进会"作为办公室。该会的大部分经费靠募捐所得。许多大、中学校的学生纷纷利用休息时间来会帮忙。促进会每逢星期日或节假日便组织宣传队，到市内各十字路口、茶社、剧院、学校、军队等地通过演唱快板、散发传单、张贴画报标语等方式进行宣传活动。宣传内容主要有反日爱国、抵制日货、提倡国货、打破迷信、卫生常识、戒烟拒毒、革除妇女缠足和买卖婚姻等恶习。同时，促进会还兼办《常识半月刊》，揭露日本帝国主义的侵略阴谋。

1930年7月9日，辽宁国民常识促进会在奉天总商会卢广绩、巩天民等的支持下，搜集了沈阳市内的国货公司及民族工业产品，以实物宣传，举行国货运动。9月14日，促进会举行国货展览会，陈列国货样品。"德丰工厂的'五味素'，北宁琺瑯厂的'搪瓷'，肇新窑业公司的'瓷器'，同昌行的'老火车头牌牙粉'"[8]等几十种展品都参加了展出。通过宣传和展出，群众意识提高了，既提倡了国货，也做到了抵制日货。1931年5月17日，辽宁国民常识促进会主办了沈阳市卫生运动大会。18日，会长车向忱亲自领导游行运动，参加者逾万人。卫生运动大会持续三天，极大地提高了市民的卫生常识。

1929年2月，日本驻沈阳总领事借口保护日本人经营的榊原农场，未经中国政府同意，无理拆毁我北宁铁路通往东北大学工厂的北陵支线，侵犯我国主权。辽宁省政府派交涉署长王镜寰同日本驻沈阳领事馆多次交涉，都遭到无理拒绝，激起沈阳各界人士的强烈义愤。于是，1929年6月，辽宁各团体领袖和爱国人士杜重远、高崇民、阎宝航、卢广绩等发起成立了"辽宁国民外交协会"，以便通过民间团体的力量，促进对日外交工作的开展。外交协会主席团成员为青年会总干事阎宝航、奉天总商会会长金恩祺、奉天省教育会长王化一，奉天总商会副会长卢广绩、车向忱、刘仲明等都是该协会成员。协会定期举办讲演报告会，宣传外交常识和时事，对市民和青年学生进行爱国主义教育，积极开展群众外交活动，多次召开外交协会联席会议，对日本侵略中国主权，迫害中国人民的罪行，提出强硬抗议。1930年3月1日，辽宁国民外交协会在沈阳小西关一带散布传单，宣传废除领事裁判权。3月2日，又在总商会召开反日演讲会。1929年9月，辽宁国民外交协会成立不久，协会宣传部就创办了《国民外交周报》，自第43期起，改名为《国民外交半月刊》，主要是宣传时事及外交常识，反映民意，揭露日本在东北各地的侵略罪行。至1931年7月停刊，共出刊62期。外交协会成立后，在一两年时间里，在东北四十几个市县相继建立了分会，因而改名为"东北国民外交协会"。"万宝山事件"爆发后，为了揭露日本帝国主义借保护朝侨名义进军东北的阴谋，国民外交协会立即派干事朱焕阶和报联社记者蔡天梅去长春对万宝山事件进行调查，以弄清事件真相。不久，卢广绩、王化一、王小隐代表辽宁各民众团体，携四万元慰问金，到朝鲜慰问被害侨胞。

1930年，车向忱和阎宝航等人发起成立了辽宁省拒毒联合会，阎宝航任总干事，反对日本贩卖毒品毒害我国人民。拒毒会通过漫画、宣传画、快板、街头剧、演讲等方式向群众宣传毒品的危害以及日本帝国主义毒害我国人民、侵略我国土地的阴谋。拒毒联合会通过与辽宁省邮政总局联系，扣留了日本商人从瑞士和德国偷运进来的价值百万的海洛因381包以及鸦片400箱。之后，在东北当局的支持下，拒毒联合会率领全市大、中学生近万名及部分群众，在小河沿广场，分两次将毒品当众焚毁。同时邀请驻沈阳各国领事参加，唯独日本领事没有到场。小河沿销烟，极大地鼓舞了中国人民拒毒、抗毒的斗志和决心。

三、成立"东北民众抗日救国会"，联络抗日义勇军，投身抗日救亡运动

1931年，"九一八"事变爆发。东北爱国志士阎宝航、车向忱、高崇民等被迫流亡到北平。为了更好地进行抗日救国宣传，与日本侵略者做斗争，收复东北失地。他们组织建立了"东北民众抗日救国会"，联络东北各地抗日义勇军，积极投身到抗日救亡运动中。

1931年9月27日，阎宝航、高崇民、王化一、车向忱、杜重远、卢广绩、王卓然等流亡关内的东北籍爱国人士，发起成立了"东北民众抗日救国会"。大会选出执行委员会委员31人及常务委员会委员9人。常务委员会下设总务、政治宣传、军事三个组。总务组由金恩祺任组长，卢广绩和高崇民先后任副组长；政治宣传组由阎宝航任组长，车向忱和杜重远先后任副组长；军事组由王化一任组长，熊飞和彭振国任副组长。当时，许多流亡到北平的东北大、中学生也积极加入到救国会的工作中来，如宋黎、张希尧、郑鸿轩、黄宇宙、张雅轩、宁匡烈等等。救国会成立不久，立即展开了大规模的抗日救国宣传工作。他们组织这些东北流亡青年建立宣传队，沿平津、平汉等铁路线，向附近城镇和村庄的居民宣传抗日救国的道理。

1931年11月，由阎宝航、卢广绩、高崇民、王化一和冯庸带队，组织在北平的东北籍流亡人士和学生赴南京请愿，督促南京国民政府出兵东北，抗击日本侵略者，收复失地。请愿团在上海、南京等地进行抗日爱国宣传，举行了声势浩大的示威游行，得到上海、南京各界人士的热情欢迎和支持。

救国会的活动得到了张学良的暗中支持与帮助。救国会的日常活动经费主要靠募捐。救国会成立之初，得到了上海知名人士马叙伦、黄炎培、丁贵堂以及朱庆澜将军的支持与捐助。在救国会活动经费紧张的情况下，由于张学良的支持和批准，经业边银行经理韦梦令出面，在北平发行爱国奖券。张学良每次都带头认购，数额巨大。在他的影响下，东北的军政官员、各界爱国人士以及普通百姓都积极认购。爱国奖券的发行，使救国会每月都有两三万元的固定收入，极大地解决了救国会经费紧张的问题。

"九一八"事变后，不甘心做亡国奴的东北军中的广大爱国官兵和东北广大民众纷纷拿起武器，自发地组成各种抗日武装，建立许多支义勇军，同日本侵略者展开了殊死搏斗。但各路义勇军之间缺乏联系和组织上的统一，往往各自为战，不利于更好地同日本人作斗争。为此，救国会决定派遣骨干会员，秘密联络各地义勇军，推动东北的武装抗战。1931年末，车向忱受救国会委派，从海路化装秘密潜入东北，然后穿越荒无人烟的大兴安岭森林，先后联络到义勇军将领马占山、李杜和邢占清等人，慰问抗日义勇军，推动抗日斗争的发展。救国会还先后三次派黄宇宙等人到沈阳、抚顺、清原、新宾、海龙、临江、宽甸、桓仁等地与唐聚五等各地的抗日武装进行联系和慰问。他们除拿救国会的介绍信件外，同时也拿了张学良的手谕，对取得各抗日武装的信任起到一定的作用。同时，救国会

还派东北大学文学系学生苗可秀到凤城联络凤城县公安局局长邓铁梅抗日，并委派他为抗日义勇军司令。苗可秀也留在凤城同邓铁梅一起抗日，最后壮烈牺牲。为了保证救国会领导人的安全，张学良还允许救国会成立一个有20多人的警卫班，并发给武器。救国会负责人每人配备一支手枪自卫，外出时都有警卫人员进行保卫。

1932年1月，国联组成以英国人李顿为首的调查团前往中国调查"九一八"事变的真相。救国会领导人阎宝航、卢广绩、高崇民等得知这一消息后，立即与尚在沈阳的青年会成员巩天民、刘仲明、张韵冷等人取得联系，让他们设法秘密搜集日本的侵华罪证。"九一八"事变后，巩天民、刘仲明等人继续留在沈阳。他们组织联络一部分学生散发传单，宣传抗日，唤醒民众，反对蒋介石的不抵抗政策，揭露日本侵略的罪恶行径。救国会成立后，曾派宋黎、张希尧、张雅轩来沈阳联系支援抗日义勇军事宜，巩天民、刘仲明等积极给予协助和支持，帮助他们宣传抗日、散发传单，为义勇军筹备经费和药品。"1932年初，日本侵略者企图威胁利诱一些工商界人士向日本驻沈阳总领事馆请愿，以假造民意，扶植傀儡溥仪上台，成立伪满洲国。天民同志得知这个消息后，即印发传单，揭露阴谋，号召工商界'勿受日本侵略者愚弄。''我们有祖国，决不做亡国奴。'同时与天津友人通讯联系，向各报披露日本侵略者的种种罪行。"[9]

巩天民等人在得到救国会的指令后，立即在刘仲明家召开紧急会议，参加会议的有大学教授刘仲明、张查理、毕天民、李宝实、于光元，社会教育家张韵冷，银行家巩天民、邵信普和医学家刘仲宜。大家一致决定，集中精力搜集日本侵略东北的罪证材料，揭露日本帝国主义的险恶阴谋。会后，他们冒着生命危险四处搜集材料。"巩天民利用他是商会负责人身份，冒险夜入商会，'窃取'伪市政府函谢商会派人参加庆祝建立伪满洲国游行并'送赏金千元'的原函，赶晒成蓝图，再送回去。他们还通过夜间偷揭布告、偷拍机要军事照片等方法广收材料。经过40余天的努力，终于整理编写成册，打印出来。材料分两大部分：第一部分是各种证据汇编，第二部分是各项证据的详细说明书。为便于外国人阅读，由刘仲明、张查理、毕天民译成英文。并将此材料装订成正副两本，分别包上黑缎子面，上面绣上'Truth'（真实）二字，小组成员还在材料上签上了真实姓名。为避免副本丢失，遂深埋地下。"[10]之后，在盛京医院院长雍维林和基督教倪斐德博士的帮助下，通过日本人的层层监视与封锁，几经辗转，终于将日本的侵华罪证递交到李顿手中。调查团从沈阳回到北平后，阎宝航、卢广绩、王化一等代表救国会去北京饭店会见李顿，向他们介绍了"九一八"事变的经过，希望调查团主持公道。10月，《国联调查团报告书》在日内瓦发表。报告末节有这样一段话："本团在中国东北奉天时，曾得到一些大学教授、教育家、银行家、医学家等人士的明确意见及各种真凭实据的具体材料，证明奉天事件是无因而至，而满洲国的建立，亦非出自东北人民的自由意愿，也不是民族自决。"[11]巩天民等冒死收集罪证材料，使日本人怀恨在心。1933年10月，日本侵略军在沈阳进行大逮捕，追查向国联调查团控告其罪行的人士。巩天民、刘仲明、刘仲宜等人，除一部分人逃脱外，均被逮捕，惨遭刑讯。

救国会从成立开始就不断遭到国民党反动分子的阻挠和破坏。热河失守后，张学良被迫下野。华北各地的抗日团体遭到国民党反动当局的取缔，救国会被迫停止活动。1933年

8月13日，东北民众抗日救国会宣布结束。

"九一八"事变前，东北先进知识分子通过实业救国、教育救国等方式，创立各种团体，开展抵制日货运动，进行反日爱国活动。"九一八"事变后，东北先进知识分子的对日斗争发生了质的变化。这一时期，他们的斗争不仅仅停留在反日爱国的阶段，而是积极投身到抗日救亡的革命洪流之中。救国会虽然解散了，但救国会的主要成员并没有停止抗日救亡的脚步。高崇民、阎宝航、卢广绩、王化一等秘密组织"复东会"，以复土还乡为宗旨，转入地下继续从事救亡运动。1934年初，车向忱接手了救国会领导的东北难民教养院，组织东北难民进行生产自救，并教授东北流亡儿童读书学习。1935年春，车向忱在西安创办了东北竞存学校，把流亡西安街头的东北籍儿童组织起来读书，并提出为团结抗日办学的办学宗旨。1937年6月，高崇民在北平与刘澜波、栗又文、于毅夫等人，以原有一些东北地下救亡组织为基础成立了东北救亡总会，继续开展抗日救亡斗争。

注释：

［1］卢广绩：《缅怀杜重远同志》，中国人民政治协商会议辽宁省委员会文史资料研究委员会编：《辽宁文史资料》，第八辑，1984年6月版，第2页。

［2］《奉天全省商工拒日临江设领外交后援会宣言书》，中国人民政治协商会议吉林省委员会文史资料研究委员会编：《吉林文史资料》第16辑，1987年版，第145页。

［3］王庆丰东方：《奉天拒日临江设领的怒涛》，中国人民政治协商会议吉林省委员会文史资料研究委员会编：《吉林文史资料》第16辑，1987年版，第101页。

［4］孙鹏翕谷耀祖：《沈阳市基督教沿革》，政协沈阳市委员会文史资料研究委员会编：《沈阳文史资料》第四辑，1983年6月版，第227-228页。

［5］王庆丰：《韩淑秀义教贫儿》，沈阳市文史研究馆编：《沈阳文史》第五辑，1994年版，第132-133页。

［6］王立中吴志学：《金融家巩天民的革命生涯》，中国人民政治协商会议辽宁省委员会文史资料委员会编：《辽宁文史资料》第二辑，辽宁人民出版社1988年版，第262页。

［7］盛雪芬：《车向忱领导奉天学生反日斗争》，中国人民政治协商会议吉林省委员会文史资料研究委员会编：《吉林文史资料》第16辑，1987年版，第106页。

［8］梅钟岩：《车向忱同志早期爱国活动》，政协沈阳市委员会文史资料委员会辽宁社会科学院历史研究所编：《沈阳文史资料》第一辑，1981年6月版，第148页。

［9］聂长林：《银行家到共产主义战士——怀念巩天民同志》，中国人民政治协商会议辽宁省委员会文史资料委员会编：《辽宁文史资料》第二辑，辽宁人民出版社1988年版，第248页。

［10］同［6］，第267页。

［11］同［6］268页。

（作者石岩　沈阳九一八历史博物馆研究室
副研究馆员）

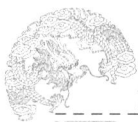

长春地名考证之一：宽城子考

曹冬雁

【内容提要】本文通过一些史料对长春地名宽城子进行了考证和推测，得出的结论是：宽城子这个名称是山西商人走西口进入河北承德府留下来的，并从河北移植到长春，总根子起源于山西商人走西口。

【关 键 词】长春　宽城子　由来

宽城子考，说的是宽城子地名的由来。在很多历史资料都说这是长春旧名或者土名，实际上，这样的说法不是非常严谨，因为长春就是长春，无所谓大名小名，长春开始设治就叫长春厅，其地名来源就是来自今天的长春堡，宽城子不过是其行政区内一个村落名称。

宽城子名称之所以流行起来，甚至在某些国际条约中都在长春后面用括弧标注宽城子，主要是因为宽城子最初是长春厅辖区内人口最集中商业最发达地方，另外一个因素就是宽城子是长春厅、长春府和后来的长春县衙门所在地。但是这个地方为什么叫宽城子呢？目前唯一的解释就是说历史上这片地方曾经有座古城，古城有城墙，而这个城墙的形状与一般中国传统城垣不同，不是南北长，东西窄，而是反过来，南北窄，东西长，看起来像一座宽宽的城，故名宽城子。但是这里有个关键问题，就是这片地方历史上有过古城吗？那么经过很细致地考古发掘与调查，并没有发现什么古城，没有古城存在过，也就没有所谓东西宽南北窄的城垣了，所以这种说法仅仅是一种附会，目的是为了能解释一下为什么叫这个名字。因为人类总是存在刨根问底的倾向。老曹尝试着提出一种新的解释：总体看来属于地名移植。地名移植就是把另外一个区域的地名原封不动地拿过来使用，载体就是移民。这种情况在中国历史上非常多，而且也不仅仅是清朝一个朝代这样做，那么这一点在东北体现得更加明显，因为东北既是长城之外，也是柳条边之外，这不仅仅是行政区域划分，更加重要的是农耕文明与草原游牧文化区的划分，是不同生产方式的划分。在清朝初年随着入关，带走大量人口，顺治初年整个东北加上内蒙古总人口仅仅是40多万人，还没有今天一个小县的人口多，千里沃野，有土无人。大片地方是无人区，长春附近一带基本上就是无人区，史料记载是黄羊乱串，野鸡纷飞，怪石嶙峋，古木参天，即使有几个地方有名有姓，人口也是以八旗军队为主，而且使用的都是满语或者蒙语地名，后来关内移民进入，搭起窝棚，开垦荒地，逐步形成村落，出现地名，这种地名都是关内人带来的。那么具体到长春宽城子这个地名来自什么地方呢？从哪里移植而来的呢？

依我个人看法，来自今天河北省宽城县，它今天全称是宽城满族自治县。在1820年直隶地图上，就有宽城地名，当年属于直隶管辖的承德府，是这里人们把这个地名移植到了长春。此外，在1820年承德府宽城这一带的地名聚落中，还有二道河、樱桃沟、八沟、四道沟、雅图沟、六沟、梨树沟等等，这些地名与长春等地的地名都有着亲缘关系。但是仅仅说到这里，还有一个致命的问题没有解决，就是，清朝初期的承德府也是人烟稀少，而且从今天地理位置看，相当多地方属于内蒙古地区，属于长城以北的草原地区，这里本身就是移民区之一，它的地名还有可能是其他地方移植而来呢，也就是说今天河北的宽城县，其地名也是二手货，那么原始地名究竟在什么地方？是不是山东省呢或者山西省呢！答案都是否定的，在清代早期没有发现在山东和山西有这样的地名。

这就涉及到东北及长春的移民史诸多方面问题，东北地区的移民今天被概况为"闯关东"，实际上还有一个概括叫"走西口"，在长春移民史中，我们往往非常注意"闯关东"，非常注意山东人、河北人来长春谋生，这个看法没有什么问题，但是需要修正一下，这样才能更准确地勾勒出长春移民的来源和路线。要把走西口纳入进来，什么叫西口？严格说就是指今天山西的杀虎口，杀虎口位于今天山西古长城上，是长城的一个口。明代以北京为地理坐标，以北的

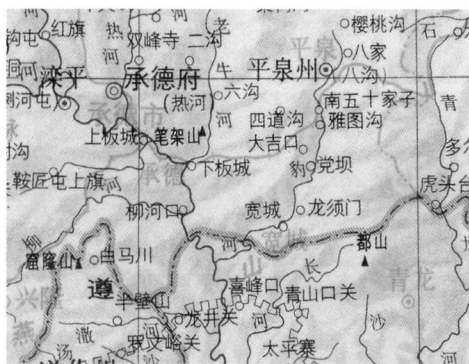

1820年承德府内的宽城

长城各口统称为"北口"，喜峰口位于北京以东，习惯上叫"东口"。杀虎口属于北口中一个口，是连接山西通往内蒙古地区的交通要道。这里老曹特别要强调一下，山西及陕西省在我国历史上很特殊，是中原农耕文明与北部草原文明接触，文明冲突的最前沿地带，中国很多大的历史变革、历史事件都与这一带密切相关。也正因为如此，山西又是民族融合的重要孔道，也是贸易的重要孔道。所以与闯关东不同，山西往往是一些商人通过走西口，进入内蒙古东部及东北地区进行商业活动，晋商是非常出名的商办，河北商帮能发展起来在清代也是山西商人的功劳。闯关东人们主要来东北垦荒种地，走西口的人们主要来东北和内蒙东部做买卖。这条移民路线之所以能成立，和当年承德的政治地位有巨大关系，承德有清代最出名的木兰围场，承德还有大型宫殿庙宇建筑，成为清朝皇帝团结拉拢蒙古王公最主要的地方，而且高度仪式化，成为满蒙一家的象征，皇帝率领文武群臣及蒙古王公打围，人数最多时高达几万人，车水马龙，声势浩大，加上外八庙建设和维护，此地逐步形成了大量集镇，需要后勤保证人员，这也是山西商人走西口及部分农民移居于此种地的重要原因。

1915年长春旧城宽城子市场

以上是基本分析思路。具体佐证之一是河北宽城县附近的地名与长春地名有亲缘关系，尤其是称季节性河流为某某沟，比如头道沟、二道沟、三道沟、放牛沟等等。从山西走西口进入今天内蒙古东部及长春厅境内西侧的山西商人，也不是一开始就进入东北很深地方，随着逐步深入内蒙古东部，沿途印刻下鲜明的地名标志，在清朝中期靠近内蒙古一带的地名基本上都是以某某堡来命名，长春这座城市的名字就是来自长春堡，长春以堡命名的地名很多，永春堡，八里堡、十里堡。佐证之二是地理位置关系，长春兴起于柳条边外，而且挨着柳条边，边东就是封禁之地，边西就是内蒙古东部哲里木盟的郭尔罗斯前旗。从移民路线看，是从承德府北部，走西口，进入内蒙古东侧，在郭尔罗斯前旗一带留下来，不敢越过柳条边，这也是为什么长春最开始起源于郭尔罗斯前旗蒙古王公封地上原因所在。佐证之三，从宽城子地名在长春地面上出现的时间来分析。长春最早出现宽城子这一地名的时间是在雍正末年，雍正皇帝死于1735年，那么至少在1735年就有宽城子这一地名了，而且还说高姓人家到宽城子开店，可见这一时代宽城子已经出现了简单的街区和集市贸易，这之前长春这一带土地开发主要来自山西商人投资，其中热河大部分及蒙古东部一小部分土地，基本上由山西商人来引领开发，用今天话讲，他们是资本所有者，用资本来支配劳动力，成为"揽头"，这在长春地名中也留下了鲜明印记，比如农安等地靠近蒙古地方今天还有大揽头村、小揽头村这样的地名。佐证之四，宽城地名加"子"字，这种方言现象也是出现在承德府南部靠近蒙古地方一带，这一带类似地名很多，比如：东三十家子、小城子、大城子、北甸子、拐棒子沟等等。最后一点，在清朝中期的历史资料中还有这样的称呼，就是从土地没有完全被开发的地方叫"宽乡"，反之则叫"窄乡"，这个说法不能成为长春宽城子地名的原始由来，时间不对，雍正末年前宽城子名称已经出现了，而"宽乡"与"窄乡"之称呼是1800年以后的事情。关于宽城子地名由来，我的看法也是一家之言，很多东西都是推测，但是这些推测又是建立在真实史料上面的，基本结论是：宽城子这个名称是山西商人走西口进入河北承德府留下来的，并从河北移植到长春，总根子起源于山西商人走西口。

（作者曹冬雁　长春电视台"老曹讲故事"

栏目主编、主持人）

满族的服饰与饮食

杜立平

【内容提要】一个民族的服饰与饮食是经过几百甚或是上千年的文化积淀而形成，集中了这个民族的情感与智慧，最能代表这个民族的人文禀赋。满族这个北方渔猎民族在长期的社会生活与自然环境作斗争的过程中，逐渐形成了独特的服饰与饮食传统，虽然作为一个渔猎民族早已深深融入了汉民族大家庭，但是满族的许多古老习俗至今仍深深影响人们的社会生活，成为我们社会生活中的重要部分。

【关 键 词】旗袍 马褂 坎肩 黄金肉 菜包饭 四个压桌菜 萨其玛

一、满族服饰

满族在历史上属于古老的渔猎民族，满族的早期先民肃慎人夏季在树上筑巢以防猛兽，冬天则穴居御寒。从地理上看，满族主要活动范围是白山黑水之间，从事的是捕捞、采集和狩猎，这与从事游牧的蒙古族不尽相同。应该说，满族是一个生活在山林和江水之滨的少数民族。人与地理环境在长期的互动下产生了不同的民风民俗。而作为民俗中的服饰，最能体现一个民族的历史文化特色。因为服饰中蕴藏着神秘的文化符号，满族的旗袍、马褂和坎肩被誉为满族服饰的"三剑客"，最能代表满族的传统特色，而且至今这"三剑客"在我们的生活当中仍然散发着迷人的魅力，为许多人所不知。

旗袍

旗袍，满语为"衣介"，是昔日满族（包括蒙古族等北方少数民族）最为普及最具特色的服饰，无论是男女老少；也不论生产还是马上作战皆宜。旗袍是经过长期的生产和生活也包括行军打仗过程中形成的，带着鲜明的历史烙印。

旗袍的款式为圆领、大襟、左衽、四面开衩、束腰和马蹄袖。这种款式完全是依照满族的特有的渔猎生活所决定的。利于进山采集和马上作战。最突出的特点是"左衽"，所谓左衽就是左大襟，而中原民族的妇女穿的大襟衣服均为右大襟。左大襟的好处是当你骑马或是行走时遇到危险能够做出迅速反应，因为一般情况下，前襟里藏有防身的暗器和随身带的干粮等物品，顺手就能从前襟中掏出以便防身。

再说旗袍的束腰和马蹄袖，这样的款式设计，主要是为了在野外活动时保暖。这和中原汉民族的裙袍款式是截然不同的，汉族的裙袍腰和袖都是以宽松为主，汉族的长袖里可

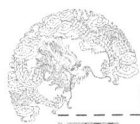

以放钱物，而妇女的"水袖"纯粹是装饰。广大的白山黑水间，由于地处纬度低，冬季漫长而寒冷。袖口宽了会灌进风，腰不扎紧了也不利于保暖和在山林间行动方便。

早期的满族女旗袍，特别是满族的贵族阶层，妇女们穿的旗袍相当讲究。尤其是在旗袍的装饰性上下足功夫，比如要在衣襟、领口和袖边镶嵌上花边图案，固有女旗袍"十八镶"之说。从而使旗袍穿上时婀娜多姿、绚丽多彩。

满族入主中原后，在全国强力推行"剃发易服"和种族统治。马蹄袖主要动能也发生了变化，由防寒变成了"掸袖"的满族礼节。我们在看反映清朝王宫贵族的电影和电视剧时，官人们遇到上级官员都要掸两下马蹄袖，然后两手伏地，以表达敬意，掸袖成了社会上的重要礼节。

旗袍在近三百年的清朝统治中，成为了名不副实的国服。新中国成立后，男旗袍正式退出历史舞台，而女式旗袍在保留了原有风格基础上，又有所改进，更加注重体现妇女的体形美，伴随着时光的流失，妇女的旗袍愈来愈透露迷人的风采，由于它结构简单，穿着方便，又可以衬托出女性轻盈的体态，所以常常出现在各种庄重的仪式上，成了礼仪小姐的首选服饰。如今旗袍已成为最能体现东方女性美的文化符号，许多国外的女子也喜欢上这种独具东方神韵的服饰。

马褂

据《清稗类钞》载：在康熙年间，有一位将军出征，她母亲亲手给儿子缝了一件对襟马褂。孝子感念母亲恩情，常常马褂不离身。康熙皇帝知道后，赏赐了这位将军，并给马褂赐名"阿娘装"。此后马褂流行起来，一时间成为社会上的时尚。

马褂分为大襟、对襟、琵琶襟等多种形式。马褂款式为高领对襟，四面开楔，长及腰部，袖子稍短，袍袖可露出三、四寸，将袍袖卷于褂袖上面，即所谓大、小袖。

清朝满族诗人缪润绂描述说："卷袖长衫称体裁，巧将时样斗妆台。谁知低护莲船处，争及罗裙一出来。"可见当时满族卷袖服饰极为时兴。清初，穿马褂仅限于八旗士兵，至康雍年间满族男子穿用马褂的习俗已盛行，青年喜着马褂以示武勇。

此后，由于清朝历任皇帝提倡骑射，经常以马褂赏赐臣下，竟成为一种"礼服"。当时皇帝赏给"黄马褂"是做臣民的最高的荣誉。电视剧《神医喜来乐》中的喜来乐得到皇帝一件黄马褂后身价大增，围绕着黄马褂演绎出一连串的人生悲喜剧。

黄马褂，是皇帝特赐的服装。穿着这种赐服的人，主要有三类：一是随皇帝"巡幸"的侍卫，称为"职任褂子"；二是行围校射时，中靶或获猎多者，称为"行围褂子"；三是在治事或战事中建有功勋者，称为"武功褂子"，这些人还要被载入史册。只有这种御赐的马褂才可以随时穿着。

然而，伴随着中华民国所取代了大清王朝的封建帝制，马褂这种满族的服饰也与时俱进发生了新的变化。著名的满族文化史专家富育光认为：马褂这一服饰，已演变成现代生活的中山装。而又有许多人说，现在的唐装就是由满族的马褂演变而来。还有各种绕弯子的说法不一而足，不是一两句话能说清楚的，还是留给学者去讨论。笔者以为，一个民族服装的传承与创新是有前提的，即使是从外面"拿来"也是在一定的基础上实现的。

坎肩

文化是有传承性的，这在各民族的服饰上体现得更为充分。据《三国志·东夷列传》载："（挹娄人）处山林之间，常穴居，大家深九梯，以多为好。土气寒，剧于夫余。其俗好养猪，食其肉，衣其皮。"满族的先民在漫长的冬季最早是穿各种兽类的皮过冬的。由于冬日寒冷，穿一两件皮毛不能御寒，常常又在前胸和后背上套上一层，这大概就是坎肩的原形。

满族又是一个善于学习的民族，在此基础上又吸收了汉族的民俗，就成了日后的坎肩。坎肩，又称马甲、背心。它无领无袖，既实用又有装饰的特点，所以男女老少皆宜。

坎肩的样式极多，对襟圆直翘、对襟圆翘、捻襟、琵琶襟，一字襟以及"巴图鲁"坎肩。坎肩有单、夹、棉和皮，满族的猎人更喜欢穿毛朝外的皮坎肩，以鹿皮为贵。

"巴图鲁"坎肩是清京师八旗最为时尚的一种款式。"巴图鲁"是满语"勇士"的意思。其样式是"一字襟"上装有排扣，两边腋下也有纽扣。这种巴图鲁坎肩穿着十分便利，外形显得格外洒脱、勇武。可以说是满族军旅中最为有代表性的服饰。

令人可喜的是，满族的坎肩并没有因为时光的流逝而离我们远去，偶然回望历史风烟，蓦然发现：这种带着深深渔猎民族文化元素的服饰，仍然深受现代人的喜爱，它仍然时尚，仍然在我们的生活中流行。

二、满族美食

老罕王努尔哈赤（1583——1626）以十三副铠甲率众起兵，纵横马上三十年间，统一女真各部，成为清朝的开国元勋。然而读者也许不知，努尔哈赤不但是位雄才大略的军事家，同时还是一位地地道道的美食家，满族流传至今的许多美食都和老罕王有关，为后人所称道。

黄金肉

老罕王年少时，家道衰落，他曾经流落到抚顺、辽阳一带谋生。在辽东总兵李成梁家府当伙计期间，凭着他的聪明伶俐，小罕子进了总兵府的厨房打杂。有一天，总兵府的大师傅生重病卧床在家，府中一时无人做饭，几个女仆急得团团转。平时总兵府每顿饭都要做八道菜，女仆们费了九牛二虎之力，才做出了七道菜。这最后一道菜她们怎么也做不出来了。

在一旁观看的小罕子顿时暗喜：自己的表现机会来了。他自告奋勇地说："我做这第八道菜。"女仆们根本没把这又干又瘦的伙计放眼里，撇着嘴说，"你会做什么菜？小心挨总兵的马鞭！"她们哪里知道善于观察学习的小罕子，平时在师傅做菜时总是悄悄学，对每一道菜的配料、火候都默记在心，所以在关键时才能敢从容不迫露他一手。小罕子并不和她们争辩，他忙撸胳膊挽袖子，将切好的里脊肉，裹上蛋黄液，入油锅迅速颠炒后装盘送上，总兵李成梁看到色香味俱佳的"黄金肉"，觉得味道与以往不同，特别好吃。李成梁问个究竟，左右者只好说明实情。李成梁大喜，欲嘉奖小罕子，他吩咐传小罕子上堂，机智的小罕子为讨吉利，回答李总兵道："大人，这道菜叫黄金肉。"从那时起，这道佳肴就开始流传。此后，清朝的每个皇帝都很器重此菜，几乎每天都要备上此菜。

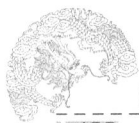

"黄金肉"是满族古老的宫廷风味名菜，曾被列为满族菜谱第一味，自清朝建立以后，每到大典盛会，在酒席宴上，第一道菜，必须要首先上黄金肉。

菜包饭

东北的菜包饭是老少皆宜营养又健康的一道美食。菜包饭又叫"吃菜团子"，它的作法简单，是将白菜、生菜等叶子放在手掌上，把已煮熟的米饭、炒饭和小葱放到菜叶上，再抹上炸好的大酱，然后双手把菜叶合上，或包成长卷形，或包成团型，双手捧食。不说别的，仅碧绿的菜叶、洁白的米饭和金黄的炸酱，这些足以勾起人的食欲了。

说起吃菜包的来历，十分有趣。当年老罕王率兵攻打抚顺城，大军围困抚顺城激战了几天几夜。当地的老百姓天天给老罕王的部队送给养。老罕王作战勇猛，他身先士卒，第五日终于打开了抚顺城的城门，抚顺城的明军溃逃。老罕王指挥八旗兵乘胜追击明军。

当时，村民刚刚做好饭菜送到。老罕王的队部急着出发，饭菜又不好携带。有一家的媳妇急中生智，对住在她家的几个兵丁说："有办法了，你们可以把饭带上，在路上吃"。她把屋外刚晒干的白菜叶子用水洗一下，铺平，把做好的肉、菜和饭盛上一勺子，用菜叶一包，不一会儿功夫，做成一盆大菜团子，然后交给这几个士兵每人几个，就匆匆忙忙上路了。

老罕王的人马在追击明军的路上，遇上了一场大雨。这时候，老罕王的队伍已是人困马乏。他便命令休息打尖。然而大雨刚过，到哪里找干柴禾呢？这时的老罕王是又急又饿，生火又点不着柴禾，正在急得团团转时，那几个带着菜团子的士兵把身上的菜团子献给老罕王。

此时，老罕王也饿得两眼窜花了，这菜团子吃得别提有多香了。他边吃边问这菜团子是哪来的，几个士兵如实向他做了汇报。老罕王听了以后，高兴地说："谁家的媳妇这样聪明，今后咱们打仗时，带上菜团子就不会挨饿了。"

从那以后，凡遇行军打仗，老罕王就让老百姓做菜团子给士兵带上。这一作法慢慢变成了民间的习俗，一直流传至今，为东北人所喜爱。

四个压桌菜

走进东北的饭馆和酒店用餐，在客人坐定之后，店员会在上菜之前，先摆上四碟小咸菜，有的是摆上四碟葱段和豆酱之类。这是东北地区特有的一个习俗，叫作"摆上四个压桌菜"。这也是当年老罕王留下的传统。

相传当年老罕王率领一伙人进长白山打猎，在山上转悠了好多天连个野鸡、野兔子毛也没打着。有人对老罕王说："咱们是得罪了山神爷了，要不然咋啥也碰不着呢！"当时的老罕王正值年轻气盛，他可不信人说的那一套。

正赶上中午，他们一伙人肚子饿了，就把狍子皮铺在地上准备吃饭。可是狍子皮刚铺好，就吹来了一股大风，把他们要吃的东西刮得乱七八糟，他们反复铺了好几次，大风几次把狍子皮吹起来。有人又说："这回是真得罪了山神爷了。"

老罕王不听邪，一气之下他拔出刀来在石头上、树上乱砍，只见眼前火星直冒，一阵阵狂风吹了老罕王直打趔趄。这一回老罕王才猛醒过来。他带领大伙一齐跪下，向山神爷叩拜三声。说来也怪，这时狂风戛然而止，他们在铺下的狍子皮四角压上四块石头，以示对山神的敬畏。

此后，在家中吃时也要先摆上四个小碟，以示对客人的恭敬。从此，这个古老的习俗一直流传至今。

萨其玛

昔日，满族人的主食是以粘食为主。满族的粘食主要原料是黄粘米和白糯米做成的。比如说在春季满族妇女喜欢用黄米做豆面卷子，到了夏季要用白糯米做苏子叶饽饽，到了冬季要用黄米面做粘豆包。满族的粘食可以说花样繁多，不胜枚举。但是最为著名的还得说满族的名点萨其玛了。

萨其玛，又名糖缠，是用水、鸡蛋或奶油把白面和到软硬适中，然后赶成片，切成细条，下锅用油炸熟。再用蜂蜜或白糖熬后拌匀，又将放芝麻、青红丝、瓜子仁的特制木槽内压平，取出切成方块即可食用，其味香甜适口。清代以来，在皇家贵族举行的各类祭祀活动中，萨其玛是主要的供品，足见满族人对它的重视喜爱。

说起这道名点，还有一段和老罕王相关的传说。当年老罕王到长白山挖参采药，常常一去就一两个月。山路跋涉艰苦，更要命的是身上带的吃的干粮几天就吃光了，别说挖不到山参和药材，说不定挨饿连命都要搭上。老罕王凭着在总兵府做过饭的经验，他发明了用鸡蛋和面炸成条状，然后用蜂蜜搅拌，既抗饿又不易变腐，后来又不断加工改进，就成了日后的美食萨其玛了，如今已成为独具特色深受各族人民喜爱的中华名点。

满族自古以来生活在白山黑水之间，以渔猎或农耕的生产方式繁衍生息，在漫长艰苦的环境中生存，培养了满族勤劳、坚忍、智慧的人文品格，同时也打造出独具浓郁风格的满族的饮食文化，成为中华美食食谱中的一支奇葩。

（作者杜立平　长春市群众艺术馆研究馆员）

解读长春市文庙博物馆发展之路

邵金波

【内容提要】长春文庙具有140多年的历史，相对于其他大型文庙，她的历史并不算
　　　　　　长，但在长春214年的历史当中，却具有非常重要的意义。近些年来，随着
　　　　　　国家的发展，长春文庙重新受到了重视，得到了越来越好的发展，但要充
　　　　　　分发挥自身的优势，为社会建设作出应有的贡献，还有很长的路要走。
【关　键　词】长春文庙　博物馆　发展　道路

坐落在长春市亚泰大街与东头二道街交汇处的长春市文庙博物馆，始建于清同治十一年（1872年），比长春市建城晚了半个多世纪，是长春市现存四个超过百年建筑之一。长春文庙深刻的文化内涵和厚重的文化积淀，决定了其弘扬传承传统文化的独特性和独有性。古朴沧桑的建筑风貌、主题鲜明的展陈展览、对话圣贤的公益讲堂、丰富多彩的传统活动、市民自发的广场文化，无不吸引着广大市民参观互动，也给人们留下不尽的文化熏陶和文化涤荡。

那么，长春文庙是如何一步一步发展到今天，历经142年的风雨路途又有过哪些历史故事和美丽传奇呢？下面，就让我与您一同走进长春文庙去解读百年文庙的发展之路。

一、长春文庙的始建与初步发展

长春文庙始建于清同治十一年，也就是1872年。始建时，由士绅朱琛捐资，修有大成殿三间，崇圣殿三间，东西两侧各有殿庑三间，另有大成门三间，前院有东西更衣厅各三间。光绪二十年（1894年）新到任知府杨同桂又主持在庙内建文昌阁，阁高两层。1924年，由县知事赵鹏第主持，官绅商学各界募款大洋三万八千元，对文庙进一步修建和扩建，使之最后完善。

文庙内主要建筑有棂星门、大成门、大成殿、崇圣殿、文昌阁等。这座庙宇是由殿堂门庑围合成的三进院落，占地10000平方米左右。据史料记载：昔日，门前古榆参天，花草满坛，泮池如新月，虹桥飞架其上。过泮桥即是高大壮观的棂星门，原为木结构，重建时改为铁梁石柱。外由水磨石挂面，高7.5米，幅宽8米。在这座三间四柱的门楼刻有"棂星门""取士""必得"等字，字迹苍劲挺拔。横梁上雕刻二龙戏珠图案栩栩如生，四柱顶端站立的石狮子气势磅礴。棂星门前有下马石，上刻"文武百官到此下马"。今日这座门楼已面目全非，上面的字迹早已模糊不清，"下马石"不知失落何处。进入棂星门东院为孟庙和文昌阁，西院为孔氏家庙，两院的主体建筑分别占地为70平方米，中院为文庙主体建筑大成门、大成殿。据史料记载：大成门也称过殿，面阔9.65米，进深5.65米，高7.5米，殿内悬挂大型钟、鼓，两侧有祭祀更衣室和官员休息室。出大成门即可看见大成殿及东西配殿。大成殿富丽堂皇，轩昂庄重，面阔11.50米，进深8.40米，高3米。殿内正中悬挂"至圣先师"横匾，匾下神龛内供养孔子塑像，两旁供养颜回、曾参、孔伋、孟轲等"四配"，闵子骞、仲弓、子贡、子路、子夏、有若、冉耕、宰予、冉求、子游、子张、朱熹等"十二哲"的牌位。殿前露台宽敞，昔日祭孔时"八佾舞于庭"即于此地。东西配殿供奉的孔门弟子七十二贤人及儒家历代先贤牌位。东配殿南山墙建有碑楼一座，内立1924年"长春文庙重修碑记"。碑文记载了文庙创建年代和重修经过，碑背面刻有重修时有关人士姓名。这块石碑现已不知失落何处，仅能在《长春县志》中看到抄录的正面碑文。最后一层殿叫崇圣殿，是供奉孔子父母及祖先牌位的地方。

另外，原来在文庙院内还曾立有记载学校纪律、学生心得的石碑，已不知去向。据史料记载：昔日的长春，祭孔是很隆重的。文庙每年有两次祭祀活动，分别是阴历二月和八月，而尤以八月二十七日孔子诞辰的祭祀仪式最为隆重，要供三牲，献歌舞，地方的文武官员都要来此参拜，官员参拜之后，学校师生也来参拜。

据记载，与文庙相对，南面还有一座楼阁，坐落在伊通河畔，该楼是昔日举子考生参拜之地，楼名"魁星楼"。这座建筑虽然并不在文庙内，但与文庙相呼应，二者形成一处完整的崇尚和倡导"教化"的场所。魁星楼始建于光绪二十七年（1901年）之后，由长春太守王昌炽主持移建在此。三层楼阁，高10米，砖木结构，楼内塑有手执毛笔、单脚站立的魁星神像，1916年魁星楼因雷击而烧毁。

二、长春文庙的两次修缮与文化活动

1987年，长春文庙被吉林省人民政府公布为第四批省级文物保护单位。2002年，由时任长春市市长的李述主持长春市政府出资复建文庙，2008年在长春市人大主任祝业精、长春市政协主席张元富的主持下又复建了文昌阁，复建后长春文庙的占地面积为12000平米，建筑面积为2500多平米。当初复建的长春文庙只有大成殿内的孔子像，四圣和十二哲人塑像由于资金问题都没有完成，我们没有坐等政府拨款，而是联系到很多热衷传统文化的企业家和热心人士，号召他们踊跃捐款，在一年内将十六尊塑像全部恢复，让市民们得以瞻仰圣贤、修善自身。

长春文庙是长春市重要的优秀传统文化传播基地和青少年素质教育基地、市孔子研究会所在地、长春市慈善基地、吉林省未成年人思想道德示范基地、省社科联科普基地。经过这两次修缮，这里主要展出孔子、孟子的生平，儒家学派的发展以及儒学思想对古今中外的影响，并且定期举办国学大讲堂公益讲座和各种弘扬中华优秀传统文化的活动，如祭孔大典、成人礼、启蒙礼、传统婚礼、文昌会、春节祝福仪式、端午节民俗庆典等丰富多彩的文化活动，受到市民的广泛关注和喜爱，成为春城人民不可或缺的学习优秀传统文化、感悟古圣先贤道德精神的文化家园。

现在市民们在长春文庙瞻仰以孔子为代表的历代儒学先圣和哲人的同时，也感受到儒家文化中蕴涵着指导当代生活的巨大潜力。孔子及其哲理受到广大市民的尊崇和爱戴，其影响之深远始料不及。长春文庙这座历史文物建筑，已经成为传播我国优秀传统文化、吸引广大市民积极参与活动以及青少年德育教育的文化平台。2002年以来，在长春市领导们的关心和广大市民的积极支持下，长春文庙周围已经形成了五大系统，这五大系统是：政

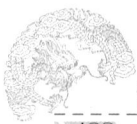

府支持系统、专家学者系统、教育系统、企业家系统和新闻媒体系统，借助这五大系统，长春文庙走上了良性发展的道路。

由于长春是一座比较年轻的城市，历史只有214年左右，和国内外许多文庙相比，距今142年历史的长春文庙，无论从规模还是年代上都毫无优势可言，但是长春市有着丰富的文化资源，很多著名的高等学府都坐落在这里，有很多专家学者和政府官员乃至热心人士对传统文化有着高深的造诣和深刻的认识，2002年在长春文庙复建初期，一些政府官员、专家学者和企业家来文庙考察，为文庙的发展方向献计献策，制定远景规划，大家都对传统文化有着深深的认同，因此，在2003年9月28日，长春文庙举办了长春市中断60年的祭孔大典，并取得了空前的成功，在祭孔当天出现了万人空巷的壮观场面。

但是，由于长春文庙复建时间较短，再加上很多市民经过"文革"后，对文庙的印象早已淡漠，曾一度陷入了比较沉寂的局面。没有过多的等待，长春文庙积极地联系到一些学校来到文庙进行传统文化经典诵读活动，政府和新闻媒体也大力支持，文庙的名声逐渐扩大。这个时候，文庙在网上发现山东国际孔子文化节举办全球联合祭孔的消息，当即联络2005全球祭孔活动的组委会和中央电视台，他们给予我们极大的支持，将我们的活动纳入到整个全球活动当中，在20多天的准备过程中，我们依靠民众的大力支持，将活动组织机构建立起来，依靠社会各界朋友的支持将活动经费和各种材料进行了充分的准备，再一次成功举办了祭孔典礼，当天参加祭孔的人数超过了十万，中央电视台不但在直播中播出了长春文庙的祭孔画面，而且在《新闻联播》播出四家文庙祭孔情况时，长春文庙的播出时间是最长的，这在长春市掀起了传统文化普及的热潮，也正是基于这个原因，2005年12月25日，由国际知名儒学大师吕绍纲先生任会长的吉林省孔子学会在长春文庙正式成立。2005年12月28日，长春文庙联合长春电视台与吉林省社科联、吉林省孔子学会、长春市图书馆和长春市少儿图书馆共同开办了吉林省国学大讲堂，至今，国学大讲堂已经举办国学讲座480余场，听众队伍不断扩大，目前已经走入了机关、学校、企业、社区、乡村和特殊人群，而在长春文庙，每周六的经典解读讲座早已成为长春市民学习传统文化的最爱。全部讲座均为公益活动，不收听众一分钱学费，我们的目的就是要将中华优秀传统文化深深扎根于百姓心中，让民族文化的伟大复兴早日到来！几年来，我们接连组织了"海峡两岸同祭孔""世界华人同祭孔"和数次鼓励青少年树立远大理想、鼓励他们勇于承担社会责任的"成人礼""启蒙礼""传统文化婚礼"等大型庆典活动，受到民众的关注，长春文庙已经成为吉林省的文化品牌，成为媒体争相报道的教育基地。

2007年，长春市孔子研究会在市政协的组织领导下成立后，对文庙的各项活动和日常工作都非常关注与支持，并且以政协提案的方式协调文昌阁的土地问题。特别是长春市原市长、市政协原主席、市人大原主任、市孔子研究会名誉会长祝业精同志，到文庙视察后，了解到文庙的具体情况，及时解决了祭孔经费问题并开始筹建长春文庙文昌阁，为国学大讲堂提供讲课场所。不但用地问题得到妥善解决，在祝业精主任的亲自主持下，积极筹措资金420万元和全部建筑材料，在2008年6月1日开工，9月28日祭孔时完工，完工后长春文庙文昌阁已经成为长春市又一处古建筑景观，成为长春市对外展示文化形象的窗口。

三、长春文庙的归属管理与孔子文化园建设

由于是历史遗留问题，长春文庙一直处于无上级主管单位、无人员编制的情况，日常活动仅由民间团体自发组织，给日常工作和文物保护工作带来很多不便。2009年长春文庙

有人员13人，其中，长期合同聘用10人，短期合同聘用3人，另有若干名志愿者。由于经费紧张，大部分职工工资按最低工资指导线发放。

2010年，经市政府研究决定，长春文庙归属长春市文化局（文物局）管理。根据长春文庙的发展需要，结合我国其他地区文庙的实际情况，文化局向市政府报送了拟成立长春市文庙博物馆的专题报告，报告中阐明拟成立的文庙博物馆应是正处级全额拨款事业单位，内设四部一室，并要对文庙历史遗留问题给予一次性彻底解决。一是应明确长春文庙资产的权属，在清产核资的基本上，正式将长春文庙的资产划归长春市文化局。二是现有员工其劳动债权应一次性解决好，如果其参加长春文庙事业编制招聘，可以优先录取。三是市财政每年拨付一定维修经费，专款专用。2011年，市编办下文正式成立长春市文庙博物馆，为全额拨款正处级事业单位，人员编制15人。至此，长春文庙从根本上解决了无上级主管部门、无人员编制、无专项经费的体制问题。

在长春文庙西侧、亚泰大街东侧、东天街南侧有一块暂空土地，总面积为2.41公顷。其中分三块，南端有原49中闲置教学楼，占地0.4公顷。在现规划中，中部地块用地性质为商业、金融用地，面积为0.93公顷。北部地块用地性质为中小学用地，面积为1.08公顷。由于用地性质较为复杂，谁都难以单独利用，所以处于闲置失管状态。如果利用该地建长春市孔子文化园，可为文庙各项活动提供新条件，为市民提供休闲式了解孔子文化的场所，是功在当代、利在千秋的惠民工程。市政府主要领导多次视察长春文庙，多次现场办公召开专题会议进行研究，2011年5月，市政府出台专题会议纪要明确提出建设长春市孔子文化园，并由市财政投资，要求2012年9月28日前完工。由此，长春文庙掀开了历史新篇章，进入了发展新纪元。

建成后的孔子文化园由三个区域组成，占地面积达到5万平米。东部是以长春文庙小学为主体建筑的教育区；中部是以棂星门、大成门、大成殿、崇圣殿为中轴线，钟鼓楼、魁星楼、碑廊和三个主题展览为辅线的文物保护核心区；西部是以孔子书院、孔子塑像、杏坛广场、牌楼为建筑群落的文化休闲区。通过孔子文化园的建设，使文庙博物馆真正成为了长春的人文作品荟萃之地、国学传播之地、历史文明展示之地、市民群众休闲娱乐之地和爱国主义教育基地，极大地提高了文庙博物馆的知名度和影响力。长春孔子文化园已经成为长春市标志性建筑群落，成为长春这座城市的文化记忆和精神符号的重要组成部分。

四、长春文庙继续前行

2012年9月28日，朝霞升起天际，却细雨蒙蒙，在雨停的间隙，市五大班子领导为长春文庙建成140周年暨孔子文化园竣工进行剪彩，美丽的孔子文化园展示在广大市民面前。

建成孔子文化园的长春文庙，要求我们必须采取更加开放的服务理念，进一步弘扬传承中华优秀传统文化，巩固中华优秀传统文化的记忆，找准文庙博物馆在中华优秀传统文化中的历史定位，牢牢把握文庙博物馆在中华优秀传统文化中的历史担当，全面推进文庙博物馆保护与利用的系统工程，为实现伟大中国梦做出应有的贡献。

我们确立了总的指导思想是：以邓小平理论、"三个代表"重要思想和科学发展观为指导，全面贯彻党的十八大精神，认真落实《中华人民共和国文物保护法》和《博物馆管理办法》，遵循博物馆的发展规律，为弘扬传承中华优秀传统文化，推动我市社会主义文

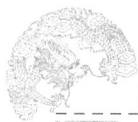

化大发展大繁荣做出积极贡献。

总的工作思路是：抓建设，促发展，去追梦。

总的工作理念是：国学立馆、文化强馆、人才兴馆、开放办馆。

总的工作目标是：传承国学、服务社会、发展自我，努力将我馆建设成为全国一流的文庙博物馆。

长春市文庙博物馆正式成立后，特别是孔子文化园建成后，我馆整体工作思路进一步明确，发展模式初步确立，在未来三到五年内初步实现"四化"，即简约化、规模化、常态化、专业化。

1. 简约化：就是从过去的繁复无序的工作状态中解放出来，把整个工作看成一个系统，用系统论的理念来指导工作，抓住一个系统内的关键性因素，来完成和带动整个系统的运转。

2. 规模化。原来长春文庙占地7000多平米，经过2012年长春市孔子文化园项目建设，现在长春文庙博物馆近5万平方米。伴随着馆内文物保护区域和活动区域的扩大，下一步主要思考和解决的问题，就是文庙的各项活动要与服务社会的规模化相适应。可以说，文庙时空规模的形成，在一定意义上验证了文庙社会化的深度和广度。而文庙社会化的深度和广度又证实了文庙时空规模的有效性。

3. 常态化。依照博物馆的实践，内部职能有三项，文物收藏，科学研究和展示教育。博物馆的这三项文化功能是一种常态化的职能模式。所谓常态化就是使文物收藏、科学研究、展示教育这三项工作有序、按部就班地进行。坚持常态化必将有效促进博物馆的日常工作，使各项工作有序进行。反过来，博物馆工作的有序进行又促进了工作常态化秩序的形成。

4. 专业化。随着博物馆的有序发展，博物馆学意义上的工作内容逐渐愈加明晰起来，而博物馆学意义上的工作内容与理性分析，其最终的结果将涉及到博物馆人力资源的再分配，这几乎涵盖博物馆专业以及从事专业工作的所有人员，并在国际水准上得到进一步的专业认同。同时，博物馆专业化的日趋成熟，又将促进博物馆共同知识体系的形成。

长春市文庙博物馆是2011年11月才正式批准成立的，是不足三岁的小小孩童。然而214年的风云变幻，142年的风雨路途，1000多个昼夜更迭，绘就了一副副多彩的画卷。回首来时路，多少感动、多少收获、多少难忘留在了我们的记忆中。年轻的我们在路上，面对广大市民的文化需要，面对广大市民的新期待，我们没有理由停下来。按照科学有序的常态化发展模式，立足我馆实际，锐意进取、与时俱进、携手前行，去追求并实现我们的美丽梦想。

参考文献：

［1］《长春市志》，长春市地方志编纂委员会，1995年5月吉林人民出版社。

（作者邵金波　长春市文庙博物馆馆长）

长春市文物旅游产业的发展现状及前景思考

王义学　王晓茹　范青山

【内容提要】 近年来，长春市文物旅游产业取得了一定的成绩，但在文化遗产保护和文物旅游协同发展上还存在着不同声音，未来长春市应在文物旅游产业发展规划、发展政策及与现代服务业的结合上寻找出路，在发展文物旅游产业的同时，促进长春市社会经济的健康发展。

【关 键 词】 长春市　文物旅游　产业　发展

为全面促进长春市现代服务业的发展以及促进长春市文物资源的保护和利用，长春市于2011年1月12日、2012年4月20日，先后出台了《关于加快推进长春市现代服务业发展的实施意见》《长春市文物保护条例》。这两个文件的出台一方面促进了我市现代服务业尤其是旅游业的发展，另一方面也促进了我市文物资源的保护。长春市是一个文物大市，有着极为丰富的文物资源，尤其是以农安辽塔、完颜娄室墓等为代表的辽金时期文物遗存；以伪满皇宫为代表的警示性文化遗产；以长春第一汽车制造厂早期建筑为代表的工业遗产等最具代表性，目前，长春市有全国重点文物保护单位8处，中国历史文化名街1处，省级历史街区6处，但仅有伪满皇宫旧址得到了充分开发利用，其余诸如一五时期工业遗产旧址、新民大街等6条历史文化街区、日伪时期军政机构旧址等都没有得到有效的开发利用，如何丰富我市旅游资源、拓展旅游项目与开发保护文物资源成为目前我们急需解决的一个课题。

一、国内外关于文物旅游的研究比较

文物旅游是以文物遗迹等代表人类显著精神文明和物质财富的物质遗存作为旅游吸引物的旅游形式。文物旅游在欧美的出现和盛行，推动了文物旅游在西方的开展，较早的有泰德恩的《文化遗产诠释》等。到20世纪八九十年代，文化旅游研究不断升温，相关的成果也逐渐趋于多样化，在1996年所出的关于文物旅游研究的专刊《旅游业研究年报》集中反映了这一时期的研究成果。这些研究主要包括以下内容和主题：①文物对于旅游业发展的重要意义；②文物旅游和城市发展问题研究；③文物旅游开发的具体微观实践；④文物旅游的市场开发问题研究。欧美文物旅游研究为西方国家文物旅游的开发提供了理论依据，促进了西方国家文物旅游的发展。这些研究成果也对我国开发文物资源，发展文物旅游具有很好的借鉴意义。

由于我国旅游业的发展大约只有30年的时间，旅游开发与旅游发展研究相应较晚，因

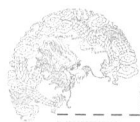

此国内的文物旅游研究工作开展只是近十年来才开始的，国内的文物遗产旅游研究主要是对著名的历史遗迹或文化遗存如何进行旅游开发、管理与保护的个案性研究。

通过对文献的检索我们发现国内对文物旅游的研究主要有三种情况：一是文物作为旅游资源开发与保护之间关系的辩论，主要论文有周彤莘的《论文物保护与文物旅游的平衡发展》[1]；梁雨华的《文物旅游：文物保护与旅游开发的双赢》[2]。二是对具体文物遗产资源开发的个案分析，如刘伟科与牛栋合作撰写的《经济地理》。分析了汉长城遗址保护区社会经济特征及社会经济发展与遗址保护的矛盾，提出了遗址保护区保护与开发利用的方向与对策；[3]木基元的《世界文化遗产丽江古城的保护及其指导意义》[4]，探讨丽江古城的保护开发问题。杨洪、李蔚的《湖南文物旅游资源与文物旅游资源开发研究》[5]。分析湖南旅游资源状况及其发展保护建筑。三是对文物旅游管理机制改革的探讨，如李兴斌的《中国自然文化遗产管理模式的改革》[6]，比较分析了自然文化遗产管理的国家模式，提出自然文化遗产的所有权属于国家，管理权由各级行政主管部门行使，旅游经营权可进入市场运行，同时建立完整而有效的监督保护体系，实行"四权分立"的管理模式；张晓、张昕竹的《中国自然文化遗产资源管理体制改革与创新》[7]。

相比国外的文物研究，国内研究表现如下特点：①开发有余而保护不足。国内研究对文物旅游的开发及两者间的关系有较多的论述，而对于在开发基础上的保护及保护机制的研究比较薄弱，或者比较笼统，缺乏实际的可操作性。②热点过热，冷点过冷，国内关于文物旅游的研究多偏重于一些国家级或者世界级的文化遗产，而对于我国数量繁多，在国家文化遗产中占有重要地位的一般性、地方性文化遗产研究则比较少；③范围狭窄，思路不开阔。国内的研究或拘泥于旅游或者文物遗产本身，即使二者进行了结合，但是对二者之间的权衡考虑都不够全面。④过分关注文物旅游本身，与之相配套的领域关注较少。国内的研究只注重文物自身的开发，文物遗存以外的比如前期科研、开发规划、现代服务业与文物旅游的结合则研究得不够深入，导致文物旅游的开发不具备可持续性。

二、发展文物旅游的重要意义

文物旅游是我国旅游业发展不可或缺的一环，以目前中国旅游业发展现状来看，旅游业开发与文物保护是相辅相成、相互促进、密不可分的。积极开发文物旅游资源，大力发展文物旅游业具有十分重要的意义。

可以深层次发掘文物资源内涵，充分发挥文物资源在文化教育、科学考察、旅游观光上的应有功能，尤其是一些特殊类型的文化遗产，如长春境内现存的伪满遗存，可从警示性文化遗产的角度入手，发挥其警示性教育作用，发挥"黑色旅游"对青少年的思想道德建设及爱国主义教育作用，全面展示文化遗产的社会影响力和市场价值。

可为作为文物旅游景区的文化遗产保护工作和景区建设筹措资金，开辟多元的文物保护资金渠道，为此文物旅游景区的文物保护、基础建设和管理工作的正常进行，促进文化遗产保护事业的持续健康发展。

可通过文物旅游景区持续地面向公众开放，使广大市民成为文化遗产保护的宣传者、拥护者、支持者和参与者。尤其是通过志愿者服务活动、一些重大节日的宣传活动，使人民群众充分了解文化遗产保护的现实意义。

通过发展文物旅游，大力发展现代服务业，使两者有机结合，为当地居民提供大量就业机会的同时，也使文物旅游的产业链更加完善，使得文物旅游进入良性发展轨道，积极促进当地经济社会发展。

三、长春市文物旅游发展现状及存在的主要问题

长春市文物旅游产业发展虽然取得了一定的成效，但仍存在着总量规模小，旅游资源分散，缺乏有效系统整合，对文物资源的保护和利用不够等问题。

1. 文物产权所属复杂，缺乏有效系统整合。

长春市建城虽然只有200余年的历史，但却拥有众多的文物遗存。截至2014年，长春市已有全国重点文物保护单位8项18处、省级文物保护单位59处、市级文物保护单位142处。但文物保护单位的管理体制比较繁杂，有的属文化部门管理，如文庙博物馆、长春南大营旧址陈列馆等；有的属市政部门管理，如净月潭水源地旧址、苏军烈士纪念塔等；有的属国有企事业单位，如日伪军政机构旧址、长春第一汽车制造厂早期建筑、长春电影制片厂早期建筑等，有的属私人物业，如中东铁路附属地建筑中的多数建筑等；有的属宗教部门，如般若寺、天主教堂、清真寺等。由于管理体制不同，在对待文物建筑旅游开发的问题上明显表现出不同思路和做法，尤其在保与不保、用于不用之间还存着这较大争议，这对于文物建筑的保护与合理利用而言无疑存在不少弊端。

2. 保护资金缺口较大，政府投入尚显不足。

据近几年的调查，文物建筑保护的资金缺口较大，体现在不同地区、不同类型的文化遗产之间严重不平衡。文物保护单位的经费主要来源：一是政府财政拨款，主要分行政事业费和文物保护专项经费两大块；二是横向创收，包括自身创收和社会募集。政府财政核拨的经费往往仅够正常的运作，甚至还有缺口。此外，非国有文物建筑即产权和使用权不属于政府的文物建筑，政府一般是不投入文物专项经费的。换言之，现阶段政府在文物建筑管理与使用上还没有足够的经费支持。

3. 保护措施有待提高，文物古迹屡遭破坏。

历史文物古迹是每个国家乃至全人类不可替代的无价之宝，长春市作为一个文物大市，文物保护和文物事业发展的任务十分繁重。虽然长春市在地方文物法制建设、文物的抢救保护、博物馆建设、文物安全、配合基本建设工程考古调查与发掘等方面已取得显著成绩。但不容忽视的是，破坏文物古迹的情况还是时有发生，这对于文物资源的开发利用无疑使一个极大的阻碍。

4. 产品开发层次较低，配套服务不够完善。

旅游者对旅游产品的需求是多种多样的，在一次旅游过程中，希望能通过不同的旅游产品使自己得到更多的享受。但是，长春的旅游市场上推出的产品结构都很单一，尤其是文物旅游市场上各个文物古迹产品的开发仍以游览观光型为主，旅游产品供给者满足于讲解员的简单介绍，游客的参与性很弱，从而导致游客兴趣索然，走马观花看完之后再不愿重游。旅游重复率和滞留时间不能随景区景点的增多而提高和延长，导致旅游收入增长缓慢，甚至停滞不前。加之配套设施不够完善，尤其是服务性设施，现代服务业不能很好地和文物旅游相结合，为旅游者提供尽善尽美的体验，极大的降低了文物旅游的兴趣度。

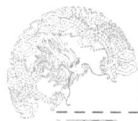

四、对长春市发展文物旅游的几点建议

文化遗产保护固然重在保护文物的价值。但文物价值不仅仅是历史价值,其意义还在于发挥文物潜在的社会价值,即潜在的研究、教育、商业、旅游、文化、经济等价值。通过合理、科学的方式全方位地展示和实现文物的各种价值属性,应成为文物旅游开发优先考虑的问题。从这个角度上说,文物旅游业开发是一项复杂的系统工程,应该在开发程序上和政策上给予重点保障。

文物旅游的开发程序应包括:前期开发的可行性论证;中期开发设计规划;后期的监督管理三个阶段。

1. 前期开发科研论证

在前期的开发可行性论证阶段,要多部门联合,深入到文物旅游景点,对文物旅游景点的保护对象的敏感性、干扰抗逆性以及文物旅游景区(点)面积大小、区域环境状况、旅游环境容量等进行详细的调查研究论证,在此基础上,建立一个完善的指标体系,对其开发可行性进行科学评价,为文物旅游的开发利用提供科学依据。

2. 制定科学合理的利用规划

科学、合理、完整地规划是发展文物旅游的前提。从总体上看,文物旅游景区景点旅游业开发规划至少应包括如下内容:

(1)文物保护专项规划。该部分主要包括文物本体保护专项规划、文物本体维修方案及文物病害防治预案等。

(2)文物旅游开发专项规划。该部分主要包括文物旅游开发的目标和方向;文物旅游开发利用的规模;文物旅游开发区位和空间形态;文物旅游区内各功能小区的布局、文物旅游客流容量及游览时间、方式等。

(3)现代服务业配套设施专项规划。该部分主要包括开发文物旅游项目的配套服务设施规划方案,包括道路、宾馆、酒店、旅游产品开发等。

3. 建立完整的监督管理体制

制定严格的文物旅游游览规章和制度,安排文物专业人员进行监督管理,杜绝一切破坏文物的因素和现象,是文物旅游监管的重要内容。我国在这方面的法制建设尚未完善,各文物旅游景区(点)可根据文物保护法需要自行拟订,各地方也可根据国家的有关法规先自行拟定。

另外,基于文物旅游开发是一项科学严谨的工作,它应该有别于一般的旅游项目,对于文物旅游业开发必须持积极而谨慎的态度,在遵循严格的科学开发过程的同时,还需要有严格的配套政策为文物旅游保驾护航。

1. 积极贯彻"保护为主、抢救第一、合理利用、加强管理"的方针,从论证—规划—监管,遵循一个科学可行的开发程序,坚决反对"一哄而上"和无规划的文物旅游开发。

2. 文物旅游开发所取得的经济收入主要应用于文物保护事业和社会经济发展,同时建议对于某些保护层级较高,同时也是旅游热点的文物旅游景区,应适当采取有力措施,控制文物旅游景区的参观容量。

3. 文物旅游开发要注重现代服务业对于文物旅游持续性发展的重要作用,所创造的就业机会应主要考虑当地居民的积极参与,促进当地经济的发展,提高当地居民保护文物资源的自觉性和责任感。

4. 文物旅游开发中所有的与旅游相关服务设施,如建筑、道路等,在设计时应按照文物保护相关原则,充分考虑与文物整体风貌及自然景观相协调。将其对文物资源和文物所依托的自然环境破坏要尽可能降到最低。

5. 文物旅游景点应在不破坏文物本体风貌的前提下,尽可能采用现代文物保护高新技术,创新展示手段和技巧。在全方位展示文物前提下,为游客提供优质、文明的旅游服务。在此方面,长春市伪满皇宫旧址的旅游开发是非常值得推广借鉴的开发模式。

总之,文物旅游产业的发展要遵循科学规律,要坚持以政府为主导、社会力量积极参与,以文物的可持续利用为前提,力争做到文物保护与文物旅游产业二者的和谐统一。

注释:

[1] 周彤莘;《论文物保护与文物旅游的平衡发展》;《桂林旅游高等专科学校学报》;2003年第3期。

[2] 梁雨华;《文物旅游:文物保护与旅游开发的双赢》;《文史杂志》;2004年第4期。

[3] 刘伟科、牛栋;《经济地理》;1995年第5期。

[4] 木基元;《世界文化遗产丽江古城的保护及其指导意义》;《云南民族学院学报》;1999年第6期。

[5] 杨洪、李蔚;《湖南文物旅游资源与文物旅游资源开发研究》;《湘潭师范学院学报》;2003年9月第3期。

[6] 李兴斌;《中国自然文化遗产管理模式的改革》;《旅游学刊》;2002年第17期。

[7] 张晓、张昕竹;《中国自然文化遗产资源管理体制改革与创新》;《经济社会体制比较》;2001年第4期。

附:本文为长春市科学技术局重点科研项目研究成果,项目编号:13RY06。

(作者王义学　长春市文物保护研究所副所长、副研究馆员;王晓茹　吉林省文物考古研究所副研究馆员;范青山　长春市文物保护研究所馆员)